Luthers Werke

in Auswahl

Dritter Band

Luthers Werke

in Auswahl

Unter Mitwirkung von Albert Leitzmann

herausgegeben

von

Otto Clemen

Dritter Band
Schriften von 1524 bis 1528

Sechste, durchgesehene Auflage

Walter de Gruyter & Co., Berlin 1966

Bisher erschienen (ohne Auflagenbezeichnung):
Die erste Auflage im Verlag Marcus & Weber, Bonn, im Jahre
1912. Die nächsten Auflagen erschienen im Verlag Walter de
Gruyter & Co., Berlin, und zwar die

zweite Auflage 1929/1930
dritte Auflage 1933/1935
vierte Auflage 1950
fünfte verb. Aufl. 1959

Photomechanischer Nachdruck 1983
ISBN 978-3-11-055200-3

Inhaltsverzeichnis zum 3. Band

Von Kaufshandlung und Wucher. 1524.

Den zweiten teil dieser schrift bildet der anfang 1520 erschienene
grosse sermon vom wucher (= W. A. 6, 36—60) mit einem schluss-
zusatz (= unten s. 44, z. 30 ff.), der besonders in dem abschnitt über
den zehnten ganz übereinstimmt mit L.s briefe an Capito vom 15. juni
1524 (W A Br 3, 303) und dem zweiten teil von L.s brief an den kur-
prinzen vom 18. juni (3, 305 ff.). Also wird wohl L. um mitte juni 1524
unsere schrift vollendet haben. Erschienen ist sie spätestens im sept.
(W. A. 15, 283; der brief, Arch. f. Gesch. des Deutschen Buchhandels
16 no. 31, demzufolge K. K. 1, 692 u. W. A. 18, 425¹ die schrift schon
in den mai gesetzt wird, ist vom 4. okt. 1524 zu datieren). Im übrigen
vgl. ausser der einl. W. A. 15, 279 ff. (s. 283 literatur) auch die vor-
treffliche von Eck in L.s Werke für das christl. Haus 7, 494 ff. Vor-
lage: W. A. 15, 283 Aᵃ(bogen E Aˣ; buchstabenverschiebungen zwischen
zwei wörtern sind stillschweigend korrigiert).

Das heylig Euangelion / nach dem es an den tag komen ist /
strafft vnd zeygt allerley werck der finsternis / wie die S. Paulus
nennet Ro. 13. Denn es ist eyn helles liecht / das aller wellt leucht vnd
leret / wie böse die werck der wellt sind / vnd zeyget die rechte werck so
5 man gegen Gott vnd den nehisten vben soll. Daher auch ettliche vnter
den kauffleuten aufferwacht vnd gewar worden sind / das vnter yhrem
handel mancher böser griff vnd schedliche fynantze ym brauch sind / vnd zu
besorgen ist / es gehe hie zu / wie der Ecclesiasticus sagt / Das kauffleut
schwerlich on sunde seyn mügen / Ja ich acht es treffe sie der spruch S.
10 Pauli .1. Timo. vlt. Der geytz ist eyne wurtzel alles vbels. Vnd aber
mal / Wilche reych wollen werden / die fallen dem teuffel ynn den strick
vnd ynn viel vnnütze schedliche begirde / wilche die leutt versencken yns
verderben vnd verdamnis.

Wie wol ich aber dencke / dis meyn schreyben werde fast vmbsonst
15 seyn / weyl der vnfal so weyt eyngerissen / vnd aller ding vberhand ge-
nomen hat / ynn allen landen. Dazu die ienigen / so das Euangelion ver-
stehen / selbst aus eygenem gewissen wol kunden vrteylen / ynn solchen euser-
lichen leichten sachen / was billich vnd vnbillich sey. Bin ich doch ermanet
vnd gebeten / solche fynantze zu rüren vnd ettliche an den tag zu bringen /
20 ob yhe der hauffe nicht recht wolle / das doch ettliche / wie wenig auch der
selben sey / aus dem schlund vnd rachen des geytzs erlöset wurden / Denn

---

3 Rö. 13, 12   7 kniff | betrügereien   8 Si. 26, 28   10 1. Ti.
6, 10. 9   15 das unheil   19 anzugreifen

es mus ya so seyn / das man noch etliche finde vnter den kauffleuten so
wol / als vnter ander leuten / die [1] Christo zugehoren / vnd lieber wollten
mit Gott arm / denn mit dem teuffel reych seyn / wie der .36. Psal. sagt.
Es ist dem gerechten besser eyn wenig / denn grosse guter der gottlosen.
Wolan vmb der selben willen / mussen wyr reden.   5

Das kan man aber nicht leucken / das keuffen vnd verkeuffen eyn
nottig ding ist / des man nicht emperen / vnd wol Christlich brauchen kan /
sonderlich ynn den dingen / die zur nott vnd ehren dienen / Denn also haben
auch die Patriarchen verkaufft vnd gekaufft / vieh / wolle / getreyde / butter /
milch vnd ander gueter / Es sind Gotts gaben / die er aus der erden gibt / 10
vnd vnter die menschen teylet. Aber der auslendische kauffs handel / der
aus Kalikut vnd [1] Jndien vnd der gleychen wahr her bringt / als solch kost-
lich seyden vnd gollt werck vnd wurtze / die nur zur pracht vnd keynem nutz
dienet / vnd land vnd leutten das gellt aus seuget / sollt nicht zu gelassen
werden / wo wyr eyn regiment vnd fursten hetten. Doch hie von wil ich 15
itzt nicht schreyben / denn ich acht / es werde zu letzt / wenn wyr nymer
gellt haben / von yhm selbst ablassen mussen / wie auch der schmuck vnd
fras / Es wil doch sonst keyn schreyben noch leren helffen / bis vns die nott
vnd armut zwinge.

Gott hatt vns deutschen dahyn geschlaudert / das wyr vnser gollt 20
vnd sylber mussen ynn frembde lender stossen / alle wellt reych machen / vnd
selbst bettler bleyben / Engeland sollt wol weniger gollts haben / wenn
deutsch land yhm seyn tuch liesse / vnd der konig von Portigal sollt auch
weniger haben / wenn wyr yhm seyne wurtze liessen / Rechen du / wie viel
gellts eyne Messe zu Franckfurt aus deutschem land gefurt wird / on nott 25
vnd vrsache / so wirstu dich wundern / wie es zu gehe / das noch eyn heller
ynn deutschen landen sey / Franckfurt ist das sylber vnd gollt loch / da
durch aus deutschem land fleusst / was nur quillet vnd wechst / gemuntzt
odder geschlagen wird bey vns / Were das loch zugestopfft / so durfft man
itzt der klage nicht horen / wie allenthalben eytel schuld vnd keyn gellt / 30
alle land [1] vnd stedte mit zinsen beschweret vnd ausgewuchert sind. Aber
las gehen / es wil doch also gehen / Wyr deutschen mussen deutschen bleiben /
wyr lassen nicht ab / wyr mussen denn. Wyr wollen hie von misbrauch
vnd sunden des kauffhandels reden / so viel es das gewissen betrifft / Wie
es des beuttels schaden trifft / lassen wyr fursten vnd herrn fur sorgen / 35
das sie yhr pflicht daran ausrichten.

Erstlich haben die kauffleut vnter sich ein gemeyne regel / das ist yhr
heubtspruch vnd grund aller fynantzen / da sie sagen / Jch mag meyne wahr
so thewr geben alls ich kan / Das hallten sie fur eyn recht / da ist dem

---

3 Ps. 37, 16   13 goldsachen und gewürze   17 von selbst auf-
hören   20 geschleudert, so weit verworfen   24 rechne   25 während
einer messe   29 brauchte   30 schulden   38 darf

geyt der raum gemacht / vnd der hellen thur vnd fenster alle auffgethan /
Was ist das anders gesagt / denn so viel / Ich frage nichts nach meynem
nehisten? Hette ich nur meynen gewynn vnd geyt vol / was gehet michs
an / das es zehen schaden meynem nehisten thet auff eyn mal? Da sihestu /
5 wie diser spruch so stracks vnuerschampt / nicht alleyne wibber die Christ-
liche liebe / sondern auch wibber das naturlich gesetz feret. Was sollt nu
gutts ym kauff handel seyn? was sollt on sunde seyn / wo solch vnrecht das *95 W
heubtstuck vnd regel ist des gantzen handels? Es kan damit der kauff-
handel nichts anders seyn / denn rawben vnd stelen den andern yhr gutt·
10   Denn wo das schalcks auge vnd der geyt wanst hie gewar wird /
das man seyne wahr haben mus / obber der keuffer arm ist vnd seyn darff /
da macht ers yhm nutz vnd theur / Da sihet er nicht auff die wirde der
wahr / obber auff den dienst seyner muhe vnd far / sondern schlecht auff die
nott vnd darbe seynes nehisten / nicht der selben zu helffen / sondern der
15 selben zu seynem genies zu brauchen / seyne wahr zu steygern / die er sonst
wol vngesteygert liesse / wo des nehisten nott nicht da were / Vnd mus
also durch seynen geyt / die wahr so viel mehr gellten / so viel der nehist
grosser nott leydet / das des nehisten nott gleych der wahr schatz vnd wirde
seyn mus. Sage myr / heysst das nicht vnchristlich vnd vnmenschlich ge-
20 handelt? wird daselbst nicht des armen not yhm selbst mit vnter ver kaufft? *03 E
Denn weyl er seyner nott halben die wahr deste thewer nemen mus / ists
eben so viel / als das er mus seyne nott erkeuffen / Denn nicht die lautter
wahr yhm verkaufft wird / wie sie an yhr selbst ist / sondern mit dem zu-
satz vnd anhang / das er der selbigen benottigt ist. Sihe / diser vnd der
25 gleychen grewel mus folgen / wo dis recht geht / Ich mag meyn wahr so
theur verkeuffen / als ich kan.
      Es sollt nicht so heyssen / Ich mag meyne wahr so theur geben / als
ich kan / obber wil / Sondern also / Ich mag meyne wahr so theur geben /
als ich soll obber alls recht vnd billich ist. Denn deyn verkeuffen soll nicht
30 eyn werck sein / das frey ynn deyner macht vnd willen / on alle gesetz vnd
mas stehe / alls weristu eyn gott / der niemand verbunden were / Sondern
weyl solch deyn verkeuffen eyn werck ist / das du gegen deynem nehisten
vbest / soll es mit solchem gesetz vnd gewissen verfasset seyn / das du es
vbest on schaden vnd nachteyl deynes nehisten / Vnd viel mehr acht haben /
35 das du yhm nicht schaden thust / denn wie du gewynnest. Ja wo sind
solche kaufsleut? Wie sollt der kauffleut so wenig werden vnd der kauffs
handel abnemen / wo sie dis böse recht wurden bessern / vnd auff Christ-
liche billiche weyse bringen.
      So fragistu denn / Ja wie theur soll ichs denn geben? Wo treff

    1 habsucht   5 direkt   10 der arglistische und habsüchtige
mensch   11 seiner bedarf   12 sich zu nutze und schlägt kapital
daraus | wert   13 seine   mühewaltung und sein gehabtes risiko
14 bedürftigkeit   15 nutzen   33 eingeschränkt

ich das recht vnd die billickeyt / das ich meynen nehisten nicht vberse*e
odder vberneme? Anttwortt. Das wird freylich mit keyner schrifft noch
rede nymer mehr verfasset werden / Es hatts auch noch niemand furge-
nomen / eyn igliche wahr zu se*en / steygern obber nydbern. Vrsach ist
die / Die wahr ist nicht alle gleych / so holet man eyne ferner denn die 5
anber / geht auff eyne mehr kost / denn auff eyn andere / das es hie alles
²⁹⁰ W vngewis ist vnd bleyben mus / ¹ vnd nichts gewisses mag gese*t werden /
so wenig als man eyne eynige gewisse stab se*en mag / da man sie alle her
holet / obber gewisse kost stymmen die brauff geht / Syntemal es geschehen
mag / das eynerley wahr / aus eynerley stad / auff eynerley strasse / hewr 10
mehr koste / denn fur eym iar / das villeycht der weg vnd wetter böser
²⁰⁴ E ist / obber sonst eyn zufall kompt / der zu mehrer vnkost ¹ bringt / denn auff
eyn anber zeyt. Nu ists aber billich vnd recht / das eyn kauff man an
seyner wahr so viel gewynne / das seyne kost bezalet / seyne muhe / erbeyt
vnd fahr belonet werde / Mus doch eyn acker knecht futter vnd lohn von 15
seyner erbeyt haben / Wer kan vmb sonst dienen obber erbeytten? So
spricht das Euangelion / Eyn erbeytter ist seynes lohns werd.

Doch das wyr nicht gar dazu schweygen / were das die beste vnd
sicherste weyse / das welltliche oberkeyt hie vernunfftige / redliche leutte se*te
vnd verordenete / die allerley wahr vberschlugen mit yhrer koste / vnd 20
se*ten darnach das mas vnd zill / was sie gellten sollt / das der kauffman
kund zukomen / vnd seyne zymliche narung dauon haben / wie man an ett-
lichen ortten / weyn / fisch / brod vnd des gleychen se*t. Aber wyr deut-
schen haben mehr zuthun / zu trincken vnd zu tan*en / das wyr solchs
regiments vnd ordnung nicht kunden gewarten. Weyl denn dise ordnung 25
nicht zu hoffen ist / ist das der nehiste vnd beste rad / Das man die wahr
lasse gellten / wie sie der gemeyn marckt gibt vnd nympt / oder wie lands
gewonheyt ist zu geben vnd zunemen / Denn hierynne mag man das sprich-
wort gehen lassen / Thu wie anber leute / so narrestu nicht. Was solcher
weyse gewonnen wird / acht ich redlich vnd wol gewonnen / Syntemal hie 30
die fahr steht / das sie zu weylen an der wahr vnd kost verlieren mussen /
vnd sich nicht allzu reych gewynnen mügen.

Wo aber die wahr nicht gese*t / noch geng vnd gebe ist / vnd du sollt
vnd must sie se*en zum ersten / Warlich hie kan man nicht anders leren /
man mus dyrs auff deyn gewissen heym geben / das du zu sehest / vnd 35
deynen nehisten nicht vbernemest / vnd nicht den gey* / sondern deyne zym-
liche narunge suchest. Es haben ettliche hie wollen mas se*en / das man

---

1 überteuere   2 übervorteile   3 festgesetzt   4 den preis für jede
ware festzusetzen, ihn zu steigern oder herabzusetzen   6 kosten   8 eine
einzige bestimmte stadt festsetzen kann   9 genau die kosten be-
stimmen   12 mehr unkosten zwingt   17 Lc. 10, 7   20 abschätzten
22 ungemessene   25 uns nicht annehmen können   29 Wander, thun
no. 186   33 abgeschätzt

müge an aller wahr die helffte gewynnen / ettlich das man müge das dritte
teyl gewynnen / Ettliche auch anders / Aber der ist keyns gewis noch
sicher / Es were denn von welltlicher oberkeyt vnd gemeyn recht also ver=
ordenet / Was die selbige hier ynn setzte / das were sicher / Darumb mustu
5 dyr furseten / nichts denn deyne zymliche narunge zu suchen ynn solchem
handel / darnach kost / muhe / ¹ erbeyt vnd fahr rechen vnd vberschlahen / ²⁰⁵ E
vnd also denn die wahr selbst seten / steygern odder nydbern / das du solcher
erbeyt vnd muhe lohn dauon habest.

¹ Ich wil aber hie das gewissen nicht so ferlich gefangen noch so enge ²⁹⁷ W
10 gespannen haben / als muss man das mas so treffen / das nicht vmb eynen
heller solt feylen / Denn das ist nicht müglich / das du so eben treffen
solltest / wie viel du verdienet habest / mit solcher muhe vnd erbeyt / Es
ist gnug / das du mit guttem gewissen darnach trachtest / das du gerne das
rechte mas treffest / vnd doch des handels art ist / das nicht müglich ist zu
15 thun / Es wird der spruch des weysen auch an dyr wol war bleyben / Eyn
kauffman mag schwerlich on sund handeln / vnd eyn kretzmar wird schwer=
lich gerechten mund behalten. Ob du nu eyn wenig zu viel nemest vn=
wissend vnd vngerne / so las das selb yns vater vnser faren / da man
bettet / Vergib vns vnsere schuld. Ist doch keyns menschen leben on sunde.
20 Auch so kompts wol widderumb / das du fur deyne muhe ettwa zu wenig
nemest / da las ynn die wette schlahen / vnd gegen ander auffheben / wo du
zu viel genomen hast.

Alls wenn du einen handel hettest / der des iars auff hundert gulden
lieffe / vnd du vber alle koste vnd zymlichen lohn / den du fur deine muhe /
25 erbeyt vnd fahr dran gewunnest vnd nemest / vngeferlich eyn gulden zween
odder drey zu viel gewunst / das heys ich hie den feyl ym handel / den
man nicht wol meyden kan / sonderlich so zu handeln eyn iar lang. Darumb
solltu deyn gewissen damit nicht beschweren / sondern als eyne ander vn=
vberwindliche sunde / die vns allen anhangen / mit dem vater vnser fur
30 Gott bringen vnd yhm befelhen / Denn zu solchem feyl bringt dich die not
vnd art des wercks / nicht der muttwille vnd geytz / Denn ich rede hie von
den guthertzigen vnd gottfurchtigen menschen / die nicht gern vnrecht thetten /
gleych wie die ehliche pflicht nicht on sunde geschicht / vnd doch Gott vmb
der nott willen / solchem werck durch die finger sihet / weyl es nicht anders
35 seyn kan.

¹ Wie hoch aber deyn lohn zuschetzen sey / den du an solchem handel ²⁰⁶ E
vnd erbeyt gewynnen sollt / kanstu nicht besser rechen vnd abnemen / denn
das du die zeyt vnd grösse der erbeyt vberschlahest / vnd nemest eyn gleych=
nis von eym gemeynen tagloner / der sonst ettwa erbeytet / vnd sihest /

---

10 eingespannt   11 genau   15 Si. 26, 28   16 krämer
20 umgekehrt vor | einmal   21 lass es drein gehen, lege es zu dem
einsatz, den zu verlieren du ja gefasst sein musst (W. A. 15, 813)
23 z. b.   24 sich beliefe | über-hinaus   25 etwa

was der selb einen tag verdienet / darnach rechene / wie viel tage du an
der wahre zu holen vnd zu erwerben dich gemuhet / vnd wie grosse erbeyt
vnd fahr darynnen gestanden habst / Denn grosse erbeyt vnd viel zeyt / soll
auch beste grössern vnd mehr lohn haben / Neher vnd besser vnd gewisser
kan man ynn diser sachen nicht reden noch leren / Wem das nicht gefellt /   5
298 W der machs besser. Meyn grund ¹ steht (wie gesagt ist) ym Euangelio / das
eyn erbeyter seyns lohns werd ist / Vnd Paulus auch spricht .1. Corinth. 9.
Wer des vihes hutt / soll der milch geniessen. Wer kan auff eygen kost
vnd sold reysen? Hastu bessern grund / gan ich dyr wol.

Zum andern ist noch eyn gemeyn feyl / wilcher nicht alleyn vnter den   10
kauffleutten / sondern auch ynn aller welt eyn lensstige gewonheyt ist / das
eyner fur den andern burge wird. Vnd wie wol das selbige werck scheynet
vn sunde vnd eyne tugent der liebe zu seyn / so verderbet es doch ge-
meynniglich viel leutte / vnd bringet sie zu vnvberwindlichem schaden. Der
könig Salomo hatt solchs manchselltig verbotten vnd verworffen ynn seynen   15
sprüchen / vnd spricht am .6. cap. Meyn kind / bistu fur deynen nehisten
burge worden / so hastu deyne hand verhefftet / Du bist verknupfft mit der
rede deyns munds / vnd gefangen mit der rede deynes mundes / So thu
doch meyn kind also / vnd errette dich / denn du bist deynem nehisten ynn
die hende komen / Lauff / eyle / vnd treybe deynen nehisten / las deyne   20
augen nicht schlaffen / noch deyne augenliebe schlummern / Errette dich wie
eyn rehe von der hand / vnd wie eyn vogel aus der hand des vogelers.

207 E Item cap. 20. Nym dem seyn kleyd der fur eynen ¹ andern burge wird /
vnd pfende yhn vmb des frembden willen. Item cap. 22. Sey nicht
bey denen die yhre hand verhefften / vn fur schuld burge werden. Vnd   25
abermal am .27. Nym dem seyn kleyd / der fur eyn andern burge wird /
vnd pfende yhn / vmb des frembden willen.

Sihe da / wie der weysse Konig ynn der heyligen schrifft so hart
vnd hefftig verbeut / fur andere burge zu werden. Auch stymmet mit yhm
das deutsche sprichwort / Burgen soll man wurgen. Alls sollts sagen / Es   30
geschicht dem burgen recht / das er gewurget wird vnd zalen mus / denn
er thut leichtfertig vnd thörlich daran das er burge wird. Also das solchs
nach der schrifft beschlossen ist / das niemant soll fur andere burge werden /
er vermüges denn / vnd sey volliges willens selbst schuldig zu seyn vnd be-
zalen. Nu scheynet es wunderlich / das solch werck böse sey vnd ver-   35
worffen / Denn das es eyn thorlich werck sey / haben gar viel selbst er-
faren / die das heubt kratzen dauon kriegen haben. Was ist denn die vrsach
das verworffen wird? Das wollen wyr sehen.

299 W   ¹ Es ist burge werden eyn werck das eym menschen zu hoch ist / vnd

---

3 bestanden   6 Lc. 10, 7   7 1. Ko. 9, 7   9 gönne   11 gäng
und gäbe   16 Pr. 6, 1—5   17 verhaftet   23 Pr. 20, 16   24 Pr.
22, 26   26 Pr. 27, 13   30 Wander, Bürgen no 4   34 ganz
willig   37 sich hinterher hinter den obern haben kratzen müssen

nicht zugepürt / vnd greyfft mit vermessenheyt ynn Gottis werck. Denn
erstlich / so verbeut die schrifft / man soll keynem menschen trawen / noch
sich auff yhn verlassen / sondern alleyne auff Gott / Denn menschlich natur
ist falsch / eittel / lügenhafftig vnd vngewiss / wie die schrifft sagt / vnd auch
5 die erfarung teglich leret. Wer aber burge wird / der trawet eynem
menschen / vnd setzt sich mit leyb vnd gut ynn die far / auff eynen falschen /
vngewissen grund / darumb geschicht yhm recht / das er falle vnd feyle /
vnd ynn der far verderbe. Zum andern / so trawet er auch auff sich selbst /
vnd macht sich selbst zum Gott (Denn warauff eyn mensch trawet vnd sich
10 verlesst / das ist seyn Gott) Nu er aber seyns leybs vnd guts keyn augen-
blick sicher vnd gewiss ist / als wenig als des / fur den er burge wird /
sondern steht alles ynn Gottes hand alleyne / der nicht haben [1] will / das 208 E
wyr vns kunfftige eyn harbreyt macht odder recht haben / vnd des keyn
augenblick sicher vnd gewiss seyn sollen / so thut er vnchristlich / vnd ge-
15 schicht yhm recht / weyl er das versetzt vnd zusagt / das nicht seyn noch
ynn seyner macht / sondern ynn Gottes henden alleyne steht.

Also lesen wyr Gen. 43. vnd .44. wie der Ertzvater Juda / fur seynen
bruder Ben Jamin burge ward / gegen seynem vater Jacob / das er yhn
wollt wibder bringen / oder wolt selbst ewiglich schuldig seyn. Aber Got
20 strafft die selbe vermessenheyt seyn / vnd lies yhn sincken vst feylen / das er
Ben Jamin nicht kund wibder bringen / bis er selbst sich fur yhn gab /
vnd dennoch aus gnaden kaum loss ward. Vnd yhm geschach recht / Denn
solche burge thun gerade / als dürfften sie Gott nicht eyn mal drumb
grüssen / oder dencken / ob sie yhrs leybs vnd guts auch morgen gewis
25 seyen / vnd handlen so gar on fürcht Gottes / als hetten sie das leben vnd
gut von yhn selbst / vnd werens mechtig wie lange sie wollten / wilchs
nicht anders ist / denn eyne frücht des vnglaubens. Wie auch Jacobus
ynn seyner Epistel solchs / capit. 4. fur eynen hochmut schilt vnd spricht /
Wolan die yhr nu saget / Heutte odder morgen wollen wyr zihen ynn die
30 oder die stad / vnd da hantieren vst gewynnen / Die yhr nicht wisset /
was morgen seyn wird. Denn was ist ewer leben? Eyn dampff ists der
eyn kleyne zeyt weret / vnd darnach vergeht / Dafur das yhr sagen solltet /
Leben wyr vnd wills Gott / so wollen wyr dis odder das thun. Nu aber
rhümet yhr euch ynn ewrem hohmut.

35 Auch hat Gott solch vermessenheyt des kunfftigen vnd Gottes vn-
achtung / an mehr ortten verdampt / Als Luce .12. da der reyche man
viel getreide des iars hatte / das er seyne scheunen wolt abbrechen vnd
grössere bawen vnd seyne gütter dahyn thun / vnd sprach zu seyner seel /
Liebe seele / du hast viel gutts [1] auff viel iar / iss vnd trinck vnd sey gutts 300 W
40 mutts / Aber Gott sprach zu yhm / Du narr / Diese nacht wird man deyne

---

4 Gen. 8, 21 | Ps. 116, 11   11 ebenso wenig   15 als pfand setzt
17 Gen. 43, 9. 44, 14 ff. 32 ff.   23 brauchten   24 zu begrüssen,
anzusprechen   28 Ja. 4, 13—16   36 Lc. 12, 16—21

²⁰⁹ E ſeele von dyr fobbern / vnd wes wirds ſeyn / ¹ das du geſamlet haſt? So
gehets allen / die nicht ynn Gott reiche ſind. Alſo antwortet er auch
Act. 1. den iüngern / Es ſteht euch nicht zu / zu wiſſen zeyt vnd ſtunde /
die der vater ynn ſeyner gewallt hat. Vnd Prouerb. 27. Rhůme dich
nicht auff den morgend tag / denn du weyſſt nicht / was ſich noch heutte 5
begeben mag. Darumb er auch ym Vater vnſer vns hatt nicht mehr denn
vmbs tegliche brod / heutt zu geben / heyſſen bitten |/ Auff das wyr mit
fürchten leben vnd handlen ſollen / Vnd |wiſſen / das wyr keyne ſtunde
ſicher ſeyen widder lebens |noch gutts / ſondern alles aus ſeynen henden
gewarten vnd nemen / wie denn thut eyn rechter glawbe. Vnd zwar wyr 10
ſehens auch teglich an vielen gottis wercken / das alſo mus zu gehen / wir
thuns gerne odder vngerne.

Salomo hatt faſt ſeyn gantzes buch auff ſolche lere gericht / das
Eccleſiaſtes heyſt / Vnd zeygt an / wie allenthalben der menſchen furnemen
vnd vermeſſenheyt / ſo gar eyttel vnd nichts denn mühe vnd vngluck iſt / 15
wo nicht Gott mit dreyn gezogen wird / das man yhn furchte vnd las
yhm genügen an dem kegenwertigen / vnd frew ſich des ſelbigen. Denn
Gott iſt der ſichern vngleubiſchen vermeſſenheyt feynd / die ſeyn vergiſſet /
darumb handelt er da widder mit allen ſeynen wercken / leſſt vns ſeylen
vnd fallen / reyſſet leyb vnd gut dahyn / wenn wyrs am wenigſten dencken / 20
vnd kompt zu der ſtunde / der wir vns gar nichts verſehen / das die Gott=
loſen / wie der Pſalter ſagt / yhr leben nymer zur helffte bringen / ſondern
allezeyt vnuerſehens / vnd wenn ſie erſt recht anfahen wollen / dahyn faren
vnd dauon muſſen / wie Job auch viel mal ſaget.

So ſprichſtu denn / wie ſollen denn die leut mit eynander handeln / 25
ſo burge werden nicht taug? So muſte mancher dahynden bleyben / der
ſonſt wol erfur komen mag. Antwort. Es ſind vier weyſe euſſerlich gutt
Chriſtlich mit andern zu handeln / wie ich mehr geſagt habe. Die erſte
²¹⁰ E iſt / das man laſſe nemen vnd rauben ¹ vnſer gutt / wie Chriſtus leret
Matth. 5. Wer dyr den mantel nympt dem las auch den rock / vnd fobber 30
es nicht widder von yhm. Dieſe weyſe gillt nu nichts vnter den kauff=
leutten / man hat ſolchs auch nicht fur eyn gemeyne Chriſtliche lere ge=
hallten noch geprediget / ſondern fur eynen rad vnd gutte meynunge fur die
geyſtlichen vnd voltomene / wilchs doch weniger hallten denn keyn kauff=
man. Aber rechte Chriſten halltens / denn ſie wiſſen / das yhr vater ym 35
³⁰¹ W hymmel / hatt yhnen Mat. 6. gewiſſlich zugeſagt / ¹ das teglich brod heutte
zu geben. Vnd wo man alſo thette / wurde nicht alleyn ſo vnzeliche miſ=
brauche ynn allen handeln nach bleyben / ſondern wurden gar viel nicht

3 AG. 1, 7   4 Pr. 27, 1   10 erwarten | wahrlich   13 Prd.
1, 2 f. 14. 2, 11. 24 f. 3, 10 ff. 22 u. ő.   22 Ps. 55, 24 | ſonern A
24 Hi. 4, 9. 20 f. 15, 32. 18, 5 ff. 20, 5 ff. 24, 24. 27, 13 ff.   30 Mt.
5, 40   34 welches dieſe   36 Mt. 6, 11   38 unterbleiben

kauffleut werden / weyl vernunfft vnd menschlich natur solche far vnd schaden
auffs aller hoheſt fleucht vnd ſchewet.

 Die ander iſt / Iderman geben vmb ſonſt der es darff / wie Chriſtus
auch da ſelbſt leret. Dis iſt auch eyn hoch Chriſtlich werck / darumb es
⁵ nicht viel gilt vnter den leutten / vnd wurde auch beyde kauffleutte vnd
hendel weniger / wo man das ſollt ym ſchwanck haben / denn wer das thun
ſoll / mus ſich warlich an den hymel halten vnd ymer dar auff Gottes
hende / vnd nicht auff ſeynen vorraht / odder gutt ſehen / das er wiſſe /
Gott wolle vnd werde ohn erneeren / ob ſchon alle winckel lebig weren.
¹⁰ Denn er weys / das war iſt / wie er zu Joſua ſagt / Ich wil dich nicht
laſſen noch die hand abthun. Vnd wie man ſagt. Gott hat mehr denn
er yhe vergab. Da gehort aber auch eyn rechter Chriſten zu / das ſelzame
thier auff erden / Wellt vnd natur acht ſeyn nicht.

 Die dritte iſt / leyhen odder borgen / das ich meyn gutt hyn gebe /
¹⁵ vnd widder neme / ſo myrs widder bracht wird / vnd emperen mus / wo
mans nicht widder bringt. Denn Chriſtus Lu. 6. ſelbſt ſolchs borgen alſo
verfaſſet vnd ſpricht. Ihr ſollt leyhen alſo / das yhr nichts dauon hoffet.
Das iſt / Ihr ſollt frey dahyn leyhen / vnd wagen obs euch widder werde
odder nicht / Wirds widder / das mans neme / wirds nicht widder / das
²⁰ geſchenckt ſey. Das alſo geben vnd borgen / keyn vnterſcheyd habe nach
dem Euangelio / denn dieſen / Das Giben nichts widder nympt / Borgen
aber widder nympt ¹ wo es kompt / vnd doch waget / das eyn geben ſey. 211 E
Denn wer alſo leyhet / das ers beſſer odder mehr widder nemen will / das
iſt eyn offentlicher vnd verdampter wucher / Syntemal auch die noch nicht
²⁵ Chriſtlich handeln / die alſo borgē / das ſie widderumb eben daſſelb foddern
odder hoffen / vnd nicht frey dahyn wagen / obs widder kompt odder nicht.

 Dis iſt ia auch (alls ich meyne) eyn hoch Chriſtlich vnd ſelzam
werck / ¹ wo man der welt lauff anſihet / Vnd wurde / wo es ſollt ynn brauch 302 W
komen / allerley handel gar gewalltiglich myndern vnd nyder legen. Denn
³⁰ dieſe drey ſtuck das gar meyſterlich hallten / das ſie nicht auffs kunfftige
ſich vermeſſen / noch auff menſchen odder ſich ſelbs vertrawen / ſondern
hangen an Got alleyne / vnd wird hie alles bar vber bezalet / vnd füret
das wort mit eyn / Wills Gott / ſo geſchehes / wie Jacobus leret. Denn
hie handelt man mit leutten / als mit denen die feylen mügen vnd vnge-
³⁵ wiſs ſind / vnd gibt baruber vmbſonſt / odder waget / das verloren ſey /
was man borget.

 Hie wird man ſagen / Wer mag denn ſelig werden? Vnd wo
werden wyr Chriſten finden? Ja mit der weyſe wurde keyn handel auff

---

3 bedarf 4 Mt. 5, 42 9 leer 10 Joſ. 1, 5 11 Wander,
Gott no. 617 16 Lc. 6, 34 17 definiert 22 widder A 24 offen-
barer 30 ſtuck / A | erhalten 32 vgl. W. A. 15, 814 33 Ja.
4, 15

erben bleiben / wurde eym iglichen das seyne genomen obber abgeborget
werden / vnd den bösen faulfreſſigen die thür auffgethan / alles zu nemen /
zu betriegen vnd zu liegen / der die wellt voll iſt. Antwort. Hab ichs
doch geſagt / das Chriſten ſeltzame leute ſind auff erden. Darumb iſt ynn
der wellt nott / eyn ſtrenge hart weltlich regiment / das die bösen zwinge 5
vñ dringe / nicht zu nemen noch zu rauben / vnd widder zu geben / was
ſie borgen / obs gleich eyn chriſten nicht ſol widder foddern noch hoffen /
Auff das die wellt nicht wüſte werde / fride vntergehe / vnd der leut handel
vnd gemeynſchafft gar zu nicht werde. Wilchs alles wurde geſchehen / wo
man die wellt nach dem Euangelio regieren ſolte / vnd die bösen nicht mit 10
geſetzen vnd gewallt treyben vnd zwingen / zu thun vnd leyden was recht
2 12 E iſt. Darumb mus man ſtraffen reyn hallten / fride [1] ynn ſtedten ſchaffen /
vnd recht ynn landen handhaben / vnd das ſchwerd friſch vnd getroſt hawen
laſſen auff die vbertretter / wie S. Paulus Ro. 13. leret. Denn das will
Gott haben / das den vnchriſten geſteuret werde / das ſie nicht vnrecht / 15
obber on ſtraffe vnrecht thun. Es darff niemant gedencken / das die wellt
on blut regirt werde / Es ſoll vnd mus das welltlich ſchwerd rod vnd
blutruſtig ſeyn / denn die welt will vnd mus böſe ſeyn / So iſt das ſchwerd
Gottis rute vnd rache vber ſie. Doch dauon hab ich genug geſagt / ym
buchlin von der welltlichen öberkeyt. 20

So were nu das borgen eyn ſeyn ding / wo es vnter den Chriſten
geſchehe / da wurde eyn iglicher gerne widdergeben was er geborget hette /
vnd der da geleyhet hette / wurde es gerne emperen / wo es ihener nicht
kundte widdergeben. Denn Chriſten ſind brüder / vnd eyner leſt den andern
nicht / So iſt auch keyner ſo faul vnd vnuerſchampt / das er on erbeyt / 25
ſich auffs andern gut vnd erbeit verlaſſe / vñ zeren wolle mit müſſig gang /
von eyns andern habe. Aber wo nicht Chriſten ſind / da ſoll die weltliche
öberkeyt treyben / das der bezale / was er geborget hat / Treybet ſie nicht
303 W vnd iſt [1] ſeumig / ſoll der Chriſten leyden ſolchen raub / wie Paulus .1. Cor. 6.
ſpricht / Warumb leydet yhr nicht viel mehr vnrecht? Den vnchriſten 30
aber las man / manen / foddern vnd thun / wie er will. Es ligt an yhm
nichts / weyl er eyn vnchriſt iſt / vnd achtet Chriſtus lere nicht.

Auch haſtu noch eyn tröſtlin / das du nicht ſchuldig biſt zu leyhen /
denn alleyne das dyr vbrig iſt / vnd zu deyner nottturfft kanſt emperen /
wie Chriſtus vom almoſen ſpricht / Was euch vbrig iſt / das gebt zu al- 35
moſen / ſo iſts euch alles reyn. Wenn nu von dyr ſo viel wollt geborget
werden / das / wo es nicht widder wurde geben / du verderben muſteſt /
vnd deyne nottturfft des nicht emperen kund / da biſtu nicht ſchuldig zu
leyhen / Denn du biſt am meyſten vnd erſten ſchuldig / deynem weyb vnd
kind vnd geſind die notturfft zu ſchaffen / vnd muſt yhn daſſelb nicht ent- 40

2 ne ‖ memen A   4 s. 9, z. 12   14 Rö. 13, 4   17 rot
18 blutrünſtig   20 oben II 363, z. 8 ff.   29 1. Ko. 6, 7   35 Lc.
11, 41

¹ wenden / das yhn von dyr gepürt. Darumb iſt das die beſte regel / Wo ²¹³ E
dyr das borgen will zu gros ſeyn / Das du eben ſo mehr etwas gebeſt
vmb ſonſt / odder ſo viel leyheſt / als dich dunckt / das du geben wolteſt
vnd wagen / obs verloren ſeyn muſſe. Denn Johannes der teuffer ſprach
5 nicht / Wer eynen rock hat / der gebe den ſelben weg / Sondern / wer
zween röcke hat / der gebe eynen dem der keynen hat / Vnd wer ſpeyſe
hat / der thu auch alſo.

Die vierde weyſe iſt / keuffen vnd verkeuffen / vnd das mit bargelt /
odder wahr mit wahr bezalen. Wer nu dieſe weyſe will brauchen / der
10 ſchicke ſich dreyn / das er wiſſe ſich auff keyn zukunfftiges zuuerlaſſen /
ſondern auff Gott alleyne / vnd das er muſſe mit menſchen vmbgehen / die
feylen odder liegen werden gewiſlich. Darumb dis der nehiſte rad iſt /
Das / wer da verkeufft / nichts borge noch bürgen anneme / ſondern las
yhm bar vber bezalen. Will er aber leyhen / das ers mit den Chriſten
15 thu / Wo nicht / das ers wage / das verloren ſey / vnd nicht weytter leyhe /
denn er ſonſt geben wollte / vnd ſeyn notturfft leyden mag / odder wo yhm
welltlich regiment vnd ordnung nicht widder dazu hilfft / das ers laſſe ver-
loren ſeyn / Vnd huete ſich / das er fur niemant burge werde / Gebe viel
lieber was er vermag. Das mocht eyn recht Chriſtlicher kauffman ſeyn /
20 den wurde Gott auch nicht laſſen / weyl er yhm alſo ſeyn trawet / vnd
frölich mit ſeynem ferlichen nehiſten wagt vnd handelt.

Wenn nu das burgewerden vnn der wellt nicht were / vnd das freye
Euangeliſch leyhen ym ſchwanck gienge / vnd eyttel bar gellt odder bereyte
wahr ynn kauffs hendeln giengen / ſo weren die aller gröſten / ſchedlichſten
25 fahr vnd feyl vnd geprechen ynn kaufſhendeln ſchön weg / vnd were leicht
mit allem ¹ kauffmanſchafft vmbzugehen / vnd mochten auch die andern ſund- 304 W
lichen geprechen beſte das erweret werden. Denn wo ſolch burge werden
vnd ſicher leyhen nicht were / muſte mancher hie nyden bleyben / vnd ſich
an meſſiger narung laſſen benügen / der ſich ſonſt auff borgen vnd burgen
30 verleſſt / vnd tag vnd nacht ynn die höhe trachtet / ¹ Daher denn will yder- ²¹⁴ E
man kauffman vnd reych werden. Daraus denn folgen muſſen ſolch vn-
zeliche / ſchwinde / böſe griff vñ tuck / die itzt vnter den kauffleutten zu
zotten gehen / das ich ſchon dran verzweyffelt habe / das gantz ſollt gebeſſert
werden / Sondern es hat ſich alſo vberladen mit aller böshept vnd triegerey /
35 das ſich ſelbſt die lenge nicht tragen kan / vnd durch ſich ſelbſt ynn ym
ſelbſt fallen mus.

Hie mit will ich kurtzlich abgeweyſet vnd vnterricht geben haben
yderman / ynn dieſem groſſen / wüſten / weitleufftigem handel des kauff-
manſchafft. Denn wo man ſollt laſſen gehen vnd bleyben / das eyn iglicher

---

2 also fortan   4 Lc. 3, 11   21 unzuverlässigen   23 bereit-
liegende   24 gäng und gäbe würden   27 abgewehrt   28 ohne risiko
— dahynden bleyben oben s. 8, z. 26   32 gefährliche | kniffe   33 als
harmlose scherze gelten

ſenne wahr ſo theur verkeufft alls er mocht / Vnd das borgen vnd vnſren
leyhen vnd burge werden recht were / Vnd doch rad vnd lere geben / wie
man Chriſtlich hieronne faren / vnd gut ſicher gewiſſen behallten ſolte /
Das were eben ſo viel / alls wollt man raten vnd leren / wie vnrecht ſolt
recht ſeyn / wie böſes ſoll gut ſeyn / vnd wie zu gleych / nach Göttlicher   5
ſchrifft vnd widder Göttliche ſchrifft / mocht gelebt vnd gehandelt werden
Denn dieſe drey ſeyle / das eyn iglicher das ſeyne gibt wie theur er will /
item borgen / vnd burge werden / ſind wie drey bornquelle / darauß alle
grewel / vnrecht / liſt vnd tuck / ſo weyt vnd breyt fleuſt. Das man nu dem
fliſſen nach trachten wolt zu weren / vnd wollt die bornquell nicht ſtopffen /   10
da iſt mühe vnd erbeyt verloren.

    Darumb will ich alhie ettliche ſolcher tuck vnd böſe ſtuck / ſo ich
ſelbs vermarckt vnd durch frumme gutte hertzen myr ſind angezeygt / er=
zelen / daran man ſpüren vnd mercken kunde / wie dieſe meyne obenge=
ſchrieben grunde vnd ſprüche auffgericht werden vnd gehen muſſen / ſoll   15
anders den gewiſſen vnn kauffshendeln geratten vnd geholffen ſeyn. Auch
das man alle andere böſe ſtuck auß dieſen erkennen vn̄ abmeſſen müge /
die hie nicht erzelet werden / Denn wie ſolts müglich ſeyn / das man ſie
alle erzelete? Syntemal / durch die vorgeſagten drey bornquellen / dem
geytz vnd der böſen tuckyſchen eygennutzigen natur / thür vnd fenſter auff=   20

gethan / lufft [1] vnd raum gemacht / vrlaub vnd macht geben iſt / allerley
liſt vnd tuck frey zu vben / vnd teglich mehr vnd mehr zu erdencken / Das
es alles von geytz ſtinckt / ia ym geytz erſeufft vnd verteufft iſt / wie mit
eyner groſſen ſindflut.

  [1] Auffs erſt machen ettliche keyn gewiſſen dauon / das ſie vhr wahr /   25
auff borgen vnd zeyt / theurer verkeuſſen / denn vmb bahr gellt. Ja ettlich
wollen keyne wahr verkeuſſen vmb bahr gellt / ſondern alles auff zeyt /
Vnd das alles darumb / das ſie ia viel gellts dran gewynnen. Hie ſiheſtu /
das dis ſtuck gar groblich widder Gottes wort / widder vernunfft vnd alle
billickeyt / aus lautter freyem mütwillen des geytzs / ſundigt an ſeynem   30
nehiſten / des ſchaden er nicht acht / vnd raubt vnd ſtilet yhm das ſeyne /
vnd ſücht nicht ſeyne zymliche narung / ſondern ſeynen geytz vnd gewyn
alleyne drynnen. Denn nach Göttlichem recht / ſolt ers nicht theurer
borgen odder auff zeyt geben / denn vmb bahr gellt.

    Jtem alſo iſt auch das gethan / das ettliche yhr gut theurer ver=   35
keuffen / denn es auff gemeynem marckt gilt vnd ym kauff geng vnd gebe
iſt / Vnd ſtengern alſo die wahr aus keyner vrſach / denn das ſie wiſſen /
das des ſelbigen gutts keyns mehr ym lande iſt / odder nun kurtz keyns
mehr komen wird / vnd man es haben muſſe. Das iſt eyn ſchalck auge
des geytzs / das nur auffs nehiſten nottdurfft ſihet / nicht der ſelben zu=   40

---

    3 verfahren   21 erlaubnis   23 untergetaucht   26 ettilch A
35 ſteht's auch damit   39 eine argliſt

helffen / sondern sich der selben zu bessern / vnd mit seynes nehisten schaden
reych werden.   Das sind alles offentliche diebe / reuber vnd wücherer.

    Item / das ettliche eyn gut odder wahr / ynn eym lande odder ynn
eyner stad / gantz vnd gar auffkeuffen / auff das sie alleyne solch gut / gantz
5 vnd gar ynn yhrer gewalt haben / vnd darnach setzen / steygern vnd geben
mugen / wie theur sie wollen odder konnen.   Nu ist droben gesagt / das die
regel falsch vñ vnchristlich ist / das yemand seyn gut so theur gibt alls er
will vnd kan / Viel grewlicher ist das / das man darauff eyn gut alleyne
auffkeufft / wilchs auch die Keyserlichen vnd welltlichen rechte verbieten /   ²16 E
10 vnd heyssens Monopolia / das sind Eygennützige keuffe / die ynn landen
vnd stedten gar nicht zu leyden sind / Vnd Fürsten vnd Herrn sollten solchs
weren vnd straffen / wenn sie yhr ampt wollten volfuren.   Denn solche
kauffleutt thun gerade / alls weren die Creaturen vnd güter Gottes / alleyne
fur sie geschaffen vnd geben / vnd alls möchten sie die selben den andern
15 nemen vnd setzen / nach yhrem mutwillen.

    Vnd ob yemand wollt anzihen / Josephs exempel Gen. 41. wie der
heylige man / alles korn ym lande eynsamlet / vnd darnach ynn der theuren
zeyt / da durch erkaufft alles gellt / vieh / land vnd leutte / dem Konige
ynn Egypten / wilchs yhe scheynet / als sey es auch eyn Monopolion odder
20 eygen nutz gewest.   Hierauff ist die antwort / Das dieser kauff vnd handel   ³06 W
Joseph keyn monopolion / sondern eyn redlicher gemeyner kauff gewest ist /
wie er ym land gewonlich war.   Deñ er weret niemant zur gutten zeyt
eyn zukeuffen.   Es war aber seyne weysheyt von Gott geben / das er des
Konigs korn / da es die sieben iar wol gerieb / eynsamlet / da die andern
25 nichts odder wenig eynsamleten.   Denn der text spricht nicht / das er
alleyne habe das korn eyngekaufft / sondern habe es eyngesamlet ynn
stedten des Koniges.   Haben das die andern nicht gethan / der schade sey
yhr / wie der gemeyn man pflegt on sorge zu zeren / odder auch zu weylen
nicht hat das er eynsamle.

30   Wie wyr auch noch sehen / das wo nicht Fürsten oder Stedte sich
mit vorrahd versehen / gemeynem lande zu gute / da bleybt keyn vorrahd
odder gar wenig bey dem gemeynen man / der sich von eym iar yns ander
neeret des ierlichen eynkomens.   Vnd ist doch solch eynsamlen keyn eygen
nütz odder Monopolion / sondern eyn recht gut Christliche fursichtickeyt /
35 fur die gemeyne vnd andern zu gut.   Denn es geschicht nicht also / das
sie alles alleyne zu sich reyssen / wie diese kauffleut / Sondern von dem
das gemeyner marckt odder ierlich eynkomen yderman gemeyn tregt / samlen
sie den schatz / dauon andere nicht wollen odder mügen   samlen / sondern   ²17 E
nur yhr teglich enthaltung dauon nemen.   Auch so meldet die schrifft
40 nicht / das Joseph drumb habe das korn eyngesamlet / das ers so theur

---

   2 offenbare   6 s. 2, z. 37 ff.   16 Gen. 41, 48 ff.   47, 14 ff.
18 er ‖ kaufft A   39 unterhalt

gebe / alß er wollt. Denn der tegt klerlich ſpricht / Er habs gethan / nicht
dem gentz zu gut / ſondern das land vnd leute nicht verdorben. Aber der
kauffgentz / gibt ſo theur er will / vnd ſucht ſeynen nütz alleyne / vnange-
ſehen / ob land vnd leutte da durch verderben.

Das aber Joſſeph daruber / hat alles geld vnd vihe / dazu allen 5
acker vnd leutte / vnter den Konig bracht / ſcheynet wol nicht Chriſtlich
gethan / Syntemal er den durfftigen ſollt vmb ſonſt geben / wie das Euan-
gelion vnd Chriſtliche liebe leret. Aber er hat recht vnd wol gethan /
Denn Joſſeph furet das welltlich regiment an Koniges ſtat. So habe ich
nu offtmals geleret / das man die wellt nach dem Euangelio vnd Chriſt- 10
licher liebe / nicht ſoll noch mag regieren / ſondern nach ſtrengen geſetzen /
mit ſchwerd vnd gewallt / darumb das die wellt böſe iſt / vnd wibber
Euangelion noch liebe annympt / ſondern nach yhrem mutwillen thut vnd
lebt / wo ſie nicht mit gewalt gezwungen wird. Sonſt / wo man eyttel
liebe ſollt vben / da wurde yderman wollen / eſſen / trincken / wol leben / 15
von der andern gut / vnd niemant erbeyten / Ja yderman wurde dem andern
das ſeyne nemen / Vnd wurde eyn weſen werden / das niemand fur dem
andern leben kunde.

Darumb hat Joſſeph recht gethan / weyl es Gott alſo ſchicket / das
er vmb eynen gleychē zymlichen kauff / den die zeyt gab / alles zu ſich 20
307 W bracht / [1] vnd lies welltlichem recht nach / das volck ym zwang bleyben /
vnd verkeuffen ſich vnd alles was es hatte / Denn ynn den ſelben landen
allzeyt eyn ſtrenge regiment geweſen iſt / vnd der brauch / das man leutte
verkaufft / wie ander gut. Daneben hat er on zweyffel als eyn Chriſten
frum man / keynen armen laſſen hungers ſterben / Sondern wie der tegt 25
ſagt / nach dem er des Konigs welltlich recht vnd regiment hat erhallten /
ſolch korn dem land vnd leutten zu gut vnd nütz eyngeſamlet / verkaufft
218 E vnd ausgethan. Darumb iſt das exempel des trewen Joſſephs / [1] ſo fern
von der that der vntrewen / eygennützigen kauffleutten / als hymel vnd
erden von eynander ſind. Das ſey zum auslaufft vngeferlich geredt. Nu 30
komen wyr wibber zu den ſtucken.

Item / wenn ettlich yhr monopolia vnd eygen nützige keuffe / ſonſt
nicht vermügen auffzurichten / weyl andere da ſind / die auch der gleychen
wahr vnd gut haben / faren ſie zu / vnd geben yhr gut ſo wol feyl / das
die andern nicht mugen zukomen / Vnd zwingen ſie damit dahyn / das ſie 35
enttweder nicht muſſen feyl haben / odder mit yhrem verderben / ſo woll
feyl geben als ihene. Alſo komen ſie doch zum Monopolion. Dieſe leut
ſind nicht werd / das ſie menſchen heyſſen / odder vnter leutten wonen /
Ja ſie ſind nicht werd / das man ſie vnterweyſen odder ermanen ſollt /
Syntemal der neyd vnd gentz ſo grob / vnuerſchampt dir iſt / das er auch 40

---

1 Gen. 41, 36   20 angemessenen kaufpreis   21 in der zwangs-
lage   25 Gen. 41, 36   30 als exkurs ausser ab- und voraussicht
36 zu ihrem schaden

mit ſeynem ſchaden / anber zu ſchaden bringt / auff das er ia alleyne auff
dem plaß ſey. Recht thet hie welltliche öberkeyt / das ſie ſolchen nemen
alles was ſie hetten / vnd trieben ſie zum lande aus. Solche ſtuck weren
wol nicht nott zu erzelen / Aber ich will ſie darumb mit eyn gemenget
5 haben / das man ſehe / wilch groſſe büberey ynn kauffßhendelen ſey / Vnd
an den tag kome fur yberman / wie es zu geht ynn der wellt / ſich fur
ſolchem ferlichem ſtand wiſſen zu hueten.

Item / das iſt auch eyn feynes / Wenn eyner eym andern verkaufft
mit worten ym ſack / die wahr die er ſelbſt nicht hat. Nemlich alſo /
10 Es kompt eyn frembder kauffman zu myr vnd fragt / ob ich ſolche obber
ſolche wahr feyl habe / Ich ſpreche ia / vnd habe doch keyne / Vnd ver.
keuffe ym doch die ſelbige vmb .g. obber .ri. gulben / die man ſonſt vmb
.ix. obber neher keufft / vnd ſage ym zu / vber zwen obber brey tage die
ſelbige zu vber reychen. Ynn des gehe ich hyn vnd keuffe ſolche wahr / da
15 ich vorhyn wol wuſte / ich wurde ſie neher keuffen / deñ ich ſie yhm gebe /
vnd vberreiche yhm die ſelbige / vñ er bezalet myr ſie / Vnd handele alſo
mit ſeynem / des andern eygen gellt vnd gut / on alle fahr / mühe vnd
erbeyt / vnd werde reych. Das heyſt ſeyn ſich auff [1] der gaſſen erneeret 219 E
durch frembd gelt vnd gut / das man nicht barff vber land obber mehr
20 zihen.

[1] Item / das heyſt auch ſich auff der gaſſen neeren / Wenn eyn kauff- 308 W
man den beuttel vol gellts hat / vnd nicht mehr will mit ſeynen gütern
vber land obber meer ebenteur ſtehen / ſondern gewiſſen handel habē / ſo
bleybt er ymer ynn eyner groſſen kauffſtad / Vnd wo er eynen kauffman
25 weyß / der gedrenget wird von ſeynen leyhern / das er gellt mus haben zu
zalen vnd doch nicht hat / ſondern noch gute wahr hat / So macht ihener
eynen aus von ſeynen wegen / der biſſem die wahr ab keuffen ſoll / vnd
beutt yhm .viij. gulben / bo es ſonſt gerne .g. gillt. Will der ſelbe nicht /
ſo macht er eynen andern aus / der yhm ſechs obber ſieben beutt / Das
30 der arm man ſorgen mus / die wahre wolle abſchlagen / Vnd fro wird /
das er die acht nympt / auff das er bahr gellt kriege / vnd nicht allzu
groſſen ſchaden vnd ſchande tragen muſſe. Auch geſchichts / das ſolch be-
nöttige kauffleut / ſelbs ſolch Tyrannen anſüchen vnd die wahr anbieten /
vmb bahr gellt willen / das ſie bezalen mugen / So hallten ſie denn hart /
35 bis ſie die wahr wol feyl gnug kriegen / vnd darnach geben / wie ſie
wollen /. Solche fynanßer heyſt man die gorgel ſtecher obber kelſtecher /
Sind aber fur groſſe geſchickte leute gehallten.

Item / das iſt auch eyn gryff des eygen nüßes / das brey obber vier

---

9 Thiele no. 465   13 billiger   18 wie die straſſenräuber,
bettler und das fahrende volk   19 braucht   23 abenteuer beſtehen
ſichere geſchäfte   25 gläubigern   26 ermittelt   30 im preiſe ſinken
33 geldbedürftige | aufſuchen   34 ſetzen ſie ihm zu   36 betrüger
halsabſchneider   38 kniff

kauffleut haben eynerley odder zweyerley wahr vnter yhren henden / wilche ander leutte nicht haben odder nicht feyl haben / Wenn sie nu mercken / das solche wahr will gellt gelten / vnd alle tage theurer wird / von kriegs wegen odder vnfalls halben / So rotten sie sich / vnd geben den andern fur / wie solche wahr fast gesucht werde / vnd nicht viel sind / die der gleychen feyl haben. Sind aber ettliche die der gleychen haben / so müßen sie eynen frembden aus / den lassen sie alle solche wahr auffkeuffen. Wenn sie denn die selbigen wahr gantz ynn yhren henden haben / machen sie eynen bund mit eynander / auff die weyse. Wyr wollen diese wahr / weyl keyne mehr furhanden ist / so vnd so hoch auffs gellt [1] hallten. Vnd welcher sie neher gibt / der soll so viel odder so viel verfallen seyn.

Dis stuck / höre ich / treyben die Engelender kauffleute am grobesten vnd meysten / wenn sie Englische odder Lündissche tücher verkeuffen. Denn man sagt / sie hallten eynen besondern rad zu dissem handel / wie eyn rad ynn eyner stad / Vnd dem rad mussen alle die Engelender gehorchen / die englische [1] odder lündische tücher verkeuffen / bey genanter straffe. Vnd durch solchen rad wird bestympt / wie theur sie yhre tücher geben sollen / vnd wilchen tag odder stunde / sie sollen feyl haben odder nicht. Der oberst ynn disem rad heyst / der Koyrtmeyster / vnd ist nicht viel weniger gehallten denn eyn fürst. Da sihe / was der geytz vermag / vnd fur= nemen thar.

Item / ich mus das stucklin auch melden. Ich verkeuff eynem auff eyn halb iar / pfeffer odder des gleychen / Vnd weys / das er den selben von stund an mus widder verkeuffen / vmb bahr gellts willen zu machen. So gehe ich selber hyn / odder richte es durch andere aus / vnd las yhm den pfeffer vmb bahr gellt widder abkeuffen / Doch also / was er myr auff eyn halb iar hat vmb .xij. gulden abkaufft / das keuff ich yhm abe vmb .viij. vnd der gemeyne kauff ist .x. gulden. Also keuff ich yhm vmb zween gulden neher ab / denn der gemeyne marckt gibt / Vnd er hat myr vmb zween gulden höher abkaufft / denn gemeyner marckt gibt. So gewynne ich hynden vnd forne / Nur darumb das er gellt kriege / vnd glauben hallte / er mocht sonst mit schanden bestehen / das yhm niemant mehr borgete.

Welcher nu solche fynantze treybt odder treyben mus / wie denen ge= schicht / die mehr auff borg keuffen / denn sie bezalen mügen / alls wenn eyner kaum zwey hundert gulden vermag / vnd füret eynen handel / auff funff odder sechs hundert gulden / Wenn nu meyne schuldiger nicht zalen /

---

4 vereinigen   5 sehr   6 putzen, staffieren   8 bilden sie einen ring   11 billiger abgibt | konventionalstrafe zahlen   13 Londoner 16 bestimmter   19 courtmaster   21 vorzunehmen wagt   23 unter der bedingung, dass er im laufe eines halben jahres bezahlt   24 um bar geld zu erlangen   28 gewöhnliche kaufpreis   31 kredit behalte 34 betrügereien

so kan ich auch nicht zalen / So frist der vnrad weytter eyn / vnd kompt
eyn verlust auff die ander / yhe mehr ich diese fynantz treybe / bis ich
mercke / Es wolle an galgen / ich musse entlauffen odder ym ¹ thorm sitzen. 221 E
So schweyge ich stille / vnd gebe meynen Borgern gute wort / Ich wolle
5 sie redlich bezalen.   Nun des gehe ich hyn / vnd neme noch so viel güter
auff borg als ich kan / vnd mache die selbige zu gellt / odder neme sonst
gellt auff wechsel / odder entleyhe so viel / wie ichs bekomen kan.

Wenn myrs deñ am gelegensten ist / odder meyne borger myr nicht
ruge lassen / So sperre ich meyn haus zu / Stehe auff / vnd lauff dauon /
10 Verstecke mich yrgen / ynn eyn kloster / da ich frey byn / wie eyn dieb vnd
morder auff eym Kirchhoffe.   Da werden denn meyne Borger fro / das ich
nicht gar aus dem lande lauffe / vnd schellten mich quyt den .ij. odder
.iij. pfennig aller meyner schuld / vnd das ich das hynderstellige ynn .ij.
odder drey iaren bezalen soll / Des geben sie myr brieff vnd sigel / So kom
15 ich widder ynn meyn haus / vnd byn eyn kauffman / der mit seynem auff-
stehen vnd lauffen zwey odder drey tausent gulden gewonnen hat / die ich
sonst ynn drey odder vier iaren / widder mit rynnen noch draben hette
mügen erlangen.

Odder wo dis nicht ¹ helffen will / wo ich sehe das ich entlauffen 310 W
20 mus / So zihe ich an des keysers hoff / odder zu seynen stathelltern.   Do
kan ich vmb .j. odder .ij. hundert gulden eyn Quinquernell kriegen / das
ist / Keyserlichen brieff vnd sigel / das ich mag .ij. odder .iij. iar frey seyn /
gehen vnd stehen fur alle meynen borgern / darumb das ich grossen schaden
gelitten haben soll nach meynem angeben / das die Quinquernelle auch
25 eyne nasen habe / als gienge es Göttlich vnd recht zu / Das heyssen aber
büben stucke.

Item eyn ander stucklin / das ynn den Gesellschafften genge ist.   Es
legt eyn Bürger sechs iar lang zu eym kauffman eyn / zwey tausent gulden /
damit soll der kauffman handeln / gewynnen odder verlieren / vnd dem
30 burger ierlich zwey hundert gulden gewisser zinse dauon geben / Was er
aber daruber gewynnet / ist seyn / Gewynnet er aber nichts / mus er doch
die zinse geben.   Vnd der burger thut dem kauffman grossen dienst daran /
Denn der kauffman meynet mit zwey tausent / ¹ woll drey hundert zu ge- 222 E
wynnen.   Widderumb thut der kauffman dem burger eynen grossen dienst
35 daran / denn seyn gellt muste sonst stille ligen / vnd keyn gewyn bringen.
Wie dis gemeyne stucklin vnrecht sey vnd eyn rechter wücher / hab ich ym
Sermon vom wücher gnugsam erzelet.

Noch eynes mus ich erzelen zum exempel / wie das falsche borgen
vnd leyhen ynn vnglück furet.   Es sind ettlich / wenn sie mercken / das der

---

1 greift das unheil weiter um sich   4 gläubigern   12 sprechen
mich frei von   13 den rest   17 rennen   21 Quinquennale, schutz-
brief auf 5 jahre   25 ein ansehen (Thiele, no. 394)   34 umgekehrt
37 vgl. W. A. 6, 6 ff. 51 ff.

kauffer vngewiß iſt / vnd ſeyne zeyt nicht hellt / die konnen ſich ſelbs ſeyn
bezalen / auff die weyſe. Jch richte eynen frembden kauffman zu / das er
hyngehe / vnd ihenem ſeyne wahr abkeuffe / Es ſey hundert gulden obber
des gleychen / vnd ſpriche / Wenn du ſeyne wahr haſt alle abkaufft / ſo
ſage yhm bahr gellt zu / obber weyſe yhn auff eynen gewiſſen ſchuldiger.   5
Vnd wenn du die wahr haſt / ſo kure yhn zu myr / alls zu deynem ſchuldiger /
vnd thu alls wuſteſtu nicht / das er myr ſchuldig iſt / So werde ich be=
zalet vnd gebe yhm nichts. Das heyſt fynantzen / vnd den armen man
ynn grund verderben / mit allen den er villeicht auch ſchuldig iſt. Aber
ſo ſoll es gehen / wo man vnchriſtlich borget vnd leyhet.   10

Jtem man hat auch gelernt / Eyne wahr obber gut zu ſetzen obber
zu legen / da es zunympt / alls pfeffer / yngber / ſaffran / ynn feuchte ge=
welb obber keller / das am gewichte ſchwerer werde. Alſo auch wullen
gewand / ſeyden / marder / zobbeln / ynn finſtern gewelben obber kreme feyl
zu haben / vñ die [1] lufft verſtopffen / wie der brauch allenthalben iſt / das   15
man ſchier zu eyner iglicher wahr weyß eyne beſondere lufft zu machen.
Auch keyne wahr iſt / man weyß eynen beſondern forteyl drauff / Es ſey
mit meſſen / zelen / mit ellen / mas obber gewicht. Vnd das mä yhr eyne
farbe macht / die ſie von yhr ſelbſt nicht hat. Obber man legt das hübſthe
vnden vnd oben / vnd das ergeſte mitten ynne / Alſo das ſolche triegerey   20
keyn ende hat / vnd keyn kauffman dem andern weytter trawen thar / denn
er ſihet vnd greyfft.

Nu iſt bey den kauffleutten eyne groſſe klage / vber die Edel leut
obber reuber / wie ſie mit groſſer fahr muſſen haudeln / vnd werden druber
gefangen / geſchlagen / geſchetzt vnd beraubt / etc. Wenn ſie aber ſolchs   25
vmb [1] der gerechtickeyt wille lydden / ſo weren freylich die kauffleut heylige
leute / die ſolchs lydden. Wie wol es ſeyn mag / das etwa eynem fur
Gott vnrecht geſchehe / das er der andern entgellten mus / ynn wilcher
rotte er funden wird / vnd betzalen / was eyn ander geſundigt hat. Aber
weyl ſolch gros vnrecht vnd vnchriſtliche dieberey vnd reuberey vber die   30
gantze wellt durch die kauffleut / auch ſelbſt vnternander geſchicht. Was
iſts wunder / ob Gott ſchafft / das ſolch gros gut mit vnrecht gewonnen /
widderumb verloren obber geraubt wird / vnd ſie ſelbſt dazu vber die kopffe
geſchlagen obber gefangen werden? Gott mus yhe das recht haudhaben /
Wie er ſich eynen rechten richter rhümen leſt Pſal. 10.   35

Nicht das ich damit die ſtraſſen reuber obber ſtrauch diebe will ent=
ſchuldigt obber vrlaub geben haben / yhrer reuberey zu treyben. Es iſt
der lands fürſten ſchuld / die yhre ſtraſſen ſollten reyn hallten / dem böſen
eben ſo wol zu gut / alls dem frummen. Vnd den Fürſten gepürt ſolche

1 unzuverlässig	die zeit, innerhalb deren	er zahlen soll	
4 ſpricht A	5 verweise	8 betrügen	12 ingwer	14 krambuden
24 geſchäfte machen		28 für die andern büssen	35 Ps. 10, 18.
11, 7	37 erlaubnis	39 rechtschaffenen	

onrechte kauffshendel / mit ordenlicher gewalt zu straffen ond zu weren das
yhr onterthanen nicht so schendlich von den kauffleutten geschunden worden.
Weyl sie das nicht thun / so braucht Gott der Reutter ond Reuber / ond
strafft durch sie / das onrecht an den Kauffleuten ond mussen seyne Teuffel
5 seyn / gleich wie er Egypten land ond alle wellt mit Teuffeln plagt /
obber mit feynden verderbet. Also steupt er eynen buben mit dem andern.
On das er da durch zuuerstehen gibt / das die reutter geringer reuber
sind / denn die kauffleut. Syntemal die kauffleut / teglich die gantze wellt
rauben / wo eyn reutter ym iar eyn mal obber zwey / eynen obber zween
10 beraubt.

¹ Von den Geselschafften sollt ich wol viel sagen / Aber es ist alles 312 W
grundlos ond bodelos / mit eyttel geyt ond onrecht / Das nichts dran zu
finden ist / das mit gutem gewissen zu handeln sey. Denn wer ist so grob /
der nicht sihet / wie die geselschafften nicht anders sind / deñ eyttel rechte
15 Monopolia? Wilche auch die weltliche heydenische rechte verbiete / als
eyn offentlich ¹ schedlich ding aller wellt / ich wil des görtlichen rechts ond 224 E
Christlichs gesetz schweygen. Denn sie haben alle wahr onter yhren
henden / ond machens damit wie sie wollen / ond treyben on alle schew
die obberürten stuck / das sie steygern obber nyddrigen nach yhrem gefallen /
20 ond drucken ond verderben alle geringe kauffleute / gleich wie der hecht die
kleyne fisch ym wasser / gerade als weren sie Herrn ober Gottes Creaturen /
ond frey von allen gesetzen des glaubens ond der liebe.

Daher kompts / das man ynn aller wellt mus die würtze so theur
keuffen / als sie wollen / ond treyben den wechsel / Heur steygern sie den
25 yngber / Aber eyn iar den saffran / obber widderumb / Das yhe allezeyt
die krümme ynn die beuge kome / oñ keyne verlust / schaden noch fahr
leyden durffen / Sondern verdirbt obber feylet der yngber / so erholen sie
sichs am saffran / ond widderumb / auff das sie yhres gewynstes gewis
bleyben / Wilchs widder die art ond natur ist / nicht alleyn der kauffs-
30 gueter / sondern aller zeytlicher gueter / die Gott will onter die fahr ond
onsicherheyt haben. Aber sie habens funden ond troffen / das sie durch
ferliche / onsichere / zeitliche wahr / sichern / gewissen ond ewigen gewinst
treyben. Aber daruber mus gleichwol alle wellt gantz aus gesogen werden /
ond alles gellt ynn yhren schlauch sincken ond schwemmen.

35 Wie sollt das ymmer mügen Göttlich ond recht zugehen / das eyn
man ynn so kürtzer zeyt so reych werde / das er Konige ond Keyser aus-
keuffen mochte? Aber weyl sie es dahyn bracht haben / das alle wellt
ynn fahr ond verlust mus handeln / Heur gewynnen / ober eyn iar ver-
lieren / Aber sie ymer ond ewiglich gewynnen / ond yhre verlust mit

---

7 Nur 11 handelsgesellschaften 13 verblendet 24 betreiben
diese abwechslung: 25 umgekehrt 26 dass es sich für sie immer
wieder ausgleicht 27 mangelt | halten sie sich schadlos 30 der ge-
fahr und unsicherheit ausgesetzt 34 schlund | schwimmen

erſteygertem gewynn büſſen konnen / iſts nicht wunder / das ſie balb aller
welt gut zu ſich reyſſen. Denn eyn ewiger gewiſſer pfennig / iſt ia beſſer /
benn eyn zeytlicher vngewiſſer gulbe. Nu kauffſchlagen vhe ſolche geſel-
313 W ſchafften / mit eyttel ewigen gewiſſen gulben / ¹ vmb vnſere zeytliche / vnge-
wiſſe pfennige. Vnd ſolt noch wunder ſeyn / das ſie zu Konige vnd wyr 5
zu Bettler werben?

225 E   Konige vnd Fürſten ſollten hie breyn ſehen / vnd ¹ nach geſtrengem
recht ſolchs weren / Aber ich höre / ſie haben kopff vnd teyl bran / Vnd
geht nach dem ſpruch Eſaie .1. Deyne Fürſten ſind der biebe geſellen
worden. Die weyl laſſen ſie biebe hengen / die eyn gulben obber halben 10
geſtolen haben / vnd hantieren mit denen / die alle welt berauben / vnd
ſtelen ſerer / denn alle anber / Das ia bas ſprichwort war bleybe / Groſſe
biebe hengen die kleynen biebe / Vnd wie der Römiſche Rabherr Cato
ſprach / Schlechte biebe ligen ynn thormen vnd ſtocken / Aber offentliche
biebe gehen ynn gold vnd ſeyden. Was wird aber zu letzt Gott bazu 15
ſagen? Er wird thun wie er burch Ezechiel ſpricht / Fürſten vnd Kauff-
leut / eynen bieb mit dem andern ynneynander ſchmeltzen wie bley vnd
ertz / gleich als wenn eyne ſtab aus brennet / das widder Fürſten noch
kauffleut mehr ſeyen / als ich beſorge / das ſchon fur der thůr ſey. Wyr
gedencken vns boch nicht zu beſſern / wie gros auch die ſund vñ vnrecht 20
ſey / So kan er auch vnrecht vngeſtrafft nicht laſſen.

     Darumb barff niemant fragen / wie er muge mit gůtem gewiſſen ynn
den geſellſchafften ſeyn. Keyn ander rab iſt / Denn / Las Abe / Da wird
nicht anders aus. Sollen die geſellſchafften bleyben / ſo mus recht vnd
redlickeyt vntergehen / Soll recht vnd redlickeyt bleyben / ſo muſſen bie 25
geſellſchafften vnter gehen. Das bette iſt zu enge / ſpricht Eſaias / eyns
mus eraus fallen / Vnd die becke iſt zu ſchmal / kan beybe nicht zu becken.
Nu weys ich wol / das meyn ſchreyben vbel gefallen wird / vnd werden
villeicht alles ynn wind ſchlahen / vnd bleyben wie ſie ſind. Aber ich byn
boch entſchulbigt / vnd habe das meyne gethan / auff das man ſehe / wenn 30
Gott nu mit der ruten komen wird / wie redlich wyrs verdienet haben.
Hette ich eyne ſeele bamit vnterricht / vnd erlöſet von dem ſchlund / ſo
hette ich nicht vmb ſonſt geerbeytet.

     Wie wol ich hoffe / es ſey durch ſich ſelbſt ſo hoch vnd ſchweer
worden / wie ich broben auch geſagt habe / das ſich ſelbſt nicht lenger 35
tragen wird / vnd man zu letzt bauon mus ablaſſen. Summa / Eyn ig-
226 E licher ſehe auff ſich. ¹ Myr zu liebe obber bienſt barff niemant ſolchs laſſen /
Alſo barffs auch myr zu trotz vnd leybe niemant an nemen noch behalten.

---

1 wieder gutmachen   3 handeln   8 sind mit ihnen verschworen
(D. Wb. 5, 1757)   9 ſpruch A | Jes. 1, 23   11 machen geschäfte
12 schlimmer | Wander, Dieb no. 145   13 Gell. Noct. Att. l. XI
c. XVIII § 18   16 Ez. 22, 20   26 Jes. 28, 20   32 s. 1, z. 21
35 s. 2, z. 16 ff.   37 braucht

Es gilt dyr / nicht myr. Gott erleuchte vns / vnd sterck vns / seynen gutten willen zu thun / AMEN.

Vom wucher.

6, 36 W
20, 89 E¹
16, 79 E²

Zum ersten / Jst zu wissen / das zu vnsern zeytten (wilche der Apostel
5 S. Paul verkundet hat / das sie serlich seyn werden) der geytz vnd wucher / nicht alleyn gewaltiglich ynn aller welt eyngeryssen / sondern auch sich vnterstanden hat / ettlich schand deckel zu suchen / dar vnder er fur billich geachtet / seyne boßheyt frey mochte treyben. Vnd ist daruber fast dahyn kommen / das wyr das heylig Euangelion fur nicht achten. Derhalben 10 es not ist / eynem iglichen menschen yn dieser serlichen zeyt / sich wol fur sehen / vnd ynn den hendeln zeytlicher güter mit rechtem vnterscheydt wandeln / mit vleyssigem auffmercken des heyligen Euangelij Christi vnsers Herrn.

Zum andern / Jst zu wyssen / das drey vnterscheydliche grad vnd 15 orden sind / wol vnd verdienstlich handeln / mit den zeytlichen gütern. Der erst / So vns yemand etwas zeytlicher güter nympt mit gewalt / sollen wyrs nicht alleyn leyden vnd faren lassen / sondern auch bereyt seyn / so er mehr nemen wollt / dasselb auch zu lassen. Dauon sagt vnser lieber Herr Jhesus Christus Mat. 5. So yemand mit dyr haddern will / fur 20 gericht / das e⸗ dyr deynen rock neme / dem las auch deynen mantel darzu. Dis ist der hochst grad / ynn diesem werck / vnd ist nicht zuuersteen / als ettlich meynen / man soll yhn den mantel hynach zum rock werffen / ¹ sondern 80 E¹ das man den mantel auch lasse faren / nicht widderstrebe noch vngedultig drob sey / noch widder hole / Denn er ¹ spricht nicht / gib yhm auch den 90 E 25 mantel / sondern las yhm auch den mantel / Gleych wie Christus fur dem Bisschoff Annas / da er den backenschlag empfieng / hielt er den andern / auch den selben / widder dar / vnd bereyt war mehr zu leyden der selben schlege. Ja ynn seynem gantzen leyden / sehen wyr / das er nie keyn böse wort odder that bezalet odder widderholet / sondern allzeyt bereyt ist mehr 30 zu leyden.

¹ Zum dritten / Das ist wol war / das er zu dem knecht Malchus / ³⁷ W der yhn schlug sprach / Hab ich vbel geredt / so bewere dasselb / hab ich aber wol geredt / warüb schlechstu mich? An diese wort stossen sich ettlich / auch der gelerten / vnd meynen / Christus hab hie nicht den andern backen 35 dar gehallten / wie er geleret hat. Aber sie sehen die wort nicht recht an / Denn Christus ynn diesen wortē drewet nichts / rechet sich nicht / schlecht nicht widder / wegert auch nicht den andern backen / ia er richtet auch nicht / noch verdampt er den Malchus / sondern wie Pet. von yhm

5 2. Ti. 3, 1 · 15 ordnungen 19 Mt. 5, 40 22 hinterdrein
25 Jo. 18, 23 29 vergilt 31 Jo. 18, 23 32 beweise 38 1. Pt. 2, 23

schreybt / Er hat nicht gedrawet / noch böses gedacht widder zu gelten /
sondern hat es auff gott den rechten richter gestellet / als sprech er / Hab
ich recht geredt / odder du mich recht schlegest / wird Gott wol finden /
Vnd du bist schuldig das zu beweren / Gleych wie Zacharias sprach / da sie
yhn todten / Videat dominus et iudicet / Gott wird das sehen vnd richten. 5
Also thet er auch fur Pilato / da er sprach / Der mich dir vbir geben hat /
der hat eyn grossere sunde than denn du. Denn das ist eyn Christliche
brüderliche trewe / so du yhn erschreckist / vnd yhm sey vnrecht vnd Gottis
gericht furheltist / der dyr vnrecht thut / vnd bist yhm schuldig zu sagen
also / Wolan / du nympst myr den rock / dis vnd das / thuestu recht daran / 10
du wirsts mussen verantworten. Vnd das mustu thun / nicht vmb deyns
schadens willen furnemlich / auch nicht yhn zu bedrawen / sondern yhn zu
warnen / vnd seyns verderbens zu erynnern / So er sich nicht dran keret /
so las gehen was gehen will / vnd ymmer mehr nemen. Sihe / so ist
zuuerstehen das wort Christi / fur Annas gericht gesprochen / Darnach 15
folget / das du auch must wie Christus am creutz / fur yhn bitten / vnd
yhm wol thun / der dyr vbel thut / das wyr ytzt lassen anstehen bis zu
seyner zeyt.

Zum vierden / Viel meynen / dieser erste grad / sey nicht gepotten
noch not zu hallten eynem iglichen Christen menschen / Sondern sey eyn 20
gueter rad den volkomen heym geben / ob sie yhn wollen hallten / gleych
wie die iunckfrauschafft vnd keuschent geratten vnd nicht gepotten ist.
Darumb achten sie fur billich / das eyn iglicher das seyne widder hole /
gewallt mit gewalt vertreybe / wie er mag vnd weys / Vnd schmucken solch
yhr meynung mit hübschen blümmen / beweren die mit vielen krefftigen 25
(alls sie dunckt) vrsachen. Zum ersten / das auch ettlich geystlich recht
(schweyg das weltlich) sagen / Vim vi pellere iura sinunt / Das ist / die
rechte gebens zu / das man gewallt mit gewallt were. Daher zum andern
kompt das gemeyne sprichwort von der not were / das die selb vnstrefflich
ist / was sie verwirckt. Zum dritten / füret man erzu ettlich exempel der 30
schrifft / als Abraham / Dauid vnd viel mehr / die wir lesen / wie sie yhre
seynde gestrafft vnd bezalet haben. Zum vierden / zihen sie an die vernunfft /
vnd sprechen / Solue istud. So das eyn gepott were / wurd den bös-
willigen vrlaub geben zu nemen vnd stelen / zu letzt wurde niemant nichts
behallten / ia niemant seyns leybs sicher seyn. Zum funfften / das yhe 35
alles fest bewaret sey / furen sie S. Augusti spruch hereyn / der dise wort
Christi also auslegt / das man den mantel soll faren lassen nach dem rock /
secundum preparationem animi / Das ist / man soll darzu bereyt seyn ym
hertzen. Diese edle / klare auslegung / deutten vnd finstern sie mit eyner

4 beweisen | 2. Chr. 24, 22   6 Jo. 19, 11   12 bedrohen
16 Lc. 23, 34   21 anheimgegeben   27 WABr 5, 261¹⁰ 29 Wander,
Notwehr no. 3 |30 verschuldet   34 erlaubnis   36 De sermone
domini in monte 1, 19, 59 (MSL. 34, 1260)   39 verfinstern

andern glose / vnd setzen darzu / Es sey nicht not / das wyr es zu geben /
eufferlich ynn der that / Sey gnug / das ym hertzen ynnerlich wyr bereyt
vn geschickt seyen / solchs zu thun / ¹ als solten wyr etwas wollen thun / das   8₂ E²
wyr doch nicht wollen thun / das ia vnd neyn sey eyn ding.

5   Zum funfften / Sihe da / das sind die meyster stuck / damit man bis=
her / vnsers lieben Herrn Ihesu ¹ Christi lere vnd exempel mit dem heyligen   9₂ E¹
Euangelio / allen seynen martern vnd heyligē / hat vmbkeret / vnbekant ge=
macht vnd gantz vnterdruckt / das nu zur zeyt geystlich vnd welltlich pre=
laten vnd vnterthanen / die besten Christen sind / die solchen stucken folgen /
10 vnd widder Euangelion leben / lere vnd Euangelion streben. Daher kompt
es / das habder / getzenck / richter / notarien / officialen / iuristen vnd solchs
edlen gesinds so viel sind / alls die fliegen ym sommer. Da her kompt so
uiel krieg vnd blut vergiessen vnter den Christen / da mus man auch gen
Rhom haddern / Denn da selbst ist viel gellts die aller gröste nott. Vnd
15 ynn der Christenheyt itzt das grossist / heyligist / gemeynist werck ist /
rechten vnd fechten / Das ist / dem heyligen fridlichem leben vnd leren
Christi widderstreben / vnd zu letzt das grausam spiel dahyn bracht ist / das
nicht alleyn vmb geringer summa willen / drey odder vier groschen / eyn
arm Christen mensche / den Gott mit seynem blut erlöset / cityrt etwa
20 vber viel meylen / verbānet / veriagt wird / von weyb / kind vnd den
seynen / sondern auch die frischen knaben / das achten alls gar woll ge=
than / vnd eyn froliche styrn darzu tragen. So sollen fallen / die Gottis
gepot zu spott machen / so soll Gott blenden vnd schenden / die seyn heyliges
liechtes wort / zur finsternis machen / Das heyst / Wim vi repellere licet /
25 vnd / secundū animi preparationem / den mantel faren lassen. Denn also
hallten auch das Euangelion die Heyden / Ia die wolff vnd alle vnuer=
nunfftige thire / vn durfften seyn die Christen nicht mehr.

       Zum Sechsten. Derhalben will ich das meyne thun / vnd so viel
ich mag / eynen yden verwarnet haben / das er sich nicht lasse yrren / wie
30 gelert / ¹ wie gewalltig / wie geystlich / vnd wie viel der selben allsampt   39 W
sind / die aus diesem grad / eyn rad gemacht haben vnd noch machen / es
geschehe mit waserley blūmen vn ¹ farben es mag. Es hilfft keyn außrede /   8₃ E²
es ist schlecht eyn gepot / dem wyr schuldig sind zu folgen / wie Christus
vnd seyne heyligen ynn yhrem leben vns dasselb bestettiget vn furtragen
35 haben. gott achtet nicht / ¹ das die rechte / sie seyen geystlich odder welltlich /   9₃ E¹
zu lassen / gewalt mit gewalt weren. Auch ists nicht köstlichs / was die
recht zu lassen / Lassen sie doch zu / gemeyne frawenheuser / die doch widder
Gottis gepott sind / lassen auch viel andere böse stucke zu / die Gott ver=
peut / sie mussen auch heymliche sunde vnd bößheyt zu lassen. Es ist gar

---

3 gerüstet	7 märtyrern	14 prozessieren	bedürfnis nach
geld 21 muntern	27 brauchten es	29 irre machen	32 welcherlei
schönen redensarten und scheingründen		33 einfach	34 vorgelebt

eyn kleyn ding / was menschliche recht gepieten vnd verpieten / schwenge /
das sie zu lassen odder nicht straffen. Darumb / die nottweere / ist wol fur
dem menschlichen recht vnstrefflich / aber fur Gott nicht verdienstlich.
Haddern fur gericht strafft widder Bapst noch Keyser / Es strafft aber
Christus vnd seyne lere. Das aber ettliche Veter ym alten testament /   5
yhre seynd haben gestrafft / ist nie geschehen aus yhrem willköre / oder on
sonderlich befeel gottis / wilcher die sunder strafft / zu weylen durch frum
vnd böse / engel vnd menschen. Darumb haben sie nicht darynne yhre
rach odder gut gesucht / sondern alleyn gotte gehorsamlich gedienet / gleych
wie Christus ym Euangelio leret / das man vmb Gottis gepots willen /   10
auch widder vater vnd mutter handeln soll / die er doch gepotten hat zu
ehren / vnd doch die gepot nicht widdernander sind / sondern das vnter /
nach dem öbern regirt wird. Also auch / wenn dyr Gott gepeut / dich zu
rechnen odder verfechten / so soltu es thun vnd nicht ehr.

Zum Siebenden. Doch ist es war / das Gott hat eyngesetzt das   15
welltliche schwerd / darzu auch die geystliche gewalt der Kirchen / vnd beyden
öbirkeyten befolhen / die böswilligen zu straffen vnd die verdruckten zu
redten / Wie Pau. Ro. 13. vnd viel örtern leret Isa. 1. vnd psal. 81.
Aber das sollt also geschehen / das niemant selbst kleger were / sondern die
andern ynn brüderliche trew vnd sorgfeltigkeyt fur eynander / ansagten der   20
öbirkeyt / dieser vnschult / vnd yhener vnrecht / das also die gewallt mit

84 E² | füg vnd rechter ordenüg durch der andern bezeugen / zur straffe grieffe.
Ja der leydende sollt bitten vnd weren / das man seyne sach nicht rechte /
Widderumb / die andern nicht ablassen / bis das vbel gestrafft wurde / so

94 E¹   gienge es freuntlich / Christlich vnd brüderlich zu / vnd | wurde mehr die   25
sunde / denn der schaden angesehen. Darumb strafft Paul. die Corinthern
.1. Cor. 6. das sie rechteten mit eynander / vnd nicht lieber schaden vnd
betrüg lydden / wie wol er yhrer vnuolkomenheyt zu lies / das sie richter

40 W¹   setzten / die geringsten vnter yhn / Das thet er aber sie zu beschemen / das
sie yhre vnuolkomenheyt erkenten. Also mus man auch noch dulden / die   30
vmb zeytlich gut rechten vn fechten / als die weychen kindischen Christen /
die man nicht hyn werffen mus / vmb hoffnung willen yhrer besserung /
wie der selb Apostel / an viel örten leret. Aber man soll yhn sagen / das
dasselb nicht Christlich noch verdienstlich wol than sey / sondern eyn
menschlich vnd yrdisch werck / vorhinderlich zur seligkeyt mehr denn for=   35
derlich.

Zum Achten. Solch gepot / hat Christus darumb geben / das er ynn
vns auffrichtet / eyn fridlich / reyn vnd hymellisch leben. Nu ist das nicht
der weg zum fride / so yderman das seyne wibberfoddert / vnd nicht vnrechts

1 geschweige   9 vorteil   10 Mt. 10, 35 ff.   14 rächen |
wehren   17 unterdrückten   18 Rö. 13, 3 f. | Jes. 1. 23 ff. | Ps.
82, 3 f.   20 fürsorge   27 1. Ko. 6, 6 ff.   31 zarten noch in der
entwicklung begriffenen

lenden wil / als die blynden meynen / von den am .13. pſalm ſteht. Sie
wiſſen den weg nicht zum fride / wilcher alleyn ym leyden geht / Wie auch
die heyden mit vernunfft vnd wyr mit teglicher erfarung erkennen. Es
mus eyn teyl dem andern ſtill halten vnd leyden / ſol fride bleyben / vnd
5 ob man lange zenckt vnd habbert / mus es doch zu letzt auffhören / mit
vielen erlitten ſcheden vñ vbel / die nicht geſchehen / ſo man ym anfang
dis gepot / Chriſti gehallten / vnd ſich die anfechtung (da mit Gott vns
verſucht) nicht het laſſen von dem gepot treyben vnd vberwinden. Alſo
ordenet es Gott / das / wer nicht wenig will laſſen faren vmb ſeyns ge-
10 pots willen / der mus viel odder gar verliren / durch haber vñ krieg / vnd
iſt billich / das der den Richtern / Procuratorn / Schreybern gebe an allen
danck / vnns Teuffels dienſt .xx . xxx . gl. ¹ gulden / der ſeynen nehiſten / nicht 85 E²
nach lies vmb Gottis willen vnd ewiges verdienſt / zehen odder ſechs
gulden / auff das er alſo verliere beyde / zeytliche vnd ewige gueter / der
15 do mocht / ſo er gott gehorſam were / gnug / zeytlich vñ ewiglich haben·
So ſoll es auch ſeyn / das ¹ groſſe Herrn zu weylen eyn gantz land ver- 95 E¹
kriegen / vnd gros Summen mit den kriegs leuten vmb bringen / vmb
eynis kleynen nütz odder freyheyt willen / Das heyſt der welt verkerete
weysheyt / die mit gulden netzen fiſſchet / da die koſt gröſſer iſt / denn der
20 gewyn / vnd ſind / die das menige gewynnen vnd das viele verthun.

Zum neunden / Alſo auch were es vnmüglich / das wyr mochten reyn
werden / von der anklebung der zeytlichen güter / wenn Gott nicht ver-
ordenet / das wyr mit vnrecht beleydiget / vnd da durch geübt wurden /
vnſer hertz ab zu wenden / von den zeytlichen falſchen güttern der welt /
25 die ſelben mit friden faren laſſen / vnd hoffen ynn die vnſichtlichen ewigen
güter. Darumb wer das ſeyne widder foddert / vnd den mantel nicht
nach dem rock auch faren leſſit / der widderſteht ſeyner eygen reynigkeyt
vnd hoffnung zur ewigen ſelickeyt / zu wilcher Gott yhn durch ſolch gepot
vnd vnrecht leyden / will vben vnd treyben. ¹ Vnd iſt nicht zu beſorgen / 41 W
30 ob vns ſchon alles genommen wurde / das vns gott verlaſſe / vnd auch
nicht zeytlich verſorge / wie ym .36. Pſalm ſtehet. Ich byn iung geweſen
vnd byn allt worden / vnd habe nie geſehen / das der gerechte verlaſſen
ſey / odder ſeyne kind nach brod gehen / Alls denn auch nun Job beweyſet
iſt / dem viel mehr geben iſt hyrnach / deñ er hatte vor hyn / ob es wol
35 yhm alles genommen ward. Denn kurtz vmb / ſolch gepot wollen vns löſen
von der wellt / vnd begirig machen des hymels / Drumb ſollt man den
trewen rad Gottis fridlich vnd frolich auffnemen / Denn wo er das nicht
thet / vnd vns nicht lies vnrecht vnd vnfrid widderfaren / mocht ſich das
menſchlich hertz nicht erhalten / es verwickelt vnd verklebet ſich zu tieff /

---

1 Ps. 14, 3   10 ganz und gar   11 ohne   17 durch krieg
verlieren   19 Wander, Netz no. 36. 67 | die koſten   22 von dem
haften an . . .   25 ruhig   26 dem A   31 Ps. 37, 25   33 Hi.
42, 10. 12

ynn den zeytlichen dingen / darauß denn folget vberdruß vnd vnachtsamkeyt
der ewigen güter ym hymel.

86 E²   ¹ Zum zehenden. Das ist gesagt von dem ersten grab / zu handlen
ynn zeytlichen gütern / der auch der furnemest vnd grossist ist / vnd leyder
nicht alleyn der geringst / sondern auch zu nicht worden / gantz vnbekand /   5
fur den nebelen vnd wolcken menschlicher rechten / sitten vnd gewonheyten.

96 E¹   ¹ Nu folget der ander grab / Der ist / das wyr sollen geben frey vmb sonst
yderman / der seyn bedarff odder begeret / Dauon sagt vnser Herr Jhesus
Christus auch Math. 5. Wer von dyr bittet / dem gib / Vnd wie wol
dieser grab viel geringer ist denn der erst / ist er doch schweer vnd bitter /   10
denen / die mehr schmecken die zeytlichen denn die ewigen güter / Denn sie
haben nicht souiel vertrawen ynn Gott / das er sie erneren müge odder
wolle / ynn diesem elenden leben. Darumb sorgen sie / sie sterben hungers
vnd verterben gantz / so sie nach Gottis gepot solten geben yderman der sie
bittet. Vnd wie mügen sie yhm trawen / das er sie ynn ewigkeyt erneere?   15
Denn als Christus sagt / Wer Gott ynn eynem kleynen nicht vertrawet /
der vertrawet yhm nymmer mehr ynn eynem grossen / dennoch gehen sie
hyn vnd meynen / Gott solle sie ewig selig machen / achtens auch da fur /
sie haben desselben zu yhm eyn gut vertrawen / vnd wollen doch dieser
seyner gepot nicht achten / da mit er sie oben vnd treyben will / das sie   20
lernen yhm vertrawen / ynn zeytlichen vnd ewigen dingen. Darumb zu
besorgen ist / wer nicht will die lere hören / vnd folgen / der wird der
kunst nymer vberkomen / vnd wie sie ynn kleynen zeytlichen gütern Gott
nicht vertrawen / zu letzt auch mussen verzweyffelen / ynn den grossen vnd
ewigen.   25

        Zum Eylfften. Dieser ander grab ist so geringe / das er auch dem
schlechten vnuolkomen volck der Jüden ym allten Testament gepoten ist /
wie Deut. 15. geschrieben steht / Es werden allzeyt arme leute seyn ynn
deynem land / drumb gepiet ich dyr / das du beyde hand auffthüst deynem
42 W   armen vnd ¹ durfftigem brüder / vnd gebist yhm. Darzu hat er yhn dasselb   30
87 E²   so ¹ hart gepoten / das sie niemant musten betteln lassen / vnd spricht
Deutero. 15. Es soll yhe keyn betteler noch darblöser vnter euch seyn.
So nu Gott das ym allten Testament hat gepotten / wie viel mehr sollen
wyr Christen / nicht alleyn darzu verpunden seyn / das wyr keynen darben
noch betteln lassen / sondern auch vber das / den ersten grab hallten / bereyt   35
97 E¹   seyn alles faren zu lassen / was man mit gewallt vns nemen wil. ¹ Nu ist
aber des betelens so viel / das auch eyn ehre drauß worden ist / vnd nicht
gnug dran / das welltliche menschen betteln / ist auch ynn der geystlichen
priesterstand / alls eyn köstlich ding getrieben. Ich will mit niemant drob

---

9 Mt. 5, 42   11 geschmack finden an   16 Lc. 16, 10   27 ein-
fältigen   28 Dt. 15, 11   30 bedürftigen   31 streng   32 Dt.
15, 4 | des notdürftigsten ermangelnd   35 darüber hinaus

fechten / ich achts aber / es sollt billicher seyn / das ynn der Christenheyt
ym newen testament keyn betteley were / denn vnter der Jüdenschafft ym
alten testament / Vnd hallt / die geystlich vnd welltlich öbirkeyt solten ynn
yhren ampt billich handeln / so sie alle bettel seck abtheten.

5   Zum zwelfften.   Disem grad stehen widder dreyerley stuck odder
prauch vnter den menschen. Der erst ist / das ettliche wol geben vnd
schencken yhren freunden / den reychen vnd gewalltigen / die seyn nicht be-
durffen / mit vergessen der durfftigen / Vnd wenn sie also gunst / genies
odder freuntschafft der selben erlangen / oder von yhn alls frum leut ge-
10 lobet werden / gehen sie hyn sicher / ynn solchen der menschen / lob / ehre /
gunst odder genies benugt / sehen die weyl nicht drauff / wie gar viel besser
were / sie theten solchs den dürfftigen / ynn wilchen sie Gottis gunst / lob
vnd ehre erlangeten. Von denen sagt Christus Luce .14. Wenn du eyn
mittags odder abend mal machist / so solltu nicht laden deyne freund / noch
15 deyne brüder / noch deyne schweger / noch deyne nachbarn / noch die reychen /
auff das sie dich nicht widder laden / vnd nemist damit deynen lohn.
Sondern wenn du eyn mal machist / so lade die armen / die krancken / die
lamen / die blynden / so bistu selig / denn sie mügens dyr nicht vergelten /
Es soll dyr aber vergollten werden vnter den rechtfertigen / wenn sie von
20 den todten auff erstehen. ¹ Vnd wie wol diese lere so klar ist vnd gemeyn / 88 Eª
das yderman wol sihet vnd weys / es sollt also seyn / noch sihet man der
selben nyrgent eyn exempel mehr vnter den Christen / vnd ist doch des
ladens / wol lebens / essens / trinckens / gebens / schenckens / keyn mas noch
zal / vnd heyssen dennoch alle frum leut vnd Christen / damit nicht mehr
25 ausgericht wird / denn des gebens dem dürfftigen vergessen. O wie grew-
lich gericht / wird vber die selben sichere geystlichen fal¹len / wenn am iungsten 98 E¹
tage gefragt wird / wilchen sie geben vnd wolthan haben.

    Zum dreytzehenden.   Der ander prauch ist / das man sich dis geben
wegert / der feynde odder widdersacher halben / Denn die falsche natur
30 schwere ¹ dazu ist / das sie denen wolthue / die yhr vbel than haben. Aber 43 W
es hilfft nicht / das gepot ist gemeyn fur alle menschen gesagt / Gib wer
dich bittet. Vnd Luce .6. klar ausgedruckt ist / Eym iglichen der dich bittet /
dem gib. Hie wird nicht aus gezogen der feynd odder widderpart / ia mit
eyngezogen / als daselben der Herr sich verkleret vnd spricht / Wenn yhr
35 alleyn die liebet die euch lieben / was ist das fur eyn wolthat? Lieben
doch die bösen auch yhre liebhaber. Vnd wenn yhr nur den wolthut die
euch lieben / was ist das fur eyn wolthat? thun doch das auch die bösen /
Yhr aber sollt lieb haben ewre feynde / yhr sollt gut thun / yhr sollt yhn

---

1 streiten   5 Zun A | stehen im wege   8 nutzen   11 be-
friedigt   13 Lc. 14, 12 ff.   19 gerechten   21 dennoch   22 exemperl A.
30 sträubt sich dagegen   31 Mt. 5, 42   32 Lc. 6, 30   33 ausge-
nommen   34 einbezogen, wie daselbst d. h. sich deutlicher ausdrückt |
Lc. 6, 32 ff.

leyhen / vnd nichts dauon gewartten / ſo wird ewer verdienſt gros ſeyn /
vnd yhr werdet kinder ſeyn des allerhöchſten / Denn er iſt gütig vber die
vndanckparn vnd böſen. Dieſe heylſame gepot Chriſti / ſind auch alſo ab=
gangen / das man ſie nicht alleyn nicht hellt / ſondern auch eyn rhad draus
macht / des man nicht nöttlich ſchuldig ſey zu hallten / gleych wie den erſten   5
grad. Darzu haben geholffen die ſchedliche lerer die do ſagen / es ſey nicht
not / das man ſigna rancoris / das iſt / die zeychen vnd ſawre ernſte ge=
berden / ablege gegen dem feynde / ſondern ſey genug / das ym hertzen yhm
vergeben werde / vnd zihen ſo das gepot Chriſti von den eufferlichen
89 E³ wercken / alleyn ynn die gedancken / ſo er es doch ſelbſt ¹ mit klaren worten 10
yns werck ausſtreckt / ſagend / yhr ſolt wolthun (nicht alleyn wol gedencken)
ewern feynden. Alſo auch Paulus Ro. 13. mit dem Konig Salomo eyn=
hellig ſpricht / Hungert deyne feynd / ſo ſpeyſe yhn / Dürſt yhn / ſo trenck
yhn. Denn damit wirſtu auff ſeyn hewbt ſamlen feurige kolen / Das iſt /
du wirſt yhn mit wolthat vberladen / das er mit gut vberwunden / dich 15
99 E³ zu lieben entzundet ¹ wird. Aus dieſen falſchen leren / iſt kommen das
ſprichwort / Ich wils yhm vergeben / ich wils aber nicht vergeſſen. O
nicht alſo lieber Chriſten menſch / Es mus vergeben vnd vergeſſen ſeyn /
wie du willt / das Gott dyr nicht alleyn vergebe vnd vergeſſe / ſondern
auch mehr denn furhyn wolthue.   20

    Zum Vierzehenden / Iſt der dritte brauch eyn hübſche gleyſſende
farbe / die dieſem geben am aller ſchedlichſten iſt / dauon ferlich zu reden
iſt / denn es die trifft / die ander leut leren vnd regiren ſollen / wilche das
volck ſind / das von anbegyn der wellt bis ans ende / allzeyt die warheyt
nicht mag hören / noch leyden / das andere hören. Es gehet nu alſo zu / 25
das ſie den hohen titel / der do heyſt Almoſen / odder vmb Gottis willen
geben / treyben alleyn auff Kirchen / Clöſter / Capellen / Altar / Turn /
glocken / orgelln / taffeln / bilde / ſylbern vnd gulden kleynot / vnd gewandt /
44 W darnach auff meß / vigilien / ſingen / ¹ leſen / teſtamentſtifftung / brüder=
ſchafften vnd der gleychen. Hie hat das geben eyngeriſſen / vnd da gehet 30
nu der recht ſtrom her / da hat man yhn auch hyn geleytet vnd haben
wolt / Derhalben auch nicht wunder iſt / das auff der ſeyten do Chriſtus
ſeyn wort hyn leytet / ſo durr vnd wüſt iſt / das wo man hundert altar
odder vigilien hat / nicht eynen findet / der eynen tiſch vol armer leut
ſpeyſet / odder ſonſt armen hawſſeſſen gebe. Was Chriſtus gepoten hat / 35
das heyſt nicht vmb gottis willen geben / ſondern was menſchen haben er=
funden. Was man lebendigen glidmaſſen Chriſti den durfftigen gibt / das
iſt nicht almoſen / ſondern was man zu ſteyn / holtz vnd farben gibt. Vnd

---

1 erwarten   4 verſchwunden   6 notwendigerweiſe   7 mür-
riſchen   11 aufs handeln ausdehnt   12 Rö. 12, 20 | Pr. 25, 21
17 Wander, Vergeben no. 15. 23   21 glänzender ſchein   27 be-
ziehen   28 gemälde, ſtatuen   35 verſchämten armen   38 gelt
nicht als

ist dasselb geben so köstlich vnd edel worden / das Gott selber nicht gnug
ist ¹ dasselb zu vergellten / sondern mus zu hulff haben / brieff / bullen / ⁹⁰ E²
pergamen / bley / blech / schnůr / kleyn vnd gros / wachs / grün / gelb vnd
weyß / Gleysts nicht / so gillts nicht / vnd alles mit grosser kost vmb Gottis
⁵ willen erkaufft aus Rom / das yhe solche grosse werck mit Ablas / hie vnd
dort / vber Gottis lohn wol belonet werden. Aber das man armen /
dürfftigen gibt / nach Christus gepot / das elend werck mus solcher precht-
licher belonung beraubt / ¹ nur an Gottis lohn yhm gnügen lassen. Der- ¹⁰⁰ E²
halben es auch en hyndern / vnd yhenes erfur gesetzt wird / vnd beyde
¹⁰ gegenander / gar vngleych leuchten vnd scheynen. Darumb mus auch nu
S. Peter von Rom zu seyner Kirchen baw / ynn der gantzen wellt betteln
gehen / vnd das almosen vmb gottis willen mit grossen hauffen samlen /
vnd mit Ablas theur vnd reychlich bezalen. Vnd das selb werck zympt
yhm auch wol / vnd kan seyn wol gewarten / die weyl er todt ist / denn
¹⁵ da er lebt / must er Christus gepot predigen / vnd kund des ablas nicht
gewarten. Dem selben getrewen hirten / folgen seyne scheffleyn vleyssig
nach / vnd mit ablas ym land yrre faren / Das wo eyn Kirchwey odder
Jarmarckt ist / sich die selben bettler samlen / wie die flygen ym sommer /
die allesampt eyn lieblin predigen / Gebt zum newen baw / das euch Gott
²⁰ vergellt / vnd der heylig herr S. Niclas / darnach zum bier odder weyn /
auch vmb Gottis willen / vnd die Commissarien reych gemacht vom ablas
auch vmb Gottis willen / Dürfftigen zu geben nach gottis gepot / sind
widder Commissarien noch botschafften not bey vns.

Zum Funffzehenden. Was wollen wyr hie zu sagen? Verwerffen
²⁵ wyr diese werck / so verdant vns der heylige Stůl zu Rom / vnd schellten
vns die hochgelereten gar schwind fur Ketzer / denn es gros daran gelegen
ist / wo der gelltstrom hyn gefuret wird. Nu wyr wollen nicht ver-
werffen / das man zimliche kirchen bawe vñ schmücke / der wyr nicht
emperen mügen / vnd Gottis dienst billich auffs zierlichst gehallten wird.
³⁰ Aber doch sollt eyn mas da seyn / vnd ¹ mehr geachtet werdē / das es ⁴⁵ W
reynicklich deñ ¹ köstlich were / was zu Gottis dienst verordnet wird. Das ⁹¹ K²
ist aber zu erbarmen vnd klagen / das wyr durch solch geplerre vñ wesen /
werden von gottis gepot abkeret / vnd alleyn auff die bing gefuret / die
Gott nicht gepoten hat / vnd an wilche / Gottis gepot wol kan gehalten
³⁵ werden. Es were gnug / das man das weniger teyl gebe zu kirchen vnd
der gleychen / vnd den rechten strom gehen liesse / zu dem gepot Gottis /
auff das die wolthat vnter den Chri'sten gegen den armen / grösser vnd mehr ¹⁰¹ E²
leuchtet / denn alle steynen odder hülzen kirchen. Vnd wenn wyrs keck-
lich sagen sollen / so ist es eyn lautter triegerey / ferlich vnd verfurisch den

---

6 über — hinaus   7 herrlichen   9 hinhinter; hintangesetzt
14 sich seiner wohl annehmen   17 ziehen umher   23 legaten
26 heftig   28 angemessene   29 feierlichst   31 üppig   34 ohne

eynfeltigen / so man bulle / brieff / figel / fanen vnd der gleychen auffhenckt /
vmb der todten fteynnern kirchen willen / vnd thut daffelb nicht hundert
mal mehr / vmb der dürfftigen lebendigen Chriften willen. Drumb menfch
fehe dich fur / Gott wird dich nicht fragen am fterben vnd iungften tage /
wie viel du zu teftamenten hynder dyr leffift / ob du fouiel obder fouiel zu   5
kirchen geben haft / fondern wird alfo fagen / Jch byn hungerig gewefen /
vnd yhr hat mich nicht gefpeyfet / Jch byn blöß gewefen / vnd yhr hat
mich nicht gekleydet / Die wort laß dyr lieber menfch zu hertzen gehen /
da wirds an ligen / ob du deynem nehiften habft geben vnd woll than.
Hut dich fur fcheynen / gleyffen / farben / die dich dauon zihen.   10

Zum Sechzehenden / Solche vntregliche lefte vnd aufffetz abzuthuen
follten Bapft / Biffchoffe / König / Fürften vnd Herrn erbeyten / das / ent
weder durch yhre engen befelh / obder ynn eynem gemeynnen Concilio / ge=
fetzt wurde vnd verordent / das eyn vglich ftab vnd flegk / yhre kirchen
baweten / vnd yhre arme leut felb verforgeten / das der bettel gar abe   15
ginge / obder yhe nicht alfo zu ginge / das eyn vglich flegk feyne kirchen
obder armen ynn allen andern ftedten erbettelt / wie ytzt der vnluftige
prauch ift / vnd follt den heyligen Stul zu Rom mit feynen Bullen zu
friden laffen / der wol anders zu fchaffen hat / wo er feyns ampts pflegen
will / denn bullen verkauffen / vnd kirchen bawen / der yhm auch keynes   20
nott ift / Denn alfo hat Gott nemlich ynn feynem gefetz auch auß gedruckt
Deutero. am funffzehenden / Es werden altzeyt armen feyn ynn deyner ftad /
das er eyner vglichen ftad / yhre armen befolhn hat / vnd das lauffen hyn
vnd her auff den bettel fack / wie ytzt zu Sanct Jacob vnd gen Rhom ge=
fchicht / nicht haben will. Wie woll aber ich geringer byn / denn das ich   25
Bepften vnd allen regenten der welt rad geben müge / ynn folchem fall /
Auch felb wol acht / es werde nichts drauß / dennoch muß man wiffen /
was gut vnd not were / vnd die öberkeyt fchuldig ift zu gedencken vnd
thun / was dem gemeynnen volck / das yhn befolhn ift / auffs beft zu regiren
not fey.   30

Zum Siebenzehenden / Hat man eyn ftucklin funden / das meyfterlich
leret / wie wyr folch gepot mügen vmbgehen / vnd den heyligen geyft be=
triegen / Nemlich / Es fey niemant fchuldig den dürfftigen zu geben / fie
find denn ynn der höchften not / Darzu haben fie yhn furbehalten / zu
örtern vnd befchlieffen / was die höchfte not fey. Alfo lernen wyr / niemant   35
geben noch helffen / biß das fie hunger fterben / erfrieren / verterben / fur
armut obder fchuld entlauffen / Aber die fchalckhafftige glofe vnd ver=

92 E²   (margin)
102 E² (margin)
46 W   (margin)

1 vgl. Friderici Myconii historia reformationis ed. Cyprian 1718,
s. 15, den holzschnitt Flugschriften 1, 345 und oben I 237, z. 5
6 Mt. 25, 42 f.   9 darauf wird's ankommen   11 ... trägliche lasten
und auflagen   15 ganz verfchwände   16 für fein ... che ... bettelte
17 unerfreuliche   21 deutlich   22 Dt. 15, 11   23 vagabundieren
24 St. Jago di Compostella   35 unterfuchen, entfcheiden | feftzuftellen
37 fchulden auswandern

furiſcher zuſatz / legt man mit eynem wort nyder / Das laut alſo / Was
du willt das dyr eyn ander thu / das thu du auch / Niemant aber iſt ſo
nerriſch / das er yhm nicht ehr geben haben wollt / es gehe yhm denn ytzt
die ſeel aus / odder ſey fur ſchuld entlauffen / vnd denn helffen laſſe / wens
5 nymer helffen mag. Wo es aber gillt zu kirchen / ſtifft / ablas vnd andern
dingen / die Gott nicht gepoten hat / Da iſt niemant ſo ſcharff ſynnig
noch ſo vleyſig / aus zu rechnen / ob der kirchen ehr zu geben ſey / die
ziegel fallen denn vom dach / die balcken verfaulen / das gewelb fall eyn /
die gnabbrieff verweſen odder ablas verterbe / das doch alles das mocht
10 warten / deñ die dürfftigen / Sondern hie iſt alle ſtund die höchſte not / ob
ſchon alle kaſten vnd boden voll ſind vnd alles wol erbawet. Ja hie mus
man ¹ ſchetz an auffhören ſamlen / nicht den dürfftigen auff erden zu geben 93 E²
odder leyhen / ſondern dem heyligen Creutz / vnſer lieben Frawen / dem
heyligen patron S. Peter / die ym hymel ſind / Vnd das alles nicht mit
15 ſchlechter furſichtigkeyt / Auff das / ob yhe der iungſt tag nymmer mehr
keme / die kirche verforgt bleybe vber hundert vnd aber hundert tauſent
iar / Domit man zur not eynen heyligen erheben odder Biſſchoffs mentel /
odder des gleychen eyn Jarmarckt aus Rome keuffen müge. Vnd furwar
acht ich die Römer faſt groſſe nar'ren / das ſie der heyligen Erhebung / 103 E¹
20 Biſſchoffs mentel / bullen vnd brieff / nicht theurer verkeuffen / vnd mehr
gelts löſen / die weyl ſolch feyſte Teutſche narren auff yhre Jarmarckt
komen / vnd ſich ſelbſt darzu nöttigen / ſo doch fur war keyn Endechriſt
billicher ſolch ſchetz der erden erheben ſollt / denn der Römiſch bodenloſer
ſack / dahyn ſie auch alle geſamlet vnd verordenet werden. Es were myr
25 auch leyd vm hertzen / das ſolch verdampt gut den dürfftigen entzogen /
den es billich eygent / anders würd angelegt / denn fur Römiſche wahr.
S. Ambroſius vnd Paulinus vorzeytten ſchmeltzten die killich vnd alles
was die kirchen hetten / ¹ vnd gabens den armen. Wende vmb das blat / 47 W
ſo findeſtu / wie es ytzt gehet. Vnd wol dyr liebes Rom / ob ſchon den
30 Teutſchen geprech am gellt / ſo haben ſie doch kilch / monſtrantzen vnd bilder
gnug / die ſind noch alle deyn.
   Zum Achtzehenden. Nu komen wyr zu dem britten grad / die zeyt-
liche gueter zu handeln. Der iſt / das wyr willig vnd gerne leyhen odder
borgen ſollen / an allen auffſatz vnd zinſe. Dauon ſagt vnſer Herr Jheſus
35 Chriſtus Mat. 5. Vnd wer von dyr entleyhen odder borgen will / von
dem kere dich nicht / Das iſt / verſages yhm nicht. Dieſer grad iſt der
aller geringſte / vñ iſt auch ym alten Teſtament gepoten / do Gott ſagt
Deutero. 15. So yemand aus deynen brüdern ynn deyner ſtad arm wird /
ſoltu deyn hertz nicht gegen yhm verhertten / noch deyn hand zu hallten /

---

1 Mt. 7, 12   4 dann erst   15 geringer vorsicht   17 pallien
18 eine ähnliche jahrmarktsware   19 sehr   27 Paulinus von Nola;
Schäfer, L. als Kirchenhistoriker s. 256 | kelche   34 auflage   35 Mt.
5, 42   38 Dt. 15, 7 f.

sondern follt sie aufthuen vnd yhm leyhen / alles wes er bedarff. Vnd
94 E² diesen grad haben sie lassen bleyben eyn gepot / ¹ Denn alle lerer hie zu
sammen stymmen / das leyhen odder borgen / soll geschehen frey / an allen
auffsatz vnd beschwerung / Wie wol villeycht nicht alle eynis sind / wilchen
wyr leyhen sollen. Denn wie ym vorigen grad / von dem geben ist ge- ⁵
sagt / also sind auch hie viel menschen / die den reychen odder gueten
freunden gerne leyhen / mehr darumb / das sie gunst suchen odder yhn ver-
wandt sind / denn das Gott gepoten hat / vnd sonderlich / so der hohe
Titel da her gehet / dauon gesagt ist / zu Gottis dienst vnd vmb Gottis
104 E¹ willen etc. Denn dem heyligen Creutz / vnd vnser lieben Frawen / ¹ vnd ¹⁰
dem heyligen Patron / leyhet yderman gerne / Aber da Gottis gepot hyn
weyset / da ist mühe vnd erbeyt / da will niemant leyhen / es kome
denn aber die höchste not / das leyhen nymmer nütz sey / wie droben ge-
sagt ist.

  Zum Neunzehenden. Christus aber hat ynn seynem gepot niemant ¹⁵
ausgeschlossen / Ja er hat eyngeschlossen allerley personen / auch die seynde /
da er spricht Luce .6. Wenn yhr nur denen leyhet / von wilchen yhr
wartet / das sie euch widder geben / was ist das fur eyne wolthat? Leyhen
doch die bösen sunder eyner dem andern / das sie gleych desselben mugen
widderhaben. Item / Yhr sollt leyhen / vnd nichts da fur gewarten. Ist ²⁰
myr wol bewust / das fast viel Doctores / diese wort dahyn zihen / als
hette Christus daryn gepotē also zu leyhen / das niemant nichts auffsetzt
oder gewinst dran sucht / sondern freyhyn leyhen soll / Die meynung wol
nicht vnrecht ist / denn wer also leyhet / das er auffsetzt / der leyhet nicht /
so verkeufft er auch nicht / darumb mus es eyn wücher seyn / Die weyl ²⁵
leyhen von art vnd natur nicht anders ist / denn etwas fur eynen andern
dar strecken vmb sonst / mit bedingen / dasselb odder des gleych messigen
vnd nicht mehr / vber weyl widder zu nemen. Aber so wyr dem wort
48 W Christi recht vnter augen sehen / so lert er nicht leyhen / ¹ on auffsatz / deñ
das ist nicht not zu leren. Syntemal keyn ander leyhen ist / denn on ³⁰
auffsatz / oder ists mit auffsatz / so ists nicht leyhen. Er will / das wyr leyhen
95 E² sollen / nicht alleyn den freunden / ¹ reychen / vnd da wyr geneygt hyn sind /
die vns widderumb mugen yun dem / oder ynn eynem andern leyhen odder
wolthuen / sondern auch denen / die dasselb nicht vermügen odder nicht
wollen / als den dürfftigen vnd seynden / gleych wie er lieben vnd geben ³⁵
leret / also auch leyhen / das es alles an gesuch vnd an eygen nütz ge-
schehe / Wilchs nicht geschicht / wyr thuen es denn den seynden vnd
dürfftigen / Denn seyn gantze rede gehen da hyn / das er vns wil leren /
yderman wolthun / Das ist / nicht alleyn denen / die vns wol thun / sondern

---

12 ausser es komme   13 s. 30, z. 31 ff.   17 Lc. 6, 34   18 erwartet
19 dem entsprechendes   21 so deuten   22 auflegt; keine zinsen
fordert   27 sich erbieten | dementsprechendes   28 nach einiger zeit
29 ohne zinsen zu fordern   36 ohne selbstsucht

auch die vns vbel thun / odder nicht wibber mügen wolthuen. Das meynet
er wenn er sagt / Ihr ¹ solt leyhen / vnd nichts dauon gewarten / Das ist / ¹⁰⁵ K
yhr solt leyhen denen / die euch nicht wibber leyhen mugen odder wollen.
Wer aber leyhet / der gewarttet yhe wibber desselben das er leyhet / Vnd
5 solt er nichts gewartten / wie sie es verstehen / so were es gegeben / vnd
nicht gelyhen. Die weyl es denn so gering ist / das eyner dem andern
leyhet / der yhm freundtlich / reych oder sonst ym gleychen wibber nutzlich
seyn mag / das auch die sunder die nicht Christen sind / dasselb thun / so
sollen die Christen mehr thun / vnd denen leyhen / die dasselb nicht thun /
10 das ist den durfftigen vnd seynden. Vnd da fellt aber mal zu boden die
lere / die do sagt / man sey nicht schuldig signa rancoris ab zulegen / wie
droben gesagt ist. Vnd ob sie wol von dem leyhen recht sagen / so machen
sie doch eyn rhab aus diesem gepot / vnd leren vns / wyr sind nicht schuldig
den seynden zu leyhen / noch den durfftigen / sie sind denn ynn der höchsten
15 not / Da hut dich fur.

Zum zwentzigsten. Daraus folget / das die allesampt wücherer sind /
die weyn / korn / gellt / vnd was des ist / yhrem nehisten also leyhen /
das sie vbers iar odder benante zeyt die selben zu zynssen verpflichten /
odder doch beschweren vnd vberladen / das sie mehr odder eyn anders
20 wibbergeben mussen / das besser ist / denn sie geporget haben. Vnd das
diese menschen selbs greyffen mügen / wie vnrecht sie thuen / wie wol es
leyder gemeyn worden ist / setzen wyr fur yhr augen / dreyerley gesetz.
¹ Zum ersten / bis gegenwertig Euangelion das gepeut / Wyr sollen leyen.⁹⁶ E¹
Nu ist leyhen nicht leyhen / es geschehe denn on allen auffsatz vnd eynigen
25 furteyl / wie gesagt ist. Vnd wie wol der tückisch geytz vnterweylen yhm
selb eyne farb an streycht / als neme er das vbrige fur eyn geschenck / so
hilffts doch nicht / so das geschenck eyn vrsach ist des leyhen / ¹ odder so der ⁴⁹ W
borger lieber nicht schenck / wo er mocht frey borgen / Vnd besondern ist
das geschenck verdechtig / so der borger dem leyher / odder der durfftige /
30 dem habenden schenckt / Denn es naturlich nicht zuuermütten ist / das der
durfftige aus freyem willen / dem habenden schencke / sondern die not bringt
yhn. ¹ Zum andern / Ist das wibber das naturlich gesetz / Wilchs auch der ¹⁰⁶ E¹
Herr Luce .6. vnd Math. 6. anzeygt / Was yhr wolt das euch die leutte
thuen sollen / das thuet auch yhn. Nu ist on allen zweyffel niemand / der
35 do wolt / das yhm rocken auff korn / böse müntze auff guete / böse wahr auff
guete wahr gelyhen wurde / Ja viel ehr wolt eyn yeder / das yhm guete
wahr auff böse / odder yhe gleych guete on auffsatz gelyhen wurde / Darumb
ists klar / das solche leyher wibber die natur handeln / tödtlich sundigen /
wücherer sind / vnd yhres nehisten schaden süchen ynn yhren gewinst / das

---

4 dasselben A   26 einen guten schein | eben die zinsen   28 ohne
verpflichtung zum zinsenzahlen   33 Lc. 6, 31 | Mt. 7, 12   35 roggen
geringere getreideart (D. Wb. 8, 1111)

ſie doch nicht wibberumb wollten leyden von andern / vnd alſo vngleych
handeln mit yhrem nehiſten. Zum dritten / Iſts auch wibber das allt vnd
new geſetz / das do gepeut / du ſollt beynen nehiſten lieben als dich ſelbſt /
Aber ſolche leyher lieben ſich alleyn / ſuchen das yhr alleyn / obber lieben
vnd ſuchen noch meynen nicht mit ſolchen trewen yhren nehiſten / als   5
ſich ſelbſt.

Zum eyn vnd zwenzigſten.   Darumb were nicht richtigers noch
kurtzer vnterweyſung / ynn dieſem vnd allen hendeln zeytlichs guts / denn
das eyn yglich menſch / ſo er mit ſeynem nehiſtē ſol handeln / yhm furſetzt
dieſe gepot / Was du willt das dyr eyn ander thet / das thue du yhm   10
auch / vnd liebe beynen nehiſten als dich ſelbſt / Daneben bedecht / was er
wolt von yhm ſelber [1] haben / wenn er an ſeyns nehiſten ſtat were / ſo wurde
ſichs alles ſelbs leren vnd finden / da wurde man keyner rechtbücher / noch
richt noch klage dürffen / ia alle ſachen wurden ſchnel bericht vnd ſchlecht /
Denn eyns yglichen hertz vñ gewiſſen wurde yhm ſagen / wie er wollt mit   15
yhm gleych gehandelt / nach gelaſſen / geben vnd vergeben haben / Draus
er denn muſt ſchlieſſen / er ſoll eynem yglichen andern auch ſo thun.   Aber
die weyl wyr die ſelbigen gepot aus den augen ſetzen / vnd alleyn den
handel vnd ſeyn gewinſt obber ſchaden anſehen / So muſſen wyr ſo vn=
zelich viel bücher / recht / richt / habder / blut vnd allen iammer haben /   20
vnd alſo nach vbertrettung [1] Gottis gepot volgen mus / auch zur ſtörung
Gottis reychs / Das do iſt frid vnd eynickeyt ynn brüderlicher lieb vnd
trew.   Doch gehen ſolch freuel menſchen dahyn / betten zu weylen vnd
faſten / geben zu weylen almoſſen / vnd ſind hie ynn dieſem ſtuck / da die
ſeligkeyt anligt / gantz vnachtſam vnd vnſicher / als treffe ſie dis gepot gar   25
nichts / an wilch ſie doch nicht mugen ſelig werden / ob ſie gleych alle
andere werck theten aller heyligen.

Zum zwey vnd zwenzigſten.   Hie bewegen etliche zwen wibberſpruch /
Der erſt iſt / Wenn es alſo gethan iſt vmbs leyhen / ſo verlore ſich das
Intereſſe / das iſt / der nütz den ſie die weyl mochten ſchaffen mit der ver=   30
lyhene wahr.   Der ander iſt / Das gros exempel / das allenthalben ynn
der wellt ſitte worden iſt / auff gewnyſt zu leyhen / Vnd ſonderlich / die
weyl die gelerten / prieſter / geyſtlichen vnd kirchen alſo thun / angeſehen /
das der kirchen geyſtlicher gueter vnd Gottis dienſt beſſerung darynne ge=
ſucht wird / Anders weren ytzt gar wenig Chriſten ynn der wellt / vnd   35
wurde yderman ſchweer ſeyn zu leyhen.

Antwort.   Dis alles iſt nichts geredet.   Auffs erſt / muſtu doch das
intereſſe vnd die nützung verloren / weñ dyrs genomen wird / obber du

_____

1 umgekehrt   5 sind nicht ebenso treulich gesinnt gegen   9 sich
vorhält   14 gericht | entschieden | einfach   16 dass mit ihm ent-
sprechend gehandelt, ihm nachgelassen ... würde   22 Rö. 14, 17
25 wovon ... abhängt   26 ohne welches   28 einwände   29 steht
30 gewinnen   35 sonst   36 sich sträuben

yemand gibeſt vmb ſonſt / warumb willtu denn ynn dem leyhen das ſuchen
vnd behallten? Denn wer ſich gebens vnd leyhens erwegt / der mus ſich
des intereſſe zuuor erwegen / odder wird widder geben noch leyhen heyſſen.
¹ Auffs ander. Es ſey ſitte odder vnſitte / ſo iſt es nicht Chriſtlich noch 98 Eᵇ
5 Gottlich / noch naturlich / vnd hilfft keyn exempel da widder / Denn es
ſtehet geſchrieben / Du ſollt nicht folgen dem hauffen böſes zu thun /
Sondern / Gott vnd ſeyne gepot vber alle ding ehren. Das aber die
geyſtlichen vnd kirchen das thun / iſt souiel erger. Denn geyſtliche gueter
vnd kirchen / haben nicht gewallt noch freyheyt / Gottis gepot zu reyſſen /
10 den nehiſten berawben / wůcher treyben vnd vnrecht vben / Wird auch
gottis dienſt damit nicht gebeſſert / ſondern verderbet / Denn Gottis ge-
pot hallten / das heyſt Gottis dienſt beſſern / Kirchen gůter mugen auch
wol böſe büſſen beſſern. Vnd wenn die ¹ gantze wellt mit ſolchem auffſatz 108 Eᵇ
zu leyhen eynen brauch hette / ſolten doch die kirchen vnd geyſtlichen da
15 widder handeln / Vnd yhe geyſtlicher yhre gueter weren / yhe Chriſtlicher
nach dem gepot Chriſti / leyhen / geben vnd faren laſſen. Vnd wer anders
thuet / der thuets nicht der kirchen / noch geyſtlichen gütern zur beſſerung /
ſondern ſeynem wůcherſuchtigem geyz / der ſich ſchmücket vnter ſolchen
gueten namen. Drumb iſt auch nicht wunder / das wenig Chriſten ſind /
20 Denn hie ſihet man / wilche rechter gůter werck ſich vben / ob wol viel
ſich blenden vñ betriegen / mit yhren eygen / erleſenen gueten wercken /
die yhn Gott nicht gepoten hat. So aber yemand aus dieſem allen ſich
beſchweret / zu leyhen ſeynem nehiſten / iſts eyn zeychen ſeyns groſſen vn-
glawbens / das er veracht die tröſtliche zuſagung Chriſti / do er ſagt / Wenn
25 wyr leyhen vnd geben / ſo ſind wyr kinder des aller höchſten / ¹ vnd vnſer 51 W
lohn gros / Vnd ſolcher tröſtlicher verheyſſung iſt nicht wirdig / der ſie nicht
glewbt / noch darnach ſich mit den wercken richtet.

Das ander teyl
vom wůcher.

30   Zum erſten. Vnter dieſen dreyen graben / ſind nu ander grade vnd
weyſe / die zeytliche gueter zu handeln / Als Kauffen / Erben / Beſcheyden
vnd der gleychen / die mit welltlichem vnd geyſtlichem recht verfaſſet ſind /
Durch ¹ wilche niemant beſſer noch erger wird fur Gott. Denn das iſt keyn 99 Eᵃ
Chriſtlich verdienſt / ſo du etwas kauffeſt / erblich beſitziſt / odder ſonſt red-
35 licher weyſe vberkommiſt / Syntemal / auch die Heyden / Turcken vnd Jüden /
der maſſen frum ſeyn mugen.
Aber Chriſtlicher handel vnd wol brauch zeytlicher güter / ſtehet ynn den
dreyen obgeſagten graben odder weyſen / Geben vmb ſonſt / Leyhen an

---

2 zum g. und. l. entschliesst   3 auf den nutzen verzichten   9 ver-
nichten   13 buben   18 verhüllt   21 selbsterwählten   23 be-
schwert findet   24 Lc. 6, 35   31 überweisen   32 umschränkt
37 guter, rechter gebrauch   38 ohne zinsen zu fordern

auffſatz / vnd mit frid faren laſſen / was mit gewallt genomen wird. Jtzt
laſſen wyr anſtehen alle andere weyſe / vnd nemen fur vns den kauff / nem-
lich den zinßkauff / Darumb / das ym ſelben eyn hubſcher ſcheyn vnd gleyſſen
iſt / wie man an ſund ander leut beſchweren vnd an ſorge odder muͤhe /
reych werden muͤge / Denn ynn den andern hendeln / iſt ydderman ſelbſt   5
offenbar / wo er ¹ zu theur / falſch wahr / falſch erb / falſch gut gibt odder be-
ſitzt / Aber dis behend vnd new erfunden geſchefft / macht ſich gar offt eynen
krummen vnd getrewen ſchutz herrn / des verdampten geytzs vnd wuͤcher.

Zum andern. Wie wol der ſelb zinßkauff nu iſt beſtetiget / als eyn
zimlicher kauff vnd zu gelaſſener handel / ſo iſt er doch heſſig vnd ſeynd-   10
ſelig / aus vielen vrſachen. Zum erſten / Das er eyn newes behendes er-
funden ding iſt / ſonderlich ynn dieſer letzten ferlichen zeyt / da keyn guts
mehr erfunden wird / vnd aller menſchen ſyn vnd gedancken zaumlos / nur
auff gut / ehr vnd wolluſt trachten / vnd wyr bey den allten / dieſes kauffs
keyn exempel leſen / Vnd Paulus dieſe zeyt auch beſchreybt / die viel newer   15
boͤſer ſtuck erfinden werde. Zum andern / Das / wie ſie ſelb muͤſſen be-
kennen / wie billich er ſey / ſo hab er doch eyn boͤſe anſehen vnd ergert-
liche geſtalt / vnd S. Paulus gepeut / man ſoll meyden alle boͤſe ergerliche
geſtalt / ob ſie auch ſonſt an yhn ſelbſt / billich vnd zymlich were. Ab
omni ſpetie mala abſtinete vos 1. Teſſal. vlt. Fuͤr aller boͤſen geſtalt   20
huͤtet euch. Nu iſt ynn dieſem kauff allzeyt / des kauffers odder zins-
herrn vorteyl / groͤſſer / vnd ¹ beſſer vnd ydderman geſelliger angeſehen / deñ des
verkauffers odder zins mans / Des anzeychen iſt / das man noch nie drob
gehandelt hat des verkeuffers / ſondern alleyn des keuffers halben. Denn
eyns ¹ yder gewiſſen befurchtet / es mocht nicht billich ſeyn zyns zu keuffen /   25
So doch niemant dran zweyfelt / das eyn yder das ſeyne vergebe odder
verkeuffe / wie ferlich er wolt / So gar nahe vnd ferlich gehet dieſer kauffs-
handel an das gewiſſen.

Zum dritten. Das es ſchwerlich mag geſeyn / das der ſelb kauff /
ob er auch on wuͤcher geſchehe / nicht widder das naturlich vnd der Chriſt-   30
lichen liebe geſetz geſchehe. Denn zuuermuͤten iſt / das der keuffer nymmer
odder gar ſellten / ſeynes nehiſten des verkeuffers beſſerung vnd vorteyl
ynn dieſem kauff / mehr odder ſo viel ſuche vnd begere / als ſeyn eygene /
ſonderlich ſo der keuffer reycher / vnd ſolchs kauffs nicht notbuͤrfftig iſt /
So doch das naturlich geſetz ſagt / Was wyr vns ¹ wollen vnd gonnen /   35
ſollen wyr auch vnſerem nehiſten wollen vnd gonnen. Vnd der liebe art
iſt / wie .1. Cor. 13. S. Paulus ſagt / das ſie nicht yhren eygen genieſ

---

1 ruhig   2 beiseite   3 anlegen von kapitalien in hypotheken
5 geschäfte | stellt sich jeder selbst an den pranger   7 schlau   8 recht-
ſchaffenen   10 rechter | zu hassen und zu verabscheuen   15 2. Ti. 3, 1 ff.
18 1. Th. 5, 22   21 des kapitalisten   23 wofür der beweis darin
liegt, dass . . .   26 hingebe   27 mit wie grossem risiko   29 kaum
der fall eintreten kann   37 1. Ko. 13, 5 | nutzen

noch vorteyl / ſondern der andern ſuchet.   Wer wil aber gleuben / das ynn
dieſem handel yderman zyns keuffe (er ſey denn gar notdürfftig) zu gleycher
beſſerung vnd vorteyl ſeynes nehiſten des verkeuffers / als ſeyner eygen /
So es doch zu beſorgen iſt / der keuffer wollt nicht gerne an des verkeuffers
5 ſtat ſeyn / wie ynn andern keuffen.

Zum vierden.   Mus das yderman bekennen / das dieſer kauff / er ſey
wücher odder nicht / ſo thuet er doch eben daſſelb werck / das der wücher
thuet / Das iſt / das er alle land / ſted / herrn / volck beſchweret / aus=
ſeugt vnd ynn verterben bringt / wie wyr das ſehen offentlich / ynn vielen
10 ſtedten vnd furſtenthumen / wilchs keyn wücher het mocht vollenbrengen.
Nu hat der Herr geleret / nicht die frücht aus den baumen / ſondern die
baume aus den früchten zu erkennen / So iſt myrs vnmüglich / das ich
dich ſoll achten eynen ſüſſen feygen baum / wenn du nicht anders denn
ſcharffe dorn tregſt / Vnd will ſich mit myr nicht reymen / [1] das der zins= 10: E²
15 kauff / ſolcher weyſe billich ſey / dauon land vnd leut verterben.

Zum funfften.   Wolan laſt vns dichten / trewmen oder mit gewalt
dencken / dieſer kauff ſey der maſſen billich / wie er ytzt gehet / Dennoch iſt
er wirdig / das Bapſt / Biſſchoff / Keyſer / fürſten vnd yderman / darzu
thue / das er auffgehaben werde / vñ yglicher ſchuldig / wer yhm weren
20 mag / das ers thue / vmb ſeyner böſen verdampte frucht willen / die die
gantze welt beſchweren vnd verterben.

Zum ſechſten.   Darumb iſts nicht gnug / das dieſer kauff durch geyſt=
lich recht erredtet ſey vom wücher / denn er iſt darumb nicht los odder
ſicher / vom geytz vnd eygennütziger liebe / Vnd aus dem geyſtlichen geſetz
25 man findet / das er nicht zur liebe / ſondern zum eygen nütz gezogen wird /
Gleych wie das gellt [1] auff dem ſpiel gewonnen / iſt auch nicht wücher / 53 W
dennoch iſts nicht on eygen nutzige ſeyns ſelbſt liebe vnd on ſunde ge=
wonnen / Vnd der gemeynen frawen lohn / iſt auch nicht [1] wücher / doch mit 111 E¹
ſunden verdienet / Vnd das gut mit fluchen / ſchweren / odder verſprechen
30 erworben iſt auch nicht wücher / aber doch mit ſunden erworben.   Der=
halben ich nicht mag ſchlieſſen / das die zynskeuffer recht vnd billich
handeln / die ſeyn nicht bedurffen.   Ja ich frey ſage vnd warne / das die
reychen / die dieſes kauffs nicht anders brauchen / denn nur zu mehren yhr
zynſe vnd gueter / vnangeſehen / das andere dadurch beſchweret werden /
35 ynn groſſer fahr ſtehen / vnd achts auch nicht / das er den ſelben ſey zu
gelaſſen / wie ettliche geytzigen blaſen thun / die auff benante tage zynſe
auffheben / vñ friſch widderumb daſſelb auch auff zynſe treyben / das ymmer
eyn zyns den andern treybe / wie das waſſer die möl rad / Wilchs ſo eyn
offener vnd vnuerſchampter geytz iſt / das keyn menſch / wie grob er ſey /

___

11 Mt. 7, 16 ff.   14 reymen A   16 unter selbstvergewaltigung
17 im schwang g.   23 freigesprochen   29 verleumden   36 aufge-
blasene menschen | an bestimmten terminen   37 erheben | zinsbar
anlegen   39 dumm

nicht leugnen kan / dennoch helt man das alles fur billich. Vnd wenn
keyn ander vrsach were / diesen zynskauff zu achten als eynen wücher / oder
yhe als eynen vnrechten handel / sonderlich ynn diesem fall / so were doch
diese sache gnugsam / das er solchē offenbarlichen vnuerschampten geytz
deckt / ¹ vnd sicher handeln lest / Denn was aus gott ist / das weret den
sunden vnd allem bösen / Aber dieser handel gibt frey dem geytz seynen
willen / drumb mus er aus Gott nicht seyn / wie er ytzt ym brauch gehet.

Zum siebenden. Nu wollen wyr sehen den grund / durch wilchē
dieser zarter handel wird gebilligt. Es ist eyn wortlin / das heyst auff
lateyn interesse / Das edle / theur / zarte wortlin / gibt auff teutsch souiel /
Wenn ich hundert gulden habe / damit ich mocht ym handel durch meyne
mühe vnd sorge eyn iar lang / funff / sechs obber mehr gulden erwerben /
die thue ich von myr zu eynem andern auff eyn fruchtpar gut / das nicht
ich / sondern er mag also damit handeln auff dem selben / Drumb nym ich
von yhm funff gulden / die ich het mocht erwerben / vnd also verkeufft er
myr die zinse / funff gulden fur hundert / vnd byn ich keuffer vnd er ver=
keuffer. Hie spricht man nu / der zynskauff sey billich / die weyl ich het
villeycht mehr mocht gewinnen ierlich mit den selben gulden / vnd das
interesse sey recht vnd ¹ gnugsam / Das alles hat so eyn hübschen scheyn /
das es auff keynen ort yemand tabeln mag. Aber das ist auch war / das
eyn solch interesse / nicht müglich ist auff erden zu haben / Darumb das
eyn ander interesse ist gegen das / wilchs ist also gethan / Wenn ich hundert
gulden habe / vnd damit gewerben soll / mag myr hunderterley far be=
gegen / das ich nichts gewynne / ia noch viermal so viel verlyre da zu /
eben vmb des selben gellts willen / obber fur franckeyt nicht werden mag /
obber keyne wahr noch gut furhanden ist / vnd der sell vnzelich viel / wie
wyr sehen / das der verterben / verlust / schaden / mehr sind / denn des ge=
wynnen. Also ist das interesse des verlyren wol so gros obber grosser /
denn das interesse des gewinstes.

Zum achten. Wo nuhe der zyns wurde kaufft / auff das erste
interesse alleyn / damit solch fahr vnd mühe aus bleyben / Vnd nymmer
mehr kommen mag / das er mehr verlyre denn er anlegt / vnd also das
gellt / gerad als mocht es alles vnd allzeyt / on das ander interesse seyn /
angelegt / So ists klar / das der kauff auff nichts gegrundet ist / die weyl
eyn solchs interesse nicht mag seyn noch erfunden werden. Denn ynn
solchem kauff / findet er alzeyt wahr fur handen / vnd mag handeln still=
sitzend / kranck / lind / weyb obber wie vntuchtig er sey / der keyns nicht
seyn mag / ym handel vnd erwerben mit blossem gellt. Derhalben die auff
solch interesse alleyn sehen vnd handeln / sind erger denn wucherer / Ja sie

---

9 feine   10 bedeutet folgendes   13 fruchttragend, produktiv
19 angemessen   22 beschaffen   23 geschäfte machen   25 er-
werben   28 die chance   30 nämlich „das interesse des gewinstes"
32 der fall eintreten kann

tauffen das erſt intereſſe / durch das ander intereſſe / vnd gewynnen eben
da mit / da mit ander leut verlyren. Widderumb / die weyl nicht muͤglich
iſt / das ander intereſſe zu verfaſſen / wirden vnd gleych achten / denn es
nicht ynn menſchen gewalt ſtehet / ſo ſehe ich nicht / wie der kauff be-
5 ſtehen muge. Denn wer wollt nicht lieber hundert gulden auff zyns legen /
denn da mit handeln / die weyl er ym handel mocht verlyren eyn iar
zwenzig gulden / mit der ſummen da zu / Vnd ym kauff nicht mehr deñ
funff mag verlyren / mit behaltener ſuͤmen dazu / Aber das / ym handel /
muſt offt ſeyn gelt ſtill ligen der wahr odder ſeynes leybs [1] halben / das ym   113 E¹
10 kauff on vnterlas gehet vñ wirbt.

Was iſt denn wunder / das eyner aller wellt gut zu ſich bringe / der
do bereytſchafft der wahr / vnd teglich ſicherheyt / weniger fahr / mit behut
der haubt ſummen zuvor hat vmb ſonſt? Es muſt nicht kleyn zu tragen
die zeyt / dem / der die wahr allzeyt vberkomen mag / Gleych wie ſie nicht
15 wenig abtregt / dem / der nicht kan der wahr los werden odder vber-
kommen. Drumb mus es gar eyn vngleych ding ſeyn / gellt auff zynſen /
vnd gellt ym handel / vnd eynes gegen dem andern nicht mag geachtet
werden / Denn gellt auff zynſen / hat eynen grund / der on vnterlas wechſt
vnd tregt aus der erben / on ſorge der verluſt an der haubtſummen. Aber
20 gellt ym handel hat nichts gewiſſes / darumb iſt hie keyn intereſſe / denn
zu fellig / darauff nichts zu bawen iſt. Hie werden ſie villeycht ſagen /
die weyl ſie legen gellt auff die gruͤnde / ſo ſey da eyn intereſſe des ver-
lyrens / neben dem intereſſe des gewynſtis / Denn [1] darnach der grund bleybt   55 W
odder nicht / ſo bleybt odder fellt [1] auch der zyns. Dis iſt alles war / dauon   104 E²
25 wyr drunden weytter hoͤren werden. Aber das bleybt gleych wol / das eyn
gellt das man auff eynen grund mag legen / gar viel zu nympt an dem
erſten intereſſe / vnd abnympt an dem andern intereſſe / gegen dem gellt /
das ym handel webt / Denn wie droben geſagt / viel mehr fahr ſind ym
handel / denn auff eynem grund. Die weyl denn nicht mit eynem yglichen
30 gellt man gruͤnd vberkomen mag / ſo kan man auch nicht zyns vmb eyn
yglichs gellt keuffen. Darumb iſts nicht gnug geſagt / mit ſouiel gellts
mocht ich ſouiel zyns auff eynem grund keuffen / darumb neme ich billich
ſouiel zyns da fur / vnd las eynen andern fur den grund ſorgen / Denn
mit der weyſe will man eynem yglichen gellt eynen baren grund zu rechnen /
35 das doch nicht muͤglich iſt / vnd braus gros beſchwerung der land vnd leut
folgen mus.

Zum neunden. Drumb iſt nicht wunder / das die zyns iunckern ſo

---

3 zahlenmässig zu fixieren, abzuschätzen und zu vergleichen   5 zins-
bar anlegen   7 dem kapital   8 ausserdem   10 tätig iſt u. erwirbt
12 sicherstellung des kapitals im voraus   13 nicht wenig gewinn bringen
14 die betr. zeit lang | bekommen   15 verlust bringt   17 kann mit
dem andern nicht verglichen werden   22 grundstücke   27 ver-
glichen mit   28 tätig ist   34 im wert genau entsprechenden

ſchwind fur andern leuten reych werden / Denn die weyl die andern mit
yhrem gellt ym ' handel bleyben / ſind ſie beyden intereſſe vnterworffen
Aber die zyns iunckern / mit ſolchem kundle / heben ſie ſich aus dem andern
intereſſe / vnd kommen vnn das erſt / vnd da mus ohn viel fahr abgehen :
vnd ſicherheyt zugehen. Darumb ſollt nicht geſtattet werden / das man
zynſe keufft mit bloſſem gellt / vnangezeygt vnd vnbeſtympt / den grund der
zinſe / vn ſonderheyt / wie itzt der brauch iſt / vnter den groſſen kauffleuten /
vnd faren dahyn / legen das gellt auff eynen grund / yn gemeyn vnd vn-
ernant. Denn da durch geben ſie der natur vn art des gelts / das doch
nur ſein gluck vnd zufal iſt. Es iſt nicht die natur des gelts / das es eyne
grund keuffe / Sondern es mag zu ſellig eyn grund ſeyl werden auff
zynſe / da ettlich gelt zu nutze ſey / das geſchicht aber nicht allem grund /
auch nicht allem gellt. Darumb ſoll man den grund nennen vnd ergent-
lich beſtymmen. Wenn das geſchech / ſo wurde wol offenbar werden / wie
viel gellts muſt zynslos / vnn dem handel odder kaſten bleyben / das itzt
zynſe treybt / vnd doch keyn ander fuge noch farbe hat / denn das man nun
eyner gemeyn hyn ſagt / Jch mocht ſouiel ' zynſe da fur keuffen auff eynem
grunde / vnd das ſoll intereſſe heyſſen. Ja lieber / meyn gellt mocht
meynem nachpawrn ſeyn haus abkeuffen / ſo es aber yhm nicht ſeyl iſt /
gillt das mugen meyn gelts mit ſeynem intereſſe nichts / Alſo iſt nicht alles
gellts gluck / das es zynſe keuffe auff eynen grund / vnd wollen doch auff
alles was genützet mag werden / zynſe keuffen / das ſind wücherer / diebe
vnd reuber / Denn ſie verkeuffen des gelts ' gluck / das nicht yhr iſt noch
vnn yhrer gewallt. Ja ſprichſtu / Es mag zynſe auff eynen grund keuffen.
Antwort / Es thuts aber noch nicht vnd kaus villeycht nymmer mehr thun.
Hans mag eyn Greten nemen / Er hat ſie aber noch nicht / ſo iſt er auch
noch nicht ehelich. Denn gellt mag zynſe keuffen / das iſt die helfft ge-
ſchehen / Es ligt aber an andern / das ia wort vnd die ander helffte / So
nym ich nicht halb fur gantz. Doch wollen vhr die reyche kauffleut yhrs
geldis gluck / vnd daſſelb enttel on vngluck / darzu andere leut willen vnd
müt verkeuffen / on wilchen ' es leyd / ob ſie verkeuffen wollen / Das heyſt
die dreyzehenden bernhaub verkaufft.

Zum zehenden. Weytter ſage ich / Iſt nicht gnug / das der grund
bahr da ſey vnd ernennet werde / ſondern ſoll klerlich / ſtuck bey ſtuck an-
gezeygt : vnd das gellt vnd zynſe drauff geweſet werden / Als nemlich /
das haus / der garte / die wiſe / der teych / das ſihe / vnd das alles noch
frey / vnuerkaufft vnd vnbeſchweret / vnd nicht der blynden kue spielen vnns
gemeyn odder gantz auff hauffen / das gut beſchweren. Denn wo das nicht

---

3 fündlein | machen ſich frei von   4 interffe A   5 da A   7 zinfe A
8 im allgemeinen u. ohne ihn zu nennen   10 als glücklicher zufall bei
ihm eintreten kann   11 eynen A   13 genau   16 recht noch ſchein
31 absicht | an welchen es liegt   32 Wander, Bärenhaut no. 4. 6
34 genannt   37 Flugschriften 3, 217[20]

geſchicht / da muſ eyne ſtab odder arm man ym ſack verkaufft werden /
vnd durch den blynden kauff vnn grund verterben / wie wyr ſehen ytt ynn
vielen groſſen ſtedten vnd herrſchafften geſchehen. Vrſach iſt / Denn es mag
eyner ſtad abgehen yhr handel / burger weniger werden / heuſer verbrennen /
5 ecker / wiſen vnd alle grunde vergehen / vnd eynem yglichen hauſwirt ſeyn
gut vnd ſihe weniger werden / kinder mehr werden / odder ſonſt mit vnfal
beladen ¹ werden / Vnd ſchlychen alſo die güter dahyn / vnd bleybt doch der ¹⁰⁶ E²
blynde kauff / der auff den gantzen hauffen ynn der gemeyn gemacht iſt /
Alſo muſ das arm wenige nachbleybende gut / tragen des gantzen vorigen
10 volbertigen hauffens / bürd vnd koſt / das mag vnd muſ nymer mehr recht
ſeyn. Da iſt der kauffer ſeyner zynſe gewis vnd nicht vnn der fahr / wilchs
widder die natur eyns yglichen kauffs iſt / Wilchs nicht geſchehe / wo auſ-
druckt wurde die ſtuck bey ſtuck / ſondern der zyns blybe / ſure / webt vñ
ſchwebt gleych mit ſeynen grundē / wie recht iſt.
15 Zum eylfften. Vnd dis iſt die eynige enthalltung dieſes kauffs / das
er nicht eyn wücher ſey / vnd mehr thut deñ alle intereſſe / Das der zyns-
iuncker ſeyn zyns habe vn aller fahr vnd yhre vngewis ſey / als aller
andern ſeyner gütern / Denn der zynsman mit ſeynem gut / iſt vnter-
worfen Gottis gewallt / dem ſterben / krancken / waſſer / fewr / lufften /
20 hagel / donner / regen / wolffen / thieren / vnd böſer menſchen manichfeltig
beſchedigung. Dieſe fahr alle ſampt ¹ ſollen den zynsherrn betreffen / deñ 57 W
auff ſolchem vnd nicht auff andern grund / ſtehen ſeyne zynſe. Es gepürt
¹ yhm auch nicht ehr zynſe fur ſeyn gellt / es ſey denn das der zynsman ¹¹⁶ E¹
odder verkeuffer des guttis / eygentlich beſtympt / vnd ſeyner erbeyt frey /
25 geſund vnd on hyndernis brauchen muge. Das beweret ſich aus der ver-
nunfft / natur vnd allen rechten / die da eynrechtiglich ſagen / das die far
des verkaufften dings / ſtehe bey dem keuffer / Denn der verkeuffer iſt nicht
ſchuldig / dem keuffer ſeyne wahre zu behüten. Alſo wo ich zynſe auff
eynem benanten grund kauff / ſo kauff ich nicht den grund / ſondern die
30 erbeyt vnd mühe des zynsmans auff dem grund / da mit er myr meyne
zynſe bringe. Darumb ſtehet bey myr alle die fahr / die ſolch erbeyt des
zynsmans hyndern mügen / ſo ferne ſie on ſeyn ſchult vnd verſeumnis ge-
ſchicht / es ſey durch die elementen / thieren / menſchen / franckeyten / odder
wie es genent vnd kommen mag / daronne der zyns man ſo gros intereſſe
35 hat / ¹ als der zynsherre / Alſo / wo yhm nach gethanem vleys ſeyn erbeyt ¹⁰⁷ E²
nicht gelinget / ſoll er vnd mag ſagen zu ſeynem zynsherrn frey / Dis iar
byn ich dyr nichts ſchuldig / denn ich hab dyr meyn erbeyt vnd mühe / zyns
zu bringen / auff dem vnd dem gut verkaufft / das iſt myr nicht geraten /
der ſchad iſt deyn vnd nicht meyn / Denn wiltu eyn intereſſe mit haben

1 Thiele no. 465   2 wobei die ware unsichtbar ist   6 unglück
7 schwinden   10 vollwertigen   13 wankte und schwankte   15 einzige
rechtfertigung   17 ebenso wie   19 erkranken   20 manifeltig A

zu gewynnen / muſtu auch eyn intereſſe mit haben zu verlyren ; wie das
foddert die art eyns nglichen kauffs. Vnd wilche zyns herrn das nicht
leyden wollen / die ſind alſo frum / als reuber vnd mörder / vnd reyſſen
aus dem armen ſeyn gut vnd narunge / Whe yhnen.

Zum zwelfften. Daraus aber folget / das der blinde zynskauff / der   5
nicht auff bahr benante ſtuck vnd ſtuck eyns grunds / ſondern ynn der ge-
meyn hyn / auff viel güter yun eynen hauffen gezogen / gemacht iſt / vn-
recht iſt / Denn dieweyl man nicht kan anzeygen / auff wilchen ſtucken er
ſtehe / ſo hat er auch keyne fahr / vnd nympt ymmer hyn / es geprech hie
odder dort / vnd wil ſeyner zinſe gewis ſeyn. So ſagſtu villeycht / Wenn   10
das iſt / wer will denn zynſe keuffen? Antwort / Sihe da / ich wiſſet
wol / wo die natur ſolt recht thuen / ſie wurde ſich rumpfen / Da brichts
¹¹⁷ E¹   erfur / das ym zynskauff wird nur ſicherheyt / geyz vnd wücher geſucht.

O wie viel ſtedte / land / leut / muſſen zynſen / den man lengiſt were
ſchuldig geweſen / gellt nach zu geben. Denn wo dieſe fahr nicht iſt ym   15
zinskauff / da iſt kurz vmb eyttel wücher. Nu gehen ſie daher / vnd ſtifften
kirchen / klöſter / altar / dis vnd das / vnd iſt des zynskeuffens / noch mas
noch ende / Gleych als were es müglich / das alle iar / güter / perſon /
⁵⁸ W   gluck / frucht / ' erbeyt / gleych weren / Es geratet wie gleych odder vn-
gleych / ſo muſſen die zynſe gleych fur ſich gehen. Sollten da nicht land   20
vnd leut verderben? Mich wundert / das bey ſolchem vnmeſſlichem
wücher die wellt noch ſtehet. Alſo hat ſich die wellt gebeſſert / Was vor-
zeyten hies leyhen / das iſt barnach ynn eynen zynskauff verwandelt.

Zum breyzehenden. Der ſelb zynskauff geſchicht etwan / das man
¹⁰⁸ E²   denen abkeufft / die wol dürfften / das ' man yhn leyhete odder gebe / So   25
taug er doch zu grund gar nichts / Denn gottis gepot ſtehet ym wege /
vnd will / das den durfftigen geholffen werde mit leyhen vnd geben. Zum
ander mal geſchicht er / das keuffer vnd verkeuffer beyder teyl des yhren
bedürffen / Derhalben noch leyhen noch geben vermügen / ſondern ſich mit
des kauffs wechſel behelffen muſſen / Wenn nu das geſchicht an vber-   30
trettung des geyſtlichen geſeßz / das man auffs hundert .4. 5. 6. gulden
gibt / leſt ſichs tragen / Doch ſoll allzeyt die Gottis forcht ſorgfeltig ſeyn /
das ſie mehr förchte / ſie neme zuuiel denn zu wenig / das der geyz nicht
neben der ſicherheyt des zymlichen kauffs eynreyſſe / Yhe weniger auffs
hundert / yhe Göttlicher vnd Chriſtlicher der kauff iſt.   35

Das iſt aber meynes werck's nicht / anzuzeygen / wo man funff / vier
odder ſechs auffs hundert geben ſol. Ich las es bleyben bey dem vrteyl
der rechten / wo der grund ſo gut vnd reych iſt / das man da ſechs nemen
müge / Aber meyns dunckens acht ich / So wyr Chriſtus gepot hallten

---

3 entreissen dem a.   9 hapere   12 weigern | kommt's heraus
15 zu erlassen   20 gleichmässig | prodire   24 bisweilen   25 be-
dürften   26 taugt im grunde   28 in andern fällen   30 ohne
32 besorgt   36 amts

wollten ynn den ersten dreyen graden / solt der zynskauff nicht so gemeyn
obber not ¹ seyn / Es were denn ynn grossen mercklichen summen vnd tappern ₁₁₈ E¹
gútern. Er reyst aber eyn / ynn die groschen vnd pfennig / vnd vbet sich
hie nyden ynn gar geringen summen / die man leychtlich mit geben obber
⁵ leyhen ausrichtet nach Christus gepot / vnd will doch nicht geytz ge-
nent seyn.

Zum vierzehenden. Nu sind man ettlich / die nicht alleyn ynn geringen
gútern / sondern auch zuuiel nemen / sieben / acht / neun / zehen auffs hundert.
Da sollten die Gewaltigen eynsehen / Hie wird das arm gemeyn volck
¹⁰ heymlich aus gesogen / vnd schwerlich vnterdruckt. Darumb geschicht auch /
das solch reuber vnd wúcherer (wie die tyrannen vnd reuber wirdig sind)
viel mals / vnnaturlich sterben vnd des gehenden todts verfallen / obber
sonst schrecklich vmbkommen / Denn Gott ist eyn richter / fur die armen
dúrfftigen / als er viel mal ym alten gesetz sagt.

¹⁵   Hie farn sie denn daher vnd sagen / Die Kirchen vnd Geystlichen
thuen das vnd habens macht / ¹ die weyl solchs gelt zu Gottis dienst ge- ₁₀₉ E¹
langt. Fur¹war hat man keyn andere sach / den wúcher zu rechtfertigen / ₅₉ W
so ist er nie vbeler geschullten / Denn er will yhe die vnschuldige kirche
vnd geystlicheyt mit yhm zum teuffel furen / vnd ynn die sunde zyhen.
²⁰ Thue den namen der Kirchen ab vnd sprich / Es thue der wúchersuchtige
geytz / obber der faulenzer alter Adam / der nicht gerne erbeytet vmb seyn
brob zu erwerben / das er seynem mússiggang vnter der kirchen namen
eynen deckel mache.

Was Gottis dienstu myr? Das heyst Gott gedienet / seyn gepot
²⁵ gehallten / das man niemant stele / neme / vber setze vnd des gleychen /
sondern gebe vnd leyhe den dúrfftigen / Solch warhafftig Gottis dienste
wiltu zu reyssen / auff das du kirchen bawest / altar stifftest / vnd lesen vnd
singen lest / der dyr Gott keyns gepoten hat / vnd also mit deynem Gottis
dienst / den rechten Gottis dienst zu nichte machist. Lasse den Gottis dienst
³⁰ fur gehen / den er gepoten hat / vnd komme denn hernach mit dem / den
du erwelet hast. Vnd wie ich droben gesagt habe / Wenn alle wellt zehen
auffs hundert neme / so sollten doch die geystliche stiffte das gestrengiste
recht hallten / vnd mit furchten / vier obber funff nemen / ¹ Denn sie sollen ₁₁₉ E¹
leuchten vnd gut exempel geben den welltlichen. So keren sie es vmb /
³⁵ wollen freyheyt haben / Gottis gepot vnd dienst zu lassen / vbel zu thun
vnd wúcher zu treyben. Wiltu Gott dienen nach deyner weyse / so diene
yhm on schaden deynes nehisten vnd mit Gottis gepoten erfullung. Denn
er spricht Isaie am .61. Ich byn eyn Got der das gericht lieb hat / vnd

---

2 bedeutenden | ansehnlichen   5 unterbringt   10 schwer
12 eilenden (oben II 59, z. 24)   17 verwandt wird   18 gescholten
23 ein mäntelchen   24 was für einen gottesdienst verrichtest du da? myr
dat. des interesses   25 übervorteile   28 wovon | nichts   30 voran-
gehn   38 Jes. 61, 8

byn feynd dem opffer das oo geraubt iſt. Auch ſpricht der weyſe man :
Gib eyn almoſſen von dem das deyn iſt. Solche vberſetze aber ſind ge-
ſtolen deynem nehiſten widder Gottis gepot.

     Zum funffzehenden. Furcht man aber das den kirchen vnd ſtifften
abgehe / ſo die meynung ſoll fur ſich gehen. Sage ich / Es iſt beſſer aus   5
zehen ſtifftung eyn Gottliche gemacht / denn viel behallten widder Gottis
110 E² gepot / Was hulff dich der Gottis dienſt / den du horeſt [1] er ſey widder
Gott / ſeyn gepot vnd ſeynen dienſt? Du wirſt eynem Gott nicht mit
zweyen widderſpenſtigen dienſten dienen / Auch nicht zween herrn dienen.

     Auch ſind ettliche ſo ſchlecht eynfeltige / das ſie ſolchen zynſe on grund   10
vnd vnterpfand verkeuffen / odder yhe mehr verkeuffen denn der grund tregt /
da mercklich / verterben herkompt / Vnd iſt die materi faſt ferlich vnd weyt-
leufftig / das ſchwerlich dauon gnugſam mag geſagt werden. Das beſte
were / das man ſich zu dem Euangelio lendete / nehete / vnd ſich vbete ynn
Chriſtlichen hendeln mit gutern / wie geſagt iſt.   15

60 W   [1] Auch iſt eyn ferlich geſuche ynn dieſem kauff / des ich beſorge /
niemant odder faſt wenig keuffer on ſind / Der iſt / das ſie wollen yhrer
zynſe vnd guts gewis vnd ſicher ſeyn / Vnd darumb gellt von ſich thun /
das bey yhn nicht ynn der fahr bleybe / Vnd viel lieber yhn iſt / das ander
leut damit erbeyten vnd ynn der gefahr ſtehen / das ſie die weyl muſſig   20
vnd fawl ſeyn mugen / vnd doch alſo reych bleyben odder werden. Iſt
das nicht wucher / ſo iſt er yhm faſt ehnlich. Kurtzlich / es iſt widder
Gott / Denn wo du vorteyl an deynem nehiſten ſucheſt / den du nicht auch
120 E² wolteſt an [1] dyr yhm laſſen / da iſt die liebe aus / vnd das naturlich geſetz
zu ryſſen. Nu ſorge ich / das man ynn zynſe keuffen gar wenig acht / wie   25
es dem nehiſten gedeye / wenn nur vnſer zynſe vnd gut ſicher iſt / das man
doch ynn keynen weg nicht ſuchen ſoll / Vnd iſt gewis eyn anzeygen des
geytz odder ſawlheyt / wie wol der kauff draus nicht erger wird / ſo iſt es
doch ſunde fur Gott.

15 , 321 W   Aber dahynden ynn Sachſen vmb Luneborg vnd Holſteyn / da macht   30
mans recht grob / das nicht wunder iſt / ob eyner den andern freſſe / Da
nympt man auffs hundert nicht alleyne .ig. g. odder wie viel man ymer
mag / Sondern haben auch eyn beſonders ſtucklin daran gehenget. Nem-
lich / Soll myr eyner tauſent gulden thun auff zinſe / ſo mus ich an ſtat
bahrs gellts ſo viel pferde / kue / ſpeck / korn ꝛc. nemen / das er ſonſt vil-   35
111 E² leicht nicht mag los werden / odder nicht ſo theur verkeuffen / das myr
kaumet der ſummen die helfft / als funffhundert gulden barhs gellts wird /
vnd mus doch fur tauſent gulden zinſen / ob myr ſchon die wahr vnd vieh
nichts nutze / odder kaum auff eyn hundert odder zwey gulden mag zu tragen.

---

1 Pr. 3, 9   2 übervorteilungen   5 durchdringen   9 sich wider-
sprechenden | Mt. 6, 24   10 ganz   12 spürbares   14 wendete, näherte
16 gefährliches streben, von dem, wie ich besorge, niemand oder doch nur
sehr wenig kapitalisten frei sind   19 dass es   26 glücke   39 einbringen

Eÿ das sind freylich nicht straffen reuber noch stul reuber / sondern
hausreuber vnd hoffe reuber. Was soll man da zu sagen? Es sind nicht
leutte / sondern wolffe vnd vnuernunfftige thier / die nicht gleuben / das
eyn Gott sey.

5   Summa / Allem solchem wücher vnd vnrechten zinsen ist keyn besser
radt / denn das man dem gesetze vnd exempel Mosi volgte / vnd brecht alle
zinse widderumb ynn die ordenung / Das man den zehenden / odder dar
nach die not foddert / den neunden odder achten odder sechsten neme / ver-
keuffte / stiffte vnd gebe / So bliebe es alles seyn gleych / vnd stunde alles
10 ynn Gottes gnaden vnd segen.   Denn wo der zehenden eyn iar wol
geriete / so trüge er viel dem zins herrn / ¹ Geriete er vbel / so trüge er 121 E¹
wenig / Vnd muste also der zins herr die fahr vnd gluck eben so wol
tragen / als der zins man / vnd musten beyde Gott ynn die hende sehen /
Da kunde man keyne benante summa des zinses setzen / were auch nicht
15 not / Sondern bliebe vmer vngewis / wie viel der zehenden tragen wurde /
vnd were doch der zehenden gewis.

     Darumb ist der zehent der aller seynste zinse / vnd von anbegynn
der wellt ynn vbung gewest / vnd vm allten gesetz gepreyset vnd bestettiget /
als der nach Göttlichem vnd naturlichem recht der aller billichst ist.
20 Darnach hyn / wo der zehende nicht reychen wollt noch gnug were / kund
man den neunden nemen vnd verkeuffen / odder setzen vnd stifften / darnachs
eyn land odder haus vermocht. Denn Josseph setzt odder sandts also /
von alters her gesetzt vnd gebraucht ynn Egypten / den funfften zu nemen.
Denn hie bleybt noch ymer dar / das Göttlich billich recht / das der zins
25 herr ynn der fahr stehet / Gerets wol / so ist der funffte gut / Gerets
vbel / so ist er deste geringer / wie es Gott gibt / Vnd hat keyn bestympte
gewisse summa.

     ¹ Nu aber der zinskauff auff bestympten gewissen summen stehet / alle 122 W
iar gleich zu reychen / es geratte ¹ odder geratte nicht / so mus wol land 112 E²
30 vnd leutte verderben / Denn er nympt vnd keufft vngleiche iar fur gleiche
iar / vnd arme iar fur reyche iar / Ja er keufft Gottes segen noch nicht
gegeben / fur eynen gegebenen / Das kan vnd mag nymer mehr recht seyn.
Denn damit seugt eyner dem andern schweys vnd blut aus. Darumb ists
keyn wunder / das ynn diesen kurtzen iaren / so lange dieser zinskauff ym
35 brauch gewest ist / nemlich bey hundert iaren / alle Fürstenthum vnd Land
verarmet vnd versetzt vnd verdorben sind.

     Were aber der kauff odder zinse nicht auff getreyde gestifft / sondern
auff heuser odder raum / da man mit der hand wirbt vnd gewynnet / kund
man abermal nach dem gesetz Mosi solchen kauff meystern / Das man das
40 hall iar vnn solchen sachen hielte / vnd nichts ewiglich verkeuffte. Denn

---

1 thronräuber (vgl. aber W. A. 15, 321¹)   13 walten lassen
14 fixierte   22 Gen. 41, 34   31 Gott||tes A   39 berichtigen
40 Le. 25, 10ff.

ich achte / weyl dieser handel so vnordig gehet / kund man keyn besser
122 E₁ exempel ¹ vnd gesetze nemen / denn Gottis gesetze / damit er seyn volck ver-
sehen vnd regirt hat. Er ist ia wol so weyse als menschen vernunfft seyn
kan / vnd durfften vns nicht schemen / ob man der Jüden gesetz hieryñn
hielte vnd folgete / weyl es nützlich vnd gut ist.   5

Hieryñnen sollten nu Keyser / Könige / Fürsten vnd Herrn wachen / vnd
yhr land vnd leutte ansehen / das sie hulffen vnd rieten / von dem grewlichen
schlund des wuchers / so hetten sie es auch deste besser. Das sollten die
Reychstage handelln / als der aller nottigesten sa-
chen eyne / So lassen sie solchs ligen / vnd dienen   10
die weyl des Bapsts Tyranney / land vnd leut
yhe lenger yhe mehr zu beschweren / bis das
sie mal auch zuscheytern gehen mus-
sen / das sie das land nymer ertra-
gē / sondern ausspeyen musse.   15
Gott gebe yhn seyn lie-
cht vnd gnade
Amen.

---

1 ordnungswidrig vor sich g.   4 wir brauchten   13 untergehen
14 Gen. 13, 6   15 Apk. 3, 16

Ermahnung zum Frieden auf die zwölf Artikel der Bauernschaft in Schwaben. 1525.

Lit. über die 12 artikel bei H. Böhmer, Urkunden z. Gesch. des Bauernkriegs u. der Wiedertäufer (Kleine Texte h. 50/51), s. 2, z. 3 ff. Kommentierter neudruck der 12 artikel nach dem druck M von Melchior Ramminger in Augsburg, den A. Peter, Histor. Ztschr. 105, 568—570 abschliessend als ältesten druck erwiesen hat. Vgl. ferner H. Böhmer, Die Entstehung der 12 Artikel der Bauern von 1525, Blätter f. württemberg. Kirchengesch. 14, 1—14, 97—118.

L. reiste am 16. april 1525 mit Melanchthon von Wittenberg nach Eisleben, um dort die neue gelehrtenschule miteinzurichten (WABr 3, 474,6ff). Spätestens am 19. kamen sie dort an und blieben bis zum 20. Nach einer späten, aber nicht unglaubhaften überlieferung (W. A. 18, 281) begann L. dort die ausarbeitung unserer „Ermahnung", die er schon bei der abreise aus Wittenberg geplant hatte (CR 1, 739), im garten des mansfeldischen kanzlers Joh. Duhren (WA Br 3,531²).Am 9. mai sah Wolfgang Zceyner in Zwickau der zusendung der schrift aus Wittenberg entgegen (Arch. f. Gesch. d. deutschen Buchhandels 16, nr. 54). Wir reproduzieren aus dem in der folgenden einleitung anzugebenden grunde den Wittenberger druck W. A. 18, 282 C = 345 A und berücksichtigen auch L.s manuskript (in München).

ꝰꝰ hat die Bawrſchafft / ſo ſich itzt ynn Schwaben land
ꝰꝰ zu ſamen geworffen / zwelff artickel von yhren vntregglichen beſchwe-
rungen gegen die oberkeyt geſtellet / vnd mit etlichen ſprüchen der ſchrifft
furgenomen zu gründen / vnd durch den druck laſſen außgehen. Ynn
5 wilchen myr das auffs beſt gefallen hat / das ſie ym zwelfften artickel ſich
erbietē / beſſer vnterricht / wo es mangelt vnd von nöten were / gerne vnd
williglich anzunemen vnd ſich wöllen weyſen laſſen / ſo ferne daſſelbige /
durch helle / offentliche / vnleugbare ſprüche der ſchrifft geſchehe / wie denn
billich vnd recht iſt / das niemands gewiſſen weytter odder anders / denn
10 mit göttlicher ſchrifft / vnterricht vnd gewenſet werde.

Wo das nu yhr ernſt vnd eynfeltige meynunge iſt / alls myr nicht
anders will zu deutten gebüren / weyl ſie ſich mit den ſelben artickeln frey
an den tag geben / vnd das liecht nicht ſchewen wöllen / So iſt noch gute
hoffenunge da / Es ſolle gut werden. Vnd myr / alls der ia auch eyner
15 iſt gerechnet vnter denen / die Göttliche ſchrifft itzt auff erden handeln /
ſonderlich aber ſo ſie mich mit namen ynn dem andern zedel nennen vnd
beruffen / deſte gröffern mut vnd zuuerſicht gibt / meyne vnterricht / freund-
licher Chriſtlicher meynunge / nach brüderlicher liebe pflicht / auch an den
tag offentlich zu geben / damit nicht durch meyn ſchweygen / myr auch zu

24, 239 E¹
24, 271 E²
18, 291 W

272 E²

292 W

---

2 zusammengerottet | unerträglichen　　8 offenbare | den C
9 den C　　16 „handlung, ordnung u. instruktion . . ." (W. A. 18, 280)
18 in freundlicher absicht

geteylet vnd auffgelegt werde fur Gott vnd der wellt / so sich etwas vn-
rats vnd vnfalls draus entspünne. Ist aber solchs nur zur farbe vnd
scheyn von yhnen erbotten / alls on zweiffel wol etliche der art vnter
yhnen sind / Denn es nicht müglich ist / das so grosser hauffe alle sampt
rechte Christen seyen / vnd gute meynung haben / Sondern eyn gros teyl / 5
der andern guten meynung zu yhrem mutwillen brauchen vnd das yhre
darunter suchen. Solchen wird on zweyffel nicht viel gelingen / odder yhe
zu yhrem grossen schaden vnd ewigem verderben gelingen.

260 E1 [1] Weyl denn diese sache gros vnd ferlich ist / alls die beyde Gottes
reich vnd der wellt reich betriffet / Denn wo diese auffruhr sollt fort 10
dringen vnd vber hand nemen / wurden beyde reich vntergehen / das wider
welltlich regiment / noch Göttlich wort bleyben / sondern eyne ewige ver-
störunge gantzes Deutsches landes folgen würde / So ist von nöten / das wyr
293 W frey dauon reden vnd radten / [1] niemands angesehen / Widderumb das wyr
auch williglich / hören vnd vns eyn mal sagen lassen / auff das nicht 15
vnser hertzen verstockt vnd ohren verstopfft / wie bisher geschehen
273 E2 [1] ist / Gottes zorn seynen vollen gang vnd schwang gewinne. Denn
so viel grausamer zeichen / so bisher / beyde am hymel vnd auff erden
geschehen sind / eyn gros vnglück furhanden
vnd eyn treffliche verendrunge ynn Deut- 20
schen landen anzeygen / wie wol wyr
vns leyder wenig dran keren /
Aber Gott auch nichts
deste weniger fort
feret / vnd 25
vnser
harte köpffe
eyn mal wird weych
machen.

An die Fürsten vnd Herrn. 30

ERstlich mügen wyr niemand auff erden dancken solchs vnrabts vnd auff-
ruhrs / denn euch Fürsten vnd Herrn / sonderlich euch blinden Bisschoffen
vnd tollen Pfaffen vnd München / die yhr noch heuttigs tages verstockt /
nicht auffhöret zu toben vnd wüten wider das heylige Euangelion / ob yhr
gleych wisset das es recht ist / vnd auch nicht widerlegen kündet / Dazu 35
ym welltlichen regiment nicht mehr thut / denn das yhr schindet vnd
schatzt / ewern pracht vnd hohmut zu furen / bis der arme gemeyne man

---

2 unheils | beschönigung   7 oder doch   12 bleyben Hs., fehlt
A u. C   18 WABr 3,464,4ff;509[8]   Joh. Friedrich, Astrologie und
Bauernkrieg, München 1864, s. 108   19 bevorstehendes   20 gewaltige
31 unheils   37 üppigen und hochmütigen lebenswandel (D. W. 4[1], 447)

nicht kan noch mag lenger ertragen. Das schwerd ist euch auff dem halse /
noch meynet yhr / yhr ¹ sitzt so feste ym satel / man werde euch nicht mügen 294 W
ausheben / Solche sicherheyt vnd verstockte vermessenheyt wird euch den
hals brechen / das werdet yhr sehen. Ich habs euch zuuor viel mal ver=
5 kündigt / yhr solltet euch hüten fur dem spruch / Psalm. 104. Effundit
contemptum super principes. Er schüttet verachtung vber die Fürsten /
Yhr ringet darnach / vnd wöllet auff ¹ den kopff geschlagen seyn / da hilfft 261 E¹
keyn warnen noch vermanen fur.

Wolan / weyl yhr denn vrsach seyt / solchs Gottes zorns / wirds on
10 zweiffel auch vber euch auffgehen / wo yhr euch noch nicht mit der zeyt
bessert. Die zeychen am hymel vnd wunder auff erden gelten euch lieben
herren / keyn guts deutten sie euch / keyn guts wird euch auch geschehen.
Es ist schon des zorns eyn gros teyl angangen / das Gott so viel falscher
lerer vnd propheten vnter vns sendet / auff das wyr zuuor mit yrthum
15 vnd Gottes lesterung reichlich verdienen die helle vnd ¹ ewige verdamnis. 274 E²
Das ander stuck ist auch fur handen / das sich die bawren rotten / daraus /
wo Gott nicht weret / durch vnsere busse bewegt / folgen mus / verderben /
verstörung vnd verwüstung Deutsches landes / durch grewlich mord / vnd
blut vergiessen.

20 Denn das sollt yhr wissen / lieben herren / Gott schaffts also / das
man nicht kan / noch will / noch solle ewr wueterey die lenge dulden. Yhr
müst anders werden / vnd Gots worte weichen / Thut yhrs nicht durch
freundliche ¹ willige weyse / so müst yhrs thun / durch gewelltige vnd ver= 295 W
derbliche vnweyse. Thuns diese bawren nicht / so müsens andere thun.
25 Vnd ob yhr sie alle schlügt / so sind sie noch vngeschlagen / Gott wird
andere erwecken / Denn er will euch schlahen vnd wird euch schlahen. Es
sind nicht bawren / lieben herrn / die sich widder euch setzen / Gott ists
selber / der setzt sich widder euch / heymzusuchen ewer wueterey. Es sind
etliche vnter euch / die haben gesagt / sie wöllen land vnd leut dran setzen /
30 die Lutherische lere auszurotten / Wie dünckt euch? wenn yhr ewr eygen
propheten weret gewesen / vnd were schon land vnd leut hynan gesetzt?
Schertzt nicht mit Gott / lieben herrn / Die Juden sagten auch wyr haben
keynen König / vnd ist eyn solcher ernst worden / das sie ewiglich on könig
seyn müssen.

35 Auff das yhr aber euch noch weytter versündigt / vnd ia on alle
barmhertzigkeyt zu scheyttern gehet / so sahen ettliche an / vnd geben dem
Euangelio die schuld / sprechẽ / das sey die frucht meyner lere. Nu Nu
lestert flug lieben herren / yhr wöllt nicht wissen / was ich geleret habe /
vnd was das Euangelion sey. Er ist aber fur ¹ der thür / der es euch leren 262 E

---

2 dennoch   5 Ps. 107, 40   11 oben s. 48, z. 12   13 hat
sich schon — darin entladen, dass . . .   21 auf die dauer   25 vorder-
hand sind sie noch nicht geschlagen   29 oben II 313, z. 17   31 preis-
gegeben   32 Ga. 6, 7   36 untergeht   37 Euangelio C

wird gar bald / beſſert ŋhr euch nicht / Yhr vnd ŋederman mus mŋr zeug=
nis geben / das ich mit aller ſtille geleret habe / hefftig wider auffruhr ge=
296 W ſtritten / vnd zu gehorſam | vnd ehre / auch ewer tŋranniſchen vnd tobenden
oberkeŋt / die vnterthanen gehalltē vnd vermanet mit hochſtem vleis / das
dieſe auffruhr nicht kan aus mŋr komen / Sondern die mordpropheten / 5
wilche mŋr ia ſo ſeŋd ſind alls euch / ſind vnter dieſen pöfel komen / da
275 E² mit ſie nu lenger deñ | drey iar vmb ſind gangen / vnd niemant ſo faſt ge=
weret vnd widderſtanden / alls ich alleŋne.   So nu Gott euch zu ſtraffen
gedenckt / vnd leſſt den teuffel durch ſeŋne falſche propheten / den tollen
pöffel widder euch erregen / vnd will villeŋcht / das ich nicht mehr weren 10
ſolle noch kunde / Was kan ich odder meŋn Euangelion dazu? wilchs bis=
her vnd noch / nicht alleŋne ewer verfolgen vnd morden vnd toben erlitten
hat / ſondern auch fur euch gebeten / ewer oberkeŋt helffen ſchutzen vnd
handhaben vnter dem gemeŋnen man.

      Vnd wenn ich luſt hette mich an euch zu rechen / ſo möcht ich ißt 15
ŋnn die fauſt lachen / vnd den bawren zu ſehen / odder mich auch zu ŋhnen
ſchlahen / vnd die ſachen helffen erger machen. Aber da ſoll mich meŋn
Gott fur behüten / wie bisher.   Darumb meŋne liebe herren / ŋhr ſeŋt
ſeŋnde odder freunde / bitte ich vntertheniglich / verachtet meŋne trewe
nicht / ob ich wol eŋn armer menſch bŋn. Verachtet dieſe auffruhr auch 20
nicht / das bitte ich / Nicht das ich achte odder furchte / das ſie euch zu
297 W mechtig ſeŋn ſollte / Will auch | nicht das ŋhr euch der halben fur ŋhnen
furchten ſollet / Sonder Gott furchtet / des zorn ſehet an / will euch der
ſtraffen / wie ŋhr verdienet habt / alls ich ſorge / ſo ſtrafft er euch / vnd
wenn der bawrn hundert mal weniger weren / Er kan wol ſteŋnen z͗ 25
bawren machen vnd widerumb / Vnd durch einen bawren hundert von den
ewren erwürgen / das euch alle ewer harniſch vnd ſtercke zu wenig wird.

      Iſt euch nu noch zu ratten / meŋne lieben herrn / ſo weicht eŋn
wenig vmb Gottes willen dem zorn / Eŋm truncken man ſoll eŋn ſudder
263 E¹ haw weichen / Wie viel mehr | ſollt ŋhr das tobē vnd ſtörrige tŋranneŋ 30
laſſen / vnd mit vernunfft an den bawren handeln / als an den truncknen
odder ŋrrigen. Jahet nicht ſtreŋt mit ŋhnen an / denn ŋhr wiſſet nicht
wo das ende bleŋben wird / ſuchts zuuor gütlich / weŋl ŋhr nicht wiſſet
was Gott thun will / auff das nicht eŋn funcken angehe / vnd gantz
Deutſchland anzünde / das niemand leſſchen kunde. Vnſer ſünde ſind da 35
276 E² fur Gott / derhalben wŋr | ſeŋnen zorn zu furchten haben / wenn gleich nur
eŋn blat rauſſchet / Schweŋge denn wenn eŋn ſolcher hauffe ſich reget /
Verlieret ŋhr doch mit der güte nichts / vnd ob ŋhr etwas dran verlöret /
298 W kan es euch hernach ŋm fride zehenfelltig widder werden / da ŋhr | mit
ſtreŋt villeicht leib vnd gut verlieret / Warumb wöllt ŋhr euch ŋnn die 40
farh geben / ſo ŋhr wol mit ander guter weŋſe möcht mehr nutz ſchaffen.

---

6 pöbel   7 eifrig   12 ertragen   14 erhalten   26 umgekehrt
28 lieben fehlt Hs. u. A   29 Wander, Mann nr. 942, Betrunken nr. 4
37 Le. 26, 36 | geschweige

Sie haben zwölff artickel gestellet / vnter wilchen etliche so billich
vnd recht sind / das sie euch fur Gott vnd der wellt den glimpff nemen /
vnd den Psalmen war machen / das sie verachtunge schütten vber die Fürsten /
Doch sind sie fast alle auff yhren nutz vnd yhn zu gut gestellet / vnd nicht
5 auff yhr bestes ausgestrichen. Jch hette wol ander artickel wibber euch
zu stellen / die gemeyn Deutschland vnd regiment betreffen / wie ich than
habe ym buch an den Deutschen Adel / da wol mehr angelegen were /
Aber weyl yhr die habt ynn den wind geschlagen / müst yhr nu solche
eygennützige artickel heren vnd leyden / Vnd geschicht euch eben recht /
10 alls denen nicht zu sagen ist. Den ersten artickel / da sie begern das Euangelion zu hören / vnd
recht eynen Pfarherr zu erwelen / künd yhr nicht abschlahen mit eynigem
scheyn / wie wol der eygen nutz mit vnterleufft / das sie fur geben / solchen
Pfarherr mit dem zehenden zu erhallten / der nicht yhr ist / So ist doch
15 das die summa / man solle yhn das Euangelion lassen predigen / Da wibber
kan vnd soll keyn ¹ oberkeyt. Ja oberkeyt soll nicht weren / was yder man ₂₉₉ W
leren vnd gleuben will / es sey Euangelion obber ¹ lügen / Jst gnug / das sie ₂₆₄ E¹
auffruhr vnd vnfride zu leren weret.

Die andern artickel / so leybliche beschwerunge anzeygen / alls mit
20 dem leibfall / auffsetze vnd der gleichen / sind ia auch billich vnd recht.
Denn oberkeyt nicht drumb eyngesetzt ist / das sie yhren nutz vnd mutwillen
an den vnterthanen suche / sondern nutz vnd das beste verschaffe bey den
vntertheuigen. Nu ists ia nicht die lenge treglich / so zu schatzen vnd
schinden / Was hülffs ¹ wenn eyns bawren acker so viel gülden alls hallmen ₂₇₇ E²
25 vnd körner trüge / so die oberkeyt nur deste mehr neme / vnd yhren pracht
da mit ymer grösser machte / vnd das gut so hyn schlaudert / mit kleydern /
fressen / sauffen / bawen vnd der gleichen / alls were es sprew / Man müste
ia den pracht eynzihen vnd das ausgeben stopffen / das eyn arm man auch
was behalten künde? Weytter vnterricht / habt yhr aus yhren zebbeln
30 wol vernomẽ / da sie yhre beschwerunge gnugsam dar bringen.

An die Bawrschafft.

JHr habt bisher lieben freunde vernomen nicht anders / deñ das ich
bekenne / Es sey leyder allzu war vnd gewiß / das die Fürsten vnd
herrn / ¹ so das Euangelion zu predigen verbieten / vnd die leute so vntreg- ₃₀₀ W

---

2 die ehre   3 die fehlt C   5 aufs beste ausgeführt   10 da
ihr euch nichts sagen lasst   13 H. Böhmer, Urkunden s. 5, 2. art.
z. 5 ff.   18 weren C   20 leibfall (vgl. todtfall Böhmer s. 10, 11. art.
s. 2) = hinfall der besitzrechte eines leibeigenen bei seinem tode und
die abgaben, die seine angehörigen bei übertragung solcher auf sich an
ihren herrn zu entrichten haben | auflagen   23 auf die dauer uner-
träglich   26 verschwendet·   28 der verschwendung wehren

lich beſchweren / werd ſind vnd wol verdienet haben / das ſie Gott vom
ſtuel ſtürtze / alls die wibber Gott vnd menſchen ſich höchlich verſünbigen /
ſie haben auch keyne entſchuldigung / Nichts weniger iſt euch auch wol
fürzuſehen / das yhr ewer ſachen mit gutem gewiſſen vnd recht für nemet /
Denn wo yhr gut gewiſſen habt / ſo iſt bey euch das tröſtliche vorteyl /   5
das euch Gott wird beyſtehen vnd hyndurch helffen / Vnd ob yhr gleych
eyne zeyt lang vnterleget oder drüber den todt lidet / ſo gewünnet yhr doch
zu letzt / vnd würde die ſeele ewiglich mit allen heyligen erhallten. Habt
yhrs aber nicht recht noch gut gewiſſen / ſo müſſet yhr vnterligen / Vnd
265 E¹ ob yhr ſchon zeytlich gewünnet vnd alle Fürſten erſchlüget / doch zu letzſt   10
ewiglich an leyb vnd ſeele verloren werden / ¹Drumb iſt euch hie nicht zu
ſchertzen / Es gillt leyb vnd ſeele ewiglich / auff ewer ſeytten / Vnd iſt am
meyſten des war zu nemen vnd mit allem ernſt drauff zu ſehen / nicht
alleyn wie mechtig yhr ſeyt / vnd wie gros vnrecht ihene haben / ſondern
wie gut recht vnd gewiſſen yhr habt.   15

          Der halben iſt meyne freundliche brüderliche bitte / lieben herren
301 W vnd ¹ brüder / ſehet ia zu mit vleys was yhr macht / vnd gleubt nicht allerley
278 E¹ geyſtern vnd preſdigern / Nach dem der leidige ſatan itzt viel wilder rotten
geyſter vnd mordgeyſter / vnter dem namen des Euangeli hat erweckt / vnd
damit die wellt erfüllet. Höret doch vnd laſſt euch ſagen / wie yhr euch   20
denn vielfeltig erbietet / Ich will meyne trewe warnung / wie ich ſchuldig
byn an euch nicht ſparen / Ob mich etliche villeycht durch die mordgeyſter
vergyfftet / werden drumb haſſen vnd eynen heuchler heiſſen / da frage ich
nicht nach / Myr iſt gnug / ob ich ewer etliche guthertzige / rechtſchaffene /
von der fahr göttlichs zorns errette. Die andern will ich ia ſo wenig   25
furchten / ſo hoch ſie mich verachten / Sie ſollen myr auch nicht ſchaden /
Ich weys eynen der iſt gröſſer vnd mechtiger denn ſie ſind / der leret mich
alſo Pſalm. 3. Ich furcht mich nicht ob viel mal tauſent volcks ſich
wibber mich ſetzen / Meyn trotz ſoll yhren trotz aus ſtehen / das weys ich
fur war.   30

          Erſtlich lieben brüder / yhr furet den namen Gottes / vnd nennet
euch eyne Chriſtliche rotte odder vereynigung / vnd gebt fur / yhr wöllet
nach dem göttlichen recht faren vnd handeln. Wolan / ſo wiſſet yhr ia
auch das Gottes name / wort vnd titel / ſoll nicht vergeblich noch vnnütze
anzogen werdē / wie er ſpricht ym andern gepot. Du ſollt den namen   35
302 W Gottes deynes HERREN ¹ nicht vnnützlich füren / Vnd ſetzt dazu vnd
ſpricht. Denn Gott wird denen nicht vnſchuldig laſſen ſeyn / der ſeynen
namen vnnützlich furet. Hie ſtehet der text hell vnd klerlich / der euch ſo
wol alls alle menſchen betrifft / vnd vnangeſehen ewre groſſe menge / recht
vnd ſchrecken / eben ſo wol euch ſeynen zorn drewet / alls vns vñ andern   40

---

3 müſſt ihr euch vorſehen   25 ebenſowenig   28 Pſ. 3, 7
33 verfahren   35 Ex. 20, 7   40 androht

allen. ¹Er iſt auch wie yhr wiſſet / euch mechtig vnd ſtarck gnug / das er ²⁶⁶ B¹
euch ſtraffe / wie er hie drewet / wo yhr ſeynen namen vmb ſonſt vnd vn-
nützlich furet / Das euch ſchlechts keyn glück / ſondern alles vnglück zu
warten iſt / wo yhr ſeynen namen felſchlich füret / da wiſſet euch nach zu
5 richten / vnd ſeyt freundlich gewarnet. Es iſt yhm eyn ſchlecht ding / ſo
viel bawren zu würgen odder zu hyndern / der etwa die gantze wellt mit
der ſindflut ¹erſeufft / vnd Sodoma mit fewr verſenckt. Er iſt eyn all- ²⁷⁹ E²
mechtiger ſchrecklicher Gott.

Zum andern / Das yhr aber die ſeyt / die Gottes namen vnnützlich
10 furen vnd ſchenden / iſt leichtlich zu beweyſen / Vnd das euch darumb zu
letzt alles vnglück begegen werde / iſt auch nicht zweiffet / Gott ſey denn
nicht warhafftig. Denn hie ſteht Gottes wort vnd ſpricht durch den mund
Chriſti / Wer das ſchwerd nympt / der ſoll durchs ſchwerd vmbkomen /
das iſt ia nichts anders / denn das niemant ſoll mit eygenem freuel / ſich
15 der gewallt vnterwinden / ¹Sondern wie Paulus ſagt. Eyn igliche ſeele ³⁰³ W
ſolle der oberkeyt vnterthan ſeyn / mit furcht vnd ehren. Wie kündet yhr
doch fur dieſen Gottes ſprüchen vnd rechten vber / die yhr euch rhümet
göttlichem recht nach zu faren / vnd nemet doch das ſchwerd ſelbs / vnd
lehnet euch auff widder die oberkeyt von Gott geordnet? Meynet yhr
20 nicht / das vrteyl S. Pauli Röm. 13. werde euch treffen? Wer Gotts
ordnung widderſtrebt / der wird das verdamnis vberkomen. Das heyſſt ia
Gottes namen vnnützlich furen / furgeben Gottes recht / vnd doch vnter
dem ſelben namen widder Gottes recht ſtreben. O ſehet euch fur lieben
herren / Es wird zu letzt nicht ſo hynaus gehen.

25 Zum dritten / Ja ſprecht yhr / die oberkeyt iſt zu böſe vnd vnleidlich /
Denn ſie das Euangelion vns nicht laſſen wöllen / vnd drucken vns allzu
hart ynn zeytlicher güter beſchwerung / vnd verderben vns alſo an leyb
vnd ſeele. Antworte ich / Das die oberkeyt böſe vnd vnrecht iſt / ent-
ſchuldigt keyn rotterey noch auffruhr / Denn die bosheyt zu ſtraffen / das
30 gebürt nicht eym iglichen / ¹ſondern der welltlichen oberkeyt / die das ſchwerd ²⁶⁷ E¹
furet / Wie Paulus Ro. 13. vnd Petrus .1. Pe. 3 ſagt / das ſie zur ſtraff der
böſen von Gott verordnet ſind. So gibts auch das natürliche vnd aller
wellt recht / das niemands ¹ſolle noch müge ſeyn eygen richter ſeyn / noch ³⁰⁴ W
ſich ſelbs rechen / Denn war iſt das ¹ſprichwort / Wer widder ſchlegt / der ²⁸⁰ E²
35 iſt vnrecht. Item / wer widder ſchlegt / macht hadder. Da ſtympt gött-
lich recht mit vnd ſpricht Deutero. 32. Die rache iſt meyn / ich will ver-
gellten / ſpricht der HERRE. Nu mügt yhr ia nicht leucken / das ewer
auffruhr ſich der maſſen heutt / das yhr euch ſelbs zu richter macht / vnd

3 ſchlechthin   5 gering   6 einſt   9 abermals   11 ben C
13 Mt. 26, 52   14 nicht Hſ. u. A   15 Rö. 13, 1   17 an dieſen
gottesſprüchen vorübergehen   18 handeln   19 von Gotts recht Hſ. u. A
31 Ro. fehlt C | Rö. 13, 4. 1. Pt. 2, 13ff.   32 zeigt's   34 Wander,
Wiederſchlagen nr. 2   35 ebd. nr. 4   36 Dt 32, 35

euch selbs rechen / vnd keyn vnrecht leyden wöllt / Das ist nicht alleyn
wider Christlich recht vnd Euangelion / sondern auch wider natürlich recht /
vnd alle billikeyt.

Sollt yhr nu bestehen mit ewrem furnemen / vnd habt doch beyde
göttlich vnd Christlich recht ym newen vnd allten Testament / auch das
natürliche recht widder euch / so müsset yhr eynen newen sonderlichen be-
felh von Gott auffbringen / mit zeychen vnd wunder bestettiget / der euch
solchs zu thun macht gebe vñ heysse / Sonst wird Gott seyn wort vnd
ordnung nicht so lassen durch ewern eygen freuel brechen / sondern weyl
yhr göttlich recht rhümet vnd doch dawidder faret / wird er euch / alls die
seinen namen zur schande füren / gar grewlich fallen vnd straffen lassen /
vnd dazu ewiglich verdamnen / wie droben gesagt ist. Denn hie geht es
euch nach dem spruch Christi Matth. 7. das yhr den splitter ynn der ober-
keyt auge sehet / vnd sehet den balcken nicht ' ynn ewrem auge. Item nach
dem spruch S. Pauli Rom. 3. Lasst vns böses thun / das gut werde /
wilcher verdamnis billich vnd recht ist. Denn die oberkeyt thut vnrecht /
das ist war / das sie das Euangelion weren / vnd beschweren euch ym
zeytlichen gut / Aber viel mehr thut yhr vnrecht / das yhr Gotts wort
nicht alleyne weret / sondern auch mit füssen trettet / vnd greyfft yhm ynn
seyne gewallt vnd recht / vnd faret auch vber Gott / Dazu nemet der ober-
keyt yhre gewallt vnd recht auch / ' Ja alles was sie hat / Denn was be-
hellt sie / wenn sie die gewallt verloren hat?

Ich setze euch selbs hie zu richter / vnd stelle es ynn ewer vrteyl /
Wilcher reuber der ergste sey / Obs der sey / der eym andern eyn gros
stuck guts nympt vnd lesst ' yhm doch etwas / odder der / so eynem alles
nympt das er hat / vnd den leyb dazu? Die oberkeyt nympt euch vn-
billich ewer gut / das ist eyn stuck. Widderumb nemet yhr der selben yhre
gewallt / darynne alle yhr gut / leyb vnd leben stehet / drumb seyt yhr viel
grösser reuber denn sie / vnd habts erger fur / denn sie gethan haben. Ja
sprecht yhr / wyr wöllen yhn leyb vnd gut gnug lassen / Das gleube wer
da wöll / ich nicht / Wer so viel vnrechts thar wagen / das er eym mit
freuel die gewallt nimpt / das grössest vnd heubt stuck / der wirds auch
nicht lassen / er wird yhm das ander vnd geringst / so ' dran hanget / auch
nemen. Frisst der wolff eyn gantz schaff / so frisst er freylich auch wol
eyn ohr dauon. Vnd ob yhr schon so frum weret / das yhr yhn leyb vnd
guts gnug liesset / dennoch ist das allzu viel geraubt vnd vnrecht / das yhr
das beste / nemlich die gewallt / nemet / vnd selbs euch zu herren vber
sie macht / Gott wird euch doch fur die grössesten reuber vrteylen.

Künd yhr nicht dencken odder nicht rechnen? lieben freunde / das /
wenn ewer furnemen sollt recht seyn / So würde eyn iglicher widder den

7 vorweisen   10 handelt   13 auch C | Mt. 7, 3   15 Rö. 3, 8
19 treffen C   20 erhebt euch   27 andrerseits   31 sich untersteht zu   34 Wander,
Wolf nr. 258 | gewisslich   35 brav   39 nach rechnen Hs. | schliessen

andern richter werden / vnd keyne gewalt noch oberkeyt / ordenung noch
recht / bleyben ynn der wellt / sondern eytel mord vnd blutuergieſſen / Denn
ſo bald er ſehe das ym yemand vnrecht thette / würde er zufaren / vnd
ſelbs yhn richten vnd ſtraffen. Iſt nu das vnbillich vnd nicht zu leyden
5 von eyner eyntzelen perſonen / ſo iſts auch von keyner rotten noch hauffen
zu leyden. Iſts aber von eyner rotten odder hauffen zu leyden / ſo kan
mans mit keynem fug noch recht / der eyntzelen perſonen weren / Denn es
iſt auff beyden teylen gleiche vrſache / nemlich / das vnrecht. Vnd wie
wollt yhr thun? wenn ynn' ewer rotte ſich anfienge / ſolcher freuel / das
10 ſich eyn iglicher widder den andern ſetzet / ſich ſelbs rechnet an ſeynem be= 307 W
leydiger? Wollt yhrs auch leyden? Würdet yhr ¹ nicht ſagen / er ¹ ſollte 269 E¹
andere laſſen richten vn rechen / die von euch geſetzt weren? Wie wollt
yhr denn fur Gott vnd der wellt beſtehen / das yhr euch ſelbs richtet vnd
rechnet widder ewer beleydiger ¹ / ia widder ewer oberkeyt von Gott verordnet? 282 E²
15 Nu dis iſt alles geſagt von gemeynem göttlichem vnd naturlichem
recht / das auch Heyden / Türcken vnd Juden hallten müſſen / ſoll anders
fride vnd ordnung ynn der wellt bleyben. Vnd wenn yhr daſſelbige ſchon
alles hieltet / dennoch nichts beſſers noch mehr thettet / denn die Heyden
vnd Türcken / Denn das man ſich ſelbs nicht richtet noch rechet / ſondern
20 der gewallt vnd oberkeyt ſolchs leſſt / macht keynen zum Chriſte / man
mus es doch zu letzt thun / man thu es gerne odder vngerne. Weyl aber
yhr widder ſolchs recht faret / ſo ſehet yhr ia klerlich / das yhr erger denn
die Heyden vnd Türcken ſeyt / ſchweyge denn das yhr Chriſten ſeyn ſollt?
Was meynet yhr aber das Chriſtus dazu ſagen wird / das yhr ſeynen
25 namen füret / vnd nennet euch eyne Chriſtliche ſamlunge / ſo yhr doch ſo
ferne dauon ſeyt / ia ſo grewlich widder ſeyn recht thut vnd lebt / das yhr
auch noch nicht Heyden odder Türcken zu heyſſen wirdig ſeyt / ſondern viel
erger / alls die do widder göttlich vnd natürlich recht bey allen Heyden
gemeyn gehallten / tobet vnd ſtrebt?
30 ¹ Da ſehet lieben freunde / was yhr fur Prediger habt / wie ſie ewre 308 W
ſeele meynen. Ich ſorge / es ſeyen etliche mordpropheten vnter euch
komen / die durch euch gerne wollten herren ynn der wellt werden / vnd
fragen nicht darnach / das ſie euch füren ynn fahr / leybs / guts / ehre vnd
ſeele / beyde zeytlich vnd ewiglich. Wöllt yhr nu göttlich recht hallten /
35 wie yhr rhumet / wolan ſo thuts / da ſtehts / Gott ſpricht / Die rache iſt
meyn / ich will vergellten. Item / Seyt vnterthan nicht alleyne den guten
herren / ſondern auch den böſen / Thut yhrs / wol / Thut yhrs nicht / ſo
mügt yhr wol eyn vnglück anrichten / aber es wird vber euch endlich aus=
gehen / da zweyffel nur niemand an / denn Gott iſt gerecht / vnd wirds
40 nicht leyden / Darumb ſehet ¹ euch fur mit ewr freyheyt / das yhr nicht dem 270 E¹

---

3 niemand C   14 rechtet Hs. | widder ewer beleydiger fehlt C
22 handelt   31 im auge haben   35 Dt. 32, 35   36 1. Pt. 2, 18
38 schliesslich euch treffen

283 E² regen entlaufft vnd fallet vns waffer / vnd fo ¹ yhr meynet leyblich frey zu
werden / das yhr drüber verlieret / leyb / gut vnd feele ewiglich. Gottes
zorn ift da / fürcht euch / das rad ich. Falfche propheten hat der teuffel
vnter euch gefand / da hüt euch fur.

Weytter Wöllen wyr nu auch von dem Chriftlichn vnd Euangeli= 5
fchen recht fagen / wilchs die Heiden nicht bindet wie das vorige. Denn
fo yhr euch rhümet vnd gerne horet / das man Euch Chriften nenne vnd
309 W da für wolt ¹ gehalten feyn / fo werdet yhr ia auch leyden / das man euch
ewr recht recht fur hallte. Höret nu zu lieben Chriften ewr Chriftlich
recht. So fpricht ewr oberfter HERR Chriftus / des namen yhr füret / 10
Matth. vi. Yhr folt dem vbel nicht widder ftehen / fondern wer dich
zwingt eyne meyle wegs / mit dem gehe zwo meyle / Vnd wer dyr den
mantel nympt / dem las auch den rock / Vnd wer dich auff eynen backen
fchleht / dem hallt den andern auch dar. Höret yhrs / yhr Chriftliche
famlunge? wie reymet fich ewr furnemen mit diefem recht? Yhr wolt 15
nicht leyden / das man euch vbel vnd vnrecht thue / fondern frey feyn vnd
nur eytel gut vnd recht leyden / Vnd Chriftus fpricht / man folle keynem
vbel noch vnrecht widderftehen / fondern ymer weychen / leyden vnd nemen
laffen. Wolt yhr folchs recht nicht tragen / lieber fo thut auch den
Chriftlichen namen von euch / vnd rhümet euch eynes andern / der ewrem 20
thun gemes ift / odder Chriftus wird felbs feynen namen von euch reyffen /
das euch zu fchwer feyn wird.

Alfo fpricht auch S. Paulus Ro. zij. Rechnet euch felbs nicht aller
libften / fondern gebt raum dem zorn Gottes. Item fo lobt er die
Corinther .ij. Cor. gi. das fie gerne leyden / fo yemand fie fchlecht odder 25
raubt. Item .i. Corin. vi. ftrafft er fie / das fie vmbs gut rechteten /
310 W vnd nicht das vnrecht ¹ lydden. Ja vnfer hertzog Jhefus Chriftus fpricht
Matt. vij. Wyr follen guts mündfchen denen die vns beleydigen / vnd
271 E¹ bitten fur vnfer verfolger / vñ lieben ¹ ¹ vnfere feynde / vnd wolthun vnfern
284 E² vbelthetern / Dis find vnfere Chriftlichen rechte / lieben freunde. Nu fehet 30
yhr / wie weyt euch die falfchen propheten dauon gefurt haben / vnd
heyffen euch da zu noch Chriften / fo fie euch erger denn die Heyden ge=
macht haben. Denn an diefen fprüchen greyfft eyn kind wol / das Chrift=
lich recht fey / nicht fich ftreuben widder vnrecht / nicht zum fchwerd
greyffen / nicht fich weren / nicht fich rechen / fondern dahyn geben leyb 35
vnd gut / das es raube wer da raubet / wyr haben doch gnug an vnfern
HERRN / der vns nicht laffen wird / wie er verheyffen hat. Leyden /
leyden / Creutz creutz ift der Chriften recht des vnd keyn anders. Nu
aber yhr alfo kempfft vmb das zeytlich gut / vnd wöllet den rock zum
mantel nicht faren laffen / fondern den mantel widderholen / wenn wöltet 40

1 Wander, Regen No. 150   11 Mt. 5, 39 ff.   20 der] das C
23 D. Paulus C | Rö. 12, 19   25 2. Ko. 11, 20   26 1. Ko. 6, 1 ff.
28 Mt. 5, 44   32 die fehlt Hs. u. A

ŋ̈hr denn ſterben vnd den leŋb laſſen / obber ewre feŋnde lieben obber
wolthun? O der loſen Chriſten. Lieben freunde / die Chriſten ſind nicht
ſo gemeŋne / das ſo viel ſollten auff eŋnen hauffen ſich verſamlen / es iſt
eŋn ſeltzamer vogel vmb eŋnē Chriſten / Wolt Gott wŋr weren das mehrer
5 teŋl gute frome Heŋden / die das natúrlich recht hielten / ich ſchweŋge des
Chriſtlichen.

¹Ich will euch auch etliche egempel erzelen des Chriſtlichen rechts / ³¹¹W
das ŋhr ſehet / wo hŋn euch die tollen propheten gefúret haben. Sehet
an S. Peter ŋm garten / der ſeŋnen HERRN Chriſtum wollte mit dem
10 ſchwerd verteŋdingen / vñ ſchlug dem Malcho eŋn ohr abe. Sage an wer
da kan / Hatte Petrus hie nicht gros recht? War es nicht eŋn vnleŋd-
lich vnrecht / das ſie Chriſto nicht alleŋne das gut / ſondern auch das leben
wollten nehmen? Ja ſie namen ŋhm nicht alleŋne leŋb vnd gut / ſondern
vnterdructen da mit das Euangelion gantz vnd gar / da durch ſie ſolten
15 ſelig werden / vnd beraubten ſie alſo des hŋmelreichs / Solch vnrecht habt
ŋhr noch nicht alles erlŋbden / lieben freunde. Sehet aber was Chriſtus
hie thut vnd leret / Wie gros ſolch vnrecht war / dennoch weret er
S. Petro / heŋſſt ŋhn das ſchwerd eŋnſtecken / vnd will¹ ¹ nicht leŋden / das ²⁷⁷E⁴
er ſolch vnrecht rechne obber were / da zu ſellet eŋn tödtlich vrteŋl vber ²⁸⁵E⁴
20 ŋhn / als vber eŋnen mörder / vnd ſpricht / Wer das ſchwerd nŋmpt / ſol
durchs ſchwerd vmkomen. Da múſſen wŋr greŋffen / das nicht gnug iſt /
ob ŋemand vns vnrecht thúe / vnd wŋr gute ſache vnd recht haben /
Sondern auch recht vnd macht haben múſſen des ſchwerds von Gott be-
folhen / ſolchs zu ſtraffen / Da zu eŋn Chriſten auch das leŋden ſol / ob
25 man das Euangelion ŋhm weren will / Iſts anders múglich das Euangelion
ŋemand zu weren / wie wŋr hören werden.

¹Eŋn ander egempel / Chriſtus ſelbs / was thut er / da mān ŋhm das ³¹²W
leben am creutz nŋmpt / vnd damit ſeŋn predigampt nŋdderlegt / da zu er
geſand war von Gott ſelber / den ſeelen zu gut? Das thut er / wie
30 S. Petrus ſagt / Er ſtellet es dem heŋm der recht richtet / vnd er leŋd
ſolch vnleŋdlich vnrecht. Vber das bat er fur ſeŋne verfolger vnd ſprach /
Vater vergib ŋhnen / denn ſie wiſſen nicht / was ſie thun.

Wo ŋhr nu rechte Chriſten ſeŋt / múſſt ŋhr warlich auch ſo thun
vnd dieſem egempel folgen. Thut ŋhrs nicht / ſo laſt nur bald den Chriſt-
35 lichen namen vnd rhum des Chriſtlichen rechts faren. Denn ſo ſeŋt ŋhr
gewiſlich nicht Chriſten / ſonder widder Chriſtú vñ ſeŋn recht / widder
lere vnd egempel. Weñ ŋhrs aber thettet / ſo ſolltet ŋhr bald Gottes
wunder ſehen / das er euch wúrde helffen / wie er Chriſto gethan hat /
wilchen er nach vollendung ſeŋns leŋdens ſo hat gerochen / das ſeŋn

---

+ oben II 382, z. 21. Wander, Vogel nr. 599   10 Sagt Hs. u. A
16 frenube C   20 Mt. 26, 52   28 aufhebt (vgl. jernandrm das handwerk
legen)   30 I. Pt. 2, 21 ff.   31 darüber hinaus | Lc. 23, 34   33 ſo Hs.
u. A, zu C   36 widder (2.)] vñt Hs. u. A   39 wilchen] denn Hs.

Euangelion vnd reych mit krafft / zu troß allen seynen feynden / durch
drang vnd vberhand nam. Also würde er euch auch helffen / das seyn
Euangelion mit macht würde bey euch auffgehen / wo yhr zuuor aus lydbet
vnd yhm die sache heym gebet / vnd seyner rache erharret. Nu yhr aber

313 W
286 E²
selbs dreyn fallet vnd wöllets nicht mit leyden / sondern mit der fauſt er- 5
obern vnd erhallten / ſo hyndert ¹ yhr ſeyne rache / vnd werdets ¹ machen /
das yhr wider Euangelion noch fauſt behalten werdet.

273 E¹
¹Jch mus mich auch als eyn gegenwertig exempel zu dieſer zeyt mit
zelen. Es hat Babſt vnd Keyſer widder mich geſeßt vnd getobet. Nu
wo mit hab ichs da hyn bracht / das yhe mehr Babſt vnd Keyſer tobet 10
haben / yhe mehr meyn Euangelion fort iſt gangen? Jch habe nie keyn
ſchwerd gezuckt / noch rache begerd / Jch habe keyn rotterey noch aufrur
angefangen / ſondern der weltlichen oberkeyt / auch die / ſo das Euangelion
vnd mich verfolget / yhr gewalt vnd ehre helffen vertheydingen / ſo viel ich
vermocht. Aber da mit byn ich blieben / das ichs Gott gar heym ge- 15
ſtellet / vñ alleßeyt auff ſeyne hand troßlich mich verlaſſen habe / Darumb
hat er mich auch zu troß beyde Babſt vnd allen tyrannen / nicht alleyne
bey dem leben erhalten (wilchs viel / vnd billich / fur eyn gros wunder
anſehen / vñ ich ſelbs auch bekennen mus) ſondern meyn Euangelion
ymer laſſen mehr vnd weytter zu nemen. Nu fallet yhr myr dreyn / wollet 20
dem Euangelio helffen / vnd ſehet nicht / das yhrs damit auffs aller höheſt
hyndert vnd verdruckt.

    Das ſage ich alles / meyne lieben freunde / euch trewlich zu warnen /
das yhr euch ynn dieſer ſachen euſſert des Chriſtlichen namens / vnd
314 W
rhumes des ¹ Chriſtlichen rechtes / Denn habt recht wie hoch yhr wöllet / 25
ſo gebürt keynem Chriſten zu rechten noch zu fechten / ſondern vnrecht zu
leyden vnd das vbel zu dulden / da wird nicht anders aus .i. Corinth. vi.
Wie yhr ſelbs ynn der vorrhede bekennet / das alle die ynn Chriſtum
gleuben / lieblich / fridlich / gedultig vnd eynig werden. Aber mit der that
beweiſet yhr eytel vngedult / vnfrid / ſtreit / vnd freuel / widder ewr eygen 30
wort / Yhr wöllet denn die gedultig heyſſen / die keyn vnrecht noch vbel /
ſondern eytel recht vnd guts leyden wöllen / Das were aber eyne ſeyne
gedult / die auch eyn bube leyden kan / ſchweyge eyn Chriſtgleubiger
menſch. Darumb ſage ich abermal / Jch laſſe ewer ſachen ſeyn wie gut
vnd recht ſie ſeyn kan / weyl yhr ſie aber ſelbs wöllt vertheydingen / vñ 35
287 E²
nicht gewalt noch vnrecht ¹ leyden / mügt yhr thun vnd laſſen / was euch
Gott nicht weret. Aber den Chriſtlichen namen / den Chriſtlichen namen
274 E¹
ſage ich / den laſt ¹ ſtehen / vnd macht den nicht zum ſchanddeckel ewrs vn-

---

    3 zu ende littet   4 anheimſtellet   5 durchſetzen und erlangen
9 mandate ausgehen laſſen   15 beſtehen geblieben | ganz   22 unter-
drückt   24 entäuſſert   27 dabei bleibt es | Corinth. C | 1. Ko. 6,
5 ff.   28 Böhmer, Urkunden, s. 4, z. 18 ff.   33 ſchweyge Hs u. A,
ſchweygen C   36 ygr C   38 lasst beiseite | deckmantel (1. Pt. 2, 16)

gebultigen / vnfriblichen / vnchriſtlichē furnehmens / den will ich euch nicht
laſſen noch gönnen / ſondern beide mit ſchrifften vnd worten euch abreyſſen
nach meynem vermügen / ſo lange ſich eyne aber regt ynn meynem leybe /
Denn es wird euch nicht gelingen / obber wird euch zu verderben an leyb
5 vnd ſeele gelingen.

¹ Nicht / das ich damit die oberkeyt ynn yhrem vntreglichem vnrecht / 315 W
ſo yhr leydet / rechtfertigen obber verteydingen wölle / Sie ſind vnd thun
grewlich vnrecht / das bekenne ich / Sondern das will ich / Wo yhr euch
beydes teyls nicht wöllet laſſen weyſen / vnd da Gott fur ſey / aneynander
10 ſetzet vnd treffet / das da auff keynem teyl Chriſten genennet werden ſollē /
ſondern wie ſonſt der wellt laufft nach / eyn volck mit dem andern ſtreyttet /
vnd (wie man ſpricht) das Gott eynen buben mit dem andern ſtraffet /
Solcher art vnd namens will ich euch gerechnet haben / obs zum ſtreyt
keme / das Gott gnediglich wende / das die oberkeyt wiſſe / wie ſie nicht
15 widder Chriſten ſtreytte / ſondern widder Heyden / Vnd yhr widderumb
auch wiſſet / das yhr nicht alls die Chriſten / ſondern alls die Heyden
widder die oberkeyt ſtreyttet / denn Chriſten die ſtreytten nicht fur ſich ſelbs
mit dem ſchwerd / noch mit büchſen / ſondern mit dem Creutz vnd leyden /
gleych wie yhrer Hertzog Chriſtus nicht das ſchwerd füret / ſondern am
20 creutze hanget / Darumb ſtehet auch yhrer ſieg nicht ym obligen vnd
hyrſchen obber gewalt / ſondern ym vnterligen vnd vnkrafft / wie S. Paulus
ſagt .ij. Corinth. i. Vnſer ritterſchafft waffen ſind nicht leyblich / ſondern
gewalltig ynn Gott. Vnd abermal / krafft wird durch vnkrafft volkomen.

²⁵ ¹ So ſoll nu vnd mus ewr titel vnd namen dieſer ſeyn / das yhr die 316 W
leute ſeyt / die darumb ſtreytten / das ſie nicht vnrecht noch vbels leyden
wollen noch ſollen / wie das die natur gibt / Den namen ſolt yhr füren /
vnd ¹ Chriſtus namen mit friden laſſen / deñ das iſt auch ewer werck / vnd 288 E²
ſo thut yhr auch / Wollt yhr den nicht füren / ſondern Chriſtlichen namen
behallten / wolan ſo mus ich die ſache nicht anders verſtehen / denn ¹ das 275 E¹
30 ſie myr gellte / vnd euch fur ſeynde rechen vnd hallten / die meyn
Euangelion dempffen obber hyndern wöllen / mehr denn Babſt vnd Keyſer
bis her than haben / weyl yhr vnter des Euangelij namen widder das
Euangelion faret vnd thut / So will ich auch widderumb euch nicht
bergen / was ich da zu thun will / Ich will Gott die ſache heym ſtellen /
35 den hals dran wagen / mit Gotts gnaden / vnd mich trotzlich auff yhn ver-
laſſen / wie ich bis her gegen Babſt vnd Keyſer than habe / vnd fur euch
bitten / das er euch erleuchte vñ widder ewr furnemen ſtehen / das ers
nicht laſſe geratten / Deñ ich ſehe das wol / das der teuffel / ſo er mich
bis her nicht hat mügen vmbringen durch den Babſt / ſucht er mich durch

9 wöllet Hs.   10 aneinandergeratet u. handgemein werdet
12 Wander, Bube no. 14   13 zu leuten ſolcher art und ſolches namens
14 abwende   17 fur ſich fehlt C   22 Corinth. | 2. Ko. 10, 4
23 2. Ko. 12, 9   26 mit ſich bringt   33 handelt
37 Luthers Werke III

die blutdürſtigen mordpropheten vnd rotten geyſter / ſo vnter euch ſind / zu
uertilgen vnd aufffreſſen / Nu er freſſe mich / Es ſoll yhm der bauch enge
gnug dauon werden / das weys ich / Vnd ob yhr gewynnet / ſolt yhrs
doch auch nicht viel genieſſen / Ich bitte aber gar demütiglich vnd freund=
lich / wollet euch das beſonnen / vnd alſo hallten / das myr ſolchs trotz 5
vnd gebetts zu Gott widder euch nicht not ſey.

Deñ ob ich wol eyn armer ſundiger menſch byn / ſo weys ich doch /
vnd byn gewis / das ich yñ dieſem fall eyn rechte ſache habe / weñ ich
vmb den Chriſtlichen namen fechte / vnd bitte / das er nicht geſchendet
werde / So byn ich auch gewis / das meyn gebete fur Gott angenehm iſt / 10
vnd erhöret wird / Deñ er hat vns ſelbs ſo zu beten geleret ym Vater
vnſer / da wyr ſagen / Deyn name werde geheyliget / vnd verboten / den
ſelbigen zu ſchenden ym andern gebot. Darumb bitte ich / yhr wöllet ſolch
meyn gebet / vnd aller die mit myr beten / nicht verachten / Deñ es wird
euch zu mechtig ſeyn / vnd Gott wider euch erwecken / wie S. Jacob 15
ſpricht / Des gerechten gebet vermag viel / wo es anhelt / wie Elias [1] gebet
thet. Vnd haben auch tröſtliche verheyſſunge Gottes / das er vns erhören
will / Johan. xiiij. Was yhr bittet ynn meinem namen / das will ich
thun. [1] Vnd .i. Johan v. So wyr etwas bitten nach ſeynem willen / ſo
erhöret er vns. Solchen troſt vnd zuuerſicht zu bitten kündet yhr nicht 20
haben / weyl euch ewer gewiſſen vñ die ſchrifft vberzeuget / das ewr für=
nemen Heydeniſch vnd nicht Chriſtlich iſt vnd vnter dem namen [1] des
Euangelij widder das Euangelion vnd zu ſchmach des Chriſtlichn namens
handelt. Ich weys / das ewer keyner nie kein mal Gott gebetten noch
angeruffen hatt ynn ſolcher ſachen / Yhr künd auch noch nicht / Denn yhr 25
thüret ewer augen nicht gegen ym auffheben ynn dem fall / Sondern
trotzet nür mit ewer fauſt / die yhr aus vngedult vnd vnleydlichem willen
zu ſamen bracht habt / das euch nicht wol ausgehen wird.

Weret yhr aber Chriſten / So würdet yhr fauſt vnd ſchwerd / trotzen
vnd drewen laſſen / Vnd zum Vater vnſer euch hallten / vnd mit beten 30
ewer ſachen bey Gott ſoddern vnd ſprechen / Deyn wille geſchehe. Item /
Erlöſe vns von vbel / Amen / Wie yhr ſehet / das ym Pſalter die rechten
heyligen yhre not für Gott tragen vnd klagen / vñ von yhm hulffe ſuchen /
nicht ſich ſelbs verteydingen / noch dem vbel widderſtehen / Solch gebett
hette euch mehr geholffen ynn allen ewren nöten / denn wenn ewer die 35
welt voll were. Hettet auch da zu gute gewiſſen vnd tröſtliche zuuerſicht /
das yhr erhöret würdet / wie ſeyne verheyſſunge lautet .i. Timo. iiij. Er
iſt aller menſchen helffer / ſunderlich der gleubigen. Vñ Pſalm xxix.

2 ich werde ihm wie ein ſtein im magen liegen　　11 Mt. 6, 9
12 Ex. 20, 7　　16 Ja. 5, 16 | 1. Kö. 18, 36ff. 42ff.　　18 Jo. 14, 14
19 1. Jo. 5, 14　　20 könnt　　21 überführt　　26 wagt　　27 wider=
ſetzlichem　　28 geballt　　31 fördern　　37 verheyſſungen Hs. lautten
Hs. u. A | 1. Ti. 4 10　　38 Ps. 50, 15

Ruffe mich an ynn der not / so will ich dyr helffen. Vnd Psalmo .lxxx.
Er hat mich angeruffen ynn der not / drumb will ich yhm aushelffen etc.
Sehet / das ist die rechte Christliche weyse / von vnglück vnd vbel los zu ³¹⁹ W
werden / nemlich / dulden vnd Gott anruffen. Weyl yhr aber der keyns
5 thut / widder ruffet ¹ noch / duldet / sondern mit eygener macht euch selber ²⁹⁰ E²
helfft / vnd macht euch selbs zu ewrem Gott vnd heyland / So mus vn
kan Gott nicht ewer Gott noch heyland seyn / So mügt yhr auch / als
die Heyden vn Gotslesterer / etwas ausrichten / so ¹ es Got verhenget / da ²⁷⁷ E¹
fur wyr bitten / aber das nicht denn zu ewrem ewigen vnd zeytlichen ver=
10 derben. Als Christen aber / odder Euangelische / werdet yhr nichts ge=
wynnen / da wollt ich tausent helse an verwetten.

Hieraus ist nu leichtlich auff alle ewer artickel geantwortet / denn
ob sie gleich alle natürlich recht vnd billich weren / so habt yhr doch das
Christlich recht vergessen / das yhr sie nicht mit gedult vnd gebet gegen
15 Gott / wie Christlichen leuten gebürt / erobert vnd ausgefuret / sondern mit
eygener vngedult vnd freuel fürgenomen der oberkeyt abzubringen vn mit
gewalt zu erzwingen / wilchs auch wider land recht vnd natürliche billickeit
ist: Vnd der ienige / so ewer artickel gestellet hat / ist keyn frum redlich
man / Den er hat viel Capitel aus der schrifft an den rand gezeichnet / als
20 da die artickel sollen gegründet seyn / vnd behelt doch den drey ym maule
vn lesst die ¹ sprüche aussen / damit er seyner bosheyt vnd ewerm fürnemen ³²⁰ W
eynen scheyn mache / euch / zu verfüren vnd zu hetzen vnd vn die fahr zu
setzen / Den solche angezeygte capitel / so man sie durch liefet / sagen nicht
viel von ewrem fürnemen / sondern viel mehr das widder spiel / das man
25 Christlich leben vnd faren solle / Es wird eyn rottischer prophet etwa seyn /
der seynen mutwillen durch euch an dem Euangelio sucht / Dem wolle
Gott weren / vnd euch fur yhm behueten.

Auffs erst / das yhr ynn der vorrhede zuuor komet vnd rhümet / wie
yhr nicht auff rürisch seyn wollt / sondern entschuldigt euch / das yhr nach
30 dem Euangelio zu leren vnd leben begerd etc. Da strafft euch ewer eygen
munt vnd werck / denn yhr bekennet / das yhr euch rottet vnd empöret /
vnd wollt solchs mit dem Euangelio beschönen. So habt yhr droben ge=
horet / das Euangelion leret die Christen leyden vnd dulden das vnrecht /
vnd betten gegen Gott yn allerley not / Yhr aber wollt nicht leyden /
35 ¹ sondern / wie die Heyden / die oberkeyt nach ewrem willen vn vngedult ²⁹¹ E²
zwingen. Yhr füret auch die kinder Israel zum exempel her / das Got
yhr ruffen erhöret / vnd sie erloset ¹ habe. ¹ Warumb haltet yhr euch des ³²¹ W
²⁷⁸ E¹

---

1 Ps. 91, 15   3 bis Hs   9 dem wir durch gebet vorbeugen
wollen, aber nur zu   11 tausendmal mein leben (vgl. WABr 3, 482²³)
15 durchgesetzt und durchgedrückt   18 sey C   20 spricht sich doch
nicht aus (Thiele no. 135)   22 gefahr   24 gegenteil   25 handeln |
prophet C   28 Böhmer, Urkunden s. 4, z. 33 ff.   36 Böhmer,
z. 39 ff.

ſelben exempels nicht / des vhr euch rhůmet? Ruſet auch ſo zu Gott /
vnd harret / bis er euch auch eynen Moſen ſende / der mit zeichen vnd
wunder beweyſe / das er von Gotte geſand ſey. Die kinder Iſrael rotteten
ſich nicht widder Pharao / ſie hulffen auch yhn ſelbs nicht / wie yhr fur-
nemet. Darumb iſt ſolch exempel ſtracks widder euch / vnd verdammet   5
euch / die yhr euch des rhůmet / vnd doch das widderſpiel thut.

Auch iſt das nicht war / das yhr euch rhůmet nach dem Euangelio
zu leren vnd leben. Iſt doch keyn artickel da / der eyn eynigs ſtuck vom
Euangelio leret / ſondern alles iſts dahyn gericht / das yhr ewer leib vnd
gut frey habt / Vnd ſumma / ſie ſetzen alle von welltlichen zeytlichen ſachen /   10
das yhr gewalt vnd gut haben můllet / nichts vnrechts zu leyden / So
doch das Euangelion ſich welltlicher ſachen gar nichts annympt / vnd das
eufferlich leben alleyn ynn / leyden / vnrecht / creutz / gedult / vnd ver-
achtunge zeytlicher gůter vnd lebens ſetzt / Wie reymet ſich denn nu das
Euangelion mit euch? on das yhr den ſcheyn dauon ewers vneuangeliſchen   15
vnd vnchriſtlichen furnemens ſucht / vnd ſehet nicht / wie yhr damit das
heylige Euangelion Chriſti ſchmeht vnd zum ſchandeckel macht / Darüb
322 W   můſſet yhr hie euch anders ſtellen / entweder ┃ dieſe ſache gantz vnd gar
laſſen fallen / vnd euch zu leyden ſolch vnrecht begeben / wollt yhr Chriſten
ſeyn vnd heyſſen / odder wollt yhr die ſache ausfüren / eynen andern namen   20
furwenden / vnd nicht als Chriſten genennet vnd geachtet werden / da iſt
keyn mittel / vnd wird nicht anders aus.

War iſts / das yhr recht habt ynn dem / das yhr das Euangelion
begerd / ſo es anders ewr ernſt iſt. Ja ich will dieſen artickel das
ſcherffen / denn yhr ſelbs thut / vnd alſo ſagen / Es iſt yhe vnleydlich /   25
292 K²   das man yemand den hymel zuſchlieſſe vnd mit gewalt ynn die helle ┃ iage /
Solchs ſoll ia niemand leyden / vnd ehe hundert helfe drüber laſſen. Wer
aber myr das Euangelion weret / der ſchleuſt myr den hymel zu / vnd iagt
mich mit gewalt ynn die helle / weyl keyn ander weg noch mittel zur
279 K¹   ſeelen ſeligkeyt iſt / denn das Euangelion / ┃ ſo ſoll ich ia ſolchs bey verluſt   30
meyner ſeelen nicht leyden. Sehet / iſt das recht nicht ſtarck gnug be-
weyſet? Noch folget nicht daraus / das ich mich ſolt ſetzen mit der fauſt
gegen die oberkeyt / die ſolch vnrecht an myr thut. So ſprichſtu / wie
ſoll ichs denn zu gleich leyden vnd nicht leyden? Hie antwortet es ſich
leychtlich alſo / Es iſt vnmůglich / das yemande ſollt das Euangelion ge-   35
weret werden. Es iſt auch keyn gewallt ynn hymel vnd erden / die ſolchs
323 W   vermůge / denn es iſt eyne offentliche lere / die vnter dem ┃ hymel frey da
her gehet / an keynen ort gebunden / wie der ſtern der Chriſtus geburt
den weyſen aus den morgenlendern / ynn der lufft lauffend anzeygte:

---

5 direkt   7 Böhmer, s. 4, z. 21 ff.   10 handeln   15 nur dass |
vneuageliſchen C   19 euch dazu hergeben, solch u. zu leiden   20 durch-
führen   22 tertium non datur   25 noch schärfer fassen   32 dennoch
38 Mt. 2, 9

Das ist wol war / stedte / ort vnd raum / da das Euangelion obber
prediger ist / mügen die herrn da selbs wol weren / Aber du kanst die
selbige stad obber ort lassen / vnd dem Euangelio an eym andern ort nach
lauffen / Vnd ist nicht not / das du vmb des Euangelion willen auch die
5 stad obber den ort eynnemest obber behaltest / Sondern las dem herren
seyne stad / vnd folge du dem Euangelio / so leydestu / das man dyr vn=
recht thue / vn dich veriagt / vnd leydest doch zu gleich nicht / das man
dyr das Euangelion neme obber were. Sihe / so komen die zwey vber
eyns / Leyden vnd nicht leyden / Sonst wo du die stad auch wilt behalten
10 mit dem Euangelio / So raubestu dem herren der stad das seyne / vn
gibst fur / du thust es vmbs Euangelio / Lieber das Euangelion leret dich
nicht rauben / noch nemen / weñ gleich der herr des guts wibber Gott
vnd mit vnrecht / vnd dyr zu schaden / des selben misbraucht. Das
Euangelion darff keyns leyblichen rawmes noch / stab / da es bleybe / es
15 will vnd mus ym hertzen bleyben.

Solchs hat Christus geleret Matthei .x. [1] So sie euch ynn eyner 203 E¹
stad veriagen / so fliehet ynn eyne andere. Er spricht nicht / Wenn sie
euch ynn [1] eyner stad veriagen / so bleybt drynnen / vnd nemet die stad 324 W
eyn / dem Euangelio zu lobe / vnd rottet euch wibber die herrn [1] der stad / 280 E¹
20 wie man itzt thun will vnd leret / Sondern fliehet / fliehet ymer so fort
ynn eyne ander / bis des menschen son komet etc. Deñ ich sage euch /
yhr werdet die stedte nicht alle ausrichten / bis der son des menschen wird
komen. Also spricht er auch Matthei .xxiij. das die Gottlosen werden
seyne Euangelisten veriagen von eyner stad zur andern / Also spricht auch
25 Paulus .ij. Corinth. iiij. Wyr synd an keynem gewissen ort. Weñ es
nu also geschicht / das eyn Christen ymer von eym ort zum andern weichen
mus vmbs Euangelijs willen / vnd lassen alles wo er ist / vnd was er
hat / obber yhe vngewis sitzt / vnd alle stunde solchs wartet / so gehet es
yhm recht / wie es eym Christen gehen sol / deñ darumb das er nicht
30 leyden will / das Euangelion yhm zu nemen obber weren / leydet er / das
man yhm nympt vnd weret / stedt / ort / gut / vnd alles was er ist vnd
hat. Wo reymet sich nu hie her ewr furnemen / die yhr stedt vnd ort
eynnehmet vñ behaltet / die nicht ewr sind / vnd wöllt nicht leyden / das
man euch die neme vnd were / sondern yhr nemet vnd weret sie· yhren
35 natürlichen herrn? was sind myr das fur Christen / die vmbs Euangelion
willen / reuber / diebe / vnd schelcke werden / vnd sagen darnach / sie sind
Euangelisch?

---

5 besetzt hältst   11 Euangeliou C   14 bedarf   16 Mt.
10, 23   23 Mt. 23, 34   25 Corinth. C | 1. Ko. 4, 11   28 oder
doch | darauf gefasst ist   30 zu fehlt Hs. | dass man ihm das Evgl.
nimmt oder wehret   32 wie passt

325 W   **¹ Auff den erſten Artickel.**

Eyn gantze gemeyne ſoll macht haben eynen Pfarherrn zuwelen vnd
entſetzen. Dieſer artickel iſt recht / wenn er nůr auch Chriſtlich wůrde
furgenomen / on das die capitel am rande anzeygt / nichts dazu dienen.
Wenn nu die gůter der Pfar / von der oberkeyt komen / vnd nicht von   5
294 E²   der gemeyne / So mag die ge¹meyne nicht die ſelbigen gůter zu wenden
dem / den ſie erwelet / denn das were geraubt vnd genomen / Sondern will ſie
eynen pfarherr haben / das ſie zu erſt ſolchen demůtiglichen bitte von der
oberkeyt. Will die oberkeyt nicht / ſo wele ſie eynen eygen / vnd neren
den ſelben von yhren eygen gůtern / vnd laſſe der oberkeyt yhre gůter /   10
281 E¹   obber erlange ſie mit recht von yhn. Will aber die oberkeyt ¹ ſolchen yhren
erweleten vnd erneerten Pfarherr nicht leyden / So las man yhn fliehen
ynn eyne andere ſtad / vnd fliehe mit yhm wer da will / wie Chriſtus
leret. Das heyſſt Chriſtlich vnd Euangeliſch eygen Pfarherr welen vnd
haben. Wer anders thut / der handelt vnchriſtlich / als eyn reuber vnd   15
freueler.

                         Auff den andern Artickel.

Die zehende / ſollen dem Pfarher vnd armen leuten ausgeteylet
werden / Das vbrige behalten zur lands not ꝛc. Diſer artickel iſt eytel
326 W   raub vnd ¹ offentliche ſtrauch dieberey / Denn da wöllen ſie den zehenden /   20
der nicht yhr / ſondern der oberkeyt iſt / zu ſich reyſſen / vñ damit machen /
was ſie wöllen. Nicht alſo lieben freunde / das heyſſt die oberkeyt gantz
vnd gar abgeſetzt / So yhr doch ynn der vorrhede bedingt / niemant das
ſeyne zu nemen. Wöllt yhr geben vnd guts thun / ſo thuts von ewrem
gute / wie der weyſe man ſpricht / Denn gott durch Eſaiam ſagt / Ich   25
haſſe das opffer das vom raube kompt. Redet yhr doch ynn dieſem
artickel / als weret yhr ſchon herren ynn landen / vnd hettet alle gůter der
oberkeyt zu euch genomen / vnd wöllet niemant vnterthan ſeyn / noch
geben / Daran man greyfft / was yhr ym ſynn habt. Lieben herren laſſt
ab / laſſt ab / yhr werdets nicht enden / Es helffen euch nicht die capitel 30
der ſchrifft / ſo ewer lügen prediger vnd falſcher prophet an den rand ge-
ſchmiret hat / ſondern ſind wider euch.

                         Auff den dritten Artickel.

Es ſoll keyne leybeygene ſeyn / weyl vns Chriſtus hat alle befreyhet.
295 E²   Was iſt das? das heyſſt Chriſtliche ¹ freyheyt gantz fleyſchlich machen. Hat 35

---

4 furgenome C | abgeſehen davon daſs | nämlich 1. Ti. 3, 1 ff.
Tit. 1, 5 ff. AG. 14, 23 Dt. 17, 9 uſw. | angezeygt Hs. u. A   6 ger C |
zu wenden / dem ſie C   8 bitten Hs.   9 neeren Hs., nere A   11 rite |
yhr Hs.   19 allgemeiner not abzuhelfen   23 vielmehr in einer mar-
ginalgloſſe zum 2. art., Böhmer, s. 6   25 Pr. 3, 9 | Jes. 61, 8
31 nämlich Ps. 110, 4. Gen. 14, 20. Dt. 18, 1 ff. 12, 6 ff. 25, 4.
1. Ti. 5, 18. Mt. 10, 10. 1. Ko. 9, 9 uſw.   34 keyn leybeygener
Hs. u. A   35 Chriliche C | fleychſlich C

nicht Abraham vnd ander patriarchen vnd propheten auch leib eygen ge-
habt? leſet S. Paulen / was er von den knechten / wilche zu der zeyt
alle leybeygen waren / leret. Darumb iſt dieſer artickel ſtracks widder das
Euangelion vnd [1] reubiſch / da mit eyn iglicher ſeynen leyb / ſo eygen worden   327 W
5 iſt / ſeynem herren nympt / Deñ eyn leybeygener kan wol Chriſten ſeyn /
vnd Chriſtliche freyheyt haben / gleych wie eyn [1] gefangener obder kranckter   282 E¹
Chriſten iſt / vnd doch nicht frey iſt. Es will dieſer artickel alle menſchen
gleich machen / vnd aus dem geyſtlichen reich Chriſts eyn welltlich euſſer-
lich reich machen / wilchs vnmüglich iſt / Deñ welltlich reich kan nicht
10 ſtehen / wo nicht vngleicheyt iſt vnn perſonen / das etliche frey ſeyn / et-
liche gefangen / etliche herren / etliche vnterthan etc. Wie S. Paulus
ſagt / Gala. v. das vñ Chriſto / herr vnd knecht eyn ding ſey. Dauon
hat meyn herr vnd freund Vrban Regius wol vnd gnug geſchriben / da
magſtu weytter leſen.

15   **Auff die ander acht Artickel.**
Die ander artickel / von freyheyt des wiltprets / vogel / fiſch / holtz /
welde / von bienſten / zinſen / auffſetzen / zeyſen / tod fall etc. befelh ich den
rechtuerſtendigen / Deñ myr / als eym Euangeliſten nicht gepürt / hyrinnen
vrteylen vnd richten. Ich ſol die gewiſſen vnterrichten vnd leren / was
20 göttliche vnd Chriſtliche ſachen betrifft / Man hat bücher gnug hieuon vnn
Keyſſerlichen [1] rechten. So habe ich droben geſagt / das ſolche ſtucke eynen   328 W
Chriſten nicht angehen / er fragt auch nicht dar nach. Er leſſt rauben /
nemen / drucken / ſchinden / ſchaben / freſſen vnd toben / wer da will /
deñ er iſt eyn merterer auff erden. Derhalben die Bawrſchafft hyrynne
25 billich den Chriſtlichen namen auch ſollt mit friden laſſen / vnd handeln
vnter dem namen als die gerne menſchlich vnd natürlich recht wollten
haben / nicht als die Chriſtlich recht ſuchten / Wilchs heyſſt ſie vnn allen   296 E²
dieſen ſtucken ſtille ſtehen / leyden vnd alleyne Gott klagen.
Sehet lieben herrn vnd freunde / das iſt meyne vnterricht / ſo yhr
30 von myr begeret habt / vnn eynem andern zeddel / Vnd bitte / wollet ewr
erbietung gedencken / das yhr euch gerne wollet mit ſchrifft laſſen weyſen.
Weñ nu dis zu euch kompt / ſo ſchreyet nicht ſo bald / Der Luther
heuchlet den Furſten / Er redt widder das Euangelion. Leſet zuuor vnd
ſehet meynen grund aus der ſchrifft / Denn es gillt euch / Ich byn end-
35 ſchuldiget für Gott vnd der wellt / Ich kenne die falſchen propheten vnter

   3 direkt   5 oben II 11, z. 26 ff.   10 ſeyn fehlt Hs   12 Ga.
3, 28   13 Von Leibeigenſchaft oder Knechtheit, Panzer no. 2776,
Weller Suppl. I no. 368, Uhlhorn, Urbanus Rhegius, Elberfeld 1861,
s. 78 ff., Frdr. Roth, Augsburgs Reformationsgeſch. I², München 1901,
s. 175   17 wälder | auflagen, abgaben (oben II 380, z. 10) | tod fall]
oben s. 51, z. 20   18 juriſten   19 vnterichten C   30 oben s. 47, z. 16
32 alsbald   33 ſchmeichelt (vgl. W A Br 3, 518¹)   34 meine begründung

euch wol / Gehorchet yhnen nicht / sie verfüren euch warlich / Sie meynen
ewer gewissen nicht / Sondern wolten gerne Galater auß euch machen /
das sie durch euch zu gut vnd ehren kemen / vnd darnach sampt euch ynn
der helle ewiglich verdampt seyn müsten.

329 W
¹Uermanung beyde an die Ober=
keyt vnd Bawrschafft.

WEyl nu lieben herren auff beyden seyten nichts Christlich ist / auch
keyne Christliche sache zwisschen euch schwebt / sondern beyde herrn
vnd bawrschafft vmb Heydenisch odder welltlich recht vnd vnrecht / vnd
vmb zeytlich gut zu thun habt / Dazu auff beyden seyten wider Got 10
handelt vnd vnter seynem zorn stehet / wie yhr gehört habt / So laßt euch
vmb Gottes willen sagen vnd raten / vnd greyfft die sachen an / wie solche
sachen anzugreyffen sind / Das ist / mit recht vnd nicht mit gewallt noch
mit streyt / Auff das yhr nicht eyn vnendlich blut vergissen anrichtet ynn
Deutschen landen.   Denn weyl yhr beydes teyls vnrecht seyt / vnd dazu 15
euch selbs noch rechen vnd schützen wöllet / werdet yhr euch / zu beyden
seyten verderben vnd wird Gott eynen buben mit dem andern steupen.

Yhr herren habt widder euch die schrifft vnd geschichte / wie die
tyrannen sind gestrafft / Das auch die Heydenische Poeten schreyben / wie
die tyrannen sellten am trocken todt sterben / sondern gemeyniglich er- 20
297 E¹ würget worden sind vnd ym blut vmbkomen. Weyl denn gewis ist / ¹das
330 W yhr tyrannisch ¹vnd wuetiglich regirt / das Euangelion verbietet / vnd den
armen man so schindet vnd drücket / habt yhr keynen trost noch hoffnung /
denn das yhr vmb komet / wie ewer gleychen sind vmbkomen. Sehet alle
Königreiche an / wie sie eyn ende haben genomen durchs schwerd / als 25
Assyrien / Persien / Kriechen / Römer / vnd so fort an / die allzumal zu
letzt verderbet sind / gleych wie sie zuuor andere verderbet habe / Da mit
284 E¹ Gott beweyset / das er richter ist auff erden / ¹vnd keyn vnrecht vn-
gestrafft lesst.   Der halben euch nichts gewissers / denn gleich vrteyl
auff dem halse ligt / es geschehe itzt odder her nach / wo yhr euch nicht 30
bessert.

Yhr bawren habt auch widder euch / schrifft vnd erfarung / das nie
keyn rotterey eyn gut ende genome hat / vnd Got hat alle wege strenge
vber disem wort gehallten / Wer das schwerd nympt / soll durchs schwerd
vmbkomen.   Weil yhr denn vnrecht thut / das yhr euch selbs richtet vñ 35
rechet / dazu den Christlichen namen vnwirdiglich füret / seyt yhr gewis
auch vnter Gottes zorn / Vnd weñ yhr gleich gewinnet / vnd alle hyr-

1 achten nicht auf (oben s. 55, z. 31)   2 Ga. 3, 1   7 Christ-
lichs Hs. u. A   17 oben s. 59, z. 12   20 Iuv. 10, 112 f. | gestorben Hs.
26 Kriechen] Juden Hs., Jüden A   30 droht   34 Mt. 26, 52
37 gewonnet Hs.

schafft verderbet / würbet yhr zu letzt boch euch selbs vnter eynander
müssen zu fleyschen / wie die wütigen bestien. Denn weyl keyn geyst /
sondern fleysch vnd blut vnter euch regirt / wird Gott bald eynen bösen
geyst vnter euch senden / wie er thet mit den zu Sichem vnd Abimelech.
5 Sehet an wie alle rotterey zu letzt eyn ende hat[1] genomen / als Korah[33] [W]
Numeri 16. Item Absalon / Seba / Samri / vst der gleichen. Kurtz vmb
beyde tyrannen vnd rotten ist Gott seynd / darumb hetzt er sie aneynander /
das sie beydes teyls schendlich vmb komen / vnd also seyn zorn vñ vrteyl
vber die gottlosen volnbracht werde.

10 Myr ist das am allerleydesten vnd hoch zu erbarmen / vnd wollts
gerne mit meym leben vnd sterben abkeuffen / das auff beyden seytten
zween vnüberwindliche schaden folgen. Denn weyl keyn teyl mit gutem
gewissen streyttet / sondern beyde teyl vmb das vnrecht zur hallte sichtet /
so mus zum ersten folgen / das / wilche da erschlagen[1] würden / mit leib[298] [E]
15 vnd seele ewiglich verloren sind / alls die ynn yhren sünden sterben / on
rew vnd gnaden / ym zorn Gottes / da ist keyn hülffe noch rad fur /
Denn die herrn würden darumb streytten / das sie yhr tyranney vnd ver-
folgung des Euangeli vnd vnrechte beschwerunge der armen / bestetigetten
vnd erhielten / odder yhe die ienigen / so solcherley sind / helffen be-
20 stettigen vnd handhaben / Das ist yhe grewlich vnrecht vnd wibber Gott /
wer darynnen funden wird / mus ewiglich verloren seyn. Wibberumb
die bawren würden streytten / yhre rotterey[1] vnd misbrauch des Christ-[285] [E]
lichen namens zu verfechte / wilchs auch beydes höchlich wibber Gott ist /
vnd wer[1] darynn vnd barüber stirbt / mus auch ewiglich verloren seyn / da[332] [W]
25 hilfft auch nichts fur.

Der ander schade / das Deutsch land wird verwüstet werden / vnd
wo eyn mal solch [blutuergießen angehet / wird es schwerlich auffhören /
Es sey denn alles verberbt / Denn es ist streyt bald angefangen / Es steht
aber nicht ynn vnser macht / auff zuhören / wenn wyr wöllen. Was haben
30 euch deñ nu gethan / so viel vnschulbiger kinder / weyber vnd allte leute /
die yhr narren mit euch ynn solche farth zihet / das land voll bluts /
raubs / widwe vnd weysen zu machen? O der teuffel hats trefflich böse
ym synn / So ist Gott hoch erzürnet vnd drewet vns den selben los zu
lassen / vnd seyn müttlin ynn vnserm blut vnd seelen zukülen / Sehet euch
35 fur lieben herren / vnd seyt weyse / Es gillt euch allen beyden. Was
hilffts euch / das yhr euch selbs ewiglich vnd mutwilliglich verdampt /
vnd dazu eyn wüst vnd zerstöret blütig land hinder euch ewern nachkomen

2 zerfleischen   4 Ri. 9, 22 ff. 53 f.   5 Korah C   6 Nu.
16, 31 ff.   7 2. Sa. 18, 14 f. 20, 22. 1. Kö. 16, 18 f.   11 erkaufen
13 zu erhalten sicht   19 oder doch | hülffen Hs.   20 schützen
31 gefahr   32 widwen Hs. | gewaltig   33 d. h. den teufel   34 auf
diese stelle spielt Rühel an in seinem briefe an L. vom 21. mai,
K. Müller, Kirche s. 141

lafft? So vhr der sachen bey zeyt wol besser radten kund / durch busse
gegen Gott / vnd freundlich vertrag odder willigem leyden fur den
menschen. Mit trotz vnd streyt werdet yhr nichts schaffen.

Darumb were meyn trewer rad / das man aus dem Adel etliche
Graffen vnd herrn / aus den Stedten etliche rads herrn erwelete / vnd 5
333 W die sachen liessen ¹ freundlicher weyse handeln vnd stillen / Das yhr herren
ewern steyffen mut herunter liesset / wilchen yhr doch müsset zu letzt
lassen / yhr wöllet odder wöllet nicht / vnd wichet eyn wenig von ewr
299 E² tyranney vnd vnterdruckunge / das der arme man ¹ auch lufft vnd raum ge=
wünne zu leben. Widderumb die bawren sich auch weysen liessen / vnd 10
etlich artickel die zu viel vnd zu hoch greyffen / vbergeben vnd faren liessen /
Auff das also die sache / ob sie nicht mag ynn Christlicher weyse ge=
handelt werden / das sie doch nach menschlichen rechten vnd vertragen ge=
stillet werde.

286 E¹   ¹ Werdet yhr solchem rad nicht folgen / da Gott fur sey / mus ich 15
euch zu samen lassen / Ich aber byn vnschuldig an ewer seelen / blut vst
gut / yhr werdets selber tragen / Ich habs euch gesagt / das yhr zu beyden
teylen vnrecht habt / vst vnrecht fechtet. Yhr herren fechtet nicht widder
Christen / Denn Christen thun euch nichts / sondern leyden alles / yhr
fechtet aber widder offentliche reuber vnd schender Christlichs namens / 20
wilche vnter yhn sterben / sind schon ewiglich verdampt. Widderumb yhr
bawren fechtet auch nicht widder Christen / sondern widder tyrannen vnd
verfolger Gottes vnd der menschen / vnd widder mörder der heyligen
Christi. Wilche da sterbē / sind auch ewiglich verdampt. Da habt yhr
334 W alle beyde teyl ewer ¹ gewis vrteyl von Gott / das weys ich fur war. 25
Thut nu was yhr wöllet / so yhr ia nicht folgen wöllt / ewer leyb vnd
seele zu erhallten.

Ich aber will mit den meynen Gott bitten / das er euch beydes
teyls / entweder vertrage vnd eynige / odder gnediglich verhyndere / das
nicht nach ewrem synne hinaus gehe / wie wol myr die schrecklichen zeichen 30
vnd wunder / so diese zeyt her geschehen sind / eynen schweren mut machen /
vnd sorge Gottes zorn sey zu starck angangen / wie er sagt ynn Jeremia /
Wenn gleich Noe / Job / vnd Danie! fur myr stunden / hette ich doch
keinen willen an dem volck. Wollt Gott / yhr furchtet euch fur seynem
zorn / vnd bessert euch / das doch die plage eynen verzug vnd lenger auff= 35
schub gewünne. Wolan ich habe / als myr meyn gewissen zeugnis gibt /
euch allen Christlich vnd brüderlich trew gnug geradten / Gott gebe das
es helffe. Amen.

---

3 nichts gutts Hs.   7 hochmut (steifnackigkeit) fahren liesset
11 zu viele u. zu hohe ansprüche erheben, aufgäben   16 handgemein
werden. lassen   17 ausbaden   29 zwischen euch einen vertrag zu
stande bringe | vereynige Hs.   30 oben s. 48, z. 18   32 vgl. Jer.
15, 1 u. Ez. 14, 14   34 wohlgefallen

Wider die räuberischen und mörderischen Rotten der Bauern. 1525.

Geschrieben „aus einer gänzlich veränderten situation heraus" (W. A. 18, 789), wohl gleichzeitig mit L.s brief an den Mansfeldschen rat Joh. Rühel vom 4. mai 1525 (WA Br3, 479ff)[1]. Trotzdem liess L. diese schrift erstmalig zusammen mit seiner „Ermahnung zum Frieden" drucken und verstärkte dadurch selbst den eindruck „pey dem gemeynen volck u. auch pey gelarten u. ungelarten . . ., seyn schreyben wer sehr unbestendick" (Hermann Mühlpfort aus Zwickau an den damals in Wittenberg studierenden Stephan Roth am 4. juni, zitiert W. A. 18, 376). Deshalb reproduzieren wir auch beide schriften nach diesem sammeldrucke. Zur kontroverse zwischen H. Barge u. K. Müller (zuletzt einerseits: Frühprotestantisches Gemeindechristentum, Leipzig 1909, s. 332—335, andererseits: Kirche, Gemeinde u. Obrigkeit nach L., Tübingen 1910, s. 140—149) ist zu wiederholen, was Joh. Brenz in seiner anfang juni verfassten schrift „Von Milderung der Fürsten gegen die aufrührischen Bauern" geschrieben hat (Flugschriften 3, 173, z. 21—26): „Des Luthers büchlin vonn dem straffenn vnd würgen, neuwlich aussgangen, lautet auff die oberkayt, so sye schwerdt noch nit widerumb in der hand hat vnd die vnderthon noch inn mutwillen vnnd vngehorsam stecken. Er wurd freylich [sicherlich] anderst schreyben, so sich die vnderthon haben ergebenn vnnd die oberkayt ir schwerdt widerumb in der hand tregt."

24, 288 E¹
24, 303 E²
18, 357 W

Widder die stürmenden bawren Martinus Luther.

IM vorige buchlin thurste ich die bauren nicht vrteylen / weyl sie sich ₂ zu recht vnd besser vnterricht erbotten / Wie denn Christus gepeut / 5 man solle nicht vrteylen Matt. 7. Aber ehe denn ich mich vmbsihe / faren sie furt / vnd greyffen mit der faust dreyn / mit vergessen yhrs erbietens / rauben vnd tobē / vnd thun wie die rasenden hunde / Dabey man nu wol sihet / was sie ynn yhrem falschen synn gehabt haben / vnd das eyttel erlogen ding sey gewesen / was sie vnter dem namen des Euangeli 10 ynn den zwelff artickeln haben furgewendet / Kurtz vmb / eyttel teuffels werck treyben sie / Vnd ynn sonderheyt / ists der ertzteuffel / der zu Mölhusen regirt / vnd nichts denn raub / mord / blutvergissen anricht / wie denn Christus Johan. viij. von yhm sagt / das er sey eyn morder von anbegynn. Nu denn sich solche bawrn vnd elende leute verfuren lassen / 15 vnd anders thun / denn sie geredt haben / mus ich auch anders von yhnen   289 E¹

---

1) R. bestätigt den empfang dieses „Trostbriefs" in seinem briefe an L. vom 21. mai; K. Müller, Kirche usw. s. 146f.[3]

---

3 wagte   4 oben s. 47, z. 5   5 Mt. 7, 1   6 gehen sie weiter   11 Thomas Münzer   13 Jo. 8, 44

ſchreyben / vnd erſtlich yhre ſunde fur yhre augen ſtellen / wie Gott Eſaia
vnd Ezechiel befelht / ob ſich etlich erkennen wollten / Vnd darnach
der welltlichen oberkeyt gewiſſen / wie ſie ſich hyrynnen hallten ſollen /
vnterrichten.

Dreyerley grewliche ſunden widder Gott vñ menſchen laden diſe   5
bawrn auff ſich / dar an ſie den todt verdienet haben / an leybe vnd ſeele
manichfeltiglich / Zum erſten / das ſie yhret oberkeyt trew vñ hulde ge=
ſchworen haben / vntterthenig vnd gehorſam zu ſeyn / wie ſolchs Gott ge=
beut / da er ſpricht / Gebt dem Keyſer / was des Keyſers iſt / Vnd Ro. 13.
Iderman ſey der oberkeyt vnterthan ꝛc. Weyl ſie aber diſen gehorſam   10
brechen mutwilliglich vnd mit freuel / vnd dazu ſich widder yhre herren
ſetzen / haben ſie da mit verwirckt leyb vnd ſeel / als die trewloſe /
meyneydige / lugenhafftigen / vngehorſamen buben vñ boſewicht pflegen zu
thun / darumb auch S. Paulus Ro. 13. eyn ſolch [1] vrteil vber ſie ſellet /
Wilche der gewalt widder ſtreben / die werden eyn gericht [1] vber ſich vber= 15
kome / Wilcher ſpruch auch die bawrn endlich treffen wird / es geſchehe
kurtz odder lange / denn Gott will trew vnd pflicht gehalten haben.

Zum andern / das ſie auffrur anrichten / rauben vnd plundern mit
freuel kloſter vnd ſchloſſer / die nicht yhr ſind / damit ſie / als die offent=
lichen ſtraſſen reuber vñ morder / alleyne wol zwyffeltig den tod an leib 20
vnd ſeele verſchulden / Auch eyn auffruriſcher menſch / den man des be=
zeuge kan / ſchon ynn Gotts vnd Keyſerlicher acht iſt / das / wer am erſten
kan vnd mag / den ſelben erwurgen / recht vnd wol thut / Deñ vber eynen
offentlichen auffrurigen iſt eyn iglicher menſch beyde oberrichter vnd ſcharff=
richter / gleich als wenn eyn feur angehet / wer am erſten kan leſchen / der 25
iſt Der beſt / denn auffrur iſt nicht eyn ſchlechter mord / ſondern wie eyn
gros feur / das eyn land anzundet vnd verwuſtet / alſo bringt auffrur mit
ſich eyn land vol mords / blutuergiſſen / vnd macht widwen vnd weyſen /
vnd verſtoret [1] alles / wie das allergroſſeſt vngluck / Drumb ſol hie zu=
ſchmeyſſen / wurgen vnd ſtechen / heymlich odder offentlich / wer da kan / 30
vñ gedencken / das nicht gifftigers / ſchedlichers / teuffeliſchers ſeyn kan /
denn eyn auffruriſcher menſch / gleich als wenn man eynen tollen hund
todſchlahē mus / ſchlegſtu nicht / ſo ſchlegt er dich vnd eyn gantz land
mit dyr.

Zum dritten / das ſie ſolche ſchreckliche / grewliche ſunde / mit dem 35
Euangelio decken / nennen ſich Chriſtliche bruder / nemen eyd vnd hulde /
vnd zwingen die leutte / zu ſolchen ·greweln / mit yhñ zuhalten / damit
ſie die aller groſten Gottsleſterer / vnd ſchender ſeynes heyligen namen
werden / vnd ehren vnd dienen alſo dem teuffel / vnter dem ſcheyn des

---

1 Jeſ. 58, 1 | Ez. 2, 7   2 als ſchuldig   4 vnterrichter A
5 dſſe A   7 gehorſam   9 Lc. 20, 25 | Rö. 13, 1   14 Rö. 13, 2
22 überführen   26 einfacher   30 erſchlagen   32 auffruricher A
36 bemänteln | huldigung entgegen   39 diene A

304 E²
358 W
290 E²

Euangelij / daran ſie wol zehen mal den tod verdienen an leib vnd ſeele /
das ich heſßlicher ſunde nie gehoret habe / Vnd achte auch / das der
teuffel den iungſten tag fule / das er ſolch vnerhorte ſtuck furnympt / als
ſolt er ſagen / Es iſt das letzte / drumb ſoll es das ergſte ſeyn / vnd will
5 die grund¹ſuppe ruͤren vnd den boden gar auffſtoſſen / Got woͤlle ohm weren. 305 E²
Da ſihe / wilch eyn mechtiger fuͤrſt der teuffel iſt / wie er die wellt nnn
henden hat / vnd nnneynander mengen kan / Der ſo bald ſo viel tauſent
bawrn / fangen / verfuren / verblenden / verſtocken / vnd empoͤren kan / vnd
mit ohn machen was ſeyn aller wuͤtigeſter grym fur nympt.
10   Es hilfft auch die bawrn nicht / das ſie furgeben / Gene. 1. vnd .2.
ſeyen alle ding frey vnd gemeyne geſchaffen / vnd das wyr alle gleych ge-
taufft ſind.   Denn om newen Teſtament hellt vnd gillt Moſes nicht /
Sondern da ſteht vnſer meyſter Chriſtus / vnd wirfft vns mit leyb vnd
gut vnter den Keyſer vnd welltlich recht / da er ſpricht / Gebt dem
15 Keyſer / was des Keyſers iſt.   So ¹ ſpricht auch Paulus Ro. 12. zu allen 359 W
getaufften Chriſten / Yderman ſey der gewallt vnterthan. Vnd Petrus /
Seyt vnterthan aller menſchlicher ordnung.   Dieſer lere Chriſti ſind wyr
ſchuldig zu geleben / wie der vater vom hymel gebeut vnd ſagt / Dis iſt
meyn lieber ¹ ſon / den hoͤret.   Denn die tauffe macht nicht leyb vnd gut 291 E²
20 frey / ſondern die ſeelen.   Auch macht das Euangelion nicht die guͤter ge-
meyn / on alleyne wilche ſolchs williglich von ohn ſelbs thun woͤllen / wie
die Apoſteln vnd Juͤnger Act. 4. thetten / wilche nicht die frembden guͤter
Pilatis vnd Herodis gemeyn zu ſeyn fodderten / wie vnſer vnſynnige bawren
toben / ſonder ohr eygen guͤter.   Aber vnſer bawren woͤllen der andern
25 frembden guͤter gemeyn haben / vnd ohr eygen fur ſich behallten / Das
ſind myr feyne Chriſten / Ich meyn das keyn teuffel mehr nnn der helle
ſey / ſondern allzumal nnn die bawrn ſind gefaren.   Es iſt vber aus vnd
vber alle maſſe / das wueten.
    Weyl denn nu die bawren auff ſich laden / beyde Gott vnd menſchen /
30 vnd ſo manchfeltiglich ſchon des tods an leyb vnd ſeele ſchuldig ſind / vnd
keyns rechten geſtehen noch warten / ſondern omer fort toben / mus ich hie
die welltliche oberkeyt vnterrichten / wie ſie hyrynn mit gutem gewiſſen
faren ſollen.   Erſtlich der oberkeyt / ſo ¹ da kan vnd will / on vorgehend 306 E²
erbietē zum recht vnd billickeit / ſolche bawrn ſchlahen vnd ſtraffen / will

5 den bodensatz (der hölle) aufrühren (W A Br 3, 516 ¹²) u. (dem
fass) . . . (Thiele no. 335)   10 Böhmer, s. 6, z. 32 f.   12 hält M.
nicht stand   13 unterwirft uns dem kaiser   14 Lc. 20, 25   15 Rö.
13, 1   16 1. Pt. 2, 13   18 nachzuleben | Mt. 17, 5   22 AG. 4,
32 ff. | welche nicht forderten, dass die fremden güter wie die des P.
u. H. gemein sein sollten   29 gegen sich aufbringen   31 keinem
schiedsgericht sich stellen noch es abwarten   33 verfahren   34 ohne
sich vorher zu r. u. b. zu erbieten, d. h. ohne vorher den bauern ver-
gleichsverhandlungen anzubieten

ich nicht weren / ob sie gleich das Euangelion nicht leydet / Denn sie hat
des gut recht / Syntemal die bawrn nu nicht mehr vmb das Euangelion
fechten / sondern sind offentlich worden / trewlose / meyneydige / vngehor-
same / auffrürissche / mörder / reuber / gottslesterer / wilche auch Heydenissche
oberkeyt zu straffen recht vnd macht hat / ia dazu schuldig ist / solche buben   5
zu straffen / Denn darumb tregt sie das schwerd / vnd ist Gotts dieneryn
ober den so vbels thut Ro. 13.

Aber die oberkeyt / so Christlich ist / vnd das Euangelion leydet /
der halben auch die bawren keynen scheyn widder sie haben / soll hie mit
furchten handeln. Vnd zum ersten die sachen Gott heym geben / vnd be-   10
kennen / das wyr solchs wol verdienet haben / Dazu besorgen / das Gott
villeicht den teuffel also errege / zu gemeyner straffe Deutschs lands. Dar-
292 E nach demütiglich bitten widder den [1] teuffel vmb hülffe / Denn wyr fechten
hie nicht alleyne widder blut vnd fleysch / sondern widder die geystlichen
bösewicht ynn der lufft / wilche mit gebet müssen angryffen werden. Wenn   15
nu das hertze so gegen Gott gerichtet ist / das man seynen göttlichen willen
lesst wallten / ob er vns wölle odder nicht wölle zu Fürsten vnd herren
haben / soll man sich gegen die tolle bawren zum oberflus (ob sie es wol
nicht werd sind) zu recht vnd gleichem erbieten. Darnach wo das nicht
helffen will / flug zum schwerd greyffen.   20
360 W   [1] Denn eyn Fürst vnd herr mus hie dencken / wie er Gottes ampt-
man vnd seyns zorns diener ist Ro. 13. dem das schwerd ober solche
buben befolhen ist. Vnd sich eben so hoch fur Gott versündigt / wo er
nicht strafft vnd weret / vnd seyn ampt nicht volfüret / als wenn eyner
mördet / dem das schwerd nicht befolhen ist / Denn wo er kan / vnd strafft   25
nicht / es sey durch mord odder bluturgiessen / so ist er schuldig an allem
mord vnd vbel / das solche buben begehen / als der da mutwilliglich durch
307 E nachlassen seyns Göttlichen befelhs / zu lesst / [1] solchen bube vhre bosheit zu
vben / so ers wol weren kan vnd schuldig ist / Darumb ist hie nicht zu
schlaffen. Es gillt auch nicht hie gedult odder barmhertzickeyt. Es ist   30
des schwerds vnd zorns zeyt hie / vnd nicht der gnaden zeyt.

So soll nu die oberkeit hie getrost fort bringen / vnd mit gutem ge-
wissen dreyn schlahen / weyl sie eyne aber regen kan / Denn hie ist das
vorteyl / das die bawren böse gewissen vnd vnrechte sachen haben / vnd
wilcher bawr darüber erschlagen wird / mit leyb vnd seele verluren vnd   35
ewig des teuffels ist. Aber die oberkeyt hat eyn gut gewissen vnd rechte
sachen / vnd kan zu Gott also sagen mit aller sicherheyt des hertzen. Sihe /
meyn Gott / du hasst mich zum Fürsten odder herren gesetzt / daran ich

1 über sich ergehen lässt, anerkennt, befolgt   3 offenbar
7 Rö. 13, 4   8 oberkeyt A   9 keinen schein des rechts   10 an-
heimstellen   15 Eph. 6, 12.   2, 2   18 den bauern vergleichsverhandlungen
anbieten   22 Rö. 13, 4   28 nichtachtung   31 zeyt A   32 weiter-
gehen   33 solange als

nicht kan zweyffeln / Vnd hafft myr das schwerd befolhen vber die vbel=
thetter Rom. 13. Es ift deyn wort vnd mag nicht liegen / fo mus ich
folchs ampt / bey verluft deyner gnaden / ausrichten / fo ifts auch offent=
lich / das diefe bawren vielfalltig ¹ fur dyr vnd fur der wellt den tod ver=   293 E¹
5 dienet / vnd myr zu ftraffen befolhen. Willtu nu mich durch fie laffen
tobten / vnd myr die oberkeyt widdernemen vnd vntergehen laffen / wolan /
fo gefchehe deyn wille / So fterbe ich doch vnd gehe vnter ynn deynem
gottlichen befelh vnd wort / vnd werde erfunden ym gehorfam deynes be=
felhs vnd meynes ampts. Drumb will ich ftraffen / vnd fchlahen fo lange
10 ich eyne ader regen kan / Du wirfts woll richten vnd machen.

Alfo kans denn gefchehen / das / wer auff der oberkeyt feyten er=
fchlagen wird / eyn rechter merterer fur Gott fey / fo er mit folchem ge=
wiffen ftreyt / wie gefagt ift. Denn er geht ynn Göttlichem wort vnd
gehorfam. Widderumb was auff der bawren feytten vmbkompt / eyn
15 ewiger hellebrand ift. Denn er furet das fchwerd widder Gotts wort
vnd gehorfam / vnd ift eyn teuffels glied. Vnd obs gleych gefchehe / das
die bawren oblegen (da Gott fur fey) Denn Gott find alle ding muglich /
vnd wyr nicht wiffen / ob er villeicht zum vorlauff des Jungften tags /   308 E²
wilcher nicht ferne feyn will / wolle durch ¹ den ¹ teuffel alle ordnung vnd   361 W
20 oberkeyt zuftoren vnd die wellt ynn eynen wuften hauffen werffen / So
fterbe doch ficher vnd gehen zu fcheittern mit gutem gewiffen / die ynn
yhrem fchwerd ampt funden werden / vnd laffen dem teuffel das wellttlich
reich / vnd nehmen dafur das ewige reich. Solch wunderliche zeytten find
itzt / das eyn Furft den hymel mit blutvergiffen verdienen kann / bas denn
25 andere mit beten.

Am ende ift noch eyne fache / die billich foll die oberkeyt bewegen /
Denn die bawren laffen yhn nicht benugen / das fie des teuffels find /
Sondern zwingen vnd dringen viel frumer leute / die es vngerne thun /
zu yhrem teuffelifchen bunde / vnd machen die felbigen alfo teylhafftig
30 aller yhrer bosheyt vnd verdamnis / Denn wer mit yhn bewilliget / der
fert auch mit yhn zum teuffel / vnd ift fchuldig aller vbelthat / die fie be=
gehen / vnd muffens doch thun / weyl fie fo fchwachs glaubens find / das
fie nicht widder ftehen. Denn hundert tobte follt eyn frumer Chrift
leyden / ehe er eyn harbreyt ynn der bawren fache bewilliget. O viel
35 merterer ¹ kundten itzt werden durch die blutburftigen bawren vnd mord=   294 E¹
propheté. Nu folcher gefangener vnter den bawrn follten fich die oberkeyt
erbarmé / Vnd wenn fie fonft keyne fache hetten / das fchwerd getroft
widder die bawren gehen zu laffen / vnd felbs leib vnd gut dran zu fetzen /
fo were doch bife vberig gros gnug / das man folche feele / die durch die

---

3 offenbar   6 obrigkeitl. gewalt   18 vorspiel   21 in frieden |
gehen unter   22 richteramt   30 einwilligt, sich ihnen anschliesst
33 nicht dem terrorismus der bauern widerstehen können   37 als eben
das erbarmen mit den mitläufern   39 überflüssig

bawren zu solchem teufflischen verbündnis gezwungen / vnd on yhren
willen mit ynen so grewlich sündigen vnd verdampt müssen werden / er-
rettet vnd hülffe / Denn solche seelen sind recht ym fegefeur / ia ynn der
hellen vnd teuffels banden.

 Drumb lieben herren loset hie / rettet hie / helfft hie / Erbarmet 5
euch der armen leute / Steche / schlahe / würge / hie wer da kan / bleybstu
drüber tod / wol dyr / seliglichern tod kanstu nymer mehr vberkomen /
Denn du stirbst ynn gehorsam göttlichs worts vnd befelhs Ro. am 13.
vnd ym dienst der liebe deynen nehisten zurretten aus der hellen vnd
309 E³ teuffels banden. ¹ So bitte ich nu / flihe von den bawren wer da kan / 10
als vom teuffel selbs. Die aber nicht flihen / bitte ich Gott wöllte sie
erleuchten vnd bekeren. Wilche aber nicht zu bekeren sind / Da gebe Gott /
das sie keyn glück noch gelingen haben müssen. Hie spreche eyn iglicher
frumer Christ / Amen. Denn das gepett ist recht vnd gut vnd ge-
fellet Gott wol / das weys ich. Dunckt das ye- 15
mand zu hart / der dencke / das vntreg-
lich ist auffruhr vnd alle stünde
der wellt verstörung
zu warten
sey. 20

5 erlöset 7 bekommen, finden

Ein Sendbrief von dem harten Büchlein wider die Bauern. 1525.

Von dem peinlichen aufsehen, das L.s schrift „Wider die Rotten der Bauern" erregte, war schon in der vorhergehenden einleitung die rede. Vgl. ferner W. A. 18, 376 f.[1] In seinem briefe vom 15. juni, in dem er Rühel, Duhren und Kaspar Müller (gleichfalls Mansfeldsche kanzler) zu seiner hochzeit einlädt (W A Br 3. 530 f), schreibt L. von dem zetergeschrei, das er mit dem büchlein wider die bauern erweckt habe. Wahrscheinlich hat er sich bei der hochzeitsfeier am 27. mit seinen freunden beraten und sehr bald darauf den „Sendbrief" ausgehen lassen. Am 25. juli (W A Br 3, 543, Archiv f. Reformationsgesch. 1, 224; W. A. 18, 377 ist das datum des briefes falsch in 1. aug. aufgelöst) verschickte Spalatin mehrere druckexemplare. Vorlage: W. A. 18, 377 A (Wittenberger druck).

Dem Erbarn vnd fursichtigen
Caspar Müller zu Mansfelt Cantzler
meynem guten freünde Gnad vnd
fride ynn Christo.

24, 295 E1
24, 310 E2
18, 384 W

5 ERbar vnd fursichtiger Auff Ewr schrifft habe ich mussen durch den druck anttwortten / weyl des klagens vnd fragens vber meyn buchlin widder die auffrurischen bawrn ausgangen / so viel wird / alls solt es vnchristlich vnd zu hart seyn / Wie wol ich myr furgenomen hatte / meyne oren zu verstopffen / vnd die blinden vndanckbarn hertzen / die nur vrsache 10 suchen / sich zu ergern an myr / ynn solchem ergernis sticken zu lassen / das sie drynnen verfaulen musten / Syntemal sie aus andern meynen buchlin / sich nicht so viel gebessert haben / das sie auch eyn solch grob / schlecht / yrdenische vrteyl möchten odder wöllten fur recht erkennen / Denn ich dachte an das wort Christi Johannis .iiij. Wenn yhr nicht glewbt / so ich von 15 yrdischen dingen rede / wie wurdet yhr glewben / so ich von hymelischen dingen redete? Vnd da die iunger sagten / weystu auch das die Phariseer sich an dem wort ergerten? sprach er / Last sie sich ergern / sie sind blind vnd der blinden leyter Matth. xv.

295 E1
311 E2

---

1) s. 376 unten wird Rühels brief vom 21. mai erwähnt; R. citiert aber hier vielmehr L.s „Ermahnung zum Frieden", vgl. K. Müller, Kirche, Gemeinde u. Obrigkeit nach L., s. 146.

---

1 klugen, weisen   5 dieser brief (c. 14. mai) ist verloren; K. Müller, Kirche s. 143, ders., Aus Deutschlands kirchl. Vergangenheit, Festschrift für Th. Brieger, Leipzig 1912, s. 33   12 einfaches, auf irdische dinge bezügliches   14 Jo. 3, 12   17 Mt. 15, 14

Sie ruffen vnd rhumen / da / da / ſihet man des Luthers geyſt / das
er blut vergieſſen on alle barmhertzickeyt / leret / Der teuffel mus aus ohm
reden / Wolan / wenn ichs nicht gewonet were / das ich gericht vnd ver=
dampt werde / möcht mich dis bewegen / Aber ich weys keyne groſſere
hoffart ynn myr / denn das meyn thun vnd lere / zu erſt / mus herhalten   5
vnd ſich creutzigen laſſen / Es gillt niemand nichts / er kunde denn den
Luther vrteylen / Der Luther iſt das mal vnd zill des widerſprechens / an
dem mus ſich yderman verſuchen / ob er möcht ritter werden / vnd das
kleynot gewynnen / Iderman hat ynn ſolchem fall eynen höhern geyſt denn
ich / Ich aber mus gantz fleyſchlich ſeyn / vnd wölte Gott / das ſie nur   10
eynen höher geyſt hetten / ich wöllte zu wartten gerne fleyſchlich ſeyn / vnd
wie .S. Paulus zu ſeynen Corinthern auch ſagt / yhr ſeyt reich / yhr ſeyt
ſat / yhr hörſchet on vns wol / Ich beſorge aber / ſie haben allzu war=
hafftig eynen hohen geyſt / Denn ich noch nichts ſonderlichs ſehe / das ſie
ausrichten / on das ſie endlich zu ſunden vnd zu ſchanden macht.   15
      Sie ſehen aber nicht / wie ſie durch ſolch vrteyl anlauffen / vnd yhrs
hertzen gedancken / durch ſolch widderſprechen auffdecken / wie Luce .ij. von
Chriſto Simeon ſagt / ꝛc. Sie mercken wol ſagen ſie / was ich fur [1] eynen
geyſt habe / So mercke ich / wie ſeyn ſie das Euangelion [1] gefaſt vnd ge=
lernet haben / Ja nicht eyn funcklin wiſſen dauon / vnd plaudern doch   20
ſeer dauon / Denn wie ſolten ſie wiſſen / was hymliſche gerechtickeit ſey
ynn Chriſto nach dem Euangelio / die noch nicht wiſſen / was yrdiſche ge=
rechtickeyt ſey / ynn der welltlichen oberkeyt / nach dem geſetze? Solche
leüte ſind werd / das ſie keyn wort höreten vnd keyn werck ſehen / daran
ſie ſich beſſerten / ſondern eytel ergernis ſollten ſie haben / wie den Juden 25
an Chriſto geſchach / weyl yhr hertz ſo voller böſer tuck ſtickt / das ſie
nichts liebers / denn ergernis / zuhaben begeren / auff das yhn geſchehe
nach dem ſpruch Pſal. xvij. Mit den verkereten biſtu verkeret / vnd
Deutero. xxij. Ich will ſie reytzen vber dem / das nicht eyn volck iſt /
vnd vber eym vnuerſtendigen volck will ich ſie ergern.   30
      Das waren meyne vrſache / warumb ich wolte ſtill ſchweygen / vnd
ſie getroſt anlauffen vnd ſich ergern laſſen / auff das ſie yhrem verdienſt
nach / ynn eytel ergernis verſtöckt vnd verblendet verderben muſten / die
mit ſolcher vndanckbarkeyt / bis her durch ſolch gros vnd helles liecht des
Euangelion allenthalben ſo reychlich erſchollen / ſo gar nichts gelernt / vnd 35
Gottis furcht ſo gar hyndan geſetzt haben / das ſie nichts mehr Euange=
liſch achten / denn andere vrteylen vnd verachten / vnd ſich ſelbs groſſes
geyſt O vnd hohes verſtands zu ſeyn duncken laſſen / vnd durch die lere der

4 aufregen | nichts macht mich stolzer   5 erhalten A   6 vgl.
WA Br 3,517,12   7 zielscheibe   11 wahrlich (W. A. 30², 270¹)
12 1. Ko. 4, 8   14 im allzu eigentlichen sinne einen hoch über die
wirklichkeit dahinschwebenden geist   15 ausser was   16 anstossen
17 Lc. 2, 34   28 Ps. 18, 27   29 Dt. 32, 21

demut / nur eyttel hoffart faſſen / wie eyne ſpynne auſz der roſen eyttel
gifft ſeüget. Weyl yhr aber begerd vnterricht / nicht fur euch ſelbſt /
ſondern ſolchen vnnützen leütten das maul zuſtopffen / wie wol ich acht /
das yhr eyne vergebliche vnmügliche erbeyt furnemet / Denn wer kan eym
5 narren das maul ſtopffen / weyl das hertz voll narheyt ſtickt / vnd der
mund vbergehen muſz / wes das hertze vol iſt? will ich euch doch darynnen
eynen vbrigen verlornen dienſt auch thun.

Vnd zum erſten / ſoll man die warnen / ſo meyn buchlin tabbeln /
das ſie das maul zu halten vnd ſich ¹ ¹ furſehen / denn gewiſlich ſind ſie auch ²⁹⁸ E¹
10 auffruriſch ym hertzen / auff das ſie es nicht verſehen vnd eyn mal auch   ³¹³ E²
hynder dem kopffe hyn weg gehen / wie Salomo ſpricht / Meyn kind
furchte Gott vnd den könig / vnd menge dich nicht vnter die auffruriſchen /
Denn yhr vnfall wird plötzlich komen / vnd wer weys beyder verderben?
Prouer. xxiiij. Da ſehen wyr / das beyde die auffruriſchen vnd die ſich
15 vnter ſie mengen / verdampt ſind / vnd Gott keyn ſchertz drauſz gemacht
will haben / ſondern den könig vnd oberkeyt ſoll man furchten. Die aber
mengen ſich vnter die auffruriſchen / die ſich der ſelbigen annemen / klagen /
rechtfertigen vnd erbarmen / wilcher ſich Gott nicht erbarmet / ſondern ge-
ſtrafft vnd verderbt will haben. ¹ Denn wer ſich alſo der auffruriſchen an ³⁸⁶ W
20 nympt / gibt gnugſam zuuerſtehen / das / wo er rawm vnd zeyt hette /
auch vnglück anrichtet / wie ers ym hertzen beſchloſſen hate / drumb ſoll
die oberkeyt ſolchen auff die hawben greyffen / das ſie das maul zu halten
vnd mercken / das ernſt ſey.

Dunckt ſie ſolch antwort zu hart / vnd geben fur / es ſey mit ge-
25 wallt geredt vnd das maul geſtopfft / Sage ich / das iſt recht / denn eyn
auffruriſcher iſt nicht werd / das man yhm mit vernunfft antworte / denn
er nympts nicht an / Mit der fauſt muſz man ſolchen meulern antworten /
das der ſchweys zurnaſen auſzgehe / Die baurn wollten auch nicht hören /
lieſen yhn gar nicht ſagen / da muſt man yhn die ohren auffneüffeln mit
30 buchſen ſteynen / das die köpffe yun der lufft ſprungen / zu ſolchen ſchulern
gehört eyne ſolche rute / Wer Gotts wort nicht will hören mit güete /
der muſz den hencker hören mit der ſcherpffe. Sagt man / ich ſey gar vn-
gutig vnd vnbarmhertzig hierynn / Antworte ich / Barmhertzig hyn / barm-
hertzig her / Wyr reden ist von Gottes wort / der will den könig ge-
35 ehret vnd die auffruriſchen verderbt haben / vnd iſt doch wol ſo barm-
hertzig als wyr ſind.

Ich will hie nichts hören noch wiſſen von barmhertzickeyt / ſondern
acht haben / was Gotts wort will / ¹ drumb ſoll meyn buchlin recht ſeyn ²⁹⁹ E

1 Wander, Spinne no. 6. 12. 19   5 solange als   6 Mt. 12,
34 (Ztſchr. f. deutſche Philologie 29, 110)   7 überflüſſigen   11 um
den kopf kommen (D. Wb. 5, 1751) | Pr. 24, 21 f.   22 den kopf
zurechtsetzen (D. Wb. 4³, 563)   28 das blut   29 öffnen   30 ge-
ſchoſſen   31 vgl. Wander, hören no. 78

314 E² vnd bleyben / ¹ vnd wenn alle welt ſich dran ergerte / Was frage ich dar=
nach / das dyrs miſſefellt / wens Gott gefellt? Wenn er will zorn vnd
nicht barmhertzickeyt haben / was geheſtu denn mit barmhertzickeyt vmb?
Verſündigt ſich nicht Saul an dem Amalec mit barmhertzickeyt / das er
Gotts zorn nicht ausrichtet / wie yhm befolhen war? Verſündigt ſich nicht 5
Ahab / das er barmhertzig war dem könige zu Syrien vnd lies yhn leben /
widder Gotts wort? Wiltu barmhertzickeyt haben / ſo menge dich nicht
vnter die auffruriſchen / ſondern furchte die oberkeyt vnd thu guts /
Thuſtu böſes / ſo furchte dich / (ſpricht Paulus) ſie tregt nicht vmb ſonſt
das ſchwerd. 10

Solche antwort were gnug / allen die ſich an meynem buchlin ergern
vnd vnnütze machen. Iſts nicht billich / das man das maul zuhalte / wenn
man höret / das Gott ſo ſagt vnd haben will? odder iſt Gott ſchuldig /
das er ſolchen vnnützen meülern vrſach vnd rechenſchafft gebe / warumb ers
ſo haben will? Ich meynet es wer gnug / alle creaturn zu ſchweygen / 15
wenn er nur mit eym auge winckte / ſchweyge denn wenn er redet / Da
ſtehet ſeyn wort / Meyn kind furchte Gott vnd den könig / Wo nicht / ſo
wird deyn vnfal plotzlich komen / ꝛc. Item Ro. xij. Wer Gotts ord=
nung widderſtrebt / wird eyn gerichte vberkomen / Warumb iſt hie
S. Paulus auch nicht barmhertzig? Sollen wyr Gotts wort predigen / 20
387 W ſo muſſen wyr ia das auch ¹ predigen / das den zorn verkundigt / ſo wol
als das die barmhertzickeyt verkundigt. Man mus auch von der helle
predigen / ſo wol als vom hymel / vnd auff beyden ſeytten vber die frumen
vnd böſen / Gotts wort / gericht vnd werck helffen foddern / das die böſen
geſtrafft vnd die frumen geſchützt werden. 25

Doch auff das der frome Gott / fur ſolchen richtern bleyben müge
vnd ſeyn vrteyl recht vnd reyn erfunden werde / wollen wyr ſeyn wort
300 E¹ widder ſolche freuele ¹ meuler vertretten vnd vrſache anzeygen / ſeyns
Gottlichen willens / auff das wyr auch dem teuffel zwo kertzen auff ſtecken.
315 E² Sie werffen myr fur / das Chriſtus leret / ¹ Seyt barmhertzig wie ewr 30
vater barmhertzig iſt. Item ich will barmhertzickeyt vnd nicht das opffer /
Item / des menſchen ſon iſt nicht komen die ſeelen zuuerderben / ſondern
ſelig zu machen vnd der gleychen. Hie meynen ſie / das ſie es troffen
haben / ſo ſoll der Luther geleret haben / das man ſich der bauren er=
barmet hette / ſo leret er / man ſolle ſie flux tödten / wie dünckt dich? las 35
ſehen / ob der Luther vber das ſtucklin ſpringen werde / ich meyne / er
ſey gefangen. Wolan ich dancke meynen lieben meyſtern / Denn wo mich

---

4 1. Sa. 15, 23   6 1. Kö. 20, 42   9 Rö. 13, 3 f.   15 zum
schweigen zu bringen   16 geschweige   17 Pr. 24, 21 f.   18 Rö.
13, 2   24 fördern   26 bestehen bleiben könne   29 eine aufmerk-
samkeit erweisen, vgl. WABr6,372²,116⁴;9,4 3¹⁰   D. Wb. 5, 616f.
30 Lc. 6, 36   31 Mt. 9, 13   32 Lc. 9, 56   36 ſtricklin? | diese
einrede zurückweisen   37 kritikern

ſolchs / diſe hohe geyſter nicht hetten geleret / wie wolt ichs gewiſt odder
erfaren haben? Wie ſolt ich wiſſen / das Gott barmhertzickeyt foddert /
der ich bisher / mehr denn ſonſt keyner ynn tauſent iaren von der barm=
hertzickeyt / geleret / vnd geſchrieben habe?

5 Es iſt der teuffel ynn der haut / der wolte gerne böſes thun / wenn
er kundte / drumb reget er vnd ficht auch die guten vnd frumen hertzen
mit ſolchen ſtucken an / das ſie ia nicht ſehen ſollen / wie ſchwartz er ſey /
vnd will ſich vnter dem rhum der barmhertzickeyt ſchön machen / Es ſoll
yhn aber nicht helffen / Lieber die yhr nu ſo trefflich rhumet die barm=
10 hertzickeyt / weyl die baurn geſchlagen werden / warumb rhumetet yhr die
ſelbigen auch nicht / da die bauren tobeten / ſchlugen / raubeten / brandten
vnd plünderten / das ſchrecklich zu ſehen vnd zu hören war? Warumb
waren ſie nicht auch barmhertzig den furſten vnd herrn / die ſie gantz ver=
tilgen wolten? Da war niemand der von barmhertzickeyt ſagte / Es muſt
15 alles recht ſeyn / da war barmhertzickeyt geſchwigen vnd nichts / Recht /
Recht / Recht das galt vnd gieng empor / Nu ſie aber geſchlagen werden /
vnd der ſteyn auff yhren kopff fellt / den ſie gen hymel worffen / ſol
niemant vom recht ſagen / ſondern alleyne von barmhertzickeyt.

[1] Vnd ſind dennoch ſo grob / vnd meynen / man ſolle den ſchalck nicht 301 E1
20 mercken. Neyn man ſihet dich wol du ſchwartzer hefflicher teuffel / du
rhumeſt nicht die barmhertzickeyt / das deyn ernſt ſey vnd barmhertzickeyt
lieb habeſt / du hetteſt ſie ſonſt auch widder die baurn gerhumet / du
furchteſt der haut / vnd wolteſt mit dem [1] ſcheyn vnd namen der barm= 316 E2
hertzickeyt / der ruten vnd [1] ſtraffe Gottis gerne entlauffen / Nicht ſo / lieber 388 W
25 geſell / du muſt herhalten vnd on alle barmhertzickeyt ſterben. S. Paulus
ſpricht / Thuſtu böſes / ſo furcht dich / denn die gewalt tregt das ſchwerd
nicht vmbſonſt / ſondern zum zorn dem der böſes thut / du willt böſes
thun / vnd den zorn gleych wol nicht leyden / ſondern mit rhumen die
barmhertzickeyt dich decken. Ia kom morgen widder / wyr wöllen dyr eyn
30 küchlin dazu backen / Wer kund das nicht? Ich wollt auch eynem vns
haus lauffen / weyb vnd töchter ſchenden / kaſten auffbrechen / gellt vnd gut
nemen / vnd das ſchwerd auff die bruſt ſetzen / vnd ſagen / wiltu das nicht
leyden / ſo will ich dich erſtechen / denn du biſt eyn Gottloſer / Wenn aber
das geſinde zu lieffe vnd erwurgete mich / odder der richter ließ mich
35 köpffen / wölt ich ruffen / Ey Chriſtus leret / yhr ſolt barmhertzig ſeyn /
vnd mich nicht erwürgen / was ſolt man dem ſagen?

Eben ſo thun meyne bauren vnd baurn verteydinger itzt auch / Nu

---

5 verkappte teufel (D. Wb. 4², 707)   6 erregt   17 Si. 27, 28
u. Wander, Stein no. 173   25 dumm | betrug   26 Rö. 13, 4
28 dadurch dass du die b. rühmst   29 sprich noch einmal vor, wir
wollen dir einen schönen empfang bereiten (vgl. D. Wb. 4², 2513 einem
küchlein backen = ihn zärtlich behandeln, auch küchlich 2518 u. kücheln
2496)   31 bei einem einbrechen

ſie haben an den herren allen mutwillen geübt / wie die reüber / mörder /
diebe vnd ſchelcke / ſoll man erſt eyn liebleyn von der barmhertzickeyt
ſingen / vnd ſagen / ſeyt yhr barmhertzig / wie Chriſtus leret / vnd laſt vns
toben / wie vns der teuffel leret / Thut yhr wol an vns / vnd laſt vns
das ergiſte an euch thun /   Laſt euch wolgefallen vnd recht ſeyn / was   5
wyr gethan haben / vnd vnrecht ſeyn / was yhr thut / Lieber / wer möcht
des nicht? Heyſt das barmhertzickeyt / ſo wöllen wyr eyn ſeyn weſen an-
richten / Nemlich / das keyn ſchwerd / oberkeyt / gericht / ſtraffe / hencker
noch kerker ſey / ſondern laſſen eynen iglichen buben thun was er will /

302 E¹ vnd wenn er ſoll geſtrafft werden / wöllen ¹ wyr ſingen / Ey ſeyt barm- 10
hertzig / wie Chriſtus leret / O das ſollt eyn feyne ordnung werden / Da
ſiheſtu / was die ym ſynn haben / die meyn buchlin vrteylen / als das alle
barmhertzickeyt verſagt / ſie ſind gewislich gut beuriſch / auffruriſch / vnd
rechte bluthunde / odder werden von ſolchen leüten verfuret / denn ſie

317 E² wolten gerne alle vntugent vngeſtrafft haben / vnd ſind ¹ vnter der barm- 15
hertzickeyt namen / die aller vnbarmhertzigſten vnd grauſameſten verderber
der gantzen wellt / ſo viel an yhn lege.

Ja ſagen ſie / wyr geben den bauren nicht recht / weren auch der
ſtraffe nicht / ſondern das dunckt vns vnrecht / das du lereſt / keyne barm-
hertzickeyt zu haben mit den armen bauren / denn du ſprichſt / man ſölle 20
ſie on alle barmhertzickeyt tödten / Antwort ich / Meynſtu das recht / ſo
byn ich gulden / Es ſind alles deckel deynes blutburſtigen mutwillens / das
dyr der bauren weſen wolgefellt heymlich / Wo habe ich yhe mals ge-
leret / das man gar keyne barmhertzickeyt ſölle vben? ſtehet nicht ynn
dem ſelbigen buchlin auch / das ich die oberkeyt bitte / ſie ſöllen die ienigen 25
ſo ſich ergeben / zu gnaden auffnemen? Warumb thuſtu die augen nicht

389 W auff / vnd lieſeſt das ſelbige auch? ſo were dyr ¹ nicht not geweſt / meyn
buchlin zu verdamnen / vnd dich zu ergern / Weyl du aber ſo gifftig biſt /
das du das eyne ſtuck alleyne faſſeſt / da ich ſchreybe / man ſölle die
ienigen / ſo ſich nicht ergeben noch hören wöllen / ſlug on alle barm- 30
hertzickeyt hynwürgen / vnd leſt das andere ſtehen / da ich ſchreybe / man
ſölle die ienigen ſo ſich ergeben / zu gnaden nemen / ſo ſihet man wol /
das du eyne ſpynne biſt / die gifft aus der roſen ſeügt / vñ nicht war iſt /
das du den bauren vnrecht gebeſt odder barmhertzickeyt liebeſt / ſondern
wölteſt gerne eyne frey vngeſtraffte boßheyt haben / vnd das das wellt- 35
liche ſchwerd zu nichte wurde / du wirſts aber nicht enden.

Das ſey den vnchriſtlichen vnbarmhertzigen bluthunden geſagt / wilche
die ſprüche von der barmhertzickeyt rhumen da hyn / das eytel vntugent
vnd vnbarmhertzickeyt ynn der wellt regiren ſölle nach yhrem mutwillen /

13 als verbiete es   21 hast du damit recht   22 ironisch: über jeden
tadel erhaben (vgl. Wander, golden no. 1)   30 auf die vergleichsvorschläge
33 oben s. 77, z. 1   36 vollenden, durchsetzen   38 mit dem erfolg

Den andern / die durch dise verfüret / obber sonst [1] so schwach sind / das sie 303 E[1]
meyn buchlin nicht mugen mit den sprüchen Christi vergleichen / sey dis
gesagt. Es sind zweyerley reich / Eyns ist Gottis reich / das ander ist
der wellt reich / wie ich so offt geschrieben habe / das michs wundert /
5 wie man solchs noch nicht wisse obber mercke / denn wer dise zwey reich
weys recht von eynander zu [1] scheyden / der wird sich freylich an meynem 318 E[2]
buchlin nicht ergern / wird auch die sprüche von der barmhertzickeyt wol
vernemen / Gotts reich ist eyn reich der gnaden vnd barmhertzickeyt /
vnd nicht eyn reich des zorns obber straffe / denn daselbs ist eytel ver-
10 geben / schonen / lieben / dienen / wolthun / frid vnd freude haben ꝛc. Aber
das welltlich reich ist eyn reich des zorns vnd ernsts / denn da selbst ist
eytel straffen / weren / richten vnd vrteylen / zu zwingen die bösen / vnd zu
schützen die fromen / darumb hat es auch vnd furet das schwerd / vnd
eyn furst obber herr / heyst Gotts zorn obber Gottis rute / ynn der schrifft
15 Esa. xiiij.

Die sprüche nu / die von der barmhertzickeyt sagen / gehören ynn
Gotts reich vnd vnter die Christē / nicht ynn das weltliche reich / denn
eyn Christen soll nicht alleyne barmhertzig seyn / sondern auch allerley
leyden / raub / brand / mord / teuffel vnd helle / schweyge denn das er sollte
20 yemand schlahen / tödten obber vergelten / Aber das weltliche reich /
wilchs ist nichts / denn Göttlichs zorns diener vber die bösen / vnd eyn
rechter vorlaufft der hellen vnd ewiges tobtes / soll nicht barmhertzig /
sondern strenge / ernst vnd zornig seyn / ynn seynem ampt vñ werck /
Denn seyn handzeug ist nicht eyn rosenkrantz obber eyn blümlin von der
25 liebe / sondern ein blos schwerd / Eyn schwerd aber ist ein zeichen des
zorns ernsts vnd der straffe / vnd ist auch nirgent hyn gericht / denn auff
die bösen / auff die selbigen sihet es / das es sie straffe vnd ym zaum vnd
fride halte / zum schutz vnd errettunge der frumen / darumb setzt Gott ym
geschetz Mosi vnd Exo. xxij. da er das schwerd eynsetzt / vnd [1] spricht / du 390 W
30 sollt den mörder auch von meynem alltar nemen / vnd [1] dich seyn nicht er- 304 E[1]
barmen / Vnd die Epistel zum Ebreer bekennet / das / wer widder das ge-
setz thet / muste on alle barmhertzickeyt sterben / damit ist angezeygt / das
die weltliche oberkeyt ynn yhrem eygen ampt / nicht kan noch soll barm-
hertzig seyn / wie wol sie das ampt mag lassen feyren aus gnaden.

35 [1] Wer nu dise zwey reich ynn eynander wöllt mengen / wie vnser 319 E[2]
falschen rotten geyster thun / der wurde zorn ynn Gotts reich setzen / vnd
barmhertzickeyt ynn der wellt reich / das wer / eben den teuffel ynn den
hymel / vnd Gott ynn die helle setzen / Alle beydes wollten dise beurischen
auch gerne thun / Vorhyn wollten sie mit dem schwerd faren vnd als

---

2 in einklang bringen		6 sicherlich		8 richtig auffassen
15 Jes. 14, 5		19 geschweige		22 vorläufer		24 attribut		28 be-
stimmt		29 Ex. 21, 14		31 Hbr. 10, 28		34 ruhen		37 soviel wie

Chriſtliche bruder fur das Euangelion ſtreytten vnd andere tödten / da ſie
ſolten barmhertzig vnd gedultig ſeyn /   Iſt nu das welltliche reich vber
ſie gehet / wöllen ſie barmhertzickeyt drynnen haben / das iſt / ſie wöllen
ſeyn welltlich reich leyden / vnd doch ſelbs Gotts reich auch niemand
gonnen / Was möchte verkereters erdacht werden? Nicht alſo lieben 5
freünde / hat man zorn verdient vm welltlichen reich / ſo gebe man ſich
dreyn / vnd leyde die ſtraffe / odder bitte ſie demütiglich abe / Die aber
ynn Gottes reich ſind / ſollen ſich ydermans erbarmen vnd fur ſie bitten /
Aber doch dem welltlichen reich ſeyn recht vnd werck nicht hyndern /
ſondern helffen foddern.   10
     Wie wol aber ſolcher ernſt vnd zorn des weltlichen reichs / eyn vn-
barmhertzig ding ſcheynet / wo mans doch recht anſihet / iſts nicht das ge-
ringſte ſtück Gottlicher barmhertzickeyt / denn neme eyn iglicher ſich ſelbs
für / vnd ſage myr hierauff eyn vrteyl /   Wenn ich weyb vnd kind /
haus vnd geſind / habe vnd güter hette / vnd eyn dieb odder mörder vber 15
ſtele mich / erwürget mich ynn meynem hauſe / ſchendet myr weyb vnd
kind / neme dazu was ich hette / vnd er ſollte dazu vngeſtrafft bleyben /
das ers mehr thett / wo er wöllte / ſage myr / Wilcher were hie der
barmhertzickeyt am wirdigſten vnd nöttigſten? Ich odder der dieb vnd
mörder? on zweyffel myr were es am nöttigſten / das man ſich meyn er- 20
barmet. Wo will man aber ſolche barmhertzickeyt an myr vnd meynen
armen / elenden / weyb vnd kinde beweyſen / man were denn ſolchen buben
 vnd beſchütze mich vnd hallt [1] mich beym rechten / odder wo er yhm nicht
weren leſt vnd fort feret / das man yhm ſeyn recht thu / ſtraffe alſo / das
ers laſſen muſſe? Wilche eyne ſeyne barmhertzickeyt were myr das / das 25
man dem diebe vnd [1] mörder barmhertzig were / vnd lieſſe mich von yhm
ermordet / geſchendet vnd beraubt bleyben?
     Auff ſolche barmhertzickeyt / die ym welltlichen ſchwerd regirt vnd
handelt / ſehen ſolche beuriſche verteydinger nicht / ſperren nur die augen
vnd maul auff vber den zorn vnd ernſt / ſprechen wyr heuchlen den 30
wutrichen furſten [1] vnd herrn / das wyr ſie leren die böſen ſtraffen / ſo ſie
zehen mal erger heuchler ſind der mördiſchen buben vnd böſen bauren /
vnd ſelbſt auch mit blutburſtige mörder ſind mit auffruriſchem hertzen das
ſie ſich der ienigen gar nichts erbarmen / die durch die bauren vberweldigt /
beraubt / geſchendet / vnd zu allerley vnrecht gedrungen werden / denn wo 35
der baurn furnemen furſich were gangen / hette keyn redlich man fur yhn
mügen ſicher bleyben / ſonder wer eyns pfennigs mehr gehabt hette / der
hette muſſen herhalten / wie ſie denn ſchon angefangen hatten / vnd were
da bey noch nicht blieben /   Es hette forder weyb vnd kind zu aller
ſchanden muſſen herhalten / vnd ſich ſelbs vnternander erwürget / das 40

(In left margin: 305 E1, 320 E2, 391 W)

     10 fördern   13 ein jeder überlege sich's selbst   18 nochmals
21 erbarmet? A   23 verschaffe mir recht   30 schmeichelten   36 in
erfüllung gegangen wäre

nymer keyn fride noch ſicherheyt were bliebē / Was iſt yhe vngezogeners
gehort / denn der tolle pöffel vnd baur / wenn er ſatt vnd voll iſt vnd ge=
walt kriegt / wie Salomo ſagt Prouer. ꝛꝛ / das ſölche leüte die erden
nicht kan ertragen.

5 Vnd ſolcher leüte ſollt man ſich aller erſt erbarmen vnd ſie laſſen
toben / wie ſie wollten / mit ydermans leyb / leben / weyb / kind / ehre vnd
gut on alle ſtraffe / vnd laſſen die vnſchuldigen on alle barmherzickeyt /
hülffe vnd troſt ſo ſchendlich vmbkomen fur vnſern augen?   Ich höre be=
ſtendiglich ſagen / das man den Bambergiſchen baurn angeboten hat /
10 man wöllte yhn mehr nachlaſſen / denn ſie baten / ſie ſöllten nur ſtille
ſitzen / noch wollten ſie nicht / Vnd Marggraff Caſymyrus den ſeynen ge=
lobt / was andere mit ſtreyt vnd auffrur erworben / wollte er yhn ſonſt
nachlaſſen mit gnaden / das halff auch nicht / So weys man ia wol / das
¹ die Frenckiſſchen baurn nichts / denn rauben / brennen / brechen vnd ver= 306 E
15 derben furhatten aus lauter mutwillen.   Die Düringiſche baurn hab ich 321 E
ſelbſt erfaren / das yhe mehr man ¹ ſie vermanet vnd leret / yhe ſtorriger /
ſtoltzer / toller ſie wurden / vnd haben ſich allenthalben alſo mutwillich vnd
trotzig geſtellet / als wollten ſie on alle gnade vnd barmherzickeyt erwurget
ſeyn / vnd haben Gotts zorn gleich auffs aller hönlichſt trotz gebotē / ſo
20 gehet es yhn auch nu / wie der .cviij. Pſalm ſagt ſie wollten der gnade
nicht / ſo kompt ſie auch nu ferne gnug von yhn.

Drumb hat die ſchrifft ſeyne / reyne augen / vnd ſihet das welltlich
ſchwerd recht an / als das aus groſſer barmherzickeyt mus vnbarmhertzig
ſeyn / vñ fur entel gute / zorn vnd ernſt vben / wie Paulus vnd Petrus
25 ſagen / das es Gottis diener ſey / zur rach / zorn vnd ſtraffe vber die
böſen / vnd zum ſchutz / lob vnd lehren der frumen / Die frumen ſihet es
an vnd erbarmet ſich vber die ſelbigen / vnd auff das den ſelbigen nichts
leydes geſchehe / weret es / ¹ beyſt / ſticht / ſchneyd / hewet / mordet / wie 392 W
yhm Gott befolhen hat / des diener ſichs hyrynnen erkennet / Das nu die
30 böſen on gnade ſo geſtrafft werden / geſchicht nicht darumb / das alleyne
der böſen ſtraffe geſucht / vnd die luſt ynn yhrem blute gebüſt werde /
ſondern das die frumen geſchützt / fride vnd ſicherheyt erhalten werden /
wilchs ſon zweyfel köſtliche werck ſind / groſſer barmherzickeyt / liebe / vnd
güte (ſintemal nicht elender ding auff erden iſt / denn vnfride / vnſicher=
35 heyt / vnterdruckung / gewalt / vnrecht ꝛc. denn wer kondte odder wöllte
leben bleyben / wo es ſo ſöllte zu gehen? Derhalben iſt des ſchwerds
zorn vnd ernſt ia ſo not ym volck / als eſſens vnd trinckens / ia als des
lebens ſelbſt.

---

3 Pr. 30, 21f.   5 in primis   9 zuverlässig [W A Br 3, 541, 20f.
11 dennoch | W A Br 3, 541, 16f.   12 umsonst   16 K. K. 1, 709f.
20 Ps. 109, 17   22 Mt. 6, 22   24 aus purer güte   25 Rö. 13, 4 |
1. Pt. 2, 14   28 haut   37 ebenso

Ja sagen sie / Wyr reden nicht von den halstarrigen bauren / die
sich nicht ergeben wöllen / sondern von denen die oberwunden sind odder
sich ergeben haben / Mit solchen sölte man ia barmhertzickeyt oben / vnd
307 E¹ nicht so grewlich mit yhnen vmb gehen / Antworte ich / so mustu ia   5
auch nicht frum seyn / das du meyn buchlin so lesterst / als rede ich von solchen
oberwunden ergebenen bauren / so ich doch so klerlich dryonnen rede / von
322 E² denen / die man zu erst freundlich ersucht / sie aber nicht wöllen / ¹ Es
gehen ia alle meyne wort widder die halstarrigen verstockten / verblendten
baurn / die widder sehen noch hören wöllen / wie man es greyffen mag /   10
vnd du sprichst / ich lere die elenden gesangnen baurn an alle barm-
hertzickeyt wurgen / Wenn du so wilt bucher lesen vñ deutten nach deynem
mutwillen / wilch buch will für dyr bleyben? drumb wie ich dazu mal
geschrieben habe / so schreybe ich noch / der halstarrigen / verstockten / ver-
blendten bauren / die yhn nicht sagen lassen / erbarme sich nur niemand /   15
sondern / hawe / steche / wurge / schlahe dreyn / alls vnter die tollen hunde /
wer da kan / vnd wie er kan / vnd das alles / auff das man sich der ienigen
erbarme die durch sölche baurn / verderbt / veriagt vnd verfüret werden /
das man fride vnd sicherheyt erhalte / Es ist ia besser das man eyn gelid
abhawe / on alle barmhertzickeyt / denn das der gantze leyb verderbe vom   20
fewr odder der gleychen seüche / Wie gefellt dyr das? Byn ich auch noch
eyn Euangelischer prediger / der gnade vnd barmhertzickeyt leret? Byn
ich dyrs nicht / da ligt nicht macht an / denn du bist eyn bluthund vnd
auffrurischer mörder vnd verderber des lands mit deynen tollen bauren /
den du heuchlist ynn yhrem auffrur.

Weytter sagen sie / Die bauren haben ia noch niemand erwürget /   25
wie man sie erwürget / Lieber / was söll man sagen? Wilch eyn schön
antwort ist das / sie haben niemand erwürget / das macht / man müste
thun / was sie wollten / sie dreweten aber gleych wol zu tödten / wer nicht
mit yhn wölte / vnd namen das schwerd zur faust / das yhn nicht ge-
büret / griffen die güter / heüsser vnd habe an / Also möcht eyn dieb vnd   30
393 W mörder auch keyn mörder seyn / der ¹ myr mit dem tod brewen abbrunge /
was er wölte / Hetten sie aber gethan / was man freundlich von yhnen
begerte / so hette man sie auch nicht getödtet / da sie aber nicht wollten /
war es recht / das man yhn thet / wie sie gethan hetten vnd zu thun
308 E¹ dreweten denen die nicht wie sie wollten / ¹ Zu dem / so sind sie offentlich   35
trewlos / meyneydige / vngehorsame / auffrurische / diebe / reuber / mörder /
323 E² vnd Gotts lesterer / das yhr keyner ist / er hat den tod ¹ wol zehenfeltig
verdienet on alle barmhertzickeyt zu leyden / Man will yhe mit dem schulds
auge sehen alleyne auff die straffe / wie wehe sie thut / vnd nicht auch auff

---

14 sich nichts   18 Mt. 5, 29 f.   20 fieber   22 kommt's
nicht darauf an   24 denen du schmeichelst   27 daraus folgt
28 drohten   31 durch androhung des todes   35 offenbar   38 Mt.
6, 23 (gegensatz zu seyne, reyne augen oben s. 83, z. 22)

die ſchuld vnd verdienſt vnd vnauſſprechlichen ſchaden vnd verderben / das
do hette müſſen folgen / Thut dyr die ſtraffe wehe / ſo las die boſheyt /
wie Paulus auch ſolchen antwortet .Ro. xiij. Wiltu das ſchwerd nicht
fürchten / ſo thu gutts / Thuſtu aber böſes / ſo furchte dich x.

5   Zum dritten ſagen ſie / die herren misbrauchen yhrs ſchwerds / vnd
würgen ia zu greülich x. Antwort ich / was geht das meyn buchlin an? /
was legſtu frembde ſchuld auff mich? / Misbrauchen ſie der gewallt / ſo
haben ſie es von myr nicht gelernt / ſie werden yhren teyl wol finden /
denn der oberſt richter / der die mutwilligen baurn durch ſie ſtrafft / hat
10 yhr nicht vergeſſen / ſie werden yhm auch nicht entlauffen / Meyn buchlin
ſaget nicht / was die herren verdienen / ſondern was die baurn verdienen
vnd wie man ſie ſtraffen ſoll / damit habe ich niemand geheuchelt / Gibts
die zeyt vnd ſache / das ichs thun ſoll / ich werde die furſten vnd herren
auch wol angreyffen / denn ſo viel es meyn ampt des lerens antrifft / gilt
15 myr eyn furſt eben ſo viel als eyn baur / ſo habe ich mich zwar bereyt
vmb ſie alſo verdienet / das ſie myr nicht alzu hold ſind / da ligt myr auch
nicht viel an / Ich habe eynen / der iſt groſſer denn ſie alle / wie S. Jo-
hannes ſagt.

    Hette man aber meynem rad am erſten gefolget / da die aufftrur an-
20 ſieng / vnd ſlug eyn baurn odder hundert dran gewagt / vnd auff die köpffe
geſchlagen / das ſich die andern dran geſtoſſen hetten / vnd hette ſie nicht
ſo laſſen vberhand nemen / ſo hette man damit viel tauſent erhalten / die
nu haben müſſen ſterben / vnd weren wol daheymen blieben / das were
eyn nöttige barmhertzickeyt geweſt mit geringem zorn / da man nu hat
25 müſſen ſo groſſen ernſt brauchen / ſo vielen zu ſteuren.

    [1]Aber es iſt Gottes wille alſo geſchehen / vns auff beyden ſeytten zu 309 E[1]
witzigen / Erſtlich die bauren / das ſie lernten / wie yhn zu wol geweſt iſt /
vnd gute tage [1] ym fride nicht mochten erleyden / das ſie hynfurtter Gott 324 E[2]
lernten dancken / wenn ſie eyne kue muſten geben / auff das ſie der ander
30 mit friden genieſen mögen / denn es iſt allzeyt beſſer die helfft des gutts
mit friden vnd ſicherheyt beſeſſen / denn das gantze gut alle augenblick ynn
fahr vnter [1] dieben vnd mördern haben / vnd doch nicht haben / Die baurn 394 W
wuſten nicht / wie köſtlich ding es ſey vmb fride vnd ſicherheyt / das eyner
mag ſeynen biſſen vnd trunck frölich vnd ſicher genieſſen / vnd danckten
35 Gott nicht drumb / das muſt er ſie itzt auff diſe weyſe leren / das ſie der
kützel vergienge / Den herrn war ſölchs auch nütze / das ſie erfüren / was
hynder dem poffel ſteckte / vnd wie yhm zuuertrawen were / auff das ſie
hynfurder lernten recht regiern / land vnd ſtraſſen beſtellen / War doch
keyn regiment noch ordenunge mehr / Es ſtund alles offen vnd muſſig /

---

3 Rö. 13, 3 f.   8 ihr teil ſtrafe   15 wahrlich   16 verdient
gemacht   18 Mt. 3, 11   19 gleich zuerſt   21 zur beſinnung ge-
kommen wären   23 d. h. nicht aufgeſtanden   28 ertragen konnten
36 ihnen der übermut   39 preisgegeben

so war auch keyne furcht noch schew mehr ym volck / Eyn iglicher thet
schir / was er wollte / Niemand wollt nichts geben / vnd doch praſſen /
ſauffen / kleyden vnd muſſig gehen / als weren ſie allzumal herren / Der
eſel will ſchlege haben / vnd der poſel will mit gewalt regirt ſeyn / das
wuſte Gott wol / darumb gab er der oberkeyt nicht eynen fuchsſchwantz / 5
ſondern eyn ſchwerd ynn die hand.

   Das iſt auch nicht der geringſten ſtück eyns / das ſie auffmutzen. Es
ſeyen viel frumer leüte vnter den baurn geweſt / die vnſchuldig dazu
komen / vnd habens muſſen thun / wilchen fur Gott vnrecht geſchicht / das
man ſie ſo hyn richtet /   Antworte ich / Man redt von ſölchen ſachen / 10
als hette man nie keyn wort Gottes gehöret / drumb mus ich auch hie ant-
worten / als denen / die noch iunge kinder odder heyden weren / ſo gar
nichts iſt ausgericht vnter den leüten mit ſo vielen buchern vnd predigen.

310 E¹ Erſtlich ſage ich / das denen nicht vnrecht geſchicht / ¹ die von den bauren
dazu gezwungen ſind / Es iſt auch keyn Chriſten man vnter yhn blieben / 15
vnd komen auch nicht vnſchuldig dazu / wie ſie für geben / Es leſt ſich
wol ſo anſehen / als geſchehe ohn vnrecht / Es iſt aber nicht ſo / Sage
325 E² du doch mir lieber freund was ¹ iſt das fur eyne entſchüldigunge / wenn
dyr yemand deynen vater vnd mutter erwürgete / ſchendete deyn weyb
vnd kind / verbrente deyn haus / vnd neme dyr deyn gellt vnd gut / 20
ſpreche darnach / Er hette es muſſen thun / Er were dazu gezwungen?

   Wer hat yhe gehort / das yemand gezwungen möcht werden / gutts
odder böſes zuthun? Wer kan eyns menſchen willen zwingen? O es
beſteht nicht / Es laut auch nicht / das man ſagt / Ich mus vnrecht thun
vnd werde dazu gezwungen / Chriſtum vnd das wort Gottes verleucken iſt 25
groſſe ſünde vnd vnrecht / Es werden auch viel dazu gezwungen / Meynſtu
aber / das ſie damit entſchuldiget ſind? Alſo / auffrur machen / der ober-
keyt vngehorſam / trewlos vñ meyneydig werden / rauben vnd brennen /
iſt gros vnrecht / vnd ettliche baurn ſind dazu gezwungen / was hilfft ſie
das? Warumb laſſen ſie ſich zwingen? Ja ſagen ſie / man drewet myr 30
meyn leyb vnd gut zu nemen. Ey lieber / auff das du leyb vnd gut be-
halteſt / willtu Gotts gebot vbertretten / mich erwürgen / meyn weyb vnd
395 W kind ſchenden / wie keme gott vñ ich dazu? ¹ wöllteſtu es auch von myr ſo
leyden? Wenn du alſo gezwungen wereſt / das dich die bauren mit
henden vnd fuſſen gebunden / vnd mit gewallt vnter ſich gefuret hetten / 35
vnd du mit dem munde dich geweret / vnd ſie drumb geſtrafft vnd alſo
deyn hertz bekand vnd bezeugt hetteſt / das es nicht gerne thette / noch
dreyn verwilligte ¹ ſo beſtundeſtu mit ehren / vnd wereſt warlich mit dem
leybe gezwungen / aber doch mit dem willen vngezwungen / Nu du aber
ſtill ſchweygeſt / ſtraffeſt ſie nicht / folgeſt gleich wol mit dem hauffen / vnd 40

---

4 Si. 33, 25 u. Wander, Eſel no. 115—117   5 oben II 301, z. 2
7 aufbauſchen   12 als wenn ſie   17 ſcheint wohl ſo   24 läſst
ſich nicht halten, reimt ſich auch nicht   27 ebenſo

bekenneſt deynen vnwillen nicht / hilfft dichs nicht vnd iſt zu lange ge-
harret / das du nu wilt allererſt bekennen deynen vnwillen / denn Gotts
gebot ſollteſtu [1] mehr furchten vnd achten denn die menſchen / ob du gleich 311 E1
lahr vnd den tod druber wagen muſteſt / Er wůrde dich nicht gelaſſen /
5 ſondern trewlich beygeſtanden / errettet vnd geholffen haben / Derhalben
wie die verdampt werden / die Gott verleucken / ob ſie gleich dazu ge-
zwungen werden / alſo ſind auch die [1] bauren nicht entſchuldigt / das ſie ſich 326 E2
haben dringen laſſen.

Wenn die entſchůldigunge ſolte gelten / ſo můſte man keyne ſůnde
10 noch laſter ſtraffen / denn wo iſt eyne ſůnde / dazu nicht der teuffel vnd
das fleyſch vnd die wellt treybt vnd gleich zwingt? Meynſtu nicht / das
zu zeytten / eyne böſe luſt mit ſolcher brunſt vnd wůeten zum ehebruch
treybt / das es möcht eyn groſſer branck vnd zwanck heyſſen / denn ob man
eynen baurn zum auffrur drunge? denn wer iſt ſeyns hertzen mechtig?
15 wer kan den teuffel vnd fleyſch widder ſtehen? Iſts doch nicht můg-
lich / das wyr vns der geringſten ſůnde weren möchten / ſyntemal die
ſchrifft ſagt / das wyr des teuffels gefangen ſind / als vnſers furſten vnd
Gottes / das wyr thun muſſen / was er will vnd vns eyngibt / wie das
zu weylen ettliche grewlich geſchichte beweyſen / Sollte es drumb vnge-
20 ſtrafft vnd recht ſeyn? Nicht alſo / Es heyſt / Gott zu hůlffe anruffen /
vnd widder ſtehen der ſůnden vnd dem vnrechten / ſtirbſtu odder leydeſt
druber / wol dyr / vnd ſelig iſt deyne ſeele / fur Gott vnd der wellt ynn
den höhiſten ehren / Weycheſtu aber vnd folgeſt / ſo muſtu doch ſterben /
mit ſchanden fur Gott vnd der wellt / das du dich zum vnrecht haſt laſſen
25 zwingen / ſo were es ia beſſer / du ſturbiſt mit ehren vnd ſelickeyt / Gott
zu lobe / denn das du mit ſchanden doch muſteſt ſterben / dyr nur zur ſtraffe
vnd peyn.

Ja ſprichſtu / Herr Gott / wer ſolchs hette gewuſt / So ſage ich
auch / herr Gott / was kan ich dazu? Vnwiſſen wird auch nicht ent-
30 ſchuldigen / ſoll eyn Chriſten nicht wiſſen was yhm zuwiſſen iſt? warumb
lernt mans nicht? warumb hellt man nicht gute prediger? Man will mit
willen vnwiſſend ſeyn / Das Euangelion iſt ynn deutſche land [1] komen / viel 312 E1
verfolgen es / wenig begeren es / viel weniger nemen es an / vnd die es
annemen / ſtellen ſich ſo laß vnd faul dazu / laſſen ſchulen vergehen / pfarren
35 vnd predigſtůlen fallen / niemand denckt das man es erhallte vnd leůte
auffzihe / vnd laſſen vns allent[1]halben ſehen / als were es vns leyd / das 396 W
wyr etwas lernten / vnd gerne wöllten nichts wiſſen / wae iſts denn
wunder / [1] ob vns Gott auch heym ſucht / vnd widderumb eyn ſtuck ſehen 327 E²
leſt / zu ſtraffen ſeyns Euangelions verachtung / darynnen wyr alle ſchuldig

---

2 nun erst   4 gefahr | verlassen   9 dürfte   11 gleichsam
13 grösserer drang | als wenn   17 2. Ti. 2, 26. AG. 10, 38   20 un-
wissenheit   35 verfallen   36 fordern das urteil heraus   38 ein
exempel statuiert

ſind / ob wyr gleych ettlich des auffrurs vnſchuldig ſind? die wyr wol
ergers verdienet haben / auff das er vns vermane vnd zur ſchulen iage /
damit wyr eyn mal auch witzig vnd wiſſend wurden.

Wie mus man thun vnn kriegs leufften? / da auch der vnſchuldige
mit dem ſchuldigen fort mus / Ja am allermeynſten vber die vnſchuldigen 5
geht / als vns dunckt / da auch widwen vnd weyſen werden / Es ſind
plagen von Gott vns zugeſchickt / vnd ſonſt etwa wol verdienet / wilche
warlich eyner mit dem andern leyden mus / wöllen wyr anders bey eyn=
ander wonē / Denn wie man ſpricht / Eyn nachbar iſt dem andern eyn
brand ſchuldig / Wer ynn der gemeyne will ſeyn / der mus auch die laſt / 10
fahr vnd ſchaden der gemeyne helffen tragen vnd leyden / ob ers gleich
nicht verwirckt hat / ſondern ſeyn nachbar / eben wie er des frids / nutzs /
ſchutzs / gutts / freyheyt / vnd gemach der gemeyne geneuſt / ob er die
ſelbigen gleych nicht erworben noch zu wegen bracht hat / vnd mit Hiob
lernen ſingen vnd ſich tröſten / haben wyr gutts vom Herrn empfangen / 15
warumb ſollten wyr das böſe auch nicht tragē? So viel guter tage ſind
ia eyner böſen ſtunde werd vnd ſo viel guter iare ſind auch eynes böſen
tages odder iares werd / wir haben lange zeyt fride gehabt vn gute tage /
bis wyr zu geyl vnd kutzel worden / nicht wuſten / was fride vnd gute
tage waren / danckten auch Gott nicht eyn mal drumb / das muſſen wyr 20
nu lernen.

Ja wyr mugen vns ſolcher klage vnd murrens wol enthalten / das
radte ich / vnd Gott dancken / das durch ſeyne gnade vnd barmhertzickeyt /
nicht groſſer vngluck vber vns iſt komen / wie der teuffel ym ſynn hatte /
^{3·3 E¹} durch die bauren an zurichten / gleich wie Jeremias thet / da die Juden 25
vertrieben / gefangen vnd ermordet waren / tröſtet er ſich vnd ſprach / Es
iſt Gottes gnade vnd güete / das wyr nicht gantz vnd gar ſind vmbracht /
Vnd wyr deutſchen / die wyr viel erger denn die Juden ſind / vnd dennoch
^{3·28 E²} nicht ſo vertrieben vnd erwürgt / wöllen ¹ aller erſt murren vnd vngedultig
vnd vns rechtfertigen / vnd nicht eyn teyl an vns laſſen würgen / damit 30
got noch mehr erzurnet werde / vnd las vns zu boden gehen / thu die
hand abe / vnd gebe vns gantz vnd gar dē teuffel / Wyr thun wie die
tollen deutſchen pflegen / die nicht von Gott wiſſen / vnd reden von
ſölchen ſachen / als ſey keyn Gott / der ſolchs thu vnd haben wölle / vnd
dencken gar nichts zu leyden / ſondern eytel iunckern zu ſeyn / die auff 35
küſſen ſitzen / vnd thun möchten nach allem mutwillen.

Denn das ſölteſtu wol geſehen haben / wo des teuffels ding ynn

---

3 klug   5 ja wo es . . . hergeht   7 vorher   9 Thiele no·382
(ein nachbar muss es sich gefallen lassen, wenn ihm beim brand des nach-
barhauses das eigene haus beschädigt wird)   10 abgabenlast   11 gefahr
12 verschuldet   13 ruhe u. sicherheit   14 Hi. 2, 10   19 üppig u.
übermütig   25 Klagel. 3, 22   29 in primis | vngedultig ſeyn?

den baurn / were fur ſich gangen / vñ Gott ohn durch beten frumer
Chriſten / nicht [1] hette mit dem ſchwerd alſo geweret / ſo were es ynn 397 W
gantzem deutzſchen landen worden vnd gangen / wie es denen itzt geht /
die erſtochen vnd vmbracht werden / vnd noch viel erger / da were keyner
5 fur dem andern ſicher blieben / eyn iglicher hette den andern erwürget /
haus vnd hoff verbrand / weyb vnd kind geſchend / denn es war aus Gott
nicht angefangen vnd keyne ordnung da / vnd ſtund bereyt vnter yhn alſo /
das keyner dem andern trawet noch glewbt / ſetzten eynen hewbtman nach
dem andern ab / vnd muſte gehen / nicht wie redliche leütte / ſondern wie
10 die aller loſeſten buben ſagten vnd wollten / denn der teuffel hatte es ym
ſynn / er wollte deutſch land gantz vnd gar verwuſten / weyl er dem
Euangelio ſonſt nicht weren kundte / Vnd wer weys / was noch geſchehen
wird / wenn wyr ſo murren vnd vndanckbar ſeyn wöllen? Gott kan die
baurn wol noch eyn mal laſſen toll werden / obber eyn anders angehen
15 laſſen / das hernach erger werde denn itzt / Mich dunckt / es ſey eyn gute
ſtarcke vermanunge vnd drewen geweſt / verſehen wyrs vnd keren vns
[1] nicht dran vnd furchten Gott nicht / ſo mügen wyr ſchawen / was vns 314 E[1]
begegenet / das nicht bis eyn ſchertz geweſt ſey / vnd der ernſt her-
nach folge.

20   Zu letzt möcht man ſagen / Du lereſt ſelbs auffrur / weyl du ſprichſt /
man ſölle fluz zu hawen vnd ſtechen ynn die auffruriſchen / wer nur kan /
Eyn iglicher ſey beyde oberſter richter vnd ſcharffrichter ynn diſem fall /
Hie [1] antworte ich / Meyn buchlin iſt nicht widder ſchlechte vbelthetter / 329 E[2]
ſondern widder die auffruriſchen geſchrieben / Du muſt aber eynen auff-
25 ruriſchen weyt / weyt / ſondern von eynem mörder obber reuber / obber
ſonſt eynem vbelthetter / Denn eyn mörder obber ander vbelthetter / leſt
das hewbt vnd oberkeyt ſtehen / vnd greyfft nur ſeyne glieder obber guter
an / Ja er furcht ſich fur der oberkeyt / Weyl nu das hewbt bleybt / ſoll
niemand ſolchen mörder angreyffen / weyl das hewbt yhn ſtraffen kan /
30 ſondern harren auff das vrteyl vnd befelh des hewbts / wilchem Gott das
ſchwerd vnd ampt zu ſtraffen befolhé hat / Aber eyn auffruriſcher greyfft
das hewbt ſelbs an / vnd ſellt yhm ynn das ſchwerd vnd ampt / das ſeyn
freuel keyn gleichen hat gegen dem mörder / hie iſt nicht zu harren / bis
das hewbt befelh thu vnd vrteyle / denn es kan nicht vnd iſt gefangen
35 vnd geſchlagen / ſondern ſoll zu lauffen / wer da kan / vnberuffen vnd vn-
befolhn / vnd als eyn getrewes glied ſeyn hewbt helffen retten / mit ſtechen /
hawen / würgen / vnd zum heubt ſetzen leyb vnd gut. Das mus ich mit
eym groben gleychnis eynbilden / wenn ich eyns herren knecht were / vnd
ſehe das ſeyn feynd auff yhn lieffe mit bloſſem ſchwerd / vnd ich kund

---

1 in erfüllung gegangen   16 missachten   20 oben s. 70, z. 23 f. 29 f.
23 einfache, gewöhnliche   33 nicht mit dem des mörders zu ver-
gleichen ist   36 lieb A   37 zur errettung des oberhaupts aufs spiel
setzen   38 anschaulich machen   39 ihn angriffe

das weren / ſtünde aber ſtille / vnd lies meynen herrn ſo ſchendlich er=
sw würgen / ſage myr / was wurde von myr ſagen beyde Gott vnd [1] wellt?
wurden ſie nicht billich ſagen / ich were eyn verzweyfelter böſe wicht vnd
verrether / vnd muſte gewiſlich kop vnd teyl mit dem feynde haben? Füre
ich aber zu vñ ſprünge zwiſchen feynd vnd herrn eyn / vnd ſetzt meynen 5
leyb fur meynen herrn / vnd erſteche den feynd / were das nicht eyne er=
bare redliche that / die fur Gott vnd der wellt gelobt vnd gepreyſet wurde?
315 E² obber ſo ich druber erſtochen würde / wie kund ich Chriſtlicher [1] ſterben?
ſontemal ich ym rechten Gotts dienſt ſtürbe / ſo viel es am werck ſelbſt
ligt / vnd were glawbe dabey / were ich eyn rechter heyliger merterer 10
Gotts.

Wenn ich mich aber entſchuldigen wöllte vnd ſagen. Ich hielt drum
ſtille / bis mich meyn herr ſollt heyſſen weren / was würde die ent=
ſchuldigunge thun / denn das ſie mich zwifeltig mehr beſchuldigt / vnd mich
330 E² wirdig [1] macht / das mich yderman verflucht / als der noch ſcherz triebe ynn 15
ſölcher bosheyt? Hat nicht ſölchs alles Chriſtus ym Euangelio ſelbs ge=
lobet vnd fur recht angezogen / das knechte ſöllen fur yhre herrn ſtreytten /
da er fur Pylato ſtund vnd ſprach / Wenn meyn reich von diſer wellt
were / ſo wurden meyn knechte fur mich ſtreytten / das ich nicht den
Juden vberantwortet würde / Da ſiheſtu / das fur Gott vnd der wellt 20
recht iſt / das knechte fur yhre herrn ſtreytten / was were ſonſt das wellt=
liche regiment? Nu ſihe / eyn ſölcher man iſt der auffrüriſche / das er
auffs heubt vnd den herrn leüfft mit bloſſem ſchwerd / da ſoll niemand
harren / bis der herr heyſſe weren / ſondern zu faren vnd yhn den böſe=
wicht ſtechen / vngeheyſſen / wer am erſten kan / vnd ſoll nicht ſorgen / 25
das er eynen mord begehe / ſondern er weret eym ertzmörder / der das
gantze land morden will / Ja wo er nicht ſticht vnd mordet / ſondern leſt
den herrn ſtechen / ſo iſt er auch eyn ertzmörder / Denn er mus vñ ſollb
als deñ dencken / weyl ſeyn herr leydet vñ ligt / das er ſey herr / richter
vñ ſcharpffrichter ynn dem fall / denn auffrur iſt keyn ſcherz / vnd keyn 30
vbelthat auff erden iſt yhr gleich / andere vntugent ſind eyntzele ſtück /
auffrur iſt eyne ſindflut aller vntugent.

Ich byn eyn geyſtlicher man genand vnd fure des worts ampt / aber
doch / wenn ich gleich eyns turckiſchen herrn knecht were / vnd ſehe
meynen herrn ynn der fahr / ich wöllt meyns geyſtlichen ampts vergeſſen / 35
vnd friſch zu ſtechen vnd hawen / weyl ich eyne aber regen kund / wurd
ich druber erſtochen / wöllt ich ynn dem werck von munt auff gen hymel
faren / denn auffrur iſt keyns gerichts / keyner gnade werd / ſie ſey vnter

---

4 teyl niederdeutſch == tagl, ſchwanz; kop vnd teyl alſo == völliges
einvernehmen   14 entſchuldigen A   17 als in der ordnung angeführt
18 Jo. 18, 36   23 das haupt . . . angreift   28 erſtochen werden
29 am boden liegt   32 colluvies   36 ſolange als   37 im nu, vgl.
W. A. 33, 677   38 keiner gerichtsverhandlung

heyden / Juden / Turcken / Christen odder wo sie ¹ wölle / sondern sie ist ³¹⁶ E¹
schon verhort / gericht vnd vervrteylt vnd dem tod vberantwortet vñ eyns
iglichē hand / drumb ¹ ist hie nicht mehr zu thun / deñ flug zu würgen vñ ³⁹⁹ W
dem auffrürer sein recht zuthun. Solch vbel thut vnd verdienet kein
5 morder / denn eyn mörder thut eine strefliche bosheit vnd lest die straffe
bleiben / ein auffrürischer wil eine freye vnstreffliche bosheyt haben vñ ³³¹ E²
greyfft die straffe selbs an. Zu dem so macht sie zu diser zeyt dem
Euangelio eyn bös geschrey bey des Euangeli seynden / die solchen auffrur
dem Euangelio schuld geben vnd thun das laster maul weyt gnug auff zu
10 lestern / wie wol sie da mit nicht entschuldigt sind / vnd wissens auch wol
anders / Christus wird sie auch zu seyner zeyt wol treffen.

   Sihe nu / ob ich billich vnd recht habe ynn meynem buchlin ge-
schriben / man solle on alle barmhertzickeyt ynn die auffrürischen stechen /
damit hab ich aber nicht gelert / das man den gefangenen vñ ergebenen
15 nicht solle barmhertzickeyt beweysen / wie man myr schuld gibt / vnd meyn
büchlin auch wol anders ²zeygt. So will ich auch hie mit die wütigen
tyrañen nicht gesterckt / noch yhr toben gelobt habē / denn ich höre / das
etliche meynē iunckerlin vber die mas grausam faren mit den armen
leütten / vnd sind fast keck vnd trotzig / als hetten sie gewonnen vnd sessen
20 fest / wolan die selbigen suchen nicht straffe vnd besserunge des auffrurs /
sondern büssen yhren grymmigen mutwillen vnd kulen yhr müttin / den sie
vieleicht lange getragen haben / meynen / sie haben nu eyn mal raum vnd
fug dazu gewonnen / Sonderlich aber setzen sie sich nu getrost widder das
Euangelion / wollen stifft vnd klöster widder auffrichten / vñ dem Babst
25 die kronen erhalten / mengē vnsere sache vnter die auffrürischen / Aber
sie werden bald auch erndten / was sie itzt seen / denn der droben sitzt sihet
sie / vnd wird komen ehe sie sich vmbsehen / Es sol yhn feylen / was sie
furhaben / das weys ich / wie es yhn bis her gefeylet hat.

   Ich habe auch ynn dem selbigen büchlin geschriben / ¹ das itzt so ³¹⁷ E¹
30 wunderliche zeyt ist / das man mit morden vnd blut vergiessen den hymel
verdienen mag / Hilff got / wie hat der Luther da seyn selbs vergessen /
der bis her gelert hat / man musse on werck alleyne durch den glauben
gnad erlangen vnd selig werden / Aber hie gibt er nicht alleyne den wercken
die selickeyt / sondern auch dem grewlichē werck des blut vergiessens / da
35 da ist der reyn entbrand / ¹ Lieber got / wie gnaw sucht man mich / wie ³³² E²
lauret man auff mich / vnd hilfft doch nicht / Denn ich hoffe / man solle
myr ia auch lassen den brauch der wort vñ die weyse der rede / so nicht
alleyne der gemeyne [man hat / sondern auch die schrifft hellt / Spricht

---

   3 mehr A   4 verschuldet   6 unangegriffen   18 verfahren
19 sehr   21 befriedigen   22 freiheit   23 recht   27 misslingen
29 oben s. 73, z. 23ff.   33 schreibt er . . . zu   35 ist unerhörtes
geschehen u. ist man ausser sich (vgl. auch Barge, Aktenstücke zuf
Wittenberger Bewegung 3 ¹) | genau, eifrig

nicht Chriſtus Matt. v. Selig ſind die armen denn ẏhr iſt das hẏmel=
reich? Vnd ſelig ſeẏt ẏhr / wenn ẏhr verfolgunge leẏdet / denn ewr lohn
iſt gros ẏm hẏmel vnd Matt. rrv. da er die werck der barmhertzickeẏt be=
lohnet ꝛc vnd der gleichen viel mehr / vnd bleẏbt ¹ doch war / das die werck
nichts thun fur got / ſondern alleẏne der glaube / Wie aber das zugehe /   5
hab ich ſo vielmal / vnd ſonderlich ẏm Sermon vom vnrechten Mammon
geſchrieben / wer ſich daran nicht will benügen laſſen / der fare ẏmer hẏn
vnd erger ſich ſeẏn lebenlang. ¶ Das ich aber das werck des blut ver=
gieſſens habe ſo theŭr gemacht / wird meẏn buchlin am ſelbigen ort
zeŭgen reichlich / das ich geredt habe von welltlicher oberkeẏt / die chriſt= 10
lich iſt / vnd ẏhr ampt chriſtlich furet / ſonderlich wenn man widder die
auffruriſchen hauffen zeucht zu ſtreẏtten / ſollten die ſelbigen mit blut=
uergieſſen vnd ausrichtung ẏhrs ampts nicht wol thun / ſo mŭſte Samuel /
Dauid / Sampſon auch nicht wol gethan haben / da ſie die vbelthetter
ſtrafften vn̄ blut vergoſſen / Jſts nicht gut noch recht / dermaſſen blut= 15
uergieſſen / wolan ſo las man das ſchwerd anſtehen vn̄ ſeẏen freẏe brüder /
thun was vns luſtet. Den̄ das bitte ich euch vn̄ ẏdermann mit vleẏs /
das ſie wollten doch meẏn büchlin recht an ſehen vn̄ nicht ſo vber hẏn
faren / ſo werden ſie ſehen / das ich als eẏm Chriſtlichem prediger ge=
bŭrt / habe alleẏne die Chriſtliche frome oberkeẏt vnterricht / ẏch ſage noch 20
eẏn mal vn̄ zum dritte̅ mal / das ich alleẏne der oberkeẏt ¹ geſchrieben habe /
die da chriſtlich odder ſonſt reblich faren wŏlten / das die ſelbigen ẏhre
gewiſſen mŏchten ẏnn ſolchem fall vnterrichten / nemlich / das ſie flŭg ẏnn
den hauffen der auffruriſchen ſchlahen ſollen / vnangeſehen / ſie treffen
ſchuldige odder vnſchuldige / vnd ob ſie vnſchuldige gleich ¹ treffen / das ſie 25
keẏn gewiſſen dauon ſollen mache̅ / ſondern Gott ſeẏne̅ dienſt ſchuldig
damit bekennen / hernach aber wen̄ ſie gewonnen haben / das ſie den̄ gnade
erzeẏgen / nicht alleẏne den vnſchuldigen (wie ſie es hallten) ſondern auch
den ſchuldigen.

Aber die wütigen / raſenden vn̄ vnſẏnnigen tyrannen / die auch nach 30
der ſchlacht / nicht mügen bluts ſat werden / vn̄ ẏnn ẏhrem gantzem leben
nicht viel fragen nach Chriſto / hab ich mẏr nicht fürgenomen zu vnter=
richten / den̄ ſolchen bluthunde̅ gillt es gleich viel / ſie würgen ſchuldig
odder vnſchuldig / es gefalle Gott oder dem teuffel / die haben das ſchwerd
alleẏne ẏhre luſt vn̄ mutwillen zu buſſen / die laſſe ich ẏhren meẏſter den 35
teuffel furen / wie er ſie furt / Als ich gehŏrt habe / das zu Molhuſen

400 W (margin, line 4)
318 E¹ (margin, line 21)
333 E² (margin, line 25)

---

1 Mt. 5, 3   2 Mt. 5, 11   3 Mt. 25, 35 ff.   6 W. A, 10³,
273 ff.   8 was aber das anbetrifft, dass ich . . .   9 gepriesen
16 lasst uns sein   18 oberflächlich darüberhinlesen   26 sich kein
gewissen daraus machen, sondern damit bekennen sollen, dass sie gott
zu diensten verpflichtet seien   35 befriedigen   36 über Thomas
Münzers witwe vgl. Jordan, Z. Gesch. der Stadt Mühlhausen i. Th.,
2. h. (1902) s. 27 ff.

vnter ettlichen groſſen hanfen eyner habe das arme weyb Thomas Muntzers /
das nu eyne wibwen vñ ſchwangers leybs iſt / zu ſich gefobbert / fur yhr
auff die knye gefallen vñ gefagt / liebe fraw las mich bich. N. O eyn
ritterliche abeliche that / an eynem elenbē / verlaſſenen / ſchwangern weyblin
5 begangē / das iſt ia ein kuner hellt / der breyer ritter woll werb / Was
ſollt ich ſolchen rangē vñ ſewen ſchreyben? Die ſchrifft nennet ſolch
leute / beſtien / bas iſt / wilbe thier / als ba [1] ſind wolffe / ſew / bern vnb   401 W
lewen / ſo will ſie auch nicht zu menſchen machē / Man mus ſie aber
bennoch leyben / weñ vns Got durch ſie plagē will. Jch habe es beybes
10 geſorgt wurben bie bauren herren / ſo wurbe ber teuffel apt werben /
wurben aber ſolche tyrannen herrn / ſo wurbe ſeyne mutter eptiſſthyn
werben / berhalben hette ich / beybe bie bauren gern geſtillet / vnb frome
oberkeyt vnterrichtet / nu aber bie bauren nicht wollten / haben ſie yhren
lohn bahyn / biſſe [1] aber wollen auch nicht horen / wolan ſie werben yhren   319 E[1]
15 lohn auch haben / on bas ſchabe were / bas ſie ſollten von ben bauren er-
morbet werben / bas were eyn fuchsſchwantz / helliſch ſewr / zittern vnb
zeen klappen [1] ynn ber helle wirb yhr lohn ſeyn ewiglich / wo ſie nicht   334 E[2]
buſſe thuu.

Solchs habe ich meyn herr vnb freunb auff ewr ſchrifft wollen antt-
20 worten / hoffe / ich habe mehr beñ gnug gethan / hat aber noch yemanb
nicht gnug bran / ber ſey ymer hyn weyſe vnb klug / frum vnb heylig ynn
gotts namen / vnb las mich eynen narren vnb ſunber bleyben / wie wol
ich wollte / man lies mich mit friben / man wirb myr boch nicht ange-
winnen / vnb ſol recht bleyben / was ich lere vnb ſchreibe / ſollt auch alle
25 wellt bruber berſten / will man ſich benn ia ſeltzam ſtelle / ſo will ich
mich auch ſeltzam ſtellen / vñ ſehē wer zu letzt recht behellt. Hie mit
got befolhen / vñ ſagt bem Conrabo / bz er zu ſehē / treffs vñ lege ſich vñ
bz rechte bette / Der brucker ſolls hynfurt auch meybē vñ euch nicht mehr
Cantzeler ſchellten. Amē.

3 N. statt eines obscönen ausdrucks   5 so viel wert wie
6 schurken | Tit. 1, 12   9 über sich ergehen lassen   10 vgl. Flug-
schriften 1, 49[37]   11 vgl. Ztschr. f. deutsche Wortforschung 7, 31
15 nur dass   16 oben II 301, z. 2   24 mich doch nicht überwinden
25 eigentümlich   27 hier ist wohl wie in L.s briefe an Agricola vom
20. sept. 1526 (WA Br 4, 120 f.[4]) „Konrad der Schreiber" (vgl. auch
Spalatin an Warbeck, 21. april 1526, Archiv f. Reformationsgesch. 1, 242)
gemeint.   Hier wie dort spielt L. an auf das volkslied Erk u. Böhme,
Deutscher Liederhort 1 (1893) no. 144 | das rechte treffe u. nicht fehlgreife
29 Müller ist vielleicht der erste bogen gesondert zugegangen, u. er hat
sich über die anrede „Kanzeler" — statt „Kanzler"? — beschwert.

De servo arbitrio. 1525.

Literatur W. A. 18, 597, dazu besonders noch Zickendraht, Der
Streit zwischen Erasmus u. L. über die Willensfreiheit, Leipzig 1909;
ders., L.s Streitschrift gegen Erasmus, Christl. Welt 24, 1058—1062;
Sodeur, L.s Schrift De servo arbitrio im Lichte der modernen Philosophie,
Prot. Monatshefte 10, 319—325; auch A. Meyer, Etude critique sur les
relations d'Erasme et de L., Paris 1909. Erasmus' διατριβή de libero
arbitrio (= δ) citiere ich nach der ausgabe von Joh. v. Walter (= Quellen-
schriften z. Gesch. d. Protestantism. 8. h.), Breslau 1910.

Die originalausgabe von Erasmus' διατριβή ist wahrscheinlich die
bei Joh. Froben in Basel mense Septembri 1524 erschienene (v. Walter
einl. § 2). L. fühlte sich alsbald zu einer entgegnung gedrungen, musste
aber erst die schrift „Wider die himmlischen Propheten" und die
'Annotationes in Deuteronomium Mose' vollenden, dann kam der bauern-
krieg, so konnte er erst am 27. sept. 1525 Nikolaus Hausmann melden:
'Ego iam totus sum in Erasmo confutando' (WA Br 3,582,5). Mitte
nov. war das mscr. fertig; der druck (von Joh. Lufft in Wittenberg)
begann, während L. noch schrieb; er trägt das impressum 'mense
Decembri 1525'; ein exemplar schickte L. am 31. dez. an Mich. Stifel
in Tolleth: 'Mitto tibi Erasmum a me confutatum, ut in brevi et festi-
nantia potuit fieri'(WA Br 3,653,1 ff.). Gleichzeitig verfasste Justus Jonas
eine treffliche deutsche übersetzung (vorrede vom 11. nov. 1525); sie
wurde gleichfalls von Lufft gedruckt, während Jonas noch schrieb, und
erschien bald nach dem 4. jan. 1526. Lehrreich ein vergleich mit
O. Scheels übersetzung, ergänzungsband II der Berliner ausgabe (1905),
s. 214 ff. Vorlage: W. A. 18, 597 A.

opp. v. a.
7, 116 E
18, 600 W

VENERABILI VIRO DOMI-
NO ERASMO ROTERDA-
MO, MARTINVS LV-
THER, GRATIAM
ET PACEM IN
CHRISTO.

QVOD TARDIVS DIATRIbae tuae de libero arbitrio
respondeo, Venerabilis Erasme, praeter spem omnium,
preterque morem meum accidit, qui hactenus eiusmodi occa-
siones scribendi non solum libenter apprehendisse, sed ultro 10
etiam quaesiisse uisus sum. Mirabitur forte quispiam nouam
illam et insolitam, uel patientiam, uel formidinem Lutheri,
quem nec tot iactatae uoces et literae aduersariorum excitarunt,
Erasmo uictoriam congratulantes et Io pean ca ...ntes: Scilicet
Maccabaeus ille et peruicacissimus assertor ..uenit tandem 15
dignum antagonistam, contra quem hiscere non audet? Verum
illos non modo non accuso, sed ipsemet tibi palmam con-

cedo, qualem nulli antea concessi, non solum, quod uiribus
eloquentiae et ingenio me longissime su|peras, qualem nos 117 E
omnes merito tibi concedimus, quanto magis ego barbarus in
barbarie semper uersatus, sed quod et spiritum meum et
5 impetum remoratus es, et languidum ante pugnam reddidisti,
idque duabus rationibus: Primum arte, quod mirabili scilicet
et perpetua modestia causam hanc agis, qua mihi obstitisti,
ne possem in te accendi, Deinde fortuna uel casu uel fato,
quod in tanta re nihil dicis, quod ¹ non dictum sit prius, atque 601 W
10 adeo minus dicis et plus tribuis libero arbi. quam hactenus
sophistae dixerunt et tribuerunt (de quo latius dicam infra),
ut etiam superuacaneum uideretur respondere istis argumentis
tuis, antea a me quoque toties confutatis, conculcatis uero et
prorsus protritis per Philippi Melanchthonis de locis Theo-
15 logicis inuictum libellum, meo iudicio, non solum immortalitate,
sed canone quoque Ecclesiastico dignum, cui tuus libellus
comparatus, ita mihi sorduit ac uiluit, ut tibi uehementer
compaterer, qui pulcherrimam tuam et ingeniosam dictionem
in istis sordibus pollueres, ac materiae indignissimae indignarer,
20 quae tam praeciosis eloquentiae ornamentis ueheretur, tanquam
si quisquiliae uel stercora aureis argenteisque uasis portarentur.
Id quod tu ipse quoque persensisse uideris, qui tam difficilis
fuisti ad hoc scriptionis munus obeundum, nempe quod con-
scientia tua te monuit, fore, ut, quantislibet eloquentiae uiribus
25 rem tentares, non posse tamen mihi fucum fieri, quin feces
ipsas, semotis uerborum lenociniis, perspicerem, qui et si ser-
mone sum imperitus, rerum tamen scientia non sum imperitus
gratia Dei, Sic enim cum Paulo audeo mihi arrogare et tibi
cum fiducia derogare scientiam, licet eloquentiam et ingenium
30 tibi arrogem ac mihi derogem libens ac debens. Proinde sic
cogitaui: Si qui sunt, qui nostra tantis scripturis munita, non
altius imbiberunt nec fortius tenent, quam ut istis leuibus et
nihili argumentis Erasmi, quamuis ornatissimis, mouentur,
digni non sunt, quibus mea responsione medeatur, Nihil enim
35 talibus satis dici aut scribi posset uel multis milibus librorum
etiam ¹ milies repetitis, simili enim opera littus araris et arenae 118 E
semina mandaris, aut dolium pertusum aqua replueris. Illis
enim, qui spiritum magistrum in nostris libellis hauserunt,
satis abunde a nobis ministratum est, tuaque facile contemnunt,

---

1 *non solum, quod — superas* sollte wohl eigentlich erst nach
uersatus z. 4 stehen   13 vgl. bes. Assertio omnium articulorum W. A.
7, 142 ff. u. Grund u. Ursach oben II 127 ff.   15 Zickendraht, Streit
s. 60   28 2. Ko. 11, 6

qui uero sine spiritu legunt, nihil mirum, si quouis uento,
uelut arundo, agitentur, quibus nec Deus satis dixerit, etiam-
si omnes creaturae in linguas uerterentur. Vnde illos relin-
quere, pene consilium fuisset, libello tuo offensos, cum iis, qui
gloriantur et triumphos tibi decernunt. Itaque nec multitudine 5
negociorum, nec rei difficultate, nec magnitudine eloquentiae
tuae, nec timore tui, sed mero tedio, indignatione et contemptu,
seu (ut dicam) iudicio meo de tua diatribe, impeditus est mihi
impetus respondendi, ut illud interim taceam, quod tui perpetuo
similis, satis pertinaciter obseruas, ne non ubique lubricus et 10
flexiloquus sis, ac Vlysse cautior, inter scyllam et Charybdim
tibi uideris nauigare, dum nihil uis assertum, rursus tamen
602 W assertor uideri, cum quo | genere hominum, quid, rogo, potest
conferri aut componi, nisi quis Prothei capiendi peritus fuerit?
In qua re quid possim, et quid ea tibi profuerit, postea osten- 15
dam cooperante Christo.

Vt igitur nunc respondeam, non est prorsus nulla causa:
Vrgent fideles in Christo fratres, expectationem omnium mihi
obiicientes, quod Erasmi autoritas contemnenda non sit, et
Christianae doctrinae ueritas periclitetur in multorum cordibus. 20
Et mihi sane tandem in mentem uenit, silentium meum satis
pium non fuisse, esseque mihi a carnis meae prudentia uel
malitia illusum, ut non satis memor essem officii mei, quo
debitor sum sapientibus et insipientibus, praesertim cum ad
id uocer tot fratrum precibus. Quamuis enim res nostra talis 25
est, quae externo doctore non est contenta, sed praeter eum,
qui plantat et rigat foris, etiam desyderet spiritum Dei, qui
119 E incrementum det et uiuus uiua doIceat intus (quae cogitatio
mihi imposuit), tamen cum liber sit ille spiritus, ac spiret,
non ubi nos uolumus, sed ubi ipse uult, seruanda fuerat regula 30
illa Pauli: Insta oportune, importune, Non enim scimus, qua
hora dominus uenturus sit. Esto, sint, qui magistrum spiritum
hactenus in meis literis nondum senserunt, et per Diatriben
illam sint prostrati, forte nondum uenerat hora eorum. Et
quis scit, si Deus etiam te uisitare dignabitur, Optime Erasme, 35
per me miserum et fragile uasculum suum, ut foelici hora
(quod ex corde rogo patrem misericordiarum per Christum
dominum nostrum) hoc libello ad te ueniam, et charissimum
fratrem lucrifaciam. Nam etsi male tu sentis et scribis de
libero arbitrio, tamen a me tibi non paruae debentur gratiae, 40

2 Mt. 11, 7   3 Lc. 19, 40   7 vgl. WA Br 3, 368, 28 ff.   14 vgl.
WA Br 3, 70. 16   24 Rö. 1, 14   27 1. Ko. 3, 7   30 Jo. 3, 8
31 2. Ti. 4, 2 | Mt. 24, 42   34 Jo. 2, 4   39 Mt. 18, 15

quod mihi meam sententiam reddidisti longe firmiorem, cum
uiderem causam liberi arbitrii a tali tantoque ingenio, summis
uiribus agi, et adeo nihil peragi, ut peius habeat quam antea,
Quod euidens est argumentum, Liberum arbitrium esse merum
5 mendacium, quod exemplo mulieris illius Euangelicae, quo
plus a medicis curatur, eo peius habet. Cumulata igitur red-
detur tibi a me gratia, si per me certior fias, sicut ego per
te firmior, Verum utrunque donum est spiritus, non opus
officii nostri. Quare orandus est Deus, ut mihi os, tibi uero
10 et omnibus cor aperiat, sitque ipse magister coram in medio
nostri, qui in nobis loquatur et audiat. A te uero, Mi Erasme,
sinas hoc me impetrare, ut, sicut ego tuam fero in his rebus
ignorantiam, ita tu uicissim feras meam infantiam. Non uni
dat cuncta Deus, Nec omnia possumus omnes, seu, ut Paulus
15 ait, Distributiones donorum sunt, idem autem spiritus. Reli-
quum igitur est, ut dona mutuas operas tradant, et alter suo
dono alterius onus et penuriam portet, sic implebimus legem
Christi.

¹ Principio aliqua çapita Praefationis tuae percurrere uolo, 603 W
20 quibus non nihil caussam nostram grauas, et tuam adornas.
Primo illud, quod etiam aliis libellis peruicatiam asserendi in
me reprehendis, Et in hoc libello dicis, te adeo non delectari
ⁱ assertionibus, ut facile in Scepticorum sententiam pedibus 120 E
discessurus sis, ubicunque per diuinarum scripturarum inuio-
25 labilem auctoritatem et Ecclesiae decreta liceat, quibus tuum
sensum ubique libens submittis, siue assequeris quod prae-
scribit, siue non assequeris, Hoc ingenium tibi placet. Haec
(ut par est) accipio a te beneuolo animo dici, et qui pacis
amans sit. Sed si alius diceret, forte meo more in eum ferrer.
30 Verum nec pati debeo, te, licet optime uolentem, ea opinione
errare. Non est enim hoc Christiani pectoris, non delectari
assertionibus, imo delectari assertionibus debet, aut Christianus
non erit. Assertionem autem uoco (ne uerbis ludamur) con-
stanter adherere, affirmare, confiteri, tueri atque inuictum
35 perseuerare, nec aliud, credo, uox ea latinis uel nostro usu
et saeculo significat. Deinde loquor de rebus illis asserendis,
quae nobis traditae sunt diuinitus in sacris literis, Alioqui
neque Erasmo neque alio quouis magistro opus nobis est,
qui doceat, in rebus dubiis uel inutilibus ac non necessariis
40 non modo stultas, sed etiam impias esse assertiones, pugnas

---

5 Lc. 8, 43   14 Verg. ecl. 8, 63 | 1. Ko. 12, 4   17 Ga. 6, 2
22 δ Ia 4, 2. 15 ff.

et rixationes, quas Paulus non uno loco damnat. Nec tu de
iis hoc loco dicis, credo, nisi uel ridiculi oratoris more, aliud
praesumere et aliud tractare uelles, uelut ille ad Rombum,
uel impii scriptoris insania, articulum de libero arbitrio
dubium, aut non necessarium esse contendas.   5

Absint a nobis Christianis Sceptici et Academici, Assint
uero uel ipsis Stoicis bis pertinaciores assertores. Paulus
Apostolus, quoties, rogo, Pleropheriam illam exigit, id est,
certissimam illam ac firmissimam conscientiae assertionem?
Ro. 10. confessionem dicens: Ore confessio fit ad salutem. 10
Et Christus: Qui me confitetur coram hominibus, confitebor
ego eum coram Patre meo. Petrus rationem reddere iubet
de ea quae in nobis est spe. Quid multis opus est? Nihil
121 E apud Christianos notius et ¹ coelebratius, quam assertio. Tolle
assertiones, et Christianismum tulisti. Quin spiritus sanctus 15
de coelo illis datur, ut clarificet Christum et confiteatur usque
ad mortem, nisi hoc non est asserere, ob confessionem et
assertionem mori. Denique adeo asserit spiritus, ut etiam
ultro inuadat et arguat mundum de peccato, uelut lacessens
pugnam, Et Paulus Timotheon iubeat increpare, instareque 20
importune. Quam uero mihi festiuus fuerit ille increpator,
qui ipse, quod increpat, neque certus credat neque constanter
604 W asserat! ad Anticyram scilicet illum mitterem. Sed ¹ ego longe
stultissimus, qui in re clariore quam sol est, uerba et tempus
perdo. Quis Christianorum ferat, Assertiones esse contemnen- 25
das? hoc esset aliud nihil, quam semel totam religionem ac
pietatem negasse, aut asseruisse, nihil esse religionem, aut
pietatem, aut ullum dogma. Quid ergo tu quoque asseris:
non delector assertionibus, et: hoc ingenium te malle quam
diuersum?   30

Verum tu de confitendo Christo et dogmatibus eius hic
nihil uoles dixisse, Recte moneor. Et ego in gratiam tui,
meo iuri et mori cedo, ac de animo tuo nolo iudicare, inque
aliud tempus uel aliis id reseruo, Interim, ut linguam et
calamum corrigas, et deinceps tibi temperes a talibus uerbis, 35
moneo, nam, utcunque animus sit integer et candidus, oratio
tamen, quae animi character esse dicitur, non talis est. Si
enim causam liberi arbitrii non necessariam scitu, nec ad
Christum pertinere arbitraris, recte loqueris, At impie tamen
arbitraris. Si uero necessariam arbitraris, impie loqueris, et 40

---

3 unklare anspielung   10 Rö. 10, 10   11 Mt. 10, 32
12 1. Pt. 3, 15   16 Jo. 16, 14   19 Jo. 16, 8   20 2. Ti. 4, 2
23 um nieswurz zu holen, vgl. Hor. ars poet. 300

recte arbitraris. Nec tum fuit locus, de inutilibus assertionibus
et rixis tanta querulari et exaggerari, Quid enim haec ad
statum causse? Sed quid dices de istis tuis uerbis, ubi non
de una lib. arb. caussa, sed de totius religionis dogmatibus
5 generaliter dicis, si liceret per inuiolabilem autoritatem diui-
narum literarum et Ecclesiae decreta, discessurum te in Scepti-
corum sententiam, adeo non delecteris assertionibus? | Qualis 122 E
Protheus est in uocabulis illis: inuiolabilem autoritatem et
Ecclesiae decreta? scilicet quasi ualde reuerearis scripturas et
10 Ecclesiam, et tamen significas, optare te licentiam, ut esses
Scepticus? Quis Christianorum sic loqueretur? Hoc si dicis
de inutilibus et neutris dogmatibus, Quid noui affers? Quis
non optet licentiam hic scepticae professionis? imo quis
Christianus de facto non utitur libere hac licentia, damnatque
15 addictos et captiuos alicuius sententiae? Nisi Christianos
uniuersos pro talibus habes (ut uerba fere sonant), quorum
dogmata sint inutilia, in quibus stulte rixentur et assertionibus
pugnent. Si uero de necessariis dicis, quid magis impie possit
aliquis asserere, quam optare licentiam, nihil asserendi in
20 talibus? Sic potius dicet Christianus: Adeo non delector
scepticorum sententia, ut, ubicunque per infirmitatem carnis
liceret, non modo sacris literis constanter ubique in omnibus-
que partibus adhererem et assererem, sed etiam optem in
non necessariis et extra scripturam positis rebus, esse quam
25 certissimus. Quid enim incertitudine miserius?

Quid etiam ad illa dicemus, ubi subiungis: quibus sub-
mitto ubique sensum meum libens, siue assequor, quod prae-
scribunt, siue non assequor. Quid ais, Erasme? Non satis
est submisisse sensum scripturis? Etiam Ecclesiae decretis
30 submittis? Quid illa potest decernere, non decretum in
scripturis? Deinde ubi manet libertas et potestas iudicandi
decretores illos? ut Paulus .1. Corin. 14 docet: Caeteri di-
iudicent. Non placet tibi esse iudicem | in decretis Ecclesiae, 605 W
quod Paulus tamen praecipit? Quae ista noua religio et
35 humilitas, ut nobis tuo exemplo potestatem adimas iudicandi
decreta hominum, et subiicias sine iudicio hominibus? Vbi
hoc nobis mandat scriptura Dei? Deinde quis Christianorum
sic uento mandet praescripta scripturae et Ecclesiae, ut dicat:
siue assequor siue non assequor? Submittis te, et tamen nihil
40 curas, an assequaris necne? Christianus uero anathema sit,
si non certus sit et assequatur, id quod ei praescri|bitur; 123 E

32 1. Ko. 14, 29

quomodo enim credet, id quod non assequitur? Nam tu
illud hic assequi dices, quod certo quis apprehenderit et non
Sceptico more dubitauerit, Alioqui quid est in ulla creatura,
quod ullus homo assequi possit, si assequi id sit, quod per-
fecte nosse ac uidere? Tum enim nec locum haberet, ut 5
aliquis simul quaedam assequi et quaedam non assequi posset;
sed unum aliquid assecutus, omnia assecutus esset, puta in
Deo, quem qui non assequitur, nullam partem creaturae un-
quam assequitur.

Summa, haec tua uerba hoc sonant, apud te nihil referre, 10
quicquid a quolibet, ubique credatur, modo pax mundi constet,
licereque ob periculum uitae, famae, rerum et fauoris, illum
imitari, qui dixit: Aiunt, Aio, negant, nego, et habere dogmata
Christiana nihilo meliora, quam philosophorum et hominum
opiniones, pro quibus stultissimum est rixari, pugnare, asserere, 15
quod inde nihil nisi contentio et turbatio pacis externae
ueniant; Quae supra nos, nihil ad nos. Ita dirempturus
nostros conflictus uenis medius, ut utrosque suspendas, et
persuadeas, de stultis ac inutilibus rebus nos digladiari. Sic
inquam sonant tua uerba. Et quid hic premam, puto te in- 20
telligere, Mi Erasme. Sed ut dixi, Verba eant, Cor tuum
interim excuso, modo tu non prodas latius; ac metue spiritum
Dei, qui scrutatur renes et corda, nec fallitur compositis uerbis.
Dixi enim haec ideo, ut deinceps desinas nostram causam
arguere pertinaciae et peruicatiae. Nam hoc consilio aliud 25
nihil facis, quam quod significas te in corde Lucianum aut
alium quendam de grege Epicuri porcum alere, qui cum ipse
nihil credat esse Deum, rideat occulte omnes qui credunt et
confitentur. Sine nos esse assertores et assertionibus studere
et delectari, tu Scepticis tuis et Academicis faue, Donec te 30
Christus quoque uocauerit. Spiritus sanctus non est Scepticus,
124 E nec ¹ dubia aut opiniones in cordibus nostris scripsit, sed asser-
tiones ipsa uita et omni experientia certiores et firmiores.
606 W   ¹ Ad alterum caput uenio, quod huic coheret. Vbi dogmata
Christiana distinguis, quaedam scitu necessaria, quaedam non 35
necessaria fingis, Esse quaedam abstrusa, quaedam exposita
dicis. Sic uel aliorum uerbis lusus ludis, aut teipsum uelut
artificio rhetorico exerces. Adducis autem pro ista sententia
illud Pauli Ro. 11: O altitudo diuitiarum sapientiae et
scientiae Dei. Item illud Esaie .40: Quis adiuuit spiritum 40

---

13 Ter. Eun. 2, 2, 21   23 Ps. 7, 10 | Jer. 11, 20. 17, 10. 20, 12
26 W. A. 18, 609¹. E. 9, 368 unten   34 δ I a 7, z. 17 ff.   39 Rö.
11, 33   40 Jes. 40, 13

domini, aut quis consiliarius eius fuit? Haec tibi fuerunt
dictu facilia, ut qui uel scires te non scribere ad Lutherum,
sed pro uulgo, uel non cogitares te scribere contra Lutherum,
quem tamen aliquo studio et iudicio in sacris literis dignaris
5 spero, Si non dignaris, en extorquebo etiam. Sic habet mea
distinctio, ut et ego parum rhetoricer uel Dialecticer: Duae
res sunt Deus et Scriptura Dei, non minus quam duae res
sunt Creator et creatura Dei. In Deo esse multa abscondita,
quae ignoremus, nemo dubitat, sicut ipsemet dicit de die
10 extremo: De die illo nemo scit nisi pater. Et Actu. 1: Non
est uestrum nosse tempora et momenta. Et iterum; Ego noui,
quos elegerim. Et Paulus: Nouit dominus qui sunt eius, et
similia. Sed esse in scriptura quaedam abstrusa et non omnia
exposita, inuulgatum est quidem per impios Sophistas, quorum
15 ore et tu loqueris hic, Erasme, sed nunquam unum articulum
produxerunt, nec producere possunt, quo suam hanc insaniam
probarent. Talibus autem laruis Satanas absterruit a legendis
literis sacris, et reddidit Scripturam sanctam contemptibilem,
ut suas pestes ex Philosophia in Ecclesia faceret regnare.
20 Hoc sane fateor, esse multa loca in scripturis obscura et
abstrusa, non ob maiestatem rerum, sed ob ignorantiam
uocabulorum et | grammaticae, sed quae nihil impediant scien- 125 E
tiam omnium rerum in scripturis. Quid enim potest in scripturis
augustius latere reliquum, postquam fractis signaculis et uoluto
25 ab hostio sepulchri lapide, illud summum mysterium proditum
est, Christum filium Dei factum hominem, Esse Deum trinum
et unum, Christum pro nobis passum et regnaturum aeter-
naliter? Nonne haec etiam in biuiis sunt nota et cantata?
Tolle Christum e scripturis, quid amplius in illis inuenies?
30 Res igitur in scripturis contentae omnes sunt proditae, licet
quaedam loca adhuc uerbis incognitis obscura sint. Stultum
est uero et impium, scire, res scripturae esse omnes in luce
positas clarissima, et propter pauca uerba obscura res obscuras
dictare. Si uno loco obscura sunt uerba, at alio sunt clara.
35 Eadem uero res, manifestissime toti mundo declarata, dicitur
in scripturis tum uerbis claris, tum adhuc latet uerbis obscuris.
Iam nihil refert, si res sit in luce, an aliquod eius signum sit
in tenebris, cum interim multa alia eiusdem signa sint in luce.
Quis dicet fontem publicum non esse in luce, quod hi, qui

---

8 8 Ia 9, s. 6 ff.   8 Mc. 13, 32   10 AG. 1, 7   11 Jo.
13, 18   12 2. Ti. 2, 19   24 Apk. 6, 1   25 Lc. 24, 2   37 Zicken-
draht, Streit s. 187 f. A. 35

in angiporto sunt, illum non uident, cum omnes, qui sunt in
foro, uideant?

607 W | Nihil igitur est, quod de Coricio specu adducis, Non
habet ita res in scripturis, Et quae sunt summae maiestatis
et abstrusissima mysteria, non sunt amplius in secessu, sed in 5
ipsis foribus et in propatulo, producta et exposita, Christus
enim aperuit nobis sensum, ut intelligamus scripturas, Et
Euangelion predicatum est omni creaturae, In omnem terram
exiuit sonus eorum, Et omnia, quae scripta sunt, ad nostram
doctrinam scripta sunt.   Item: Omnis Scriptura diuinitus in- 10
spirata, utilis est ad docendum.   Igitur tu et omnes Sophistae,
agite et producite unum aliquod mysterium, quod sit in
126 E | scripturis adhuc abstrusum.   Quod uero multis multa manent
abstrusa, non hoc fit scripturae obscuritate, sed illorum caeci-
tate uel socordia, qui non agunt, ut clarissimam ueritatem 15
uideant, Sicut Paulus de Iudeis dicit .2. Corinthiorum .4:
Velamen manet super cor eorum.   Et iterum: Si Euangelion
nostrum opertum est, in iis qui pereunt opertum est, quorum
corda Deus huius saeculi excaecauit.   Eadem temeritate solem
obscurumque diem culparet, qui ipse sibi oculos uelaret, aut 20
a luce in tenebras iret, et sese absconderet.   Desinant ergo
miseri homines, tenebras et obscuritatem cordis sui blasphema
peruersitate scripturis Dei clarissimis imputare.

    Tu ergo cum Paulum adducis, dicentem: Incomprehen-
sibilia sunt iudicia eius, uideris pronomen 'Eius' ad scripturam 25
retulisse, At Paulus non dicit: Incomprehensibilia sunt iudicia
scripturae, sed: Dei. Sic Esaias .40. non dicit: Quis nouit
sensum scripturae, sed: sensum domini, quamuis Paulus asserat,
Christianis notum esse sensum Domini, uerum in his, quae
donata sunt nobis, ut ibidem dicit .1. Corinthiorum .2. Vides 30
ergo, quam oscitanter hos locos scripturae inspexeris et tam
apte citaris, quam apte citas fere omnia pro libero arbitrio.

608 W   Sic et exempla tua, quae subiungis, non sine | suspitione et
aculeo, nihil faciunt ad rem, qualia de distinctione personarum,
de conglutinatione naturae diuinae et humanae, de peccato 35
irremissibili, quorum ambiguitatem dicis nondum esse resectam.
Si de Sophistarum quaestionibus circa has res agitatis, intelligis,
quid tibi fecit innocentissima scriptura, ut abusum sceleratorum
hominum obiicias illius puritati?   Scriptura simpliciter con-

---

3 δ Ia 7, z. 22.   höhle bei Corycos in Cilicien   8 Lc. 24, 45
9 Ps. 19, 5 | Rö. 15, 4   10 2. Ti. 3, 16   16 2. Ko. 3, 15
17 2. Ko. 4, 3 f.   24 δ Ia 7, s. 6, z. 2   30 1. Ko. 2, 12
33 δ Ia 9, z. 15 ff.

fitetur trinitatem Dei et humanitatem Christi et peccatum
irremissibile, Nihil hic obscuritatis aut ambiguitatis. Quibus
uero modis ista habeant, Scriptura non dicit, ut tu fingis, nec
opus est nosse, Sophistae hic sua somnia tractant, illos argue
5 et damna, et scripturas absolue. Si uero | intelligis de ipsa 609 W
rei substantia, iterum non scripturas, sed Arrianos argue, et
eos, quibus opertum est Euangelion, ut clarissima testimonia
de | diuinitatis trinitate et humanitate Christi, per operationem 127 E
Satanae dei sui non uideant. Et ut breuiter dicam, Duplex
10 est claritas scripturae, sicut et duplex obscuritas, Vna externa
in uerbi ministerio posita, altera in cordis cognitione sita. Si
de interna claritate dixeris, nullus homo unum iota in scripturis
uidet, nisi qui spiritum Dei habet, omnes habent obscuratum
cor, ita, ut, si etiam dicant et norint proferre omnia scripturae,
15 nihil tamen horum sentiant aut uere cognoscant; neque credunt
Deum, nec sese esse creaturas Dei, nec quicquam aliud, iuxta
illud Psal. 13: Dixit insipiens in corde suo: Deus nihil est.
Spiritus enim requiritur ad totam scripturam et ad quamlibet
eius partem intelligendam. Si de externa dixeris, Nihil prorsus
20 relictum est obscurum aut ambiguum, sed omnia sunt per
uerbum in lucem producta certissimam, et declarata toto orbi,
quaecunque sunt in scripturis.

 Sed illud magis est intolerabile, quod caussam hanc lib.
arbi. inter ea numeras, quae sunt inutilia et non necessaria,
25 Et loco eius nobis recenses, quae ad pietatem Christianam
satis esse iudices, qualem formam certe describeret facile
quilibet Iudaeus aut gentilis Christi prorsus ignarus, nam
Christi ne uno quidem iota mentionem facis, ac si sentias,
Christianam pietatem sine Christo esse posse, tantum si Deus
30 natura clementissimus totis uiribus colatur. Quid hic dicam,
Erasme? Totus Lucianum spiras, et inhalas mihi grandem
Epicuri crapulam. Si tu hanc caussam non necessariam ducis
Christianis, cede quaeso ex harena, nihil tibi et nobis, Nos
necessariam ducimus. Si est irreligiosum, si est curiosum, si
35 superuacaneum, ut tu dicis, | scire, An Deus contingenter praesciat 610 W
aliquid, An uoluntas nostra aliquid agat in his quae pertinent
ad aeternam salutem, uel | tantum patiatur ab agente gratia, 128 E
An, quicquid boni uel mali facimus, mera necessitate faciamus,
uel patiamur potius, quid rogo erit tum religiosum? quid graue?
40 quid utile scitu? Hoc prorsus nihil ualet, Erasme, das ist zu
uiel, Difficile est hoc tribuere ignorantiae tuae, ut qui iam

---

17 Ps. 14, 1 24 ᵭ I a 8, z. 10ff. 35 ib. z. 24 ff.

senex et inter Christianos uersatus, et sacras literas diu me-
ditatus, non relinquis locum, quo te excusemus aut bene de
te cogitemus. Et tamen haec portenta tibi ignoscunt Papistae
et ferunt, ea gratia, quod in Lutherum scribis, alioqui te
dentibus laceraturi, si Lutherus abesset, et talia scriberes. 5
Amicus Plato, Amicus Socrates, sed praehonoranda ueritas.
Nam ut parum intelligeres in scripturis et pietate Christiana,
certe hoc uel hosti Christianorum sciendum erat, quid Chri-
stiani necessarium et utile, et quid non tale haberent. Tu uero
Theologus·et Christianorum magister, praescripturus illis for- 10
mam Christianismi, non saltem more Sceptico tuo, dubitas,
quid necessarium et utile illis sit, sed plane in diuersum
laberis, et iam contra ingenium tuum assertione inaudita
iudicas, ea non esse necessaria, quae nisi necessaria et cognita
certo fuerint, nec Deus, nec Christus, nec Euangelion, nec 15
fides, nec quicquam reliquum est, ne Iudaismi quidem, multo
minus Christianismi. Deum immortalem, Erasme, quantam
fenestram, imo quantum campum aperis contra te agendi et
dicendi! Quid tu de lib. arbi. boni aut recti scriberes, qui
tantam ignorantiam scripturae et pietatis his uerbis tuis con- 20
fiteris? Sed contraham uela, nec meis uerbis hoc loco (quod
infra forte faciam), sed tuis uerbis agam tecum.

611 W   ¹ Forma Christianismi a te descripta inter caetera hoc
habet, ut totis uiribus enitamur, adeamus remedium penitentiae,
ac domini misericordiam modis omnibus ambiamus, sine qua 25
nec uoluntas humana efficax est nec conatus. Item nemini
129 E desperandam esse ueniam a Deo natura clementissimo. ¹ Haec
uerba tua, sine Christo, sine spiritu, ipsa glacie frigidiora, ita
ut etiam uitium in illis patiatur eloquentiae tuae decor, quae
misero uix extorsit metus forsitan pontificum et tyrannorum, 30
ne prorsus Atheos uidereris, hoc tamen asserunt, Esse uires
in nobis, Esse nisum totis uiribus, Esse misericordiam Dei,
Esse modos ambiendi misericordiam, Esse Deum natura
iustum, natura clementissimum etc. Si quis igitur ignoret,
quid sint illae uires, quid possint, quid patiantur, quis nisus 35
eorum, quae efficacia, quae inefficatia, quid ille faciet? quid
tu illum facere docebis? Irreligiosum (inquis), curiosum et
superuacaneum est nosse uelle, an uoluntas nostra aliquid
aget in iis, quae pertinent ad aeternam salutem, an tantum
patiatur ab agente gratia. At hic dicis contra, Esse pietatem 40
Christianam, Eniti totis uiribus, et sine misericordia Dei uolun-

tatem non efficacem esse. Hic plane asseris uoluntatem aliquid
agere in iis, quae pertinent ad aeternam salutem, dum eam
fingis enitentem, At rursus patientem, dum sine misericordia
dicis inefficacem, licet non definias, quatenus illud agere et
5 pati intelligendum sit, data opera facturus ignaros, quid ualeat
misericordia Dei, quid ualeat uoluntas nostra, eo ipso, quo
doces, quid faciat uoluntas nostra, et misericordia Dei. sic te
rotat tua illa prudentia, qua neutri partium adherere statuisti,
et inter scyllam et charibdim tuto euadere, ut medio mari
10 fluctibus obrutus et confusus, omnia asseras quae negas, et
neges quae asseris.

Similitudinibus aliquibus tibi tuam Theologiam ob oculos
ponam: Bonum Poema uel orationem facturus, non cogitet,
nec quaerat, quale sit ingenium, quid possit, quid non possit,
15 quid requirat argumentum susceptum, planeque omittat illud
praeceptum Horatii: Quid ualeant humeri, quid ferre recusent,
sed solum opus praeceps tentet, et cogitet: Enitendum est,
ut fiat, curiosum et superuacaneum ¹ est quaerere, utrum sup- 130 K
petat tanta eruditio, tanta facundia, tanta uis ingenii; — Aut si
20 quis uberes fructus ex agro sit recepturus, non sit curiosus
superuacanea cura explorandi ingenii ¹ terrae, sicut Virgilius in 612 W
Georgicis curiose et frustra docet, sed feratur temere, nihil
nisi opus cogitet, aret littus, semina mandet, quaqua patet,
siue arena siue limus; — Aut si quis bellum gesturus uictoriam
25 pulchram petat, uel aliud quidpiam officium in re publica
praestare debet, non sit curiosus, consultando, quid possit, an
aerarium sufficiat, an milites apti sint, an copia facti ulla sit,
prorsusque contemnat illud Historici: Antequam facias, con-
sulto, ubi consulueris, mature facto opus est, sed irruat caecis
30 oculis et auribus clausis, nihil nisi: 'bellum, bellum' uociferet
et operi instet, — Quid rogo, Erasme, de talibus Poetis, agri-
colis et imperatoribus et Principibus iudicabis? Addam illud
Euangelicum: Siquis turrim aedificaturus, non prius sedens
computet sumptus, an habeat ad perficiendum, Quid de illo
35 iudicat Christus?

¹ Sic tu quoque nobis facta decernis sola, uetas uero 613 W
primum explorare et metiri aut nosse uires, quid possimus
et non possimus, tanquam hoc sit curiosum et superuacaneum
et irreligiosum. Ita, dum nimia prudentia temeritatem detestaris
40 et sobrietatem praetendis, eo peruenis, ut summam temeri-

---

16 Hor. ars poet. 39 f.   22 Verg. Georg. 50 ff.   28 Sall. de
coniur. Cat. 1   33 Lc. 14, 28

tatem etiam doceas. Nam ut Sophistae temerarii et insani sint
facto, dum curiosa tractant, mitius tamen peccant quam tu,
qui etiam doces et iubes insanire et temere ferri, Atque, quo
maior sit insania, hanc temeritatem nobis pulcherrimam
Christianamque pietatem, sobrietatem, religiosam grauitatem 5
et salutem esse persuades, ni ita faciamus, irreligiosos, curiosos
et uanos nos asseris, assertionum tantus hostis, et pulchre
euasisti Scyllam, dum uitasti Charibdim. Sed huc te perpellit
fiducia ingenii tui, qui credis sic te posse per eloquentiam
131 E omnibus ingeniis imponere, ut nullus queat | persentiscere, 10
quid alas in animo et quid moliaris lubricis illis scriptis tuis.
Deus uero non irridetur, in quem non est bonum impingere.
Porro si hanc temeritatem nos docuisses in poematibus
faciendis, in fructibus parandis, in bellis et officiis obeundis,
aut domibus aedificandis, quanquam est intollerabilis, prae- 15
sertim in tanto uiro, tamen aliqua uenia dignus tandem eras,
saltem apud Christianos, qui temporalia contemnunt, At cum
Christianos ipsos iubeas temerarios operarios fieri, et in salute
aeterna paranda incuriosos esse mandas, quid possint et non
possint, hoc plane peccatum est uere irremissibile. Nescient 20
enim, quid faciant, dum ignorant, quid et quantum possunt,
Ignorantes autem, quid faciant, penitere (si errent) non possunt,
Impenitentia autem peccatum irremisibile est, Atque huc ducit
nos tua illa moderata Sceptica Theologia.
614 W | Igitur non est irreligiosum, curiosum aut superuacaneum, 25
sed imprimis salutare et necessarium Christiano, nosse, an
uoluntas aliquid uel nihil agat in iis, quae pertinent ad salutem,
Imo, ut scias, hic est cardo nostrae disputationis, hic uersatur
status causae huius, Nam hoc agimus, ut disquiramus, quid-
nam possit lib. arbi., quid patiatur, quo modo se habeat ad 30
gratiam Dei. Haec si ignorauerimus, prorsus nihil Christia-
narum rerum noscemus, erimusque omnibus gentibus peiores.
Qui hoc non sentit, fateatur sese non esse Christianum, Qui
uero reprehendit uel contemnit, sciat sese esse summum
Christianorum hostem. Nam si ignorauero, quid, quatenus 35
et quantum ego possum et faciam erga Deum, pariter incertum
et ignotum mihi erit, quid, quatenus et quantum Deus in
me potest et faciat, cum Deus operetur omnia in omnibus.
Ignoratis uero operibus et potentia Dei, Deum ipsum ignoro,
Ignorato Deo, colere, laudare, gratias agere, seruire Deo non 40
possum, dum nescio, quantum mihi tribuere, quantum Deo

---

12 Ga. 6, 7   38 1. Ko. 12, 6

debeo. Oportet igitur certissimam distinctionem habere inter
uirtutem Dei et ¹ nostram, inter opus Dei et nostrum, si ₁₃₂ E
uolumus pie uiuere. Ita uides, hoc problema esse partem
alteram totius summae Christianarum rerum, in quo pendet
5 et periclitatur cognitio suiipsius, cognitio et gloria Dei.
Quare non est ferendum in te, Mi Erasme, ut hoc nosse irreligiosum,
curiosum et uanum apelles. Mülta tibi debemus, Sed pietati
omnia debemus. Quin tu ipse totum bonum nostrum Deo
ascribendum esse sentis, idque asseris in forma tui Christianismi;
10 Hoc autem asserto, certe simul asseris, Dei misericordiam
solam omnia agere et uoluntatem nostram nihil agere, sed
potius pati, alioqui non totum Deo tribuetur; At paulo post,
negas, id asserere uel nosse esse religiosum, pium et salutare.
Sed sic loqui cogitur mens sibiipsi non constans, in rebus
15 pietatis incerta et imperita.

Altera pars summae Christianae est, Nosse, an Deus
contingenter aliquid praesciat, et an omnia faciamus necessitate.
Et hanc etiam irreligiosam, curiosam, et uanam facis, sicut et
omnes impii faciunt, Quin daemones et damnati exosam et
20 execrabilem faciunt. Neque stultus es, si istis quaestionibus te
eximis, modo id fieri liceat. Sed interim parum bonus Rhetor
et Theologus es, qui de lib. arbi. sine istis partibus dicere
et docere praesumis. Fungar cotis uice et ipse non rhetor,
egregium rhetorem officii sui monebo. Si de oratoria scripturus,
25 sic diceret Quintilianus: meo iudicio, illa stulta et superuaca-
nea, de inuentione, dispositione, elocutione, memoria, pronun-
ciatione, omittenda sunt, satis sit nosse, oratoriam esse bene-
dicendi peritiam, nonne rideres artificem? Non aliter tu
quoque facis. scripturus de lib. arbit. abigis et abiicis primum
30 totum corpus et omnes partes artificii eius de quo scripturus
es. Nam fieri non potest, ut scias, quid sit lib. arb., ¹ nisi scieris, ₁₃₃ E
quid possit uoluntas humana, Quid Deus faciat, an necessario
praesciat. Nonne et rhetores tui docent, De causa aliqua
dicturum, ¹ oportere dicere, Primum an sit, deinde quid sit, ₆₁₅ W
35 quae eius partes, quae contraria, affinia, similia etc? Tu
uero miserum illud per sese lib. arb. his omnibus spolias, et
nullam quaestionem de eo definis, nisi unam illam primam,
scilicet, an sit, idque argumentis talibus, qualibus uidebimus,
ut ineptiorem librum de lib. arb. non uiderim, excepta ora-
40 tionis elegantia. Sophistae sane melius hic saltem dialecti-
cantur, quando rhetoricari nesciunt, qui lib. arb. aggressi,

9 δ Ia 8, z. 16 f.

definiunt omnes quaestiones eius, An sit, quid sit, quid faciat,
quomodo habeat etc., licet et ipsi non efficiunt quod tentant.
Vrgebo igitur hoc libello te et Sophistas omnes, donec lib.
arb. uires et opera mihi definiatis, Et sic urgebo (Christo
propitio), ut sperem me adacturum te ad penitentiam editae 5
diatribes tuae.

Est itaque et hoc imprimis necessarium et salutare Chri-
stiano, nosse, quod Deus nihil praescit contingenter, sed quod
omnia incommutabili et aeterna, infallibilique uoluntate et
praeuidet et proponit et facit. Hoc fulmine sternitur et con- 10
teritur penitus lib. arb.; ideo qui lib. arb. uolunt assertum,
debent hoc fulmen uel negare uel dissimulare, aut alia ratione
a se abigere. Antequam uero id mea disputatione et scripturae
auctoritate firmem, prius tuis uerbis ipsum tractabo. Nonne
tu es, mi Erasme, qui asseruisti paulo ante, Deum natura 15
iustum, natura clementissimum? Si hoc uerum est, nonne
sequitur, quod incommutabiliter sit iustus et clemens? ut quem-
admodum natura eius non mutatur inaeternum, ita nec eius
iustitia et clementia. Quod autem de iustitia et clementia
dicitur, etiam de scientia, sapientia, bonitate, uoluntate et 20
aliis diuinis rebus dici oportet. Si igitur haec religiose, pie
et salubriter de Deo asseruntur, ut tu scribis, Quid accidit
tibi, ut tibi ipsi dissidens, irreligiosum, curiosum, ac uanum
134 E nunc as'seras, dicere, Deum necessario praescire? Scilicet
uoluntatem immutabilem Dei praedicas esse discendam, immu- 25
tabilem eius uero praescientiam nosse uetas. An tu credis,
quod nolens praesciat, aut ignarus uelit? Si uolens praescit,
aeterna est et immobilis (quia natura) uoluntas, si praesciens
uult, aeterna est et immobilis (quia natura) scientia.

Ex quo sequitur irrefragabiliter: omnia quae facimus, 30
omnia quae fiunt, etsi nobis uidentur mutabiliter et con-
tingenter fieri, reuera tamen fiunt necessario et immutabiliter,
si Dei uoluntatem spectes. Voluntas enim Dei efficax est,
quae impediri non potest, cum sit naturalis ipsa potentia Dei,
Deinde sapiens, ut falli non possit. Non autem impedita 35
616 W uoluntate, opus ' ipsum impediri non potest, quin fiat, loco,
tempore, modo, mensura, quibus ipse et praeuidet et uult.
Si talis esset uoluntas Dei, quae peracto opere eodemque
manente, cessaret, qualis est hominum uoluntas, ubi aedi-
ficata domo, quam uolunt, cessat uelle, ut in morte desinit, 40
tum uere posset dici, aliquid contingenter et mutabiliter fieri.

16 δ I a 8, z. 20 u. 22

At hic contra fit, opus desinit et uoluntas permanet, tantum
abest, ut ipsum opus, dum fit et permanet, contingenter esse
aut permanere possit. Contingenter autem fieri dicitur (ne
uocabulis abutamur) latina lingua non, ipsum opus contingens
5 fieri, sed, contingente et mutabili uoluntate fieri, qualis in Deo
non est. Deinde contingens opus dici non potest, nisi quod
nobis contingenter et uelut casu imprudentibusque nobis fit,
Quia nostra uoluntas uel manus illud arripit uelut casu ob-
latum, ut qui nihil de eo aut cogitauimus aut uoluimus antea.
10 ¹ Sudauerunt hic sophistae iam multis annis et tandem 135 E
uicti, coacti sunt concedere, Omnia quidem necessario fieri
necessitate consequentiae (ut dicunt), sed non necessitate con-
sequentis. Sic eluserunt uiolentiam ¹ istius quaestionis. uerum 617 W
et seipsos potius illuserunt. Quam sit enim hoc nihil, non
15 grauabor ostendere. Necessitatem consequentiae uocant, ut
crasse dicam: Si Deus aliquid uult, necesse est, ut ipsum fiat,
sed non est necesse, ut id sit, quod fit, Solus Deus enim
necessario est, omnia alia possunt non esse, si Deus uelit.
Ita actionem Dei necessariam dicunt, si uolet, sed factum
20 ipsum non esse necessarium. Quid autem istis ludibriis uer-
borum efficiunt? Id scilicet, facta res non est necessaria, id
est, non habet essentiam necessariam hoc est aliud nihil
dicere quam: res facta non est Deus ipse. Nihilominus manet
illud, ut omnis res necessario fiat, si actio Dei necessaria uel
25 consequentiae necessitas est, quantumlibet iam facta non sit
necessario, id est, non sit Deus, uel non habeat essentiam
necessariam. Si enim ego fio necessario, parum me mouet,
quod esse meum uel ¹ fieri sit mutabile; nihilominus ego ille 136 E
contingens et mutabilis, qui non sum Deus necessarius, fio.
30 Quare illorum ludibrium, Necessitate consequentiae, sed non
necessitate consequentis omnia fieri, nihil aliud habet quam
hoc: Omnia quidem necessario fiunt, sed sic facta, non sunt
ipsemet Deus. Quod uero opus erat hoc nobis dicere? quasi
metuendum fuerit, ut factas res assereremus Deum esse, uel
35 diuinam et necessariam naturam habere. Adeo stat et permanet
inuicta sententia, Omnia necessitate fieri. Nec est hic ulla
obscuritas aut ambiguitas. In Esaia dicit: Consilium meum
stabit et uoluntas mea fiet. Quis enim puer non intelligit,
quid uelint haec uocabula: Consilium, uoluntas, fiet, stabit?
40 Sed cur nobis Christianis illa sunt abstrusa, ut irreligiosum
et curiosum ac uanum sit, illa tractare et nosse, cum talia

---

12 Zickendraht, Streit s. 182   37 Jes. 46, 10

gentiles Poetae et ipsum uulgus usu communissimo terat in
ore? Quoties unus Virgilius fatum ¹ memorat? Certa stant
omnia lege. Item: stat sua cuique dies. Item: Si te fata
uocant. Item: Siqua fata aspera rumpas. Nihil ille Poeta
aliud facit, quam ut in Troia uastata, et Romano imperio ⁵
suscitando, fatum plus ualere quam omnium hominum studia,
significet, atque adeo necessitatem et rebus et hominibus
imponere. Denique Deos suos immortales fato subiicit, cui
necessario caedant et ipse Iuppiter et Iuno. Inde finxerunt
parcas illas tres, immutabiles, implacabiles, irreuocabiles. ¹⁰
Senserunt illi sapientes uiri, id quod res ipsa cum experientia
probat, nulli hominum unquam sua consilia processisse, sed
omnibus alio quam cogitarunt, rem cecidisse. Si pergama
potuissent dextra defendi, etiam hac defensa fuissent, ait
Hector Virgilii. Inde uulgatissimum uerbum in omnium ore: ¹⁵
Quod Deus uult, fiat, Item: Si uolet Deus, ¹ faciemus, Item:
Sic uoluit Deus, Sic placitum superis, Sic uoluistis, ait Vir-
gilius, ut uideamus, in uulgo non minus relictam esse scientiam
praedestinationis et praescientiae Dei, quam ipsam notitiam
diuinitatis, Et ii, qui sapientes uoluerunt uideri, suis dispu- ²⁰
tationibus eo abierunt, donec obscurato corde, stulti fierent,
Roma. 1. et negarent uel dissimularent ea, quae Poetae et
uulgus, atque ipsorummet conscientia pro usitatissimis, cer-
tissimis et uerissimis habent.

Vltra dico, non modo, quam ista sint uera, de quo infra ²⁵
latius ex scripturis dicetur, uerum etiam, quam religiosum,
pium et necessarium sit ea nosse. His enim ignoratis, neque
fides, neque ullus Dei cultus consistere potest. Nam hoc esset
uere Deum ignorare, cum qua ignorantia salus stare ¹ nequit,
ut notum est. Si enim dubitas, aut contemnis nosse, quod ³⁰
Deus omnia, non contigenter, sed necessario et immutabiliter
praesciat et uelit, quomodo poteris eius promissionibus cre-
dere, certo fidere ac niti? Cum enim promittit, certum oportet
te esse, quod sciat, possit et uelit praestare, quod promittit,
Alioqui eum non ueracem, nec fidelem aestimabis, quae est ³⁵
incredulitas et summa impietas et negatio Dei altissimi. At
quo modo certus et securus eris, nisi scieris illum certo et
infallibiliter et immutabiliter, ac necessario scire et uelle et
facturum esse, quod promittit? Neque solum certos oportet
nos esse, Deum necessario et immutabiliter uelle et facturum, ⁴⁰

---

2 Verg. Aen. 2, 324   3 ib. 6, 883; 7, 314   4 ib. 10, 465
15 ib. 2, 291 f.   22 Rö. 1, 21

sed etiam gloriari in hoc ipso, ut Paulus Rom. 3: Esto autem
Deus uerax, omnis homo mendax, Et iterum: Non quod ex-
ciderit uerbum Dei, Et alibi: Fundamentum Dei firmum stat,
habens signaculum hoc: Nouit dominus, qui sunt eius. Et
5 Tit. 1: Quam promisit Deus non mendax, ante tempora
saecularia. | Et Ebre. 11: Oportet accedentem credere, quod 138 E
Deus sit, et in se sperantibus remunerator sit.

Itaque fides Christiana prorsus extinguitur, promissiones
Dei et uniuersum Euangelion penitus corruit, si doceamur et
10 credimus, non esse nobis sciendam praescientiam Dei ne-
cessariam, necessitatemque faciendorum. Christianorum enim
haec una et summa consolatio est in omnibus aduersitatibus,
nosse, quod Deus non mentitur, sed immutabiliter omnia facit,
et uoluntati eius neque resisti, neque eam mutari aut impediri
15 posse. Tu nunc uide, Mi Erasme, quorsum nos tua illa
abstinentissima, pacis amicissima Theologia ducat! Tu auocas
et uetas nos eo niti, ut praescientiam Dei et necessitatem
in rebus et hominibus discamus, sed consulis, talia relinquere,
uitare et contemnere. Qua opera tua inconsulta simul nos
20 doces, ut | ignorantiam Dei, quae sua sponte uenit et agnata 620 W
quoque est, quaeramus, fidem contemnamus, promissiones Dei
deseramus, omnia solatia spiritus et certitudines conscientiae
nihili faciamus, Qualia uix Epicurus ipse praescriberet. Deinde
hoc non contentus, irreligiosum, curiosum, uanumque uocas,
25 qui talibus studuerit cognoscendis, religiosum uero, pium ac
sobrium, qui contempserit. Quid his uerbis igitur aliud struis,
quam Christianos esse curiosos, uanos et irreligiosos, Chri-
stianismum esse rem prorsus nullius momenti, uanam et stultam
ac plane impiam? Ita fit iterum, ut, dum nos maxime de-
30 terrere uis a temeritate, more stultorum in contrarium raptus,
nihil doces, nisi summas temeritates, impietates, perditiones.
Sentisne in hac parte libellum tuum esse adeo impium,
blasphemum ac sacrilegum, ut nullum habeat uspiam similem?

Non de animo tuo dico, ut supra dixi, Neque enim sic
35 perditum te existimo, quod haec uelis docere aut fieri ex
animo, Sed ut ostenderem tibi, quanta portenta cogatur
imprudenter effutire, qui malam caussam susceperit agendam,
Deinde quid sit in diuinas res et literas impingere, dum
aliorum obsequio personam sumimus, et inuita conscientia
40 | alienae scenae seruimus. Non est ludus neque iocus, sacras 139 E

---

1 Rö. 3, 4   2 Rö. 4, 21   3 2. Ti. 2, 19   5 Tit. 1, 2
6 Hbr. 11, 6

literas et pietatem docere, facillime enim hic contingit lapsus
ille, de quo Iacobus dicit: Qui offendit in uno, fit omnium
reus.   Ita fit enim, ut, cum modicum uideamur uelle nugari,
nec satis reuerenter sacras literas habemus, mox impietatibus
inuoluamur, blasphemiisque immergamur, sicut hic tibi contigit, 5
Erasme, Dominus ignoscat tibi et misereatur tui.   Quod uero
Sophistae in his rebus tot quaestionum examina pepererunt,
et multa alia inutilia miscuerunt, qualia multa recenses, scimus
et confitemur tecum, acriusque insectati sumus et magis quam
tu, Sed tu imprudenter et temere facis, qui puritatem sacra- 10
rum rerum misces, confundis, et assimilas cum prophanis et
stultis quaestionibus impiorum.   Conspurcarunt illi aurum et
mutauerunt colorem bonum, ut Ieremias ait, sed non simul
aurum cum stercore comparandum et abiiciendum est, ut tu
facis, Vindicandum aurum ab illis, et secernenda pura scri- 15
ptura ab illorum fecibus et sordibus, id quod mei semper
fuit studii, ut alio loco haberentur diuinae literae, alio illorum
nugae.   Nec nos mouere debet, quod nihil istis quaestionibus
profectum sit, nisi quod magno concordiae dispendio minus
amamus dum plus satis uolumus sapere.   Nobis non est 20
quaestio, quid Sophistae quaestionarii profecerint, sed quo-
modo nos boni et Christiani fiamus, nec debes doctrinae
Christianae imputare, quod impii male agunt, Ea enim nihil
sunt ad propositum, et poteras alio loco dicere et papyro
parcere.   25
      Tertio capite, pergis nos modestos et quietos illos Epi-
curos reddere, alio genere consilii, nec sanioris, quam sunt
621 W praedicta duo.   Videlicet, quod [1] quaedam eius generis sunt,
ut, etiamsi uera essent et sciri possent, non tamen expediret
ea prostituere promiscuis auribus.   Et hic iterum confundis 30
140 E et misces omnia, more [1] tuo, ut prophanis aeques sacra, nullo
prorsus discrimine, Iterum lapsus in scripturae et Dei con-
temptum et iniuriam.   Dixi superius, Ea quae sacris literis
aut traduntur aut probantur, esse non modo aperta, sed et
salutaria, ideo tuto inuulgari, disci et sciri posse, imo debere, 35
ut falsum sit, quod dicis, non esse prostituenda promiscuis
auribus, si de iis, quae in scriptura sunt, dicis, Nam de aliis
si dixeris, nihil ad nos, nec in loco dixeris, sed uerbis chartas
et tempora perdis.   Deinde nosti, mihi cum Sophistis nulla
in re conuenire, ut merito mihi parceres, nec eorum abusus 40

---

    2 Ja. 2, 10   8 δ Ia 9, s. 8, z. 2 ff.   13 Klagel. 4, 1
18 δ Ia 9, s. 8, z. 6 ff.   28 ib. z. 9 ff.

mihi obiiceres. Contra me enim in libro isto tibi dicendum
erat. Scio, quid peccent Sophistae, nec te magistro opus
habeo, et satis sunt a me repraehensi, Hoc semel dictum
uelim ac repetitum, quoties me Sophistis misces, et causam
5 meam illorum insania grauas, Inique enim facis, quod optime
nosti.

    Iam uideamus rationes consilii tui! Deum esse secundum
naturam in antro scarabei uel etiam cloaca (quod tu uereris
dicere, et arguis Sophistas ita garrire) non minus quam in
10 coelo, etiamsi uerum esset, putas tamen irrationabiliter dis-
putari apud multitudinem. Primum, garriant qui garriant,
ꟾ nos non de facto hominum hic disputamus, sed de iure et 6a: W
lege, non ut uiuamus, sed ut uiuere debeamus. Quis nostrum
ubique recte uiuit et agit? At ideo ius et doctrina non
15 damnatur, sed nos potius - damnat. Sed tu ista peregrina
longe petis, et undique corradis multa, quod te male habet
unus ille locus, de praescientia Dei, quem cum nulla ratione
potes uincere, multiloquio inani lectorem interim fatigare
conaris. Sed eant illa, Ad rem redeamus. Quorsum igitur
20 hoc tendit, ut quaedam non uulganda censeas? An caussam
libe. arbi. inter ea numeras? Tum redibit contra te totum,
quod supra dixi de necessitate discendi libe. arbitrii. Deinde,
cur tu ipse te non sequeris et omittis diatriben tuam? ꟾ Si 141 E
bene facis lib. arbi. tractando, cur uituperas? si malum est,
25 cur facis? Si uero non inter ea numeras, iterum causae
statum interim fugis, et non in loco uerbosus Orator aliena
tractas.

    Nec tamen recte hoc exemplum tractas, et inutiliter dis-
putari coram multitudine damnas illud, Deum esse in antro
30 uel cloaca, Nimis enim humana cogitas de Deo. Fateor
quidem, esse quosdam leues concionatores, qui nulla religione
aut pietate, sed uel cupiditate gloriae, aut studio nouitatis
alicuius, ꟾ aut impatientia silentii leuissime garriunt ac nugantur, 6a3 W
At ii non placent, neque Deo, neque hominibus, etiam si
35 Deum asserant esse in coelo coelorum. Verum ubi graues
et pii concionatores sint, qui modestis, puris et sanis uerbis
docent, illi sine periculo, imo magno fructu tale coram multi-
tudine dicunt. Nonne oportet nos omnes docere, filium Dei
fuisse in utero uirginis et natum ex uentre? At quantum
40 distat uenter humanus ab alio quouis immundo loco? Et
quis non faede ac turpiter posset illum definire? At illos

merito damnamus, cum abundent uerba pura, quibus eam
necessitatem etiam cum decore et gratia dicimus.   Item Christi
ipsius corpus fuit humanum sicut nostrum, Quo quid faedius?
Num ideo non dicemus Deum habitasse corporaliter in eo,
quod Paulus dixit?   Quid faedius morte?   Quid horribilius 5
inferno?   At Propheta Deum esse secum in morte et in in-
ferno sibi adesse, gloriatur.

Igitur Pius animus non exhorret audire, Deum esse in
morte, uel in inferno, quorum utrunque horribilius ac faedius
est antro uel cloaca, imo, cum scriptura testetur Deum esse 10
ubique, et replere omnia, non solum dicit eum esse in locis
illis, uerum necessario discet et noscet eum ibi esse, Nisi forte,
si qua per tyrannum captus in carcerem aut in cloacam
proiicerer, quod multis sanctis contigit, non mihi licebit, Deum
ibi inuocare, uel credere mihi adesse, donec uenero in tem- 15
plum aliquod ornatum.   Si ita nugandum de Deo nos docueris,
142 E et locis essentiae eius offenderis, nec in | coelo eum nobis
residere tandem permittes, neque enim coeli coelorum eum
capiunt, neque digni sunt.   Verum ut dixi, more tuo sic odiose
pungis, ut causam nostram graues et exosam reddas, quod 20
uideres eam tibi insuperabilem et inuictam.   Alterum exem-
plum, tres esse Deos, fateor esse offendiculo, si doceatur; nec
est uerum nec scriptura docet, Sed Sophistae sic loquuntur,
et nouam Dialecticam finxerunt, Verum haec quid ad nos?

Reliquum de confessione et satisfactione, mirum est, 25
624 W quam foelici pru|dentia causeris, et ubique, sicut soles, super
aristas graderis, ne uideare nec nostra simpliciter damnare,
nec Pontificum tyrannidem offendere, id quod tibi minime
tutum est.   Itaque sepositis interim Deo et conscientia (Quid
enim ad Erasmum, quid ille in his rebus uelit, et quid huic 30
expediat) in laruam externam ruis, et uulgus accusas, quod
praedicatione liberae confessionis et satisfactionis pro sua
malicia abutitur in libertatem carnis, Necessitate uero con-
fitendi (ut dicis) utcunque cohibetur.   O praeclara et egregia
ratio!   Hoccine est Theologiam docere?   Animas ligare legi- 35
bus et (ut Ezechiel dicit) mortificare, quae ligatae non sunt
a Deo?   Scilicet hac ratione nobis suscitas uniuersam
tyrannidem Pontificiarum legum, tanquam utilem et salutarem,
quia et illis quoque cohibetur uulgi malicia.   Sed nolo inuehi,

---

5 Kol. 2, 9   6 Ps. 139, 8   19 Jer. 23, 24   21 δ 1a 9,
s. 8, z. 15 ff.   25 ebd. s. 9, z. 1 ff.   27 auf eiern gehst (Hier. ep.
82, 5; MSL. 22, 739)   31 stürzst dich auf äusserlichkeiten   36 Ez.
13, 18 f.

quemadmodum meretur hic locus, Rem breuiter dicam. Bonus
Theologus sic docet: Vulgus coercendum est externa ui gladii,
ubi male egerit, sicut Paulus docet Roma. 13, non autem
conscientiae eorum falsibus legibus irretiendae sunt, ut peccatis
5 diuexentur, ubi peccata non esse Deus uoluit. Solius enim
Dei praecepto conscientiae ligantur, ut media illa tyrannis
Pontificum, quae falso terret et occidit animas intus, et foris
frustra fatigat corpus, e medio prorsus tollatur. Quia etsi
foris cogit ad confessionem aliaque onera, tamen per haec
10 animus non cohibetur, sed magis exasperatur ad odium Dei
et hominum, et frustra in externis excarnificat corpus, facitque
meros hypocritas, ita ¦ ut legum eiusmodi tyranni aliud non ₁₄₃ E
sint, quam lupi rapaces, fures et latrones animarum. Et hos
tu, bonus animarum consul, nobis commendas rursus, hoc est,
15 auctores crudelissimorum animicidarum, ut mundum hypocritis,
Deum blasphemantibus et contemnentibus in corde repleant,
ut foris in modico coerceantur, quasi alius modus coercendi
non sit, qui nullos hypocritas facit, et sine conscientiarum
perditione fit, ut dixi.
20   ¦ Hic allegas similitudines, quibus uis abundare et aptissime ₆₂₅ W
uti uideri, Esse scilicet morbos, qui minore malo tolerentur,
quam tollantur, ut lepra etc, Item addis exemplum Pauli,
qui discreuerit inter ea quae licent et quae expediunt. Licet
(inquis) uerum dicere, uerum non expedit apud quosuis, nec
25 quolibet tempore, nec quouis modo. Quam copiosus Orator!
nihil tamen intelligens, quid loquaris. In summa, sic agis
causam hanc, quasi res tibi mecum esset de periculo pecuniae
reparabilis, aut alterius cuiuspiam rei leuissimae, cuius dis-
pendio, tanquam longe uilioris, quam sit externa illa pax,
30 non debeat ullus adeo moueri, quin caedat, faciat, patiatur,
pro loco, ne sic tumultuari necesse sit mundum. Plane igitur
significas, pacem istam et tranquillitatem carnis tibi longe
praestantiorem uideri quam fidem, quam conscientiam, quam
salutem, quam uerbum Dei, quam gloriam Christi, quam
35 Deum ipsum. Ideo dico tibi, atque hoc sensibus imis re-
ponas oro, Mihi rem seriam et necessariam, aeternamque in
hac causa peti, talem ac tantam, ut eam assertam et defensam
oporteat per mortem quoque, etiamsi mundus totus non solum
conflictari et tumultuari debeat, uerum etiam in unum cahos
40 ruere et in nihilum redigi. Haec si tu non capis uel non

---

3 Rö. 13, 4   13 Mt. 7, 15 | Jo. 10, 8   20 ᶂ Ia 9, s. 9, z. 7 ff.
23 I. Ko. 6, 12. 10, 23   28 *reperabilis* A

afficeris, tuam rem age, et sine illos capere et affici, quibus
Deus dedit.

144 B Neque enim ego, Dei gratia, tam stultus et ¹ insanus sum,
qui ob pecuniam, quam nec habeo nec cupio, aut ob gloriam,
quam si uellem, non possem in mundo sic mihi infenso ₅
obtinere, aut ob uitam corporis, quae nullo momento mihi
certa esse potest, tanto animo, tanta constantia, quam tu
peruicatiam uocas, per tot pericula uitae, per tot odia, per
tot insidias, breuiter, per furias hominum et daemonum, hanc
causam tam diu agere et sustinere uellem. An tibi soli putas ₁₀
esse cor, quod istis tumultibus commouetur? Nec nos saxei
sumus, aut ex Marpesiis cautibus nati, Sed, quando aliter fieri
non potest, praeeligimus temporali tumultu collidi, hilares in
gratia Dei, ob uerbum Dei, inuicto et incorruptibili animo
asserendum, quam aeterno tumultu, sub ira Dei, cruciatu in- ₁₅
626 W tolerabili conteri. Christus ¹ faxit, ut animus tuus talis non sit,
sicut opto et spero; certe uerba tua sic sonant, quasi cum
Epicuro fabulas esse putes uerbum Dei et futuram uitam,
dum magisterio tuo nobis auctor esse uis, ut gratia Pontificum
et Principum uel pacis huius certissimum uerbum Dei pro ₂₀
loco intermittamus et caedamus, quo intermisso, Deum, fidem,
salutem et omnia Christiana intermittimus. quanto rectius
Christus nos monet, ut potius totum mundum contemnamus!

Tu dicis uero talia, quod non legis uel non obseruas,
hanc esse fortunam constantissimam uerbi Dei, ut ob ipsum ₂₅
mundus tumultuetur. Idque palam asserit Christus: Non ueni
(inquit) pacem mittere, sed gladium. Et in Luca: Ignem ueni
mittere in terram. Et Paulus .1. Corinth. 6: In seditionibus
etc. Et Propheta Psalmo secundo idem copiose testatur,
asserens tumultuari gentes, fremere populos, insurgere reges, ₃₀
conspirare Principes aduersus dominum et aduersus Christum
eius, quasi dicat: multitudo, altitudo, opes, potentia, sapientia,
iustitia et quicquid est sublime in mundo, sese opponit uerbo
Dei. Vide in Actis Apostolorum, quid accidat in mundo, ob
145 E unius Pauli (ut alios Apostolos taceam) uerbum, ¹ quam unus ₃₅
ille et gentes et Iudaeos commouet, seu, ut ibidem ipsimet
hostes dicunt, totum orbem conturbat. Sub Elia turbatur
regnum Israel, ut rex Ahab queritur. Quantus tumultus fuit
sub aliis Prophetis? dum omnes occiduntur uel lapidantur,

---

12 Marpesus, marmorreicher berg der insel Parus. Verg. Aen.
6, 471   23 Mt. 16, 26   26 Mt. 10, 34   27 Lc. 12, 49
28 2. Ko. 6, 5   29 Ps. 2, 1 f.   37 AG. 17, 6. 24, 5   38 1. Kö.
18, 17

dum Israel ducitur captiuus in Assyrios, item dum Iuda in Babylonem, Haeccine pax fuit? Mundus et Deus eius uerbum Dei ueri ferre non potest nec uult, Deus uerus tacere nec uult nec potest, quid iam illis duobus Diis bellantibus, 5 nisi tumultus fieret in toto mundo?

Hos igitur tumultus uelle sedare, aliud nihil est, quam uelle uerbum Dei tollere et prohibere. Sermo enim Dei uenit mutaturus et innouaturus orbem, quoties uenit. At etiam gentiles scriptores testantur, mutationes rerum sine motu et 10 tumultu, imo sine sanguine fieri non posse. Christianorum iam est, haec praesenti animo expectare et ferre, sicut Christus dicit: Cum audieritis praelia et rumores praeliorum, nolite terreri, oportet primum haec fieri, sed nondum statim finis. Et ego, nisi istos tumultus uiderem, uerbum Dei in mundo 15 non esse dicerem, Nunc cum uideam, gaudeo ex animo et contemno, certissimus, quod Papae regnum cum suis adhaerentibus ruiturum sit, nam hoc inuasit potissimum sermo Dei, qui nunc currit. Video sane te, Mi Erasme, in multis libris queri de istis tumultibus, de amissa pace et concordia, 20 Deinde multa conaris, ut medearis, bono (ut equidem credo) animo, sed ridet medicas tuas ista podagra manus, hic enim uere, quod dicis, contra fluuium nauigas, imo stipula incendium restinguis. Desine queri, desine mederi, tumultus ille diuinitus et ortus est et geritur, non desiturus, donec ut lutum 25 platearum reddat omnes aduersarios uerbi. Quamquam dolendum [1] est, ut opus sit te, tantum Theologum, ista moneri 627 W quasi discipulum, qui aliorum magister esse debueras.

[1] Huc igitur tua pertinet gnome satis pulchra, morbos 146 E quosdam minore malo tolerari quam tolli, qua tu non uteris 30 apposite. Morbos tolerabiles minore malo dicito tumultus istos, motus, turbationes, seditiones, sectas, discordias, bella et siqua talia sunt, quibus propter uerbum Dei totus concutitur et colliditur orbis. haec inquam minore malo, cum sint temporalia, tolerantur, quam ueteres et mali mores, qui35 bus necesse est omnes animas perire, nisi uerbo Dei mutarentur, quo sublato, aeterna bona, Deus, Christus, spiritus tollerentur. Quanto uero praestat, mundum amittere quam Deum creatorem mundi, qui innumerabiles mundos creare denuo potest et infinitis mundis melior est? Quae enim 40 comparatio temporalium ad aeterna? Haec igitur lepra potius

---

12 Mt. 24, 6   22 δ Ia 2, z. 5 (vgl. ThLz. 36, 623)   23 vgl.
Wander, Stroh no. 16—18. 35—37. 93   25 2. Sa. 22, 43 | Ps. 18, 43

est ferenda temporalium malorum, quam ut trucidatis omnibus
animabus aeternaliterque damnatis, mundus ab his tumultibus,
illarum sanguine et perditione, pacaretur et curaretur, cum
una anima totius mundi precio redimi nequeat. Bellas habes
et egregias similitudines et gnomas, sed, cum in rebus sacris 5
agis, pueriliter imo peruerse applicas, humi enim reptas, et
nihil super humanum captum cogitas. Non enim puerilia
neque ciuilia uel humana sunt, quae Deus operatur, sed
diuina, quae captum humanum excaedunt. Velut hos tumultus
et sectas non uides diuino consilio et opere per mundum 10
grassari, et metuis, ne coelum ruat. Ego uero, Deo gratia,
bene uideo, quia alios maiores in futuro saeculo uideo, quo-
rum comparatione isti uelut tenuis aurae sibilus esse uidentur,
aut lenis aquae susurrus.

At dogma de confessionis et satisfactionis libertate, uel 15
negas uel nescis esse uerbum Dei. Haec alia quaestio est.
Nos tamen scimus et certi sumus, esse uerbum Dei, quo
libertas Christiana asseritur, ne traditionibus humanis et legi-
bus sinamus nos illaqueari in seruitutem, Quod alias abunde
docuimus, et, si uoles experiri, parati sumus et tibi dicere uel 20
conserere manus, Extant nostri libelli super his rebus non
147 E pauci. | 'At simul in charitate iuxta tolerandae et seruandae
leges Pontificum, si sic forte sine tumultu constare possit et
aeterna salus per uerbum Dei et pax mundi.' Dixi supra,
fieri id non posse, Princeps mundi Papam et Pontifices suos 25
non sinit eorum leges libere seruari, sed conscientias captare
et ligare in animo habet, Hoc Deus uerus ferre non potest,
Ita implacabili discordia uerbum Dei et traditiones hominum
pugnant, non aliter atque Deus ipse et Satan sibi inuicem
aduersantur, et alter alterius opera dissoluit et dogmata 30
subruit, tanquam si duo reges alter alterius regnum populetur.
Qui non est mecum, ait Christus, contra me est. Quod uero
628 W metus sit, multos, qui ad flagicia proni sunt, abusuros | ea
libertate, Hoc referetur ad tumultus illos, tanquam pars leprae
istius temporalis tolerandae et mali ferendi, Nec tanti habendi 35
sunt, ut propter ipsorum abusum cohibendum uerbum Dei
tollatur. Si non omnes seruari possunt, aliqui tamen seruantur,
propter quos uerbum Dei uenit; hi amant eo feruentius et
consentiunt sanctius. Quid enim malorum et antea non
fecerunt impii homines, cum nullum uerbum esset? imo quid 40
boni fecerunt? An non semper mundus bello, fraude, nio-

---

4 Mt. 16, 26   32 Mt. 12, 30

lentia, discordia et omnibus sceleribus inundauit? ita ut
Micheas optimum inter eos spinae comparet; quid putas
reliquos uocaret? Nunc uero uenienti Euangelio imputari
incipit, quod mundus malus sit, cum uerius Euangelio bono
5 elucescat, quam malus fuerit, dum sine Euangelio in tenebris
suis ageret. Sic illiterati literis tribuant, quod illis florentibus
eorum inscitia innotescit. Haec est gratia, quam rependimus
uerbo uitae et salutis. Quantum uero putamus fuisse timorem
apud Iudaeos, cum Euangelion absolueret omnes a lege Mosi?
10 | Quid hic libertas tanta non uidebatur permissura malis ho- 148 E
minibus? At propterea non est omissum Euangelion, sed
impii relicti, piis uero dictum, ne in occasionem carnis con-
cederent libertatem.

Nec ista pars consilii uel remedii tui ualet, ubi dicis:
15 Licet uerum dicere, sed non expedit apud quoslibet, nec
quouis tempore, nec quouis modo, Et satis inepte Paulum
adducis, ubi dicit: Omnia mihi licent, sed non omnia ex-
pediunt. Non enim Paulus de doctrina aut docenda ueritate
ibi loquitur, sicut tu eius uerba confundis et trahis quo libet,
20 quin ueritatem ille uult ubique, quouis tempore, quouis modo
dici, ita ut etiam gaudeat Christum praedicari per occasionem
et inuidiam, palamque testetur ipso uerbo, Quouis modo
Christus praedicetur, sese gaudere. Paulus loquitur de facto
et usu doctrinae, nempe de libertatis Christianae iactatoribus,
25 qui sua quaerentes, scandali rationem et offensionis infirmorum
nullam habebant. Veritas et doctrina semper, palam, con-
stanter praedicanda, nunquam obliquanda, caelandaue est,
nullum est enim in ea scandalum, Est enim uirga rectitudinis.
Et quis tibi fecit potestatem aut ius dedit, doctrinae Chri-
30 stianae locis, personis, temporibus, causis, alligandae, cum
Christus eam uelit liberrimam in orbe uulgari et regnare?
Non est enim uerbum Dei alligatum, ait Paulus, Et Erasmus
uerbum alligabit? Nec dedit nobis Deus uerbum, quod
locorum, personarum, temporum delectum habeat, cum dicat
35 Christus: Ite in uniuersum mundum, non ait: ite aliquo et
aliquo non, sicut Erasmus. Item: Praedicate Euangelion omni
creaturae, non ait: apud aliquos, apud aliquos non. Summa,
tu nobis prosopolepsias, topolepsias et tropolepsias, Chaero-
lepsias in uerbo | Dei ministrando praescribis, cum una haec 629 W

---

2 Mi. 7, 4   12 Ga. 5, 13   17 1. Ko. 6, 12. 10, 23   21 Phi. 1, 15
22 Phi. 1, 18   28 Ps. 45, 7   31 Ps. 110, 2   32 2. Ti. 2, 9
35 Mt. 28, 19   38 rücksicht auf personen, stätten, weisen, ge-
legenheiten

sit magna pars gloriae uerbi, quod nulla est (ut Paulus ait)
149 E Prosopolepsia, et Deus personas | non respicit.   Vides iterum,
quam temere irruas in uerbum Dei, quasi tuas cogitationes
et consilia longissime illi praeferas.

Iam si a te petamus, ut discernas nobis tempora, per- 5
sonas et modos dicendi ueri, quando definies? ante suum
clauso componet tempore finem mundus, quam tu unam
regulam certam statueris. Vbi interim manet docendi officium?
ubi animae docendae? Et quomodo posses, qui nec per-
sonarum, nec temporum, nec modorum rationem ullam noris? 10
Ac si maxime noris, hominum corda tamen non nosti. Nisi
is sit tibi modus, hoc tempus, haec persona, ut sic doceamus
uerum, ne Papa indignetur, ne Caesar irascatur, ne moue-
antur Pontifices et Principes, tum ne tumultus et motus fiant
in orbe, ne multi offendantur et peiores fiant.   Hoc quale 15
sit consilium, supra uidisti.   Sed libuit ita uerbis inutilibus
rhetoricari, ne nihil diceres.   Quanto igitur nos, miseri ho-
mines, Deo hanc tribueremus gloriam, qui omnium corda
nouit, ut ipse dicendi ueri modum, personas et tempora
praescriberet! Ipse enim nouit, quid, quando, quomodo, cui- 20
que dicendum sit. Nunc uero sic praescripsit, ut Euangelion
suum omnibus necessarium, nullo loco, nullo tempore prae-
scriberetur, sed apud omnes, omni tempore, omni loco prae-
dicaretur.   Et supra probaui ea, quae in scripturis prodita sunt,
talia esse, quae omnibus exposita et inuulganda necessario et 25
salubria sunt, sicut et in tua Paraclesi, meliore tunc quam
nunc consilio, ipse statuisti.   Hi, qui animas redemptas nolunt,
sicut Papa cum suis, illorum esto, uerbum Dei alligare, et
homines uita et regno coelorum prohibere, ne ipsi intrent,
nec alios intrare sinant, quorum furori tu, Erasme, hoc con- 30
silio tuo perniciose inseruis.

630 W | Eadem prudentia est, qua deinde consulis, non debere
150 E profiteri, si quid perperam in conciliis esset | definitum, ne ansa
contemnendi praeberetur authoritatem patrum. Hoc scilicet
Papa uoluit a te dici, et audit libentius quam Euangelion, 35
ingratissimus, si te cardinali pileo cum censibus non rursus
honorarit. Sed interim, Erasme, quid facient animae, iniquo
illo statuto ligatae et occisae? Nihil hoc ad te? Verum tu
perpetuo sentis uel fingis te sentire, humana statuta posse
citra periculum iuxta purum uerbum Dei seruari. Quod si 40

---

1 Rö. 2, 11. Eph. 6, 9. Kol. 3, 25   26 1516   28 2. Ti. 2, 9
29 Mt. 23, 13   32 δ Ia 9, s. 9, z. 13 ff.   33 consiliis A

possent, facile pedibus in tuam hanc sententiam irem. Si
itaque ignoras, iterum dico: humana statuta non possunt
seruari cum uerbo Dei, Quia illa ligant conscientias, hoc soluit
eas, pugnantque sibi mutuo, sicut aqua et ignis, nisi libere,
5 id est, ut non ligantia, seruentur, id quod Papa non uult, nec
potest uelle, nisi perditum et finitum regnum suum uolet,
quod constat non nisi laqueis et uinculis conscientiarum, quas
Euangelion liberas asserit. Igitur patrum authoritas susque
deque facienda est, et statuta perperam lata, qualia sunt
10 omnia praeter uerbum Dei definita, dirumpenda et proiicienda
sunt, Christus enim patrum authoritate potior est. Summa,
Si de uerbo Dei sic sentis, impie sentis, si de aliis, nihil
ad nos uerbosa disputatio consilii tui, Nos de uerbo Dei
disputamus.
15   Vltima parte praefationis, serio nos deterrens ab isto
genere doctrinae, arbitraris pene uictoriam tibi partam. Quid
(inquis) inutilius, quam hoc paradoxon euulgari mundo, Quic-
quid fit a nobis, non libero arbitrio, sed mera necessitate
fieri? Et illud Augustini: Deum operari bona et mala in
20 nobis, sua bona opera remunerare in nobis, et sua mala
opera punire in nobis. Diues hic es in reddenda uel potius
expostulanda ratione. Quantam (inquis) fenestram uulgo haec
uox prodita mortalibus aperiret ad impietatem? Quis malus
corriget uitam suam? Quis credet se amari a Deo? Quis
25 pugnabit cum carne sua? Miror, quod in tanta uehementia
et contentione [1] non etiam causae memineris et dixeris: Vbi 151 E
tum manebit liberum arbitrium? Mi Erasme, Iterum et ego
dico: si haec paradoxa ducis hominum esse inuenta, quid
contendis? quid aestuas? contra quem dicis? an est ullus in
30 orbe hodie, qui uehementius hominum dogmata sit insectatus
quam Lutherus? Igitur nihil ad nos ista monitio. Si autem
Dei uerba esse credis ea para^ldoxa, ubi est frons tua? ubi 631 W
pudor? ubi, non dico iam modestia illa Erasmi, sed timor et
reuerentia Deo uero debita? qui dicis, nihil inutilius dici
35 posse hoc uerbo Dei? Scilicet, Creator tuus a te, creatura
sua, discet, quid utile et inutile sit praedicatu, ac stultus ille
uel imprudens Deus hactenus nescierit, quid doceri oporteat,
donec tu, magister eius, modum illi praescriberes sapiendi et
mandandi, quasi ipse ignorasset, nisi tu docuisses, sequi ad
40 hoc paradoxon, quae tu infers. Si igitur Deus talia uoluit

palam dici et inuulgari, nec spectari, quid sequeretur, tu quis
es, qui uetes? Paulus Apostolus in Epistola ad Romanos
non in angulum, sed in publicum ac coram toto mundo,
liberrimo ore, eadem, etiam durioribus uerbis palam disserit,
dicens: Quos uult, indurat, Et iterum: Deus uolens notam 5
facere iram suam etc. Quid durius (sed carni) illo Christi
uerbo: Multi uocati, pauci electi? Et iterum: Ego scio, quos
elegerim. Scilicet haec omnia talia sunt, te authore, ut nihil
pcssit inutilius dici, quod uidelicet hinc ad desperationem et
odium et blasphemiam prolabantur homines impii. 10

Hic, ut uideo, scripturae ueritatem et utilitatem pen-
sandam et iudicandam esse censes secundum sensum hominum,
eorumque non nisi impiissimorum, ut, quod illis placuerit uel
tolerabile fuerit uisum, id demum uerum, id diuinum, id
salutare sit, Quod contra, id mox inutile, falsum et perni- 15
ciosum. Quid hoc consilio quaeris, nisi ut uerba Dei pendeant,
152 E stent, cadantque arbitrio et authoritate hominum? Cum contra
scriptura dicat, arbitrio Dei et authoritate stare, cadere omnia,
denique a facie domini silere omnem terram. Sic loqui
deberet, qui Deum uiuum imaginaretur nihil esse nisi leuem 20
et imprudentem aliquem rabulam in aliquo suggesto decla-
mantem, cuius uerba liceat, si uelis, quorsum libuerit, inter-
pretari, acceptare, refutare, secundum quod uideret impios
homines illis moueri uel affici. Plane hic prodis, Mi Erasme,
quam ex animo superius uenerandam diuinorum iudiciorum 25
maiestatem suaseris. Vbi cum de scripturae dogmatibus
ageretur, et nihil opus esset, abstrusa et occulta reuereri, eo
quod nulla sint talia, satis religiosis uerbis nobis Coricios
specus interminabas, ne irrumperemus curiose, ut metu poenae
ab uniuersa scriptura legenda absterreres, ad quam legendam 30
sic urgent et suadent Christus et Apostoli, atque tu ipse alibi.
Hic uero, ubi non ad scripturae dogmata nec ad Coricium
specum solum, sed reuera ad reuerenda maiestatis diuinae
secreta peruentum est, nempe, cur sic operetur, ut dictum
est, ibi ruptis repagulis, irruis, tantum non blasphemans. quid 35
non indignationis ostendis erga Deum, quod talis iudicii sui
consilium et rationem non licet uidere? Cur hic non etiam
obscuritates et ambiguitates praetexis? Cur non ab inqui-
rendis illis contines ipse et absterres alios, quae Deus occulta
nobis esse uoluit, et scripturis non prodidit? Hic oportuit 40
os digito compescere, reuereri quod lateret, adorare secreta

maiestatis ¹ consilia, et cum Paulo clamare: O homo, tu quis 63ᵃ W es, qui contendas cum Deo?

Quis, inquis, studebit corrigere uitam suam? Respondeo: nullus hominum, neque etiam ullus poterit, nam correctores 5 tuos sine spiritu Deus nihil moratur, cum sint hypocritae. Corrigentur autem electi et pii per spiritum sanctum, Caeteri incorrecti peribunt, Neque enim Augustinus dicit nullorum ¹ aut omnium opera bona coronari, sed aliquorum, ideo non 153 E erunt nulli, qui corrigant uitam suam. Quis credet (inquis) 10 a Deo se amari? Respondeo: Nullus hominum credet, neque poterit, electi uero credent, caeteri non credentes peribunt, indignantes et blasphemantes, sicut tu hic facis, Non igitur nulli erunt, qui credent. Quod uero his dogmatibus fenestra aperitur ad impietatem, esto, illi pertineant ad lepram superius 15 dictam tolerandi mali, Nihilominus simul eisdem aperitur porta ad iustitiam et introitus ad coelum et uia ad Deum, pro piis et electis. Quod si tuo consilio istis dogmatibus abstinuerimus, et hominibus uerbum hoc Dei absconderimus, ut unusquisque falsa persuasione salutis illusus, Deum non 20 disceret timere et humiliari, ut per timorem tandem ad gratiam et amorem ueniret, tum pulchre clauserimus fenestram tuam, uerum loco eius aperiremus nobis et omnibus ualuas, imo hiatus et uoragines, non modo ad impietatem, sed ad inferni profunda. Sic ipsi nec intraremus in coelum, tum alios intrantes 25 prohiberemus.

'Quae igitur utilitas aut necessitas talia inuulgandi, cum tot mala uideantur inde prouenire?' Respondeo: satis erat quidem dicere: Deus uoluit ea uulgari, uoluntatis uero diuinae rationem quaerendam non esse, sed simpliciter adorandam, 30 data gloria Deo, quod, cum sit iustus et sapiens solus, nulli faciat iniuriam, nec stulte aut temere quippiam agere possit, licet nobis longe secus appareat; hac responsione pii sunt contenti. Tamen, ut ex abundantia supererogemus, Duae res exigunt talia praedicari, Prima est humiliatio nostrae superbiae 35 et cognitio gratiae Dei, altera ipsa fides Christiana. Primum, Deus certo promisit humiliatis, id est, deploratis et desperatis, gratiam suam. Humiliari uero penitus non potest homo, donec sciat, prorsus extra suas uires, consilia, studia, uolun- 154 E tatem, opera, omnino ex alterius arbitrio, consilio, uoluntate,

---

1 Rö. 9, 20   3 δ Ia 10, s. 10, z. 10 f.   7 De gratia et lib. arb. 6, 15 (MSL. 44, 891)   9 δ Ia 10, s. 10, z. 11 f.   13 δ Ia 10, s. 10, z. 5 ff.   24 Mt. 23, 13   30 Rö. 16, 27   36 1. Pt. 5, 5

opere suam pendere salutem, nempe Dei solius, Siquidem,
quamdiu persuasus fuerit, sese uel tantulum posse pro salute
sua, manet in fiducia sui, nec de se penitus desperat, ideo
non humiliatur coram Deo, sed locum, tempus, opus aliquod
sibi praesumit uel sperat uel optat saltem, quo tandem per- 5
ueniat ad salutem.   Qui uero nihil dubitat, totum in uoluntate
⁶³³ W Dei pendere, is prorsus de se desperat, nihil eligit, sed ¹ ex-
pectat operantem Deum, is proximus est gratiae, ut saluus
fiat.   Itaque propter electos ista uulgantur, ut isto modo
humiliati et in nihilum redacti, salui fiant. Caeteri resistunt 10
humiliationi huic, imo damnant doceri hanc desperationem
sui, aliquid uel modiculum sibi relinqui uolunt, quod possint,
Hi occulte manent superbi et gratiae Dei aduersarii.   Haec
est inquam una ratio, ut pii promissionem gratiae humiliati
cognoscant, inuocent et accipiant.   15

Altera est, Quod fides est rerum non apparentium. Vt
ergo fidei locus sit, opus est, ut omnia, quae creduntur, ab-
scondantur, Non autem remotius absconduntur, quam sub
contrario obiectu, sensu, experientia.   Sic Deus dum uiuificat,
facit illud occidendo, dum iustificat, facit illud reos faciendo, 20
dum in coelum uehit, facit id ad infernum ducendo, ut dicit
scriptura: Dominus mortificat et uiuificat, deducit ad inferos
et reducit, 1. Re. 2. de quibus nunc non est locus prolixius
dicendi, Qui nostra legerunt, habent haec sibi uulgatissima.
Sic aeternam suam clementiam et misericordiam abscondit 25
sub aeterna ira, Iustitiam sub iniquitate.   Hic est fidei summus
gradus, credere illum esse clementem, qui tam paucos saluat,
tam multos damnat, credere iustum, qui sua uoluntate nos
necessario damnabiles facit, ut uideatur, referente Erasmo,
delectari cruciatibus miserorum et odio potius quam amore 30
¹⁵⁵ E dignus.   Si igitur possem ulla ratione com¹prehendere, quo-
modo is Deus sit misericors et iustus, qui tantam iram et
iniquitatem ostendit, non esset opus fide; Nunc, cum id
comprehendi non potest, fit locus exercendae fidei, dum talia
praedicantur et inuulgantur, non aliter, quam, dum Deus 35
occidit, fides uitae in morte exercetur. Haec nunc in prae-
fatione satis.

⁶³⁴ W   ¹ Hoc modo rectius disputantibus in istis paradoxis con-
sulitur, quam tuo consilio, quo per silentium et abstinentiam
uis illorum impietati consulere, Quo tamen nihil proficis. Nam 40
si uel credas uel suspiceris esse uera (cum sint non parui

---

momenti paradoxa), quae est mortalium insaturabilis cupido
scrutandarum secretarum rerum, tum maxime, cum maxime
occultatas uolumus, facies hac monitione tua euulgata, ut
multo magis nunc uelint omnes scire, an uera sint ea para-
5 doxa, scilicet, tua contentione accensi, ut nullus nostrum
hactenus tantam ansam praestiterit ea uulgandi, quantam tu,
hac religiosa et uehementi monitione. Prudentius multo fecisses,
si prorsus tacuisses de his paradoxis cauendis si uotum tuum
ratum uoluisses. Actum est, postquam non prorsus negas esse
10 uera, occultari non poterunt, sed suspitione ueritatis omnes
ad sese inuestiganda allicient. Vel ergo nega illa esse uera,
uel tu prior tace, si alios tacere uoles.

Alterum paradoxon, Quicquid fit a nobis, non arbitrio
libero, sed mera necessitate fieri, breuiter uideamus, ne per-
15 niciosissimum dici patiamur. Hic sic dico: Vbi id probatum
fuerit, extra uires et consilia nostra, in solius opere Dei
pendere salutem nostram, quod infra in corpore disputationis
spero me euicturum, nonne clare sequitur, dum Deus opere
suo in nobis non adest, omnia esse mala, quae facimus, et
20 nos necessario operari, quae nihil ad salutem ualent? Si
enim non nos, sed solus | Deus operatur salutem in nobis, 156 E
nihil ante opus eius operamur salutare, uelimus, nolimus.
'Necessario' uero dico, non 'coacte', sed, ut illi dicunt, necessi-
tate immutabilitatis, non coactionis, hoc est, homo cum uacat
25 spiritu Dei, non quidem uiolentia, uelut raptus obtorto collo,
nolens facit malum, quemadmodum fur aut latro nolens ad
poenam ducitur, sed sponte et libenti uoluntate facit. Verum
hanc libentiam seu uoluntatem faciendi non potest suis uiribus
omittere, cohercere aut mutare, sed pergit uolendo et lubendo;
30 etiam si ad extra cogatur aliud facere per uim, tamen uoluntas
intus manet auersa, et indignatur cogenti aut resistenti; Non
autem indignaretur, si mutaretur, ac uolens uim sequeretur.
Hoc uocamus modo necessitatem immutabilitatis, id est, quod
uoluntas sese mutare et uertere alio non possit, sed potius
35 irritetur magis ad uolendum, dum ei resistitur, Quod probat
eius indignatio; Hoc non fieret, si esset libera uel haberet
liberum arbitrium. Interroga experientiam, quam sint im-
persuasibiles, qui affecti aliqua re haerent! Aut si caedunt,
ui uel maiore alterius rei comodo caedunt, nunquam libere
40 caedunt, Si autem affecti non sunt, sinunt ire et fieri, que-
cunque eunt ac fiunt.

Rursus ex altera parte, si Deus in nobis operatur, mutata
et blande assibilata per spiritum Dei uoluntas iterum mera

lubentia et pronitate ac sponte sua uult et facit, non coacte,
635 W ut nullis contrariis mutari in aliud possit, | ne portis quidem
inferi uinci aut cogi, sed pergit uolendo et lubendo et amando
bonum, sicut antea uoluit et lubuit et amauit malum. Quod
iterum probat experientia, quam inuicti et constantes sint uiri ₅
sancti, dum per uim ad alia coguntur, ut magis inde irritentur
ad uolendum, sicut ignis a uento magis inflammatur quam
extinguitur, ut nec hic sit ulla libertas uel liberum arbitrium,
alio sese uertendi, aut aliud uolendi, donec durat spiritus et
gratia Dei in homine. Summa, si sub Deo huius saeculi ₁₀
sumus, sine opere et spiritu Dei ueri, captiui tenemur ad
157 E ipsius | uoluntatem, ut Paulus ad Timotheon dicit, ut non
possimus uelle, nisi quod ipse uelit. Ipse enim fortis est ille
armatus, qui atrium suum sic seruat, ut in pace sint quos
possidet, ne ullum motum aut sensum contra eum concitent; ₁₅
alioqui regnum Satanae in se diuisum, non staret, quod tamen
Christus affirmat stare. idque facimus uolentes et lubentes,
pro natura uoluntatis, quae si cogeretur, uoluntas non esset,
Nam coactio, potius est (ut sic dicam) Noluntas. Si autem
fortior superueniat, et illo uicto, nos rapiat in spolium suum, ₂₀
rursus per spiritum eius serui et captiui sumus (quae tamen
regia libertas est), ut uelimus et faciamus lubentes, quae ipse
uelit. Sic humana uoluntas in medio posita est, ceu iumentum,
si insederit Deus, uult et uadit, quo uult Deus, ut Psalmus
dicit: Factus sum sicut iumentum et ego semper tecum. Si ₂₅
insederit Satan, uult et uadit, quo uult Satan, nec est in eius
arbitrio, ad utrum sessorem currere aut eum quaerere, sed
ipsi sessores certant ob ipsum obtinendum et possidendum.

Quid, si ex tuis ipsius uerbis, quibus libe. arbit. asseris,
probauero, nullum esse liberum arbitrium? ut conuincam, te ₃₀
imprudenter negare, quod tanta prudentia conaris affirmare?
plane, nisi hoc fecero, iuro, ut reuocata sint omnia, quae
contra te hoc toto libello scribo, et confirmata, quae contra
me tua Diatribe tum asserit tum quaerit. Tu liberii arbitrii
uim modiculam et talem facis, quae citra gratiam Dei pror- ₃₅
636 W sus sit inefficax, Nonne agnoscis? | Iam quaero et peto: si
gratia Dei desit aut separetur ab illa ui modicula, quid ipsa
faciet? Inefficax (inquis) est et nihil facit boni. Ergo non
faciet, quod Deus aut gratia eius uolet, Siquidem gratiam Dei

11 Eph. 2, 2 f. 12   12 2. Ti. 2, 26   14 Lc. 11, 21 f.
16 Lc. 11, 18   23 dieses bild stammt nach Zickendraht, Streit s. 195
aus dem Augustin zugeschriebenen Hypomnesticon. Vgl. auch Denifle
I², 823¹   25 Ps. 73, 22 f.

separatam ab ea iam posuimus. Quod uero gratia Dei non
facit, bonum non est. Quare sequitur, lib. arbit. sine gratia
Dei prorsus non liberum, sed immutabiliter | captiuum et ₁₅₈ ᴋ
seruum esse mali, cum non possit uertere se solo ad bonum.
5 Hoc stante, dono tibi, ut uim lib. arbi. non modo facias
modiculam, fac eam angelicam, fac, si potes, plane diuinam,
si adieceris tamen hanc illaetabilem appendicem, ut, citra
gratiam Dei, inefficacem dicas, mox ademeris illi omnem uim.
Quid est uis inefficax, nisi plane nulla uis? Itaque dicere,
10 libe. arbi. esse, et habere uim quidem, sed inefficacem, est
id, quod Sophistae uocant oppositum in adiecto, ac si dicas:
liberum arbitrium est, quod liberum non est, Sicut, si ignem
frigidum et terram calidam dixeris. Habeat sane ignis uim
caloris, uel infernalis, si non ardet neque urit, friget uero et
15 frigefacit, ne ignis quidem, multo minus calidus mihi dicetur,
nisi pictum aut fictum ignem uolueris habere. At si uim
lib. arbi. eam diceremus, qua homo aptus est rapi spiritu et
imbui gratia Dei, ut qui sit creatus ad uitam uel mortem
aeternam, recte diceretur. hanc enim uim, hoc est, aptitudinem,
20 seu ut Sophistae loquuntur dispositiuam qualitatem et passiuam
aptitudinem, et nos confitemur, quam non arboribus, neque
bestiis inditam esse, quis est, qui nesciat? neque enim pro
anseribus (ut dicitur) coelum creauit.

Fixum ergo stat, etiam tuo ipsius testimonio, Nos omnia
25 necessitate, nihil arbi. libe. facere, dum uis lib. arb. nihil
est, neque facit, neque potest bonum, absente gratia, Nisi
efficatiam uelis noua significatione dicere perfectionem, quasi
lib. arb. incipere quidem ac uelle possit, sed non perficere,
quod non credo, Ac postea de hac re latius. Sequitur nunc,
30 lib. arb. esse plane diuinum nomen, nec ulli posse competere
quam soli diuinae maiestati, Ea enim potest et facit (sicut
Psal. canit) Omnia quae uult in coelo et in terra. Quod si
hominibus tribuitur, nihilo rectius tribuitur, quam si diuinitas
quoque ipsa eis tribueretur, quo sacrilegio nullum esse maius
35 possit. Proinde theologorum erat ab isto uocabulo abstinere,
| cum de | humana uirtute loqui uellent, et soli Deo relinquere, ⁶³⁷ ᵂ
deinde ex hominum ore et sermone idipsum tollere, tanquam ¹⁵⁹ ᴇ
sacrum ac uenerabile nomen Deo suo asserere. Atque si
omnino aliquam uim tribuerent hominibus, alio uocabulo
40 quam liberum arbitrium docerent nominandam, praesertim cum
nobis cognitum perspectumque sit, misere falli ac seduci eo

---

23 Wander, Gans no. 21, 26f.   32 Ps. 115, 3

uocabulo populum, ut qui longe aliud audit et concipit eo uocabulo, quam Theologi sentiunt et disputant. Est enim magnifica nimis et amplissima plenaque uox lib. arbi., qua populus putat eam uim significari (sicut et uis et natura uocabuli exigit), quae libere possit in utrunque se uertere, neque 5 ea uis ulli caedat uel subiecta sit. Quod si sciret, hoc secus habere, et modiculam scintillullam uix ea significari, eamque prorsus inefficacem se sola, captiuam et seruam diaboli, mirum, si non lapidarent nos, tanquam illusores et deceptores, ut qui aliud sonemus, aliudque longe significemus, imo nec- 10 dum constet aut conueniat, quid significemus. Qui enim Sophistice loquitur (ait Sapiens), odibilis est, maxime si id in rebus pietatis facit, ubi de salute aeterna periculum est.

Cum ergo significationem et rem uocabuli tam gloriosi amiserimus, imo nunquam habuerimus (quod Pelagiani uolu- 15 erunt et ipsi hoc uocabulo illusi), quid inane uocabulum tam pertinaciter retinemus, in periculum et illusionem fidelis populi? non alia sapientia, quam nunc reges et principes inanes titulos regnorum et regionum quoque uel retinent uel sibi uendicant ac iactant, cum interim pene mendici sint, ac nihil 20 minus quam ea regna et regiones habent. Verum hoc tolerabile, quando neminem fallunt aut ludunt, sed seipsos uanitate pascunt, nullo sane lucro, At hic periculum salutis et illusio nocentissima est. Quis non rideat uel odio potius habeat intempestiuum illum uocabulorum innouatorem, qui contra 25 omnium usum inducere tentet eum modum loquendi, ut mendicum uocet opulentum, non quod aliquid opum habeat, 160 E sed forte rex aliquis illi suas | donare posset, faceretque id uelut serio, nulla figura locutionis, scilicet uel antiphrasi uel ironia? Sic aegrotum usque ad mortem perfecte sanum, ita 30 sane, quia alter illi posset suam sanitatem dare. Item, si illiteratissimum idiotam uocet literatissimum, quia alter quispiam literas forte dare posset. Ita et hic sonat: Homo est liberi arbitrii, ita sane, si Deus illi suum concaederet. Hoc abusu loquendi quilibet de quolibet sese iactare posset, Vt: 35 638 W ille est dominus coeli et terrae, | si Deus hoc ei donaret. At hoc non est Theologorum, sed Histrionum et quadruplatorum, Nostra uerba debent esse propria, pura, sobria, et, ut Paulus dicit, sana et irreprehensibilia.

Quod si omnino uocem eam omittere nolumus, quod 40 esset tutissimum et religiosissimum, bona fide tamen eatenus

---

12 Pr. 6, 17   37 denunzianten, betrüger   39 Tit. 2, 8

uti doceamus, ut homini arbitrium liberum non respectu
superioris, sed tantum inferioris se rei concedatur, hoc est,
ut sciat sese in suis facultatibus et possessionibus habere ius
utendi, faciendi, omittendi pro libero arbitrio, licet et idipsum
5 regatur solius Dei libero arbitrio, quocunque illi placuerit,
Caeterum erga Deum, uel in rebus, quae pertinent ad salutem
uel damnationem, non habet lib. arbi., sed captiuus, subiectus
et seruus est, uel uoluntatis Dei uel uoluntatis Satanae. Haec
dixi de capitibus praefationis tuae, quae et ipsa ferme totam
10 causam complectuntur magis pene quam sequens corpus libelli.
Veruntamen summa horum fuit, quae breui hoc dilemmate
potuisset expediri: Aut tua praefatio de uerbis Dei, aut de
uerbis hominum queritur. Si de uerbis hominum, tota frustra
scripta est, nec ad nos pertinet. Si de uerbis Dei, tota impia
15 est. Proinde utilius fuisset, ut de eo diceretur, an essent
uerba Dei uel hominum, de quibus disputamus. Hoc autem
sequens forte prooemium et ipsa disputatio tractabit. Quae
uero in Epilogo praefationis retexis, nihil mouent, ut quod
fabulas uocas et inutilia dogmata nostra, esse potius exemplo 161 E
20 Pauli docendum Christum crucifixum, sapientiam inter per-
fectos docendam, Esse scripturae suam linguam pro modo
auditorum uarie attemperatam, ut prudentiae et charitati doc-
toris relinquendam ducas, qui doceat, quod expediat proximo.
Omnia inepte dicis et ignoranter, Nam et nos nihil nisi Ihesum
25 crucifixum docemus, At Christus crucifixus haec omnia secum 639 W
affert, ipsamque adeo sapientiam inter perfectos, cum nulla
sit alia sapientia inter Christianos docenda, quam ea quae
abscondita est in mysterio et ad perfectos pertinet, non ad
pueros Iudaici et legalis populi sine fide in operibus gloriantis,
30 ut .1. Corinth. 2. sentit Paulus, nisi tu Christum crucifixum
docere aliud nihil uis intelligi, quam has literas sonare: Chri-
stus est crucifixus. Iam quod 'Deus irascitur, furit, odit, dolet,
miserescit, penitet, quorum tamen nullum in Deum cadit', Hic
nodus in scirpo quaeritur, Neque enim haec scripturam fa-
35 ciunt obscuram aut uariis auditoribus attemperandam, nisi
quod delectat obscuritates facere, ubi nullae sunt, Grammatica
enim ista sunt et figuris uerborum composita, quae etiam
pueri norunt, Nos uero de dogmatibus, non de grammaticis
figuris agimus in hac causa.

---

18 δ Ia 11, s. 10, z. 18ff.   25 1. Ko. 1, 23. 2, 2   26 1. Ko.
2, 6ff.   32 δ Ia 11, s. 10, z. 5ff.   34 hier werden schwierigkeiten
gesucht, wo keine sind (E. 10, 196⁵) ; vgl. WABr7,236²

Ingressurus igitur disputationem, Promittis acturum te
scripturis Canonicis, quandoquidem Lutherus nullius praeterea
scriptoris authoritate tenetur. Placet, et accipio promissum,
quanquam non id promittis eo consilio, quod inutiles eosdem
640 W scriptores ad causam iudices, sed ut frustraneum laborem | non   5
subeas. Nam non satis probas hanc meam uel audaciam uel
quo nomine appellandum est hoc meum institutum. Mouet
161 E enim te non nihil tam numerosa series | eruditissimorum
uirorum, tot saeculorum consensu approbatorum, inter quos
fuerunt peritissimi sacrarum literarum, item sanctissimi, aliqui 10
martyres, multi miraculis clari, Adde recentiores Theologos,
tot Academias, Concilia, Episcopos, Pontifices, Summa: ex
hac parte stat Eruditio, ingenium, multitudo, magnitudo, alti-
tudo, fortitudo, sanctimonia, miracula, et quid non? Ex mea
uero parte unus Vuicleff et alter Laurentius Valla, quanquam 15
et Augustinus, quem praeteris, meus totus est, Sed illi nihil
ponderis habent prae illis, Reliquus est Lutherus unus, pri-
uatus, nuper natus, cum suis amicis, in quibus neque tanta
eruditio, nec tantum ingenium, nec multitudo nec magnitudo,
nec sanctimonia, nec miracula, ut qui ne claudum quidem 20
equum sanare queant, Scripturam ostentant, quam tamen
dubiam habent, aeque ut altera pars, deinde spiritum iactant,
641 W quem nusquam ostendunt, Et | alia quae tu plurima fando
enumerare uales. Nihil igitur apud nos, quam ut lupus ad
deuoratam philomelam dixit: Vox es, praeterea nihil, Dicunt 25
enim, et hoc solo (ais) sibi credi uolunt. Fateor, Mi Erasme,
non immerito te istis omnibus moueri, Ego ultra decennium
istis sic motus sum, ut nullum alium arbitrer esse, qui aeque
sit istis permotus, Eratque mihi incredibile ipsi, hanc Troiam
nostram, tanto tempore, tot bellis inuictam, posse aliquando 30
capi, Et testor Deum in animam meam, perseuerassem, ad-
huc hodie sic mouerer, nisi urgente conscientia, et euidentia
rerum me in diuersum cogeret. Potes sane cogitare, nec
mihi saxeum esse pectus, atque si saxeum esset, tamen tantis
fluctibus et aestibus luctatum et collisum potuisse liquescere, 35
dum id auderem, quo facto uidebam omnem illorum authori-
tatem, quos recensuisti, super caput meum uelut diluuium
inundaturam. Sed non est nunc locus, meae uitae aut operum
historiam texere, nec, ut nosipsos commendaremus, haec sus-

---

1 δ Ib 1, z. 22 ff.   8 δ Ib 2, s. 12, z. 9 ff.   15 δ Ib 2,
s. 13, z. 9 | über L.s abhängigkeit von Valla's dialogus de libero
arbitrio vgl. Zickendraht, Streit s. 2 f.   18 δ Ib 1, s. 12, z. 3
25 W. A. 18, 793 f.

cepta sunt, sed, ut gratiam Dei extolleremus. Quis sim, et quo spiritu et consilio in istas res raptus sim, illi commendo, qui scit, haec omnia | suo, non meo arbitrio libero gesta, quamuis 163 E et ipse mundus id iam dudum sensisse deberet. Et plane
5 in odiosum locum me isto exordio coniicis, ut, nisi meipsum iactauero et tot patres uituperauero, non facile me expediam. Sed breuiter dicam: Eruditione, ingenio, multitudine, authoritate et omnibus aliis, etiam te iudice, caedo. Quid autem sit ostensio spiritus, quid miracula, quid sanctimonia, haec
10 tria si a te requiram, quantum ex literis et libris tuis te noui, imperitior et ignorantior uideberis, quam ut ulla syllaba queas ostendere, Aut si urgeam et postulem, quemnam inter omnes illos, quos iactas, certo possis monstrare sanctum fuisse uel esse, aut spiritum habuisse, aut uera miracula edidisse, ar-
15 bitror te multum, sed frustra sudaturum esse. Multa loqueris ex usu et publicis sermonibus accepta, quae non credis, quantum amittant fidei et authoritatis, si ad iudicium conscientiae uocentur. Verum est prouerbium, Multos in terra pro sanctos haberi, quorum animae sunt in inferno.
20 Sed donemus tibi, si uis, etiam omnes fuisse sanctos, omnes habuisse spiritum, omnes fecisse miracula (quod tamen non petis), Hoc mihi dic, an in nomine aut uirtute liberi arbitrii, aut ad confirmandum dogma de lib. | arb. ullus eorum 64, W fuerit sanctus, acceperit spiritum, ediderit miracula? Absit
25 (inquies), sed in nomine et uirtute Ihesu Christi et pro dogmate Christi facta sunt haec omnia. Quid igitur sanctimoniam, spiritum, miracula eorum pro dogmate lib. arbi. adducis, pro quo data et facta non sunt? Nostra igitur sunt illorum miracula, spiritus et sanctimonia, qui Ihesum
30 Christum, non autem uires aut opera hominum praedicamus. Quid iam mirum, si ii, qui sancti, spirituales, mirabiles fuerunt, aliquoties carne praeuenti, locuti sunt et operati secundum carnem, quando id et ipsis Apostolis sub | ipso Christo non 164 E semel accidit? Neque enim tu negas, sed asseris, lib. arb.
35 non esse spiritus aut Christi negocium, sed humanum, ita ut spiritus, qui Christum clarificaturus promissus est, utique non possit lib. arb. praedicare. Si ergo patres aliquando libe. arbi. praedicauerunt, certe ex carne (ut fuerunt homines), non ex spiritu Dei sunt locuti, multo minus pro eo miracula edi-
40 derunt. Quare inepta est allegatio tua de sanctimonia, spiritu

---

18 Wander, Heilige no. 54   36 Jo. 16, 14

et miraculis patrum, quod ex iis non lib. arb., sed Ihesu
Christi dogma, contra libe. arbi. dogma probetur.

    Sed agite adhuc, qui ex lib. arb. estis et dogma eiusmodi
uerum, hoc est, ex spiritu Dei asseritis uenisse, adhuc, in-
quam, ostendite spiritum, edite miracula, monstrate sancti-   5
moniam! Certe uos, qui asseritis, haec nobis negantibus debetis.
A nobis, qui negamus, spiritus, sanctimonia, miracula exigi
non debent, A uobis, qui asseritis, debent, Quando negatiua
nihil ponit, nihil est, nihil tenetur probare, nec debet pro-
bari, Affirmatiua debet probari. Vos lib. arbi. uim et rem   10
humanam affirmatis, sed nullum hactenus est uisum aut auditum
miraculum a Deo pro ullo dogmate rei humanae, sed solum
pro dogmate rei diuinae.   Nobis autem mandatum est, pror-
sus nullum dogma admittere, signis diuinis non ante probatum,
Deut. 18.   Quin scriptura hominem uocat uanitatem et men-   15
dacium, Quod aliud nihil est, quam omnia humana esse uana
et mendacia.   Agite igitur, Agite inquam, probate dogma
uestrum de uanitate humana et mendacio esse uerum! Vbi
hic ostensio spiritus? ubi sanctimonia? ubi miracula? Ingenia,
eruditionem, authoritatem uideo, sed ea et gentibus dedit   20
Deus.   Nec tamen uos ad magna miracula cogemus, nec ad
equum claudum sanandum, ne causemini carnale saeculum,
quanquam Deus sua dogmata miraculis confirmare soleat
165 E nullo respectu carnalis | saeculi, neque enim saeculi carnalis
meritis uel demeritis mouetur, sed mera misericordia, gratia   25
et amore animarum solida ueritate stabiliendarum in gloriam
643 W suam. Electio uobis datur miraculi | quantumlibet parui faciendi.
Quin ego uestrum Baal irritaturus insulto et prouoco, ut uel
unam ranam creetis in nomine et uirtute lib. arbit., quarum
tamen gentiles et impii Magi in Aegypto potuerunt multas   30
creare; non enim pediculis creandis grauabo uos, quos nec
illi educere potuerunt.   Dicam adhuc leuius: capite uel unum
pulicem uel pediculum (quando nostrum Deum tentatis et
ridetis in sanando equo claudo), et coniunctis omnibus ui-
ribus, conflatisque omnibus studiis, tam Dei u:estri quam   35
uestrorum omnium, si poteritis illum occidere in nomine et
uirtute liberi arbitrii, uictores estote, et defensa sit causa
uestra, mox ueniemus et nos adoraturi Deum illum, mirabilem
interfectorem pediculi.   Non quod negem uos posse et montes

---

transferre, Sed quod aliud sit quippiam ex ui lib. arbitrii factum dici, et aliud idipsum probari.

    Quod autem de miraculis dixi, idem de sanctimonia dico: Si poteritis in tanta serie saeculorum, uirorum, et omnium
5 quae memorasti, ostendere unum opus (sit etiam leuare stipulam de terra) aut unum uerbum (sit uel syllaba My) uel unum cogitatum ex ui lib. arb. (sit uel tenuissimum suspirium), quo uel applicuerunt se ad gratiam, uel quo meruerunt spiritum, uel quo impetrauerunt ueniam, uel quo aliquid cum
10 Deo egerunt quantumuis modiculum (taceo, quo sanctificati sint), Iterum uictores uos estote, et nos uicti, Ex ui (inquam) et nomine lib. arb. Nam quae fiunt in hominibus ui creationis diuinae, habent Scripturae testimonia abunde. Et certe id ostendere debetis, ne ridiculi doctores uideamini, qui
15 de ea re dogmata cum tanto supercilio et authoritate spargitis in mundum, cuius nullum producatis monumentum. Somnia enim dicentur, ad quae nihil sequitur, quod longe turpissimum est tantis et tot saeculorum uiris eruditissimis et sanctissimis et miraculosis. Tum Stoicos [1] uobis praeferemus, 166 E
20 qui, licet et ipsi descripserunt sapientem, qualem nunquam uiderunt, tamen partem aliquam conati sunt exprimere. Vos prorsus nihil ne umbram quidem uestri dogmatis exprimere potestis. Sic de spiritu dico: Si ex omnibus assertoribus lib. arbi. ostendere potestis unum, qui tantillum robur animi uel
25 affectus habuerit, ut in nomine et uirtute lib. arb. unum obulum contemnere, uno bolo carere, unum uerbum uel signum iniuriae ferre potuerit (nam de contemptu opum, [1] uitae, famae nihil dicam), iterum palmam habete et sub hastam 644 W libenter ibimus. Atque idipsum uos, qui tanta bucca uerborum
30 uim lib. arb. iactatis, nobis exhibere debetis, aut iterum de lana caprina uidebimini statuere, aut ut ille, in uacuo theatro ludos spectare. Ego uero contrarium uobis facile ostendam, Quod uiri sancti, quales iactatis, quoties ad Deum oraturi uel acturi accedunt, quam penitus obliti incedant lib. arb. sui,
35 desperantes de semetipsis ac nihil nisi solam et puram gratiam longe alia meritis sibi inuocantes, Qualis sepe Augustinus, Qualis Bernardus, cum moriturus diceret: Perdidi tempus meum, quia perdite uixi. Non uideo hic allegari uim aliquam, quae ad gratiam sese applicet, sed accusari omnem
40 uim, quod non nisi auersa fuerit, Quanquam illi ipsi sancti aliquando inter disputandum aliter de lib. arb. locuti sunt,

---

sicut uideo omnibus accidisse, ut alii sint, dum uerbis aut
disputationibus intenti sunt, et alii, dum affectibus et operibus;
illic dicunt aliter quam affecti fuerunt ante, hic aliter afficiuntur
quam dixerunt ante; Ex affectu uero potius quam ex sermone
metiendi sunt homines, tam pii quam impii.   5

Sed adhuc amplius uobis donamus, miracula, spiritum,
sanctimoniam non exigimus, ad ipsum dogma reuertamur,
Hoc solum petimus, ut saltem id nobis indicetis, quodnam
opus, quod uerbum, quem cogitatum illa uis lib. arbitrii
moueat, uel conetur uel faciat, ut applicet sese ad gratiam. 10
167 E Non ' enim satis est dicere: Est uis, Est uis, Est uis quaedam
645 W lib. arbit. quid ' enim dictu facilius? nec hoc est uirorum
eruditissimorum et sanctissimorum, tot saeculis approbatorum,
sed nominandus est infans (ut aiunt germanico prouerbio),
definiendum, quae sit illa uis, quid faciat, quid patiatur, quid 15
accidat. Exempli causa, crassissime enim dicam, hoc quaeritur,
An illa uis, uel orare, uel ieiunare, uel laborare, uel corpus
fatigare, uel elemosynam dare, uel aliud huiusmodi debeat,
uel conetur, Si enim uis est, aliquid operis molietur. Sed
hic estis ranis Seriphiis et piscibus magis muti. Et quomodo 20
definiretis, cum uestro ipsorum testimonio, sitis adhuc de
ipsa ui incerti, uarii inter uos et inconstantes uobis ipsis?
Quid fiet de definitione, cum definitum ipsum sibi non con-
646 W stet? Sed esto, quod post annos Platonis, ' aliquando inter
uos de ui ipsa conueniat, tum definiatur, eius opus esse, 25
orare, ieiunare uel aliquid tale, quod adhuc forte in Platonicis
idaeis latet, Quis nos certos faciet, id esse uerum, id placere
Deo, nosque tuto rectum agere? praesertim, cum ipsi fateamini,
esse rem humanam, quae spiritus testimonium non habet, ut
quae Philosophis iactata et in mundo fuerit, antequam Chri- 30
stus ueniret et spiritus de coelo mitteretur, ut certissimum sit,
non de coelo missum, sed e terra iam ante natum hoc
dogma; ideo magno opus testimonio, ut certum et uerum esse
confirmetur.

Simus ergo nos priuati et pauci, uos uel publicani et 35
multi, nos rudes, uos eruditissimi, nos crassi, uos ingeniosissimi,
nos heri nati, uos Deucalione antiquiores, nos nunquam re-
cepti, uos tot saeculis approbati, Denique nos peccatores,
carnales, socordes, uos sanctimonia, spiritu, miraculis metuendi
647 W ' uel ipsis daemonibus, saltem ius Turcarum et Iudaeorum 40

_____

14 Wander, Kind no. 1114   20 Plin. 8, 83, 2   22 ᵭ Ib 1,
z. 3 ff.   24 vgl. Cic. ad Att. 7, 13 ᵇ, 5: 'est enim numero Platonis
obscurius'

nobis permittite, ut rationem dogmatis uestri postulemus, quod
Petrus uester uobis man|dauit. Postulamus autem modestissime, 168 E
scilicet quod non exigimus sanctimonia, spiritu, miraculis ip-
sum probari, quod utique possemus iure uestro, cum ipsi hoc
5 ab aliis exigatis. Quin et hoc donamus, ne ullum exemplum
facti uel uerbi uel cogitationis in uestro dogmate exhibeatis,
sed id solum doceatis, ipsum dogma saltem declaretis, quid
per ipsum intelligi uelitis, qua forma, si uos non uultis uel
non potestis, saltem nos conemur exemplum eius edere. Imi-
10 tamini uel Papam cum suis, qui dicunt: Quae dicimus facite,
secundum opera uero nostra nolite facere. Ita et uos dicite,
Quod opus illa uis requirat fieri; nos accingemur, uobis ocio
relicto. An non hoc saltem impetrabimus a uobis? Quo plures
estis, quo antiquiores, quo maiores, et quo omnibus nomini-
15 bus potiores quam nos, hoc turpius uobis est, ut nobis, qui
omnibus modis nihili sumus coram uobis, dogma uestrum
discere et facere uolentibus, non possitis, miraculo, uel pedi-
culi occisi, uel spiritus ullo affectulo, uel sanctimoniae ullo
opusculo, probare, sed nec ullius facti uel uerbi exemplum
20 ostendere, Deinde, quod inauditum est, nec ipsam dogmatis
formam aut intelligentiam declarare, ut saltem nos imitaremur.
O festiui magistri lib. arb.! Quid iam uos estis, nisi uox,
praeterea nihil? Qui nunc sunt, Erasme, illi, qui spiritum
iactant, et nihil ostendunt, qui dicunt solum, ac mox sibi
25 credi uolunt? Nonne tui illi sunt, sic in coelum uecti? qui
ne dicitis quidem, et tanta iactatis et exigitis. Rogamus ita-
que per Christum, Mi Erasme, tu cum tuis, nobis saltem
concaedite, ut periculo conscientiae nostrae absterriti, liceat
metu trepidare, uel saltem assensum differre dogmatis, quod
30 tu ipse uides esse nihil nisi inanem uocem et strepitum sylla-
barum, scilicet: Vis lib. arb. est, Vis lib. arbi. est, etiamsi
ad summum ueneritis et omnia uestra probata sint et con-
|stent. Deinde adhuc incertum apud ipsos tuos, an ea uox sit 169 E
uel non sit, cum ipsi inter sese uarient et sibi ipsis non con-
35 stent. Iniquissimum est, imo longe miserrimum, solo phantas-
mate uoculae unius, eiusdemque incertae, nostras conscientias
uexari, quas Christus sanguine suo redemit. Ac nisi uexari
nos sinamus, rei accusamur superbiae inauditae, quod tot
patres tot saeculorum contempserimus, qui lib. arb. asseruerint,
40 cum uerius, ut ex dictis uides, nihil prorsus de lib. arb. de-
finirint; ac sub praetextu et nomine illorum | lib. arb. dogma 648 W

---

2 1. Pt. 3, 15   10 vgl. Mt. 23, 3   22 oben s. 130, z. 25
34 δ Ib 1, z. 3 ff.   37 vgl. 1. Ko. 8, 11

erigitur, cuius tamen neque speciem nec nomen possunt ostendere, et mendaci uocabulo sic deludunt orbem.

Atque hic, Erasme, tuum ipsius consilium appellamus, qui supra suasisti, esse omittendas eiusmodi quaestiones, ac potius docendum Christum crucifixum, et quae satis sint ad 5 Christianam pietatem. Hoc enim iam dudum nos quaerimus et agimus. Quid enim nos contendimus aliud, quam ut simplicitas et puritas doctrinae Christianae regnet, relictis et neglectis iis, quae per homines iuxta inuenta et introducta sunt? Sed tu, qui consulis talia nobis, ipse non facis, imo 10 contrarium facis, scribis Diatribas, Decreta Pontificum celebras, authoritatem hominum iactas, et omnia tentas, ut nos rapias in ista peregrina et aliena a scripturis sanctis ac non necessaria uoluas, ut 'simplicitatem et synceritatem pietatis Christianae corrumpamus et confundamus hominum additamentis. Quo 15 facile intelligimus, nec ex animo te ista nobis consuluisse, nec quicquam serio te scribere, sed inanibus bullis uerborum tuorum confidis te orbem posse duci quocunque uis, Et tamen nusquam ducis, cum nihil prorsus dicas, nisi meras contra-dictiones per omnia et ubique, ut rectissime dixerit, qui te 20 ipsissimum Protheon aut Vertumnum appellauit, aut ut Christus dicit: Medice, cura te ipsum. Turpe est doctori, quem culpa redarguit ipsum.

170 E | Donec igitur uestram affirmatiuam probaueritis, stamus in nostra negatiua, et sub iudice etiam toto illo choro san- 25 ctorum quem tu iactas, uel potius toto mundo, audemus et gloriamur, id quod nihil est, nec, quid sit, monstrari certo potest, oportere nos non admittere, Atque uos omnes esse incredibili praesumptione uel insania, qui a nobis id ipsum exigatis admitti, nulla causa, nisi quia uos multos, ·magnos, 30 antiquos, id quod nihil esse ipsi fatemini, asserere delectat, quasi res sit Christianis magistris digna, miserum populum in re pietatis, eo quod nihil est, ac si magni ad salutem momenti foret, ludere. Vbi nunc est illud graecorum ingeniorum acumen, quod hactenus saltem bella aliqua specie fingebat 35 mendacia, hic aperto et nudo sermone mentitur? Vbi latina illa industria graecae aequata, quae sic ludit et luditur uoca-bulo uanissimo? Sed sic contingit imprudentibus, uel malignis lectoribus librorum, dum ea, quae sunt infirmitatis in patribus

---

5 ẟ Ia 11, z. 3 f.   11 zu Proteus vgl. oben s. 96, z. 14, zu Vertumnus Hor. sat. 2, 7, 14   22 Lc. 4, 23. Dionys. Cato, Disticha moralia lib. I.   34 ẟ I b 3, z. 19   37 ebd. z. 20 ff.

et sanctis, faciunt omnia esse summae authoritatis, ut culpa
ista non sit authorum, sed lectorum.   Ac si quis sanctimonia
et authoritate Sancti Petri nixus, contenderit, omnia, quae S.
Petrus unquam dixit, esse uera, ut etiam illud persuadeat
5 esse uerum, ¹ quod Matthei .16. ex carnis infirmitate suasit 649 W
Christo, ne pateretur, aut illud, ubi iussit Christum exire a
se de naui, et multa alia, in quibus ab ipso Christo repre-
henditur.

    Similes sunt, qui eiusmodi sunt, illis, qui ridendi gratia
10 garriunt, non esse omnia uera, quae sunt in Euangelio, et
apprehendunt illud Iohan. 8. ubi Iudaei dicunt ad Christum:
Nonne bene dicimus nos, quod Samaritanus es et daemonium
habes? Vel illud: Reus est mortis, Vel illud: Hunc inuenimus
subuertentem gentem nostram et prohibentem tributa dari
15 caesari.   Idem faciunt, diuerso quidem fine, nec uoluntate,
ut illi, sed caecitate et ignorantia, liberi arbitrii assertores,
qui ex patri\|bus id, quod infirmitate carnis lapsi pro libero 171 E
arbitrio dixerunt, ita apprehendunt, ut etiam opponant ei,
quod alio loco idem patres fortitudine spiritus contra lib.
20 arbit. dixerunt, tum urgent mox et cogunt, ut melius caedat
deteriori.   Ita fit, ut authoritatem deterioribus dictis tribuant,
quia faciunt ad sensum carnis suae, et adimant melioribus,
quia faciunt contra sensum carnis suae.   Cur non potius
eligimus meliora?   Talia enim multa sunt in patribus. Et ut
25 exempli aliquid afferam, Quid carnalius, imo quid magis
impium, sacrilegum et blasphemum dici potest, quam id quod
Hieronymus solet: Virginitas coelum, coniugium terram replet,
quasi Patriarchis et Apostolis ac Christianis coniugibus terra,
non coelum debeafur, aut uirginibus uestalibus in gentibus
30 sine Christo, coelum debeatur?   Et tamen haec et similia ex
patribus colligunt Sophistae, dum numero potius quam iudicio
certant, ut authoritatem illis parent, quemadmodum fecit in-
sulsus ille Faber Constantiensis, qui margaritum illud suum,
id est, Augiae stabulum nuper donauit publico, ut esset, quod
35 piis et eruditis nauseam cieret et uomitum.

    Per haec ad illud respondeo, ubi dicis, Incredibile esse,
ut Deus Ecclesiae suae errorem dissimularit tot saeculis, nec

    5 Mt. 16, 22   6 Lc. 5, 8   11 Jo. 8, 48   13 Mt. 26, 66 |
Lc. 23, 2   27 ad Eustochium ep. 22 c. 19 (MSL. 22, 405): 'Crescat
et multiplicetur ille, qui impleturus est terram. Tuum agmen in coelis
est'   33 Opus adversus nova quaedam dogmata Lutheri, Rom 1522,
später, Köln 1524 u. ö. u. d. t. Malleus in haeresin Lutheranam
(Ign. Staub, Joh. Fabri, Einsiedeln 1911, s. 163 ff.)   36 δ I b 8, z. 3—6

ulli sanctorum suorum reuelarit id, quod nos contendimus
esse doctrinae Euangelicae caput. Primum, non dicimus
errorem hunc esse in Ecclesia sua toleratum a Deo, nec in
ullo suo sancto. Ecclesia enim spiritu Dei regitur, Sancti
aguntur spiritu Dei, Rom. 8. Et Christus cum Ecclesia sua 5
650 W manet usque ad | consummationem mundi. Et Ecclesia Dei
est firmamentum et columna ueritatis. Haec, inquam, noui-
mus, Nam sic habet et symbolum omnium nostrum: Credo
Ecclesiam sanctam catholicam, ut impossibile sit, illam errare
171 E | etiam in minimo articulo. Atque si etiam donemus, aliquos 10
electos in errore teneri in tota uita, tamen ante mortem
necesse est, ut redeant in uiam, quia Christus dicit Iohan. 8 :
Nemo rapiet eos de manu mea. Sed hic labor, hic opus
est, certo constare, an illi, quos tu Ecclesiam uocas, Ecclesia
sint, uel potius, an tota uita errantes, demum ante mortem 15
sint reducti. Neque enim sequitur statim: si Deus illos omnes,
quos adducis, quantauis longa serie saeculorum, eruditissimos
uiros, passus sit errare, ergo Ecclesiam suam passus est errare.
Vide populum Dei Israel, ubi in tanto regum numero et
tempore ne unus quidem rex numeratur, qui non erret. Et 20
sub Elia Propheta sic omnes et omne, quod publicum erat
istius populi, abierat in idolatriam, ut se solum relictum
putaret, cum interim, dum reges, principes, sacerdotes, Pro-
phetae et, quicquid poterat populus uel Ecclesia Dei dici,
perditum iret, septem milia sibi reseruarit Deus, quos quis 25
uidit aut nouit esse populum Dei? Quis igitur et nunc
negare audeat, Deum sub istis principibus uiris (non enim
nisi uiros publici ministerii et nominis recenses) in uulgo sibi
seruasse Ecclesiam, et illos omnes, exemplo Israelitici regni,
perire permisisse? quandoquidem peculiare est Deo, Electos 30
Israel impedire et pingues eorum occidere, Psalmo .77, Feces
uero et reliquias Israel seruare, ut Isaias dicit.

   Quid accidit sub ipso Christo, ubi omnes Apostoli
scandalisati, tum ipse ab uniuerso populo negatus et damnatus
est, uix uno et altero Nicodemo et Iosepho, tum latrone in 35
cruce seruatis? At nunquid illi populus Dei tum dicebantur?
Erant quidem populus Dei reliquus, sed non nominabatur;
is qui nominabatur, non erat. Quis scit, si toto mundi cursu
173 E ab origine sua, semper talis fuerit status Ecclesiae Dei, ut
alii dicerentur populus et sancti Dei, qui non essent, alii uero 40

----

5 Rö. 8, 14   6 Mt. 28, 20   7 1. Ti. 3, 15   12 Jo. 10, 28
21 1. Kö. 18, 22   25 1. Kö. 19, 18   31 Ps. 78, 31   32 Jes.
10, 22   34 Mt. 26, 56

inter illos, ut reliquiae, essent et non dicerentur populus aut
sancti, sicunt monstrat historia Cain et Habel, Ismael et Isaac,
Esau et Iacob? Vide Arrianorum saeculum, ubi uix quin-
que in toto orbe Episcopi catholici seruati sunt, iique a sedi-
5 bus pulsi, regnantibus ubique Arrianis publico nomine et
officio Ecclesiae; nihilominus sub istis haereticis suam Eccle-
siam seruauit Christus, sed sic, ut minime Ecclesia putaretur
aut haberetur. Sub Papae regno, ostende unum Episcopum
suo officio fungentem, ostende unum concilium, in quo de
10 rebus pietatis tractatum sit, ac non potius de palliis, de dig-
nitate, de censibus et aliis prophanis nugis, | quae spiritui 651 W
sancto tribuere, nisi insanus, non possit, Et nihilominus ii
Ecclesia uocantur, cum omnes, saltem sic uiuentes, perditi
sint et nihil minus quam Ecclesia. Verum sub iis seruauit
15 suam Ecclesiam, sed ut non diceretur Ecclesia. Quot sanctos
putas exusserunt et occiderunt iam aliquot saeculis soli illi
inquisitores haereticae prauitatis? uelut Iohannem Hussum et
similes, quorum saeculo non dubium est multos uiros sanctos
uixisse eodem spiritu. Cur non illud potius miraris, Erasme,
20 quod ab origine mundi semper inter gentes fuerunt ex-
cellentiora ingenia, maior eruditio, ardentius studium, quam
inter Christianos uel populos Dei, sicut Christus ipse con-
fitetur, prudentiores esse filios huius saeculi filiis lucis? Quis
Christianorum uel uni Ciceroni, ut Graecos taceam, ingenio,
25 eruditione, diligentia comparandus est? Quid igitur obstitisse
dicemus, ut nullus illorum ad gratiam peruenire potuerit, qui
certe lib. arb. summis exercuerunt uiribus? Nullum uero inter
eos fuisse, qui summo studio ad ueritatem contenderit, quis
audeat | dicere? Et tamen asseri oportet, nullum peruenisse. 174 E
30 An etiam hic incredibile dices, Deum tot tantosque uiros,
perpetuo mundi cursu, reliquisse et frustra niti permisisse?
Certe, si lib. arbi. aliquid esset uel potuisset, in illis uiris
fuisse et potuisse debuit, uel uno aliquo exemplo. Sed nihil
ualuit, imo in contrarium semper ualuit, ut hoc uno argu-
35 mento satis probari queat, liberum arbi. nihil esse, ut cuius
nullum indicium ab initio mundi usque in finem ostendi
possit. Sed redeo ad propositum. Quid mirum, si Deus
omnes Ecclesiae maiores sinat ire uias suas, qui sic omnes
gentes permisit ire uias suas, ut Paulus in actis dicit? Non
40 est res tam uulgaris, Mi Erasme, Ecclesia Dei, quam est

---

4 Schäfer, L. als Kirchenhistoriker s. 276. 279   23 Lc. 16, 8
39 A. 14, 16

nomen hoc: 'Ecclesia Dei', nec ita passim occursant sancti
Dei, ut hoc nomen: 'Sancti Dei'; Margaritum et nobiles gemmae
sunt, quas spiritus non proiicit ante porcos, sed, ut scriptura
uocat, absconditas seruat, ne impius uideat gloriam Dei. Alio-
qui, si palam ab omnibus agnoscerentur, quomodo fieri posset, 5
ut sic in mundo uexarentur et affligerentur? ut Paulus dicit:
Si cognouissent, nunquam Dominum gloriae crucifixissent.

    Non haec dico, quod sanctos uel Ecclesiam Dei esse
negem, quos tu adducis, sed, quod probari non possit, si quis
neget, esse ipsos sanctos, relinqui uero prorsus incertum, ideo 10
locum a sanctimonia eorum non esse fidelem satis pro dog-
mate aliquo confirmando.   Sanctos eos dico et habeo,
652 W | Ecclesiam Dei eos uoco et sentio, canone charitatis, non
canone fidei.   Hoc est, Charitas, quae omnia optima de quouis
cogitat, nec est suspicax, omniaque credit ac praesumit de 15
proximis bona, sanctum uocat quemlibet baptisatum, nec peri-
culum est, si erret, quia charitatis est falli, cum sit exposita
omnibus omnium usibus et abusibus, ministra generalis,
bonorum, malorum, fidelium, infidelium, ueracium, fallacium.
175 E Fides uero nullum uocat sanctum, | nisi diuino iudicio de- 20
claratum, Quia fidei est, non falli.   Ideo cum omnes debeamus
haberi inuicem sancti iure charitatis, nullus tamen debet
sanctus decerni iure fidei, tanquam articulus sit fidei, illum
uel illum esse sanctum, quo modo suos, quos nescit, sanctos
canonisat aduersarius ille Dei, Papa, in locum Dei se con- 25
stituens.   Hoc solum dico de illis tuis uel nostris potius
sanctis, quod, cum ipsi uarient inter sese, illi potius sequendi
fuerant, qui optima, id est, contra liberum arbi. pro gratia,
loquuti sunt, relictis illis, qui pro infirmitate carnis, carnem
potius quam spiritum testificati sunt. Ita et illi, qui sibi ipsis 30
non constant, ea parte fuerant eligendi et apprehendendi, ubi
ex spiritu loquuntur, relinquendi uero, ubi carnem saperent.
Hoc erat Christiani lectoris et animalis mundi habentis di-
fissas ungulas, et ruminantis. Nunc uero posthabito iudicio,
omnia confusa uoramus, aut, quod iniquius est, peruerso iudicio 35
meliora respuimus, deteriora probamus, in unis eisdemque
authoribus, tum illisipsis deterioribus titulum et authoritatem
sanctimoniae eorum aptamus, quam tamen illi ob optima
et ob solum spiritum, non ob lib. arbi. uel carnem meru-
erunt.

---

    2 Mt. 13, 46. 7, 6   3 Mt. 11, 25   4 1. Ko. 2, 8   14 1. Ko·
13, 7   25 2. Th. 2, 4   33 oben I 234, z. 6

Quid igitur faciemus? abscondita est Ecclesia, latent sancti, Quid? cui credemus? seu, ut tu argutissime disputas, Quis nos certos facit? Vnde explorabimus spiritum? Si eruditionem spectes, utrinque sunt Rabini, Sin uitam, utrin-
5 que peccatores, Sin scripturam, utrique amplectuntur. Neque adeo de scriptura, quae necdum sit lucida satis, sed de sensu scripturae disputatur, utrinque uero homines, quorum ut neque multitudo, neque eruditio, neque dignitas, quicquam facit ad causam, ita multo minus paucitas, inscitia et humilitas. Re-
10 linquitur igitur res in dubio, et manet sub iudice lis, ut prudenter facturi uideamur, si in Scepticorum sententiam concedamus, Nisi quod tu omnium optime facis, qui sic te dubitare dicis, ut ueritatem quaerere te et discere testeris, interim in eam par|tem inclinans, quae lib. arbi. asserit, donec 176 E
15 ueritas elucescat. Hic respondeo: neque nihil, neque omnia dicis, Non enim eruditionis, uitae, ingenii, multitudinis, digni-
| tatis, inscitiae, ruditatis, paucitatis, humilitatisue argumentis 653 W spiritus explorabimus. Neque illos probo, qui refugium suum ponunt in iactantia spiritus, Nam satis acre mihi bellum isto
20 anno fuit et adhuc est cum istis Phanaticis, qui scripturas suo spiritui subiiciunt interpretandas, quo nomine et Papam hactenus insectatus sum, in cuius regno hac uoce nihil uulgatius aut receptius est, Scripturas esse obscuras et ambiguas, oportere spiritum interpretem ex sede Apostolica Romae
25 petere, cum nihil perniciosius dici possit, quod hinc homines impii sese supra Scripturas extulerint, et ex ipsa fecerint, quicquid collibitum fuit, donec prorsus scripturis conculcatis, nihil nisi hominum furiosorum somnia et crederemus et doceremus. Breuiter, non est humanum inuentum illa uox,
30 sed incredibili malicia ipsiusmet principis omnium daemonum in orbem missum uirus.

Nos sic dicimus: duplici iudicio spiritus esse explorandos seu probandos, Vno interiori, quo per spiritum sanctum uel donum Dei singulare quilibet pro se suaque solius salute
35 illustratus, certissime iudicat et discernit omnium dogmata et sensus, de quo dicitur .1. Corinth. 1: Spiritualis omnia iudicat et a nemine iudicatur. Haec ad fidem pertinet et necessaria est cuilibet etiam priuato Christiano. Hanc superius appellauimus interiorem claritatem scripturae sanctae. Hoc forte
40 uoluerunt, qui tibi responderunt, Omnia esse iudicio spiritus

---

3 δ Ib 5, z. 1 ff.   5 δ Ib 3, z. 16 ff.   10 Hor. ars poet. 78
11 δ Ia 4, z. 16 f.   13 δ Ia 6, z. 11 f.   36 1. Ko. 2, 15   38 oben
s. 103, z. 10   40 δ Ib 7, z. 12 ff.

decernenda. Sed hoc iudicium nulli alteri prodest, nec de
hoc quaeritur in hac causa, Nec ullus, credo, de illo dubitat,
quin sic se habeat. Ideo alterum est iudicium externum,
quo non modo pro nobis ipsis, sed et pro aliis et propter
177 E ¹ aliorum salutem certissime iudicamus spiritus et dogmata 5
omnium. Hoc iudicium est publici ministerii in uerbo et
officii externi, et maxime pertinet ad duces et praecones uerbi,
Quo utimur, dum infirmos in fide roboramus, et aduersarios
confutamus. Hoc supra uocauimus externam scripturae sanctae
claritatem. Sic dicimus, Scriptura iudice omnes spiritus in 10
facie Ecclesiae esse probandos, Nam id oportet apud Chri-
stianos esse imprimis ratum atque firmissimum, Scripturas
sanctas esse lucem spiritualem, ipso sole longe clariorem, prae-
sertim in iis quae pertinent ad salutem uel necessitatem.
Verum, quia in contrarium persuasi sumus iam dudum, pesti- 15
lenti illo Sophistarum uerbo, Scripturas esse obscuras et
ambiguas, cogimur primum probare illud ipsum primum prin-
cipium nostrum, quo omnia alia probanda sunt, quod apud
philosophos absurdum et impossibile factu uideretur.
654 W   ¹ Primus Moses dicit Deutero. 17, Si qua difficilis caussa 20
inciderit, esse adeundum locum, quem Deus elegisset in nomen
suum, atque consulendos ibidem sacerdotes, qui secundum
LEGEM Domini iudicare illam debeant. Secundum legem
Domini (inquit). Quomodo autem iudicabunt, nisi Lex Domini
sit externe clarissima, qua illis satisfieret? alioqui satis erat 25
dicere: iudicabunt secundum spiritum suum. Quin sic habet
in omnia administratione populorum, ut omnes omnium causae
per leges componantur. Quomodo uero componi possent, nisi
leges essent certissimae, et ipsa plane lumina in populo? Si
enim leges sunt ambiguae et incertae, non solum nullae 30
caussae expedirentur, sed nec ulli mores certi constarent,
Cum ideo ferantur leges, ut mores ad certam formam regu-
lentur et causarum quaestiones definiantur. Oportet ergo id,
quod aliorum metrum et mensura est, multo certissimum et
clarissimum esse, quale est Lex. Quod si ea lux et certitudo 35
legum in prophanis politiis, ubi de temporalibus agitur, et
178 E necessaria est, et diuino munere concaeditur toti ¹ mundo
gratis, Quomodo Christianis suis, scilicet electis, non multo
maioris lucis et certitudinis donaret leges et regulas, secundum
quas sese et omnes causas dirigerent atque componerent, 40

---

8 Tit. 1, 9   9 oben s. 103, z. 12   10 1. Th. 5, 21   13 2. Pt.
1, 19   20 Dt. 17, 8 ff.

cum temporalia uelit a suis contemni? Si enim fenum, quod
hodie stat et cras in clibanum mittitur, Deus sic uestit, quando
magis nos? Sed pergamus et scripturis obruamus pestilens
illud Sophistarum uerbum.

5   Psalmus .18. dicit: Praeceptum Domini lucidum seu
purum, illuminans oculos. Credo, id quod oculos illuminat,
non esse obscurum uel ambiguum. Item, Psal. 118: Ostium
uerborum tuorum illuminat et intellectum dat paruulis. Hic
uerbis Dei tribuit, ut sint ostium et apertum quiddam, quod
10 omnibus expositum sit, et etiam paruulos illuminet. Isaias .8.
ad legem et testimonium mittit omnes quaestiones, et nisi
hoc fecerimus, minatur nobis, negandam esse lucem aurorae.
In Zacharia capit. 2. mandat, ut ex ore sacerdotis legem
requirant, ut qui sit angelus Domini exercituum; pulcherrimus
15 scilicet angelus uel legatus Domini, qui ea afferat, quae tum
ipsi sint ambigua, tum populo obscura, ut nesciat, tam ipse,
quid loquatur, et illi, quid audiant. Et quid in uniuerso ueteri
testamento, maxime uno illo Psalmo .118. dicitur in laude
scripturae frequentius, quam ipsam esse lucem certissimam et
20 euidentissimam? sic enim celebrat ille claritatem eius: Lucerna
pedibus meis uerbum tuum, et lumen semitis meis. Non ait:
Lucerna pedibus meis solum spiritus tuus, licet et huic tribuat
suum officium dicens: Spiritus tuus bonus deducet me in terra
recta; Ita et uia et semita dicitur, nimirum a nimia certi-
25 tudine. Veniamus ad nouum testamentum! Paulus di|cit 179 E
Roma .1. Euangelium esse per Prophetas in scripturis sanctis
promissum, Et capi. 3. Iustitiam fidei testificatam a lege et
Prophetis. Qualis autem testificatio, si obscura est? Quin
cum per omnes Epistolas Euangelion uerbum lucis, | Euan- 655 W
30 gelion claritatis facit, tum id ex professo ac magna copia
facit .2. Corin. 3. et 4. ubi de claritate tam Mosi quam Christi
gloriose disputat. Petrus quoque ait .2. Petri .1: certum ualde
habemus sermonem Propheticum, cui attendentes sicut lampadi
lucenti in loco caliginoso, benefacitis. Hic Petrus uerbum
35 Dei lucidam lucernam facit, omnia alia tenebras, Et nos ob-
scuritatem et tenebras ex uerbo facimus? Christus sese lucem
mundi toties uocat, Iohannem Baptistam lucernam lucentem
et ardentem, absque dubio non propter uitae sanctitatem, sed
propter uerbum, quemadmodum Thessalo. Paulus Luminaria

---

2 Mt. 6, 30   5 Ps. 19, 9   7 Ps. 119, 130   10 Jes. 8, 20
13 Mal. 2, 7   20 Ps. 119, 105   23 Ps. 143, 10   26 Rö. 1, 2
27 Rö. 3, 21   31 2. Ko. 3, 7 ff. 4, 3 ff.   32 2. Pt. 1, 19   36 Jo.
8, 12   37 Jo. 5, 35   38 Phi. 2, 15 f.

mundi uocat lucida, quia (inquit) uerbum uitae tenetis; Vita
enim sine uerbo incerta est et obscura.

Et quid faciunt Apostoli, dum suas praedicationes per
scripturas probant? an ut nobis tenebras suas maioribus
tenebris obscurent? Vel ut notius per ignotius probent? 5
Quid facit Christus Iohan. 5. ubi Iudaeos docet, ut scripturas
scrutentur, sui scilicet testes? an ut ambiguos reddat de fide
sui? Quid faciunt illi actu. 17. qui audito Paulo, die et
nocte scripturas legebant, ut uiderent, an sic haberent? Nonne
ista omnia probant, Apostolos, sicut et Christum, ad scri- 10
pturas prouocare, tanquam ad testes clarissimas suorum ser-
monum? Qua fronte ergo nos eas obscuras facimus? Ob-
secro, suntne illa uerba scripturae obscura uel ambigua: Deus
creauit coelum et terram, Verbum caro factum est, et omnia
quae pro articulis fidei totus accaepit mundus? Vnde ac- 15
caepit? nonne ex scripturis? Et quid faciunt, qui adhuc
180 E hodie ¹ praedicant? Scripturas interpretantur ac declarant.
At si obscura est scriptura, quam declarant, Quis nos certos
facit, ipsam eorum declarationem esse certam? Alia noua
declaratio? Quis et illam declarabit? Ita fiet progressus in 20
infinitum. Summa, si scriptura obscura uel ambigua est, quid
illam opus fuit nobis diuinitus tradi? an non satis sumus
obscuri et ambigui, nisi de coelo nobis augeatur obscuritas
et ambiguitas et tenebrae? Vbi tunc illud Apostoli manebit:
Omnis scriptura diuinitus inspirata, utilis est ad docendum et 25
increpandum et arguendum? Imo inutilis est, Paule, prorsus,
sed ex patribus longa saeculorum serie receptis et sede
Romana talia petenda sunt, quae tu scripturae tribuis. Quare
tua sententia reuocanda est, ubi ad Titum scribis, Episcopum
oportere potentem esse in doctrina sana, exhortari, et red- 30
arguere contradicentes et os oppilare uaniloquis et mentium
deceptoribus. Quomodo erit potens, cum tu scripturas ei
relinquas obscuras, hoc est, arma stuppea et pro gladio leues
stipulas? Tum Christus quoque uocem suam recantet, necesse
656 W est, qui nobis falso promittens, dicit: ¹ Ego dabo uobis os et 35
sapientiam, cui non poterunt resistere omnes aduersarii uestri.
Quomodo non resistent, quando obscuris et incertis contra
eos pugnamus? Quid et tu nobis, Erasme, praescribis formam
Christianismi, si tibi scripturae sunt obscurae? Sed iam dudum
credo me onerosum esse etiam insensatis, qui in re clarissima 40

---

6 Jo. 5, 39   8 AG. 17, 11   24 2. Ti. 3, 16   29 Tit. 1, 9 ff.
35 Lc. 21, 15

tantas moras traho et copias perdo. Sed sic obruendum erat impudens et blasphema illa uox, Scripturas esse obscuras, Vt et tu uideres, Mi Erasme, quid diceres, cum scripturam esse dilucidam negas. Nam simul asseras mihi, necesse est, omnes 5 tuos sanctos, quos adducis, multo minus dilucidos esse. Quis enim certos nos facit de eorum luce, si scripturas obscuras feceris? Itaque nihil nisi tenebras nobis reliquas fa¦ciunt, qui 181 E scripturas negant esse lucidissimas et euidentissimas.

At hic dices: nihil ad me ista omnia, Non dico scripturas 10 ubique obscuras esse (Quis enim ita insaniat?), Sed in hac tantum parte et similibus. Respondeo: nec contra te ista solum dico, sed contra omnes, qui ita sentiunt, Deinde contra te de tota scriptura dico, nullam eius partem uolo obscuram dici, stat ibi, quod ex Petro retulimus, Lampadem lucentem 15 nobis esse uerbum Dei in loco caliginoso. Quod si pars huius lampadis non lucet, potius pars caliginosi loci, quam ipsius lampadis erit. Non sic illuminauit nos Christus, ut aliquam partem obscuram uoluerit relictam nobis in suo uerbo, dum nos ad illud iubet attendere; frustra enim attendere 20 iubet, si non lucet. Proinde si dogma de lib. arbi. obscurum uel ambiguum est, ad Christianos et scripturas non pertinet, ac relinquendum est prorsus, numerandumque inter eas fabulas, quas damnat Paulus in Christianis rixantibus. Si autem ad Christianos et scripturas pertinet, clarum, apertum et euidens 25 esse debet, prorsusque similis caeteris omnibus euidentissimis articulis. Debent enim omnes Christianorum articuli tales esse, ut non modo ipsis certissimi sint, sed etiam aduersus alios tam manifestis et claris scripturis firmati, ut omnibus os obstruant, ne possint quicquam contradicere, sicut nobis Chri- 30 stus promittens, dicit: Dabo uobis os et sapientiam, cui non poterunt resistere omnes aduersarii uestri. Si igitur os nostrum in hac parte infirmum est, ut aduersarii resistere possint, falsum est, quod dicit nullum aduersarium ori nostro resistere posse. Aut ergo in dogmate lib. arbi. nullos ad- 35 uersarios habebimus, quod fiet, si ad nos nihil pertinet, Aut si ad nos pertinet, aduersarios quidem habebimus, sed qui resistere non possint.

Verum illa impotentia resistendi aduersariorum ⎮ (quando 182 E id hic incidit) sic habet, non quod cogantur cedere sensu 40 suo, aut persuadeantur confiteri aut tacere; Quis enim inuitos

---

14 2. Pt. 1, 19   19 Jo. 5, 39   23 1. Ti. 4, 7. 2. Ti. 2, 14
30 Lc. 21, 15 | *uos* A

coget credere, fateri errorem aut tacere? Quid loquatius
uanitate? ait Augustinus. Sed quod os illorum sic obstruitur,
ut non habeant quod contradicant, et, ut multa contradicant,
comunis tamen sensus iudicio nihil dicant. Exemplis id
657 W monstratur melius. Quando Christus | Matthei .22. Sadduceis 5
imposuit silentium, dum adducta scriptura probaret resurrec-
tionem mortuorum ex Mose Exodi 3: Ego Deus Abra-
ham etc., Non est Deus mortuorum, sed uiuorum, Hic re-
sistere non poterant nec quicquam contradicere. Sed nunquid
ideo caesserunt, opinione sua? Et quoties Pharisaeos con- 10
futauit euidentissimis scripturis et argumentis, ita ut populus
conuictos palam uideret, et ipsimet sentirent? Nihilominus
illi perseuerabant aduersarii. Stephanus Actu. 7. sic loque-
batur, teste Luca, ut sapientiae et spiritui, qui loquebatur,
resistere non possent. Sed quid illi fecerunt? nunquid cae- 15
debant? Imo, dum pudet uinci, et resistere non possunt,
insaniunt, et clausis auribus et oculis, falsos submittunt contra
eum testes Actu. 8. Idem in Concilio stans, uide, quomodo
confutet aduersarios! Cum ab origine populi illius numerasset
beneficia Dei, et probasset, nunquam templum sibi Deum 20
iussisse condi (Ea enim quaestione agebatur reus, et is erat
status caussae), tandem concaedit, sub Salomone fuisse qui-
dem templum aedificatum, At ibi subsumit in hunc modum:
Sed non .in manufactis habitat excelsus, Et ad id allegat
Esaiam Prophetam .66: Quae est ista domus quam aedi- 25
ficatis mihi? Dic, quid poterant hic contra tam manifestam
scripturam dicere? nihil tamen moti perstabant fixi in sua
sententia, Vnde et in eos inuehitur, dicens: Incircumcisi
cordibus et auribus, semper restitistis spiritui sancto etc.
Resistere eos dicit, qui tamen resistere non poterant.   30
183 E | Ad nostros ueniamus! Iohannes Hus, cum sic in Papam
disserit ex Matth. 16: Portae inferorum non praeualent ad-
uersus Ecclesiam meam, Estne hic aliqua obscuritas uel
ambiguitas? Sed aduersus Papam et suos praeualent portae
inferi, ut qui manifesta impietate et sceleribus toto orbe 35
nobiles sunt, Est id quoque obscurum? ergo Papa et sui non
sunt Ecclesia, de qua Christus loquitur. Quid hic contra-
dicerent? aut quomodo resisterent ori, quod Christus illi
dederat? At restiterunt tamen et perstiterunt, donec ipsum

2 De ciuitate Dei 5, 26, 2 (MSL. 41, 174)   5 Mt. 22, 23 ff.
7 Ex. 3, 6   14 AG. 7, 54   18 AG. 7, 56 f.   19 AG. 7, 47 ff.
25 Jes. 66, 1 f.   28 AG. 7, 51   .   31 vgl. Schäfer, L. als Kirchen-
historiker s. 59 ff.   32 Mt. 16, 18

exurerent, tantum abest, ut sensu caederent. Nec Christus
hoc tacet, cum dicit: Aduersarii non poterunt resistere; Ad-
uersarii sunt (inquit), ergo resistent, alioqui non aduersarii, sed
amici fierent; et tamen resistere non poterunt. Quid est hoc
5 aliud dicere, quam: resistendo non poterunt resistere? Si
itaque et nos lib. arb. sic confutare poterimus, ut aduersarii
nequeant resistere, etiam si persistant suo sensu, et repugnante
conscientia resistant, satis fecerimus. Satis enim expertus
sum, quam nemo uolet uinci, et (ut Quintilianus ait) nemo
10 est, qui non malit nosse, quam discere uideri, quamuis apud
nos id prouerbii omnes usu potius quam affectu, imo ab-
usu, | passim in ore uersent: Opto discere, paratus sum doceri 658 W
et monitus meliora sequi, Homo sum, errare possum, Quod
sub hac larua, pulchra uelut humilitatis specie, liceat con-
15 fidenter dicere: Mihi non est satisfactum, Ego non capio,
uim facit scripturis, pertinaciter asserit, Scilicet certi, quod
tantae humilitatis animas nemo suspicetur pertinaciter resistere
et agnitam quoque ueritatem fortiter impugnare. Ita fit, ut
non maliciae eorum esse oporteat, quod non caedunt sensu
20 suo, sed obscuritatis et ambiguitatis argumentorum. Sic et
Philosophi graecorum fecerunt, ne ullus alteri uideretur caedere,
etiam manifeste conuictus, caeperunt negare prima principia,
ut Aristoteles re|citat. Interim nobis et aliis blande persua- 184 E
demus, Esse multos bonos uiros in terra, qui libenter ueri-
25 tatem amplexuri sint, si sit, qui clare doceat, nec esse prae-
sumendum, tot eruditos, tanta saeculorum serie uiros, errasse
aut non cognouisse, quasi ignoremus, mundum esse regnum
Satanae, ubi praeter naturalem caecitatem agnatam ex carne,
etiam nequissimis spiritibus regnantibus super nos in ipsa
30 caecitate induramur, et daemoniacis, nec iam humanis tenebris,
tenemur.

Si igitur Scriptura (inquis) dilucida est, cur in hac parte
tot saeculis excellentes ingenio uiri caecutierunt? Respondeo:
Caecutierunt sic in laudem et gloriam libe arbi., ut osten-
35 deretur illa magnifice iactata uis, qua se homo applicare
potest ad ea quae sunt salutis aeternae, Scilicet quae nec
uisa uidet, nec audita audit, multo minus intelligit uel appetit.
Huc enim pertinet, quod Christus ex Esaia et Euangelistae
toties afferunt: Audientes audietis et non cognoscetis, et
40 uidentes non uidebitis. Quid hoc est aliud, quam libe. arbi.

---

2 Lc. 21, 15   9 in der vorrede zu seiner Institutio oratoria
32 δ Ib 4, z. 30 f.   37 I. Ko. 2, 14   38 Jes. 6, 10   39 Mt.
13, 14

seu cor humanum sic esse Satanae potentia oppressum, ut,
nisi spiritu Dei mirabiliter suscitetur, per sese, nec ea uidere
possit, nec audire, quae in ipsos oculos et in aures manifeste
impingunt, ut palpari possint manu? tanta est miseria et
caecitas humani generis. Sic enim et ipsi Euangelistae admirati, 5
qui fieret, ut Iudaei operibus et uerbis Christi, quae plane
fuerunt irrefragabilia et innegabilia, non caperentur, isto
scripturae loco sibi respondent, Scilicet, quod homo sibi re-
lictus, uidens non uidet, et audiens non audit. Quid mon-
659 W strosius? Lux (inquit) lucet in tenebris et | tenebrae non 10
comprehendunt. Quis hoc crederet? Quis similia audiuit?
Lucere in tenebris lucem, et tamen tenebras manere tenebras
nec illustrari? Proinde non est hoc mirum in rebus diuinis,
185 E | quod tot saeculis uiri excellentes ingenio caecutiunt; in rebus
humanis mirum esset; In rebus diuinis, mirum potius, si 15
unus et alter non caecutiat, Non mirum uero, si plane omnes
caecutiant. Quid enim est uniuersum genus humanum, extra
spiritum, nisi regnum Diaboli (ut dixi), confusum cahos tene-
brarum? unde Paulus Daemones appellat rectores harum
tenebrarum. Et 1. Corin. 1. dicit: Nemo principum huius 20
mundi cognouit Dei sapientiam. Quid putas de reliquis sentiet,
qui principes mundi asserat tenebrarum seruos? Per principes
enim intelligit primos et summos in mundo, quos tu ex-
cellentes ingenio uocas. Cur caecutierunt Arriani omnes?
An non fuerunt ibi uiri ingenio excellentes? Cur gentibus 25
Christus est stultitia? an inter gentes non sunt uiri excellentes
ingenio? Cur Iudaeis est scandalum? An non fuerunt inter
Iudaeos uiri excellentes ingenio? Deus scit (ait Paulus) cogi-
tationes sapientum, quoriam uanae sunt, Noluit dicere: ho-
minum, ut ipse textus habet, primos et principes inter homines 30
significans, ut ex iis reliquos homines aestimemus. Sed haec
infra latius fortasse, Satis sit exordio praemisisse, Scripturas
esse clarissimas, quibus nostra sic possunt defendi, ut ad-
uersarii non queant resistere; Quae uero sic defendi non
possunt, aliena et non Christianorum sunt. Si uero sunt, qui 35
hanc claritatem non uideant et in isto sole caecutiunt uel
offendunt ii, si sunt impii, declarant, quanta sit maiestas et
potentia Satanae in filiis hominum, ut clarissima uerba Dei
neque audiant, neque capiant, uelut si prestigio illusus quis-
piam solem putet esse carbonem frigidum, aut lapidem sentiat 40

---

10 Jo. 1, 5   18 Gen. 1, 2   19 Eph. 6, 12   20 1. Ko. 2, 8
26 1. Ko. 1, 23   28 1. Ko. 3, 20   30 Ps. 94, 11

esse aurum. Si pii sunt, inter illos electos censeantur, qui
in errorem ducuntur aliquando, ut declaretur uirtus Dei in
nobis, sine qua nec uidere nec prorsus quicquam possumus.
Non enim imbecillitatis ingenii est (ut tu caussaris), ne uerba
5 Dei capiantur, imo nihil aptius capiendis uerbis Dei imbecilli-
tate inge|nii, propter imbecilles enim et ad imbecilles Christus 186 E
et uenit et mittit uerbum suum, sed nequitia Satanae est in
nostra imbecillitate sedentis, regnantis ac Dei uerbo resi-
stentis. Ni Satanas faceret, uno sermone Dei semel audito
10 totus mundus hominum conuerteretur, nec pluribus opus esset.
    Et quid multis ago? Cur non simul cum hoc exordio
finimus caussam et contra teipsum tuis ipsius uerbis ferimus
sententiam secundum illud Christi: Ex uerbis tuis iustifi-
caberis, ex uerbis tuis condemnaberis? Tu | enim dicis, 660 W
15 Scripturam hic non esse dilucidam, Deinde sententia sus-
pensa, in utranque partem disputas, Quid pro, quid contra
dici possit, praeterea nihil agis toto isto libello, quem ob
eandem caussam Diatriben potius quam Apophasin uel aliud
appellare uoluisti, quod omnia collaturus, nihil affirmaturus
20 scriberes. Si igitur dilucida scriptura non est, cur hic non
modo caecutiunt, sed temere et stulte definiunt et asserunt
lib. arbi. uelut ex certa et dilucida scriptura illi, quos iactas?
uidelicet tam numerosa series eruditissimorum uirorum, quos
in hunc usque diem tot saeculorum consensus approbauit,
25 quorum plerosque praeter admirabilem sacrarum literarum
peritiam uitae quoque pietas commendat, quidam doctrinae
Christi, quam scriptis defenderant, sanguine suo testimonium
reddiderunt. Si ex animo ista loqueris, fixum est apud te,
lib. arb. habere assertores, mirabili literarum sacrarum peritia
30 praeditos, ita ut sanguine suo illud quoque testati sint. Quod
si uerum est, dilucidam illi habebant scripturam, alioqui, quae
esset illa admirabilis peritia literarum sacrarum? Deinde
quae leuitas et temeritas animi, sanguinem fundere pro re
incerta et obscura? Hoc enim non martyrum Christi, sed
35 daemonum est. Iam et tu pone ob oculos et tecum ex-
pende, utrum plus tribuendum esse iudices tot eruditorum,
| tot orthodoxorum, tot sanctorum, tot martyrum, tot ueterum 187 E
ac recentium theologorum, tot academiarum, tot conciliorum,
tot Episcoporum et summorum Pontificum praeiudiciis, qui
40 scripturas dilucidas esse senserunt, et id tum scriptis tum

---

2 *aliquanto* A   4 δ Ia 7, z. 21   13 Mt. 12, 37   23 δ Ib
2, s. 12, z. 9—14   36 ebd. s. 14, z. 3—8

sanguine confirmauerunt, an tuo unius priuato iudicio, qui
negas scripturas esse dilucidas, qui forte nec unam unquam
lachrymam uel suspirium pro doctrina Christi emisisti? Si
illos recte sensisse credis, cur non imitaris? Si non credis,
cur iactas tanta bucca, tanta copia, quasi me obruere uelles 5
tempestate et diluuio quodam orationis, quod tamen in caput
tuum fortius inundat, arca uero mea in sublimi fertur secura?
Nam tu tot tantisque uiris simul tribuis summam et stultitiam
et temeritatem, dum illos scribis scripturae peritissimos, stilo,
uita, morte illam asseruisse, quam tamen obscuram et ambiguam 10
esse contendis, hoc est aliud nihil, quam illos facere im-
peritissimos cognoscendo et stultissimos asserendo. Sic illos
non honorassem ego priuatus ille contemptor, ut tu facis
publicus ille laudator.

661 W | Cornuto igitur (quod aiunt) hic te syllogismo teneo. 15
Vtrum enim falsum esse oportet, Vel illud quod dicis, illos
fuisse admirabiles peritia sacrarum literarum, uita et martyrio,
Vel illud quod dicis, Scripturam non esse dilucidam. Verum
cum huc potius rapiaris, ut scripturas non dilucidas esse credas
(hoc enim toto libello agis), reliquum fit, ut uel animi uel 20
adulandi gratia, nequaquam serio illos dixeris peritissimos
scripturae et martyres Christi, tantum ut rudi uulgo fucum,
Luthero autem negocium faceres, et caussam eius inanibus
uerbis grauares odio et contemptu. Ego uero neutrum uerum,
sed utrunque falsum dico. Primum, scripturas esse lucidissimas, 25
Deinde illos, quatenus lib. arb. asserunt, esse imperitissimos
sacrarum literarum, tum illud neque uita, neque morte, solum
188 E uero stilo, sed peregrinante animo, asseruisse. | Quare hanc
disputatiunculam sic concludo: Per scripturam, ut obscuram,
hactenus nihil certi definitum est nec definiri potest de lib. 30
arb. te ipso teste, Per uitam uero omnium hominum ab
initio mundi nihil est ostensum pro libero arbi., ut superius
est dictum. Docere igitur aliquid, quod intra scripturas non
est ullo uerbo praescriptum, et extra scripturas non est ullo
facto monstratum, hoc non pertinet ad dogmata Christianorum, 35
sed ad narrationes ueras Luciani, nisi quod Lucianus ioco
et prudenter rebus ludicris ludens, neminem fallit neque
laedit, Isti uero nostri re seria et quae ad aeternam salutem
pertinet, insaniunt in perditione innumerabilium animarum.
Sic et ego absoluerim totam hanc quaestionem de lib. arb. 40
etiam testimonio aduersariorum mecum faciente et illis ipsis

---

15 ich halte dich also hier mit sophistischem trugschluss fest

pugnante, cum fortior probatio nulla sit, quam ipsius, qui
reus est, propria confessio et testimonium contra seipsum.
Verum quia Paulus praecipit uaniloquos epistomîsin, caussam
ipsam aggrediamur, et ordine, quo incedit Diatribe, rem
5 tractemus, ut primum confutemus argumenta pro libero arbi.
adducta, deinde confutata nostra defendamus, tandem contra
lib. arb. pro gratia Dei pugnemus.

Ac primum ab ipsa definitione recte faciemus initium,
Qua sic definis libe. arb.: Porro lib. arbi. hoc loco sentimus
10 uim humanae uoluntatis, qua se possit homo applicare ad
ea, quae perducunt ad aeternam salutem, aut ab iisdem
auertere. Prudenter sane definitio a te nuda ponitur, | nec 66ᵃ W
ulla eius particula (ut mos est aliorum) declaratur, quod
naufragium non unum forte ueritus sis. Cogor itaque ego
15 singulas discutere. Ipsum certe definitum, si rigide examine-
tur, latius patet quam definitio, qualem definitionem Sophistae
uitiosam dicerent, quoties uidelicet definitio non explet de-
fini|tum. Nam superius ostendimus, lib. arb. nemini nisi soli 189 E
Deo conuenire. Arbitrium fortassis homini aliquod recte
20 tribueris, sed liberum tribuere in rebus diuinis, nimium est,
Quod liberi arbitrii uox, omnium aurium iudicio, proprie id
dicitur, quod potest et facit erga Deum, quaecunque libuerit,
nulla lege, nullo imperio cohibitum. Neque enim seruum
dixeris liberum, qui sub imperio domini agit; quanto minus
25 hominem uel angelum recte liberum dicimus, qui sub imperio
plenissimo Dei (ut peccatum et mortem taceam) sic degunt,
ut ne momento consistere suis uiribus possint. Igitur hic
statim in foribus pugnant definitio quid nominis, et definitio
quid rei, quod uox aliud significat et aliud re ipsa sentitur.
30 Rectius uero 'Vertibile arbitrium' uel 'mutabile arbitrium' di-
ceretur, Nam sic Augustinus et post eum Sophistae gloriam
et uirtutem istius uocis 'Liberum' extenuant, adiecto illo
detrimento, quod uertibilitatem lib. arbitrii dicunt. Atque ita
deceret nos loqui, ne inflatis et inaniter fastuosis uocabulis
35 corda hominum luderemus, ut et Augustinus sentit, Nos ad
certam regulam, sobriis et propriis uerbis debere loqui. In
docendo enim simplicitas et proprietas dialectica requiritur,
non autem ampullae et figurae rhetoricae persuasionis. Sed
ne uerbi pugna delectari uideamur, donemus interim id abusui,
40 licet magno et periculoso, ut idem sit liberum arbitrium, quod

---

3 Tit. 1, 11   9 δ Ib 10, z. 7—10

uertibile arbitrium. Donemus et illud Erasmo, quod lib. arb uim facit humanae uoluntatis, ac si angelorum non sit lib. arb., quod hoc libello solum de hominum lib. arbi. agere instituit; alioqui et in hac parte definitio fuerat arctior quam definitum.

Ad eas partes ueniamus, in quibus rerum cardo uertitur, quarum aliquae satis apertae sunt, aliae lucem fugiunt, uelut 190 E sibi consciae nihil non metuant, | cum nihil definitione apertius et certius edi debeat; obscure enim definire, perinde est ac nihil definire. Apertae sunt illae: Vis humanae uoluntatis, 10 item: Qua se potest homo, item: Ad aeternam salutem, Sed Andabatae sunt istae: Applicare, Item: Ad ea quae perducunt, item: Auertere. Quid igitur esse diuinabimus illud applicare, item illud auertere? item, quid sunt illa, quae ad aeternam salutem perducunt? Quo se proripiunt illa? Mihi, ut uideo, 15 cum uero Scoto aut Heraclito res est, ut duplici labore fatiger, primum, ut aduersarium in foueis et tenebris (quod facinus et audax et periculosum est) palpitans et tentans quaeritem, ac nisi inuenero, frustra et cum laruis pugnem, aeraque in tenebris uerberem, Deinde, si produxero in lucem, 20 tum demum, iam quaerendo fessus, aequo marte manus conseram. Vim igitur uoluntatis humanae dici, credo, potentiam 663 W uel facultatem uel habili¹tatem uel aptitudinem uolendi, nolendi, eligendi, contemnendi, approbandi, refutandi et si quae sunt aliae uoluntatis actiones. Iam quid, sit eandem uim sese 25 applicare et auertere, non uideo, nisi ipsum uelle et nolle, eligere, contemnere, probare, refutare, ipsam scilicet actionem uoluntatis, ut fingamus, Vim illam esse medium quiddam inter uoluntatem ipsam et actionem suam, ut qua uoluntas ipsa actionem uolendi et nolendi elicit, et qua ipsa actio uolendi 30 et nolendi elicitur. Aliud hic nec fingere nec cogitare datur. Si fallor, culpa sit authoris, qui definiuit, non mea, qui inuestigo, Recte enim dicitur apud Iuristas, Verba obscure loquentis, cum potuerit clarius dicere, interpretanda esse contra ipsum. Et hic interim Modernos meos ignorare uolo cum 35 suis subtilitatibus, Crasse enim dicendum est, gratia docendi et intelligendi. Ea uero, quae ad aeternam salutem perducunt,

---

12 A. eine art gladiatoren, welche helme mit geschlossenem visiere trugen u. deshalb ins leere hineinschlugen, blosse luflhiebe machten. Vgl. Hier. adv. Helvidium 5, adv. Iovinianum 1, 36 (MSL. 23, 188. 260)   16 Doctor subtilis u. „der dunkle"   20 Hier. adv. Ruf. 1, 15 (MSL. 23, 409): 'Stultum est iuxta Apostolum [1. Ko. 9, 26] pugnis aerem verberare'

arbitror esse Verba et opera Dei, quae offeruntur uoluntati humanae, ut eisdem sese applicet uel auertat, Verba autem Dei dico tam legem quam Euangelion; Lege exiguntur opera, Euangelio fides. Nulla enim sunt alia, quae uel ad gratiam 5 Dei uel ad salutem aeter|nam perducunt, nisi uerbum et opus 191 E Dei, Siquidem gratia uel spiritus est ipsa uita, ad quam uerbo et opere diuino perducimur.

Haec autem uita uel salus aeterna res est incomprehensibilis captui humano, sicut Paulus ex Esaia refert 10 .1. Corin. 2: Quae oculus non uidit, nec auris audiuit, nec in cor hominis ascendit, quae praeparauit Deus diligentibus se. Nam et is inter summos articulos fidei nostrae numeratur, ubi dicimus: Et uitam aeternam. Quid uero in isto articulo ualeat lib. arbi., Paulus testatur .1. Corin. 2: Deus 15 (inquit) nobis ea reuelauit per spiritum suum . q. d. nisi spiritus reuelarit, nullius hominis cor quicquam de ea re nosset aut cogitaret, tantum abest, ut sese applicare ad id uel appetere possit. Vide experientiam, quid excellentissima ingenia inter gentes de uita futura et resurrectione senserint, 20 Nonne quo excellentiores ingenio fuerunt, eo magis ridiculum illis fuit resurrectio et uita aeterna? Nisi non fuerunt ingeniosi Philosophi illi et Graeci, qui Athenis Paulum haec docentem spermologon et nouorum Daemoniorum assertorem dicebant. Portius Festus Act. 24. Paulum insanum clamabat, 25 ob praedicationem aeternae uitae. Quid Plinius de iis rebus latrat lib. 7? Quid Lucianus, tantum ingenium? Stupidine illi fuerunt? Denique adhuc hodie plerique, quo sunt maiore ingenio et eruditione, hoc magis rident eum articulum et fabulam esse putant, idque palam. Nam occulte nullus plane 30 hominum, nisi spiritu sancto perfusus, nouit, credit aut optat salutem aeternam, etiamsi uoce et stilo iactitent. Atque utinam eodem fermento et tu et ego liberi essemus, Mi Erasme, tam rarus est in hoc articulo fidelis animus. Habeone definitionis huius sensum?

35 | Igitur Erasmo authore, Liberum arb. est uis uoluntatis, 664 W quae potest a seipsa uelle et nolle | uerbum et opus Dei, qui- 192 E bus ducitur ad ea quae excedunt et captum et sensum eius. Si uero potest uelle et nolle, potest et amare et odisse, Si amare et odisse, potest et aliquantulum facere legem et credere 40 Euangelio, Quia impossibile est, si aliquid uelis aut nolis, ut

---

9 Jes. 64, 4   10 1. Ko. 2, 9   14 1. Ko. 2, 10   22 AG. 17, 18   24 AG. 26, 24   32 Mt. 16, 6

non aliquid operis ea uoluntate possis, etiam si prohibente alio, perficere non possis. Iam cum inter opera Dei, quae ad salutem perducunt, mors, crux et omnia mala mundi numerentur, poterit humana uoluntas et mortem et sui perditionem · uelle, Quin omnia uelle potest, dum uerbum et opus 5 Dei uelle potest, Quid enim infra, supra, intra, extra uerbum et opus Dei, nisi Deus ipse uspiam esse potest? Quid autem hic relinquitur gratiae et spiritui sancto? Hoc plane est diuinitatem lib. arbi. tribuere, siquidem legem et Euangelion uelle, peccatum nolle et mortem uelle, diuinae uirtutis est 10 solius, ut Paulus non uno loco dicit. Proinde nemo post Pelagianos rectius de libero arbitrio scripsit, quam Erasmus. Diximus enim superius, liberum arbitrium esse diuinum nomen ac diuinam uirtutem significare, Hanc uero nemo illi tribuit hactenus praeter Pelagianos; Sophistae enim, quicquid sentiant, 15 longe aliter certe loquuntur. Quin Pelagianos quoque longe superat Erasmus. Illi enim toti libero arbitrio eam diuinitatem tribuunt, Erasmus dimidio, Siquidem illi faciunt liberi arbi. duas partes, uim discernendi et uim eligendi, alteram rationi, alteram uoluntati affingentes, quod et Sophistae 20 faciunt, Sed Erasmus, posthabita discernendi ui, solam extollit uim eligendi. ita claudum ac semiliberum arbitrium Deum facit. Quid putas erat facturus, si totum lib. arbitrium fuisset descripturus?

Sed non hoc contentus, Philosophos etiam excaedit, 25 Apud illos enim nondum definitum est, an aliquid seipsum possit mouere, Ibique toto corpore Philosophiae dissentiunt Platonici et Peripatetici, Sed apud Erasmum libe. arbitrium suapte ui sese non modo mouet, sed applicat etiam ad ea, 193 E quae sunt ¦ aeterna, id est, incomprehensibilia sibi, plane nouus 30 et inauditus definitor lib. arb., qui Philosophos, Pelagianos, Sophistas, et omnes longe post se relinquit. Nec hoc satis, nec sibi parcit, sibique ipsi plus quam omnibus aliis dissidet et pugnat. Antea enim dixerat, Voluntatem humanam prorsus esse inefficacem sine gratia (nisi hoc ioco dixerit), hic uero, 35 ubi serio definit, dicit, humanam uoluntatem habere eam uim, qua efficax sit applicare sese ad ea quae sunt salutis aeternae, id est, quae sunt incomparabiliter supra uim illam. 665 W Ita et seipso quoque superior est hac ¦ parte Erasmus. Videsne, Mi Erasme, hac definitione te ipsum prodi (imprudenter 40 credo), quod harum rerum nihil omnino intelligis, uel prorsus

---

13 oben s. 127, z. 30   34 δ IIa 4, z. 14, IIa 5, z. 1

incogitans et contemnens de illis scribas, ignarus quid loquaris
uel quid affirmes? Et ut supra dixi, minus dicis et plus
tribuis lib. arbi. quam omnes alii, dum neque totum lib. arb.
describis, omnia tamen illi tribuis. Tolerabilius longe tradunt
5 Sophistae, uel saltem pater eorum Petrus Longobardus, qui
liberum arbi. dicunt esse facultatem discernendi, deinde et
eligendi, boni quidem, si assit gratia, mali uero, si desit
gratia, planeque cum Augustino sentit liberum arbitrium, suapte
ui, non posse nisi cadere, nec ualere nisi ad peccandum,
10 Vnde et seruum potius quam liberum arbitrium uocat Augustinus
libro .2. contra Iulianum. Tu uero utrinque parem uim facis
liberi arbitrii, quod suapte sine gratia ui, et sese applicare
possit ad bonum, et sese auertere a bono. Non enim cogitas,
quam magnum tribuas illi hoc pronomine SE uel SEIPSAM,
15 dum dicis: potest SE applicare, prorsus scilicet excludis spiri-
tum sanctum cum omni uirtute sua, tanquam superfluum et
non necessarium. Damnabilis igitur est tua definitio etiam
apud Sophistas, qui nisi inuidia excaecati in me sic insanirent,
in tuum libellum furerent potius; Nunc, quia Lutherum petis,
20 etiamsi contra te ipsum et illos dicas, nihil nisi sanctum
et catholicum dicis, tanta est patientia sanctorum uirorum.   194 E
  | Non haec dico, quod Sophistarum sententiam de libero
arbitrio probem, sed quod tolerabiliorem esse ducam quam
Erasmi, propius enim accedunt ad ueritatem, Non enim illi
25 liberum arbitrium, sicut ego, nihil esse dicunt, tamen, cum
sine gratia ipsum nihil posse dicunt, presertim Magister Sen-
tentiarum, pugnant Erasmo, imo uidentur sibiipsis quoque
pugnare, et sola uerbi controuersia torqueri, contentionis
cupidiores quam ueritatis, sicut decet Sophistas. Nam finge
30 mihi Sophistam minime malum dari, cum quo semotus
familiari colloquio ista conferrem et candidum ac liberum
·iudicium postularem in hunc modum: Si quispiam tibi id
liberum esse diceret, quod sua uirtute non nisi in alteram
partem possit, scilicet in malam, In alteram uero, nempe in
35 bonam partem, possit quidem, sed non sua uirtute, imo
alterius duntaxat auxilio, possis etiam tenere risum, amice?
Nam sic lapidem | aut truncum facile obtinebo habere liberum 666 W
arbi., ut qui et sursum et deorsum uergere potest, sed ui sua
non nisi deorsum, alterius uero solum auxilio sursum. Et ut
40 supra dixi, tandem dicemus, inuerso omnium linguarum et

---

6 Sententiarum libri quattuor, lib. II dist. 25, 5   8 De spiritu
et littera 3, 5 (MSL. 44, 203)   11 8, 23 (MSL. 44, 689)

uerborum usu: Nullus est omnes, Nihil est omnia, referendo
alterum ad rem ipsam, alterum ad alienam quae adesse sibi
et accidere possit. Sic et liberum arb. nimium disputando
tandem per accidens liberum faciunt, ut quod possit liberari
aliquando per alium. Quaestio autem est per se et de sub- 5
stantia libertatis arbi. Haec si soluenda est, nihil nisi inanis
uox lib. arbi. reliqua fit, uelint, nolint. Deficiunt et in hoc
Sophistae, quod lib. arb. uim discernendi boni a malo tribuunt.
Item, regenerationem et innouationem spiritus premunt, ac
uelut externe auxilium illud alienum illi affingunt, de quo 10
postea. Sed haec de diffinitione satis. Nunc argumenta
uideamus, inflatura inanem illam uoculam.

    Primum est illud Ecclesiastici .15: Deus ab initio con-
stituit hominem, et reliquit illum in manu consilii sui. Adiecit
mandata et praecepta sua: Si uolueris mandata conseruare, 15
195 E conseruabunt te, et in | perpetuum fidem placitam seruare.
Apposuit tibi ignem et aquam; ad quod uolueris, porrige
manum tuam. Ante hominem uita et mors, bonum et malum;
quod placuerit ei, dabitur illi. Licet recusare possim iure hunc
librum, tamen interim recipio, Ne cum iactura temporis me 20
inuoluam disputationi de receptis libris in Canone Ebraeorum,
quem tu non nihil mordes ac rides, dum prouerbia Salo-
monis et Canticum (ut scommate ambiguo uocas) amatorium
comparas cum libris duobus Esre, Iudith, historia Susannae et
Draconis, Esther, quamuis hunc habeant in Canone, dignior 25
omnibus, me iudice, qui extra Canonem haberetur. Re-
sponderem uero breuiter tuis ipsius uerbis: Scriptura hoc loco
obscura est et ambigua, ideo nihil certi probat; Nos autem,
cum in negatiua stemus, exigimus a uobis locum produci,
qui claris uerbis conuincat, quid sit et quid possit liberum 30
arbi. Hoc facietis forte ad Calendas graecas. Quamuis tu,
ut hanc necessitatem fugias, multa bona uerba perdis, dum.
super aristas incaedis, recitans tot opiniones de libero arb.,
667 W ut Pelagium pene facias | Euangelicum. Item, quadruplicem
gratiam fingis, ut etiam Philosophis quandam fidem et chari- 35
tatem tribuas. Item, triplicem illam legem, naturae, operum,
fidei, fabulam scilicet nouam, ut conuenire uehementer asseras
Philosophorum praecepta Euangelicis praeceptis. Tum illud
Psalm. 4: Signatum est super nos lumen uultus tui, Domine,

---

9 Tit. 3, 5   13 Si. 15, 14—18. δ IIa 1   33 oben s. 114, z. 27
34 vgl. v. Walter, De libero arbitrio 21⁶. 26¹   35 δ IIa 11.
δ IIa 10, s. 27, z. 8ff.   36 δ IIa 5 u. 6   38 δ IIa 4, s. 22,
z. 15f.

qui de cognitione ipsius uultus Dei, id est, fide loquitur, ad
rationem excaecatam applicas. Quae si quis Christianus omnia
conferat, cogetur suspicari, te ludere et ridere Christianorum
dogmata et religionem. Nam tantam ignorantiam ei tribuere,
5 qui sic nostra omnia perlustrauit, tanta diligentia et memoria
conseruauit, mihi plane est difficillimum. Sed interim ab-
stinebo, indicasse contentus, donec occasio sese dignior ob-
tulerit. Quanquam te oro, Mi Erasme, ne sic nos tentes, uelut
unus illorum, qui dicunt: quis uidet nos? neque tutum est in
10 re tanta, uer|borum uertumnis perpetuo ludere apud quoslibet. 196 E
Sed ad rem.

Ex una sententia de lib. arb. triplicem fingis. dura tibi
uidetur eorum, sed tamen satis probabilis, qui negant hominem
posse uelle bonum sine peculiari gratia, negant posse incipere,
15 negant posse progredi, perficere etc.; hanc probas ideo, quod
relinquat homini studium et conatum, sed non relinquat,
quod suis uiribus asscribat. Durior eorum, qui contendunt,
lib. arb. nihil ualere nisi ad peccandum, solam gratiam in
nobis operari bonum etc. Durissima uero illorum, qui dicunt
20 nomen inane esse lib. arb., sed Deum tam bona quam mala
in nobis operari, meraeque necessitatis esse omnia quae fiunt.
Aduersus has postremas profiteris te scribere. Scis etiam
quid loquaris, Mi Erasme? Tres facis hic opiniones uelut
trium sectarum, quod rem eandem, aliis et aliis uerbis uarie
25 dissertam a nobis eisdem et unius sectae professoribus, non
intelligis. Sed moneamus et ostendamus tibi oscitantem uel
hebetudinem iudicii tui. Rogo, Definitio liberi arbi. a te data
superius, quomodo quadrat huic primae opinioni satis pro-
babili? Dixisti enim lib. arbi. esse uim uoluntatis humanae,
30 qua se homo applicare potest ad bonum, Hic uero dicis et
probas dici, hominem sine gratia non posse uelle bonum.
Definitio affirmat, quod exemplum eius negat, inueniturque
in tuo lib. arb. simul Est et Non, ut simul nos et probes
et damnes, te ipsum quoque damnes et probes in uno eodem-
35 que dogmate et articulo. An putas, non esse bonum, | applicare 668 W
sese ad ea quae sunt salutis aeternae, quod definitio tua
tribuit lib. arbitrio? cum nihil sit opus gratia, si tantum bonum
esset in lib. arbitrio, quo se ipsum applicare posset ad bonum.
Itaque aliud est libe. arbitrium quod definis, et aliud quod
40 defendis. | Habetque nunc Erasmus duo libera arbitria prae 197 E
caeteris sibique prorsus pugnantia.

Sed dimisso illo, quod definitio finxit, hoc, quod contrarium ipsa opinio proponit, uideamus! Concaedis hominem sine gratia peculiari non posse uelle bonum (neque enim nunc disputamus, quid gratia Dei possit, sed quid homo sine gratia possit). Concaedis ergo lib. arbitrium non posse uelle 5 bonum, hoc est aliud nihil quam non posse sese applicare ad ea quae sunt salutis aeternae, ut tua cecinit definitio. Quin paulo ante dicis, uoluntatem humanam post peccatum sic esse deprauatam, ut amissa libertate cogatur seruire peccato, nec possit se reuocare ad meliorem frugem, Et nisi 10 fallor, huius sententiae facis Pelagianos fuisse. Arbitror hic iam nullum Protheo patere effugium, Apertis uerbis captus tenetur, Scilicet, Voluntatem amissa libertate cogi ac teneri in seruitute peccati. O egregie liberum arbitrium, quod amissa libertate, seruum peccati ab ipso Erasmo dicitur! Quod cum 15 Lutherus diceret, nihil absurdius auditum erat, nihil inutilius hoc paradoxo inuulgari potuit, ut etiam Diatribas in eum scribi oporteret. Sed forte mihi nemo credet, ista ab Erasmo dici, Legatur hoc loco Diatribe et mirabitur. Ego tamen non ualde miror. Qui enim hanc rem non habet seriam, 20

669 W neque | caussae aliquanto afficitur, sed prorsus animo alienatus, tedet uel friget, uel nauseat, quomodo is non passim diceret absurda, inepta, pugnantia, dum uelut aebrius uel dormitans caussam agat, interque stertendum ructuat: Est, Non, dum uariae uoces auribus eius obstrepunt? Ideo Rhetores exigunt 25 affectum in actore caussarum, multo magis Theologia talem exigit, qui uigilem, acrem, intentum, prudentem et strenuum reddat.

Si igitur lib. arb. citra gratiam, amissa libertate, cogitur seruire peccato, nec potest bonum uelle, optarim ego scire, 30
198 E quod sit illud studium? | Quis ille conatus, quem relinquit prima illa et probabilis opinio? Bonum studium, bonus conatus esse non potest, quia non potest uelle bonum, ut dicit opinio et concessum est, Malum igitur studium, malus conatus relinquitur, qui amissa libertate cogitur seruire peccato. 35 Imo quid est et hoc dicere, quaeso? Relinquit studium et conatum opinio ista, non tamen relinquit, quod uiribus suis asscribatur? Quis haec animo concipere potest? Si studium et conatus uiribus lib. arbi. relinquuntur, cur non eisdem asscriberentur? Si non asscribentur, quomodo relinquuntur? 40 An studium et conatus ille ante gratiam e !am ipsi futurae

---

2 δ IIa 12, z. 24f.   8 δ IIa 3, z. 14ff.

gratiae et non libero arb. relinquuntur, ut simul et relin-
quantur et non relinquantur eidem libe. arbitrio? Si haec
non sunt paradoxa uel potius monstra, quid tum sunt monstra?
Sed hoc forte somniat Diatribe, inter haec duo, posse uelle
5 bonum, non posse uelle bonum, dari medium, quod sit ab-
solutum Velle, nec boni nec mali habito respectu, ut sic
argutia quadam Dialectica scopulos euadamus et dicamus, in
uoluntate hominis esse quoddam uelle, quod in bonum qui-
dem sine gratia non potest, nec tamen sine gratia statim non
10 nisi malum uelit, sed sit purum et merum uelle, per gratiam
sursum ad bonum, per peccatum deorsum ad malum uertibile.
Sed ubi tum illud manet, quod dictum est: amissa libertate
cogitur seruire peccato? Vbi tum illud studium quod relin-
quitur et conatus? ubi uis applicandi ad ea quae salutis
15 aeternae sunt? Neque enim uis ea applicandi ad salutem
potest esse purum uelle, nisi salus ipsa nihil esse dicatur.
Deinde studium et conatus quoque purum uelle esse non
potest, cum aliquo (puta ad bonum) niti et conari, et non
in nihilum ferri uel quiescere studium possit. Summa, quor-
20 sum quorsum sese uerterit Diatribe, non potest contradic-
tionibus et pugnantibus dictis elabi, ut non tam ipsum liberum
arb, quod defendit, captiuum sit, quam ipsa captiua est; Sic
enim in liberando ˡ arbitrio irretitur, ut cum libero arbitrio 199 E
insolubilibus uinculis teneatur.

25 ˡ Deinde hoc merum figmentum Dialecticum est, quod in 670 W
homine sit medium et purum uelle, nec possunt probare, qui
id asserunt. Ex ignorantia rerum, et obseruantia uocabulorum
natum est, quasi continuo sic sit in re, sicut disponitur in
uocabulis, qualia sunt infinita apud Sophistas. Sic potius res
30 habet, ut Christus ait: Qui non est mecum, contra me est.
Non ait: Qui non est mecum, nec contra me, sed in medio
est; Quia si Deus in nobis est, Satan abest, et non nisi uelle
bonum adest, Si Deus abest, Satan adest, nec nisi uelle malum
in nobis est; Nec Deus nec Satan merum et purum uelle
35 sinunt in nobis, sed, sicut recte dixisti, amissa libertate cogi-
mur seruire peccato, hoc est, nos uolumus peccatum et malum,
loquimur peccatum et malum, facimus peccatum et malum.
Vide, huc perpulit Diatriben imprudentem inuincibilis et
potentissima ueritas, et stultam fecit sapientiam eius, ut contra
40 nos dictura, pro nobis contra se dicere cogeretur, non aliter
quam facit lib. arbitrium aliquid boni; tum enim contra

---

30 Lc. 11, 23   39 1. Ko. 1, 20

malum faciendo, maxime contra bonum male facit, ut Diatribe
ipsa talis sit in dicendo, quale est lib. arb. in faciendo,
Quanquam et ipsa Diatribe tota aliud nihil sit, quam egregium
opus liberi arbitrii, defendendo damnans, et damnando de-
fendens, hoc est, bis stulta, dum sapiens uult uideri.   5

Sic habet prima opinio sibi ipsa comparata, ut neget,
quicquam boni posse uelle hominem, et tamen relinqui
studium, quod tamen suum quoque non sit. Iam compare-
mus eam reliquis duabus! Altera enim illa durior est, quae
sentit lib. arbi. nihil ualere nisi ad peccandum. Haec uero 10
est Augustini, ut multis aliis locis, tum proprie libello de
spiritu et litera, capit., nisi fallor, quarto aut quinto, ubi illis
200 E ipsis uerbis utitur. | Tertia illa durissima est ipsius Viglephi
et Lutheri, esse lib. arbi. inane nomen, omniaque, quae fiunt,
esse merae necessitatis. Cum his duabus conflictatur Diatribe. 15
Hic dico: forte non sumus satis latini uel Germani, ut rem
ipsam non potuerimus edisserere, Sed testor Deum, aliud
nihil uolui dicere, nec aliud intelligi per uerba duarum post-
remarum opinionum, quam id, quod dicitur in prima opinione,
Nec Augustinum aliud uoluisse arbitror, nec aliter ex ipsius 20
uerbis intelligo, quam quod prima dicit opinio, ita ut tres
opiniones a Diatribe recitatae apud me non sint nisi una
illa mea sententia. Postquam enim concessum ac ratum est,
lib. arbitrium, amissa libertate, cogi in seruitute peccati, nec
posse quicquam uelle boni, ego ex his uerbis nihil aliud 25
possum concipere, quam lib. arbi. esse inanem uoculam, cuius
res amissa sit. Amissam libertatem mea grammatica uocat
nullam libertatem, tribuere autem libertatis titulum ei, quod
nullam habet libertatem, est tribuere inane uocabulum. Si
671 W hic erro, reuocet qui potest, | Si sunt haec obscura et ambigua, 30
illustret et stabiliat qui potest, Ego sanitatem amissam non
possum sanitatem appellare, nec si aegroto eam tribuero,
aliud tribuisse uideor quam inane nomen.

Sed facessant monstra uerborum. Quis enim ferat istum
abusum loquendi, ut hominem simul habere liberum arbitrium 35
dicamus, et simul amissa libertate cogi in seruitute peccati
ac nihil boni posse uelle asseramus? pugnant haec communi
sensui, et tollunt prorsus usum loquendi. Diatribe potius
accusanda est, quae dormitanter sua uerba effutit, et aliena
non obseruat. Non, inquam, considerat, quid sit et quantum 40

9 ð IIa 12, z. 29 ff.   12 3, 5 (MSL. 44, 203)   13 ð IIa
12, z. 8 ff.

ualeat dicere: Homo amisit libertatem, cogitur seruire peccato, nec potest quicquam uelle boni. Si enim uigilaret et observaret, [1] plane uideret, unam esse trium opinionum sententiam, 201 E quas diuersas et pugnantes facit. Nam, qui amisit libertatem 5 et cogitur seruire peccato nec potest uelle bonum, quid de illo rectius inferetur, quam necessario illum peccare uel malum uelle? Sic enim et sophistae concluderent per suos syllogismos. Quare diatribe infoeliciter nimis conflictatur contra duas postremas, dum primam probat, quae eadem est cum 10 illis, iterum more suo sese damnando et nostra probando in uno eodemque articulo.

Veniamus nunc ad locum Ecclesiastici et cum ipso quoque comparemus primam illam probabilem opinionem! Opinio dicit lib. arb. non posse uelle bonum, Locus autem Ecclesiastici 15 adducitur ad probandum lib. arb. aliquid esse et posse. Aliud igitur statuit opinio per Ecclesiasticum confirmanda, et ad aliud allegatur Ecclesiasticus confirmandum, tanquam si quis probaturus sit, Christum esse Messiam, adducat locum, qui probet Pilatum fuisse praesidem Syriae, aut aliud quippiam, 20 quod disdiapason conueniat. Sic et hic probatur lib. arbitrium, ut taceam, quod supra exegi, nihil clare certoque dici, aut probari, quid sit, quid possit lib. arbitrium. Sed dignum est totum eum locum peruidere. Primo dicit: 'Deus constituit hominem ab initio'. hic de creatione hominis loquitur, nec 25 adhuc quicquam uel de lib. arb. uel de praeceptis dicit. Sequitur: 'Et reliquit eum in manu consilii sui'. Quid hic? an hic lib. arbi. astruitur? At ne hic quidem fit mentio de praeceptis, pro quibus lib. arb. exigitur, nec quicquam de hac re legitur in creatione hominis. Si igitur aliquid per 30 manum consilii intelligitur, id potius intelligitur, quod Gene. 1. et .2. homo constitutus est dominus rerum, ut in illis libere dominaretur, ut [1] dicit Moses: Faciamus hominem, qui praesit 202 E piscibus maris. Nec aliud ex istis uerbis euinci potest. Ibi enim homo potuit in rebus suo arbitrio agere, ut sibi subiectis. 35 Denique hoc uocat hominis consilium, uelut aliud a Dei consilio. Post haec uero, ubi sic constitutum et relictum hominem in manu consilii sui dixerat, prosequitur: 'Adiecit mandata et [1] praecepta sua'. Ad quid adiecit? nempe ad 672 W consilium et arbitrium hominis et ultra illam constitutionem 40 dominii humani super res alias. Quibus praeceptis ademit

---

11 *eademque* A 20 „das nicht zusammenstimmt". WABr 1,175[15]
32 Gen. 1, 16

homini dominium una parte creaturarum (puta arboris scientiae
boni et mali) ac potius non liberum uoluit; Adiectis autem
praeceptis, tum uenit ad arbitrium hominis erga Deum et
ea quae Dei sunt: 'Si uolueris mandata conseruare, conserua-
bunt te' etc.   5
    Igitur ab hoc loco: Si uolueris, incipit quaestio de libero
arbitrio, ut per Ecclesiasticum intelligamus hominem in duo
regna distribui, Vno, quo fertur suo arbitrio et consilio, abs-
que praeceptis et mandatis Dei, puta in rebus sese in-
ferioribus. Hic regnat et est dominus, ut in manu consilii sui 10
relictus; Non quod Deus illum sic deserat, ut non in omni-
bus cooperetur, Sed quod usum rerum illi liberum pro
arbitrio concesserit, nec ullis legibus aut praescriptis in-
hibuerit. Ac si dixeris per similitudinem: Euangelion reliquit
nos in manu consilii nostri, ut in rebus dominemur et uta- 15
mur, sicut uolumus. At Moses et Papa non reliquerunt nos
in eo consilio, sed legibus nos coercuerunt et suo potius ar-
bitrio subiecerunt. Altero uero regno non relinquitur in
manu consilii sui, sed arbitrio et consilio Dei fertur et duci-
tur, ut, sicut in suo regno fertur suo arbitrio absque prae- 20
ceptis alterius, ita in regno Dei fertur alterius praeceptis,
absque suo arbitrio. Atque hoc est, quod Ecclesiasticus
dicit: Adiecit praecepta et mandata, Si uolueris etc. Si igitur
haec clara satis sunt, euicimus, hunc locum Ecclesiastici non
pro lib. arbitrio, sed contra liberum arbitr. ualere, ut quo 25
503 E subiicitur homo | praeceptis et arbitrio Dei et eximitur suo
arbitrio. Si clara satis non sunt, id tamen effecimus, ut pro
libero arbitrio ualere non possit hic locus, ut qui alio quam
ipsorum sensu, puta nostro iam dicto, eoque non absurdo,
sed sanissimo, et qui toti scripturae consonet, intelligi possit, 30
cum illorum sensus toti scripturae pugnet, et hoc uno solo
loco petitur, contra totam scripturam. Stamus igitur securi
in bono sensu, et negatiuo lib. arbi., donec illi suum affir-
matiuum, difficilem et coactum, confirmauerint.
    Vbi igitur Ecclesiasticus dicit: 'Si uolueris mandata con- 35
seruare, conseruabunt te, et fidem placitam seruare', non
uideo, quomodo istis uerbis liberum arbitrium probetur. Est
enim uerbum coniunctiui modi (Si uolueris), quod nihil asserit,
sicut Dialectici dicunt Conditionalem indicatiue nihil asserere,
·ut: si Diabolus est deus, merito adoratur, Si asinus uolat, 40
asinus habet alas, Si liberum arbitrium est, gratia nihil est.
Oportuit autem Ecclesiasticum sic dicere, si uoluisset liberum
arbitrium asserere: Homo potest seruare mandata Dei, uel:

homo habet uim seruandorum mandatorum. [|] Sed hic Diatribe 673 W
argutabitur: Ecclesiasticus dicendo: Si uolueris seruare, signi-
ficat inesse uoluntatem homini ad seruandum et ad non
seruandum, Alioqui, quid sonat dicere ad eum qui uolun-
5 tatem non habet: Si uolueris? Nonne ridiculum est, siquis
ad caecum dicat: Si uolueris uidere, inuenies thesaurum, Aut
ad surdum: Si uolueris audire, narrabo tibi bonam historiam?
Hoc esset miseriam illorum ridere. Respondeo: Haec sunt
argumenta Rationis humanae, quae tales sapientias fundere
10 solet. Quare iam non cum Ecclesiastico, sed cum Ratione
humana disputandum nobis est de sequela, nam scripturas
Dei suis sequelis et syllogismis interpretatur et trahit quor-
sum uelit, faciemusque id libenter et [|] cum fiducia, ut qui 204 E
sciamus, eam non nisi stulta et absurda garrire, tum maxime,
15 cum in rebus ₍sacris suam sapientiam ostendere incipit.

Ac primum, si interrogem, unde probetur, significari uel
sequi uoluntatem inesse liberam, quoties dicitur: Si uolueris,
Si feceris, Si audieris, Dicet: quia sic uidetur natura uer-
borum et usus loquendi exigere inter homines, Ergo diuinas
20 res et uerba metitur ex usu et rebus hominum. quo quid
peruersius, cum illa sint caelestia, haec terrena? Prodit igitur
stulta seipsam, quam nihil de Deo nisi humanum cogitet.
Sed quid? si probem, naturam uerborum et usum loquendi
etiam apud homines non semper ita habere, ut rideantur ii,
25 qui non possunt, quoties eis dicitur: Si uolueris, Si feceris,
Si audieris? Quoties parentes cum filiis suis ludunt, dum
eos iubent aut ad se uenire, hoc aut illud facere, ea tantum
gratia, ut appareat, quam non possint, coganturque manum
parentis inuocare? Quoties medicus fidelis superbum aegrotum
30 iubet facere aut omittere, quae illi sunt uel impossibilia uel
noxia, ut ad notitiam morbi aut impotentiae suae illum per
experientiam sui promoueat, ad quam nulla alia ratione illum
perducere potuit? Et quid usitatius et uulgatius insultandi
et prouocandi uerbis, siue hostibus siue amicis ostendere
35 uolumus, quid possint et non possint? Haec tantum recito,
ut Rationi suas sequelas ostendam, quam stulte eas scripturis
affingat, tum quam caeca etiam sit, ut non uideat, nec in
humanis rebus et uerbis eas semper locum habere, sed, si
aliquando ita uideat fieri, mox praeceps feratur, et generaliter
40 in omnibus Dei et hominum uerbis fieri iudicet, faciens ex
particulari uniuersalem, more sapientiae suae.

Si nunc Deus uelut pater nobiscum uelut filiis suis agat,
ut ignaris nobis ostendat nostram impotentiam, uel ut medicus

fidelis nobis nostrum morbum notum faciat, uel ut hostibus
suis superbe resistentibus suo consilio insultet et legibus pro-
205 E positis (quibus id comodissime efficit) dicat: fac, audi, ¦ serua,
uel: si audieris, si uolueris, si feceris, Nunquid hinc proba
consequentia inferetur: ergo nos possumus libere, aut Deus 5
nos irridet? Cur non id potius sequitur: Ergo Deus nos
tentat, ut per legem nos ad cognitionem nostrae impotentiae
perducat, si amici sumus, uel tum uere et merito insultet ac
irrideat, si hostes superbi sumus? Haec enim est caussa
674 W legislationis ¦ diuinae, ut Paulus docet. Caeca est enim natura 10
humana, ut nesciat suas ipsius uires seu morbos potius,
Deinde superba uidetur sibi nosse et posse omnia. Cui
superbiae et ignorantiae nullo Deus remedio praesentiori
mederi potest quam proposita lege sua. De qua re plura
dicemus loco suo. Hic praelibasse satis sit, ad confutandam 15
istam sequelam carnalis et stultae sapientiae: Si uolueris, ergo
potes uelle libere. Diatribe somniat hominem esse integrum
et sanum, qualis est aspectu humano in rebus suis, ideo ar-
gutatur, istis uerbis: Si uolueris, Si feceris, Si audieris, rideri
hominem, nisi liberum eius arbitrium sit. Scriptura autem 20
definit hominem esse corruptum et captum, tum superbe con-
temnentem et ignorantem suae corruptionis et captiuitatis.
ideo illis uerbis ipsum uellit et suscitat, ut agnoscat uel ex-
perientia certa, quam nihil horum possit.

Sed ipsam Diatriben petam. Si uere sentis, O domina 25
Ratio, sequelas istas constare (Si uolueris, ergo potes libere),
cur tu ipsa non easdem imitaris? Tu enim dicis opinione
illa probabili, libe. arbitrium non posse uelle quicquam boni.
Qua igitur sequela fluet hoc simul ex isto loco (Si uolu-
eris seruare), e quo dicis fluere, posse hominem uelle et non 30
uelle libere? Nunquid ex eodem fonte manat dulce et
amarum? An et tu magis rides hic hominem, quae dicis eum
posse seruare, quae non potest uelle nec optare? Igitur nec
tu ex animo sentis, bene sequi (Si uolueris, ergo potes libere),
etiamsi id tanta contentione agas, aut non ex animo pro- 35
babilem illam opinionem dicis, quae sentit, hominem non
posse uelle bonum. Sic sequelis et uerbis sapientiae suae
206 E capitur ratio, ut nesciat, quid ¦ aut de quo loquatur; Nisi quod
dignissimum est, liberum arbitrium talibus argumentis sese
mutuo deuorantibus et conficientibus defendi, quo modo 40
Madianitae mutuis caedibus sese perdiderunt, dum Gedeonem

10 Rö. 3, 20   31 Ja. 3, 11 f.   41 Ri. 7, 22.

cum populo Dei impugnauerunt. Quin latius expostulabo cum sapientia ista Diatribes. Ecclesiasticus non dicit: Si habueris studium uel conatum seruandi, qui non asscribatur uiribus tuis, ut tu colligis, sed sic dicit: Si uolueris seruare
5 mandata, seruabunt te. Si nunc more tuae sapientiae sequelas ducere uolumus, sic inferemus: Ergo homo potest seruare mandata. Ac sic non modiculum studium uel conatulum aliquem hic reliquum faciemus in homine, sed totam plenitudinem et abundantiam seruandorum mandatorum ei tri-
10 buemus, Alioqui rideret Ecclesiasticus hominis miseriam, ut seruare illum iuberet, quem nosset non posse seruare, Nec satis foret, quod conatus et studium illi adesset, nec sic enim euaderet suspitionem irrisionis, nisi uim seruandi illi inesse significaret.
15 Fingamus uero, studium et conatum illum lib. arb. aliquid esse, quid ad illos, nempe Pelagianos dicemus, qui ex hoc loco gratiam in totum negabant, et libero arb. omnia tribuebant? plane uicerint Pelagiani, si sequela Diatribes constet, Nam uerba Ecclesiastici sonant de seruando, non │ de 67s W
20 conando aut studendo. Quod si Pelagianis negaueris sequelam de seruando, ipsi rursus multo rectius negabunt sequelam de conando, Et, si tu illis totum lib. arb. abstuleris, auferent et ipsi tibi particulam eius reliquam, ut particulae non possis asserere, quod toti denegaris. Quicquid igitur
25 contra Pelagianos dixeris, totum lib. arb. tribuentibus ex hoc loco, hoc nos multo fortius contra modiculum illud studium tui lib. arb. dicemus. Et Pelagiani eatenus nobis consentient, ut, si ipsorum opinio ex hoc loco non potest probari, │ multo 207 E minus ulla alia poterit inde probari, cum, si sequelis agenda
30 sit caussa, fortissime omnium pro Pelagianis faciat Ecclesiasticus, ut qui claris uerbis de toto seruando dicat: Si uolueris mandata seruare. Imo et de fide dicit: Si uis fidem placitam seruare, ut eadem sequela et fidem seruare in nostra potestate esse oporteat, quae tamen donum Dei est singu-
35 lare ac rarum, ut Paulus dicit. Summa, cum tot recenseantur opiniones pro lib. arbi. et nulla sit, quae non hunc locum Ecclesiastici pro se rapiat, illaeque sint diuersae et contrariae, fieri non potest, quin Ecclesiasticum habeant contradictorium ac diuersum sibijpsis in unis eisdemque uerbis. ideo nihil ex
40 ipso probare possunt, quamuis, si sequela illa admittitur, pro

---

35 Eph. 2, 8

Pelagianis solis faciat contra omnes alios. Ideo et contra
Diatriben facit, quae suo ipsius gladio hoc loco iugulatur.

Nos autem, ut caepimus, dicimus, quod hic locus Ecclesiastici
nullis prorsus patrocinatur, qui liberum arbitrium asserunt,
sed contra omnes pugnet. Non enim admittenda est illa 5
sequela: Si uolueris, ergo poteris, sed sic intelligetur, eo uerbo
et similibus moneri hominem suae impotentiae, quam ignarus
et superbus, sine istis monitionibus diuinis, non agnosceret,
nec sentiret. Loquimur autem hic non de homine primo
solum, sed de quolibet, quamuis parum referat de primo uel 10
alijs quibuslibet intelligas, Nam, etsi primus homo non erat
impotens assistente gratia, tamen in hoc praecepto satis
ostendit ei Deus, quam esset impotens absente gratia. Quod
si is homo, cum adesset spiritus, noua uoluntate non potuit
uelle bonum de nouo propositum, id est, obedientiam, quia 15
spiritus illam non addebat, quid nos sine spiritu possemus in
bono amisso? Ostensum est ergo in isto homine, terribili
exemplo, pro nostra superbia conterenda, quid possit liberum
arbitri. nostrum sibi relictum ac non continuo magis ac magis
actum et auctum spiritu Dei. Ille non potuit in auctiorem 20
208 E spiritum, cuius primitias habebat, ¦ sed cecidit a primicijs
spiritus, quomodo nos lapsi possemus in primitias spiritus
ablatas? praesertim iam regnante in nobis plena potestate
Satana, qui illum sola tentatione, nondum regnans in eo,
prostrauit. Nihil fortius disseri posset contra liberum arbi- 25
trium, quam si locus hic Ecclesiastici cum lapsu Adae
tractaretur; Sed nunc non est locus, ac alibi forte sese res
dabit. Interim satis est, monstratum esse, Ecclesiasticum
676 W prorsus nihil pro lib. ¦ arbi. dicere hoc loco, quem tamen pro
principe loco habent, Atque eum locum et similes: Si 30
uolueris, Si audieris, Si feceris, non ostendere, quid possint,
sed, quid debeant homines.

Alius locus a Diatribe nostra adducitur ex Gen. 4, ubi
ad Cain dicit Dominus: Sub te erit appetitus peccati, et tu
dominaberis illius. Ostenditur hic (ait Diatribe) animi motus 35
ad turpia, uinci posse, nec afferre necessitatem peccandi.
Illud (Animi motus ad turpia uinci posse) quamuis ambigue
dictum sit, tamen ui sententiae, consequentiae et rerum huc
cogitur, quod liberi arbitrij sit, uincere suos motus ad turpia,
nec motus illi necessitatem afferant peccandi. Quid iterum 40
hic omittitur, quod libero arbitrio non tribuitur? Quid opus

---

33 ð IIa 14, s. 32, z. 14 ff. | Gen. 4, 7

spiritu? Quid Christo? Quid Deo? si libe. arbi. uincere
potest animi motus ad turpia? Vbi iterum opinio probabilis,
quae dicit lib. arbi. nec uelle quidem posse bonum? hic
uero uictoria mali tribuitur ei, quod nec uult nec optat bonum.
5 Nimis nimia est incogitantia Diatribae nostrae. Rem breuiter
accipe! Sicut dixi, talibus dictis ostenditur homini, quid debeat,
non, quid possit. Cain igitur dicitur, ut debeat peccato do-
minari et eius appetitum sub se tenere, uerum hoc neque
fecit neque potuit, ut iam alieno imperio Satanae pressus.
10 Notum est enim, Ebraeos frequenter indicatiuo futuro uti
pro imperatiuo, ut in Exo. 20: ¹ Non habebis Deos alienos, ²⁰⁹ E
Non occides, Non fornicaberis, et talia infinita. Alioqui, si
indicatiue (ut sonant) acciperentur, essent promissiones Dei,
qui cum mentiri nequeat, fieret, ut nullus homo peccaret,
15 tum sine necessitate preciperentur. Ita interpres noster hoc
loco rectius sic transtulisset: Sed sub te sit appetitus eius et
tu dominare illius, Sicut et de muliere dici debuit: Sub uiro
tuo sis et ipse dominetur tui. Quod enim non indicatiue
sit ad Cain dictum, probat id, quia tum fuisset diuina pro-
20 missio, At promissio non fuit, quia contrarium euenit et
factum est per Cain.

Tertius est ex Mose: Posui ante faciem tuam uiam uitae
et mortis, Elige, quod bonum est etc. Quid (inquit) apertius
dici poterat? Eligendi libertatem relinquit homini. Re-
25 spondeo: Quid apertius quam te hic caecutire? ubi quaeso
relinquit libertatem eligendi? In eo, quod dicit Elige? Ergo
statim, ut Moses dicit Elige, fit, ut eligant? Igitur iterum
non est necessarius spiritus. Et cum tu toties repetas et
inculces eadem, mihi quoque licebit eadem saepius iterare.
30 Si libertas eligendi adest, cur opinio probabilis dixit lib. arb.
non posse uelle bonum? an eligere potest non uolens aut
nolens? Sed audiamus similitudinem: Ridicule diceretur in
biuio consistenti: uides duplicem uiam, utram uoles ingreditor,
quum altera tantum pateret. Hoc est, quod supra dixi de
35 argumentis rationis carnalis, quod rideri hominem putet prae-
cepto impossibili, quo nos ipsum dicimus moneri et ¹ excitari, 677 W
ut uideat impotentiam suam. Vere igitur in biuio sumus
altera uero uia tantum patet, imo nulla patet, ostenditur uero
per legem, quam altera, scilicet ad bonum, sit impossibilis,
40 nisi Deus spiritum donet, altera uero quam sit lata et facilis,

---

11 Ex. 20, 3. 13 f.   17 Gen. 3, 16   22 δ IIa 14, s. 32,
z. 21 ff. | Dt. 30, 15. 19   32 δ IIa 14, s. 33, z. 2 ff.

210 E si | Deus permittat. Non igitur ridicule, sed necessaria grauitate diceretur in biuio consistenti: utram uiam uoles ingreditor,
si ipse uel infirmus sibi fortis uideri uellet, aut uiam neutram
esse clausam contenderet. Quare legis uerba dicuntur, non
ut uim uoluntatis affirment, sed ut caecam rationem illu   5
minent, quo uideat, quam nulla sit sua lux, et nulla uoluntatis uirtus. Cognitio peccati (ait Paulus) per legem, non ait:
abolitio aut uitatio peccati. Tota ratio et uirtus legis est in
sola cognitione, eaque non nisi peccati, praestanda, non autem
in uirtute aliqua ostendenda aut conferenda, Cognitio enim 10
non est uis, neque confert uim, sed erudit et ostendit, quod
nulla sit ibi uis, et quanta sit ibi infirmitas, Nam cognitio
peccati, quid aliud esse potest, quam notitia infirmitatis et
mali nostri? non enim dicit: per legem uenit cognitio uirtutis aut boni, At totum, quod facit lex, (teste Paulo) est, ut 15
peccatum cognosci faciat.

Atque is est locus, unde mihi sumpta est responsio ista,
Verbis legis moneri ac erudiri hominem, quid debeat, non
quid possit, id est, ut cognoscat peccatum, non ut credat
sibi esse aliquam uim. Proinde, quoties, Mi Erasme, mihi 20
uerba legis opponis, opponam tibi illud Pauli: Per legem
cognitio peccati, non uirtus uoluntatis. Congere igitur, uel
ex concordantijs maioribus, omnia uerba imperatiua in unum
cahos, modo non fuerint promissionis, sed exactionis et legis
uerba, mox dicam, semper illis significari, quid debeant, non 25
quid possint aut faciant homines. Atque id etiam grammatici et pueri in triuijs sciunt, uerbis imperatiui modi nihil
amplius significari, quam id, quod debeat fieri. Quid autem
fiat uel possit fieri, uerbis indicatiuis oportet disseri. Qui
fit igitur, ut uos Theologi sic ineptiatis uelut bis pueri, ut 30
mox apprehenso uno uerbo imperatiuo, inferatis indicatiuum,
quasi statim, ut imperatum sit, etiam necessario factum aut
factu possibile sit? Quanta enim inter os et offam accidunt,
211 E ut id, | quod iusseris, atque adeo possibile satis fuit, non tamen
fiat, tanto distant imperatiua et indicatiua uerba in rebus 35
comunibus et facillimis. Et vos in rebus istis, plus distantibus
quam coelum et terra atque adeo impossibilibus, tam subito
facitis nobis indicatiua ex imperatiuis, ut mox seruata, facta,
electa, ac impleta uelitis, uel talia fore nostris uiribus, quam
primum audieritis uocem imperantis: fac, serua, elige!   40

──

     7 Rö. 3, 20   23 RE² 10, 696, z. 13   27 gassenjungen (vgl.
z. b. Cic. p. Mur. 6, 13)   33 zwischen lippe und bechersrand (W. A.
18, 794)

¹ Quarto ex Deutero. 3. et 30. affers multa similia eligendi, ⁶₇₈W
auertendi, seruandi uerba, ut: si seruaris, si auersus fueris, si
elegeris etc., Haec, ais, omnia intempestiue dicerentur, si non
esset uoluntas hominis libera ad bonum. Respondeo: et tu,
5 mea Diatribe, satis intempestiue ex istis uerbis colligis
libertatem arbitrij, Conatum enim et studium liberi arbitrij
tantum eras probatura, nullum autem locum adducis, qui
talem conatum probet, Adducis uero eos locos, qui, si tua
sequela ualeret, totum lib. arbitrio tribuant. Distinguamus
10 igitur iterum hic Verba scripturae adducta et additam
Diatribes sequelam. Verba adducta sunt imperatiua, nihil
dicunt, nisi quid fieri debeat, Neque enim Mose dicit: Eligendi
habes uim uel uirtutem, Sed: elige, serua, fac; praecepta
faciendi tradit, non autem describit hominis facultatem.
15 Sequela uero per sciolam illam Diatriben addita infert: ergo
potest homo talia, alioqui frustra praeciperentur. Cui re-
spondetur: Domina Diatribe, uos male infertis, nec probatis
sequelam, sed caecitati et oscitantiae uestrae uidetur id sequi
et probari. Praecipiuntur autem non intempestiue nec frustra,
20 sed, ut homo superbus et caecus per haec suae impotentiae
morbum discat, si tentet facere, quod praecipitur. Sic et
similitudo tua nihil ualet, ubi dicis: Alioqui perinde fuerit,
ac si quis homini sic ¹ alligato, ut non possit brachium nisi in 212 E
leuam porrigere, diceret: Ecce habes ad dextram uinum op-
25 timum, habes ad leuam toxicum, utro uelis, porrige manum.
Credo tibi suauissime blandiri istas tuas similitudines, Sed
simul non uides, si stent similitudines, quod multo plura
probent, quam probare statuisti, imo probent, quae tu negas
et improbata uelis, nempe, lib. arbi. omnia posse. Perpetuo
30 enim tractatu oblitus, quod dixisti, lib. arbi. nihil posse sine
gratia, probas, quod lib. arb. omnia possit, sine gratia. Nam
hoc efficiunt sequelae et similitudines tuae, ut aut lib. arbi.
se solo ea possit, quae dicuntur et praecipiuntur, aut frustra,
ridicule, intempestiue praecipiantur. Hae autem sunt ueteres
35 cantilenae Pelagianorum, quas etiam Sophistae exploserunt,
atque tu ipse damnasti. Sed interim significas hac obliuiscentia
et mala memoria tua, quam nihil uel intelligas uel afficiaris
caussae. Quid enim turpius Rhetori, quam perpetuo aliena a
statu caussae tractare et probare, imo contra caussam et
40 seipsum semper declamare?

---

1 δ IIa 14, s. 33, z. 6 ff. | Dt. 30, 15 ff. (vgl. v. Walter 33¹.⁹)
22 δ IIa 14, s. 33, z. 24 ff.

Dico igitur denuo: Verba scripturae adducta per te sunt imperatiua, et nihil probant, nihil statuunt de uiribus humanis, sed praescribunt facienda et omittenda, Sequelae uero uel additiones et similitudines tuae, si quid probant, probant hoc, lib. arb. omnia posse sine gratia, At hoc probandum non est a te 5 susceptum, imo negatum, Ideo probationes eiusmodi aliud nihil sunt, quam improbationes fortissimae. Si enim arguam 679 W (si ¹ forte ueternum Diatribes excitare queam): dum Moses dicit: Elige uitam et serua mandatum, Nisi homo possit eligere uitam et seruare mandatum, ridicule Moses illud 10 homini praeciperet, — Nunquid isto argumento probaui, lib. arb. nihil posse boni aut habere conatum sine suis uiribus? imo probaui, contentione satis forti, aut hominem posse eligere uitam et seruare mandatum, sicut praecipitur, aut Mosen esse ridiculum praeceptorem. Sed Mosen ridiculum 15 213 E praeceptorem esse, quis audeat dicere? Sequitur ¹ ergo, hominem posse, quae praecipiuntur. Hoc modo perpetuo disputat Diatribe contra suum ipsius institutum, quo se non sic disputaturam promisit, sed quendam conatum lib. arb. ostensuram, cuius tamen non meminit multum tota serie ar- 20 gumentorum, tantum abest, ut probet, quin contrarium potius probat, ut ipsa potius omnia ridicule et dicat et disputet.

Iam, ut ridiculum sit, iuxta similitudinem inductam, ut alligatus dextro brachio, iubeatur in dexteram porrigere manum, cum non possit nisi in leuam, Nunquid etiam 25 ridiculum est, si ligatus uel utroque brachio, superbe con- tendat, uel ignarus praesumat, sese in utranque partem omnia posse, ac tum iubeatur in utram partem porrigere manum, non ut rideatur eius captiuitas, sed ut praesumptio falsa libertatis et potentiae suae coarguatur, uel ignorantia captiuitatis et 30 miseriae suae sibi innotescat? Diatribe nobis perpetuo fingit hominem talem, qui uel possit, quod praecipitur, uel saltem cognoscat sese non posse. At talis homo nusquam est. Atque si quis talis esset, tum uere, aut ridicule prae- ciperentur impossibilia, aut frustra esset spiritus Christi. 35 Scriptura uero talem proponit hominem, qui non modo sit ligatus, miser, captus, aeger, mortuus, Sed qui addit, operante Satana principe suo, hanc miseriam caecitatis miserijs suis, ut se liberum, beatum, solutum, potentem, sanum, uiuum, esse credat. Scit enim Satan, quod, si homo suam miseriam 40 nosset, nullum retinere in suo regno posset, quod agnitae miseriae et clamantis Deus non possit non statim misereri et auxiliari, ut qui prope esse contritis corde tanta laude

praedicetur per omnem scripturam, ut etiam Esaie .61. Euangelion pauperibus praedicare et contritis mederi Christus sese missum testetur. Proinde Satanae opus est, ut homines teneat, ne suam miseriam agnoscant, sed praesumant sese
5 posse omnia quae dicuntur. Mosi uero et legislatoris opus est contrarium, ut per legem homini miseriam suam patefaciat, ut sic contritum et confusum in sui cognitione, ad gra|tiam praeparet et ad Christum mittat et sic saluus fiat. ²¹⁴E Non igitur ridicula, sed uehementer seria et necessaria sunt,
10 quae per legem geruntur.

Qui nunc ista intelligunt, facile simul intelligunt, Diatriben tota serie argumentorum prorsus nihil efficere, dum nihil nisi uerba imperatiua colligit e scripturis, quae nec intelligit, quid uelint et quare dicantur, Deinde adiectis | suis sequelis et 680W
15 similitudinibus carnalibus tam robustam offam miscet, ut plus asserat et probet, quam instituerat, ac contra seipsam disputet, ut non fuerit opus, ulterius singula percurrere, Vna enim solutione soluuntur omnia, dum uno argumento nituntur omnia. Tamen, ut obruatur copia, qua me uoluit obruere,
20 pergam aliquot recensere. Esaie 1: Si uolueritis et audieritis me, bona terrae comedetis, ubi magis congruebat dicere, iudice Diatribe: Si uoluero, Si noluero, si nulla est libertas uoluntatis. Satis ex supra dictis patet responsio. Deinde quid esset ibi congruitatis, si diceretur: Si uoluero, bona terrae
25 comedetis? An Diatribe sentit prae nima sapientia, bona terrae comedi posse nolente Deo, aut rarum et nouum esse, quod non nisi uolente Deo bona suscipimus? Sic illud Esaiae 21: Si quaeritis, quaerite, conuertimini et uenite. Quorsum attinet hortari eos, qui nulla parte suae potestatis
30 sunt? ac si uinculis astricto dicat quis: moue te istic, ait Diatribe. Imo quorsum attinet (inquam) citare locos, qui se solis nihil probant, et adiecta sequela, hoc est, deprauato eorum sensu, omnia tribuunt libero arbitrio, cum solum conatus quidam nec lib. arbi. ascribendus probari debuit?
35 Idem dicetur ad illud Esaie .45: Congregamini et uenite, Conuertimini ad me et salui eritis. Et .52: Consurge, Consurge, Excutere de puluere, solue uincula colli tui. Item, Iere. 15: Si conuerteris, conuertam te, Et si separaueris praeciosum a uili, | tanquam os meum eris. Euidentius uero ²¹⁵E
40 Zacharias liberi arbitrij conatum indicat et gratiam conanti

---

1 Ps. 34, 19 | Jes. 61, 1 (Lc. 4, 18)   20 δ IIa 15, s. 33
z. 28 ff. | Jes. 1, 19 f.   28 δ IIa 15, s. 34, z. 9 ff..| Jes. 21, 12
35 Jes. 45, 22   36 Jes. 52, 1 ff.   38 Jer. 15, 19   40 Sach. 1, 3

paratam: Conuertimini (inquit) ad me, dicit Dominus exer-
cituum et conuertar ad uos, dicit Dominus.

In his locis Diatribe nostra prorsus nihil discernit inter
uoces legis et Euangelij, tam scilicet caeca et ignara est, ut,
quid lex, quid Euangelion sit, non uideat. Ex Esaia enim 5
toto, praeter illum unum locum: Si uolueritis, nullum legis
uerbum affert, reliqui omnes sunt Euangelici, quibus contriti
et afflicti uerbo gratiae oblatae uocantur ad consolationem.
Sed Diatribe uerba legis ex ipsis facit. Obsecro autem te,
quid ille in re Theologica uel sacris literis efficiat, qui 10
nondum eo peruenit, ut, quid Lex, quid Euangelion sit,
norit, aut, si norit, contemnat tamen obseruare? Is omnia
misceat oportet, coelum, infernum, uitam, mortem, ac prorsus
nihil de Christo scire laborabit. De qua re meam Diatribem
infra pluribus monebo. Illud Iere. et Zachariae uide: Si 15
conuerteris, conuertam te, Et: Conuertimini ad me et con-
uertar ad uos! Nunquid sequitur: Conuertimini, ergo potestis
conuerti? Nunquid sequitur: Dilige Dominum Deum tuum
681 W ex toto corde tuo, ergo poteris dili¦gere ex toto corde?
Quid igitur concludunt argumenta eiusmodi, nisi lib. arb. 20
gratia Dei non egere, sua uero uirtute omnia posse? Quanto
rectius igitur uerba, ut posita sunt, accipiuntur? Si con-
uersus fueris, conuertam et ego te, Hoc est, si desieris pec-
care, desinam et ego punire, atque si conuersus bene uixeris,
benefaciam et ego, uertens captiuitatem et mala tua. Sed 25
ex ijs non sequitur, quod sua ui homo conuertatur, nec hoc
ipsa uerba dicunt, sed dicunt simpliciter: si conuertaris, quo
monetur homo, quid debeat; Cognito autem eo, ac uiso, quod
non possit, quaerat, unde possit, nisi Leuiathan Diatribes (id
est additamentum et sequela eius) interueniat, quae dicat: 30
216 E alioqui frustra ¦ diceretur: Conuertimini, nisi sua ui possit
conuerti homo. Quod quale sit et quid efficiat, satis
dictum est.

Stupor quidam uel Laethargia quaedam est, quod illis
uerbis: Conuertimini, Si conuerteris, et similibus putatur uis 35
lib. arbitrij confirmari, nec obseruatur, quod eadem ratione
et isto uerbo confirmaretur: Diliges Dominum Deum tuum
ex toto corde tuo, cum utrobique sit par significatio im-
perantis et exigentis. Non minus uero requiritur dilectio
Dei, quam conuersio nostri et omnium praeceptorum, cum 40
dilectio Dei sit uera conuersio nostri. Et tamen ex illo

---

30 δ IIa 15, s. 34, z. 11 f.   40 zu *omnium praeceptorum* fehlt
ein substantivum = befolgung

dilectionis praecepto nemo arguit lib. arb. Ex illis uero
uerbis: Si uolueris, Si audieris, Conuertere, et similibus, omnes
arguunt. Si ergo ex illo uerbo (Dilige Dominum Deum
tuum ex toto corde) non sequitur, lib. arb. aliquid esse aut
5 posse, certum est, quod nec ex illis sequitur: Si uolueris,
Si audieris, Conuertimini, et similibus, quae uel minus exigunt
uel minus uehementer exigunt, quam illud: Dilige Deum,
Ama Dominum. Quicquid igitur respondetur ad uerbum
illud: Dilige Deum, ne concludat pro lib. arb., idem dicetur
10 ad omnia alia uerba imperandi uel exigendi, ne concludant
pro lib. arb. Scilicet, quod diligendi uerbo ostenditur forma
legis, quid debeamus, non autem uis uoluntatis aut quid
possimus, imo quid non possimus, Idem ostenditur alijs
omnibus uerbis exactionis. Constat enim Scholasticos etiam
15 asserere, exceptis Scotistis et Modernis, Hominem non posse
diligere Deum toto corde, Ita nec ullum aliorum praecep-
torum praestare potest, cum in hoc uno omnia pendeant,
teste Christo. Sic relinquitur, etiam Scholasticis doctoribus
testibus, Verba legis non arguere uirtutem lib. arbi., sed
20 ostendere, quid debeamus et quid non possimus.

Verum Diatribe nostra magis ineptiens ex illo Zachariae:
Conuertimini ad me, non solum indicatiuum infert, sed etiam
conatum lib. arb. et gratiam conanti paratam contendit pro-
bare. | Et hic aliquando tandem sui conatus meminit, Et noua 217 E
25 grammatica Conuerti apud illam significat id, | quod conari, 682 W
ut sit sensus: Conuertimini ad me, id est: conamini conuerti,
et conuertar ad uos, id est: conabor conuerti ad uos, ut
etiam Deo aliquando conatum tribuat, forte et ipsi gratiam
paratura conanti. Si enim Conuerti uno aliquo loco signi-
30 ficat conari, cur non ubique? Rursus illo Ieremiae .15: Si
separaueris praeciosum a uili, libertatem eligendi, non solum
conatum, probari dicit, quam superius docuerat esse amissam,
et uersam in necessitatem seruiendi peccato. Vides ergo
Diatriben uere lib. arb. habere in scripturis tractandis, ut
35 apud illam eiusdem formae uerba in uno loco conatum, in
alio libertatem probare cogantur, prout uisum fuerit. Sed eant
uanitates. Verbum conuertendi duplici usu in scripturis trac-
tatur, Vsu legali et usu Euangelico. Vsu legali, est uox
exactoris et imperantis, quae non conatum, sed totius uitae
40 requirit mutationem, ut Ieremia crebro utitur dicens: Con-

---

18 Mt. 22, 40   21 ⸖ IIa 15, s. 34, z. 22 f.   30 Jer. 15, 19
40 Jer. 25, 5. 35, 15. 4, 1

uertimini unusquisque a uia sua mala, Conuertere ad Do-
minum; Ibi enim inuoluit exactionem omnium praeceptorum,
ut satis patet. Vsu Euangelico, est uox consolationis et pro-
missionis diuinae, qua nihil a nobis exigitur, sed nobis
offertur gratia Dei, ut est illud Psalm. 15: Cum conuerterit 5
Dominus captiuitatem Zion, Et illud 22: Conuertere, anima
mea, in requiem tuam. Zacharias igitur breuissimo compendio
utranque praedicationem, tam legis quam gratiae, absoluit;
Lex tota est et summa legis, ubi dicit: Conuertimini ad me,
Gratia est, ubi dicit: Conuertar ad uos. Iam quantum pro- 10
batur lib. arb. ex isto uerbo: Ama Dominum, aut alio quouis
particularis legis uerbo, tantum probatur ex hoc summario
uerbo legis: Conuertimini. Prudentis igitur lectoris est, in
scripturis obseruare, quae uerba legis, quae gratiae sunt, ut
218 E non omnia con'fusa habeat, more immundorum Sophistarum, 15
et huius oscitantis Diatribes.

  Nam uide, quomodo tractet insignem illum locum
Ezechielis .18: Viuo ego, dicit Dominus, Nolo mortem
peccatoris, sed magis, ut conuertatur et uiuat. Primum,
Toties (inquit) repetitur in hoc capite: auerterit se, fecit, 20
operatus est, in bonam et malam partem. Et ubi sunt, qui
negent hominem quicquam agere? Vide quaeso egregiam
consequentiam. Conatum ac studium probatura erat liberi
arbitrij, et probat totum factum, impleta omnia per liberum
arbitrium. Vbi nunc sunt, quaeso, qui gratiam et spiritum 25
sanctum requirant? Sic enim argutatur dicens: Ezechiel dicit:
Si auerterit se impius et fecerit iustitiam et iudicium, uiuet,
Ergo impius mox ita facit et potest facere. Ezechiel signi-
ficat, quid fieri debeat, Diatribe intelligit, id fieri et factum
esse, iterum noua grammatica nos doctura, quod idem sit, 30
debere et habere, idem exigi et praestari, idem postulare
683 W et reddere. Deinde illam ' uocem dulcissimi Euangelij: Nolo
mortem peccatoris etc. sic uersat: Deploratne pius Dominus
mortem populi sui, quam ipse operatur in illis? Si ille non
uult mortem, utique nostrae uoluntati imputandum est, si 35
perimus. Quid uero imputes illi, qui nihil potest agere neque
boni neque mali? Idem et Pelagius cantillauit, cum non
studium neque conatum. sed totam uim implendi ac faciendi
omnia tribueret libero arbi. Nam eam uim probant istae
sequelae (ut diximus), siquid probant, ut aeque fortiter atque 40

---

  5 Ps. 14, 7 6 Ps. 116, 7 (23, 3) 17 δ II a 15, z. 35, z. 7 ff.
18 Ez. 33, 11 (18, 23) 20 Ez. 18, 24 32 Ez. 18, 31 f. 33 δ II a
15, s. 35, z. 8—11

adeo fortius pugnent contra ipsam Diatriben, quae negat
illam uim lib. arb. et solum conatum struit, atque contra nos
pugnant, qui totum lib. arb. negamus. Sed omissa ignorantia
eius, rem ipsam dicemus.

5 Vox Euangelica et dulcissimum solatium est | miseris 219 E
peccatoribus, ubi Ezechiel dicit: Nolo mortem peccatoris, sed
magis ut conuertatur et uiuat, omnibus modis, sicut et illa
Psalmi .28: Quoniam momentum est ira eius, et uita potius
uoluntas eius, Et Psalm. 68: Quam suauis est misericordia
10 tua, Domine, Item: Quia misericors sum. Et illud Christi
Matthei .11: Venite ad me omnes, qui laboratis, et ego re-
ficiam uos, Item illud Exodi .20: Ego facio misericordiam
in multa milia, ijs, qui diligunt me. Et quid est ferme plus
quam dimidium sacrae scripturae, quam merae promissiones
15 gratiae, quibus offertur a Deo misericordia, uita, pax, salus
hominibus? Quid autem aliud sonant promissionis uerba,
quam illud: Nolo mortem peccatoris? An non idem est
dicere: Ego sum misericors, ac si diceret: Non irascor, nolo
punire, nolo uos mori, uolo ignoscere, uolo parcere? Et nisi
20 starent illae promissiones diuinae, quibus afflictae conscientiae
sensu peccati, ac metu mortis et iudicij territae, erigerentur,
quis locus ueniae aut spei foret? Quis peccator non de-
speraret? Sed sicut lib. arb. ex alijs uerbis misericordiae aut
promissionis aut solacij non probatur, ita nec ex isto: Nolo
25 mortem peccatoris etc.

Sed Diatribe nostra iterum nihil inter legis et pro-
missionis uerba distinguens, facit hunc locum Ezechielis uocem
legis, ac sic exponit: Nolo mortem peccatoris, id est: nolo,
quod mortaliter peccet, aut fiat peccator mortis reus, sed
30 magis, ut conuertatur a peccato, si quod fecerit, et sic uiuat.
Nam nisi sic exponeret, nihil faceret ad rem. Sed hoc est
prorsus euertere et tollere suauissimum illud Ezechielis: Nolo
mortem. Si sic scripturas legere et intelligere uolumus nostra
caecitate, quid mirum, si obscurae et ambiguae sint? Non
35 enim dicit: Nolo peccatum hominis, sed: nolo mortem
peccatoris, manifeste significans de poena peccati sese loqui,
quam peccator pro suo peccato sentit, scilicet de timore
mortis. Et in hac positum peccatorem afflictione | et despera- 220 E
tione, erigit et consolatur, ne linum fumigans extinguat, | et 684 W
40 calamum quassatum conterat, sed spem ueniae et salutis

---

8 Ps. 30, 6   9 Ps. 69, 17   10 Jer. 3, 12   11 Mt. 11, 28
12 Ex. 20, 6   39 Jes. 42, 3

faciat, ut magis conuertatur, scilicet conuersione salutis a poena mortis, et uiuat, hoc est, bene habeat et secura conscientia laetetur. Hoc enim obseruandum quoque est: Sicut uox legis non fertur nisi super eos, qui peccatum non sentiunt nec agnoscunt, sicut Paulus dicit Romano. 3: Per legem cognitio peccati, Ita uerbum gratiae non uenit nisi ad eos, qui peccatum sentientes affliguntur et tentantur desperatione. Ideo in omnibus uerbis legis uides indicari peccatum, dum ostenditur, quid debeamus. Sicut contra in omnibus uerbis promissionis uides malum significari, quo laborant peccatores uel ij, qui erigendi sunt, ut hic: Nolo mortem peccatoris, clare mortem et peccatorem nominat, tam ipsum malum, quod sentitur, quam ipsum hominem, qui sentit. At hic: Dilige Deum toto corde, indicatur, quid debeamus boni, non quid sentiamus mali, ut agnoscamus, quam non possimus id boni.

Nihil itaque potuit ineptius pro libero arbitrio adduci, quam hic locus Ezechielis, imo fortissime contra liberum arbitrium pugnat. Significatur enim hic, liberum arbitrium, qualiter se habeat, et quid possit in peccato agnito aut in sese conuertendo, Scilicet quod non nisi in peius laberetur, et desperationem et impoenitentiam adderet peccatis, nisi Deus succurreret mox et promissionis uerbo reuocaret et erigeret. Sollicitudo enim Dei promittentis gratiam ad reuocandum et erigendum peccatorem, satis magnum et fidele argumentum est, liberum arbitri. se solo non posse nisi ad peius, et (ut scriptura dicit) ad inferos labi, nisi Deum eius leuitatis esse credas, quod nulla necessitate salutis nostrae, sed mera uoluptate loquacitatis, uerba promissionis effundat tam copiose. Vt sic uideas, non solum omnia uerba legis contra lib. arbitri. stare, sed etiam omnia | uerba promissionis ipsum penitus confutare, hoc est, uniuersam scripturam contra illud pugnare. Quare illo uerbo: Nolo mortem peccatoris, nihil aliud agi uides, quam praedicari et offerri diuinam misericordiam in mundo, quam solum afflicti et morte uexati cum gaudio et gratitudine suscipiunt, ut in quibus iam lex suum officium, id est, cognitionem peccati compleuit. Illi uero, qui legis officium nondum sunt experti, nec agnoscunt peccatum, nec mortem sentiunt, contemnunt misericordiam promissam eo uerbo. Caeterum, Cur alij lege tanguntur, alij non tanguntur, ut illi suscipiant et hi contem-

nant gratiam oblatam, alia quaestio est, nec hoc loco trac-
tatur ab Ezechiele, qui de praedicata et oblata misericordia
Dei loquitur, non de occulta illa et metuenda uoluntate Dei,
ordinantis suo consilio, quos et quales praedicatae et oblatae
5 misericordiae capaces et participes esse uelit. Quae uoluntas
non requirenda, sed cum reuerentia adoranda est, ut secre-
tum longe reuerendissimum maiestatis diuinae, soli sibi re-
seruatum, ac nobis prohibitum, multo religiosius, quam in-
finitae multitudinis specus Coricij.
10 ⏐ Quando nunc Diatribe argutatur: Ploratne pius Do- 685 W
minus mortem populi sui, quam ipse operatur in illis? Hoc
enim nimis absurdum uidetur, — Respondemus, ut iam diximus:
Aliter de Deo uel uoluntate Dei nobis praedicata, reuelata,
oblata, culta, Et aliter de Deo non praedicato, non reuelato,
15 non oblato, non culto disputandum est. Quatenus igitur
Deus sese abscondit et ignorari a nobis uult, nihil ad nos.
Hic enim uere ualet illud: Quae supra nos, nihil ad nos. Et
ne meam hanc esse distinctionem quis arbitretur, Paulum
sequor, qui ad Thessalonicenses de Antichristo scribit, quod
20 sit exaltaturus sese super omnem Deum praedicatum et
cultum, manifeste significans, aliquem posse extolli supra
Deum, quatenus est praedicatus et cultus, id est, supra uer-
bum et cultum, quo Deus nobis cognitus est, et nobiscum
habet commercium, sed ⏐ supra Deum non cultum, nec prae- 222 E
25 dicatum, ut est in sua natura et maiestate, nihil potest ex-
tolli, sed omnia sunt sub potenti manu eius. Relinquendus
est igitur Deus in maiestate et natura sua, sic enim nihil nos
cum illo habemus agere, nec sic uoluit a nobis agi cum eo;
Sed, quatenus indutus et proditus est uerbo suo, quo nobis
30 sese obtulit, cum eo agimus, quod est decor et gloria eius,
quo Psalmista eum celebrat indutum. Sic dicimus: Deus
pius non deplorat mortem populi, quam operatur in illo, Sed
deplorat mortem, quam inuenit in populo et amouere studet.
Hoc enim agit Deus praedicatus, ut ablato peccato et morte,
35 salui simus. Misit enim uerbum suum et sanauit eos. Cae-
terum Deus absconditus in maiestate, neque deplorat neque
tollit mortem, sed operatur uitam, mortem, et omnia in
omnibus. Neque enim tum uerbo suo definiuit sese, sed
liberum sese reseruauit super omnia.
40 Illudit autem sese Diatribe ignorantia sua, dum nihil

---

distinguit inter Deum praedicatum et absconditum, hoc est,
inter uerbum Dei et Deum ipsum. Multa facit Deus, quae
uerbo suo non ostendit nobis, Multa quoque uult, quae
uerbo suo non ostendit sese uelle. Sic non uult mortem
peccatoris, uerbo scilicet, Vult autem illam uoluntate illa 5
imperscrutabili. Nunc autem nobis spectandum est uerbum,
relinquendaque illa uoluntas imperscrutabilis, Verbo enim nos
dirigi, non uoluntate illa inscrutabili, oportet. Atque adeo,
quis sese dirigere queat ad uoluntatem prorsus imperscruta-
686 W bilem et ¦ incognoscibilem? Satis est, nosse tantum, quod sit 10
quaedam in Deo uoluntas imperscrutabilis, Quid uero, Cur et
quatenus illa uelit, hoc prorsus non licet quaerere, optare,
curare, aut tangere, sed tantum timere et adorare. Igitur
recte dicitur: Si Deus non uult mortem, nostrae uoluntati
imputandum est, quod perimus. Recte, inquam, si de Deo 15
223 E praedicato dixeris; Nam ¦ ille uult omnes homines saluos fieri,
dum uerbo salutis ad omnes uenit, uitiumque est uoluntatis,
quae non admittit eum, sicut dicit Matth. 23: Quoties uolui
congregare filios tuos et noluisti? Verum, quare maiestas
illa uitium hoc uoluntatis nostrae non tollit aut mutat in 20
omnibus, cum non sit in potestate hominis, aut cur illud ei
imputet, cum non possit homo eo carere, quaerere non licet,
ac si multum quaeras, nunquam tamen inuenias, sicut Paul.
Rom. 11. dicit: Tu quis es, qui respondeas Deo? Haec satis
sint pro isto loco Ezechielis, pergamus ad reliqua.   25

Post haec caussatur Diatribe, frigere necessario tot
hortamenta in scripturis, Item tot pollicitationes, minas, ex-
postulationes, exprobrationes, obtestationes, benedictiones et
maledictiones, tot examina praeceptorum, si non sit in manu
cuiquam seruare quod praeceptum est. Perpetuo obliuiscitur 30
Diatribe status caussae, et aliud agit quam instituit, nec uidet,
quam omnia fortius contra ipsam quam contra nos pugnent.
Nam ex his omnibus locis probat libertatem et facultatem
seruandi omnia, ut etiam sequela cogit uerborum, quam illa
supponit, cum tamen probare uoluerit libe. arb. tale, quod 35
nihil boni uelle potest sine gratia, et conatum quendam non
suis uiribus asscribendum. Talem conatum non uideo ullis
locis probari, sed tantum exigi, quid fieri debeat, ut saepius
iam dictum est, nisi quod toties repetendum est, cum Diatribe
toties eadem corda oberret, inutili uerborum copia lectores 40
differens.

Vltimum fere ex ueteri testamento illud Mosi Deuter. 30.
affert: Mandatum hoc, quod praecipio tibi hodie, non supra
te est, neque procul positum, nec in coelo situm, ut possis
dicere: Quis nostrum ualet in coelum ascendere, ut deferat
5 illud [|] ad nos, ut audiamus et opere compleamus? Sed iuxta **224 E**
est ualde sermo, in ore tuo et corde tuo, ut facias illum.
Hoc loco contendit Diatribe declarari, non solum in nobis
situm, quod praecipitur, uerum etiam in procliui esse, hoc est,
facile, uel saltem non difficile. Gratias agimus de tanta
10 eruditione. Si igitur Moses tam clare pronunciat, non modo
esse facultatem in nobis, sed etiam facilitatem seruandi omnia
mandata, cur tantum sudamus? Cur non statim hunc locum
produximus et lib. arbitrium asseruimus libero campo? Quid
iam Christo? Quid spiritu opus? Inuenimus iam locum, qui
15 omnibus os obstruat, et clare non [|] modo libertatem arbitrij **687 W**
asserat, sed facilem quoque mandatorum obseruantiam doceat.
Quam stultus Christus, qui etiam fuso sanguine spiritum illum
non necessarium nobis emit, ut faciles efficeremur in ser-
uandis praeceptis, quales iam ex natura sumus! Quin et
20 ipsa Diatribe suas uoces recantet, quibus dixit, lib. arbitrium
sine gratia nihil posse uelle boni. Dicat uero nunc, liberum
arbitri. esse tantae uirtutis, ut non modo uelit bonum, sed
etiam facili opera seruet summa et omnia mandata. Vide
quaeso, quid efficiat animus alienus a caussa, quam non
25 potest sese non prodere. An adhuc opus est confutare
Diatriben? Aut quis magis eam confutare queat, quam ipsa
seipsam confutat? Haec scilicet est bestia illa, quae se
ipsam comedit. Quam uerum est, mendacem oportere me-
morem esse!
30 Nos de loco isto in Deutronomio diximus, Nunc breuiter
agemus. Vt secluso Paulo, qui Ro. 10. potenter hunc locum
tractat, disseramus, Nihil hic prorsus uides dici aut ulla
syllaba sonari de facilitate, difficultate, potentia uel impotentia
lib. arb. uel hominis ad seruandum uel non seruandum,
35 Nisi quod ij, qui sequelis et cogitationibus suis scripturas
captant, sibi ipsis eas obscuras et ambiguas faciunt, ut sic
quodlibet ex eis faciant. Si non potes oculos, aures saltem
aduerte, uel manibus palpa! Moses dicit: Non est supra te,
nec procul positum, [|] nec in coelo situm, nec trans mare. **225 E**
40 Quid est supra te? Quid procul? Quid in coelo situm?

---

1 δ IIa 17, z. 26ff. | Dt. 30, 11ff.   27 vgl. Thiele no. 340 f.
28 Quint. 4, 2, 91. Apul. apol. 69 u. ö. | W. A. 30³, 334ᵇ   30 W. A.
14, 729   31 Rö. 10, 6ff.   38 Dt. 30, 11

Quid trans mare? An etiam Grammaticam et usitatissima
uocabula nobis obscurabunt, ut nihil certi loqui ualeamus,
tantum ut obtineant, scripturas esse obscuras? Nostra gram-
matica istis uocabulis non qualitatem aut quantitatem uirium
humanarum, sed distantiam locorum significat. Supra te enim 5
dicitur non quaedam uis uoluntatis, sed locus, qui supra nos
est. Ita procul, trans mare, in coelo, nihil uirtutis in homine,
sed locus sursum, dextrorsum, sinistrorsum, retrorsum,
antrorsumue, a nobis remotus. Rideat me quispiam tam
crasse disputantem ac uelut analphabetis pueris praemansum 10
tantis uiris porrigentem, ac syllabas nectendas docentem.
Quid faciam? cum in tam clara luce uideam quaeri tenebras,
ac studio uelle eos caecos esse, qui tot saeculorum seriem
nobis numerant, tot ingenia, tot sanctos, tot martyres, tot
doctores, tantaque authoritate hunc locum Mosi iactant, nec 15
dignentur tamen syllabas inspicere, aut cogitationibus suis
tantum imperare, ut locum semel considerent, quem iactant.
Eat nunc Diatribe et dicat, qui fieri possit, ut unus priuatus
uideat, quod tot publici, tot saeculorum proceres non
uiderunt! certe hic locus uel puello iudice, conuincit eos 20
caecutijsse non raro.

   Quid igitur Moses uult istis uerbis apertissimis et
clarissimis, nisi, sese suo officio ceu fidelem legislatorem esse
perfunctum egregie? ut per quem non stet, quo minus omnia
sciant et habeant coram posita praecepta, nec locum eis 25
relictum excusandi, quod ignorent uel non habeant praecepta
aut ¹ aliunde petenda eis sint, ut, si non seruarint ea, culpa 644 W
nec sit legis nec legislatoris, sed ipsorum, cum lex assit, legis-
lator docuerit, ut nulla ignorantiae excusatio reliqua sit, sed
sola accusatio negligentiae et inobedientiae. Non est (inquit) 30
necesse, leges e coelo aut a finibus ultramarinis aut procul
afferre, nec potes praetexere, te illas nec audisse nec habere,
prope habes eas, ut quas praecipiente Deo et ¹ me authore 226 E
audisti, corde percepisti, et ore assiduo per leuitas in medio
tui tractandas accepisti, teste hoc ipso meo uerbo et libro; 35
Hoc tantum reliquum est, ut facias illas. Obsecro, quid hic
lib arb. tribuitur? nisi quod exigitur, ut faciat leges, quas
habet, et adimitur excusatio ignorantiae et absentiae legum.

   Haec fere sunt, quae ex ueteri testamento adducit Dia-
tribe pro libero arbitrio, quibus solutis nihil reliquum fit, 40
quod non solutum pariter sit, siue plura adducat, siue plura

---

adducere uelit, cum nihil nisi uerba imperatiua aut coniun-
ctiua aut optatiua adducere queat, quibus significatur non,
quid possimus aut faciamus (ut toties diximus toties repetenti
Diatribe), sed, quid debeamus et quid exigatur a nobis, quo
5 nostra nobis impotentia innotescat, et peccati cognitio prae-
stetur. Aut, si quid probant, per additas sequelas et simili-
tudines ratione humana inuentas, hoc probant, liberi scilicet
arbitrij non esse tantum conatum aut studium aliquod modi-
culum, sed totam uim et potestatem liberrimam faciendi
10 omnia sine gratia Dei, sine spiritu sancto. Ac sic nihil minus
probatur tota illa copiosa, iterata et inculcata disputatione,
quam id, quod probandum erat, nempe opinio illa proba-
bilis, qua lib. arbi. definitur eius esse impotentiae, ut nihil
possit uelle boni sine gratia, cogaturque in seruitutem pec-
15 cati, habeatque conatum non asscribendum suis uiribus, Mon-
strum scilicet illud, quod simul nihil potest suis uiribus, et
tamen conatum habet in uiribus suis, constetque contra-
dictione manifestissima.

Venitur nunc ad nouum testamentum, ubi iterum in-
20 struitur copia uerborum imperatiuorum pro misera illa serui-
tute liberi arbitrij, accersunturque auxilia rationis carnalis,
nempe sequelae et similitudines, ac si uideas pingi uel
somnieris muscarum regem stipatum lanceis stipulaceis et
clypeis feneis aduersus ueram et iustam aciem bellatorum
25 hominum. Sic pugnant humana Diatriabes somnia aduersus
diuinorum uerborum agmina. ¹ Principio illud Matth. 23. pro- 227 E
cedit, uelut muscarum achilles: Ierusalem, Ierusalem, quoties
¹ uolui congregare filios tuos, et noluisti! Si cuncta (inquit) 689 W
fiunt necessitate, nonne poterat merito respondere Domino
30 Ierosolyma: Quid inanibus lachrymis te maceras? Si tu
nolebas nos auscultare Prophetis, cur eos misisti? Cur nobis
imputas, quod tua uoluntate, nostra necessitate, factum est?
Haec illa. Respondemus autem. Et donemus interim, ueram
et bonam esse istam sequelam et probationem Diatribes,
35 Quid rogo probatur? nunquid probabilis opinio, quae dicit
lib. arbi. non posse uelle bonum? Imo probatur libera, sana
et potens in omnia, quae Prophetae dixerunt, uoluntas. At
talem non suscepit probandam Diatribe, Quin ipsa Diatribe
hic respondeat: Si lib. arbi. non potest uelle bonum, Quid
40 imputatur ei, quod non audierit Prophetas, quos, ut bona
docentes, audire non poterat suis uribus? Quid inanibus

lachrymis plorat Christus, ac si illi potuerint uelle, quod
certo nouit eos non posse uelle? Liberet (inquam) Diatribe
Christum ab insania pro sua illa probabili opinione, et mox
nostra opinio liberata est ab isto Achille muscarum. Igitur
locus ille Matth. aut probat totum lib. arb. aut aeque fortiter 5
pugnat aduersus ipsam Diatribem et suo illam iaculo pro-
sternit.

Nos dicimus, ut iam antea diximus, de secreta illa
uoluntate maiestatis non esse disputandum, et temeritatem
humanam, quae perpetua peruersitate, relictis necessarijs, illam 10
semper impetit et tentat, esse auocandam et retrahendam, ne
occupet sese scrutandis illis secretis maiestatis, quae impos-
sibile est attingere, ut quae habitet lucem inaccessibilem,
teste Paulo. Occupet uero sese cum Deo incarnato seu (ut
Paulus loquitur) cum Ihesu crucifixo, in quo sunt omnes the- 15
sauri sapientiae et scientiae, sed absconditi; per hunc enim
abunde habet, quid scire et non scire debeat. Deus igitur
incarnatus hic loquitur: Volui et tu noluisti, Deus, inquam, in-
228 E car¦natus in hoc missus est, ut uelit, loquatur, faciat, patiatur,
offerat omnibus omnia, quae sunt ad salutem necessaria, licet 20
plurimos offendat, qui secréta illa uoluntate maiestatis uel
relicti uel indurati non suscipiunt uolentem, loquentem,
facientem, offerentem, sicut Iohan. dicit: Lux in tenebris lucet,
et tenebrae eam non comprehendunt. Et iterum: In pro-
pria uenit, et sui non receperunt eum. Huius itidem Dei 25
incarnati est flere, deplorare, gemere super perditione im-
piorum, cum uoluntas maiestatis ex proposito aliquos relin-
690 W quat et reprobet, | ut pereant. Nec nobis quaerendum, cur ita
faciat, sed reuerendus Deus, qui talia et possit et uelit. Nec
puto aliquis hic calumniabitur, quod illa uoluntas, de qua 30
dicitur: Quoties uolui, etiam ante incarnatum Deum Iudaeis
fuerit exhibita, ut qui Prophetas ante Christum occidisse, et
sic uoluntati eius restitisse arguantur. Notum est enim apud
Christianos, omnia geri per Prophetas in nomine futuri Christi,
qui promissus erat, ut incarnatus Deus fieret. Vt uoluntas 35
Christi recte dicatur, quicquid ab initio mundi per uerbi
ministros oblatum est hominibus.

Dicet uero hic Ratio, ut est nasuta et dicax: Pulchre hoc
inuentum est effugium, ut, quoties ui argumentorum urgemur,
ad uoluntatem illam maiestatis metuendam recurramus, et 40
disputatorem, ubi molestus fuerit, ad silentium adigamus, non

---

14 1. Ti. 6, 16   15 Kol. 2, 3   23 Jo. 1, 5   24 Jo. 1, 11

aliter, quam astrologi suis epicyclis repertis, omnes quaestiones
de motu totius coeli eludunt. Respondemus, non esse nostrum
inuentum, sed diuinis scripturis firmatum praeceptum. sic
enim Paulus Rom. 11. dicit: Quid igitur quaeritur Deus?
5 Quis uoluntati eius resistet? O homo, tu quis es, qui con-
tendas cum Deo? An non habet potestatem figulus? et reli-
qua. Et ante eum Esaias .58: Me etenim de die in diem
quaerunt et uias meas scire uolunt, quasi gens quae iusti|tiam   229 E
fecerit, Rogant me iudicia iustitiae et appropinquare Deo
10 uolunt. Puto istis uerbis satis monstrari, non licere hominibus
scrutari uoluntatem maiestatis. Deinde caussa haec est
huiusmodi, ut in illa maxime petant peruersi homines uolun-
tatem illam metuendam; ideo maxime locus est, eos tum ad
silentium et reuerentiam hortari. In alijs caussis non ita
15 facimus, ubi talia tractantur, quorum ratio reddi potest et
reddi nobis mandata est. Quodsi quis pergat scrutari ra-
tionem uoluntatis illius, nec nostrae monitioni caedit, hunc
sinimus ire, et gygantum more cum Deo pugnare, spectaturi,
quos triumphos sit reportaturus, certi, quod caussae nostrae
20 nihil sit detracturus, et suae nihil collaturus. Manebit enim
fixum, quod aut lib. arbitrium omnia posse probabit, aut quod
adductae scripturae contra ipsummet pugnabunt. Vtro autem
facto, uictus iacet et nos uictores stamus.

Alterum est illud Matth. 19: Si uis ad uitam ingredi,
25 serua mandata, Qua fronte diceretur: Si uis, cui uoluntas
libera non est? Haec Diatribe. Cui dicimus: Igitur uoluntas
libera est per hoc uerbum Christi? At tu uolebas probare,
quod libe. arbitrium nihil possit boni uelle, et necessario
seruiret peccato, absente gratia. Qua fronte igitur tu nunc
30 totum facis liberum? Idem dicetur ad illud: Si uis perfectus
esse. Si quis uult uenire post me. Qui uoluerit animam
suam saluam facere. Si diligitis me. Si | manseritis. Denique,   691 W
ut dixi, colligantur omnes coniunctiones 'Si' et uerba impera-
tiua, ut iuuemus Diatriben saltem numero uerborum. Haec
35 omnia (inquit) praecepta frigent, si nihil tribuitur uoluntati
humanae. Quam male congruit merae necessitati coniunctio
illa 'Si' Respondemus: si frigent, tua culpa frigent, imo nihil
sunt, qui asseris, nihil tribui uoluntati humanae, dum facis
lib. arbi. non posse uelle bonum, et rursus hic facis, idem
40 posse uelle omnia | bona, nisi eadem uerba apud te simul et   230 E

1 *epiculis* A   4 Rô. 9, 19 ff.   7 Jes. 58, 2   24 δ IIb 1,
z. 11 ff. | Mt. 19, 17   30 Mt. 19, 21   31 Lc. 9, 23 f.   32 Jo.
14, 15. 15, 7   35 δ IIb 1, z. 19 ff.

ardent et frigent, dum simul omnia asserunt et omnia negant.
Et miror, quid delectarit authorem toties eadem repetere,
immemorem perpetuo instituti sui, nisi forte diffidens caussae,
magnitudine libri uoluerit uincere, aut tedio et molestia lec-
tionis aduersarium fatigare. Qua consequentia, rogo, fiat, ut 5
mox uoluntatem et potentiam adesse oporteat, quoties dicitur:
Si uis, Si quis uult, Si uolueris? Nonne frequentissime im-
potentiam potius et impossibilitatem significamus talibus ser-
monibus? ut: Si Virgilium uoles aequare canendo, mi Meui,
alia cantes oportet. Si Ciceronem superare uoles, Scote, pro 10
argutijs summam oportet eloquentiam habeas. Si cum Dauide
comparari uoles, similes Psalmos edas necesse est. Hic plane
significantur impossibilia uiribus proprijs, licet diuina uirtute
omnia fieri possint. Sic habet et in scripturis res, ut, quid
uirtute Dei in nobis fieri possit, et quid non possimus nos, 15
talibus uerbis ostendatur.

Porro si talia dicerentur de ijs, quae prorsus impossi-
bilia sunt factu, ut quae nec Deus unquam esset facturus,
tum recte dicerentur uel frigida uel ridicula, ut quae frustra
dicerentur. Nunc uero sic dicuntur, ut non solum ostendatur 20
impotentia lib. arb., per quam nihil eorum fit, sed simul
significatur aliquando fore et factum iri omnia talia, uerum
aliena uirtute, nempe diuina, Si omnino admittamus, in talibus
uerbis inesse quandam significationem faciendorum et possi-
bilium. Ac si quis sic interpretetur: Si uolueris seruare man- 25
data, hoc est, si uoluntatem aliquando habueris (habebis
autem non ex te, sed ex Deo, qui tribuet eam cui uoluerit)
seruandi mandata, seruabunt et ipsa te. Aut ut latius dicam,
Videntur illa uerba, praesertim coniunctiua, propter prae-
destinationem Dei quoque sic poni, ut incognitam nobis, et 30
illam inuoluere, ac si hoc uelint dicere: Si uis, Si uolueris,
hoc est, si talis apud Deum fueris, ut uoluntate hac te
dignetur, seruandi praecepta, seruaberis. Quo tropo intelligi
231 E datur utrunque, scilicet | et nos nihil posse, et, siquid facimus,
Deum in nobis operari. Sic illis dicerem, qui non contenti 35
uellent esse, quod illis uerbis solum impotentia nostra ostendi
dicitur, sed etiam uim aliquam et potentiam faciendi ea,
quae praecipiuntur, probari contenderent. Ita simul uerum
fieret, ut nihil possemus eorum quae praecipiuntur, et simul
omnia possemus, illud nostris uiribus, hoc gratiae Dei 40
tribuendo.

---

9 M. ein schlechter dichter und gegner des Vergil und Horaz.
Hor. epod. 10

¹ Tertio illud Diatriben mouet: Vbi toties est mentio (in- ⁶⁹² W quit) bonorum operum et malorum, ubi mentio mercedis, ibi non intelligo, quo pacto locus sit merae necessitati. Neque natura, ait, neque necessitas habet meritum. Neque ego sane
5 intelligo, nisi quod opinio illa probabilis necessitatem meram asserit, dum lib. arb. dicit nihil boni posse uelle, et tamen hic etiam meritum ei tribuit. Adeo profecit lib. arb. crescente libro et disputatione Diatribes, ut nunc non solum conatum et studium proprium, alienis tamen uiribus, habeat, imo non
10 solum bene uelit et faciat, sed etiam mereatur uitam aeternam, dicente Christo Matth. 5: Gaudete et exultate, quoniam merces uestra copiosa est in coelis. Vestra, id est, lib. arbitrij. Sic enim Diatribe hunc locum intelligit, ut Christus et spiritus Dei nihil sint. Quid enim illis opus fuerit, si
15 bona opera et merita per lib. arb. habemus? Haec dico, ut uideamus, non esse rarum, uiros excellentes ingenio, solere caecutire in re etiam crasso et rudi ingenio manifesta, et quam infirmum sit argumentum ab authoritate humana in rebus diuinis, in quibus sola ualet authoritas diuina.
20   Duo hic dicenda sunt. Primum de praeceptis noui testamenti, Deinde de merito. Vtrunque breuiter expediemus, alias prolixius de eisdem locuti. Nouum testamentum proprie constat promissionibus et exhortationibus, sicut Vetus proprie constat legibus et minis. Nam in nouo testamento praedicatur
25 Euangelion, quod est aliud nihil, quam sermo, quo offertur spiritus et gratia in remissionem peccatorum per Christum crucifixum pro nobis impetratam, idⁱque totum gratis solaque ²³² E misericordia Dei patris nobis indignis et damnaⁱtionem ⁶⁹³ W merentibus potius quam aliquid aliud, fauente. Deinde ex-
30 hortationes sequuntur, quae iam iustificatos et misericordiam consecutos, excitent, ut strenui sint in fructibus donatae iustitiae et spiritus, charitatemque exerceant bonis operibus, fortiterque ferant crucem et omnes alias tribulationes mundi. Haec est summa totius noui testamenti. De qua re quam
35 nihil intelligat Diatribe, satis declarat, quod nihil inter uetus et nouum testamentum discernere nouit, utrobique enim nihil fere nisi leges et praecepta uidet, quibus formentur homines ad bonos mores. Quid uero sit renascentia, innouatio, regeneratio et totum negocium spiritus, prorsus nihil uidet, ut
40 mihi stupor et miraculum sit, adeo nihil scire in sacris literis

hominem, qui tanto tempore et studio in illis laborauerit.
Illud igitur: Gaudete et exultate, quoniam merces uestra multa
est in coelis, tam bene quadrat libero arbitrio, quam bene
conuenit luci cum tenebris.   Exhortatur enim Christus ibi
non lib. arb., sed Apostolos, qui non modo supra liberum ₅
arbitrium in gratia erant et iusti, sed etiam in ministerio
uerbi, hoc est, summo loco gratiae constituti, ut ferrent
tribulationes mundi.   At nos disputamus de libe. arb. sine
gratia potissimum, quod legibus et minis seu ueteri testa-
mento eruditur ad cognitionem sui, ut ad promissiones oblatas ₁₀
nouo testamento currat.
   Meritum uero seu merces proposita, quid est aliud nisi
promissio quaedam? sed ea non probatur aliquid nos posse,
cum nihil ea significetur aliud, quam: si quis hoc uel hoc
fecerit, tum mercedem habiturus sit.   Quaestio uero nostra ₁₅
est, non quo modo uel quae merces reddatur, sed an talia
possimus facere, quibus merces redditur. Hoc enim erat pro-
bandum.   Nonne ridicula est consequentia: omnibus in stadio
₂₃₃ ᴇ proponitur brabaeum, ergo omnes ǀ possunt currere et ob-
tinere?   Si Caesar uicerit Turcam, regno Syriae potietur, ₂₀
ergo Caesar potest uincere et uincit Turcam.   Si liberum
arbitrium dominetur peccato, sanctum erit Domino, ergo libe.
arbi. sanctum est Domino.   Sed mittamus ista nimis crassa
et palam absurda, nisi quod dignissimum est, libe. arbitrium
tam pulchris argumentis probari.   De hoc potius dicemus, ₂₅
Quod necessitas neque meritum neque mercedem habet.   Si
de necessitate coactionis loquimur, uerum est, Si de necessi-
tate immutabilitatis loquimur, falsum est.   Quis enim inuito
operario mercedem daret aut meritum reputet? Verum ijs,
qui uolenter faciunt bonum uel malum, etiamsi hanc uolun- ₃₀
tatem suis uiribus mutare non possunt, sequitur naturaliter et
necessario praemium uel poena, sicut scriptum est: Reddes
unicuique secundum opera sua.   Naturaliter sequitur: si in
aquam mergaris, suffocaberis, Si enatatueris, saluus eris.   Et
ut breuiter dicam: ₃₅
   In merito uel mercede agitur uel de dignitate uel se-
quela.   Si dignitatem spectes, nullum est meritum, nulla
merces. Si enim lib. arb. se solo non potest uelle bonum,
per solam uero gratiam uult bonum (loquimur enim de lib.
arb. seclusa gratia et utriusque propriam quaerimus uim), quis ₄₀
non uidet, solius gratiae esse bonam illam uoluntatem, me-

_____

₁₈ ₁. Ko. 9, 24   ₃₂ Rö. 2, 6

ritum | et praemium? Atque iterum hic Diatribe sibijpsi 694 W
dissidet, dum ex merito arguit libertatem uoluntatis, estque
mecum, contra quem pugnat, in eadem damnatione, scilicet,
quod contra ipsam aeque pugnat, esse meritum, esse mer-
5 cedem, esse libertatem, cum liberum arb. asserat superius
nihil uelle boni, ac tale probandum susceperit. Si sequelam
spectes, nihil est, siue bonum, siue malum, quod non suam
mercedem habeat. Atque error inde uenit, quod in meritis
et praemijs inutiles cogitationes et quaestiones uersamus de
10 dignitate, quae nulla est, cum de sola sequela disputandum
sit. Manet enim impios infernus et iudicium Dei, necessaria
sequela, etiamsi ipsi talem mercedem | pro suis peccatis 234 E
neque cupiant neque cogitent, imo uehementer detestentur, et,
ut Petrus dicit, execrentur. Ita manet pios regnum, etiamsi
15 id ipsi neque quaerant nec cogitent, ut quod illis a patre
suo paratum est, non solum antequam essent ipsi, sed etiam
ante constitutionem mundi.

Quin si bonum operarentur propter regnum obtinendum,
nunquam obtinerent, et ad impios potius pertinerent, qui oculo
20 nequam et mercennario, ea quae sua sunt, quaerunt etiam in
Deo. Filij autem Dei gratuita uoluntate faciunt bonum,
nullum praemium quaerentes, sed solam gloriam et uolun-
tatem Dei, parati bonum facere, si per impossibile neque
regnum neque infernus esset. Haec puto satis firma esse,
25 uel ex eo solo dicto Christi, quod modo citaui Matthei 25:
Venite, benedicti patris mei, percipite regnum, quod uobis
paratum est a constitutione mundi. Quomodo merentur id,
quod iam ipsorum est et ipsis paratum, antequam fiant? ut
rectius dicere possimus: regnum Dei potius meretur nos suos
30 possessores, et meritum illic collocemus, ubi isti praemium,
et praemium illic, ubi illi meritum collocant. Regnum enim
non paratur, sed paratum est, filij uero regni parantur, non
parant regnum, hoc est, regnum meretur filios, non filij reg-
num. Sic et infernus suos potius filios meretur et parat,
35 cum Christus dicat: Ite, maledicti, in ignem aeternum, qui
paratus est Diabolo et angelis eius.

Quid igitur uolunt uerba promittentia regnum, minantia
infernum? Quid toties repetita uox mercedis per scripturas?
Est (inquit) merces operi tuo. Ego merces tua magna nimis.
40 Item: Qui reddit unicuique secundum opera sua. Et Paulus

14 2. Pt. 2, 12   16 Mt. 25, 34   20 Mt. 6, 23 | Jo. 10,
12 | Phi. 2, 21   39 2. Chr. 15, 8 | Gen. 15, 1   40 Rö. 2, 6 f.

Roma. 2: Patientia boni operis quaerentibus uitam aeternam, et multa similia. Respondetur, ijs omnibus nihil probari, quam sequelam mercedis, et nequaquam meriti dignitatem, 235 E Scilicet quod ij, qui bona faciunt, | non seruili et mercennario affectu propter uitam aeternam faciunt, quaerunt autem 5 uitam aeternam, id est, sunt in ea uia, qua peruenient et inuenient uitam aeternam, ut quaerere sit studio niti et instanti opera eo conari, quod sequi solet ad bonam uitam. 695 W Denunciantur autem in scripturis | ea futura esse et secutura post bonam uel malam uitam, ut erudiantur, moueantur, ex- 10 citentur, terreantur homines. Nam, ut per legem fit cognitio peccati, et admonitio impotentiae nostrae, ex qua non infertur, quod nos aliquid possimus, Ita per istas promissiones et minas fit admonitio, qua docemur, quid sequatur peccatum et impotentiam illam nostram lege monstratam, non autem 15 tribuitur per ipsas aliquid dignitatis merito nostro. Proinde, sicut uerba legis sunt uice instructionis et illuminationis, ad docendum quid debeamus, tum quid non possimus, ita uerba mercedis, dum significant quid futurum sit, sunt uice exhortationis ét comminationis, quibus pij excitantur, consolantur 20 et eriguntur ad pergendum, perseuerandum et uincendum, in bonis faciendis et malis ferendis, ne fatigentur aut frangantur, sicut Paulus Corinthios suos exhortatur, dicens: Viriliter agite, scientes, quod labor uester non est inanis in Domino. Sic Abraham erigit Deus dicens: Ego merces tua magna nimis. 25 Non aliter quam si hoc modo aliquem soleris, quod opera eius certo placere Deo significes, quo genere consolationis non raro scriptura utitur. Nec parua consolatio est nosse, placere se Deo, ut nihil aliud sequatur, licet id sit impossibile.   30

    Huc pertinent omnia, quae dicuntur de spe et expectatione, quod certo sint futura, quae speramus, licet pij non propter ipsa sperent, aut talia quaerant sui gratia. Ita uerbis comminationis et futuri iudicij terrentur et deijciuntur impij, 236 E ut desi|nant et abstineant a malis, ne inflentur, securi fiant 35 et insolescant in peccatis. Quod si hic Ratio nasum ruget et dicat: Cur ista uelit Deus per uerba fieri, cum talibus uerbis nihil efficiatur, neque uoluntas in utram partem sese uertere possit, Cur non tacito uerbo facit, quod facit, cum possit omnia sine uerbo facere, Et uoluntas per sese nec 40 plus ualet aut facit uerbo audito, si desit spiritus intus

---

11 Rö. 3, 20   23 1. Ko. 15, 58   25 Gen. 15, 1

mouens, nec minus ualeret aut faceret uerbo tacito, si assit spiritus, cum totum pendeat in uirtute et opere spiritus sancti? Dicemus: Sic placitum est Deo, ut non sine uerbo, sed per uerbum tribuat spiritum, ut nos habeat suos coopera-
5 tores, dum foris sonamus, quod intus ipse solus spirat, ubi ubi uoluerit, quae tamen absque uerbo facere posset, sed non uult. Iam qui sumus nos, ut uoluntatis diuinae caussam quaeramus? Satis est nosse, quod Deus ita uelit, et hanc uoluntatem reuereri, diligere et adorare decet, coercita ra-
10 tionis temeritate. Sic nos absque pane posset alere, et re-uera uim alendi tribuit sine pane, ut Matthei 4. dicit: Non alitur homo pane solo, sed uerbo Dei, placuit tamen per panem et cum pane foris adhibito, intus nos alere uerbo.

Stat igitur, ex mercede non probari meritum, saltem in
15 scripturis. Deinde ex merito non probari liberum arbitrium, multo minus tale arbitrium liberum, quale Diatribe suscepit probandum, nempe, quod se solo nihil potest boni uelle. Nam etiamsi meritum dones, et addas istas solitas rationis similitudines et sequelas, puta, frustra praecipi, frustra mer- 696 W
20 cedem promitti, frustra minas intentari, nisi liberum sit arbitrium, ijs (inquam) si quid probatur, hoc probatur, quod liberum arbitrium se solo possit omnia. Si enim se solo non potest omnia, manet illa sequela rationis: ergo frustra prae-cipitur, frustra promitti'tur, frustra minae intentantur. Sic 237 E
25 perpetuo contra seipsam disputat Diatribe, dum contra nos disputat. Deus uero solus per spiritum suum operatur in nobis tam meritum quam praemium, utrumque autem per uerbum suum externum toti mundo significat et declarat, ut annuncietur etiam apud impios et incredulos et ignaros po-
30 tentia et gloria sua et nostra impotentia atque ignominia, licet soli pij id corde percipiant teneantque fideles, caeteri uero contemnunt.

Iam uero nimis tediosum fuerit, singula uerba impera-tiua repetere, quae Diatribe ex nouo testamento enumerat,
35 semper suas sequelas annectens, et caussans, frustranea, frigida, ridicula, nihil esse, quae dicuntur, nisi libera sit uoluntas. Vsque ad multam nauseam enim iam dudum diximus, quam nihil talibus uerbis efficiatur, atque, si quid probetur, totum liberum arbitrium probetur. Quod aliud nihil
40 est, quam totam Diatriben subuerti, ut quae liberum arbitri.

---

4 I. Ko. 3, 9   5 Jo. 3, 8   7 Rö. 9, 20   11 Mt. 4, 4   29 Rö.
9, 23   34 ð IIb 1, s. 38, z. 26 ff.

41*

tale susceperit probandum, quod nihil boni possit et seruiat
peccato, et probat tale, quod omnia possit, ignara et oblita
sui perpetuo. Mera igitur cauilla sunt, ubi sic dicit: Ex
fructibus (inquit Dominus) eorum cognoscetis eos, fructus
opera dicit, Ea nostra uocat, At ea nostra non sunt, si 5
cuncta geruntur necessitate.   Obsecro te, an non nostra
dicuntur quam rectissime, quae non fecimus quidem nos,
recepimus uero ab alijs?   Cur igitur opera non dicerentur
nostra, quae donauit nobis Deus per spiritum? An Christum
non dicemus nostrum, quia non fecimus eum, sed tantum 10
accepimus? Rursus, si facimus ea, quae nostra dicuntur, ergo
oculos nobis ipsi fecimus, manus nobis ipsi fecimus, et pedes
nobis ipsi fecimus, nisi nostri non dicuntur oculi, manus,
pedes, imo quid habemus, quod non accepimus, ait Paulus?
238 E Dicemusne igitur, ea uel non esse no|stra uel a nobis ipsis 15
esse facta?   Iam finge, fructus nostros dici, quia nos fe-
cimus, ubi manet gratia et spiritus? neque enim dicit: Ex
fructibus, qui ex parte modicula eorum sunt, cognoscetis eos.
Haec potius sunt ridicula, superuacanea, frustranea, frigida,
imo stulta et odiosa cauilla, quibus sacra uerba Dei polluuntur 20
et prophanantur.

697 W |Sic luditur et illud Christi uerbum in cruce: Pater, ignosce
illis, quia nesciunt, quid faciunt. Vbi cum expectaretur sen-
tentia, quae lib. arb. astrueret, iterum ad sequelas itur:
Quanto iustius (inquit) excusasset eos, quia non est illis 25
libera uoluntas, nec possunt, si uelint, aliter facere? Nec
tamen ista sequela probatur libe. arbitrium illud, quod nihil
boni potest uelle, de quo agitur, sed illud, quod omnia potest,
de quo nemo agit et omnes negant, exceptis Pelagianis. Iam
cum Christus palam dicat eos nescire, quid faciant, an non 30
simul testatur, eos non posse uelle bonum? Quomodo enim
uelis, quod ignoras? Ignoti certe nulla cupido. Quid potest
robustius contra liberum arbitrium dici, quam ipsum adeo
esse nihili, ut non modo non uelit bonum, sed nec sciat
quidem, quantum faciat mali et quid sit bonum? An est 35
hic obscuritas in ullo uerbo: Nesciunt quid faciunt? Quid
reliquum est in scripturis, quod non queat authore Diatribe
liberum arbitrium affirmare, quando hoc clarissimum et ad-
uersantissimum uerbum Christi illi affirmat? Eadem facili-
tate dicat aliquis, etiam illo affirmari liberum arbitrium: Terra 40

3 δ IIb 2, s. 41, z. 6—8   4 Mt. 7, 20   14 I. Ko. 4, 7
22 Lc. 23, 34 | δ IIb 2, s. 41, z. 8—11   32 „was ich nicht weiß,
macht mich nicht heiß" (Scheel)   40 Gen. 1, 2

autem erat inanis et uacua, aut illo: requieuit Deus die sep-
timo, aut simili. Tum uere scripturae ambiguae et obscurae
erunt, Imo simul omnia et nihil erunt. Verum sic audere
et tractare diuina uerba, arguit animum, qui sit insignis con-
5 temptor Dei et hominum, qui prorsus nullam mereatur pa-
tientiam.

Et illud Iohannis .1: Dedit eis potestatem filios Dei
fieri, sic accipit: Quomodo datur illis pote|stas, ut filij Dei 239 E
fiant, si nostrae uoluntatis nulla libertas est? Et hic locus
10 est malleus aduersus liberum arbitrium, qualis est ferme totus
Iohannes Euangelista, tamen adducitur pro libero arbitrio.
Videamus quaeso! Iohannes non loquitur de ullo opere ho-
minis, neque magno, neque paruo, sed de ipsa innouatione
et transmutatione hominis ueteris, qui filius diaboli est, in
15 nouum hominem, qui filius Dei est. Hic homo mere passiue
(ut dicitur) sese habet, nec facit quippiam, sed fit totus. De
fieri enim loquitur Iohannes, fieri filios Dei dicit, potestate
diuinitus nobis donata, non ui liberi arbitrij nobis insita. At
nostra Diatribe hinc ducit, liberum arbitrium tantum ualere,
20 ut filios Dei faciat, aut definire parata est, ridiculum et
frigidum esse uerbum Iohannis. Quis uero unquam sic
extulit liberum arbitrium, ut ei uim faciendi filios Dei tri-
buerit, praesertim tale, quod non potest uelle bonum, quale
Diatribe assumpsit? Sed transeat haec cum reliquis sequelis,
25 toties repetitis, quibus nihil probatur, siquid probatur, quam
id, quod Diatribe negat, nempe, liberum arbitrium omnia
posse. Iohannes ¹ hoc uult: Veniente Christo in mundum per 608 W
Euangelion, quo offertur gratia, non autem exigitur opus,
copiam fieri cunctis hominibus, magnificam sane, ut filij Dei
30 sint, si credere uelint. Caeterum hoc uelle, hoc credere in
nomine eius, sicut liberum arbitrium nunquam nouit, nec
cogitauit de eo antea, ita multo minus potest suis uiribus.
Quomodo enim ratio cogitaret, necessariam esse fidem in
Ihesum filium Dei et hominis, cum nec hodie capiat aut
35 credere possit, etiamsi tota creatura clamaret, esse aliquam
personam, quae simul Deus et homo sit? sed magis offen-
ditur tali sermone, ut Paulus dicit .1. Cor. 1., tantum abest,
ut credere aut uelit aut possit. Igitur Iohannes diuicias regni
Dei per Euangelion mundo oblatas, non autem uirtutes liberi
40 arbitrij praedicat, simul significans, quam pauci sint, qui

---

1 Gen. 2, 2   7 Jo. 1, 12 | 8 IIb 2, s. 41, z. 11—15
37 I. Ko. 1, 23

240 E accepterm, repugnante scilicet libero arbitrio, ¹ cuius uis nulla
est alia, quam ut regnante super ipsum Satana, etiam gratiam
et spiritum, qui legem impleat, respuat, adeo pulchre ualet
conatus et studium eius ad legem implendam. Sed infra
latius dicemus, quale fulmen sit hic locus Iohannis aduersus 5
liberum arbitrium.   Non tamen mouet me parum, quod
loci tam clari, tam potentes contra liberum arb., adducantur
pro libero arbitrio a Diatribe, cuius tanta est hebetudo, ut
nihil prorsus inter promissionis et legis uerba discernat, quae
cum per legis uerba ineptissime lib. arb. statuat, tum longe 10
absurdissime per promissionis uerba confirmet.   Sed soluitur
haec absurditas facile, si consideretur, quam alieno animo et
contemptore Diatribe disputet, ad quam nihil attinet, gratia
stet uel ruat, lib. arb. iaceat uel sedeat, tantum, ut inanibus
uerbis in odium caussae seruiatur tyrannis.   15

Post haec uenitur et ad Paulum, libe. arbitrij hostem
peruicacissimum, cogiturque et is lib. arbitrium statuere,
Roma. 2: An diuitias bonitatis et patientiae et longanimitatis
eius contemnis?   An ignoras, quod benignitas eius te ad
poenitentiam adducit?   Quomodo (inquit) imputatur con- 20
temptus praecepti, ubi non est libera uoluntas?   Quomodo
Deus inuitat ad poenitentiam, qui author est impoenitentiae?
Quomodo iusta est damnatio, ubi iudex cogit ad maleficium?
Respondeo: De istis quaestionibus uiderit Diatribe. Quid ad
nos?   Ipsa enim dixit opinione probabili, lib. arb. non posse 25
uelle bonum, cogique necessario in seruitutem peccati.
Quomodo igitur imputatur ei contemptus praecepti, si non
potest uelle bonum, nec est ibi libertas, sed seruitus peccati
necessaria?   Quomodo inuitat Deus ad poenitentiam, qui
author est, quominus poeniteat, dum deserit uel non con- 30
fert gratiam ei, qui se solo non potest bonum uelle?   Quo-
241 E modo est iusta dam|natio, ubi iudex subtracto auxilio cogit
impium relinqui in maleficio, cum sua uirtute non possit
aliud?   Omnia recidunt in caput Diatribes, aut, siquid pro-
bant, (ut dixi) probant lib. arb. omnia posse, quod tamen 35
699 W ¹ negatum est ab ipsa et ab omnibus. Sequelae illae rationis
uexant Diatriben per omnia dicta scripturae, quod ridiculum
et frigidum uideatur inuadere et exigere tam uehementibus
uerbis, ubi non adest, qui praestare queat, cum Apostolus
id agat, scilicet per minas illas perducere impios et superbos 40

---

18 Rö. 2, 4 | 8 IIb 3, s. 41, z. 24 — s. 42, z. 3

ad cognitionem sui et impotentiae suae, ut humiliatos cogni-
tione peccati, paret ad gratiam.

Et quid opus est omnia singulatim recensere, quae ex
Paulo adducuntur? cum nihil nisi imperatiua uel coniunctiua
5 uerba colligat, uel talia, quibus Paulus Christianos exhortatur
ad fructus fidei. Diatribe uero, suis sequelis adiectis, uir-
tutem lib. arb. talem tantamque concipit, quae sine gratia
omnia possit, quae Paulus exhortator praescribit. Christiani
uero non lib. arb., sed spiritu Dei aguntur, Roma 8. Agi
10 uero non est agere, sed rapi, quemadmodum serra aut securis
a fabro agitur. Et hic ne quis dubitet, Lutherum tam ab-
surda dicere, uerba eius recitat Diatribe, quae sane agnosco;
Fateor enim articulum Viglephi (omnia necessitate fieri) esse
falso damnatum Constantiensi Conciliabulo, seu coniuratione
15 potius et seditione. Quin ipsa ipsa Diatribe eundem mecum
defendit, dum asserit lib. arb. suis uiribus nihil boni uelle
posse, necessarioque seruire peccato, licet inter probandum
omnino contrarium statuat. Haec satis sint aduersus priorem
partem Diatribes, qua lib. arbitrium statuere conata est.
20 Posteriorem nunc uideamus, qua confutantur nostra, | id est 242 E
ea, quibus lib. arb. tollitur. Hic uidebis, quid fumus hominis
possit contra fulgura et tonitrua Dei.

Primum, cum innumerabiles locos scripturae citarit pro
libero arbitr. tanquam formidabilem nimis exercitum (ut
25 animosos redderet confessores et martyres et omnes sanctos
et sanctas liberi arbitrij, pauidos uero et trepidos omnes illos
abnegatores et peccatores in liberum arbitrium), contempti-
bilem fingit turbam contra liberum arbitrium, atque adeo
duos tantum locos prae caeteris euidentiores facit in hac
30 parte stare, nimirum ad caedem solum | parata, eamque non 700 W
magni negocij, quorum alter est Exodi .9: Indurauit Do-
minus cor Pharaonis, Alter Malachiae .1: Iacob dilexi,
Esau autem odio habui, utrunque uero Paulus ad Romanos
latius explicans, mirum quam odiosam et inutilem disputa-
35 tionem, iudice Diatribe, susceperit. Nisi uero spiritus sanctus
rhetoricae aliquantulum gnarus esset, periculum erat, ne tanta
simulati contemptus arte fractus, prorsus de caussa despe-
raret, et palmam libero arbitrio concederet ante tubam. Sed
ego inferius succenturiatus illis duobus locis ostendam et

9 Rö. 8, 14   10 δ II b 7, z. 30; vgl. L.s Assertio W. A. 7,
146, z. 3—8   13 vgl. oben s. 160, z. 13 ff.   28 δ IIIa 1, z. 20 ff.
31 Ex. 9, 12   32 Ma. 1, 2 f.   33 Rö. 9, 13 ff.   38 vor der
schlacht   39 „ein geringer ersatzmann"

nostras copias, quamquam, ubi talis est pugnae fortuna, ut
unus fuget decem milia, nullis opus est copijs. Si enim
unus locus uicerit lib. arbitrium, nihil profuerint ei innumera-
biles suae copiae.

Hic igitur Diatribe inuenit nouam artem eludendi mani- 5
festissimos locos, nempe, quod tropum uelit inesse uerbis
simplicissimis et clarissimis, ut, quemadmodum superius pro
libe. arbi. agens, omnia uerba imperatiua et coniunctiua
legis per sequelas adiectas et similitudines afficatas elusit, ita
nunc contra nos actura, omnia uerba promissionis et affirma- 10
tionis diuinae per tropum repertum torquet, quorsum uisum
est, ut utrobique sit incomprehensibilis Protheus. Quin id
ipsum magno supercilio exigit sibi a nobis permitti, ut qui
et ipsi soleamus, ubi urgemur, tropis repertis elabi, ut ibi:
243 E extende ¹ manum tuam, ad quod uolueris, id est, gratia ex- 15
tendet manum tuam, ad quod ipsa uelit. Facite uobis cor
nouum, id est, gratia faciet uobis cor nouum, et similia.
Indignum igitur uidetur, si Luthero liceat tam uiolentam
tortamque interpretationem afferre, et non multo magis liceat
probatissimorum doctorum interpretationes sequi. Vides itaque 20
hic, non de textu ipso, nec iam de sequelis et similitudinibus,
sed de tropis et interpretationibus pugnari. Quando ergo
erit, ut simplicem purumque aliquem sine tropis et sequelis
textum pro libero arbitrio et contra liberum arbitrium
habeamus? An tales textus nusquam habet scriptura? 25
perpetuoque dubia erit caussa liberi arbitrij? ut quae nullo
certo textu firmatur, sed solis sequelis et tropis per homines
mutuo dissentientes inductis agitatur sicut uentis arundo.

Sic potius sentiamus, neque sequelam neque tropum in
ullo loco scripturae esse admittendum, nisi id cogat circum- 30
stantia uerborum euidens, et absurditas rei manifestae, in
aliquem fidei articulum peccans, sed ubique inhaerendum est
simplici puraeque et naturali significationi uerborum, quam
grammatica et usus loquendi habet, quem Deus creauit in
hominibus. Quod si cuiuis liceat, pro sua libidine, sequelas 35
701 W et tropos in scripturis fingere, quid ¹ erit scriptura tota nisi
arundo uentis agitata, aut uertumnus aliquis? Tum uere nihil
certi neque statuetur neque probabitur, in ullo articulo fidei,
quod non queas aliquo tropo cauillari. Vitari potius, sicut
praesentissimum uenenum, debet omnis tropus, quem non 40

---

14 δ IIIa 17, s. 60, z. 1—4   15 Si. 15, 17   16 Ez. 18, 31
18 δ IIIa 17. s. 60, z. 10 ff.   28 Mt. 11, 7

cogit ipsamet scriptura. Vide, quid acciderit tropologo illi
Origeni in enarrandis scripturis! quam dignas praebet occa-
siones calumniatori Purphyrio, ut Hieronymo quoque uide-
antur parum facere, qui Origenem tuentur. Quid accidit
5 Arrianis in tropo illo, quo Christum ¹ fecerunt Deum nuncupa- 244 E
tiuum? Quid nostro saeculo accidit nouis istis Prophetis,
in uerbis Christi: Hoc est corpus meum? ubi alius in pro-
nomine Hoc, alius in uerbo Est, alius in nomine Corpus,
tropicus est. Ego id obseruaui, omnes haereses et errores in
10 scripturis non uenisse ex simplicitate uerborum, ut iactatur
pene toto orbe, sed ex neglecta simplicitate uerborum, et ex
affectatis proprio cerebro tropis aut sequelis.

　　Exempli gratia, Ad quodcunque uoles, extende manum
tuam, ego nunquam (quod memini) hac uiolenta inter-
15 pretatione tractaui, ut dicerem: Gratia extendet manum tuam,
ad quod ipsa uelit, Facite uobis cor nouum, id est: gratia
faciet uobis cor nouum et similia, licet me Diatribe publico
libello sic traducat, tropis scilicet et sequelis distenta et illusa,
ut non uideat, quid de quo loquatur. Sed sic dixi: Extende
20 manum etc. uerbis simpliciter, ut sonant, acceptis, seclusisque
tropis et sequelis, nihil aliud significari, quam quod exigitur
a nobis extensio manus, significaturque, quid facere debeamus,
ut est natura uerbi imperatiui apud grammaticos et usum
loquendi. Diatribe uero neglecta hac uerbi simplicitate,
25 sequelis uero et tropis uiolenter adductis, sic interpretatur:
Extende manum, id est: potes ui propria extendere manum,
Facite cor nouum, id est: potestis facere cor nouum, Credite
in Christum, id est: potestis credere, ut idem sit apud eam,
quod imperatiue et quod indicatiue dicitur, alioqui parata
30 est ridiculam et frustraneam facere scripturam. Atque has
interpretationes, nulli grammatico ferendas, non licet in
Theologis uiolentas et affectatas dicere, sed probatissimorum
sunt doctorum, tot soeculis receptorum.

　　¹ Sed facile est Diatribe, tropos hoc loco admittere et 702 W
35 sequi, ut cuius nihil refert, certane sint an incerta, quae
dicuntur, Quin hoc agit, ut incerta sint omnia, ut quae con-
sulit, relinquenda potius, quam scrutanda esse dogmata de
libero arbitrio. Ideo hoc satis illi fuerat, utcunque amoliri
dicta, ¹ quibus se sentit urgeri. Nobis autem, quibus res agitur 245 B
40 seria, et qui certissimam ueritatem pro stabiliendis conscientijs
quaerimus, longe aliter agendum est. Nobis inquam, non

---

3 vgl. ep. 48, 13. 70, 3 (MSL. 22, 502. 666)

est satis: si dixeris, potest hic tropus esse, sed quaeritur, an debeat et oporteat tropum hic esse, quod si non monstraris, necessario inesse tropum, nihil prorsus effeceris. Stat ibi uerbum Dei: Ego indurabo cor Pharaonis. Si tu dixeris, sic accipiendum esse uel accipi posse: Ego permittam indurari, 5 Audio quidem, sic posse accipi, Audio hunc tropum populari sermone uulgatum, ut: ego te perdidi, quia statim non correxi errantem. Sed non est illi probationi locus. Non quaeritur, an tropus ille sit in usu, Non quaeritur, an aliquis possit eum hoc loco Pauli usurpare, Sed hoc quaeritur, an tutum 10 ac certum sit, recte hoc loco usurpare, et an Paulus uelit eo uti, Non de alieno lectoris usu, sed de ipsius authoris Pauli usu quaeritur. Quid facies conscientiae sic quaerenti?: Ecce Deus author dicit: Indurabo cor Pharaonis, aperta et nota est significatio uerbi Indurare, Homo uero lector dicit mihi: 15 Indurare hoc loco est occasionem indurandi dare, dum non statim corrigitur peccator, Qua authoritate, Quo consilio, qua necessitate uocis illa naturalis significatio mihi sic torquetur? Quid, si erret lector et interpres? unde probatur illam torturam uerbi hoc loco fieri debere? Periculosum 20 imo impium est, uerbum Dei sine necessitate, sine authoritate torquere. An huic animulae laboranti tum sic consules: Origenes sic sensit, Aut sic: Desine talia scrutari, cum sint curiosa et superuacanea? At illa respondebit: Hoc Mosen et Paulum admoneri oportuerat antequam scriberent, atque 25 adeo ipsum Deum; Vt quid nos curiosis et superuacaneis scriptis diuexant?

Non iuuat itaque Diatriben hoc miserum effugium troporum, Sed tenendus est hic fortiter Protheus noster, ut nos faciat certissimos de tropo huius loci, idque uel clarissimis 30 scripturis uel euidentibus miraculis. Ipsi sic opinanti, etiam 246 E consentiente | omnium soeculorum industria, nihil credimus, sed pergimus et urgemus, tropum hic nullum esse posse, 703 W simpliciter uero, | ut sonant uerba, sermonem Dei esse accipiendum. Neque enim nostri arbitrij est (ut Diatribe sibi 35 persuadet) uerba Dei fingere et refingere, pro libidine nostra, alioqui quid reliquum est in tota scriptura, quod non redeat ad Anaxagorae philosophiam, ut quodlibet ex quolibet fiat? Dicam enim: Deus creauit coelum et terram, id est, disposuit, non autem fecit ex nihilo, Vel: Creauit coelum et terram, id 40 est, angelos et daemones uel iustos et impios. Quis, rogo,

---

4 Ex. 4, 21   6 ð IIIa 2, z. 29 ff.

tum non statim aperto libro, theologus fuerit? Sit igitur hoc
ratum ac fixum: quando Diatribe non potest probare tropum
inesse his locis nostris, quos diluit, concedere cogitur nobis,
uerba, ut sonant, esse accipienda, etiam si probaret, alias
5 tropum eundem in omnibus locis scripturae et in omnium
usu esse uulgatissimum. Atque per hoc semel defensa sunt
omnia nostra, quae confutare uoluit Diatribe, Inuentaque
est confutatio eius prorsus nihil efficere, nihil posse, nihil esse.
Quando igitur illud Mosi: Indurabo cor Pharaonis, sic
10 interpretatur: Mea lenitas, qua tolero peccantem, alios quidem
ad poenitentiam adducit, Pharaonem autem obstinatiorem
reddet in malicia, pulchre dicitur, sed non probatur, sic
oportere dici, Nos uero non contenti dicti, probatum quae-
rimus. Item illud Pauli: Miseretur cuius uult, indurat quem
15 uult, Plausibiliter interpretatur: id est, Deus indurat, cum non
statim castigat peccantem, miseretur, cum mox ad poeni-
tentiam per afflictiones inuitat. Sed quo probatur haec inter-
praetatio? Item illud Esaiae: Errare nos fecisti de uijs tuis
indurasti cor nostrum, ne timeremus te. Esto Hieronymu-
20 ex Origene sic interpretatur: Seducere dicitur, qui non statim.
reuocat ab errore, Quis nos certos facit, Hieronymum et
Origenem recte inter|pretari? Denique pactum nostrum est,
non authoritate alicuius doctoris, sed solius scripturae nos
uelle confligere. Quos igitur Origenes, Quos Hieronymos
25 Diatribe nobis oblita pacti, objicit? cum inter Ecclesiasticos
scriptores nulli fere sint, qui ineptius et absurdius diuinas
literas tractarint, quam Origenes et Hieronymus. Et ut uno
uerbo dicam, Illuc redit licentia ista interpretandi, ut noua
et inaudita grammatica, omnia confundantur, ut, cum deus
30 dicit: Ego indurabo cor Pharaonis, mutatis personis sic
accipias: Pharao indurat sese mea lenitate. Deus indurat cor
nostrum, id est: nos ipsi induramus nos Deo poenas differente.
Tu Domine errare nos fecisti, id est: nos errare fecimus nos
ipsos, te non castigante. Ita Deum misereri iam non signi-
35 ficat, donare gratiam, aut exhibere misericordiam, remittere
peccatum, iustificare, aut a malis liberare, sed contra signi-
ficat inferre malum et castigare.

¹ Istis tropis tandem id efficietur, ut dicas, Deum fuisse 704 W
misertum filijs Israel, dum illos in Assyriam et Babylonem
40 transtulit, ibi enim castigauit peccatores, ibi per afflictiones

---

10 δ IIIa 2, z. 17 ff.   14 Rö. 9, 18 | δ IIIa 3, z. 6 ff.   18 Jes.
63, 17 | δ IIIa 3, z. 1 ff.   22 oben s. 130, z. 1 ff.

ad poenitentiam inuitauit. Rursus cum reduxit eos et liberauit, tum non fuit misertus, sed indurauit, hoc est, lenitate sua et misericordia occasionem dedit, ut indurarentur. Sic, quod Christum saluatorem misit in mundum, non dicetur esse misericordia Dei, sed induratio, quod hac misericordia occa- 5 sionem dedit hominibus sese indurandi. Quod uero Ierusalem uastauit, et Iudaeos perdidit in hunc usque diem, ibi miseretur eorum, quia castigat peccantes et ad poenitentiam inuitat. Quod sanctos in coelum uehet in die iudicij, non faciet miserendo, sed indurando, quia bonitate sua occasionem dabit abutendi. Quod impios uero trudet ad inferos, ibi miserebitur, 10 quia castigat peccatores. Obsecro quis unquam istas misericordias et iras Dei audiuit? Esto sane, quod boni tum lenitate tum seueritate Dei meliores fiant, tamen, cum simul de 248 E bonis et malis loquimur, facient isti tropi ex misericordia ⏐ Dei 15 iram, et ex ira misericordiam, penitus peruerso loquendi usu, dum hoc uocant iram, cum Deus benefacit, et misericordiam, dum affligit. Quod si tum dicendus est Deus indurare, cum benefacit et tolerat, misereri uero, cum affligit et castigat, cur magis Pharaonem dicitur indurasse, quam filios Israel, 20 aut etiam totum mundum? an non benefecit filijs Israel? non benefacit toti mundo? non tolerat malos? non pluit super bonos et malos? Cur magis dicitur misertus filijs Israel quam Pharaoni? an non afflixit filios Israel in Aegypto et deserto? Esto, quod alij abutantur, alij recte utantur Dei 25 bonitate et ira, Tu tamen hoc definis, Indurare esse id, quod indulgere malis lenitate et bonitate, Misereri uero esse non indulgere, sed uisitare et corripere. Igitur quantum ad Deum attinet, ipse perpetua bonitate nihil aliud facit, quam quod indurat, perpetua correptione nihil aliud facit, quam 30 quod miseretur.

Verum hoc longe pulcherrimum: Indurare dicitur Deus, cum peccatoribus indulget lenitate, Misereri uero, cum uisitat et affligit ad poenitentiam inuitans seueritate. Quid, rogo, omisit Deus in affligendo, castigando, uocando Pharaone ad 35 poenitentiam? Non numerantur illic decem plagae? Si tua definitio stat, quod misereri sit peccatorem statim castigare et uocare, Pharaoni certe misertus fuit Deus. Cur ergo Deus non dicit: Ego miserebor Pharaonis, sed dicit: Ego indurabo cor Pharaonis? In eo ipso enim, quod miseretur eius, id 40 est, ut tu dicis, affligit et castigat, dicit: Indurabo eum, id

_____

22 Mt. 5, 45

est, ut tu dicis, benefaciam et tolerabo eum. Quid m on-
strosius audiri possit? Vbi nunc sunt tropi tui? Vbi Ori-
genes? Vbi Hieronymus? Vbi probatissimi doctores, quibus
unus homo Lutherus temere contradicit? Sed sic loqui cogit
5 imprudentia carnis, dum in uerbis Dei ludit, nec credit esse
seria. Euincit igitur textus ipse Mosi irrefragabiliter, tropos
illos esse | fictos et nihili hoc loco, longeque aliud et maius 705 W
quiddam ultra beneficentiam et afflictionem et castigationem
significari illis uerbis: | Ego indurabo cor Pharaonis, cum 249 E
10 negare nequeamus, utrunque fuisse in Pharaone summo studio
et cura tentatum. Quae enim ira et castigatio instantior,
quam dum tot signis, tot plagis percutitur, ut talia non fuisse
unquam etiam ipse Moses testetur? Denique ipse Pharao
non semel uelut resipiscens illis mouetur, sed non permouetur
15 nec perseuerat. Quae etiam lenitas et beneficentia largior,
dum tam facile tollit plagas, ac toties remittit peccatum, toties
reducit bona, toties auffert mala? Vtraque tamen nihil fa-
ciunt, adhuc dicit: indurabo cor Pharaonis. Vides igitur.
Etiamsi tua induratio et misericordia (id est glosae et tropi
20 tui) concedantur in summo gradu et usu et exemplo, quales in
Pharaone est cernere, adhuc stat induratio, et aliam esse
necesse est, de qua Moses dicit, et aliam, quam tu somnias.
Sed quando cum fictoribus et laruis pugnamus, laruemur
et nos, fingamusque per impossibile, tropum, quem Diatribe
25 somniat, ualere hoc loco, uisuri, quomodo elabatur, ne affir-
mare cogatur, solius Dei uoluntate, nostra uero necessitate
omnia fieri, et quo modo excuset Deum, ne ipse sit author
et culpa nostrae indurationis. Si uerum est, quod tunc in-
durare dicitur Deus, cum lenitate sua tolerat, nec statim
30 punit, utrunque adhuc perstat. Primum, quod nihilominus
homo necessario seruit peccato, nam, ubi concessum fuerit,
lib. arbi. non posse uelle quicquam boni (quale suscepit
Diatribe), lenitate tolerantis Dei nihilo melius fit, sed ne-
cessario peius, nisi addatur ei spiritus Deo miserente, Quare
35 adhuc necessitate nostra fiunt omnia Alterum, quod aeque
Deus crudelis esse uidetur tolerando per lenitatem, atque a
nobis praedicari putatur, quod indurat uolendo uoluntate illa
imperscrutabili. Nam cum uideat lib. arb. non posse uelle
bonum, fierique peius lenitate tolerantis, hac ipsa lenitate
40 crudelissimus ac delectari uidetur nostris malis, cum possit
ijs mederi, si uellet, possetque non tolerare, si uellet; imo,

13 Ex. 9, 18. 24. 10, 6. 14. 11, 6

nisi uellet, tolerare non posset. Quis eum coget inuitum?
250 E Stante I ergo illa uoluntate, sine qua nihil fit, et dato, quod
liberum arb. nihil boni potest uelle, frustra dicitur, quicquid
dicitur, pro excusando Deo et accusando lib. arb. Semper
enim dicit lib. arb.: Ego non possum, et Deus non uult, 5
quid faciam? Misereatur sane me affligendo, nihil inde
promoueo, sed deterior fiam necesse est, nisi spiritum donet.
Sed hunc non donat, donaret autem, si uellet, Velle igitur
eum non dare, certum est.

    Nec similitudines allatae quicquam faciunt ad rem, ubi 10
dicitur: sicut eodem sole limus durescit et cera liquescit, Et
706 W ex eodem hymbre terra culta I fructum, terra inculta spinas
profert, ita eadem lenitate Dei alij indurantur, alij conuer-
tuntur. Non enim lib. arb. in duo diuersa ingenia diui-
dimus, ut aliud sit uelut limus, aliud cera, aut aliud terra 15
culta, aliud inculta terra, Sed de uno in omnibus hominibus
aequaliter impotente loquimur, quod non nisi limus, non
nisi terra inculta est, ut quod non possit uelle bonum, Ideo,
sicut limus semper fit durior, et terra inculta spinosior, ita
lib. ar. semper fit peius, tam lenitate solis indurante, quam 20
tempestate pluuiae liquefaciente. Si est igitur unius definitionis,
eiusdemque impotentiae lib. arb. in omnibus hominibus, nulla
potest ratio reddi, cur unum perueniat ad gratiam, et alterum
non perueniat, si nihil aliud praedicetur, quam lenitas tole-
rantis et castigatio miserentis Dei. Positum est enim lib. arb. 25
in omnibus hominibus aequali definitione: nihil posse uelle
boni. Tum nec Deus quemquam eliget, nec electionis ullus
locus relinquitur, sed sola libertas arbitrij, lenitatem et iram
acceptans uel refutans. Spoliatus uero Deus uirtute et sa-
pientia eligendi, quid erit nisi idolum fortunae, cuius numine 30
251 E omnia temere I fiunt? Et tandem eo uenietur, ut homines
salui fiant et damnentur ignorante Deo, ut qui non discreuerit
certa electione saluandos et damnandos, sed oblata omnibus
generali lenitate tolerante et indurante, tum misericordia
corripiente et puniente, hominibus reliquerit, utri uelint salui 35
fieri aut damnari, ipse interim forte ad conuiuium Aethiopum
profectus, ut Homerus dicit.

    Talem Deum nobis et Aristoteles pingit, qui dormiat
scilicet, et sinat sua bonitate et correptione uti et abuti
quoslibet. Nec Ratio aliter de ipso potest iudicare, quam 40
hic Diatribe facit. Sicut enim ipsa stertit et contemnit res

<hr>

10 δ III a 2, z. 20 ff.   37 Od. I, 22 ff.   38 Metaph. XII, 7

diuinas, sic iudicat et de Deo, quasi stertat, et omissa eligendi, discernendi, inspirandi sapientia, uoluntate et praesentia, hominibus mandarit negociosum istud et molestum opus, lenitatem et iram suam acceptandi et refutandi. Huc uenitur,
5 dum ratione humana Deum metiri et excusare uolumus, dum secreta maiestatis non reueremur, sed penetramus scrutantes, ut oppressi gloria pro una excusatione mille blasphemias euomamus, nec nostri interim memores, sed simul et contra Deum et nos garrientes uelut insani, dum magna sapientia
10 pro Deo, et pro nobis dicere uolumus. Nam hic uides, quid ex Deo faciat iste tropus et glosa Diatribes, Deinde, quam bene sibi constet, quae antea lib. ar. in omnibus hominibus una definitione fecit aequale et simile, nunc inter disputandum, propriae definitionis oblita, aliud facit cultum,
15 aliud incultum, ex diuersitate operum et ¹ morum et hominum 707 W diuersa faciens arbitria libe., Aliud, quod bonum faciat, aliud, quod non faciat, atque id suis uiribus ante gratiam, quibus uiribus ipsum nihil posse uelle boni ante definierat. Ita fit, dum soli uoluntati Dei non permittimus indurandi et mise-
20 rendi et omnia faciendi uoluntatem et potentiam, ipsi libero arbitrio omnia posse tribuamus sine gratia, quod tamen negauimus quicquam boni posse sine gratia. Nihil igitur huc ualet similitudo solis et hymbris, Rectius Christianus ea similitudine utetur, ut ¹ solem et hymbrem uocet Euangelion, 252 E
25 sicut facit Psalm. 18. et Epistola ad Ebreos 10, cultam uero terram electos, incultam reprobos, illi enim uerbo aedificantur et meliores fiunt, illi offenduntur et peiores fiunt. Alioqui lib. arb. per sese in omnibus hominibus est regnum Satanae.
   Caussas etiam uideamus fingendi huius tropi in hoc loco.
30 Absurdum (ait Diatribe) uidetur, ut Deus, qui non solum iustus, uerum etiam bonus est, indurasse dicatur cor hominis, ut per illius maliciam suam illustraret potentiam. Quare ad Origenem recurrit, qui fatetur occasionem indurationis datam a Deo, culpam tamen in Pharaonem reijcit. Insuper idem
35 annotauit, quod Dominus dixit: In hoc ipsum excitaui te, non ait: in hoc ipsum feci te. Alioqui Pharao non fuisset impius, si talem condidisset Deus, qui contemplatus est omnia opera sua, et erant ualde bona. Haec illa. Ab-surditas itaque una est principalium causarum, ne uerba Mosi
40 et Pauli simpliciter accipiantur. Sed ea absurditas in quem

---

25 Ps. 19, 5 | Hbr. 6, 7   30 δ IIIa 2, z. 14 ff.   35 δ IIIa 3, z. 19 ff. | Ex. 9, 16   36 *non ait: non in hoc ipsum* A   38 Gen. 1, 31

peccat articulum fidei? aut quis illa offenditur? Ratio hu-
mana offenditur, quae, cum in omnibus uerbis et operibus
Dei caeca, surda, stulta, impia et sacrilega est, hoc loco
adducitur iudex uerborum et operum Dei. Eodem argu-
mento negabis omnes articulos fidei, quod longe absurdissi-   5
mum sit, et, ut Paulus ait, Stultitia gentibus et scandalum
Iudeis, Deum esse hominem, uirginis filium, crucifixum,
sedentem in dextera patris. Absurdum est (inquam) talia
credere. Fingamus igitur tropos aliquos cum Arrianis, ne
Christus sit simpliciter Deus. Fingamus tropos cum Manicheis,   10
ne sit uerus homo, sed fantasma per uirginem, ceu radius
per uitrum, lapsum, et crucifixum. Sic pulchre scripturas
tractabimus.

    Sed nec prosunt tamen tropi, nec euaditur absurditas.
253 E Absurdum enim manet (ratione iudice), | ut Deus ille iustus   15
et bonus, exigat a libe. arb. impossibilia, Et, cum lib. arb.
non possit uelle bonum, necessarioque seruiat peccato, tamen
imputet ei, Et, dum non confert spiritum, nihil mitius aut
708 W clementius faciat, quam si induret uel indurari permittat. | Haec
dictabit ratio non esse boni et clementis Dei. Superant nimio   20
captum illius, nec captiuare etiam sese potest, ut credat
bonum esse Deum, qui talia faciat et iudicet, sed seclusa
fide, palpare et uidere et comprehendere uult, quomodo sit
bonus et non crudelis. Comprehenderet uero tunc, quando
sic de Deo diceretur: Neminem indurat, neminem damnat,   25
sed omnibus miseretur, omnes saluos facit, ut destructo in-
ferno, positoque metu mortis, nulla poena formidaretur futura.
Ideo sic aestuat et contendit, ut Deum excuset et defendat,
iustum et bonum. Sed fides et spiritus aliter iudicant, qui
Deum bonum credunt, etiamsi omnes homines perderet.   30
Et quid prodest, nos istis cogitationibus fatigari, ut culpam
indurationis in lib. arbitrium reijciamus? faciat lib. arb. toto
mundo totisque uribus, quicquid potest, nullum tamen
exemplum edet, quo uel uitare possit, ne induretur, nisi
spiritum dederit Deus, uel quo misericordiam mereatur, si   35
suis uiribus relictum fuerit. Quid enim refert, an induretur
uel mereatur indurari, cum induratio necessario insit, donec
inest impotentia illa, qua non potest uelle bonum, teste ipsa
Diatribe? Cum igitur absurditas non tollatur istis tropis, aut,
si tollatur, maiores afferuntur absurditates, et libero arbitrio   40
omnia tribuuntur, facessant inutiles et seductores tropi, puroque
et simplici uerbo Dei haereamus.

6 1. Ko. 1, 23

Altera caussa, quod ea quae fecit Deus sunt ualde
bona, nec Deus dixit: feci te in hoc ipsum, sed: excitaui in
hoc ipsum. Primo dicimus, quod hoc dictum est ante lapsum
hominis, ubi, quae Deus fecerat, erant ualde bona. Sed mox
5 sequitur tertio capite, quomodo sit ꟾ homo factus malus, de- 254 E
sertus a Deo ac sibi relictus. Ex quo homine sic corrupto,
nati sunt omnes impij, etiam Pharao, sicut Paulus ait: Eramus
omnes natura filij irae, sicut et caeteri. Condidit igitur Deus
Pharaonem impium, hoc est, ex impio et corrupto semine,
10 sicut in Prouerbijs Salomonis dicit: Omnia propter semetipsum
fecit Dominus, etiam impium ad diem malum. Non igitur
sequitur: Deus condidit impium, ergo non est impius. Quo-
modo enim non est impius, ex impio semine? sicut dicit
Psal. 50: Ecce in peccatis conceptus sum. Et Iob: Quis
15 potest facere mundum, de immundo conceptum semine?
Licet enim Deus peccatum non faciat, tamen naturam pec-
cato, subtracto spiritu, uitiatam, non cessat formare et multi-
plicare, tanquam si faber ex ligno corrupto statuas faciat.
Ita qualis est natura, tales fiunt homines, Deo creante et
20 formante illos ex natura tali. Secundo dicitur: si de operibus
Dei post lapsum intelligi uoles: Erant ualde bona, Obseruabis
hoc dici non de nobis, sed de Deo. Non enim dicit: Vidit
homo, quae fecerat Deus, et erant ualde bona. Multa
uidentur Deo et sunt bona ualde, quae nobis uidentur et
25 sunt pessima, Sic afflictiones, mala, errores, infernus, imo
omnia optima opera Dei sunt coram mundo pessima et
damnabilia. Quid Christo ꟾ et Euangelio melius? at quid 709 W
mundo execratius? Igitur quomodo sint bona coram Deo,
quae nobis mala sunt, solus Deus nouit, et ij, qui oculis Dei
30 uident, id est, qui spiritum habent. Sed tam acuta dis-
putatione nondum opus est, Sufficit interim illa prior re-
sponsio.

Quaeritur fortassis, quo modo Deus mala in nobis di-
catur operari, ut indurare, tradere desiderijs, seducere et
35 similia? Oportuit sane uerbis Dei con|tentos esse, et simpli- 255 E
citer credere, quod dicunt, cum sint opera Dei prorsus
inenarrabilia. tamen in obsequium Rationis, id est, stultitae
humanae, libet ineptire et stultescere, et balbutiendo tentare,
si qua possimus eam mouere. Primum: etiam Ratio et
40 Diatribe concedit, Deum omnia in omnibus operari, ac sine
ipso nihil fieri nec efficax esse, Est enim omnipotens, per-

---

7 Eph. 2, 3   10 Pr. 16, 4   14 Ps. 51, 7 | Hi. 14, 4   34 Rö.
1, 24   40 I. Ko. 12, 6

tinetque id ad omnipotentiam suam, ut Paulus ait ad Ephesios.
Iam Satan et homo lapsi et deserti a Deo, non possunt
uelle bonum, hoc est, ea quae Deo placent, aut quae Deus
uult, Sed sunt in sua desideria conuersi perpetuo, ut non
possint non quaerere quae sua sunt. Haec igitur eorum 5
uoluntas et natura sic a Deo auersa, non est nihil. Neque
enim Satan et impius homo nihil est, aut nullam naturam
aut uoluntatem habent, licet corruptam et auersam naturam
habeant. Illud igitur, reliquum quod dicimus naturae in
impio et Satana, ut creatura et opus Dei, non est minus 10
subiectum omnipotentiae et actioni diuinae, quam omnes
aliae creaturae et opera Dei. Quando ergo Deus omnia in
omnibus mouet et agit, necessario mouet etiam et agit in
Satana et impio. Agit autem in illis taliter, quales illi sunt
et quales inuenit, hoc est, cum illi sint auersi et mali, et 15
rapiantur motu illo diuinae omnipotentiae, non nisi auersa
et mala faciunt, tanquam si eques agat equum tripedem uel
bipedem, agit quidem taliter, qualis equus est, hoc est, equus
male incedit. Sed quid faciat eques? equum talem simul
agit cum equis sanis, illo male, istis bene, aliter non potest, 20
nisi equus sanetur. Hic uides, Deum, cum in malis et per
malos operatur, mala quidem fieri, Deum tamen non posse
male facere, licet mala per malos faciat, quia ipse bonus
male facere non potest, malis tamen instrumentis utitur,
quae raptum et motum potentiae suae non possunt euadere. 25
156 E Vitium | ergo est in instrumentis, quae ociosa Deus esse non
sinit, quod mala fiunt, mouente ipso Deo, Non aliter quam
si faber securi serrata et dentata male secaret. Hinc fit,
quod impius non possit non semper errare et peccare, quod
raptu diuinae potentiae motus ociari non sinitur, sed uelit, 30
cupiat, faciat, taliter, qualis ipse est.
710 W | Haec rata et certa sunt, si credimus omnipotentem esse
Deum, Deinde impium esse creaturam Dei, auersam uero
relictamque sibi sine spiritu Dei non posse uelle aut facere
bonum. Omnipotentia Dei facit, ut impius non possit motum 35
et actionem Dei euadere, sed necessario illi subiectus paret.
Corruptio uero seu auersio sui a Deo, facit, ut bene moueri
et rapi non possit. Deus suam omnipotentiam non potest
omittere propter illius auersionem, Impius uero suam auer-
sionem non potest mutare. Ita fit, ut perpetuo et necessario 40
peccet et erret, donec spiritu Dei corrigatur. In his uero

---

1 Eph. 1, 19

omnibus Satan adhuc in pace regnat, et atrium suum quietum
possidet sub motu isto diuinae omnipotentiae. Post haec
uero sequitur indurationis negocium, quod sic habet: Impius
(ut diximus), sicut et princeps suus Satan, totus est uersus
5 ad se et ad sua, non requirit Deum, nec curat ea quae Dei
sunt, suas opes, suas glorias, sua opera, suum sapere, suum
posse, et omnino suum regnum quaerit, illisque uult in pace
frui. Quod si quis ei resistat aut aliquid horum uoluerit
imminuere, eadem auersione, qua illa quaerit, etiam mouetur
10 et indignatur et furit in aduersarium, Et non tam potest
non furere, quam non potest non cupere et quaerere, Et
tam non potest non cupere, quam non potest non esse, cum
sit creatura Dei, licet uitiata. Hic est ille furor mundi
aduersus Euangelion Dei, Nam per Euangelion uenit ille
15 fortior, uicturus atrij quietum possessorem, et damnat istas
cupiditates gloriae, opum, sapientiae et iustitiae propriae et
omnia, in quibus confidit. Haec ipsa irritatio impiorum, cum
Deus illis contrarium dicit aut facit, quam uellent, est ipso-
rum induratio et ingrauatio. ¹ Nam cum per sese sint auersi 257 E
20 ipsa naturae corruptione, tum multo magis auertuntur et
peiores fiunt, dum ipsorum auersioni resistitur aut detrahitur.
Sic Pharaoni impio erepturus tyrannidem, irritauit eum et
magis indurauit et aggrauauit cor eius, dum illum per uerbum
Mosi, uelut regnum ablaturi et populum suae tyrannidi sub-
25 tracturi, inuasit, et intus spiritum non dedit, sed ipsius impiam
corruptionem permisit Satana regnante succensere, intume-
scere, furere et procaedere, cum securitate quadam et con-
temptu.

Non igitur quispiam cogitet, Deum, cum dicitur indurare,
30 aut malum in nobis operari (indurare enim est malum facere),
sic facere, quasi de nouo in nobis malum creet, ac si fingas
malignum cauponem, qui ipse malus, in uas non malum
fundat aut temperet uenenum, ipso uase nihil faciente, quam
quod recipiat uel patiatur temperatoris malignitatem. Sic
35 enim fingere uidentur hominem per sese bonum aut non
malum pati a Deo malum opus, dum audiunt a nobis dici,
Deum in nobis operari bona et mala, nosque mera necessi-
tate passiua subijci Deo operanti, non satis cogitantes, quam
¹ inquietus sit actor Deus in omnibus creaturis suis, nullamque 711 W
40 sinat feriari. Sed ita cogitet, qui utcunque talia uolet in-
telligere, In nobis, id est, per nos Deum operari mala, non

---

culpa Dei, sed uitio nostro, qui cum simus natura mali,
Deus uero bonus, nos actione sua pro natura omnipotentiae
suae rapiens, aliter facere non possit, quam quod ipse bonus,
malo instrumento malum faciat, licet hoc malo pro sua sa-
pientia utatur bene ad gloriams uam et salutem nostram. Sic 5
Satanae uoluntatem malam inueniens, non autem creans, sed
deserente Deo, et peccante Satana malam factam, arripit
operando, et mouet quorsum uult, licet illa uoluntas mala
esse non desinat, hoc ipso motu Dei. Hoc modo dixit
Dauid .2. Reg. de Simei: Sine illum, ut maledicat, Dominus 10
258 E enim ¹ praecepit illi, ut maledicat Dauid. Quomodo praecipiat
Deus maledicere, scilicet tam uirulentum et malum opus?
Externum non erat uspiam tale praeceptum. Respicit igitur
Dauid illo, quod Deus omnipotens dixit et facta sunt, hoc
est, uerbo aeterno omnia facit. Itaque uoluntatem Simei iam 15
malam cum omnibus membris, contra Dauid antea accensam,
oblato oportune Dauid, ut merito talem blasphemiam, rapit
diuina actio et omnipotentia, et ipse Deus bonus, per malum
et blasphemum organum praecipit, id est, uerbo dicit et facit,
scilicet raptu actionis suae, hanc blasphemiam.   20

Sic indurat Pharaonem, cum impiae et malae eius uo-
luntati offert uerbum et opus, quod illa odit, uitio scilicet
ingenito et naturali corruptione. Atque cum Deus spiritu
intus eam non mutet, pergat uero offerendo et obtrudendo,
Pharao uero uires, opes, potentiam suam considerans, illis 25
eodem naturali uitio confidit, fit, ut hinc suarum rerum
imaginatione inflatus et exaltatus, illinc uero humilitate Mosi
et uerbi Dei abiecta forma uenientis, superbus contemptor
factus, induretur, tum magis ac magis irritetur et ingrauetur,
quo magis Moses instat et minatur. Haec autem uoluntas 30
eius mala, se sola non moueretur aut induraretur, sed, omni-
potens actor cum illam agat inaeuitabili motu, ut reliquas
creaturas, necesse est eam aliquid uelle. Tum simul foris
offert, quod naturaliter illam irritat et offendit, fit, ut Pharao
non possit uitare indurationem sui, sicut uitare non potest 35
et omnipotentiae diuinae actionem, et auersionem seu mali-
ciam suae uoluntatis. Quare induratio Pharaonis per Deum
sic impletur, quod foris obijcit maliciae eius, quod ille odit
naturaliter, tum intus non cessat mouere omnipotente motu
malam (ut inuenit) uoluntatem, Illeque pro malicia uoluntatis 40
suae non potest non odisse contrarium sibi et confidere suis

---

10 2. Sa. 16, 11   14 Ps. 33, 9

uiribus, sic obstinatur, ut neque audiat neque sapiat, Sed rapiatur possessus a Satana, uelut insanus et furens.

| Haec si persuasimus, uicimus in hac caussa, et explosis 712 W tropis et glosis hominum, uerba Dei sim|pliciter accipimus, ne 259 E
5 sit necesse Deum excusare, uel iniquitatis arguere. Cum enim dicit: Ego indurabo cor Pharaonis, simpliciter loquitur, ac si sic diceret: Ego faciam, ut cor Pharaonis induretur, seu, ut me operante et faciente, induretur, quod quomodo fiat, audiuimus, Scilicet: intus generali motu ipsam mouebo uolun-
10 tatem malam, ut suo impetu et cursu uolendi pergat, nec cessabo mouere nec possum aliter, Foris uero offeram uerbum et opus, in quod impinget impetus ille malus, cum aliud non possit, nisi male uelle, me ipsum malum mouente uirtute omnipotentiae. Sic certissimus erat, et certissime pronunciabat
15 Deus, Pharaonem esse indurandum, ut qui certissimus erat, Pharaonis uoluntatem nec motui omnipotentiae resistere, nec maliciam suam deponere, nec oblatum aduersarium Mosen admittere posse, sed manente uoluntate eius mala, necessario peiorem, duriorem et superbiorem fieri, dum cursu et impetu
20 suo impingeret in id, quod nolebat et quod contemnebat, confisus potentia sua. Ita uides hic, etiam hoc ipso uerbo confirmari, libe. arb. nihil nisi malum posse, dum Deus, qui non fallitur ignorantia, nec mentitur nequitia, tam secure promittit indurationem Pharaonis, certus uidelicet, quod uoluntas
25 mala non nisi malum uelle possit, et oblato bono sibi contrario, non nisi peior fieri possit. Reliqua igitur sunt, ut quaerat quispiam, Cur Deus non cesset ab ipso motu omnipotentiae, quo uoluntas impiorum mouetur, ut pergat mala esse et peior fieri? Respondetur: hoc est optare, ut Deus
30 propter impios desinat esse Deus, dum eius uirtutem et actionem optas cessare, scilicet, ut desinat esse bonus, ne illi fiant peiores. At cur non simul mutat uoluntates malas, quas mouet? Hoc pertinet ad secreta maiestatis, ubi inconprehensibilia sunt iudicia eius. Nec nostrum hoc est
35 quaerere, sed adorare mysteria haec. Quod si caro et sanguis hic offensa murmuret, Murmuret sane, sed nihil efficiet, Deus ideo non mutabitur. Et si scandalisati impij discedant quam plurimi, Electi tamen | manebunt. Idem 260 E dicetur illis, qui quaerunt: Cur permisit Adam ruere, et cur
40 nos omnes eodem peccato infectos condit, cum potuisset illum seruare et nos aliunde uel primum purgato semine,

---

34 Rŏ. 11, 33

creare? Deus est, cuius uoluntatis nulla est caussa nec ratio,
quae illi ceu regula et mensura praescribatur, cum nihil sit
illi aequale aut superius, sed ipsa est regula omnium. Si
enim esset illi aliqua regula uel mensura, aut caussa aut ratio,
iam nec Dei uoluntas esse posset, Non enim, quia sic debet 5
uel debuit uelle, ideo rectum est, quod uult, Sed contra,
Quia ipse sic uult, ideo debet rectum esse, quod fit. Crea-
turae uoluntati caussa et ratio praescribitur, sed non Crea-
toris uoluntati, nisi alium illi praefeceris creatorem.

7:3 W | His puto satis confutatam esse tropologam Diatriben 10
cum suo tropo, tamen ad ipsum textum ueniamus, uisuri,
quam conueniat inter ipsam et tropum. Mos est enim om-
nium, qui tropis eludunt argumenta, ut textu ipso fortiter
contempto, hoc solum laborent, ut excerptum uocabulum
aliquod tropis torqueant, ac suo sensu crucifigant, nullo re- 15
spectu habito, uel circunstantiarum, uel sequentium et prae-
cedentium, uel intentionis aut caussae authoris. Sic Diatribe
hoc loco, nihil morata, quid agat Moses, aut quorsum tendat
eius oratio, uoculam hanc: 'Ego indurabo' (qua offenditur)
e textu rapit, fingitque pro libidine, interim nihil cogitans, 20
quomodo sit rursus inserenda, et coaptanda, ut quadret cor-
pori textus. Atque haec est illa ratio, cur scriptura non sit
satis dilucida apud tot soeculis receptissimos ac doctissimos
uiros, Nec mirum, quando nec sol talibus artibus petitus lu-
cere posset. Sed ut omittam, quod superius monstraui, 25
Pharaonem non recte dici induratum, quod lenitate Dei
toleratus, non sit statim punitus, cum tot plagis castigatus sit,
Quid opus erat, ut Deus toties promitteret sese induraturum
cor Pharaonis, tunc cum signa fierent, qui iam ante signa et
ante eam indurationem talis fuit, ut qui lenitate diuina tole- 30
ratus nec punitus, tot mala intulerit filijs Israel, successu
261 E | prospero et opibus inflatus, si 'indurare' dicitur: diuina leni-
tate tolerari nec statim punire? Vides igitur prorsus nihil
ad rem facere tropum istum hoc loco? ut qui generaliter
ad omnes pertinet, qui peccant lenitate diuina tolerati. Sic 35
enim omnes homines indurari dicemus, cum nemo non peccet,
peccaret uero nullus, nisi toleraretur lenitate diuina. Alia est
igitur haec Pharaonis induratio praeter illam generalem tole-
rantiam lenitatis diuinae.

Hoc potius agit Moses, ut non adeo praedicet maliciam 40
Pharaonis, quam ueritatem et misericordiam Dei, ne scilicet
filij Israel diffidant promissionibus Dei, ubi se liberaturum
eos promisit. Ea res cum esset maxima, praedicit illis dif-

ficultatem, ne labascant fide, scientes haec omnia praedicta et
disponente ipso, qui promisit, sic gerenda, ac si diceret:
Libero uos quidem, sed hoc difficulter credetis, adeo resistet
et differet rem Pharao, sed confidite nihilominus; Hoc totum
5 quoque, quod ille differt, me operante fiet, ut eo plura et
maiora faciam miracula, ad confirmandos uos in fide, et ad
ostendendam potentiam meam, ut deinceps eo magis mihi in
alijs omnibus credatis. Sic et Christus facit, cum suis di-
scipulis regnum promittit in caena nouissima, difficultates
10 plurimas praedicit, suam ipsius mortem, et ipsorum multas
tribulationes, ut, cum factum esset, crederent deinceps multo
[|] magis. Nec Moses obscure hunc sensum nobis exhibet, ubi 714 W
dicit: Pharao autem non dimittet uos, ut multa signa fiant in
Aegypto, Et iterum: in hoc ipsum excitaui te, ut ostendam
15 potentiam meam in te, et enarretur nomen meum in uni-
uersa terra. Vides hic ideo Pharaonem indurari, ut resistat
Deo et differat redemptionem, quo fiat occasio multis signis
et declarandae potentiae Dei, ad enarrandum et credendum
ei in omni terra. Quid hoc est aliud, quam haec omnia
20 dici et fieri ad confirmandam fidem et ad consolandos in-
firmos, ut Deo deinceps, tanquam ueraci, fideli, potenti et
misericordi libenter credant? uelut si paruulis blandissime
loquatur: Ne terreamini duritia Pharaonis; Nam et illam
ipsam [|] ego operor, et in manu mea habeo, qui libero uos; 262 E
25 tantum illa utar ad multa signa facienda et ad declarandam
maiestatem meam, pro fide uestra.
    Hinc illud est, quod fere post singulas plagas repetit
Moses: Et induratum est cor Pharaonis, ut non dimitteret
populum, sicut locutus fuerat Dominus. Quid est hoc: Sicut
30 locutus erat Dominus, nisi ut uerax appareret Dominus, qui
illum indurandum praedixerat? Si hic ulla erat uertibilitas
aut libertas arbitrij in Pharaone, quae in utrunque potuisset,
non potuisset Deus tam certo praedicere eius indurationem.
Nunc cum promittat is, qui nec falli nec mentiri potest, ne-
35 cessario et certissime futurum erat, ut induraretur, Quod non
fieret, nisi induratio prorsus esset extra uires hominis, et in
solius Dei potestate, modo, quo diximus supra, uidelicet, quod
Deus certus erat, sese operationem omnipotentiae generalem
non omissurum in Pharaone aut propter Pharaonem, cum
40 nec possit eam omittere. Deinde aeque certus erat, uolun-

---

tatem Pharaonis naturaliter malam et auersam, non posse
consentire uerbo et operi Dei contrario sibi: ideo impetu
uolendi in Pharaone per omnipotentiam Dei intus seruato,
et occursu uerbi et operis contrarij foris obiecto, nihil aliud
fieri potuit, quam offensio et induratio cordis in Pharaone. 5
Si enim Deus omisisset actionem omnipotentiae suae in
Pharaone, tum cum ei uerbum Mosi contrarium obiecit, et
sola uoluntas Pharaonis sua ui egisse fingeretur, tum dis-
putandi locus forte fuisset, utro sese inclinare potuisset. Nunc
uero, cum agatur et rapiatur uolendo, non fit quidem uolun- 10
tati eius uis, quia non cogitur nolens, Sed naturali operatione
Dei rapitur ad uolendum naturaliter, qualis qualis est (est
autem mala). ideo non potest non impingere in uerbum, et
sic indurari. Ita uidemus hunc locum fortiter contra libe.
arb. pugnare, eo nomine, quod Deus, qui promittit, nequeat 15
mentiri, Si autem non mentitur, non potest Pharao non in-
durari.

263 E   ᐦ Sed et Paulum uideamus, qui hunc locum ex Mose
assumit Rom. 9.   Quam misere torquetur Diatribe in eo
715 W loco, ne libe. arbitrium amittat, ᐦ in omnem habitum sese 20
uersat. Nunc dicit, esse necessitatem consequentiae, sed non
consequentis, Nunc ordinatam seu uoluntatem signi, cui re-
sisti potest, Voluntatem placiti, cui resisti non potest, Nunc
loci adducti ex Paulo non pugnant, non loquuntur de salute
hominis, Nunc praescientia Dei necessitatem, nunc non ponit 25
necessitatem, Nunc praeuenit gratia uoluntatem, ut uelit,
comitatur euntem, dat foelicem euentum, Nunc caussa pri-
maria agit omnia, nunc agit per caussas secundarias ipsa
quieta.   Istis et similibus ludibrijs uerborum, nihil facit, quam
quod tempus redimat et caussam interim nobis ex oculis 30
rapiat, alioque trahat. Tam stupidos et socordes nos aestimat
uel tam parum affici caussae, quam ipsa afficitur. Aut more
infantium, qui, ubi metuunt uel ludunt, oculos manibus ue-
lant, tum a nemine uideri sese putant, quod ipsi neminem
uideant, Sic per omnem modum Diatribe, radios, imo fulgura 35
clarissimorum uerborum non ferens, fingit sese non uidere id
quod res est, persuasura nobis simul, ut et ipsi oculis ue-
latis non uideamus. Sed haec omnia sunt signa conuicti
animi et inuictae ueritati reluctantis temere. Figmentum illud
de necessitate consequentiae et consequentis superius con- 40
futatum est. Fingat, refingat, cauilletur, recauilletur Diatribe,

_____

quantum uolet, Si praesciuit Deus, Iudam fore proditorem,
necessario Iudas fiebat proditor, nec erat in manu Iudae aut
ullius creaturae, aliter facere aut uoluntatem mutare, licet id
fecerit uolendo, non coactus, sed uelle illud erat opus Dei,
5 quod omnipotentia sua mouebat, sicut et omnia | alia. Stat 716 W
enim inuicta et euidens sententia: Deus non mentitur nec
fallitur. Non sunt hic obscura uerba, uel ambigua, | etiamsi 264 E
omnes omnium soeculorum uiri doctissimi caecutiant, ut aliter
saperent et dicerent. Et ut multa tergiuerseris, conscientia
10 tamen tua et omnium conuicta, cogitur sic dicere: Si Deus
non fallitur in eo quod praescit, necesse est ipsum praesci-
tum fieri, alioqui quis credere posset eius promissionibns?
quis metueret eius minas? si non sequitur necessario quod
promittit aut minatur? Aut quomodo promittat aut minetur,
15 si praescientia eius fallit aut nostra mutabilitate impediri
potest? Obstruit plane haec nimia certae ueritatis lux om-
nium os, dirimit omnes quaestiones, uictoriam statuit aduersus
omnes argutias elusorias.

Scimus sane, praescientiam hominum falli, Scimus non
20 ideo eclipsin uenire, quia praescitur, sed ideo praesciri, quia
uentura est. Quid nobis cum ista praescientia? De prae-
scientia Dei disputamus; huic nisi dederis necessarium effec-
tum praesciti, fidem et timorem Dei abstulisti, promissiones
et min as diuinas omnes labefecisti, atque adeo ipsam diuini-
25 tatem negasti. Sed et ipsamet Diatribe, cum diu esset luc-
tata omniaque tentasset, tandem ui ueritatis compulsa, con-
fitetur nostram sententiam, dicens: De uoluntate ac destinatione
Dei difficilior est quaestio, Vult enim Deus eadem, quae
praescit. Et hoc est, quod subijcit Paulus: Voluntati eius quis
30 resistit, si miseretur cui uult, si indurat quem uult? Etenim
si esset rex, qui, quicquid uellet, efficeret, nec quisquam posset
obsistere, facere diceretur, quicquid uellet. Ita Dei uoluntas,
quoniam est caussa principalis omnium, quae fiunt, uidetur
necessitatem nostrae uoluntati inducere. Haec illa. Et gratias
35 tandem agimus Deo, pro sano sensu Diatribes. Vbi nunc
igitur liberum arbitrium? Sed rursus elabitur anguilla ista
subito dicens: Verum hanc quaestionem non explicat Paulus,
sed obiurgat disputantem: O homo, tu quis es, qui respondes
Deo? O pulchrum effugium! Hoccine est diuinas litteras
40 tractare, sic propria authoritate de proprio capite, | sine scri- 265 E

---

1 ᵟ IIIa 9, s. 52, z. 13 ff.   6 Hbr. 6, 18   20 ᵟ IIIa 5,
z. 21 f.   27 ᵟ IIIa 6, s. 49, z. 23 f.   29 ᵟ IIIa 6, s. 49, z. 26—
s. 50, z. 4   37 ᵟ IIIa 6, s. 50, z. 6—8

pturis, sine miraculis pronunciare, imo clarissima uerba Dei
deprauare? Non explicat Paulus quaestionem illam? Quid
tum facit? Obiurgat disputantem (inquit). An non est ista
obiurgatio absolutissima explicatio? Quid enim quaerebatur
ista quaestione de uoluntate Dei? Nonne hoc, an necessi- 5
tatem imponeret nostrae uoluntati? At Paulus respondet,
quod sic: Cuius uult miseretur (ait), quem uult indurat, Non
est uolentis neque currentis, sed miserentis Dei. Nec con-
tentus explicasse, insuper illos, qui pro lib. arb. aduersus hanc
explicationem murmurant, et merita nulla esse et non 10
717 W nostra culpa nos dam|nari ac similia garriunt, inducit, ut
murmura eorum et indignationem compescat, dicens: Dicis
itaque mihi: Quid adhuc queritur? Voluntati eius quis re-
sistet? Vides prosopopeian? illi audito, quod uoluntas Dei
nobis necessitatem inducit, blasphemantes murmurant et di- 15
cunt: Quid adhuc queritur? hoc est, Cur Deus sic instat, sic
urget, sic exigit, sic queritur? quid accusat? quid arguit?
quasi nos homines possimus, si uelimus, quod exigit. Non
habet iustam caussam querelae istius, suam uoluntatem
potius accuset, ibi queratur, ibi urgeat. Quis enim uoluntati 20
eius resistet? Quis misericordiam obtineat, ubi noluerit? quis
liquefiat, si indurare uoluerit? Non est in manu nostra eius
uoluntatem mutare, multo minus resistere, quae nos uult
induratos, qua uoluntate cogimur esse indurati, uelimus
nolimus.   25
      Si Paulus non explicarat hanc quaestionem aut non
certo definierat, necessitatem nobis imponi praescientia diuina,
quid opus erat, ut induceret murmurantes et caussantes, uo-
luntati eius non posse resisti? Quis enim murmuraret aut
indignaretur, si non sentiret diffiniri necessitatem illam? Verba 30
non sunt obscura, quibus de resistendo uoluntati Dei loquitur.
266 E An ambiguum est, quid sit resistere, | quid uoluntas, aut de
quo loquatur, cum de Dei uoluntate loquitur? Caecutiant
sane hic infinita milia doctorum probatissimorum et scripturas
fingant dilucidas non esse, et quaestionem difficilem paueant. 35
Nos habemus uerba clarissima, quae sic sonant: Cuius uult,
miseretur, quem uult, indurat. Item: Dicis itaque mihi: Quid
queritur? Voluntati eius quis resistet? Nec est quaestio
difficilis, imo nihil facilius etiam communi sensu quam hanc
sequelam esse certam, solidam, ueram: Si Deus praescit, ne- 40
cessario fit, ubi hoc ex scripturis praesuppositum fuerit, quod
Deus neque errat neque fallitur. Difficilem quidem esse
quaestionem fateor, imo impossibilem, si simul utrunque

uoles statuere, et praescientiam Dei et libertatem hominis.
Quid enim difficilius, imo magis impossibile, quam ut contra-
dictoria aut contraria non pugnare contendas, aut ut simul
aliquis numerus sit decem et simul idem sit nouem? Non
5 est difficultas in nostra quaestione, sed quaeritur et intro-
ducitur, non secus ac ambiguitas et obscuritas in scripturis
quaeritur et uiolenter introducitur. Compescit itaque impios
istis uerbis clarissimis offensos, quod nostra necessitate uo-
luntatem diuinam impleri sentirent, ac definitum certo sentirent,
10 sibi nihil libertatis aut liberi arbitrij relictum, sed omnia in
solius Dei uoluntate pendere. Compescit autem sic, ut iubeat
eos tacere, et reuereri maiestatem potentiae et uoluntatis
diuinae, in quam nos nullum ius, ipsa uero in nos habet
plenum ius faciendi quicquid uoluerit. Neque fieri nobis
15 iniuriam, cum nihil nobis debeat, nihil a nobis acceperit,
nihil promiserit, nisi quantum uoluit et placuit.
   | Hic igitur locus, hic tempus est, non Coricios illos 718 W
specus, sed ueram maiestatem in metuendis mirabilibus et
iudicijs suis incomprehensibilibus adorandi et dicendi: Fiat
20 uoluntas tua, sicut in coelo, et in terra. At nos nullibi sumus
magis irreuerentes et temerarij, quam in illis ipsis mysterijs
et iudicijs inperuestigabilibus inuadendis et arguendis, | interim 267 E
uero fingimus nobis incredibilem reuerentiam in scripturis
sanctis scrutandis, quas Deus iussit scrutari. Non scrutamur
25 hic, illic uero, ubi scrutari prohibuit, nihil facimus, nisi quod
perpetua temeritate, ne dicam blasphemia, scrutemur. An
non est scrutari temere, conari, ut liberrima praescientia Dei
conueniat cum nostra libertate? parati, praescientiae Dei de-
rogare, nisi nobis libertatem permiserit, aut si necessitatem
30 intulerit, cum murmurantibus et blasphemantibus dicere: Quid
adhuc queritur? Voluntati eius quis resistet? Vbi Deus
natura clementissimus? Vbi, qui non uult mortem peccatoris?
An ideo nos condidit, ut delectaretur cruciatibus hominum?
et similia, quae apud inferos et damnatos ululabuntur in sem-
35 piternum. At talem oportere esse Deum uiuum et uerum,
qui libertate sua necessitatem imponat nobis, ipsa ratio na-
turalis cogitur confiteri, uidelicet, quod ridiculus ille Deus
fuerit, aut idolum uerius, qui incerto praeuideat futura, aut
fallatur euentis, cum et gentiles Dijs suis fatum dederint
40 ineluctabile. Aeque ridiculus fuerit, si non omnia possit et
faciat aut aliquid sine ipso fiat. Concessa autem praescientia

---

19 Mt. 6, 10   24 Jo. 5, 39   32 Ez. 33, 11

et omnipotentia, sequitur naturaliter irrefragibili consequentia,
Nos per nos ipsos non esse factos, nec uiuere, nec agere
quicquam, sed per illius omnipotentiam. Cum autem tales
nos ille ante praescierit futuros, talesque nunc faciat, moueat
et gubernet, quid potest fingi quaeso, quod in nobis liberum 5
sit, aliter et aliter fieri, quam ille praescierit aut nunc agat?
Pugnat itaque ex diametro praescientia et omnipotentia Dei
cum nostro libero arbitrio, Aut enim Deus falletur prae-
sciendo, errabit et agendo (quod est impossibile), aut nos
agemus et agemur secundum ipsius praescientiam et actionem. 10
Omnipotentiam uero Dei uoco, non illam potentiam, qua
208 E multa non facit quae potest, sed actualem illam, qua po|tenter
omnia facit in omnibus, quo modo scriptura uocat eum omni-
potentem. Haec inquam omnipotentia et praescientia Dei
funditus abolent dogma lib. arb. Nec potest hic praetexi 15
obscuritas scripturae aut difficultas rei, Verba sunt clarissima
719 W etiam pueris nota, Res | est plana et facilis, etiam communi
sensus iudicio naturali probata, ut nihil faciat quantauis series
soeculorum, temporum, personarum, aliter scribentium et
docentium.   20

Scilicet hoc offendit quam maxime sensum illum com-
munem seu rationem naturalem, quod Deus mera uoluntate
sua homines deserat, induret, damnet, quasi delectetur pec-
catis et cruciatibus miserorum tantis et aeternis, qui prae-
dicatur tantae misericordiae et bonitatis etc. Hoc iniquum, 25
hoc crudele, hoc intolerabile uisum est de Deo sentire, quo
offensi sunt etiam tot et tanti uiri, tot soeculis. Et quis non
offenderetur? Ego ipse non semel offensus sum usque ad
profundum et abyssum desperationis, ut optarem nunquam esse
me creatum hominem, antequam scirem, quam salutaris illa 30
esset desperatio et quam gratiae propinqua. Ideo sic suda-
tum et laboratum est, pro excusanda bonitate Dei, pro
accusanda uoluntate hominis, ibi repertae distinctiones de
uoluntate Dei ordinata et absoluta, de necessitate consequentiae
et consequentis, et multa similia, Sed quibus nihil est pro- 35
fectum, nisi quod rudibus impositum est, inanitate uerborum et
oppositione falso nominatae scientiae. Mansit nihilominus
semper aculeus ille alto corde infixus tam rudibus quam eru-
ditis, si quando ad rem seriam uentum est, ut sentirent ne-
cessitatem nostram, si credatur praescientia et omnipotentia 40
Dei. Atque ipsamet ratio naturalis, quae necessitate illa
offenditur et tanta molitur ad eam tollendam, cogitur eam
concaedere, proprio suo iudicio conuicta, etiamsi nulla esset

scriptura. Omnes enim homines iuueniunt hanc sententiam in cordibus suis scriptam, et agnoscunt eam ac probant (licet inuiti), cum audiunt eam tractari. Primo Deum esse omnipotentem non solum potentia, sed etiam actione | (ut dixi), ₂₆₉ E
5 alioqui ridiculus foret Deus. Deinde ipsum omnia nosse et praescire, neque errare neque falli posse. Istis duobus omnium corde et sensu concessis, coguntur mox ineuitabili consequentia admittere, Nos non fieri nostra uoluntate, sed necessitate, Ita nos non facere quodlibet pro iure lib. arb.,
10 sed prout Deus praesciuit et agit consilio et uirtute infallibili et immutabili. Quare simul in omnium cordibus scriptum inuenitur, liberum arbitrium nihil esse, licet obscuretur tot disputationibus contrarijs et tanta tot uirorum authoritate, tot soeculis aliter docentibus, Sicut et omnis alia
15 lex (teste Paulo) in cordibus nostris scripta, tum agnoscitur, ubi recte tractatur, tum obscuratur, ubi impijs magistris uexatur et alijs opinionibus occupatur.

Ad Paulum redeo, qui si Roma. 9. non explicat quaestionem nec definit necessitatem nostram ex praescientia et
20 uoluntate Dei, Quid opus | illi erat, inducere similitudinem figuli, qui ex uno eodemque luto aliud uas facit in honorem, ₇₂₀ W aliud in ignominiam?: Nec tamen figmentum dicit fictori suo: Cur me ita facis? De hominibus enim loquitur, quos luto comparat et Deum figulo. Friget nimirum, imo inepta
25 est similitudo et frustra adducta, si non sentit libertatem nostram nullam esse. Quin tota disputatio Pauli frustranea est, qua tuetur gratiam. Nam hoc agit tota Epistola, ut ostendat, nos nihil posse, neque tum etiam, cum bene uidemur facere, ut ibidem dicit, quod Israel sectando iustitiam,
30 non tamen peruenerit ad iustitiam, Gentes uero peruenerint non sectando. De quo latius agam, cum nostras copias producam. At Diatribe dissimulans totum corpus disputationis Paulinae et quorsum tendat Paulus, uocabulis interim excisis et deprauatis se solatur. Nec iuuat Diatriben quicquam,
35 quod postea Paulus Roma. 11. rursus exhortatur dicens: Tu fide stas, uide ne | extollaris. Item: Etiam illi si crediderint, ₂₇₀ E inserentur etc. Nihil enim ibi de uiribus hominum dicit, sed uerba imperatiua et coniunctiua profert, quibus quid efficiatur, supra satis est dictum. Atque ipsemet Paulus eodem
40 loco praeueniens lib. arb. iactatores, non dicit illos posse credere, sed potens est (inquit) Deus illos inserere. Breuiter

---

15 Rö. 2, 15   22 Rö. 9, 20   29 Rö. 9, 30 f.   35 Rö. 11, 20
36 Rö. 11, 23

adeo trepide et cunctanter incedit Diatribe in istis locis
Pauli tractandis, ut uideatur in conscientia dissentire suis
uerbis. Cum enim maxime illi fuisset pergendum et pro-
bandum, fere semper sermonem abrumpit dicens: Sed de his
satis. Item: Nunc illud non excutiam. Item: non est huius 5
instituti. Item: illi sic dicerent, Et multa similia, relinquitque
rem in medio, ut nescias, an dicere pro libe. arbitrio, uel
eludere tantum inanibus uerbis Paulum uideri uoluerit, idque
iure et more suo, ut cui non est res seria in hac caussa.
Nos autem non oportet ita frigere, super aristas incedere, 10
aut uentis uelut arundo moueri, sed certo, constanter et ar-
denter asserere, tum solide et dextre ac copiose demonstrare,
quod docemus.

Iam uero quam pulchre libertatem simul cum necessi-
tate conseruat dicens: Nec omnis necessitas excludit liberam 15
uoluntatem, Quemadmodum Deus pater gignit necessario
filium, et tamen uolens ac libere gignit, quia non coactus.
Obsecro, an disputamus nunc de coactione et ui? Nonne de
necessitate immutabilitatis nos loqui, tot libellis testati sumus?
Scimus, quod pater uolens gignit, quod Iudas uolendo prodidit 20
Christum, sed hoc uelle in ipso Iuda certo et infallibiliter
futurum fuisse dicimus, si Deus praesciuit. Aut si nondum
intelliguntur quae dico, aliam necessitatem uiolentam ad opus,
aliam necessitatem infallibilem ad tempus referamus; de
posteriore nos loqui intelligat, qui nos audit, non de priore, 25
hoc est, non disputamus, an Iudas inuitus aut uolens pro-
ditor sit factus, sed an tempore praedefinito a Deo infalli-
biliter fieri oportuerit, ut Iudas uolendo proderet Christum.
Sed uide, quid hic dicat Diatribe: Si spectes Dei praescientiam
infallibilem, necessario Iudas erat proditurus, Et tamen Iudas 30
proterat mutare uoluntatem suam. Intelligis etiam, mi Diatribe,
quid loquaris? Vt omittam illud, quod uoluntas non potest
nisi malum uelle, ut supra est probatum, Quomodo potuit
Iudas mutare uoluntatem suam, stante infallibili praescientia
Dei? an potuit praescientiam Dei mutare et fallibilem facere? 35
Hic succumbit Diatribe et relictis signis et proiectis armis
cedit loco, reijciens disputationem ad scholasticas subtilitates de
necessitate consequentiae et consequentis, ut quae nolit istas
argutias persequi. Prudenter certe, cum caussam perduxeris
in medias turbas, et iam maxime sit opus disputatore, tum 40

721 W | posteriore
271 E | ditor

4 δ IIIa 11, z. 1   5 δ IIIa 8, z. 9 | IIIa 10, z. 6   6 δ IIIa
9, z. 5   10 oben s. 114, z. 27   ·11 oben s. 96, z. 2   15 δ IIIa
9, z. 7—10   29 δ IIIa 9, z. 13—16   37 δ IIIa 9, z. 20 f.

terga uertas, et alijs relinquas negocium respondendi et definiendi. Hoc consilio oportuit uti ab initio, et a scribendo in totum abstinere, iuxta illud: Ludere qui nescit, campestribus abstinet armis. Non enim ab Erasmo expectabatur,
5 ut difficultatem illam moueret, quomodo Deus certo praesciret et tamen contingenter nostra fierent. Erat haec difficultas longe ante Diatriben in mundo. Sed expectabatur, ut responderet ac diffiniret. Ipse uero Rhetorica transitione usus, nos ignaros Rhetoricae, secum trahit, ac si hic de re nihili
10 agatur, sintque merae argutiae quaedam, fortiter se proripit e medijs turbis, hedera coronatus et lauro. Verum non sic, frater, Nulla est Rhetorica tanta, quae ludat ueram conscientiam, fortior est aculeus conscientiae omnibus uiribus et figuris eloquentiae. Nos hic non patiemur Rhetorem transire
15 et dissimulare, non est nunc locus huic schemati. Rerum cardo et caussae caput hic petitur. Et hic uel liberum arbitrium extinguitur, uel in totum trium¹phabit. Tu uero, cum 272 E sentias periculum, imo certam uictoriam contra liberum arbitrium, simulas te nihil sentire nisi argutias. Hoccine est
20 fidelem Theologum agere? Tene caussa serio afficiat? qui sic relinquas et auditores suspensos, et disputationem perturbatam et exasperatam, nihilominus tamen uelis honeste satisfecisse et palmam retulisse uideri. Ista uafricia et uersutia in caussis prophanis tolerari ualeat, in re Theologica, ubi
25 simplex et aperta ueritas quaeritur pro salute animarum, odio dignissima et intolerabilis est.

¹ Senserunt et Sophistae uim inuictam et insustentabilem 722 W huius argumenti, ideo finxerunt necessitatem consequentiae et consequentis. Sed quam nihil hoc figmentum efficiat,
30 supra docuimus. Etenim et ipsi non obseruant, quid dicant et quantum admittant contra sese. Si enim necessitatem consequentiae concesseris, uictum ac prostratum est liberum arbitrium, nec quicqam iuuat uel necessitas uel contingentia consequentis. Quid ad me, si liberum arbitrium non cogatur,
35 sed uolenter faciat, quod facit? Sufficit mihi, quod concedis, necessario fore, ut uolenter faciat quod facit, nec aliter habere se queat, si Deus ita praescierit. Si Deus praescit Iudam proditurum aut mutaturum esse uoluntatem prodendi, utrum praescierit, necessario ueniet, aut Deus falletur praesciendo et
40 praedicendo, quod est impossibile. Hoc enim efficit necessitas consequentiae, id est, si Deus praescit, ipsum ne-

---

3 Hor. ars poët. 379

cessario fit. Hoc est, liberum arbitrium nihil est. Ista
necessitas consequentiae non est obscura nec ambigua, ut, si
etiam caecutiant omnium saeculorum doctores, cogantur tamen
eam admittere, cum sit ita manifesta et certa, ut palpari
possit. Necessitas uero consequentis, qua illi se solantur,   5
merum phantasma est, et ex diametro pugnat cum necessi-
tate consequentiae. Exempli gratia, Necessitas consequentiae
est, si dixero: Deus praescit Iudam fore proditorem, ergo
certo et infallibiliter fiet, ut Iudas proditor sit. Aduersus
273 E hanc | necessitatem et consequentiam tu sic te solaris: Sed 10
quia Iudas potest mutare uoluntatem prodendi, ideo non est
necessitas consequentis. Rogo te, quomodo conueniunt illa
duo: Iudas potest non prodere uelle, Et: necesse est, ut Iudas
prodere uelit? Nonne directe contradicunt et pugnant? Non
cogetur (inquis) prodere inuitus. Quid hoc ad rem? Tu 15
dixisti de necessitate consequentis, illam scilicet non induci
necessitate consequentiae, nihil de coactione consequentis
dixisti. Responsio fuit de necessitate consequentis, et tu
exemplum profers de coactione consequentis; aliud quaero, et
aliud tu reddis. Hoc facit oscitantia illa, qua non obseruatur, 20
quam nihil efficiat illud commentum de necessitate con-
sequentis.

Haec de Primo loco, qui fuit de induratione Pharaonis,
qui tamen omnes locos et multas copias inuoluit, easque in-
uictas. Nunc alterum uideamus de Iacob et Esau, de quibus 25
necdum natis dictum est: Maior. seruiet minori. Hunc lo-
cum sic eludit Diatribe, quod proprie non pertinet ad sa-
lutem hominis, potest enim Deus uelle, ut homo seruus sit
et pauper, uelit, nolit, nec tamen reijciatur ab aeterna salute.
Vide quaeso, quot diuerticula et effugia quaerat, lubricus 30
animus et qui ueritatem fugit, Nec tamen effugit. Esto sane,
723 W locus ille non pertineat ad salutem hominis, de quo | infra,
nunquid ideo nihil efficit Paulus, qui illum adducit? Ridi-
culumne aut ineptum faciemus Paulum in disputatione tam
seria? Verum illud Hieronymianum est, qui non uno loco 35
audet superciliose satis, sed simul ore sacrilego dicere, Ea
pugnare apud Paulum, quae locis suis non pugnant; hoc est
tantum dicere: Paulus, cum fundamenta dogmatis Christiani
iacit, nihil facit, nisi quod deprauat scripturas diuinas et ludit
animas fidelium, sententia suo cerebro efficta et scripturis 40
uiolenter intrusa. Sic honorari debet spiritus in sancto illo et

---

26 Gen. 25, 23   27 ઠ IIIa 11, z. 4—7   33 Rઠ. 9, 12

electo organo Dei Paulo. Atque ubi Hieronymus cum iudicio legi debeat, et hoc dictum eius inter ea numerari, quae | multa ²⁷⁴ E uir ille (ea fuit oscitantia et hebetudo eius in scripturis intelligendis) impie scribit, Diatribe ipsum sine iudicio arripit, 5 nec glosa saltem aliqua dignatur mitigare, sed uelut certissimo oraculo, scripturas diuinas et iudicat et temperat. Sic impia hommum dicta pro regulis et mensuris diuinae scripturae accipimus. Et adhuc miramur, illam fieri ambiguam et obscuram, patresque tot in illa caecutire, cum hac ratione impia 10 et sacrilega fiat.

Anathema sit igitur, qui dixerit, ea non pugnare locis suis, quae apud Paulum pugnant. Hoc enim dicitur solum, sed non probatur, Dicitur uero ab ijs, qui neque Paulum nec locos ab eo citatos intelligunt, sed uocabulis acceptis, suo, id 15 est, impio sensu, falluntur. Vt enim maxime hic locus Gene. 25. de seruitute temporali sola intelligeretur (quod non est uerum), tamen a Paulo recte et efficaciter adducitur, dum per ipsum probat, non per merita Iacob aut Esau, Sed PER VOCANTEM dictum esse ad Saram: Maior seruiet minori. 20 Paulus disputat, an illi uirtute aut meritis liberi arbitrij peruenerint ad id, quod de eis dicitur, probatque, quod non, sed sola uocantis gratia eo peruenerit Iacob, quo non peruenit Esau. Probat autem id inuictis uerbis scripturae, scilicet quod nondum nati, item, nihil boni aut mali operati 25 fuerint. Atque in hac probatione situm est pondus rerum, hoc agitur in ista caussa. Diatribe uero istis omnibus egregia Rhetorica transitis et dissimulatis, disputat nihil de meritis, quod tamen suscepit ut faceret, quod et tractatio Pauli exigit, sed de seruitute temporali cauillatur, quasi hoc aliquid ad rem 30 pertineat, tantum ne uideatur uicta potentissimis Pauli uerbis. Quid enim haberet, quod oggarniret contra Paulum pro lib. arbitrio? Quid lib. arb. iuuit Iacob? Quid obfuit Esau? cum iam praescientia et destinatione Dei, uterque nondum natus, nihilque operatus, definitus esset, qualia | esset re- ²⁷⁵ E 35 cepturus, scilicet, ut ille seruiret, hic dominaretur, Praemia decernuntur, antequam operarij nascantur et operentur. Hic debuit respondere Diatribe, Hoc urget Paulus, quod nihil boni, nihil mali adhuc fecerint, et tamen sententia diuina alter dominus, alter seruus decernitur. Non hoc quaeritur, 40 an seruitus illa pertineat ad salutem, sed: | quo merito illa im- ⁷²⁴ W ponitur ei, qui non meruerat? Sed molestissimum est cum

---

19 Rö. 9, 12   23 Rö. 9, 11

prauis istis studijs torquendae et eludendae scripturae con-
flictari.

Deinde quod non de seruitute illorum sola agat Moses,
et etiam in hoc recte faciat Paulus, quod de salute aeterna
intelligat (quanquam hoc non ita faciat ad rem, tamen non 5
patiar Paulum calumnijs sacrilegorum contaminari), conuincitur
ex ipso textu. Sic enim habet oraculum in Mose: Duo populi
ex utero tuo diuidentur, populusque populum superabit et
maior seruiet minori. Hic manifeste duo populi discernuntur,
Alter in gratiam Dei recipitur, licet minor, ut uincat maiorem, 10
non quidem uiribus, sed fauente Deo. Alioqui, quomodo
uincat minor maiorem, nisi Deus sit cum eo? Cum igitur
minor sit futurus populus Dei, non sola ibi dominatio ex-
terna tractatur aut seruitus, sed omnia quae pertinent ad
populum Dei, id est, benedictio, uerbum, spiritus, promissio 15
Christi, et regnum aeternum, id quod etiam latius postea
scriptura confirmat, ubi Iacob benedici et promissiones et
regnum accipere describit. Quae omnia Paulus breuiter in-
dicat, dum dicit, maiorem seruiturum esse minori, nos ad
Mosen remittens latius haec tractantem, ut possis contra 20
Hieronymi et Diatribes sacrilegam sententiam dicere, fortius
ea pugnare locis suis, quam apud Paulum, quaecunque adducit,
id quod non solum de Paulo uerum est, sed de omnibus
Apostolis, qui scripturas adducunt, tanquam testes et asser-
trices sui sermonis. Ridiculum uero esset, id pro testimonio 25
adducere, quod nihil testetur neque faciat ad rem. Si enim
inter Philosophos ridiculi sunt, qui ignotum per ignotius aut
per impertinens probant, qua fronte nos hoc tribuemus sum-
mis ducibus et authoribus Christianae doctrinae, in qua pendet
animarum salus? praesertim ubi ea docent, quae sunt capita 30
fidei. Sed ista decent eos, qui scripturis diuinis serio non
afficiuntur.

Illud uero Malachiae, quod Paulus attexit: Iacob dilexi,
Esau autem odio habui, triplici industria torquet. Prima
est: Si literam urgeas (inquit), Deus non amat, quemadmodum 35
nos amamus, nec odit quenquam, cum in Deum non cadant
affectus huiusmodi. Quid audio? An nunc quaeritur, quo-
modo Deus amet et odiat, ac non potius, Cur amet et odiat?
Quo merito nostro amet aut odiat, quaeritur. Pulchre scimus,
quod Deus non amat aut odit, quemadmodum nos, siquidem 40

276 E

---

nos mutabiliter et amamus et odimus, ille aeterna et immutabili natura amat et odit, sic non cadunt in illum accidentia et affectus. Atque hoc ipsum est, quod liberum arbitrium cogit nihil esse, quod aeternus et immutabilis sit amor, aeter-
5 num odium Dei erga homines, antequam mundus fieret, non ⁷²⁵ ᵂ solum ante meritum et opus lib. arbitrij, omniaque necessario in nobis fieri, secundum quod ille uel amat uel non amat ab aeterno, Vt non solum amor Dei, sed etiam modus amandi necessitatem nobis inferat, ut uideas, quam prosint Diatribe
10 sua effugia, ut ubique magis impingat, quo magis euadere nititur, adeo non succedit ueritati reluctari. Sed esto, Valeat tibi tropus, ut amor Dei sit effectus amoris, et odium Dei sit effectus odij, Nunquid illi effectus citra et praeter uoluntatem Dei fiunt? An hic etiam dices, Deum non uelle quemad-
15 modum nos, nec affectum uolendi in illum cadere? Si fiunt igitur effectus illi, non nisi uolente Deo fiunt. Iam quod uult Deus, hoc aut amat aut odit. Responde igitur, quo merito amatur Iacob et oditur Esau, antequam nascuntur et ²⁷⁷ ᴱ operantur? Stat igitur Paulus optime Malachiam inducens
20 pro sententia Mosi, Scilicet quod ideo uocarit Iacob antequam nasceretur, quia dilexerit eum, non autem dilectus sit prius a Iacob, aut merito eius ullo permotus, ut ostenderetur in Iacob et Esau, quid nostrum queat liberum arbitrium.

Altera industria est, quod Malachias non uidetur loqui de
25 odio, quo damnamur in aeternum, sed de temporaria afflictione; Reprehenduntur enim, qui extruere uolebant Edomaeam. Hoc iterum dicitur ad contumeliam Pauli, quasi uim fecerit scripturis. Adeo nihil ueremur maiestatem spiritus sancti, modo nostra statuamus. Sed feremus interim contumeliam
30 hanc, uideamusque quid efficiat. Malachias de afflictione temporali loquitur. Quid inde? aut quid hoc ad rem? Paulus ex Malachia probat illam afflictionem sine merito, soloque odio Dei illatam Esau, ut lib. arbitrium nihil esse concludat. Hic urgeris, hic responderi oportuit. Nos de
35 merito disputamus, tu de mercede loqueris, et sic loqueris, ut non eludas tamen quod uoluisti, imo, cum de mercede loquaris, meritum confiteris. At illud dissimulas te uidere. Dic igitur, quae fuit caussa, amandi Iacob et odio habendi Esau apud Deum, cum illi nondum essent? Iam et illud
40 falsum est, quod Malachias solum de temporaria afflictione loquatur, nec illi res·est de Edomaea destruenda, totumque Pro-

24 δ IIIa 11. z. 10—14

42*

phetae sensum peruertis hac industria. Propheta clarissimis
uerbis satis indicat quid uelit, Nempe, Israelitis exprobrat in-
gratitudinem, quod, cum eos dilexerit, illi uicissim neque diligant,
ut patrem, neque timeant, ut dominum. Dilexisse autem se
probat tam scriptura quam opere, Nempe, quod, cum Iacob et   5
Esau essent fratres, ut Moses scribit Gen. 25, Iacob tamen
278 E dilexerit et elegerit antequam nasceretur, sicut dictum | est
paulo ante, Esau uero sic oderit, ut regionem eius redegerit
in solitudinem, Deinde ea pertinacia odiat et pergat, ut,
cum Iacob reduxerit de captiuitate et restituerit, Edomaeos   10
tamen non sinat restitui, sed, etiamsi dixerint sese uelle aedi-
726 W ficare, ipse minetur eis destructionem. Si non haec | habet
textus ipse apertus Prophetae, arguat me mendacij totus orbis.
Non igitur reprehenditur hic temeritas Edomaeorum, sed (ut
dixi) ingratitudo filiorum Iacob, qui non uident, quid illis   15
conferat, et fratribus suis Edomaeis aufferat, nulla caussa, nisi
quia hic odit, illic amat. Quomodo nunc stabit, quod Pro-
pheta de temporaria afflictione loquatur? cum euidentibus
uerbis testetur, sese loqui de duobus populis, a duobus Pa-
triarchis natis, illum susceptum in populum et seruatum, hunc   20
uero relictum et tandem destructum. Suscipere uero in po-
pulum, et non suscipere in populum, non pertinet ad tem-
poralia bona uel mala tantum, sed ad omnia. Neque enim
Deus noster tantum temporalium Deus est, sed omnium.
Neque tibi Deus esse aut coli uolet dimidio humero aut   25
claudicante pede, sed totis uiribus totoque corde, ut tibi sit
Deus tam hic quam in futuro, et in omnibus rebus, casibus,
temporibus et operibus.

Tertia industria est, Quod tropologico sensu, nec omnes
gentes diligit, nec omnes Iudaeos odit, Sed ex utraque gente   30
aliquos. Hac tropologia efficitur, ut testimonium hoc (ait)
nihil pugnet ad probandam necessitatem, sed ad arrogantiam
Iudaeorum retundendam. Hac uia facta, euadit deinde illuc
Diatribe, ut nondum natos odisse Deus dicatur, quia praescit
illos gesturos odio digna; sic odium Dei et amor nihil officit   35
libertati arbitrij. Tandem concludit, Iudaeos merito incredu-
litatis excisos de olea, Gentes merito fidei insertas, idque
authore Paulo, spemque facit excisis rursus inserendi, et in-
sitis metum, ne excidantur. Moriar, si Diatribe ipsa intelligit
quid loquatur. Sed est forte et hic Rhetoricum schema, quod   40

---

6 Gen. 25, 24   29 δ IIIa 12, s. 54, z. 15—19   33 δ IIIa 12,
s. 55, z. 3—6   36 z. 8—14   38 Rö. 11, 24

docet, sensum obscurare, si qua periculum instat, ne ⏐ capiaris ²⁷⁹ E
uerbo. Nos tropologias hoc loco nullas uidemus, quas
Diatribe sibi somniat nec probat. ideo nihil mirum, si illi
non pugnet testimonium Malachiae in sensu tropologico, qui
₅ ipse nullus est. Deinde nos non de excisione et insertione
disputamus, de quibus Paulus loquitur dum exhortatur. Scimus
fide inseri, infidelitate excidi homines, eosque exhortandos
esse ut credant, ne excidantur. Sed hinc non sequitur, neque
probatur, eos posse credere aut discredere ui liberi arbitrij,
₁₀ de quo nos agimus. Non disputamus, qui sunt credentes,
qui non, qui Iudaei, qui gentes, quid sequatur credentes et
discredentes, hoc ad exhortatorem pertinet, Sed hoc dispu-
tamus, quo merito, quo opere perueniant ad fidem, qua in-
seruntur, aut ad infidelitatem, qua exciduntur, hoc ad doc-
₁₅ torem pertinet. Hoc meritum nobis describe! Paulus docet,
quod nullo nostro opere, sed solo amore et odio Dei con-
tingat. Vbi uero contigerit, exhortatur, ut perseuerent, ne
excidantur. At exhortatio non probat, quid nos possimus,
sed quid debeamus. Cogor ego pene pluribus uerbis ad-
₂₀ uersarium tenere, ne alio uagetur deserta causa, quam ipsam
caussam tractare, quanquam tenuisse eum in proposito, uicisse
est, tam ⏐ clara et inuicta sunt uerba, ideoque nihil fere agit, ⁷²⁷ W
quam ut ea declinet, et sese e conspectu proripiat, aliudque
agat, quam instituerat.
₂₅   Tertium locum sumit ex Esaia .45: Nunquid lutum dicit
figulo suo: quid facis? Et Hiere. 18: Sicut lutum in manu
figuli, ita uos in manu mea. Iterum haec magis pugnare
dicit apud Paulum, quam apud Prophetas unde sumpta sunt,
quia in Prophetis sonant de afflictione temporali, Paulus
₃₀ autem utitur ad electionem et reprobationem aeternam, ut
sugillet Pauli temeritatem uel inscitiam. Sed antequam uide-
amus, quomodo probet, ⏐ utrunque non excludere lib. arbitrium, ²⁸⁰ E
prius hoc dicam, Non uideri Paulum ex Prophetis sumpsisse
hunc locum, nec Diatribe id probat. Solet enim Paulus ad-
₃₅ hibere nomen authoris uel protestari sese de scripturis ali-
quid accipere, quorum hic neutrum facit. Ideo uerius est,
quod Paulus hac generali similitudine, quam alij ad alias
caussas assumunt, ipse proprio spiritu utatur ad suam caussam,
quemadmodum facit illa similitudine: modicum fermentum
₄₀ totam massam corrumpit, quam .1. Corin. 5. corruptilibus

---

7 *excindi* A   18 *excindantur* A   25 ᵭ IIIₐ 13, ₅. 55, ₂. 19 ff.
Jes. 45, 9   26 Jer. 18, 6   28 Rö. 9, 20   40 1. Ko. 5, 6

moribus aptat, alias uerbum Dei corrumpentibus obijcit, quomodo et Christus fermentum Herodis appellat et Phariseorum. Vt igitur Prophetae maxime de temporali afflictione loquantur, de quo nunc omitto dicere, ne toties alienis quaestionibus occuper et differar, Paulus tamen utitur suo spiritu aduersus 5 liberum arbitrium. Quod uero non adimitur libertas arbitrij, si Deo affligenti simus lutum, nescio, quo pertineat, aut cur id contendat Diatribe, cum non sit dubium, afflictiones a Deo uenire inuitis nobis, necessitatemque afferant ferendi eas, uelimus, nolimus, nec est in manu nostra eas auertere, licet 10 exhortemur ad ferendas uoluntarie.

Sed quomodo Pauli sermo non excludat liberum arbitrium ista similitudine, dignum est audire Diatriben argutantem. Duo enim absurda opponit, alterum e scripturis, alterum ex ratione colligit. E scripturis sic colligit: Paulus 15 cum .2. Thimo. 2. dixisset, in magna domo esse uasa aurea, argentea, lignea, fictilia, quaedam in honorem, quaedam in contumeliam, mox subiungit: Si quis ergo se emundauerit ab istis, erit uas in honorem etc. Tum sic arguit Diatribe: Quid stultius, quam si quis dicat matulae samiae: si te expurgaris, 20 eris uas honorificum? Verum hoc recte dicitur testae rationali, quae mo|nita potest se accomodare ad uoluntatem Domini. Ex ijs uult, similitudinem non per omnia quadrare atque sic elusam, ut nihil efficiat. Respondeo, ne illud cauiller, quod Paulus non dicit: Si quis se mundauerit | a 25 sordibus suis, sed: ab istis, id est, a uasis contumeliae, ut sensus sit: siquis separatus manserit, ac non inter impios magistros misceatur, erit uas honoris etc., Donemus quoque hunc locum Pauli prorsus facere, quod uult Diatribe, id est, similitudinem non esse efficacem, quomodo probabit, idem 30 uelle Paulum loco illo ad Rom. 9. de quo disputamus? An satis est alium locum citare, et nihil prorsus curare, an idem uel diuersum efficiat? Non est facilior et uulgatior lapsus in scripturis, quam diuersos locos uelut similes e scripturis coaptare; ut saepius monstraui, ut similitudo locorum magis 35 inefficax sit, de quo Diatribe superbit, quam nostra, quam confutat. Sed ne contentiosi simus, donemus utrunque locum Pauli idem uelle, et, quod sine controuersia uerum est, similitudinem non semper et per omnia quadrare, alioqui non similitudo neque translatio, sed ipsa res esset, iuxta 40

---

1 Ga. 5, 9   2 Mc. 8, 15   14 δ IIIa 14, s. 56, z. 22 ff. 16 2. Ti. 2, 20 f.   19 δ IIIa 14, s. 57, z. 3—6   20 einem nachtgeschirr aus samischem ton (vgl. Plaut. Bacch. 202)

Margin notes: 281 E (line 22), 728 W (line 25)

prouerbium: Similitudo claudicat, nec semper currit quattuor pedibus.

In hoc tamen errat et peccat Diatribe, quod neglecta caussa similitudinis, quae maxime spectanda est, uocabula
5 contentiose captat. Ex caussis enim dicendi intelligentia petenda est, ait Hilarius, non est uocabulis solis. Ita similitudinis efficatia pendet ex caussa similitudinis. Cur ergo Diatribe omittit id, gratia cuius Paulus similitudine ista utitur, et captat id, quod extra caussam similitudinis dicit? Nempe,
10 hoc ad exhortationem pertinet, quod dicit: Siquis sese emundauerit, Illud uero ad doctrinam, quod dicit: In magna domo sunt uasa etc., ut ex omnibus circunstantijs uerborum et sententiae Pauli intelligas eum statuere de diuersitate et usu uasorum, ut sit sensus: cum tam multi a fide discedant,
15 nullum est solatium nobis, nisi quod certi sumus, funda- 282 E mentum Dei firmum stare, habens signaculum hoc: Nouit Dominus qui sunt eius, et discedit ab iniquitate omnis qui inuocat nomen Domini. Hactenus caussa et efficacia similitudinis, scilicet, quod Dominus norit suos. Tum sequitur
20 similitudo, scilicet, esse uasa diuersa, alia in honorem, alia in contumeliam. His absoluitur doctrina, quod uasa non seipsa parent, sed herus. Hoc uult et Ro. 9. quod figulus potestatem habet etc. Sic stat similitudo Pauli efficacissima, quod libertas arbitrij nihil sit coram Deo. Post haec sequitur ex-
25 hortatio: Si quis sese mundauerit ab istis etc., quae quid ualeat, ex supradictis satis notum est. Non enim sequitur, ideo sese posse emundare, imo, si quid probatur, probatur, liberum arbitrium sese posse absque gratia emundare, cum non dicat: si quem gratia emundarit, sed: si sese emundarit.
30 De uerbis autem imperatiuis et coniunctiuis abunde dictum 729 W est. Nec similitudo uerbis coniunctiuis, sed indicatiuis profertur: ut electi et reprobi sunt, ita uasa honoris et ignominiae sunt. Summa, si ista elusio ualet, tota disputatio Pauli nihil ualet, frustra enim induceret murmurantes aduersus figulum
35 Deum, si culpa uasis et non figuli esse uideretur. Quis enim murmuret, si audiat damnari dignum damnatione?

Alterum absurdum colligit a Domina Ratione, quae dicitur humana, uidelicet, quod non uasi, sed figulo sit imputandum, praesertim cum talis figulus sit, qui creet ipsum
40 lutum et temperet. Hic (ait Diatribe) uas coniicitur in ignem aeternum, quod nihil commeruit, nisi quod non sui iuris est.

---

1 Wander, Gleichnis no. 1f.   16 2. Ti. 2, 19   37 δ IIIa 14, z. 6ff.

Nusquam se apertius prodit Diatribe, quam hoc loco. Audis
enim hic, alijs quidem uerbis, sed eodem sensu dici, quod
Paulus dicere facit impios: Quid queritur? Voluntati eius
quis resistet? Hoc est illud, quod ratio neque capere ne-
283 E que ferre po|test, hoc offendit tot uiros excellentes ingenio, 5
tot soeculis receptos. Hic expostulant, ut Deus agat iure
humano, et faciat quod ipsis rectum uidetur, aut Deus esse
desinat. Nihil illi profuerint secreta maiestatis, rationem reddat,
quare sit Deus, aut quare uelit aut faciat, quod nullam speciem
iustitiae habeat, ac si Sutorem aut Zonarium roges iudicio se 10
sistere. Non dignatur Deum caro gloria tanta, ut credat
iustum esse et bonum, dum supra et ultra dicit et facit,
quam definiuit Codex Iustiniani, uel quintus liber Ethicorum
Aristotelis. Cedat maiestas Creatrix omnium feci uni creaturae
suae, et Coricius ille specus metuat, uersa uice, spectatores 15
suos. Igitur absurdum est, ut damnet eum, qui uitare non
potest meritum damnationis. Et propter hanc absurditatem
falsum esse oportet, quod Deus, cuius uult, miseretur, quem
730 W uult, indurat, | sed redigendus est in ordinem, et praescribendae
illi leges, ut non damnet quenquam, nisi qui nostro iudicio 20
id meruerit. Sic est satisfactum Paulo cum sua similitudine,
scilicet, ut illam reuocet et sinat nihil ualere, sed sic tem-
peret, quod figulus hic (ut Diatribe interpretatur) facit uas in
contumeliam ex meritis praecedentibus, sicut Iudeos quosdam
reijcit ob incredulitatem, gentes suscipit ob fidem. Verum si 25
sic operatur Deus, ut merita spectet, Cur illi murmurant et
expostulant? Cur dicunt: quid queritur? quis uoluntati eius
resistit? Quid opus Paulo compescere illos? Quis enim
miratur, non dicam, indignatur aut expostulat, si quis meritus
damnetur? Deinde ubi manet potestas figuli faciendi quod 30
uult, si meritis et legibus subiectus, non sinitur facere quod
uult, sed exigitur facere quod debet? Pugnat enim respectus
meritorum cum potestate ac libertate faciendi quod uult, ut
ille probat paterfamilias, qui operarijs murmurantibus et ius
postulantibus, opposuit libertatem uoluntatis in suis bonis. 35
Haec sunt, quae Diatribes glosam non sinunt ualere.
284 E | Sed fingamus quaeso, Deum talem esse oportere, qui
merita respiciat in damnandis, nonne pariter contendemus et
concedemus, ut et in saluandis merita spectet? Si rationem
sequi uolumus, aeque iniquum est, indignos coronari, atque 40
indignos puniri. Concludamus itaque, Deum ex meritis prae-

---

cedentibus iustificare debere, aut iniquum declarabimus, ut
qui malis et impijs hominibus delectetur, et impietatem eorum
praemijs inuitet et coronet. At uae nobis tunc miseris, apud
illum Deum! Quis enim saluus erit? Vide igitur nequitiam
5 cordis humani: Deum, cum indignos sine meritis saluat, imo
cum multis demeritis iustificat impios, non accusat iniquitatis,
ibi non expostulat, cur hoc uelit, cum sit iniquissimum, sese
iudice, sed quia sibi comodum et plausibile est, aequum et
bonum iudicat. At cum immeritos damnat, quia incomodum
10 sibi est, hoc iniquum, hoc intolerabile est, hic expostulatur,
hic murmuratur, hic blasphematur. Vides ergo Diatriben cum
suis in hac causa non iudicare secundum aequitatem, sed
secundum affectum comodi sui. Si enim aequitatem spectaret,
aeque expostularet cum Deo, dum indignos coronat, atque
15 expostulat cum eo, dum immeritos damnat, Aeque etiam
laudaret et praedicaret Deum, dum damnat immeritos, atque
facit, dum indignos saluat, utrobique enim par iniquitas, si
sensum nostrum spectes, Nisi non fuerit aeque iniquum, si
Cain ob homicidium laudes regem|que facias, atque si Habel 731 W
20 innocentem in carcerem conijcias aut occidas. Cum igitur
Ratio Deum laudet indignos saluantem, arguat uero imme-
ritos damnantem, conuincitur, non laudare Deum, ut Deum,
sed ut suo comodo seruientem, hoc est, seipsam et quae sua
sunt in Deo quaerit et laudat, non Deum aut quae Dei sunt.
25 At si placet tibi Deus indignos coronans, non debet etiam
displicere immeritos damnans. Si illic iustus est, cur non hic
iustus erit? Illic gratiam et misericordiam spargit in indignos,
Hic iram et seueritatem spargit in immeritos, utrobique nimius
et iniquus apud homines, Sed iustus et uerax apud | seipsum. 285 E
30 Nam quomodo hoc iustum sit, ut indignos coronet, incom-
prehensibile est modo, uidebimus autem, cum illuc uenerimus,
ubi iam non credetur, sed reuelata facie uidebitur. Ita quo-
modo hoc iustum sit, ut immeritos damnet, incomprehen-
sibile est modo, creditur tamen, donec reuelabitur filius ho-
35 minis.
   Diatribe uero similitudine illa figuli et luti uehementer
offensa, non nihil indignatur, sese adeo urgeri per illam,
tandem eo redit, ut diuersis locis e scriptura productis,
quorum aliqui totum homini uidentur tribuere, aliqui totum
40 gratiae, stomachabunda contendat, utrosque debere inter-
pretatione sana intelligi et non simpliciter accipi. Alioqui si

---

32 1. Ko. 13, 12   37 δ IIIa 14, z. 18 ff.

nos urgeamus similitudinem illam, ipsa rursus nos urgere
parata est locis illis imperatiuis et coniunctiuis, presertim illo
Pauli: Si quis sese emundauerit ab istis. Hic Paulum sibi
contradicentem facit, et omnia tribuentem homini, nisi suc-
currat interpretatio sana. Si igitur hic interpretatio admittitur, 5
ut gratiae locus relinquatur, cur non etiam similitudo figuli
admittat interpretationem, ut libero arbitrio locus sit? Re-
spondeo: mea nihil refert, accipias simpliciter, dupliciter uel
centupliciter. Hoc dico, quod hac sana interpretatione nihil
efficitur, nec probatur quod quaeritur. Probari enim debet, 10
lib. arbi. nihil posse uelle boni. At illo loco: Siquis sese
emundauerit ab istis, cum sit oratio coniunctiua, neque nihil,
neque aliquid probatur. Exhortatur tantum Paulus. Aut si
sequelam Diatribes adijcies et dicas: frustra exhortatur, si non
potest sese emundare, tum probatur liberum arbitrium omnia 15
posse sine gratia. Atque ita seipsam improbat Diatribe.

Expectamus igitur adhuc locum aliquem `e scriptura, qui
interpraetationem istam doceat; fingentibus eam suo cerebro
286 E non credimus, Nos enim ¦ negamus reperiri ullum locum, qui
totum tribueret homini. Negamus quoque Paulum sibi pug- 20
nare, ubi dicit: Siquis sese emundauerit ab istis, sed dicimus,
tam pugnantiam in Paulo fingi, quam interpretationem, quam
illa extorqueat, excogitari, neutram uero monstrari. Hoc
732 W quidem fatemur: si sequelis et ¦ additamentis Diatribes scrip-
turas augere licet, ut dicendo: frustra paecipiuntur, si non 25
possumus, quae praecipiuntur, tum uere pugnat Paulus
sibijpsi et tota scriptura, Quia tum scriptura alia est, quam
fuit, tum etiam probat lib. arbitrium omnia posse. quid mi-
rum uero, si tum pugnet quoque, quod alibi dicit, omnia
Deum solum facere? At ea scriptura sic aucta, non modo 30
nobis, sed etiam ipsi Diatribe pugnat, quae lib. arb. nihil
boni posse uelle definiuit. Liberet igitur sese primum et
dicat, quomodo cum Paulo conueniant ista duo: lib. arbi.
nihil boni uelle potest, Et: siquis sese emundauerit, ergo potest
sese emundare, aut frustra dicitur. Vides igitur Diatriben 35
uexatam et uictam esse similitudine illa figuli, tantum hoc
agere, ut illam eludat, nihil interim cogitans, quantum
caussae susceptae noceat interpretatio, quamque seipsam con-
futet et irrideat.

Nos uero, ut diximus, nunquam interpretationem affecta- 40
tauimus, nec sumus ita locuti: extende manum, id est: gratia
extendet. Haec omnia Diatribe fingit de nobis, in comodum

---

42 δ IIIa 17, s. 60, z. 1 ff.

caussae suae. Sed sic diximus, non esse pugnantiam in dictis
scripturae, nec opus esse interpretatione, quae nodum ex-
plicet, sed ipsi lib. arbi. assertores nodos in scirpo quaerunt,
et pugnantias sibi somniant. Exempli gratia, Illa nihil pug-
5 nant: Siquis sese emundauerit, Et: Deus operatur omnia in
omnibus. Nec est necesse pro nodo explicando dicere: ali-
quid Deus, aliquid homo agit. Quia prior locus est coniunctiua
oratio, quae nihil operis aut uirtutis affirmat aut negat in
homine, sed praescribit, quid | operis aut uirtutis esse in ho- 287 E
10 mine debeat. Nihil hic figuratum, nihil interpretatione egens,
simplicia uerba sunt, simplex sensus est, modo sequelas et
corruptelas non addas, more Diatribes, tum enim fieret sensus
non sanus, uerum non sua, sed corruptoris culpa. Posterior
uero locus: Deus operatur omnia in omnibus, est oratio in-
15 dicatiua omnia opera, omnem uirtutem affirmans in Deo.
Quomodo igitur pugnent duo loci, quorum unus nihil agit
de uirtute hominis, alter omnia tribuat Deo, ac non potius
optime consentiant? Sed Diatribe sic est submersa, suffo-
cata et corrupta sensu cogitationis illius carnalis (frustra prae-
20 cipi impossibilia), ut non queat sibi temperare, quin, quoties
uerbum imperatiuum aut coniunctiuum audierit, mox suas
sequelas annectat indicatiuas, scilicet: praecipitur aliquid, ergo
possumus et facimus, alioqui stulte praeciperetur. Hinc
erumpit et ubique uictorias iactat, quasi demonstratum habeat,
25 istas sequelas cum sua cogitatione esse ratas, ceu diuinam
authoritatem. Hinc saecure pronunciat, quibusdam locis
scripturae omnia tribui homini, ideo pugnantiam ibi et inter-
pretatione opus esse, Et non uidet, hoc totum esse fig-
mentum capitis sui, nullo uspiam scripturae apice firmatum,
30 Deinde eiusmodi, ut, si admitteretur, neminem fortius con-
futaret, quam seipsam, ut quae per ipsum probet, | siquid pro- 733 W
bat, omnia posse liberum arbitrium, cuius contrarium suscepit
probandum.
        Sic et illud toties repetit: Si nihil agit homo, nullus
35 locus est meritis, Vbi meritis non est locus, ibi nec supplicijs
nec praemijs locus erit. Iterum non uidet, quam seipsam
istis carnalibus argumentis fortius confutet quam nos. Quid
enim probant istae sequelae, nisi totum meritum esse penes
liberum arbitrium? Vbi tum gratiae locus erit? Porro si
40 modiculum meretur liberum | arbitrium, reliquum uero gratia, 288 E
Cur totum praemium accipit liberum arbitrium? An modi-

3 oben s. 129, z. 34   5 1. Ko. 12, 6   34 δ III a 17, s. 59, z. 23 ff.

culum etiam praemium illi fingemus? Si meritis locus est,
ut praemijs locus sit, etiam tantum oportet meritum esse,
quantum praemium. Sed quid uerba et tempus perdo in re
nihili? Vt etiam omnia consisterent, quae Diatribe machi-
natur, et esset partim hominis, partim Dei opus, quod meremur, 5
tamen illud ipsum opus non possunt definire, quid, quale et
quantum esset, ideo disputatio est de lana caprina. Nunc
uero, cum nihil eorum probet, quae dicit, nec pugnantiam,
nec interpretationem, nec locum, qui totum homini tribuit,
ostendere possit, omnia uero sint suae cogitationis phantas- 10
mata, salua et inuicta stat similitudo Pauli de figulo et luto,
quod non nostri arbitrij est, qualia uasa formemur. Ex-
hortationes uero Pauli: Siquis sese emundauerit, et similes,
sint formae, secundum quas nos formari debemus, non
autem testes nostri operis aut studij. Haec de locis illis, de 15
induratione Pharaonis et de Esau et de figulo satis dicta sint.

    Venit tandem Diatribe ad locos a Luthero contra
liberum arbitrium citatos, confutatura et illos, quorum primus
est ille Gen. 6: Non permanebit spiritus meus in homine,
quia caro est. Hunc locum uarie confutat. Primum, quod 20
Caro hic non impium affectum, sed infirmitatem significet.
Deinde auget textum Mosi, quod dictum eius pertineat ad
illius aetatis homines, non ad uniuersum genus hominum,
ideo dixerit: in istis hominibus. Item, nec ad illius aetatis
omnes homines, cum Noe excipiatur. Tandem in Ebraeo 25
dictum hoc sonare aliud, nempe clementiam, non seueritatem
Dei, authore Hieronymo, forte nobis persuasura, quod, cum
dictum illud non ad Noe, sed ad sceleratos pertineat,
non clementia, sed seueritas Dei ad Noe pertineat, ad impios
uero clementia, non seueritas pertineat. Sed mittamus ista 30
734 W
289 E ludibria Diatribes, quae nusquam non significat, Scripturas
pro fabulis sese habere. Quid Hieronymus hic nugetur,
nihil moramur, certum est, quod nihil probat, Neque de
sensu Hieronymi, sed de sensu scripturae disputamus. Fingat
peruersor scripturae, spiritum Dei significare indignationem. 35
Nos dicimus, duplici illum probatione deficere. Prima, quod
non possit proferre unum locum scripturae, in quo spiritus
Dei pro indignatione accipiatur, cum contra spiritui benignitas
et suauitas ubique tribuatur. Deinde siqua probaret, alicubi
pro indignatione accipi, non tamen queat statim probare, 40

    7 Hor. ep. 1, 18, 15   17 δ III b 1, z. 5 ff.   19 Gen. 6, 3
27 Lib. Hebraicarum quaest. in Gen. MSL. 23, 948

sequi necessario, et hoc loco sic accipiendum esse. Sic
fingat, carnem pro infirmitate accipi, tamen aeque nihil
probat. Nam, quod Corinthios Paulus carnales appellat, non
certe infirmitatem, sed uitium significat, cum arguat eos sectis
5 et partibus laborare, quod non est infirmitas aut incapacitas
solidioris doctrinae, sed malicia et fermentum uetus, quod ex-
purgare iubet. Ebraeum uideamus.

Non iudicabit spiritus meus in homine perpetuo, quia
caro est, Sic enim habet ad uerbum Mose. Atque si nostra
10 somnia mitteremus, satis aperta et clara (puto) stant ibi uerba.
Esse autem uerba irati Dei, satis ostendunt praecedentia et
sequentia cum effectu diluuij. Caussa enim dicendi fuit,
quod filij hominum ducerent uxores mera carnis libidine,
deinde tyrannide terram praemerent, ita ut diluuium accele-
15 rare cogerent iratum Deum, et uix centum uiginti annos
differre, quod alias nunquam erat inducturus. Lege Mosen
et obserua, uidebisque clare id eum uelle. Quid mirum uero,
si obscurae sint scripturae, aut per ipsas non modo liberum,
sed etiam diuinum arbitrium statuas, si sic licet in illis ludere,
20 ac si Virgilicentonas in illis quaeras? Scilicet, hoc est nodos
explicare et interpretatione quaestiones dirimere. Verum 735 W
Hieronymus et suus | Origenes istis nugis repleuerunt orbem, 290 E
et authores fuerunt pestilentis huius exempli, ne simplicitati
scripturarum studeretur. Mihi ex isto loco satis erat probari,
25 quod diuina authoritas homines appellaret carnem, et adeo
carnem, ut spiritus Dei non posset inter eos durare, sed
statuto tempore esset reuocandus ab eis. Quod enim negat
perpetuo inter homines spiritum suum iudicaturum esse Deus,
mox definit, cum centum uiginti annos praescribit, quibus
30 adhuc sit iudicaturus. Opponit autem spiritum carni, quod
homines, cum sint caro, spiritum non admittant, ipse uero,
cum sit spiritus, carnem probare non possit, ita fieri, ut
reuocandus sit post centum uiginti annos. Vt locum Mosi
sic intelligas: Spiritus meus, qui est in Noe, et alijs uiris
35 sanctis, arguit illos impios per uerbum praedicationis et uitam
piorum (Iudicare enim inter homines, est officio uerbi inter
eos agere, arguere, increpare, obsecrare oportune importune),
sed frustra, illi enim carne excaecati et indurati, eo fiunt
peiores, quo plus iudicantur, sicut fit, quoties uerbum Dei in
40 mundum uenit, ut peiores fiant, quo magis erudiantur. Atque

---

3 1. Ko. 3, 1. 3 f.   7 1. Ko. 5, 7   20 *Virgili centronas* A
vgl. Hier. ep. 53, 6 (MSL. 22, 544)   37 2. Ti. 4, 2

haec caussa fecit, ut acceleretur ira, sicut et ibi acceleratum est diluuium, quando iam non solum peccatur, sed etiam gratia contemnitur, et ut Christus ait: Veniente luce, oderunt homines lucem. Cum igitur homines sint caro, Deo ipso teste, nihil 5 sapere possunt nisi carnem, ideo nihil ualere liberum arbitrium nisi ad peccandum. cum etiam spiritu Dei inter eos uocante et docente, in peius proficiant, quid facerent sibi relicti sine spiritu Dei? Neque hic quicquam facit ad rem, quod Moses de illius aetatis hominibus loquitur, idem pertinet 10 ad omnes homines, cum sint omnes Caro, sicut Christus dicit Iohan. 3: Quod natum est ex carne, caro est. Quod quam graue uitium sit, ipsemet ibidem docet, ubi dicit, Non intrare 291 E regnum Dei posse quen|quam, nisi denuo renatus fuerit. Sciat itaque Christianus, Origenem et Hieronymum, cum suis om- 15 nibus, perniciose errare, ubi negant carnem pro impio affectu accipi in istis locis. Nam et illud Corinthiorum .3: Adhuc carnales estis, ad impietatem pertinet. Vult enim Paulus adhuc impios inter eos esse, Tum pios, quatenus sapiunt carnalia, carnales esse, licet spiritu sint iustificati. Summa, id 20 obseruabis in scripturis: ubicumque de carne agitur per antithesin ad spiritum, ibi fere per carnem intelligas omnia contraria spiritus, Vt ibi: Caro non prodest quicquam. Vbi uero absolute tractatur, ibi conditionem naturamque corporalem significare scias, ut: erunt duo in carne una. Caro 25 mea uere est cibus. Verbum caro factum est. In his locis poteris, mutato Ebraismo, corpus pro carne dicere, Ebraea 736 W enim lingua uno uocabulo Carnis significat, quod nos | duobus carne et corpore significamus, Et uellem sic fuisse translatum distinctis uocabulis totum ubique scripturae canonem. Sic, 30 arbitror, locus meus ex Gen. 6. adhuc fortiter stabit aduersus libe. arb., quando caro esse probatur, quam Paulus Ro. 8. dicit nec posse Deo subijci, ut uidebimus eo loco, et ipsamet Diatribe dicit, nihil boni uelle posse. Alter locus est Gen. 8: Sensus et cogitatio cordis hu- 35 mani prona sunt ad malum ab adolescentia sua. Et cap. 6: Cuncta cogitatio cordis humani intenta est ad malum omni tempore. Hunc sic eludit: Procliuitas ad malum, quae est in plerisque hominibus, non adimit in totum libertatem arbitrij. Sed obsecro, loquiturne Deus de plerisque hominibus 40

---

3 Jo. 3, 19   10 *illis* A   12 Jo. 3, 6   13 Jo. 3, 5   17 1. Ko. 3, 3
23 Jo. 6. 63   25 Mt. 19, 5 | Jo. 6, 55   26 Jo. 1, 14   32 Rö. 8, 7
35 Gen. 8, 21   36 Gen. 6, 5   38 δ IIIb 2, z. 5—7

ac non potius de omnibus, quando post diluuium, uelut
poenitens, promittit reliquis et futuris hominibus, sese non
amplius inducturum diluuium propter hominem, subdens
caussam, quod homo sit pronus ad malum, quasi dicat: si
5 hominum ma¹licia deberet spectari, nunquam cessandum a ²⁹² E
diluuio esset, Verum nolo spectare deinceps, quid mereantur
etc. Ita uides, quod tam ante diluuium, quam post diluuium,
Deus homines malos esse affirmat, ut nihil sit, quod Diatribe
de plerisque dicit. Deinde pronitas aut procliuitas ad malum,
10 res parui momenti uidetur Diatribae, quasi nostrae sit opis,
illam erigere aut cohibere, cum scriptura uelit ea pronitate
assiduum illum raptum et impetum uoluntatis ad malum
significare. Aut cur non et hic Ebraicum consuluit, ubi nihil
de pronitate Moses dicit? ne cauillandi caussam habeas. Sic
15 enim habet Cap. 6: Chol Ietzer Mahescheboth libbo rak ra
chol haiom, hoc est, omne figmentum cogitationum cordis eius
tantum malum cunctis diebus. Non dicit intentum uel pro-
num ad malum, sed prorsus malum, ac nihil nisi malum fingi
et cogitari ab homine tota uita. Natura maliciae eius de-
20 scripta est, quod nec faciat nec possit aliter, cum sit mala,
neque enim arbor mala fructus alios quam malos ferre potest,
teste Christo. Quod uero Diatribe argutatur, Quur datum
sit spatium poenitentiae, si nulla pars resipiscentiae pendet
ab arbitrio, sed omnia necessitate geruntur, Respondeo:
25 idem dices ad omnia praecepta Dei: Cur praecipiat, si ne-
cessitate omnia fiant? praecipit, ut erudiat et moneat, quid
debeant, ut agnita sua malicia humiliati, perueniant ad
gratiam, ut abunde dictum est. Stat ergo et hic locus adhuc
inuictus aduersus libertatem arbitrij.
30   Tertius est ille Esaiae .40: Suscepit duplicia de manu
Domini pro omnibus peccatis suis. Hieronymus (inquit) de
uindicta diuina interpretatur, non de gratia reddita pro male-
factis. Audio: Hieronymus dicit sic, ergo ¹ est uerum. Ego de ⁷³⁷ W
Esaia disputo clarissimis uerbis disseren¹te, et mihi Hiero- ²⁹³ E
35 nymus obijcitur, ne quid asperius dicam, homo nullius neque
iudicij neque diligentiae. Vbi est promissio illa, qua pactum
fecimus, nos uelle ipsis scripturis agere, non commentarijs
hominum? Totum capitulum Esaiae testibus Euangelistis
loquitur de remissione peccatorum per Euangelion annunciata,
40 ubi ad Iohannem baptistam uocem clamantis pertinere dicunt.

---

15 Gen. 6, 5   22 Mt. 7, 17   30 Jes. 40, 2   31 δ IIIᵇ 3, z. 19 ff.
Hier. comment. in Isaiam (MSL. 24, 400)   36 oben s. 130, z. 3
40 Mt. 3, 3

Et nos feremus, ut Hierony. more suo Iudaicas caecitates
pro historico sensu, deinde suas ineptias pro allegoria ob-
trudat? ut inuersa grammatica, de uindicta intelligamus locum,
qui de remissione loquitur? Obsecro, qualis est uindicta im-
pleta per Christum praedicatum?   Sed uerba ipsa uideamus 5
in Ebraeo! Consolamini (inquit), Consolamini, populе meus,
uel populum meum, dicit Deus uester. Arbitror illum non
uindictam exigere, qui iubet consolari.   Sequitur: Loquimini
ad cor Ierusalem et praedicate illi.   Ebraismus est, loqui ad
cor, id est, bona, dulcia et blanda loqui, quemadmodum 10
Gen. 34 Sichem loquitur ad cor Dinae, quam corruperat,
id est, tristem delinibat blandicijs, ut noster transtulit.   Quae
autem sint illa bona et dulcia, praedicari iussa ad solatium
eorum, exponit dicens: Quoniam finita est militia eius, eo
quod iniquitas eius condonata sit, accepit enim de manu 15
Domini duplicia pro omnibus peccatis suis.   Militia, quod
nostri codices uitiose habent Malitia, Iudaeis audacibus gram-
matistis uidetur tempus statutum significare, sic enim illud
Iob. 7. intelligunt: Militia est uita hominis super terram, id
est, tempus est ei definitum.   Mihi simpliciter, ut grammatica 20
habet, dici Militiam placet, ut Esaiam intelligas loqui de cursu
et labore populi sub lege, uelut in stadio militantis.   Sic enim
Paulus tam praedicatores quam auditores uerbi militibus
libenter comparat, ut, dum Timotheon bonum militem et
²⁹⁴ E bonam militiam certare iubet.   Et Corinthios in ¹ stadio cur- 25
rere facit.   Item: nemo coronatur, nisi legitime certauerit,
Ephesios et Thessalonicenses armis instruit, Et se bonum
certamen certasse gloriatur, Et similia alias. Sic et 1. Reg. 2.
scribitur in Ebraeo, quod filij Eli dormiebant cum mulieribus
militantibus in ostio tabernaculi foederis, de quarum militia 30
et Moses in Exodo meminit, Et hinc Dominus Zebaoth
uocatur Deus populi illius, id est Dominus militiae uel
exercituum.

Esaias igitur militiam legalis populi, quia sub lege
uexabantur uelut onere importabili; teste Petro Act. 15, 35
denunciat finiendam esse, et liberatos a lege in nouam
militiam spiritus transferendos.   Porro is finis militiae du-
rissimae, et successio militiae nouae et liberrimae non dabitur
⁷³⁸ W illis merito ¹ illorum, cum illam neque ferre potuerint, imo
demerito illorum potius, quia sic finitur eorum militia, quod 40

---

11 Gen. 34, 3   19 Hi. 7, 1   24 2. Ti. 2, 3   25 1. Ko. 9, 24
26 2. Ti. 2, 5   27 Eph. 6, 13—17 | 1. Th. 5, 8   28 2. Ti. 4, 7 |
1. Sa. 2, 22   31 Ex. 38, 8   33 AG. 15, 10

donatur eis gratuito eorum iniquitas. Non sunt hic uerba
obscura, uel ambigua. Militiam finiendam dicit, ideo, quod
donetur eius iniquitas, manifeste significans, milites sub lege
non implesse legem, neque implere potuisse, sed militiam
5 peccati exercuisse et milites peccatores fuisse, ac si dicat
Deus: cogor eis peccata donare, si uolo legem ab illis im-
pleri, imo simul legem tollere, quia uideo non posse eos non
peccare, tum maxime cum militant, id est, legem uiribus suis
exprimere laborant. Nam uerbum Ebraicum: Donata est
10 iniquitas, significat gratuitum beneplacitum, Et eo donatur
iniquitas, sine ullo merito, imo cum demerito. Atque hoc
est, quod subdit: Accepit enim de manu Domini duplicia,
pro omnibus peccatis suis. Hoc est, ut dixi, non solum re-
missionem peccatorum, sed etiam finitam militiam, quod est
15 aliud nihil, quam sublata lege, quae erat uirtus peccati, et
donato peccato, quod erat aculeus mortis, regnarent in
libertate du|plici per uictoriam Iesu Christi; id est, quod Esaias 295 E
dicit: De manu Domini; non enim suis uiribus aut meritis
haec obtinuerunt, sed uictore Christo et donante acceperunt.
20 In omnibus peccatis, dicitur Ebraismo, id quod latine dicitur
pro uel propter peccata, ut Osee .12: Iacob seruiuit in
uxore, id est, pro uxore. Et Psal. 16: Circundederunt me
in anima mea, id est, propter animam meam. Igitur merita
nostra pingit Esaias, quibus duplicem illam libertatem ob-
25 tinemus, et finitae militiae legis, et donati peccati, scilicet
quod nihil nisi peccata, et omnia peccata fuerint. Hunccine
igitur pulcherrimum et inuictum locum contra lib. ar. sic
pateremur conspurcari sordibus Iudaicis per Hieron. et
Diatriben allatis? Absit. Stat uero Esaias meus uictor liberi
30 arbitrij, et definit, gratiam donari, non meritis aut liberi ar-
bitrij conatibus, sed peccatis et demeritis, liberumque ar-
bitrium suis uiribus nihil nisi militiam peccati exercere posse,
adeo ut et ipsa lex, quae in adiutorium dari putatur, ei
fuerit intolerabilis et magis peccatorem fecerit, militantem
35 sub ipsa.

Quod autem Diatribe disputat: licet per legem pec-
catum abundet, et, ubi peccatum abundauit, abundet et
gratia, non tamen hinc sequi, quod homo ante gratiam
gratum facientem, adiutus auxilio Dei, non possit sese per
40 opera moraliter bona praeparare fauori diuino, Mirum, si

suo capite loquitur, ac non ex aliqua charta aliunde missa
uel accepta decerpserit, libroque suo inseruerit Diatribe.
Neque enim uidet neque audit, quid sua uerba sonent. Si
per legem abundat peccatum, quomodo est possibile, ho-
minem per opera moralia posse praeparare sese fauori di- 5
uino? Quomodo opera prosint, cum lex non prosit? aut
739 W quid est aliud per legem abundare peccatum, | quam opera
296 E secundum legem facta esse pec|cata? Sed haec alias. Quid
uero dicit, quod homo adiutus Dei auxilio possit operibus
moralibus sese praeparare? Disputamusne de diuino auxilio, 10
uel de libero arbitrio? Quid enim non sit possibile diuino
auxilio? Sed hoc est, quod dixi: Diatribe caussam con-
temnit, quam agit, ideo sic stertit et oscitat loquendo. Cor-
nelium tamen illum centurionem pro exemplo adducit, ut
cuius praeces et elemosynae placuerint nondum baptisati, 15
necdum afflati spiritu sancto. Ego quoque Lucam in Actis
legi, nec tamen inueni ulla syllaba indicari, quod opera Cor-
nelij fuerint moraliter bona sine spiritu sancto, ut somniat
Diatribe, Sed contrarium inuenio, quod iustus et timens Deum
fuerit, Sic enim Lucas eum appellat. Iustum autem et 20
timentem Deum sine spiritu sancto dici, est idem, quod Belial
Christum dici. Deinde tota disputatio ibi agit, quod mundus
coram Deo sit Cornelius, etiam teste uisione de coelo ad
Petrum missa et ipsum increpante; scilicet tantis uerbis et
rebus iustitia et fides Cornelij a Luca celebratur. Nihilominus 25
Diatribe cum suis Sophistis, apertis oculis in clarissima luce
uerborum et euidentia rerum caecutiunt et contrarium uident,
tanta est indiligentia legendi et obseruandi sacras literas,
quas tum oportet · obscuras et ambiguas infamari. Esto,
nondum erat baptisatus et uerbum de Christo suscitato 30
nondum audierat, Nunquid hinc sequitur, ipsum sine spiritu
sancto fuisse? Sic et Iohannem baptistam cum suis paren-
tibus, tum Matrem Christi et Simeonem dices sine spiritu
sancto fuisse. Sed ualeant tenebrae tam crassae.

    Quartus locus Esaias eodem cap.: Omnis caro fenum et 35
omnis gloria eius quasi flos feni, Exiccatum est fenum et
flos feni cecidit, quia spiritus Domini sufflauit in illud etc.
297 E Videtur Dia|tribe meae uiolentius ad gratiam et lib. arb. trahi.
Quare hoc quaeso? Quia Hierony. (inquit) spiritum pro
indignatione accipit, carnem pro infirma hominis conditione, 40

---

    14 δ IIIb 3, z. 25 ff.   15 AG. 10, 4   20 AG. 10, 2
35 Jes. 40, 6 f.   38 δ IIIb 4, s. 63, z. 5 ff.

quae nihil ualet aduersus Deum. Iterum mihi Hieronymi nugae pro Esaia afferuntur, fortius contra tedium mihi pugnandum est, quo me conficit tanta indiligentia (nequid acerbius dicam) Diatribe, quam contra ipsam Diatriben. Sed 5 diximus paulo ante iudicium nostrum de Hierony. sententia. Ipsam quaeso Diatriben sibi ipsi conparemus. Caro (inquit) est infirma hominis conditio, Spiritus autem indignatio diuina. Nihilne igitur aliud habet indignatio diuina, quod exiccet, quam miseram illam et infirmam hominis conditionem, quam 10 potius debeat erigere? Sed illud pulchrius: flos feni est gloria, quae nascitur ex foelicitate rerum corporalium. Iudaei gloriabantur | templo, praeputio, uictimis, Graeci sapientia. 740 W Igitur flos feni et gloria carnis est iustitia operum et sapientia mundi. Quomodo igitur iustitia et sapientia dicuntur 15 res corporales apud Diatriben? Quid tum ad ipsum Esaiam, qui proprijs uerbis sese interpretatur dicens: Vere fenum est populus, non dicit: uere fenum est infirma hominis conditio, sed populus, idque asserit iuramento? Quid autem est populus? An est sola conditio hominis infirma? Iam, an infir-20 mam hominis conditionem intelligat Hierony. ipsam creationem uel sortem et statum hominis miserum, nescio. Sed utrum sit, Egregiam certe laudem et spolia ampla refert diuina indignatio, quod miseram creaturam uel homines infoelices exiccat, ac non potius superbos dispergat et potentes de sede de-25 ponat et diuites dimittat inanes, ut Maria canit. Sed Esaiam, dimissis laruis, sequamur! populus (inquit) est fenum, populus autem non est mera caro uel infirma conditio humanae naturae, sed complectitur, quicquid est in populo, scilicet diuites, sapientes, iustos, sanctos. Nisi de populo Iudaeorum 30 non sunt Pharisaei, Seniores, Principes, Optimates | Diuites etc. 298 E Flos feni recte gloria dicitur, scilicet, quod de regno, de politia, maxime uero de lege, Deo, Iustitia et sapientia gloriabantur, et Paulus Rom. 2. 3. et .9. disputat.

Cum ergo dicit Esaias: Omnis caro, quid hoc est aliud 35 quam omne fenum seu omnis populus? Non enim simpliciter dicit: Caro, sed: omnis caro. Ad populum autem pertinet anima, corpus, mens, ratio, iudicium et quicquid etiam in homine potest praestantissimum dici aut inueniri. Nullum enim excipit, qui dicit: Omnis caro fenum, nisi 40 spiritum, qui exiccat. Nihil quoque omittit, qui dicit: fenum est populus. Da igitur libe. arbitrium, da quicquid in populo

25 Lc. I, 51—53

potest summum et infimum haberi, totum hoc Esaias carnem
appellat et fenum.   Quia tria illa nomina: Caro, fenum, po-
pulus, ipsomet interprete, qui est author libri, idem hoc loco
significant.   Deinde tu ipse affirmas, Graecorum sapientiam
et Iudaeorum iustitiam, quae exiccata sint per Euangelion,   5
fenum uel florem feni esse.   An putas sapientiam in Graecis
non fuisse praestantissimum quod habuerunt? et iustitiam in
Iudaeis non fuisse praestantissimum quod potuerunt?   Tu
doce aliud praestantius.   Vbi igitur est fiducia tua, qua etiam
(Philippum puto) suggillabas, dicens: Siquis contendat, id quod   10
in hominis natura est praestantissimum, nihil aliud quam
carnem, id est, impium esse, huic facile assentiam, si id,
quod asseuerat, scripturae sacrae testimonijs doceat.   Habes
hic Esaiam, qui populum spiritu Domini uacuum, carnem
magna uoce clamat, quanquam nec sic audias.   Habes tuam   15
ipsius confessionem, qui Graecorum sapientiam (forte im-
prudenter) dicis fenum uel gloriam feni, quod idem est, ac
74ₜ W   si carnem dixeris, | nisi sapientiam Graecorum contendas non
pertinere ad rationem uel igemonicon, ut dicis, id est, prin-
cipalem partem hominis.   Audi quaeso, si nos contemnis, uel   20
teipsum ui ueritatis captum, recta dicentem.   Habes Iohannem:
299 E   Quod natum | est ex carne, caro est.   Quod natum est ex
spiritu, spiritus est.   Hunc locum, qui euidenter conuincit, id,
quod ex spiritu natum non est, carnem esse, alioqui partitio
Christi non subsisteret, qui omnes homines in duo diuidit, in   25
carnem et spiritum, Hunc igitur locum, quasi te non doceat
quod petis, fortiter transis, et aliorsum te proripis more tuo,
disserens interim Iohannem dicere, credentes ex Deo nasci
ac filios Dei fieri, imo Deos et nouam creaturam.   Non quid
partitio concludat curas, sed qui sint in parte altera par-   30
titionis ociosis uerbis nos doces, Rhetorica tua fisus, quasi
nemo sit, qui hanc transitionem et dissimulationem tam
callidam sit obseruaturus.

Difficile est te hoc loco non subdolum et uersipellem
credere.   Qui enim scripturas ea colit uafricia et hypocrisi,   35
qua tu colis, is secure poterit de se confiteri, scripturis sese
nondum esse doctum, uelle autem doceri, cum nihil uelit
minus, et haec tantum garriat ad contumeliam lucis cla-
rissimae in scripturis, et ad suam pertinaciam ornandam.   Sic
Iudaei usque in hodiernum diem dicunt, scripturis non pro-   40

---

10 Melanchthon δ III b 4, s. 64, z. 1—4   19 δ III b 4, s. 63, z. 15
21 Jo. 3. 6   27 δ III b 4, s. 64, z. 6 f.

bari, quae Christus, Apostoli et tota Ecclesia docuerunt. Nihil
Haeretici scripturis possunt doceri. Papistae scripturis adhuc
non sunt edocti, quamuis etiam saxa clament ueritatem.
Forte expectas locum e scripturis producendum, qui istis
5 literis et syllabis constet: Pars principalis in homine est caro,
uel: id quod praestantissimum est in homine, est caro, alioqui
inuictus uictor futurus, tanquam si Iudaei postulent, ut ex
Prophetis proferatur sermo, qui his literis constet: Ihesus
fabri filius et Maria uirgine natus in Bethlehem, est Messias
10 et filius Dei. Hic, ubi aperta sententia cogeris, literas et
syllabas nobis praescribis, quas proferamus, alibi, ubi et literis
et sententia uinceris, tropos, nodos et interpretationes sanas
habes. Nusquam non inuenis, ¹ quod contradicas scripturis 300 E
diuinis. Nec mirum, qui nihil aliud agis, quam ut quaeras,
15 quod contradicas. Nunc curris ad interpretationes ueterum,
nunc ad absurditates rationis, ubi horum neutrum succurrerit,
tum aliena et uicina disseris, tantum, ut praesente scripturae
loco non tenearis. Quid dicam? Protheus non est Protheus,
si tibi comparetur, Nec sic tamen elabi potes. Quantas
20 uictorias Arriani iactabant, quod syllabae istae et literae
Homousios non haberentur in scripituris, nihil morati, quod 742 W
alijs uerbis idem efficacissime probaretur! Sed an hoc sit
boni, non dicam pij animi, erudiri cupientis, iudicet uel ipsa
impietas et iniquitas. Habe igitur uictoriam, nos uicti con-
25 fitemur, hos characteres et syllabas (praestantissimum in ho-
mine nihil nisi caro est) in sacris scripturis non inueniri. Tu
autem uide, qualis sit uictoria tua, cum nos probemus in
scripturis locupletissime inueniri, quod non una portio uel
praestantissimum aut principalis pars hominis sit caro, sed
30 totum hominem esse carnem, Nec id solum, sed totum po-
pulum esse carnem, Atque ne hoc quidem satis, sed totum
genus humanum esse carnem. Christus enim dicit: Quod
natum est ex carne, caro est. Tu solue nodos, finge tropos,
sectare interpraetationem ueterum, aut alio uersus, interim
35 de Troiano bello dissere, ne uideas uel audias praesentem
locum. Nos non credimus, sed uidemus et experimur, totum
genus humanum ex carne natum esse. Ideo cogimur credere
quod non uidemus, scilicet, totum genus humanum carnem esse,
docente Christo. An nunc igemonica pars in homine com-
40 prehendatur toto homine, toto populo, toto genere hominum,
permittimus Sophistis, ut dubitent et disputent, nos in toto

3 Lc. 19, 40   32 Jo. 3, 6

genere humano scimus complecti corpus et animam cum
omnibus uiribus et operibus, cum omnibus uitijs et uirtutibus,
cum omni sapientia et stultitia, cum omni iustitia et iniustitia.
Omnia sunt caro, quia omnia sapiunt carnem, id est, quae
sua sunt, uacantque gloria Dei et spiritu Dei, ut Paulus ait 5
Roma. 3.

301 E | Quod igitur dicis: Nec omnis affectus hominis est caro,
Sed est qui dicitur anima, est qui dicitur spiritus, quo nitimur
ad honesta, sicut Philosophi nixi sunt, qui docuerunt millies
oppetendam esse mortem citius quam admittendam turpitu- 10
dinem, etiam si sciremus futurum, ut ignorarent homines et
Deus ignosceret, Respondeo: Qui nihil certe credit, huic fa-
cile est, quiduis credere et dicere. Non ego, sed Lucianus
tuus te interroget, an unum in uniuerso genere humano (sit
bis aut septies ipse Socrates) ostendere queas, qui hoc prae- 15
stiterit, quod tu hic dicis et eos docuisse scribis? Quid igitur
inanibus uerbis fabularis? Ad honesta illi niterentur? qui
etiam nesciebant, quid esset honestum. Honestum forte dices,
si exemplum praestantissimum petam, quod pro patria, pro
coniugibus et liberis, pro parentibus occubuerint, aut, ne 20
mentirentur aut proderent, exquisitos cruciatus pertulerint,
quales Q. Sceuola, M. Regulus et alij fuerint. Quid uero
in his omnibus, nisi speciem externam operum monstrare
43 W poteris? An cor eorum uidisti? imo simul in specie operis
apparuit, quod pro gloria sua haec omnia | gesserunt, ita ut 25
nec puduerit confiteri et gloriari sese gloriam suam quaerere.
Nam et gloria perurente gesserunt Romani, ipsismet testibus,
quicquid uirtutis gesserunt, ita et Graeci, ita et Iudaei, ita et
omne genus hominum. Sed ut sit hoc honestum apud ho-
mines, apud Deum tamen nihil est inhonestius, imo im- 30
pijssimum et summum sacrilegium, nempe, quod non pro
gloria Dei egerunt, nec ut Deum glorificauerunt, sed im-
pijssima rapina, Deo gloriam rapientes et sibi attribuentes,
nunquam magis inhonesti et turpes fuerunt, quam dum in
summis suis uirtutibus fulserunt. Quomodo uero pro gloria 35
Dei agerent, cum | Deum et gloriam eius ignorarent, non quod
non appareret, sed quod caro non sinebat eos uidere gloriam
302 E Dei, prae furore et insania in gloriam propriam. Habes
igitur spiritum illum igemonicum, principalem partem hominis,
ad honesta nitentem, id est, latronem gloriae diuinae et 40
maiestatis affectatorem, tum maxime, cum sunt honestissimi

---

et summis suis uirtutibus illustrissimi. Hos nunc nega esse carnem et impio affectu perditos!

Nec credo Diatriben adeo offendi ea locutione, quod homo dicatur esse caro uel spiritus, cum latinus diceret: 5 Homo est carnalis uel spiritualis. Donandum est enim hoc, sicut et multa alia, Ebraeae linguae, ut, cum dicit: Homo est caro uel spiritus, idem significet, quod nos, cum dicimus: Homo est carnalis uel spiritualis, quemadmodum latini dicunt: Triste lupus stabulis, dulce satis humor, uel cum dicunt: Iste 10 homo est scelus et ipsa malitia. Ita et scriptura sancta per Epitasin hominem uocat carnem, quasi ipsam carnalitatem, quod nimio ac nihil aliud sapiat, quam ea, quae carnis sunt, Et spiritum, quod nihil nisi ea, quae spiritus sunt, sapiat, quaerat, agat et ferat. Nisi forte hoc adhuc reliquum quaerat: 15 etiamsi totus homo et praestantissimum in homine caro esse dicatur, nunquid ideo statim etiam impium dici oporteat, quicquid caro fuerit? Nos impium dicimus, quisquis sine spiritu Déi fuerit. Nam ideo scriptura dicit spiritum donari, ut impium iustificet. Cum uero Christus spiritum a carne 20 distinguat dicens: Quod natum est ex carne, caro est, addatque, non posse natum ex carne regnum Dei uidere, euidenter sequitur, quicquid fuerit caro, idem impium et sub ira Dei, alienumque a regno Dei esse. Quodsi a regno et spiritu Dei alienum est, necessario sequi, quod sub regno et spiritu 25 Satanae sit, cum non sit medium regnum inter regnum Dei et regnum Satanae, mutuo sibi et perpetuo pugnantia. Haec sunt, quae demonstrant, summas uirtutes in gentibus, optima in Philosophis, praestantissima in hominibus, coram mundo quidem ¹ dici et apparere honesta et ¹ bona, sed coram Deo ⁷⁴⁴ ᵂ ₃₀₃ ᴱ 30 uere sunt caro et Satanae regno seruientia, id est, impia et sacrilega omnibusque nominibus mala.

Sed fingamus quaeso Diatribes sententiam stare, quod non omnis affectus sit caro, id est, impius, sed sit is, qui spiritus dicitur, honestus et sanus, uide, quantum absurditatis 35 hinc sequatur, non quidem apud rationem humanam, sed in tota Christiana religione et summis fidei articulis. Si enim praestantissimum in homine non est impium neque perditum aut damnatum, sed solum caro, id est, crassiores et inferiores affectus, qualem rogo faciemus Christum redemptorem? An 40 precium sanguinis eius tam uile faciemus, ut solum id, quod uilissimum est in homine, redemerit, praestantissimum uero in

---

20 Jo. 3, 6.   3   24 sequitur?

homine per sese ualeat et Christo non habeat opus? ut
Christum deinceps praedicemus redemptorem non totius ho-
minis, sed partis eius uilissimae, scilicet carnis, Hominem uero
ipsummet suijpsius redemptorem in potiore sui parte. Elige,
utrum uolueris: Si sana est potior pars hominis, redemptore 5
Christo non eget; Si Christo non eget, maiore gloria super
Christum triumphat, ut quae sese potiorem partem curet, cum
Christus uiliorem tantum curet. Deinde regnum Satanae
quoque nihil erit, ut quod uiliore parte hominis regnet, a
potiore uero parte per hominem potius regnetur. Ita fiet 10
per dogma istud de principali parte hominis, ut homo supra
Christum et diabolum extollatur, hoc est, fiet Deus Deorum
et Dominus dominantium. Vbi nunc est illa opinio pro-
babilis, quae dixit, lib. arb. nihil boni uelle posse? hic uero
contendit, esse principalem partem et sanam honestamque, 15
ne Christo quidem indigere, sed plura posse quam Deus ipse
et diabolus possunt. Hoc dico, ut iterum uideas, quanti
periculi res sit, sacra ac diuina tentare sine spiritu Dei,
temeritate rationis humanae. Igitur si Christus est agnus
Dei qui tollit peccatum mundi, mundum totum sub peccato, 20
damnatione et diabolo esse sequitur, nihilque prodest distinctio
304 E partium principalium et ¦ non principalium. Mundus enim
significat homines mundana sapientes partibus omnibus.

    Si totus homo (inquit), etiam renatus per fidem, nihil
aliud est quam caro, ubi spiritus e spiritu natus? ubi filius 25
Dei? ubi noua creatura? Super his doceri uelim. Haec
Diatribe. Quo? Quo? mea Diatribe Charissima? quid somnias?
Tu petis doceri, quomodo spiritus natus e spiritu sit caro.
Proh quam laeta et secura uictoria nobis uictis hic insultas,
quasi impossibile sit, nos hic subsistere. Interim ueterum 30
authoritate uis abuti, qui semina quaedam honesti tradunt
insita mentibus hominum. Primum, si ita uis, per nos quidem
licet, ut ueterum authoritate utaris uel abutaris, tu uideris,
745 W quid ¦ credas, qui hominibus credis, sua dictantibus sine uerbo
Dei. Nec forte multum te cruciat religionis cura, quid quis 35
credat, qui tam facile hominibus credis, nihil moratus, an
certum uel incertum sit apud Deum, quod dicunt. Et nos
super hoc doceri uelimus, quando nos unquam id docuerimus,
quod tu tam libere et publice nobis imputas. Quis ita in-
saniat, ut nihil nisi carnem esse dicat eum, qui natus est ex 40
spiritu? Nos manifeste separamus carnem et spiritum tan-

---

quam res pugnantes, dicimusque cum oraculo diuino, ho-
minem, qui non est renatus per fidem, esse carnem. Deinde
renatum non amplius carnem esse dicimus, quam secundum
reliquias carnis, quae aduersantur primicijs accepti spiritus.
5 Nec credo, quod hoc in nostri uolueris inuidiam fingere,
alioqui, quid poteras nobis sceleratius imponere? Sed uel
nihil intelligis nostrarum rerum, uel magnitudini rerum impar
esse uideris, qua sic premeris et confunderis forte, ut non
satis memor sis, quid uel in nos uel pro te dicas. Nam
10 quod ueterum authoritate credis, semina quaedam honesti
insita mentibus hominum, iterum obliuione quadam dicis,
cum supra asserueris, nihil boni uelle posse liberum arbitrium.
Non posse autem quicquam boni uelle, nescio, quomodo
secum patiatur semina quaedam honesti. Sic ego perpetuo
15 cogor te admonere status caussae sus|ceptae, a quo tu per- 305 E
petua obliuione discedis et aliud agis quam institueras.
    Alius locus est Hieremiae .10: Scio, Domine, quoniam
non est hominis uia eius, nec ullius est, ut ambulet et
dirigat gressus suos. Hunc locum dicit magis pertinere ad
20 euentum rerum laetarum, quam ad potestatem liberi arbitrij.
Hic iterum Diatribe cum fiducia glosam affert, prout uisum
est, tanquam scriptura sit sub iure suo plenissimo. Vt autem
Prophetae sensum et intentum consideraret, quid opus erat
tantae authoritatis uiro? Sat est: Erasmus dicit, ergo sic est.
25 Hac libidine glossandi permissa aduersarijs, quid est, quod
non obtineant? Doceat igitur ex ipsius sermonis serie hanc
glosam, et credemus. Nos autem docemus ex ipsa serie, Pro-
phetam, cum uideret sese frustra docere impios tanta in-
stantia, simul intelligit, uerbum suum nihil ualere, nisi Deus
30 intus doceat, atque ideo non esse in manu hominis audire
et bonum uelle, Hoc animaduerso, Dei iudicio territus, petit,
ut corrigat eum in iudicio, si omnino corrigi debet, et non
tradatur cum impijs sub iram Dei, quos sinit indurari et in-
credulos manere. Sed fingamus tamen locum de euentis
35 rerum tristium et laetarum intelligi, quid, si haec ipsa glosa for-
tissime subuertat liberum arbitrium? Fingitur quidem hoc nouum
effugium, ut rudes et inertes falsi, putent esse satis factum,
sicut illi faciunt effugio illo de necesssitate consequentiae.
Non uident enim, quomodo multo magis irretiantur et ca-
40 piantur istis effugijs, adeo auertuntur nouis istis uocabulis.
Si itaque euentus rerum istarum non est in manu nostra,

4 Rö. 8, 23   17 Jer. 10, 23   19 ß IIIb 5, z. 23 f.

746W ¹quae sunt temporales et quibus homo dominus constituitur Gen. 1, Obsecro, quomodo erit in manu nostra res illa coelestis, gratia Dei, quae in solius arbitrio Dei pendet? An liberi arbitrij conatus potest salutem aeternam obtinere, qui 306 E non potest obulum, imo nec pilum capitis retinere? ¹Non 5 est nobis potestas obtinendae creaturae, et potestas erit obtinendi creatoris? Quid insanimus? Pertinet igitur id multo maxime ad euentus, quod homo ad bonum uel ad malum nititur, quia utrobique multo magis fallitur et minus libertatis habet, quam dum nititur ad pecuniam uel gloriam uel 10 uoluptatem. Quam pulchre igitur euasit haec glosa, quae libertatem hominis negat in paruulis et creatis euentibus, et praedicat eam in summis et diuinis euentibus. Ac si dicas: Codrus non potest staterem persoluere, potest autem infinita milia aureorum persoluere. Et miror Diatriben, quae illud 15 Viglephi, omnia necessario fieri, adeo persecuta hactenus, nunc ipsamet concedit, euenta esse necessaria nobis.

Deinde si maxime torqueas (ait) ad liberum arbitrium, nemo non fatetur, absque gratia Dei neminem posse rectum uitae cursum tenere, Nihilominus tamen interim annitimur et 20 ipsi pro uiribus, quia oramus quottidie: Dirige, Domine Deus meus, in conspectu tuo uiam meam. Qui petit auxilium, non deponit conatum. Nihil putat Diatribe referre, quid respondeat, modo non taceat et aliquid dicat, tum satisfactum uult uideri, adeo confidit authoritate sua. Probandum fuit, 25 an nos uiribus nostris nitamur, et probat, quod orans aliquid conetur. Obsecro, an nos irridet? an ludificatur Papistas? Qui orat, spiritu orat, imo spiritus ipse in nobis orat Rom. 8. Quomodo igitur per conatum spiritus sancti probatur potestas liberi arbitrij? An eadem res est lib. arb. et spiritus sanctus 30 apud Diatriben? An disputamus nunc, quid spiritus possit? Relinquit igitur locum istum Hieremiae mihi intactum Diatribe, atque inuictum, solumque id sui capitis affert glossema: Nos etiam annitimur uiribus. Et huic cogetur Lutherus credere, modo uelit. 35

307 E Item illud Prouerbi. 16: Hominis est praeparare ¹cor, Domini autem gubernare linguam, Etiam ad euenta rerum dicit pertinere, quasi hoc suo proprio dicto sine authoritate alia satis sit nobis factum. Et facit sane nimio satis, quod concesso sensu de euentis rerum, nos plane uicimus secundum 40

---

2 Gen. 1, 28   18 ỏ III b 5, z. 3—9   21 Ps. 5, 9   28 Rỏ. 8, 15
36 Pr. 16, 1   37 ỏ III b 6, z. 12

ea, quae proxime diximus, quod, cum libertas arbitrij in rebus
et operibus nostris nulla est, multo magis nulla est in rebus
et operibus diuinis. Sed acumen eius uide: Quomodo est
hominis praeparare cor, quum Lutherus affirmet omnia ne-
5 cessitate geri? Respondeo: quum euenta rerum non sint ¹ in 747 W
potestate nostra, ut tu dicis, quomodo est hominis res gerere?
Quod mihi responderis, tibi responsum habe. Imo ideo ma-
xime operandum est, quia incerta nobis sunt omnia futura,
ut Ecclesiastes ait: Mane semina semen tuum et uespere non
10 cesses, quia nescis, an hoc uel illud sit oriturum. Nobis in-
quam sunt incerta cognitione, sed necessaria euentu. Ne-
cessitas nobis timorem Dei incutit, ne praesumamus et securi
simus. Incertitudo uero fiduciam parit, ne desperemus. Redit
uero ad ueterem suam cantilenam, quod in libro Prouerbiorum
15 multa dicuntur pro lib. arbi., quale est illud: Reuela Domino
opera tua. Audis (inquit) opera tua? Scilicet, quod multa
sint in eo libro uerba imperatiua et coniunctiua, item pro-
nomina secundae personae, his enim fundamentis probatur
libertas arbitrij, ut: Reuela, ergo potes reuelare, opera, ergo tu facis
20 ea. Sic illud: ego sum Deus tuus, intelliges: id est, tu facis
me Deum tuum. Fides tua te saluum fecit, Audis tua? ex-
pone sic: Tu facis fidem; tum probasti lib. arbitrium.
Non hic irrideo, sed ostendo Diatribe serium non esse in
hac caussa.
25   ¹ Illud eodem capite: omnia propter semetipsum operatus 308 E
est Dominus, etiam impium ad diem malum, etiam suis uerbis
format, excusans Deum, quod nullam creaturam malam con-
diderit, quasi de Creatione dixerim ego, ac non magis de
operatione illa assidua Dei in rebus creatis, Qua operatione
30 Deus agit et impium, sicut supra de Pharaone diximus.
Nec illud ex cap. 20. ipsi uidetur urgere: Cor regis in
manu Domini; quocunque uoluerit, inclinat illud. Non statim
(ait) cogit, qui inclinat, Quasi nos de coactione loquamur,
ac non potius de necessitate immutabilitatis. Ea significatur
35 per inclinationem Dei, quae non est res tam stertens et
pigra, ut fingit Diatribe, Sed est actuosissima illa operatio
Dei, quam uitare et mutare non possit, sed qua tale uelle
habet necessario, quale illi Deus dedit et quale rapit suo
motu, ut dixi supra. Deinde, cum Salomon de corde regis
40 loquatur, putat Diatribe eum locum non recte ad generalem

---

3 δ IIIb 6, z. 14 f.   9 Prd. 11, 6   14 δ IIIb 6, z. 15 ff.
15 Pr. 16, 3   25 Pr. 16, 4   27 δ IIIb 6, z. 24 f.   31 Pr. 21, 1
33 δ IIIb 7, z. 4   40 δ IIIb 7, z. 10 ff.

sententiam trahi, sed illud uelle, quod alias Iob dicit: regnare
facit Hypocritam propter peccata populi. Tandem concaedit
inclinari a Deo regem ad malum, sed sic, quod sinat regem
agi affectibus, ad castigandum populum. Respondeo: Siue
sinat, siue inclinet Deus, ipsum sinere uel inclinare non fit 5
nisi uolente et operante Deo, quia uoluntas regis non potest
effugere actionem omnipotentis Dei, quia rapitur omnium
uoluntas, ut uelit et faciat, siue sit bona siue mala. Quod
uero generalem sententiam fecimus ex particulari uoluntate
309 E regis, puto neque inepte neque in¹docte nos fecisse. Si enim 10
cor regis, quod uidetur maxime liberum et alijs dominari,
748 W non tamen potest uelle, nisi ¹ quo Deus ipsum inclinarit,
quanto minus ullus aliorum hominum id potest? Atque ista
consequentia non solum ex regis, sed etiam cuiuslibet ho-
minis uoluntate ualeret. Si enim unus homo, quantumlibet 15
priuatus, non potest coram Deo uelle, nisi quo inclinat Deus,
idem de omnibus hominibus dicetur. Sic quod Balaam non
potuit loqui, quod uolebat, argumentum est euidens in scrip-
turis, hominem non esse sui iuris aut operis liberum
electorem aut factorem, Alioqui exempla nulla subsisterent 20
in scripturis.

Post haec, cum dixisset, testimonia, quae Lutherus ex eo
libro colligit, multa colligi posse, sed quae comoda inter-
pretatione, tum pro, tum contra liberum arbitrium possent
stare, Tandem adducit telum illud Lutheri Achilleum et 25
ineuitabile Iohan. 15: Sine me nihil potestis facere etc.
Laudo et ego Rhetorem liberi arbitrij egregium, qui testimonia
scripturae interpretationibus, ut uisum fuerit, comodis, for-
mare docet, ut uere pro libero arbitro stent, id est, efficiant,
non quod debent, sed quod nobis placuerit. Deinde sic 30
unum fingat sese metuere Achilleum, ut stolidus lector, eo
uicto, caetera nimis contempta habeat. Verum ego magni-
loquam et heroicam Diatriben spectabo, uisurus, qua ui
meum superet Achillem, quae hactenus nullum gregarium
militem, ne Tersitem quidem percusserit, sed suis ipsius 35
telis sese miserrime confecerit. Igitur apprehensa uocula hac
‚Nihil' multis uerbis, multisque exemplis eam iugulat, et co-
moda interpretatione huc trahit, ut nihil idem possit esse,
quod modicum et imperfectum, scilicet, alijs uerbis id disserens,
quod Sophistae hactenus hoc loco sic docuerunt: Sine me 40

---

1 Hi. 34, 30   2 δ III b 7, z. 16 ff.   17 Nu. 23, 7   22 δ III b 7,
z. 23 ff.   25 δ IIIb 8, z. 30 ff.   26 Jo. 15, 5

nihil potestis facere, scilicet perfecte. Hanc glosam iamdudum
exoletam et corrosam, reddit nobis ui Rhetoricae nouam, et
sic instat, quasi prima eam afferat, nec antea sit unquam
audita, uice miraculi nobis eam exhibitura, ¹ Interim uero ₃₁₀ E
5 prorsus secura et nihil cogitans de ipso textu, de se-
quentibus et praecedentibus, unde petenda est intelligentia.
Taceo illud, quod tot uerbis et exemplis probat uocabulum
hoc ‚Nihil‘ posse hoc loco accipi pro modico et imperfecto,
quasi nos de posse disputemus, cum hoc probandum fuerit,
10 an debeat sic accipi. Vt tota ista magnifica interpretatio
nihil efficiat, si quid efficit, quam quod incertus fiat locus
iste Iohannis et ambiguus. Nec hoc mirum, cum hoc unice
agat Diatribe, ut scripturae Dei sint ubique ambiguae, ne
illis cogatur uti, authoritates uero ueterum certae, ut illis
15 liceat abuti, mira sane religione, uerba Dei sint inutilia, ho-
minum uerba sint utilia.

   ¹ Sed hoc pulcherrimum est uidere, quam bene sibijpsi ₇₄₉ W
constet. Nihil pro modico accipi potest, Et in eo sensu (in-
quit) uerissimum est, nos sine Christo nihil posse facere,
20 loquitur enim de fructu Euangelico, qui non contingit nisi
manentibus in uite, qui est Christus etc. Hic ipsamet con-
fitetur fructum non contingere, nisi manentibus in uite, et
hoc facit in ea ipsa comoda interpretatione, qua probat,
nihil id esse, quod modicum et imperfectum. Sed forte et
25 aduerbium ‚Non‘ oportet etiam comode interpretari, ut signi-
ficet, fructum Euangelicum extra Christum aliquo modo seu
modicum et imperfectum contingere, ut praedicemus impios
sine Christo, qui regnante Satana in ipsis et contra Christum
pugnante, posse aliquid fructuum uitae praestare, hoc est, ut
30 hostes Christi pro Christo faciant. Sed mittamus ista. Hic
ego doceri uelim modum, quo Haereticis queat resisti, qui
ubique in scripturis hac lege usuri, Nihil et Non pro imper-
fecto accipere contendant, ut: sine ipso factum est nihil, id
est: modicum. Dixit insipiens in corde suo: non est Deus,
35 id est: imperfectus est Deus. Ipse fecit nos et non ipsi nos,
¹ id est: modicum fecimus nos. Et quis numeret e scripturis ₃₁₁ E
locos, ubi Nihil et non ponuntur? An hic dicemus: Comoda
interpretatio spectanda est? At nulli Haeretico sua non co-
moda est. Scilicet, hoc est nodos soluere, tantae licentiae
40 fenestram aperire corruptis mentibus et fallacibus spiritibus?
Tibi, credo, qui sacrae scripturae certitudinem susque deque

---

19 δ lllb 8, z. 5 ff.   21 Jo. 15, 4   33 Jo. 1, 3   34 Ps. 14, 1
35 Ps. 100, 3

facis, comoda fuerit ea licentia interpretandi, sed nobis, qui
conscientias stabilire laboramus, nihil incomodius, nihil no-
centius, nihil pestilentius hac comoditate contingere potest.
Audi itaque, magna uictrix Achillis Lutherani: nisi tu pro-
baueris, ‚Nihil‘ hoc loco non solum posse, sed etiam debere 5
pro modico accipi, nihil effeceris tanta copia uerborum et
exemplorum, nisi quod aridis stipulis aduersus flammas pugna-
ueris. Quid nobis cum tuo posse, a quo exigitur, ut probes,
debere? Quod nisi effeceris, manemus in naturali et gram-
matica significatione uocabuli, ridentes tam exercitus quam 10
triumphos tuos.

Vbi nunc manet opinio probabilis, quae statuit liberum
arbitrium nihil boni uelle posse? Sed forte uenit tandem
hic interpretatio comoda, ut ‚nihil boni‘ significet aliquid
boni, inaudita plane et grammatica et dialectica, ut nihil sit 15
id, quod aliquid, quod apud dialecticos impossibile fuerit,
cum sint contradictoria. Vbi manet et illud, quod Satanam
credimus principem esse mundi, regnantem, teste Christo et
Paulo, in uoluntatibus et mentibus hominum sibi captiuis et
750 W seruientibus? Ille scilicet leo rugiens, hostis implaca'bilis et 20
irrequietus gratiae Dei et salutis humanae, sinet fieri, ut homo,
seruus et pars regni sui, conetur ad bonum ullo motu aut
momento, quo suam tyrannidem euadat, ac non potius in-
citet et urgeat, ut totis uiribus contrarium gratiae et uelit et
faciat? cui iusti et spiritu Dei agentes uix resistunt et bonum 25
312 E uolunt ac faciunt, ita in eos saeuit. | Tu, qui fingis uolun-
tatem humanam esse rem in medio libero positam ac sibi
relictam, facile simul fingis, esse conatum uoluntatis in utram
partem, quia tam Deum, quam diabolum fingis longe abesse,
ueluti solum spectatores mutabilis illius et liberae uoluntatis, 30
impulsores uero et agitatores illius seruae uoluntatis, mutuo
bellacissimos, non credis. Quo solo credito, satis fortiter stat
nostra sententia, et prostratum iacet liberum arbitrium, ut et
supra docuimus. Aut enim regnum Satanae in hominibus
nihil erit, et sic Christus mentietur, Aut, si regnum eius tale 35
est, quale Christus describit, liberum arbitrium nihil nisi
iumentum captiuum Satanae erit, non liberandum, nisi prius
digito Dei eijciatur diabolus. Hinc credo satis intelligis, mea
Diatribe, quid sit et quantum ualeat, quod author tuus per-
uicatiam Lutheranae assertionis detestatus, solet dicere, Scilicet, 40

---

12 oben s. 157, z. 13   18 Jo. 12, 31. 14, 30   19 Eph. 6, 12
20 1. Pt. 5, 8   26 oben s. 159, z. 4 ff.

Lutherum ualde urgere caussam scripturis, sed quae uno uer-
bulo dissolui possunt. Quis enim hoc nescit, uno uerbulo
posse omnes scripturas solui? Pulchre hoc sciebamus, etiam
antequam Erasmi nomen audiremus. Sed hoc quaeritur, an
5 hoc satis sit, uerbulo solui scripturam. An recte soluatur, et
an sic debéat solui, hoc disputatur. Huc spectet, et uidebit,
quam facile sit scripturas soluere, et quam detestanda sit
peruicatia Lutheri. Videbit autem non solum uerbula nihil
efficere, sed nec omnes portas inferorum.

10   Nos igitur, quod Diatribe pro sua affirmatiua non potest,
quamuis non debeamus negatiuam probare, faciamus tamen,
et extorqueamus ui argumentorum, ,Nihil' hoc loco non solum
posse, sed debere accipi, non pro modico, sed pro eo, quod
uocabulum natura significat. faciemus autem hoc ultra illud
15 inuictum argumentum, quo iam uicimus, scilicet, esse uoca-
bula naturali significationis usu seruanda, nisi contrarium
fuerit demonstratum, quod Diatribe neque fecit, neque potest
facere. Extorquemus autem id primum ipsa rei natura,
uidelicet, quod scripturis neque ambiguis neque obscuris
20 euictum sit, | Satanam esse principem longe potentissimum et 313 E
callidissimum mundi (uti diximus), quo regnante, uoluntas
humana iam non libera nec sui iuris, sed serua peccati et
Satanae, non potest uelle nisi quod princeps ille suus uoluerit.
Nihil uero boni ille sinet eam uelle, quamuis, etiamsi Satanas
25 ei non imperaret, ipsum peccatum, cuius seruus est homo,
satis oneraret, ne bonum uelle posset. Deinde ipsa sermonis
consequentia idem extorquet, quam Diatribe fortiter con-
temnit, licet eam satis copiose in Assertionibus meis an-
notassem. Sic enim prosequitur Christus Iohan. 15: Qui in
30 me non manserit, mittetur | foras sicut palmes et arescit et 751 W
colligunt eum et in ignem mittunt et ardet. Haec, inquam,
Diatribe Rhetoricissime transiuit, sperauitque transitum hunc
esse tam rudibus Lutheranis incomprehensibilem. Vides autem
hic Christum ipsum interpretem similitudinis suae de palmite
35 et uite, satis aperte declarare, quid uelit intelligi per uoca-
bulum Nihil, scilicet, quod homo extra Christum foras mittitur
et arescit. Quid uero foras mitti et arescere potest aliud
significare, quam sub diabolum tradi et continenter peiorem
fieri? Peiorem autem fieri non est aliquid posse uel conari.
40 Arescens palmes magis ac magis ad ignem paratur, quo magis
arescit. Nisi ipse Christus hanc similitudinem sic dilatasset

---

9 Mt. 16, 18   29 Jo. 15, 6

et applicasset, nemo fuisset ausus ita dilatare et applicare. Stat igitur, ‚Nihil‘ hoc loco proprie debere accipi, ut natura fert uocabuli.

Iam et exempla uideamus, quibus probat, ‚Nihil‘ alicubi pro modico accipi, ut et in hac parte demonstremus Diatriben 5 esse et efficere nihil, in qua si etiam aliquid faceret, tamen nihil efficeret, adeo Diatribe per omnia et omnibus modis nihil est. Vulgo (inquit) nihil agere dicitur, qui non assequitur id quod expetit, et tamen frequenter aliquo usque promouet, qui conatur. Respondeo: Nunquam audiui uulgo 10 sic dici, tu ita fingis pro libertate tua. Verba spectanda sunt 314 E (ut uocant) secundum materiam subiectam et | ad intentionem loquentis. Iam nemo illud uocat nihil, quod conatur agens, nec de conatu loquitur, qui de nihilo loquitur, sed de effectu, hunc enim spectat, qui dicit: Ille nihil agit uel nihil efficit, 15 id est, non attigit, non est assecutus. Deinde, ut exemplum ualeat, quod tamen non ualet, magis pro nobis facit. Hoc enim est, quod contendimus et euictum uolumus, quod liberum arbitrium multa agat, quae tamen sunt nihil coram Deo. Quid profuerit illi conari, si non assequitur quod expetit? ut, 20 quoquo se uertat Diatribe, inpingat et seipsam confutet, ut solet accidere malam agentibus caussam. Sic et illud exemplum e Paulo infoeliciter adducit: Neque qui plantat, neque qui rigat est aliquid, Sed qui incrementum dat Deus. Quod minimi (inquit) momenti est et per se inutile, nihil appellat. 25 Quis? Tu Diatribe ministerium uerbi per sese inutile et minimi momenti esse dictitas, quod tantis laudibus Paulus, cum ubique, tum maxime .2. Corin. 3. uehit, ubi ministrationem uitae et gloriae appellat? Iterum neque materiam subiectam, neque intentionem loquentis consideras. Ad in- 30 crementum dandum plantator et rigator nihil est, sed ad plantandum et rigandum non nihil est, cum sit opus summum spiritus in Ecclesia Dei, docere et exhortari. Hoc uult Paulus, hoc et uerba satis aperte tradunt. Sed esto et hoc exemplum ineptum ualeat, iterum pro nobis idem stabit. Nam 35 hoc agimus, quod liberum arbitri. sit nihil, id est, inutile per sese, ut tu exponis, coram Deo, nam de hoc genere essendi loquimur, non ignari, quod uoluntas impia sit aliquid et non merum nihil.

752 W | Item illud .1. Corint. 13: Si charitatem non habeam, 40 nihil sum. Cur hoc adducat exemplum, non uideo, nisi

8 ð III b 8, z. 3—5   23 1 Ko. 3, 7 | ð III b 8, z. 8 ff.   25 2. Ko. 3, 9
40 1. Ko. 13, 2   41 ð III b 8, z. 11 ff.

numerum et copiam quaesierit, aut arma nobis deesse pu-
tarit, quibus a nobis ipsa confodia^ltur. Vere enim et proprie ₃₁₅ E
nihil est coram Deo, qui sine charitate est. Sic et de libe.
arbitrio docemus, quare et hoc exemplum pro nobis contra
5 ipsam Diatriben stat, Nisi forte adhuc Diatribe ignorat, quo
loco pugnemus. Non enim de esse naturae loquimur, sed
de esse gratiae (ut uocant). Scimus liberum arbitrium natura
aliquid facere, ut comedere, bibere, gignere, regere, ne nos
delirio illo, uelut argutulo, rideat, quod nec peccare quidem
10 liceret sine Christo, si uocem illam ‚nihil' urgeamus, cum
tamen Lutherus donarit lib. arb. ualere nihil nisi ad pec-
candum; adeo libuit sapienti Diatribe ineptire etiam in re seria.
Dicimus enim, hominem extra gratiam Dei manere nihilominus
sub generali omnipotentia Dei facientis, mouentis, rapientis
15 omnia, necessario et infallibili cursu, Sed hoc, quod sic
raptus homo facit, esse nihil, id est, nihil ualere coram Deo,
nec aliud reputari quam peccatum. Sic in gratia nihil est,
qui sine charitate est. Cur igitur Diatribe, cum ipsamet
fateatur nos hoc loco agere de fructu Euangelico, qui sine
20 Christo non contingit, hic mox extra statum caussae diuertit,
et alienam cantionem orsa, de opere naturali et fructu hu-
mano cauillatur? nisi quod nusquam sibi constat, qui ueri-
tate priuatus est. Sic illud Ioh. 3: Non potest homo quic-
quam accipere, nisi fuerit ei datum e coelo. Iohannes lo-
25 quitur de homine, qui utique aliquid iam erat, et hunc negat
accipere quicquam, scilicet, spiritum cum donis; de hoc enim
loquebatur, non de natura. Nec enim opus illi fuit magistra
Diatribe, quae illum doceret, hominem habere iam oculos,
nares, aures, os, manus, mentem, uoluntatem, rationem et omnia
30 quae sunt in homine, Nisi Diatribe credit, Baptistam tam
furiosum fuisse, ut, cum hominem nominarit, cahos Platonis
aut uacuum Leucippi aut infinitum Aristotelis aut aliud quoddam
nihil cogitarit, quod dono e coelo aliquid demum fieret. Sci-
licet hoc est exempla e scripturis proferre, sic in re tanta de
35 industria ludere. Quorsum igitur illa copia attinet, quod
ignem, | fugam mali, nisum ad bona et reliqua e coelo esse ₃₁₆ E
nos docet, quasi haec ullus ignoret aut neget? Nos de
gratia, et, ut ipsa dixit, de Christo et fructu Euangelico lo-
quimur, ipsa uero de natura interim fabulata tempus redimit

---

12 δ IIIb 8, z. 17 ff. 19 δ IIIb 8, z. 6 ff. 23 Jo. 3, 27 |
δ IIIc 1, z. 3 ff. 32 anspielung auf die verschiedenen weltentstehungs-
theorien der genannten drei griech. philosophen 37 δ IIIc 1, z. 6 ff.

753 W et caussam trahit, rudique ¹ lectori nubem offundit. Sed interim,
non solum non profert ullum exemplum, ubi ‚nihil‘ pro mo-
dico accipiatur, sicut instituit, uerum etiam aperte prodit sese
nihil intelligere aut curare, quid sit Christus aut gratia, aut
quomodo aliud sit gratia quam natura, quod tamen etiam   5
rudissimi Sophistae nouerunt et usu uulgatissimo hoc dis-
crimen in suis scholis detriuerunt, Simulque nihil uidet, quod
sua exempla omnia pro nobis contra ipsam faciant. Hoc
enim facit uerbum Baptistae, quod homo nihil potest accipere,
nisi donatum fuerit e coelo, ut liberum arbitrium nihil sit.   10
Sic uincitur meus Achilles, cum ei per Diatriben arma
porriguntur, quo ipsa nuda et imbellis conficitur. Sic uno
uerbulo scripturae soluuntur, quibus urget Lutherus peruicax
ille assertor.

Post haec multas enumerat similitudines, quibus nihil   15
facit, nisi ut more suo ad aliena rapiat stultum lectorem,
caussae interim prorsus oblita. Vt Deus nauem quidem
seruat, sed nauita tamen ducit ad portum, quare nonnihil
agit nauita. Diuersum opus, scilicet Deo seruandi, nauitae
ducendi, tribuit ista similitudo. Deinde si quid probat, id   20
probat, quod Dei sit totum opus seruandi, Nauitae totum
opus ducendi, Et tamen est pulchra et apta similitudo. Sic
agricola conuehit prouentus, Deus autem dedit. iterum di-
uersa opera Deo et homini, nisi agricolam simul creatorem
facit, qui dederit prouentus. Sed dentur adhuc eadem opera   25
Deo et homini, quid efficiunt istae similitudines? nihil nisi
quod Creatura Deo operanti cooperatur. At nunquid nos
317 E de co⎪operatione nunc disputamus, ac non potius de propria
ui et operatione liberi arbitrij? Quo igitur Rhetor ille fugit,
qui dicturus de Palma, nihil dicit nisi de cucurbita? Am-   30
phora coepit institui, cur urceus exit? Scimus et nos, quod
Paulus cooperatur Deo in docendis Corinthijs, dum foris
praedicat ipse, et intus docet Deus, etiam in diuerso opere.
Similiter et Deo cooperatur, cum loquitur in spiritu Dei,
idque in eodem opere. Hoc enim nos asserimus et con-   35
tendimus, quod Deus, cum citra gratiam spiritus operatur,
omnia in omnibus, etiam in impijs, operatur, Dum omnia,
quae condidit solus, solus quoque mouet, agit et rapit omni-
potentiae suae motu, quem illa non possunt uitare nec mu-
tare, sed necessario sequuntur et parent, quodlibet pro modo   40

15 δ IIIc 1, ᴢ. 14 ff.   30 kürbis (= hohlkopf, Apul. met. 1, 15)
31 Hor. ars poët. 217   32 1. Ko. 3, 9   34 1. Ko. 12, 3

suae uirtutis, sibi a Deo datae; sic omnia etiam impia illi
cooperantur. Deinde, ubi spiritu gratiae agit in illis, quos
iustificauit, hoc est, in regno suo, similiter eos agit et mouet,
et illi, ut sunt noua creatura, sequuntur et cooperantur, uel
5 potius, ut Paulus ait, aguntur. Sed ijs nunc non erat locus,
Non disputamus, quid operante Deo possimus, sed, quid nos
possimus, uidelicet, an iam creati ex nihilo, aliquid nos fa-
ciamus uel conemur illo generali motu omnipotentiae, ut
paremur ad nouam creaturam spiritus, Hic respondendum
10 erat, non alio diuertendum. Hic enim [1] nos sic respondemus: 754 W
Sicut homo, antequam creatur, ut sit homo, nihil facit aut
conatur, quo fiat creatura, Deinde factus et creatus nihil
facit aut conatur, quo perseueret creatura, Sed utrunque fit
sola uoluntate omnipotentis uirtutis et bonitatis Dei nos sine
15 nobis creantis et conseruantis, sed non operatur in nobis sine
nobis, ut quos ad hoc creauit et seruauit, ut in nobis ope-
raretur, et nos ei cooperaremur, siue hoc fiat extra regnum
suum generali omnipotentia, siue intra regnum suum singu-
lari uirtute spiritus sui, Sic deinceps dicimus: Homo ante-
20 quam renouetur in nouam creaturam regni spiritus, nihil
facit, nihil conatur, quo paretur ad eam renouationem et
[1] regnum, Deinde recreatus, nihil facit, nihil conatur, quo 318 E
perseueret in eo regno, Sed utrunque facit solus spiritus in
nobis, nos sine nobis recreans et conseruans recreatos, ut et
25 Iacobus dicit: Voluntarie genuit nos uerbo uirtutis suae, ut
essemus initium creaturae eius; loquitur de renouata creatura.
Sed non operatur sine nobis, ut quos in hoc ipsum recreauit
et conseruat, ut operaretur in nobis et nos ei cooperaremur.
Sic per nos praedicat, miseretur pauperibus, consolatur afflictos.
30 Verum quid hinc libero arbitrio tribuitur? imo quid ei relin-
quitur, nisi nihil? et uere nihil.

Lege igitur hic Diatriben per quinque uel sex cartas,
ubi istiusmodi similitudinibus, tum pulcherrimis locis et para-
bolis ex Euangelio et Paulo adductis, aliud nihil agit, quam
35 quod nos docet, in scripturis inueniri loca (ut ait) innume-
rabilia, quae cooperationem et auxilia Dei tradant. Ex quibus
si tunc ego colligam: Homo nihil potest nisi auxiliante Dei
gratia, igitur nulla sunt opera hominis bona, ipsa contra sic
colligit, inuersione Rhetorica: imo (inquit) Homo nihil non
40 potest auxiliante Dei gratia, igitur omnia opera hominis
possunt esse bona; Quot igitur sunt loca in scripturis diuinis,

---

5 Rö. 8, 14   25 Ja. 1, 18   35 ő IIIc 13, z. 1

43*

quae meminerunt auxilij, tot sunt, quae statuunt liberum arbitrium, at ea sunt innumerabilia; Itaque uicero, si res aestimetur testimoniorum numero. Haec illa. Satin sobriam Diaatriben putas aut mente sana fuisse, cum haec scriberet? Nam maliciae et nequitiae eius non tribuam, nisi tedio forte 5 perpetuo me uoluerit enecare, dum ubique similis sibi, semper alia tractat quam instituit. Sed si illam delectauit ineptire in re tanta, delectet et nos ineptias eius uoluntarias publice traducere. Primum nos neque disputamus neque ignoramus, omnia opera hominis posse esse bona, si fiant auxiliante 10 Dei gratia. Deinde hominem nihil non posse auxiliante Dei 319 E gratia. Tuam uero non satis ¹ possumus admirari negligentiam, qui, cum de liberi arbitrij ui instituisses scribere, scribis de ui gratiae Dei. Deinde, ac si omnes homines essent trunci et lapides, audes in publico dicere, liberum arbitrium statui per 15 loca scripturae, quae auxilium gratiae Dei commendant, nec solum hoc audes, sed et encomion cantas uictor, triumphator-
755 W que gloriosissimus. Nunc ¹ uere scio, ex hoc ipso dicto et facto tuo, quid sit et ualeat liberum arbitrium, scilicet, insanire. Quid esse potest quaeso in te, quod sic loquitur, 20 nisi ipsum liberum arbitrium? Audi tamen tuas consequentias!: Scriptura commendat gratiam Dei, ergo probat liberum arbitrium; Commendat auxilium gratiae Dei, ergo statuit liberum arbitrium. Qua dialectica didicisti has collectiones? Cur non contra: Gratia praedicatur, ergo liberum arbitrium 25 tollitur; Auxilium gratiae commendatur, ergo liberum arbitrium destruitur? Ad quid enim confertur gratia? An ad hoc, ut superbia liberi arbitrij per sese satis robusti, gratia uelut superfluo ornamento diebus bachanalibus gestiat et ludat? Quare et ego inuertam collectionem, licet non Rhetor, 30 firmiori tamen Rhetorica quam tu: Quotquot sunt loca in scripturis diuinis, quae meminerunt auxilij, tot sunt, quae tollunt liberum arbitrium. Atque ea sunt innumerabilia. Itaque uicero, si res aestimetur testimoniorum numero nam ideo gratia opus est, ideo auxilium gratiae confertur, quod 35 liberum arbitrium per sese nihil possit, et, ut ipsamet dixit opinione illa probabili, non possit uelle bonum. Commendata itaque gratia, et praedicato auxilio gratiae, simul impotentia liberi arbitrij praedicatur. Haec est sana collectio et rata consequentia, quam nec inferorum portae subuertent. 40
     Hic finem ponemus defendendis nostris. Diatribe confutatis, ne liber crescat in immodicum, caetera, si quae digna

---

3 δ III c 13, z. 27 ff.   40 Mt. 16, 18

sunt, inter asserenda nostra tractabuntur. Nam quod Erasmus
in Epilogo repetit, si nostra stet sententia, frustra esse tot
praecepta, tot minas, tot promissiones, nec meritis, nec de-
meritis, nec praemijs, nec supplicijs locum relinqui, ¹ Deinde ³²⁰ E
5 difficile esse, ut misericordia, imo iustitia Dei defendatur, si
Deus necessario peccantes damnet, et alia incomoda quae
sequuntur, quae summos uiros ita mouerunt, ut et sub-
uerterunt, — De his omnibus reddidimus superius rationem,
Nec patimur neque recipimus mediocritatem illam, quam
10 nobis consulit bono, ut credo, animo, scilicet, ut libero ar-
bitrio perpusillum concedamus, quo facilius pugnantia scrip-
turae et incomoda praedicta tollantur, Nam ista medio-
critate nihil est caussae consultum, neque quicquam pro-
fectum, Nisi enim totum et omnia libero arbitrio tribueris,
15 exemplo Pelagianorum, manet nihilominus scripturae pug-
nantia, tollitur meritum et praemium, tollitur misericordia et
iustitia Dei, et omnia manent incomoda, quae uitare uolumus
per liberi arbitrij modiculam et inefficacem uim, ut satis supra
docuimus. Ideo ad extrema eundum est, ut totum negetur
20 liberum arbitrium, et omnia ad Deum referantur, sic non
pugnabunt scripturae, et incomoda, si non tolluntur, feruntur.

¹ Hoc autem deprecor, Mi Erasme, ne credas me caussam ⁷⁵⁶ W
hanc studio magis quam iudicio agere. Non patior me in-
simulari eius hypocrisis, ut aliter sentiam et aliter scribam,
25 nec defensionis calore (ut tu scribis de me) huc prouectus
sum, ut nunc primum negem totum liberum, qui antea non
nihil illi tribuerim, Nec hoc tu uspiam mihi in libellis meis
ostendes, scio. Extant themata et problemata, in quibus
perpetuo asserui usque in hanc horam, liberum arbitrium esse
30 nihil et rem (eo uerbo tum utebar) de solo titulo. Veritate
uictus et disputatione prouocatus ac compulsus, sic sensi et
scripsi. Quod autem uehementius egerim, agnosco culpam,
si culpa est, imo testimonium hoc mihi in mundo reddi in
caussa Dei, mirifice gaudeo. Atque utinam et ipse Deus id
35 testimonij in nouissimo die confir'maret. Quis enim tum ³²¹ E
beatior Luthero, qui tanto sui saeculi testimonio commen-
datur, quod ueritatis caussam non segniter, nec fraudulenter,
sed uehementer satis uel potius nimio egerit? Tum illud
Hieremiae foeliciter euaserim: maledictus, qui facit opus Do-
40 mini negligenter. Si uero et in tuam Diatriben acerbior

---

2 δ IV 3, z. 2 ff.   10 δ IV 8, z. 7 ff.   26 δ IV 15, z. 23 ff.
31 W. A. I, 354 13. der Heidelberger Thesen; vgl. oben II 127, z. 20
40 Jer. 48, 10

uidebor, ignosces mihi, Neque enim id maligno animo facio,
sed mouit, quod authoritate tua caussam hanc Christi uehe-
menter premebas, licet eruditione et re ipsa nihil praestares.
Iam quis sic imperet stilo ubique, ut non alicubi ferueat?
Tu, qui prae modestiae studio pene friges in hoc libro, tamen 5
non raro ignita et amarulenta tela iacularis, ut, nisi lector
multum aequus ac fauens sit, uirulentus uidearis. Sed haec
nihil ad caussam, quae inuicem libenter condonare debemus,
ut sumus homines et humani alienum in nobis nihil est.

Ad ultimam huius libri partem uenimus, qua, ut pro- 10
misimus, copias nostras producere debemus, contra liberum
757 W arbitrium. Sed eas non ¹ producemus omnes; quis enim hoc
effecerit paruo libello, cum uniuersa scriptura a nobis stet
per singulos apices et literas? Nec est opus, tum, quod iam
uictum ac prostratum sit liberum arbitrium duplici uictoria, 15
altera, ubi omnia contra ipsum stare probamus, quae pro se
facere putabat, altera, ubi inuicta adhuc permanere ostendimus,
quae confutare uoluit, Tum, etiamsi uictum nondum esset,
satis fuerit effectum, si uno aut altero telo prosternatur. Quid
enim opus est hostem uno aliquo telo occisum, multis alijs 20
telis confodere mortuum? Breuius itaque, si res passa fuerit,
nunc agemus. Atque e tanto numero exercituum, duos pro-
feremus duces cum aliquot suis legionibus, Paulum uidelicet
et Iohannem Euangelistam. Paulus ad Romanos scribens,
sic ingreditur disputationem aduersus liberum arbitrium pro 25
322 E gratia ¹ Dei: Reuelatur (inquit) ira Dei de coelo super omnem
impietatem et iniustitiam hominum, qui ueritatem Dei in
iniustitia detinent. Audis hic generalem sententiam super
omnes homines, quod sint sub ira Dei? hoc quid est aliud,
quam esse ira et supplicio dignos? Caussam irae assignat, 30
quod gerant non nisi ira et supplicio digna, nempe quod
impij et iniusti sint omnes et ueritatem detineant in iniustitia.
Vbi nunc uis liberi arbitrij, quae conetur aliquid boni? Paulus
id facit ira Dei dignum, et impium et iniustum decernit.
quod uero iram meretur et impium est, id contra gratiam 35
conatur et ualet, non pro gratia.

Ridebitur hic oscitantia Lutheri, qui Paulum non satis
inspexerit, dicetque aliquis, Paulum ibi non de omnibus ho-
minibus, nec de omnibus eorum studijs, sed de ijs tantum
loqui, qui sunt impij et iniusti, atque, ut uerba habent, de ijs, 40
qui ueritatem in iniustitia detinent, Hinc non sequi, quod

---

omnes sint eiusmodi. Hic ego dico, apud Paulum idem
ualere, si dixeris: super omnem impietatem hominum, atque
si dixeris: super impietatem omnium hominum, Ebraicatur
enim Paulus fere ubique, ut sit sensus: Omnes homines sunt
5 impij et iniusti, detinentque ueritatem in iniustitia, ideo
omnes sunt ira digni. Deinde in graeco non ponitur re-
latiuum, eorum qui, sed articulus, hoc modo: Reuelatur ira
Dei super impietatem et iniustitiam hominum detinentium
ueritatem in iniustitia, Vt hoc uelut Epitheton sit omnium
10 hominum, quod ueritatem in iniustitia detinent, sicut Epi-
theton est, cum dicitur: Pater noster qui es in coelis, quod
sic alias diceretur: Pater noster coelestis uel in coelis. Di-
citur enim ad differentiam eorum, qui credunt et pij sunt.
Sed friuola et uana sint haec, nisi ipsa disputatio Pauli ea
15 cogat et euincat. Paulo enim ante dixerat: Euangelion uirtus
Dei est in salutem omni credenti, Iudaeo primum et Graeco.
Hic non sunt ¹ obscura aut ambigua uerba; Iudaeis et Graecis, 323 E
id est, omnibus hominibus est necessarium Euangelion uir-
tutis Dei, ut credentes salui fiant ab ira ¹ reuelata. Obsecro, 758 W
20 qui Iudaeos, iustitia, lege Dei et ui lib. arb. pollentes, sine
discrimine uacuos et egentes praedicat uirtute Dei, qua salui
fiant ab ira reuelata, et necessariam eam uirtutem illis facit,
an non sub ira eos esse censet? Quos iam dabis homines
non obnoxios irae Dei, quando summos homines mundi,
25 puta Iudaeos et Graecos, tales esse credere cogeris? Deinde
quos inter ipsos Iudaeos et Graecos excipies, quando Paulus
sine ullo discrimine, omnes uno uerbo complexos, omnes
eidem sententiae subijcit? An putandum est, in istis duabus
praestantissimis nationibus non fuisse homines, qui ad ho-
30 nesta niterentur? an non conati sunt ulli pro uiribus lib.
arb.? Sed nihil hoc Paulus moratur, omnes sub iram mittit,
omnes impios et iniustos praedicat. Ita et reliquos Apostolos
nonne simili sermone et omnes gentes alias, quemlibet in
sorte sua, sub iram hanc coniecisse credendum est?
35   Fortiter itaque stat et urget hic locus Pauli, liberum ar-
bitrium seu praestantissimum in hominibus, quamuis prae-
stantissimis, lege, iustitia, sapientia et omnibus uirtutibus prae-
ditis, esse impium, iniustum et ira Dei dignum. Alioqui
disputatio Pauli nihil ualet; Si autem ualet, nullum relinquit
40 medium partitio sua, qua credentibus Euangelio salutem,
caeteris omnibus iram distribuit, Credentes iustos, non cre-

---

15 Rö. 1, 16   22 *fint* A

dentes facit impios, iniustos et irae subiectos. Tantum enim
uult dicere: Iustitia Dei reuelatur in Euangelio, quod sit ex
fide, Ergo omnes homines sunt impij et iniusti. Stultus esset
enim Deus, qui hominibus iustitiam reuelaret, quam iam uel
nossent uel cuius semina haberent. Cum autem stultus non 5
sit, et tamen reuelat illis iustitiam salutis, manifestum est,
liberum arbi. etiam in summis hominibus non solum non
324 E habere uel posse | aliquid, sed ne nosse quidem, quid sit
iustum coram Deo, nisi forte iustitia Dei non reuelatur sum-
mis illis hominibus, sed solum infimis, contra quam Paulus 10
gloriatur, quod sit debitor Iudaeis et Graecis, sapientibus et
insipientibus, barbaris et Graecis. Quare Paulus hoc loco
prorsus omnes homines una massa comprehendens, concludit
omnes esse impios, iniustos et ignaros iustitiae et fidei, tantum
abest, ut aliquid boni uelle aut facere possint. Et haec con- 15
clusio firma est ex eo, quod Deus illis, ut ignaris et in
tenebris sedentibus, reuelat iustitiam salutis; ergo per sese
ignorant, Ignorantes autem iustitiam salutis, certe sub ira et
damnatione sunt, nec inde sese propter ignorantiam euol-
uere possunt, aut conari ut euoluantur. Quid enim co- 20
neris, si nescieris, quid, qua, quo, aut quatenus conan-
dum sit?

Consentit cum hac conclusione res ipsa et experientia.
Nam ostende mihi in uniuerso genere mortalium unum, sit
ille omnium sanctissimus et iustissimus, cui unquam in mentem 25
uenerit, hanc esse uiam ad iustitiam et ad salutem, scilicet
759 W credere in eum, qui sit simul Deus et homo, pro peccatis | ho-
minum mortuus et suscitatus et collocatus ad dexteram patris,
aut somniarit hanc iram Dei, quam Paulus hic reuelari de
coelo dicit. Vide Philosophos summos, quid de Deo sen- 30
serint, quid de futura ira scriptura reliquerint. Vide Iudaeos,
tot signis, tot Prophetis, assidue eruditos, quid de hac uia
sentiant; non modo non receperunt, sed ita oderunt, ut nulla
natio sub coelo atrocius sit Christum persecuta usque in
hodiernum diem. At in tanto populo dicere non fuisse ali- 35
quem unum, qui liberum arbitrium coluerit et ui eius conatus
fuerit, quis audeat dicere? Qui fit igitur, ut omnes in di-
uersum conentur, et id, quod praestantissimum fuit in prae-
stantissimis hominibus, hanc rationem iustitiae non solum non
coluerit, non solum ignorarit, sed etiam publicatam et re- 40
uelatam summo odio repulerit et perditum uoluerit? Ita ut

11 Rö. 1, 14

Paulus ¹ .1. Corin. 1. Dicat eam uiam esse scandalum Iudaeis ³²⁵ ᴱ
et stultitiam Gentibus. Cum autem Iudaeos et Gentes sine
discrimine appellet, et Iudaeos ac gentes praecipuos populos
sub coelo esse certum sit, simul certum est, Liberum ar-
5 bitrium esse nihil aliud quam summum hostem iustitiae et
salutis humanae, cum fieri non potuerit, quin aliquot inter
Iudaeos et Gentes summa ui liberi arbitrij aegerint et conati
sint, et tamen eo ipso non nisi bellum contra gratiam gesserint.
Tu nunc uade et dic, quod liberum arbitrium conetur ad
10 bonum, cui ipsa bonitas et iustitia, scandalum et stultitia sunt.
Nec potes dicere, haec ad aliquos, non ad omnes pertinere,
Paulus sine discrimine loquitur de omnibus, cum dicit. Gen-
tibus stultitia et Iudaeis scandalum, nec ullos excipit, nisi
credentes. Nobis (inquit), id est: uocatis et sanctis, est uirtus
15 et sapientia Dei. Non dicit: Aliquibus gentibus, aliquibus
Iudaeis, sed simpliciter: gentibus et Iudaeis (inquit), qui non
sunt ex nobis, manifesta partitione separans credentes ab
incredulis, nullo relicto medio. Nos autem disputamus de
gentibus citra gratiam agentibus, his dicit Paulus iustitiam
20 Dei esse stultitiam, quam abhorrent. Atque is est ille lauda-
bilis conatus lib. arb. ad bonum.

　　Deinde uide, an non summos homines inter Graecos
ipsemet adducat, ubi dicit, eos infatuatos esse et cor eorum
obscuratum, qui sapientiores inter eos fuerunt, item uanos
25 factos dialogismis suis, hoc est, suis argutis disputationibus.
Obsecro, an hic non tangit summum illud et praestantissimum
in Graecis hominibus, dum eorum Dialogismos tangit? Hij
enim sunt eorum summae et optimae cogitationes et opiniones,
quas pro solida sapientia habuerunt. At hanc sapientiam, ut
30 alibi stultam, ita hic uanam esse in illis dicit, et eo pro-
gressam multa conando, ut peior fieret, et tandem corde
obscurato idola colerent et sequen¹tia monstra patrarent, quae ³²⁶ ᴱ
commemorat. Si igitur optimum studium et opus in optimis
gentium malum et impium est, quid de reliquo uulgo, uelut
35 peioribus gentibus sentias? Neque enim et hic discrimen
inter optimos facit, dum nullo personarum respectu studium
¹ sapientiae eorum damnat. Damnato autem ipso opere uel ⁷⁶⁰ ᵂ
studio, damnantur, quicunque illi studuerint, etiamsi fecerint
summa ui liberi arbitrij. Ipse inquam optimus conatus eorum
40 uitiosus asseritur, quanto magis ij, qui illo exercentur? Sic
et mox Iudaeos sine ullo discrimine reijcit, qui litera et non

---

spiritu Iudaei sunt: Tu (inquit) per literam et circuncisionem
Deum inhonoras. Item: Non enim is Iudaeus est, qui in
manifesto Iudaeus est, sed, qui occulto Iudaeus est. Quid
hac partitione manifestius? Iudaeus manifestus est trans-
gressor legis. At quantos putas fuisse Iudaeos citra fidem 5
uiros sapientissimos, religiosissimos, honestissimos, qui summo
conatu ad iustitiam et ueritatem connisi sunt? sicut illis testi-
monium saepe perhibet, quod Zelum Dei habent, quod
iustitiam legis sectentur, quod diu noctuque studeant ad sa-
lutem uenire, quod sine querela uiuant. Et tamen trans-
gressores sunt legis, quia non sunt in spiritu Iudaei, imo 10
pertinaciter resistunt iustitiae fidei. Quid igitur reliquum est,
quam lib. arbi., dum optimum est, pessimum esse, et quo
magis conatur, hoc peius fieri et habere? Clara ·sunt uerba,
certa est partitio, non est, quod contradici queat. 15

Sed ipsummet Paulum sui interpretem audiamus! Capite
tertio, uelut Epilogum faciens, dicit: Quid ergo? praecellimus
eos? Nequaquam. Causati enim sumus, Iudaeos et Graecos
omnes sub peccato esse. Vbi nunc liberum arbitrium?
327 E Omnes (inquit) ¹ Iudaei et Graeci sub peccato sunt. An hic 20
tropi sunt aut nodi? Quid ualeat interpretatio totius mundi
aduersus hanc clarissimam sententiam? Neminem excipit,
qui dicit omnes, Nihil relinquit boni, qui eos sub peccato
esse, id est, seruos peccati, definit. Vbi autem hanc caussam
dixit, quod omnes Iudaei et Gentes sint sub peccato? Nus- 25
quam, nisi, ubi nos monstrauimus, scilicet, quando dicit:
Reuelatur ira Dei de coelo super omnem impietatem et
iniquitatem hominum. Et id sequenter probat per ex-
perientiam, quod ingrati Deo, tot uicijs subiecti fuerint,
uelut fructibus impietatis suae conuicti, quod nihil nisi malum 30
uelint et faciant. Tum Iudaeos seorsum iudicat, cum Iudaeum
litera transgressorem esse dicit, idque similiter fructibus et
experientia probat, dicens: Tu praedicas non furandum et
furaris; Qui abominaris idola, sacrilegium facis, Nullos prorsus
excipiens, nisi sint spiritu Iudaei. Nec est, quod hic effugias 35
ac dicas: licet sub peccato sint, tamen optimum in eis, ut
ratio et uoluntas, habet conatum ad bonum. Si enim co-
natus reliquus est bonus, falsum est, quod eos sub peccato
esse dicit. Cum enim Iudaeos et Gentes nominet, simul com-
prehendit, quicquid in Gentibus et Iudaeis est, nisi Paulum 40

---

1 Rö. 2, 27   2 Rö. 2, 28 f.   8 Rö. 10, 2. 9, 31 | AG. 26, 7
17 Rö. 3, 9   26 Rö. 1, 18   32 Rö. 2, 17 ff.   35 Rö. 9,
6 ff. | Ga. 4, 22 ff.

inuersurus, uelis ita scripsisse: Omnium Iudaeorum et Gen-
tium caro, id est: crassiores affectus sub peccato esse. Sed
ira de coelo reuelata super eos, totos est damnatura,
nisi spiritu iustificentur, quod non fieret, nisi toti essent sub
5 peccato.

| Videamus uero, quomodo Paulus suam sententiam ex   61 W
sacris literis probet, an fortius pugnent uerba in Paulo, quam
in loco suo. Sicut scriptum est (inquit): Quia non est iustus
quisquam, Non est intelligens, non est requirens Deum,
10 Omnes declinauerunt simul inutiles facti sunt, non est qui
faciat bonum, non est usque ad unum, et reliqua. Hic mihi
det interpretationem comodam, | qui potest, fingat tropos,   328 E
causetur uerba esse ambigua et obscura, et defendat liberum
arbitrium aduersus has damnationes, qui audet. Tum et ego
15 libens cedam et recantabo, eroque et ipse liberi arbitrij con-
fessor et assertor. Certum est, haec dici de omnibus ho-
minibus, Propheta enim inducit Deum prospicientem super
omnes homines, et ferentem super eos hanc sententiam. Sic
enim dicit Psal. 13: Dominus de coelo prospexit super filios
20 hominum, ut uideret, an sit intelligens, aut requirens Deum,
Sed omnes declinauerunt etc. Et ne Iudaei putarent ad sese
non pertinere, praeuenit Paulus, asserens ad eos maxime per-
tinere: Scimus (inquit), quaecunque lex loquitur, ijs, qui in
lege sunt, loquitur. Hoc idem uoluit, ubi dixit: Iudaeo pri-
25 mum et Graeco. Audis igitur omnes filios hominum, omnes
qui sunt in lege, id est, tam Gentes quam Iudaeos, coram
Deo tales iudicari, qui iniusti sunt, non intelligunt, nec re-
quirant Deum, ne unus quidem, Omnes uero declinent et
inutiles sint. Arbitror autem inter filios hominum ac eos,
30 qui sub lege sunt, numerari etiam eos, qui sunt optimi et
honestissimi, qui ui liberi arbitrij conantur ad honesta et ad
bonum, et quos iactat Diatribe habere sensum et semina
honesti insita, nisi angelorum forte filios esse contendat.

Quomodo igitur conantur ad bonum, qui omnes in uni-
35 uersum ignorant Deum, nec curant aut requirunt Deum?
Quomodo habent uim utilem ad bonum, qui omnes decli-
nant a bono et sunt prorsus inutiles? An ignoramus, quid
significet ignorare Deum, non intelligere, non requirere Deum,
non timere Deum, declinare et inutiles esse? Nonne uerba
40 clarissima sunt, et id docent, quod omnes homines et ne-
sciunt Deum et contemnunt Deum, Deinde declinant ad

---

8 Rö. 3, 10—12   19 Ps. 14, 2 f.   22 Rö. 3, 1   24 Rö. 2, 9

malum et sunt inutiles ad bonum? Neque enim hic agitur
329 E de ignorantia quae'rendi uictus aut de contemptu pecuniae,
sed de ignorantia et contemptu religionis et pietatis. At ea
ignorantia et contemptus procul dubio non sunt in carne et
inferioribus crassioribusque affectibus, sed in summis illis et 5
praestantissimis uiribus hominum, in quibus regnare debet
iustitia, pietas, cognitio et reuerentia Dei, nempe in ratione
et uoluntate, atque adeo in ipsa ui liberi arbitrij, in ipso se-
mine honesti, seu praestantissimo, quod est in homine. Vbi
nunc es, mea Diatribe, quae superius promittebas, te assen- 10
suram libenter, praestantissimum in homine esse carnem, id
est, impium, si id scripturis probaretur? Assentire nunc
igitur, cum audis praestantissimum in omnibus hominibus, non
762 W solum impium, sed ignarum | Dei, contemnens Dei, uersum ad
malum et inutile ad bonum esse. Quid est enim esse in- 15
iustum, nisi uoluntatem (quae est praestantissimarum rerum
una) esse iniustam? Quid est esse non intelligentem Dei
et boni, nisi rationem (quae est praestantissimarum rerum
altera) esse ignaram Dei et boni, hoc est, caecam in cogni-
tione pietatis? Quid est declinare et inutiles esse, nisi ho- 20
mines nulla sui parte, tum minime partibus suis praestantis-
simis ualere quicquam ad bonum, sed tantum ad malum?
Quid est non timere Deum, nisi homines omnibus suis par-
tibus, maxime potioribus illis, esse contemptores Dei? Esse
autem contemptores Dei, est esse simul contemptores om- 25
nium rerum Dei, puta uerborum, operum, legum, prae-
ceptorum, uoluntatis Dei. Quid nunc ratio dictet recti, quae
caeca est et ignara? Quid uoluntas eligat boni, quae mala
et inutilis est? imo quid sequatur uoluntas, cui ratio nihil
dictet, nisi caecitatis et ignorantiae suae tenebras? Errante 30
igitur ratione et auersa uoluntate, quid boni facere queat
homo aut conari?

Sed Sophisticari forte quis audeat: licet uoluntas declinet
et ratio ignoret actu, potest tamen uoluntas aliquid conari et
ratio aliquid nosse suis uiribus, cum multa possimus, quae 35
330 E tamen non fa'cimus; De ui potentiae scilicet, non de actu
disputamus. Respondeo: Verba Prophetae includunt et actum
et potentiam, Et idem est dicere: Homo non requirit Deum,
ac si dicas: Homo non potest requirere Deum. Quod inde
colliges, Quia, si esset potentia aut uis in homine boni uo- 40
lendi, cum per omnipotentiae diuinae motum non sinatur
quiescere aut feriari, ut supra docuimus, fieri non posset,
quin in aliquot uel saltem in uno aliquo moueretur et usu

aliquo ostenderetur. At hoc non fit, quia Deus de coelo
prospicit, et ne unum quidem uidet, qui requirat aut conetur,
quare sequitur, eam uim nusquam esse, quae conetur aut
uelit requirere, Sed omnes declinant potius. Deinde, nisi de
5 impotentia simul intelligeretur Paulus, Disputatio sua nihil
efficeret. Quia in hoc totus incumbit Paulus, ut gratiam ne-
cessariam faciat cunctis hominibus. Si autem per sese ali-
quid possent incipere, gratia non foret opus. Nunc autem,
quia non possunt, opus est illis gratia. Ita uides liberum ar-
10 bitrium hoc loco funditus tolli, nec quicquam boni aut ho-
nesti in homine relinqui, dum iniustus, ignarus Dei, con-
temptor Dei, auersus et inutilis coram Deo definitur. Et satis
fortiter pugnat Propheta tam suo loco quam in Paulo eum
allegante. Nec parua res est, cum dicitur homo ignorare et
15 contemnere Deum, fontes sunt hi omnium scelerum, sentina
peccatorum, imo infernus malorum. Quid ibi non sit mali,
ubi ignorantia et contemptus Dei fuerit? Breuiter, regnum
Satanae in hominibus, nec breuioribus nec plenioribus uerbis
potuit describi, quam quod eos diceret | ignaros et contem- 763 W
20 ptores Dei. Ibi est incredulitas, ibi inobedientia, ibi sacri-
legia, ibi blasphemia erga Deum, ibi crudelitas et immiseri-
cordia erga proximum, ibi amor sui in omnibus rebus Dei
et hominum. Sic habes gloriam et potentiam liberi arbitrij.

Pergit uero Paulus et sese de omnibus ho|minibus et 331 E
25 maxime de optimis et praestantissimis loqui testatur dicens:
Vt obstruatur omnium os, et obnoxius fiat totus mundus Deo,
Quia ex operibus legis non iustificatur ulla caro coram illo.
Obsecro, quomodo obstruitur os omnium, si reliqua est adhuc
uis, qua aliquid possumus? Licebit enim Deo dicere: Non
30 prorsus nihil hic est; Est aliquid, quod non queas damnare,
ut quod dederis tu ipse aliquid posse; Hoc saltem non sile-
bit, nec erit obnoxium tibi. Si enim libe. arb. uis illa sana
est et ualet, falsum est, quod totus mundus Deo obnoxius
seu reus est, cum illa uis non sit parua res aut in parua
35 parte mundi, sed in toto mundo praestantissima et com-
munissima, cui os obstrui non debet, aut, si obstrui os eius
debet, oportet, ut cum toto mundo obnoxium Deo sit et
reum. Reum uero quo iure dicetur, nisi iniustum et impium,
hoc est, poena et uindicta dignum fuerit? Videam, quaeso,
40 qua interpretatione uis illa hominis absoluatur a reatu, quo
totus mundus Deo est obstrictus, aut qua arte excipiatur, ne

---

25 Rö. 3, 19 f.

in toto mundo comprehendatur. Grandia sunt tonitrua et
penetrantia fulmina, uereque malleus ille conterens petram (ut
Ieremias uocat) ista uerba Pauli: Omnes declinauerunt, Totus
mundus est reus, Non est iustus quisquam, quibus conteritur;
quicquid est, non modo in uno homine, aut aliquibus, aut   5
aliqua eorum parte, sed etiam in toto mundo, in omnibus,
nullo prorsus excepto, ut mundus totus ad eas uoces tremere,
pauere et fugere debuerit. Quid enim grandius et fortius
potuit dici, quam : totus mundus est reus, omnes filij hominum
sunt auersi et inutiles, nullus timet Deum, nullus est non in-   10
iustus, nullus intelligit, nullus requirit Deum ?   Nihilominus
tanta fuit et est duritia et insensata cordis nostri obstinatio,
ut haec tonitrua et fulmina neque audiremus neque sentiremus,
332 E Sed liberum arbitrium et | uires eius interim simul aduersus
haec omnia extolleremus et statueremus, ut uere illud im-   15
pleuerimus Malachiae primo: Illi aedificant, ego destruam.

Eadem grandiloquentia dicitur et illud: Ex operibus
legis non iustificatur ulla caro coram illo.   Grande uerbum
est: Ex operibus legis, quemadmodum et illud: Totus mundus,
aut illud: Omnes filij hominum.   Nam obseruandum est,   20
quod Paulus personis abstinet, et studia memorat, scilicet, ut
inuoluat omnes personas et quicquid praestantissimum in
illis est.   Nam si dixisset: uulgus Iudaeorum, aut Pharisei,
aut aliquot impij non iustificantur, poterat uideri aliquos fe-
cisse reliquos, qui ui lib. ar. et adminiculo legis non prorsus   25
essent inutiles.   At cum ipsa legis opera damnet et impia
faciat coram Deo, manifestum fit, quod omnes, qui studio
legis et operum pollebant, damnat. Studebant autem legi et
operibus non nisi optimi et praestantissimi, idque non nisi
764 W optimis et praestantissimis | sui partibus, ratione scilicet et   30
uoluntate.   Si igitur ij, qui summo studio et conatu, tum
rationis tum uoluntatis, id est, tota ui liberi arbitrij, in lege
et operibus exercebantur, tum ipsa lege, ceu diuino auxilio
adiuuabantur, qua erudiebantur et excitabantur, si, inquam,
ij damnantur impietatis, quod non iustificentur, sed caro esse   35
definiuntur coram Deo, Quid iam reliquum est in toto ho-
minum genere, quod non caro et impium sit? Omnes enim
ex aequo damnantur, qui sunt ex operibus legis. Siue enim
summo studio, siue mediocri, siue nullo in lege exerciti sunt,
nihil refert. Omnes non nisi opera legis praestare potuerunt,   40
Opera autem legis non iustificant, Si non iustificant, impios

---

3 Jer. 23, 29   16 Mal. 1, 4   17 Rö. 3, 20

arguunt et relinquunt suos operatores, Impij uero rei et ira
Dei digni sunt. Haec sunt tam clara, ut ne mutire contra
quisquam possit.

At solent hic eludere Paulum et euadere, quod opera
5 legis uocet cerimonialia opera, quae post mortem Christi sint
mortifera. | Respondeo: Hic est error ille et ignorantia Hiero- 333 E
nymi, cui licet Augustinus fortiter restiterit, tamen deserente
Deo et praeualente Satana, dimanauit in mundum et per-
mansit in hodiernum diem. Quo et factum est, ut im-
10 possibile fuerit Paulum intelligere, et Christi notitiam opor-
tuerit obscurari. Atque si nullus praeterea fuisset error in
Ecclesia, iste unus satis pestilens et potens fuit ad uastandum
Euangelion, quo, nisi singularis gratia intercessit, infernum
potius quam coelum Hieronymus meruit, tantum abest, ut
15 ipsum Canonisare aut sanctum esse audeam dicere. Non est
uerum igitur, Paulum de ceremonialibus operibus tantum
loqui, alioqui quomodo stabit sua disputatio, qua concludit
omnes esse iniustos et gratia indigere? Diceret enim aliquis:
Esto ex ceremonialibus operibus non iustificemur, At ex mora-
20 libus Decalogi quis iustificari posset. Quare tuo syllogissmo
illis non probasti necessariam gratiam. Tum quam utilis
fuerit illa gratia, quae solum a ceremonialibus operibus nos
liberarit, quae sunt facillima omnium, et saltem metu uel
amore sui possunt extorqueri? Iam et illud erroneum est,
25 opera ceremonialia esse mortifera et illicita post mortem
Christi, Non hoc dixit unquam Paulus, Sed dicit, quod non
iustificent et homini nihil prosint coram Deo, quo ab im-
pietate liber fiat. Cum hoc bene stat, ut ea quispiam faciat,
et nihil illicitum tamen faciat, Sicut edere et bibere opera
30 sunt, quae non iustificant et Deo nos non commendant; at
non ideo illicitum facit, qui edit et bibit.

Errant et in hoc, quod opera ceremonialia aeque erant
praecepta et exacta in ueteri lege atque Decalogus, Et ideo
haec neque minus neque magis ualebant quam illa. Iudaeis
35 autem primum loquitur Paulus, ut dicit Rom. 1. Quare nemo
dubitet, per opera legis intelligi omnia opera totius | legis. 765 W
Nam ne legis quidem opera dicenda sunt, si lex abrogata et
mortifera est, lex enim abrogata, iam lex non est, Id quod
pulchre sciebat Paulus, ideo non de abrogata lege dicit, cum 334 E
40 opera legis memorat, sed de lege ualente et regnante. Alioqui
quam fuisset illi facile dicere: Lex ipsa iam est abrogata?
Id quod fuisset aperte et clare dictum. Sed afferamus

7 ep. 82, 2, 18 (MSL. 33, 283)   23 *facilima* A   26 Rö. 3, 20
33 *legi* A   34 Rö. 1, 16

ipsummet Paulum, sui interpretem optimum, qui in Galatis .3.
dicit: Quicunque ex operibus legis sunt, sub maledicto sunt.
Scriptum est enim: Maledictus omnis, qui non permanserit
in omnibus, quae scripta sunt in libro legis, ut faciat ea.
Vides hic Paulum, ubi eandem caussam, quam ad Romanos,   5
et eisdem uerbis agit, de omnibus,legibus in libro legis scriptis
loqui, quoties opera legis memorat. Et quod mirabilius est,
ipse citat Mosen, qui maledicat non permanentes in lege,
cum tamen maledictos praedicet, qui sunt ex operibus legis,
contrarium locum contrariae sententiae adducens, cum ille 10
negatiuus, hic affirmatiuus sit. Sed hoc facit, quod res ita
habet coram Deo, ut, qui maxime student operibus legis,
minime legem implent, eo quod spiritu carent, legis con-
summatore, quam uiribus suis tentare quidem possint, sed
nihil efficiant. Ita utrunque uerum est, quod iuxta Mosen 15
maledicti sint, qui non permanent, et iuxta Paulum male-
dicti sint, qui sunt ex operibus legis, uterque enim spiritum
exigit, sine quo opera legis, quantumlibet fiant, non iusti-
ficant, ut Paulus d icit, quare nec permanent in omnibus, quae
scripta sunt, ut Moses dicit.   20

Summa, Paulus partitione sua satis confirmat hoc, quod
dicimus, Diuidit enim homines operatores legis in duo, alios
facit spiritu operatores, ali os carne operatores, nullo relicto
medio, Sic enim dicit: Non iustificabitur ulla Caro ex ope-
ribus legis. Quid est hoc aliud, quam illos sine spiritu ope- 25
rari in lege, cum sint caro, id est, impij et ignari Dei, quibus
335 E   ea opera nihil prosint? Sic Gala. 3. ' eadem partitione usus,
dicit: Ex operibus legis spiritum accepistis, an ex auditu
fidei? Et rursus Rom. 3: Nunc sine lege manifestata est
iustitia Dei. Et iterum: Arbitramur hominem iustificari ex 30
fide sine operibus legis. Quibus omnibus perspicuum et cla-
rum fit, apud Paulum opponi spiritum operibus legis, non
aliter quam omnibus alijs rebus non spiritualibus uniuersisque
carnis uiribus et nominibus, ut sententiam Pauli hanc esse
certum sit cum Christo Iohan. 3: Omne, quod non est ex 35
spiritu, carnem esse, sit etiam quantumuis speciosum, sanctum,
praestans, atque adeo ipsamet opera legis diuinae pulcher-
rima, quibuscunque tandem uiribus expressa. Spiritu nim
Christi opus est, sine quo nihil sunt omnia, nisi damnabilia.
Ratum itaque esto, Paulum per opera legis non ceremonialia, 40

---

1 Ga. 3, 10   8 Dt. 27, 26   19 Rõ. 3, 20   20 Dt. 27, 26
24 Rõ. 3, 20   27 Ga. 3, 2   29 Rõ. 3, 21   30 Rõ. 3, 23   35 Jo. 3, 6

sed omnia totius legis opera intelligere. Ratum simul erit,
In operibus legis damnari, quicquid est sine spiritu. At sine
spiritu est uis illa liberi arbitrij, de hac enim disputamus,
praestantissimum scilicet in homine. Esse enim ¹ ex ope- 766 W
5 ribus legis, est id, quo nihil excellentius de homine potest
dici. Non enim dicit: qui sunt ex peccatis et impietate contra
legem, sed: qui ex operibus legis, hoc est, optimi et studiosi
legis, qui ultra uim liberi arbitrij, etiam lege adiuti, hoc
est, eruditi et excitati fuerunt. Si igitur liberum arbitrium
10 per legem adiutum et in lege summis uiribus uersatum, nihil
prodest neque iustificat, sed in impietate et carne relinquitur,
quid posse putandum est se solo sine lege?
    Per legem (inquit) cognitio peccati. Ostendit hic, quan-
tum et quatenus prosit lex. Scilicet quod libe. arbi. se solo
15 adeo caecum sit, ut ne norit quidem peccatum, sed lege
doctrice opus illi sit. At qui peccatum ignorat, quid ille
conetur pro peccato aufferendo? Hoc scilicet, quod pec-
catum pro non peccato, et non peccatum pro peccato iudi-
cabit. Id quod experientia satis declarat, quam odiat et
20 persequatur mundus, per eos, quos opti¹mos et studiosissimos 336 E
habet iustitiae et pietatis, iustitiam Dei, Euangelio prae-
dicatam, et haeresim, errorem, ac pessimis alijs nominibus
infamet, sua uero opera et consilia, quae uere peccatum et
error sunt, pro iustitia et sapientia iactet et uenditet. Ob-
25 struit igitur hac uoce Paulus os libero arbitrio, dum per legem
illi peccatum ostendi docet, ceu ignaro peccati sui, tantum
abest, ut ullam ei uim concedat conandi ad bonum. Atque
hic soluitur illa quaestio Diatribes, toties toto libello repetita:
Si nihil possumus, quid faciunt tot leges, tot praecepta, tot
30 minae, tot promissiones? Respondet hic Paulus: per legem
cognitio peccati. Longe aliter respondet ad eam quae-
stionem, quam homo, aut liberum arbitrium cogitat. Non
(ait) probatur liberum arbitrium per legem, Non cooperatur
ad iustitiam, Non enim per legem iustitia, sed cognitio pec-
35 cati. Is enim est fructus, id opus, id officium legis, quod
ignaris et caecis lux est, sed talis lux, quae ostendat mor-
bum, peccatum, malum, mortem, infernum, iram Dei, Sed non
iuuat, nec liberat ab istis, Ostendisse contenta est. Tum homo
cognito morbo peccati, tristatur, affligitur, imo desperat. Lex
40 non iuuat, multo minus ipse se iuuare potest. Alia uero
luce opus est, quae ostendat remedium. Haec est uox

---

13 Rö. 3, 20

Euangelij ostendens Christum liberatorem ab istis omnibus
Hunc non ostendit ratio aut liberum arbitrium, Et quomodo
ostenderet, cum ipsamet sit ipsa tenebra, indigens luce legis,
quae ostendat ei morbum, quem per suam lucem non uidet,
sed sanitatem esse credit?   5
     Sic et in Galatis eandem quaestionem tractat dicens:
Quid igitur lex? Respondet uero non Diatribes modo, quod
arguat esse liberum arbitrium, Sed sic dicit: Propter trans-
gressiones posita est, donec ueniret semen, cui promiserat.
337 E Propter trans|gressiones (inquit), non quidem coercendas, ut 10
Hieronymus somniat, cum Paulus disputet hoc semini fu-
turo promissum, ut peccata tollat et coerceat, donata iustitia,
767 W Sed propter transgressiones | augendas, ut ad Romanos .5.
dicit: Lex subintrauit, ut abundaret peccatum. Non quod
non fierent aut non abundarent peccata sine lege, sed quod 15
non cognoscerentur esse transgressiones, aut peccata tam
grandia, sed plurima et maxima pro iustitia haberentur.
Ignotis autem peccatis, nullus est remedij locus, neque spes,
eo quod non ferant manum medentis, ut quae sibi sana
uidentur, neque egere medico. Ideo necessaria est lex, quae 20
notificet peccatum, ut nequicia et magnitudine eius cognita,
humilietur superbus et sanus sibi uisus homo, et gratiam
suspiret et anhelet, in Christo propositam.   Vide ergo,
quam simplex oratio: Per legem cognitio peccati, et tamen
sola satis potens liberum arbitrium confundere et subuertere. Si 25
enim hoc uerum est, quod se solo nescit, quid sit peccatum et
malum, ut et hic et Romano . septimo dicit: Concupiscentiam
nesciebam esse peccatum, nisi lex diceret: non concupisces,
Quomodo unquam sciet, quid sit iustitia et bonum? Ignorata
iustitia, quomodo conetur ad eam? Peccatum, in quo nati 30
sumus, in quo uiuimus, mouemur et sumus, imo, quod in
nobis uiuit, mouet et regnat, ignoramus, Et quomodo iusti-
tiam, quae extra nos in coelo regnat, nosceremus? Nimis
nimis nihil faciunt haec dicta miserum illud liberum arbi-
trium.   35
     His sic habentibus, pronunciat Paulus cum plena fiducia
et authoritate dicens: Nunc autem sine lege iustitia Dei
manifestatur, testificata a lege et Prophetis. Iustitia, inquam,
Dei per fidem in Ihesum Christum, in omnes et super omnes,
qui credunt in eum. Non est enim distinctio, Omnes enim 40

---

6 Ga. 3, 19   11 Comment. in ep. ad. Gal. lib. II c. 3, MSL.
26, 366: 'Lex transgressiones prohibitura successit'.   13 Rö. 5, 20
27 Rö. 7, 7   31 AG. 17, 28   37 Rö. 3, 21—25

peccauerunt et uacant gloria Dei, Iustificati gratis per gratiam
ipsius per redemptionem, quae est in Chri|sto Ihesu, quem 338 E
proposuit Deus propitiatorium per fidem in sanguine eius,
et caetera. Hic Paulus mera fulmina loquitur aduersus libe.
5 arbitri. Primum: Iustitia Dei sine lege (inquit) manifestatur,
Secernit iustitiam Dei a legis iustitia. Quia iustitia fidei uenit
ex gratia sine lege. Hoc quod dicit: Sine lege, aliud nihil
esse potest, quam quod iustitia Christiana constet sine ope-
ribus legis, sic quod opera legis nihil pro ea ualeant aut
10 faciant obtinenda, Sicut mox infra dicit: Nos arbitramur ho-
minem iustificari per fidem absque operibus legis. Et ut
supra dixit: Ex operibus legis non iustificatur ulla caro
coram illo. Ex quibus omnibus manifestissimum est, Co-
natum aut studium liberi arbitrij nihil esse prorsus. Quia si
15 sine lege et sine operibus legis iustitia Dei constat, quomodo
non multo magis sine li. arbitrio constet? Cum id sit sum-
mum studium liberi arbitrij, si iustitia morali seu operibus
legis exerceatur, qua ipsius caecitas et impotentia iuuatur.
Tollit haec uox ‚Sine' opera moraliter bona, tollit iustitiam
20 moralem, tollit praeparationes ad gratiam, denique finge quic-
quid poteris, quod ualeat liberum arbitrium, perstabit Paulus
et dicet: Sine tali constat iustitia Dei. Atque ut dem libe-
rum arbitrium per conatum suum aliquo posse promoueri,
uidelicet, ad opera bona, uel ad iustitiam legis ciuilis uel
25 moralis, Ad iustitiam Dei tamen non | promouetur, nec ullo 768 W
respectu dignatur eius studia Deus ad suam iustitiam, dum
dicit, Sine lege suam iustitiam ualere. Si uero ad iustitiam
Dei non promouet, quid profuerit illi, si operibus et conatibus
suis promoueret (si possit fieri) etiam ad angelorum sancti-
30 moniam? Arbitror hic non esse uerba obscura uel ambigua
nec tropis ullis locum relinqui. Quia distinguit Paulus mani-
feste duas iustitias, alteram legis, alteram gratiae tribuens.
Et hanc sine illa et absque operibus eius donari, | illam uero 339 E
sine hac non iustificare nec quicquam ualere. Videam igitur,
35 quomodo liberum arbitrium aduersus haec subsistere et de-
fendi queat.

Alterum fulmen, quod iustitiam Dei manifestari et ualere
dicit in omnes et super omnes, qui credunt in Christum,
Neque ullam esse distinctionem, Iterum clarissimis uerbis
40 uniuersum genus hominum in duo diuidit, Credentibus dat
iustitiam Dei, non credentibus aufert. Iam nemo tam insanus

---

10 Rö. 3, 28   12 Rö. 3, 20

est, qui dubitet, liberi arbitrij uim aut conatum aliud quippiam
esse, quam fidem in Ihesum Christum. At Paulus, quicquid
extra fidem hanc est, negat esse iustum coram Deo. Si
iustum non fuerit coram Deo, peccatum esse necesse est.
Neque enim apud Deum relinquitur medium, inter iustitiam 5
et peccatum, quod uelut neutrum sit, quasi nec iustitia nec
peccatum. Alioqui disputatio tota Pauli nihil efficeret, quae
procedit ex partitione illa, aut iustitiam, aut peccatum esse
apud Deum, quicquid in hominibus fit et geritur, Iustitiam,
si fides assit, Peccatum, si fides desit. Apud homines sane 10
ita habet res, ut media et neutralia sint, in quibus homines
inuicem neque debent quicquam, neque praestant quicquam.
In Deum peccat impius, siue edat siue bibat, aut quicquid
fecerit, quia abutitur creatura Dei cum impietate et in-
gratitudine perpetua, nec ex animo dat gloriam Deo ullo 15
momento.

    Est et hoc non leue fulmen, quod dicit: Omnes pec-
cauerunt, et uacant gloria Dei, Nec ulla est destinctio.
Obsecro, quid clarius dici possit? Da operarium liberi ar-
bitrij, et responde, an conatu illo suo etiam peccet. Si non peccat, 20
Cur Paulus eum non excipit, sed inuoluit sine distinctione?
Certe, qui ,omnes' dicit, neminem ullo loco, ullo tempore,
ullo opere, ullo studio, excipit. Si enim ullius studij aut
operis hominem exceperis, falsum Paulum feceris, Quia et
operator et conator ille liberi arbitrij etiam inter omnes et 25
in omnibus numeratur, et eum reuereri debuerat Paulus, ne
340 E tam libere et generaliter inter peccatores numeraret. Sic et
illud, quod eos gloria Dei inanes dicit. Gloriam Dei hic
possis bifariam accipere, actiue et passiue, Hoc facit Paulus
suis Ebraismis, quibus crebro utitur. Actiue gloria Dei est, 30
qua ipse in nobis gloriatur. Passiue, qua nos in Deo
gloriamur. Mihi tamen passiue accipi debere nunc uidetur;
ut fides Christi latine sonat, quam Christus habet, Sed Ebraeis
769 W fides Christi intelligitur, quae in Christum ¹ habetur, Sic iustitia
Dei latine dicitur, quam Deus habet, sed Ebraeis intelligitur, 35
quae ex Deo et coram Deo habetur. Ita gloriam Dei non
latine, sed Ebraice accipimus, quae in Deo et coram Deo
habetur, et gloria in Deo dici posset. Gloriatur igitur in
Deo, qui certo scit, Deum esse sibi fauentem et dignantem
sese respectu beneuolo, ut placeant coram eo, quae facit, 40
aut condonentur et tolerentur, quae non placent. Si igitur
liberi arbitrij conatus aut studium non est peccatum, sed
bonum coram Deo, certe potest gloriari et cum fiducia in

ea gloria dicere: hoc placet Deo, huic fauet Deus, hoc dig-
natur et acceptat, uel saltem tolerat et ignoscit Deus. Haec
est enim gloria fidelium in Deo, quam qui non habent,
potius confunduntur coram Deo. Sed hoc negat hic Paulus,
5 dicens, quod hac gloria sint prorsus inanes. Et hoc probat
etiam experientia: interroga mihi omnes in uniuersum liberi
arbitrij Conatores, si unum poteris ostendere, qui serio et
ex animo de ullo suo studio et conatu queat dicere: Hoc
scio placere Deo, uictus uolo palmam concaedere. Sed scio,
10 quod nullus reperietur. Si autem defuerit haec gloria, ut
conscientia non audeat certo scire aut confidere, hoc placere
Deo, certum est, quod non placet Deo. Quia sicut credit,
sic habet, non enim credit sese certo placere, quod tamen
necessarium est, cum hoc ipsum sit incredulitatis crimen,
15 dubi\|tare de fauore Dei, qui sibi uult quam certissima fide ³⁴¹ E
credi, quod faueat. Ita teste ipsamet conscientia eorum
conuincimus, quod liberum arbitrium, cum uacet gloria Dei,
sit incredulitatis crimine perpetuo reum, cum omnibus uiribus,
studijs, conatibus suis.
20   Quid uero liberi arbitrij tutores dicent tandem ad illud, quod
sequitur: Iustificati gratis per gratiam ipsius? Quid est hoc gratis?
Quid est per gratiam ipsius? Quomodo conatus et meritum con-
ueniunt cum gratuita et donata iustitia? Forte hic dicent,
sese libero arbitrio quam minimum tribuere, nequaquam me-
25 ritum condignum. Sed haec sunt uerba inania. Hoc enim
quaeritur per liberum arbitrium, ut meritis locus sit. Sic enim
perpetuo causata Diatribe expostulauit: Si non est libertas
arbitrij, ubi est meritis locus? Si meritis non est locus, ubi
praemijs locus est? Cui imputabitur, si quis iustificetur sine
30 meritis? Respondet hic Paulus, nullum esse meritum prorsus,
sed gratis iustificari omnes, quotquot iustificantur, nec hoc
ulli imputari, nisi gratiae Dei. Donata autem iustitia, donatum
est simul regnum et uita aeterna. Vbi nunc conatus? ubi
studium? ubi opera? ubi merita liberi arbitrij? quis eorum
35 usus? Obscuritatem et ambiguitatem caussari non potes, res
et uerba sunt clarissima et simplicissima. Esto enim, quod
libero arbitrio quam minimum tribuant, nihilominus iustitiam
et gratiam eo minimo consequi nos posse docent, \| Neque ⁷⁷⁰ᵂ
enim ratione alia quaestionem illam dissoluunt, Cur Deus
40 hunc iustificet et illum deserat, quam statuendo liberum ar-
bitrium, scilicet, quod hic conatus sit, ille non sit conatus,
Et Deus hunc propter conatum respiciat, illum uero con-
temnat, ne sit iniustus, si secus fecerit. Et quamuis lingua

342 E et calamo praetexant, sese ¹ condigno merito gratiam non
consequi, nec ipsum appellent meritum condignum, tamen
uocabulo nos ludunt et rem nihilominus tenent. Quid enim
excuset, quod meritum condignum non appellent, et tamen
omnia ei tribuant, quae sunt meriti condigni? nempe, quod 5
hic apud Deum gratiam consequitur, qui conatur, Ille uero,
qui non conatur, non consequitur. Nonne hoc est plane
meriti condigni? Nonne Deum respectorem operum, meri-
torum et personarum faciunt? Scilicet, quod ille sua culpa
gratia caret, quia non est conatus, hic uero, quia conatus est, 10
gratiam consequitur, non consecuturus, nisi conatus fuisset.
Si hoc non est meritum condignum, uelim doceri, quid tum
meritum condignum dici possit. Hoc modo ludere posses
in omnibus uerbis et dicere: Meritum condigni quidem non
est, efficit tamen, quod meritum condigni solet. Spina non 15
est arbor mala, sed efficit solum, quod arbor mala. Ficus
arbor bona non est, sed efficit, quod arbor bona solet.
Diatribe quidem non est impia, sed loquitur et facit solum,
quod impius.

Accidit istis liberi arbitrij tutoribus id, quod dicitur: In- 20
cidit in Scyllam, dum uult uitare Charybdim. Nam studio
Pelagianis dissentiendi, negare coeperunt meritum condignum,
et eo ipso, quo negant, fortius statuunt, uerbo et calamo ne-
gant, re ipsa et animo statuunt, Duplicique nomine Pelagianis
sunt peiores. Primum, quod Pelagiani simpliciter, candide et 25
ingenue confitentur et asserunt meritum condignum, appel-
lantes scapham scapham, ficum ficum, docentesque quod
sentiunt. Nostri uero, idem cum sentiant et doceant,
mendacibus tamen uerbis et falsa specie nos ludunt, quasi
Pelagianis dissentiant, cum nihil faciant minus, ut, si hypo- 30
crisin spectes, uideamur Pelagianis acerrimi hostes, si rem et
animum spectes, simus bis Pelagiani. Deinde, quod hac
hypocrisi gratiam Dei longe uilius et aestimamus et emimus,
quam Pelagiani. Hi enim non esse aliquod pusillum in nobis
asserunt, quo gratiam consequamur, sed tota, plena, perfecta, 35
343 E magna et multa esse studia et opera. Nostri uero, minimum
et fere nihil esse, quo gratiam meremur. Si igitur errandum
est, honestius illi errant et minus superbe, qui gratiam Dei
magno constare dicunt, charam et preciosam habentes, quam
ij, qui paruo et pusillo eam constare docent, uilem et con- 40

---

15 Mt. 7, 16   21 Gualtherus ab Insulis, Alexandreis 5, 301:
‚Incidis in Scyllam, cupiens vitare Charybdim'

temptibilem habentes. Sed Paulus utrosque in unam massam contundit, uno uerbo, cum dicit, gratis omnes iustificari, Item: sine lege, sine operibus legis iustificari. Qui ¹ enim gratuitam 771 W iustificationem in omnibus iustificandis asserit, is nullos reli-
5 quos facit, qui operentur, mereantur, praeparentur, nullumque opus relinquit, quod congruum uel condignum dici possit, conteritque uno fulminis huius ictu, tam Pelagianos cum suo toto merito, quam Sophistas cum suo pusillo merito. Gratuita iustificatio non fert, ut operarios statuas, quod manifeste
10 pugnent, gratis donari et aliquo opere parari. Deinde per gratiam iustificari, non fert, ut personae ullius dignitatem afferas, ut et infra .11. cap. dicit: Si ex gratia, ergo non ex operibus, alioqui gratia non est gratia. Sicut et capi. 4. dicit: Ei enim, qui operatur, merces imputatur non secundum
15 gratiam, sed secundum debitum. Quare stat meus Paulus liberi arbitrij uastator inuictus, et uno uerbo duos exercitus prosternit. Nam si sine operibus iustificamur, omnia opera damnantur, siue sint pusilla, siue magna, nulla enim excipit, sed aduersus omnia ex aequo fulminat.
20 Et hic uide oscitantiam omnium nostrum, et quid iuuet, si quis priscis patribus tot saeculorum serie probatis, nixus fuerit. Nonne et ipsi omnes pariter caecutierunt, imo neglexerunt Pauli clarissima et apertissima uerba? Obsecro, quid potest pro gratia contra liberum arbitrium clare et
25 aperte dici, si Pauli sermo clarus et apertus non est? Per contentionem procedit, et gratiam aduersus opera iactat, tum uerbis clarissimis et simplicissimis usus, ¹ dicit, Gratis nos iusti- 344 E ficari, et gratiam non esse gratiam, si operibus paretur, mani-festissime in re iustificationis omnia opera excludens, ut
30 solam gratiam statuat et gratuitam iustificationem. Et nos in hac luce adhuc tenebras quaerimus, et, ubi non possumus magna et omnia nobis tribuere, pusilla et modica nobis tribuere conamur, tantum ut obtineamus, non esse gratuitam et sine operibus iustificationem per gratiam Dei, Scilicet,
35 quasi is, qui maiora et omnia nobis denegat, non multo magis etiam pusilla et modica deneget ad iustificationem nobis suppetere, cum non nisi per gratiam ipsius, sine omnibus operibus, atque adeo sine ipsa lege, in qua sunt omnia opera comprehensa, magna, modica, congrua, et condigna, nos iusti-
40 ficari statuit. I nunc et authoritates ueterum iacta et dictis eorum fide, quos omnes in unum uides neglexisse Paulum

---

12 Rö. 11, 6   14 Rö. 4, 4

clarissimum et manifestissimum doctorem, ac uelut studio
luciferum, imo solem hunc fugisse, occupati, scilicet, carnali
sensu, quod absurdum uideretur esse, nullum locum relinqui
meritis.

Afferamus exemplum illud, quod sequenter Paulus affert 5
de Abraham. Si Abraham (inquit) ex operibus iustificatus
est, habet gloriam, sed non apud Deum. Quid enim dicit
scriptura? Credidit Abraham Deo, et reputatum est ei ad
iustitiam. Obserua quaeso et hic partitionem Pauli, duplicem
Abrahae iustitiam recitantis. Vna est operum, id est, moralis 10
et ciuilis, sed hac negat eum iustificari coram Deo, etiamsi
coram hominibus per illam iustus sit. Deinde gloriam habet
772 W apud homines, sed uacat ipse quoque | gloria Dei, per eam
iustitiam. Nec est, quod ullus hic legis aut ceremoniarum
opera damnari dicat, cum Abraham tot annis ante legem 15
fuerit. Paulus simpliciter de operibus Abrahae loquitur,
ijsque non nisi optimis. Ridiculum enim esset disputare, an
quis malis operibus iustificetur. Si igitur Abraham nullis
operibus iustus est, sed nisi alia iustitia, puta fidei, induatur,
345 E tam ipse, | quam opera sua cuncta sub impietate relinquuntur, 20
Palam est, nullum hominem quicquam promouere ad iustitiam
suis operibus, Deinde nulla opera, nulla studia, nullos conatus
liberi arb. coram Deo quicquam ualere, Sed omnia impia,
iniusta et mala iudicari. Si enim ipse iustus non est, nec
opera aut studia eius iusta sunt. Si iusta non sunt, damnabilia 25
et ira digna sunt. Altera est fidei iustitia, quae constat non
operibus ullis, sed fauente et reputante Deo per gratiam.
Ac uide, quomodo Paulus nitatur uerbo reputandi, ut urgeat,
repetat et inculcet. Ei (inquit), qui operatur, merces non
reputatur secundum gratiam, sed secundum debitum, Ei uero, 30
qui non operatur, credit uero in eum, qui iustificat impium,
reputatur fides eius ad iustitiam, secundum propositum
gratiae Dei. Tum adducit Dauid itidem de reputatione
gratiae dicentem: Beatus uir, cui non imputauit Dominus pec-
catum etc. Pene decies eo capitu. repetit uerbum reputandi. 35
Breuiter, Paulus componit operantem et non operantem, nec
relinquit medium inter hos duos; operanti reputari iustitiam
negat, Non operanti uero asserit reputari iustitiam, modo
credat. Non est, quo hic liberum arbitrium euadat aut
elabatur cum suo conatu aut studio. Aut enim cum ope- 40
rante, aut cum non operante numerabitur. Si cum operante,

---

5 Rŏ. 4, 1—3   29 Rŏ. 4, 4 f.   33 Rŏ. 4, 7

audis hic ei non reputari ullam iustitiam, Si cum non ope-
rante, qui credit tamen Deo, reputatur ei iustitia, At tum non
liberi arbitrij uis erit, sed renouata creatura per fidem. Si
autem non reputatur iustitia operanti, manifestum fit, eius
5 opera nihil nisi peccata, mala et impia esse coram Deo.
Nec potest hic proteruire ullus Sophista, quod, licet homo
sit malus, possit tamen opus eius esse non malum. Nam
ideo Paulus apprehendit non hominem simpliciter, sed ope-
rantem, ut apertissimo uerbo declararet, ipsa opera et studia
10 hominis damnari, quaecunque illa sint, et quocunque nomine
aut ¹ specie censeantur. Agit autem de bonis operibus, quia 346 E
de iustificando et merendo disputat. Et cum de operante
loquatur, uniuersaliter de omnibus operantibus et de omnibus
operibus eorum, potissimum uero de bonis et honestis ope-
15 ribus loquitur, Alioqui partitio sua de operante et non ope-
rante non consisteret.

    Praetereo hic fortissima illa argumenta ex proposito
gratiae, ex promissione, ex ui legis, ex peccato originali, ex
electione Dei assumpta, quorum nullum est, quod non se
20 solo funditus tollat liberum arbitrium. Si enim gratia ex
proposito seu praedestinatione uenit, necessitate uenit, non
studio aut conatu nostro, ut supra docuimus. Item, Si Deus
gratiam promisit ¹ ante legem, ut hic et in Galatis Paulus 773 W
arguit, ergo non ex operibus aut lege uenit, alioqui pro-
25 missio nihil erit. Ita et fides nihil erit (qua tamen Abraham
ante legem iustificatus est), si opera ualent. Item, cum lex
sit uirtus peccati, ostendens tantum, non autem tollens pec-
catum, facit conscientiam ream coram Deo, et iram minatur,
hoc est, quod dicit: Lex iram operatur. Quomodo igitur fieri
30 posset, ut per legem iustitia paretur? Si autem lege non
iuuamur, quomodo ui sola arbitrij iuuari possumus? Item,
cum unius Adae unico delicto omnes sub peccato et damna-
tione sumus, quomodo possumus aliquid tentare, quod non
peccatum et damnabile sit? Quum enim dicat: Omnes,
35 neminem excipit, nec uim liberi arbitrij, nec ullum operarium,
operetur siue non operetur, conetur siue non conetur; inter
omnes necessario comprehendetur cum alijs. Nec nos pec-
caremus aut damnaremur delicto illo unico Adae, nisi nostrum
delictum esset. Quis enim alieno delicto damnaretur, prae-
40 sertim coram Deo? Nostrum autem non fit imitando aut
operando, cum hoc non esse posset delictum illud unicum

347 E Adae, ut quod non ipse, sed nos fecerimus, ¹ fit uero nostrum
nascendo. Sed de hac re disputandum alias. Igitur ipsum
originale peccatum, liberum arbitrium prorsus nihil sinit posse,
nisi peccare et damnari. Ista inquam argumenta praetereo,
quod sint apertissima et robustissima, tum quod nonnihil 5
superius de his diximus. Quod si omnia, quae liberum ar-
bitrium subuertunt, recensere uellemus in solo Paulo, nihil
melius faceremus, quam ut perpetuo commentario totum
Paulum tractaremus, et in singulis pene uerbis monstraremus
confutatam liberi arbitrij uim adeo iactatam, quemadmodum 10
iam feci in hoc tertio et quarto capite, quae ideo potissimum
tractaui, ut oscitantiam omnium nostrum ostenderem, qui
Paulum sic legimus, ut nihil minus in his clarissimis locis
uideremus, quam haec ualidissima argumenta contra liberum
arbitrium, et confidentiam illam authoritate et scriptis ueterum 15
doctorum nitentem facerem stultam, simulque . cogitandum
relinquerem, quid factura sint argumenta illa apertissima, si
cum diligentia et iuditio tractarentur.

Ego de me dico: uehementer admiror, quod, cum Paulus
toties utatur uocabulis illis uniuersalibus: Omnes, Nullus, Non, 20
Nusquam, Sine, ut: Omnes declinauerunt, Non est iustus
quisquam, Non est, qui faciat bonum, nec unus quidem, Omnes
unius delicto peccatores et damnati sunt, Fide sine lege,
sine operibus iustificamur, ut, si aliter quispiam uelit, non
posset tamen clarius et apertius loqui, miror, inquam, qui 25
factum sit, ut aduersus has uniuersales uoces et sententias
praeualuerint contrariae, imo contradictoriae, scilicet: Aliqui
sunt non declinantes, non iniusti, non mali, non peccatores,
non damnati, Est aliquid in homine, quod bonum est et ad
774 W ¹ bonum nititur, quasi ille, quisquis fuerit homo, qui ad bonum 30
nititur, non sit comprehensus in uoce ista: Omnes, Nullus,
348 E Non. Ego non haberem, etiam si uellem, quod Paulo ¹ op-
ponerem aut responderem, Sed cogerer uim mei liberi ar-
bitrij una cum suo conatu complecti inter omnes et nullos
illos, de quibus Paulus loquitur, nisi noua grammatica aut 35
nouus usus loquendi introducatur. Ac tropum forte suspi-
cari et uerba excerpta torquere liceret, si semel aut uno
loco uteretur tali nota, At nunc perpetuo utitur, tum simul
affirmatiuis et negatiuis, et sententiam per contentionem et
partitionem utrobique uniuersalium partium sic tractat, ut non 40
modo uocum natura et ipsa oratio, sed et consequentia,
praecedentia, circunstantiae, intentioque et corpus ipsum
totius disputationis sensum communem concludant, Paulum

uelle, quod extra fidem Christi nihil nisi peccatum et dam-
natio sit. Atque hoc modo nos confutaturos esse pro-
misimus liberum arbitrium, ut non queant resistere omnes
aduersarij, Id quod arbitror me fecisse, etiamsi non con-
5 cedant uicti in nostram sententiam aut taceant. Nam hoc
nostrae non est opis, Spiritus Dei hoc donum est.

Sed antequam Iohannem Euangelistam audiamus, coro-
nidem Paulinam adijciamus, parati, ubi haec non satis fuerint,
totum Paulum perpetuo commentario in liberum arbitrium
10 instruere. Rom. 8, ubi genus humanum in duo diuidit, in
carnem et spiritum, Sicut et Christus facit Iohannis .3, sic
dicit: Qui secundum carnem sunt, quae carnis sunt, sapiunt,
Qui uero secundum spiritum sunt, quae spiritus sunt, sapiunt.
Quod Paulus hic carnales uocet omnes, qui non sunt spiri-
15 tuales, manifestum est, tum ex ipsa partitione et oppositione
spiritus et carnis, tum ex ipsiusmet Pauli uerbis, ubi sequitur:
Vos in carne non estis, sed in spiritu, si tamen spiritus Dei
habitat in uobis; Siquis autem spiritum Christi non habet,
hic non est eius. Quid enim aliud hic uult: Vos non estis
20 in carne, si spiritus Dei in uobis est, quam necessario in
carne eos esse, qui spiritum non habent? Et qui Christi
non est, cuius alius quam Satanae est? Stat igitur, qui
spiritu carent, hos in carne et sub Satana esse. | Iam 349 E
uideamus, quid sentiat de conatu et ui liberi arbitrij car-
25 nalium: Qui in carne sunt, Deo placere non possunt. Et
iterum: Sensus carnis est mors. Et iterum: Sensus carnis est
inimicitia contra Deum. Item: legi Dei non est subiectus
neque enim potest. Hic mihi respondeat liberi arbitrij tutor,
quomodo possit conari ad bonum id, quod est mors, displi-
30 cens Deo, inimicitia contra Deum, inobediens Deo, nec potens
obedire? Nec enim uoluit dicere: Sensus carnis est mortuus
aut inimicus Deo, sed: ipsa mors, ipsa inimicitia, cui sit im-
possibile legi Dei subijci, aut Deo placere, sicut et paulo ante
dixerat: Nam quod legi erat impossibile, quo infirmabatur
35 per carnem, Deus fecit etc. Nota est et mihi fabula Origenis
de triplici affectu, quorum unus caro, alius anima, alius
spiritus illi dicitur, Anima uero medius ille, in utram partem,
uel carnis uel spiritus, uertibilis. Sed sua sunt haec somnia,
dicit tantum ea, sed non probat. | Paulus hic carnem uocat, 775 W
40 quicquid sine spiritu est, uti monstrauimus. Ideo summae

---

10 Rö. 8, 5   11 Jo. 3, 6   25 Rö. 8, 8   26 Rö. 8, 6
27 Rö. 8, 7   34 Rö. 8, 3

illae uirtutes optimorum hominum in carne sunt, hoc est,
mortuae, inimicae Deo sunt, legi Dei non subiectae, nec
potentes subijci, Deoque non placentes. Paulus enim non
solum dicit, eos non subijci, sed nec posse subijci. Sic et
Christus Matt. 7: Arbor mala non potest fructus bonos fa- 5
cere, Et 12: Quomodo potestis bona loqui, cum sitis mali?
Vides hic, non solum mala nos loqui, sed nec posse loqui
bona. Et qui alibi dicit Nos, cum simus mali, scire tamen
filijs nostris bona dare, Negat tamen nos bona facere, etiam
eo ipso, quo damus bona, scilicet, quod bona est creatura 10
Dei, quam damus, nec tamen ipsi boni sumus nec bene bona
illa damus, Loquitur autem ad omnes, nempe etiam ad disci-
pulos suos. Vt constet haec gemina Pauli sententia: Iustus
ex fide uiuit, Et: omne, quod non est ex fide, peccatum est.
350 E Quarum haec ex illa sequitur, Si enim nihil ¹ est, quo iusti- 15
ficemur, nisi fides, euidens est, eos, qui sine fide sunt, non-
dum iustificatos esse, Non iustificati uero peccatores sunt,
Peccatores uero arbores malae sunt, nec possunt quippiam
nisi peccare et fructus malos ferre. Quare lib. ar. nihil est,
nisi seruum peccati, mortis et Satanae, nihil faciens neque 20
potens facere aut conari nisi malum.

Adde exemplum illud capi. 10. ex Esaia adductum:
Inuentus sum a non quaerentibus, palam apparui his, qui
me non interrogabant. Haec de gentibus dicit, quod Christum
audire et cognoscere illis datum sit, cum ne cogitare antea de 25
ipso potuerint, multo minus quaerere aut se ui lib. ar. ad
eum praeparare. Hoc exemplo satis clarum est, gratiam ue-
nire adeo gratis, ut nec cogitatio de ea, nedum conatus aut
studium praecedat. Sic et Paulus, cum Saulus esset, quid
fecit illa summa ui lib. arbi? Certe optima et honestissima 30
agitabat animo, si ratio spectetur. At uide, quo conatu gra-
tiam inuenit. Non modo non quaerit, sed etiam insaniendo
contra eam, accipit. Contra, de Iudaeis dicit .9: Gentes,
quae non sectabantur iustitiam, apprehenderunt iustitiam, quae
ex fide est, Israel uero sectando legem iustitiae, in legem 35
iustitiae non peruenit. Quid contra haec mutire potest ullus
tutor lib. ar? Gentes tum, cum impietate et omnibus uicijs
oppletae sunt, accipiunt iustitiam gratis miserente Deo.
Iudaei, dum summo studio et conatu iustitiae student, fru-
strantur. An hoc non est dicere tantum, quod conatus lib. 40

_____

5 Mt. 7, 19   6 Mt. 12, 34   8 Mt. 7. 11   13 Rö. 1, 17
14 Rö. 14, 23   22 Rö. 10, 20 | Jes. 65, 1

arb. sit frustra, dum ad optima conatur et ipsum potius in peius ruere et retro sublapsum referri? Nec potest ullus dicere, quod non summa ui liberi arbitrij studuerunt. Ipse Paulus eis testimonium perhibet cap. 10, quod zelum Dei
5 habent, sed non secundum scientiam. Igitur nihil deest in Iudaeis, | quod libero arbitrio tribuitur, et tamen nihil se- 351 E quitur, imo contrarium sequitur. In Gentibus nihil adest, quod libero arbitrio tribuitur, et tamen sequitur iustitia Dei. Quid hoc est, nisi manifestissimo exemplo utriusque nationis,
10 tum clarissimo simul testimonio Pauli, confirmari, quod gratia donatur gratis immeritis et | indignissimis, nec obtinetur ullis 776 W studijs, conatibus, operibus, pusillis aut magnis, etiam optimorum et honestissimorum hominum, ardenti zelo iustitiam quaerentium et sectantium?
15 Ad Iohannem etiam ueniamus, qui et ipse copiosus et potens est liberi arbitrij uastator. Statim in principio tribuit libero arbitrio tantam caecitatem, ut ne uideat quidem lucem ueritatis, tantum abest, ut ad eam possit conari. Sic enim dicit: Lux in tenebris lucet, sed tenebrae non comprehendunt.
20 Et mox: In mundo erat, et mundus eum non cognouit, In propria uenit, et sui non recoeperunt eum. Quid per mundum putas intelligit? nunquid aliquem hominem ab hoc nomine separabis, nisi spiritu sancto recreatum? Et peculiaris est usus uocabuli huius ,Mundus' apud hunc Apostolum, quo
25 prorsus totum genus hominum intelligit. Quicquid ergo de mundo dicit, de libero arbitrio intelligitur, ut quod est praestantissimum in homine. Igitur apud hunc Apostolum: mundus non nouit lucem ueritatis   Mundus odit Christum et suos.   Mundus non nouit neque uidet spiritum sanctum.
30 Mundus totus in maligno positus est.   Omne, quod est in mundo, est concupiscentia carnis, oculorum et superbia uitae. Nolite diligere mundum. Vos estis (ait) de mundo. Mundus non potest odisse uos, Me odit, quia opera eius testor esse mala.   Haec omnia et similia multa sunt praeconia liberi
35 arbitrij, scilicet, principalis partis in mundo regnantis sub Satanae imperio. Nam et ipse Iohannes per antithesin de mundo loquitur, ut mundus sit, quicquid de mundo non est in spiritum trans|latum, sicut ad Apostolos dicit: Ego tuli uos 352 E de mundo et posui uos etc. Si nunc essent aliqui in mundo,
40 qui ui liberi arbitrij conarentur ad bonum, sicut fieri opor-

---

4 Rő. 10, 2   19 Jo. 1, 5   20 Jo. 1, 10 f.   27 Jo. 1, 10
28 Jo. 15, 19   29 Jo. 14, 7   30 1. Jo. 5, 19. 2, 16   32 1. Jo. 2, 15
Jo. 8, 23. 7, 7   38 Jo. 15, 19

teret, si liberum arbitrium aliquid posset, propter horum
reuerentiam temperasset merito Iohannes uerbum, ne gene-
rali uoce eos inuolueret tot malis, quibus mundum accusat.
Quod cum non faciat, euidens est, quod liberum arbitrium
omnibus mundi nominibus reum facit, cum, quicquid mundus 5
agat, per uim liberi arbitrij, hoc est, rationem et uoluntatem,
partes sui praestantissimas, agat.

Sequitur: Quotquot recoeperunt eum, dedit eis pote-
statem filios Dei fieri, ijs, qui credunt in nomine eius, qui non
ex sanguinibus, neque ex uoluntate carnis, neque ex uolun- 10
tate uiri, sed ex Deo nati sunt. Hac partitione perfecta
reijcit a regno Christi Sanguines, uoluntatem carnis, uolun-
tatem uiri. Sanguines credo Iudaeos esse, hoc est, qui uole-
bant filij regni esse, quod essent filij Abrahae et patrum,
scilicet, de sanguine gloriantes. Voluntatem carnis intelligo 15
studia populi, quibus in lege et operibus exercitati sunt.
Caro enim hic carnales significat sine spiritu, ut qui uolun-
tatem quidem et conatum habeant, sed, quia spiritus non
adest, carnaliter habeant. Voluntatem uiri generaliter om-
777 W nium studia intelligo, siue sint in lege siue sine | lege, puta 20
gentium et quorumlibet hominum, ut sit sensus: nec natiui-
tate carnis, nec studio legis, nec ullo alio studio humano
fiunt filij Dei, sed solum natiuitate diuina. Si igitur non
nascuntur carne, nec educantur lege, nec parantur ulla ho-
minis disciplina, sed ex Deo renascuntur, manifestum est, lib. 25
arb. hic nihil ualere. Virum enim puto hoc loco accipi
Ebraico more, pro quolibet uel pro quocunque, sicut carnem
per antithesin pro populo sine spiritu. Voluntatem autem
pro summa ui in hominibus, nempe, pro principali parte
353 E liberi arbitrij. | Sed estо, non intelligamus uerba singulatim, 30
tamen ipsa rei summa clarissima est, quod Iohannes hac
partitione reijciat, quicquid non est generatio diuina, dum
filios Dei non fieri dicit, nisi nascendo ex Deo, quod fit,
ipso interprete, credendo in nomine eius. In qua reiectione
uoluntas hominis seu lib. arbitrium, cum non sit natiuitas ex 35
Deo neque fides, necessario comprehenditur. Si uero ali-
quid ualeret lib. arbitrium, non debebat uoluntas uiri a Io-
hanne reijci, nec homines ab eo retrahi et ad solam fidem
et renascentiam mitti, ne illud Esaiae .5. ei diceretur: Ve
uobis, qui dicitis bonum malum. Nunc uero, cum aequaliter 40
reijciat sanguines, uoluntatem carnis, uoluntatem uiri, certum

---

8 Jo. 1, 12 f.   39 Jes. 5, 20

est, quod uoluntas uiri nihil magis ualet ad faciendos filios
Dei, quam sanguines, seu natiuitas carnalis. At nulli dubium
est, quin natiuitas carnis non faciat filios Dei, ut et Paulus
Rom. 9. dicit: Non, qui filij carnis, ij filij Dei, probatque id
5 exemplo Ismaelis et Esau.

Idem Iohannes inducit Baptistam de Christo loquentem
sic: De cuius plenitudine nos omnes accepimus, gratiam pro
gratia. Gratiam dicit acceptam per nos de plenitudine
Christi, sed pro quo merito uel studio? Pro gratia (inquit),
10 scilicet Christi, quemadmodum et Paulus dicit Rom. 5:
Gratia Dei et donum in gratia unius hominis Ihesu Christi
in plures abundauit. Vbi nunc liberi arbitrij conatus, quo
paratur gratia? Hic Iohannes dicit, non solum nullo nostro
studio gratiam accipi, sed etiam aliena gratia seu alieno me-
15 rito, nempe, unius hominis Ihesu Christi. Aut igitur falsum
est, nos gratiam nostram accipere pro aliena gratia, aut libe-
rum arbitrium nihil esse euidens est, utrunque enim simul
consistere nequit, ut tam uilis sit gratia Dei, ut uulgo et
passim cuiuslibet hominis pusillo conatu obtineatur, et rursus
20 tam chara, ut in et per unius tam magni hominis gratiam
nobis donetur. Simul hoc loco admonitos uelim liberi arb.
tutores, ut sciant, sese esse abnegatores Christi, | dum asserunt 354 E
liberum arbitrium. Nam si meo studio gratiam Dei obtineo,
quid opus est Christi gratia pro mea gratia accipienda? Aut
25 quid mihi deest, ubi gratiam Dei habuero? Dixit autem
Diatribe, dicunt et omnes Sophistae, nostro conatu nos
gratiam Dei impetrare et ad illam recipiendam praeparari,
licet non de condigno, sed de congruo. hoc plane est ne-
gare Christum, pro cuius gratia nos gratiam | accipere hic 778 W
30 testatur Baptista. Nam illud commentum de condigno et
congruo supra confutaui, quod inania uerba sint, reuera autem
condignum meritum sentiant, idque maiore impietate quam
Pelagiani, uti diximus. Ita fit, ut magis negent Dominum
Christum, qui nos mercatus est, impij Sophistae una cum
35 Diatribe, quam unquam negauerint Pelagiani aut ulli Haere-
tici, adeo non patitur secum gratia ullam particulam aut uim
liberi arbitrij. Quod autem Christum negent liberi arbitrij
tutores, non modo probat haec scriptura, sed et ipsa eorum
uita. Hinc enim Christum iam non suauem mediatorem, sed
40 metuendum iudicem sibi fecerunt, quem placare student
intercessionibus matris et sanctorum, tum multis repertis

---

4 Rō. 9, 8   6 Jo. 1, 16   10 Rō. 5, 15

operibus, ritibus, religionibus, uotis, quibus omnibus agunt,
ut Christus eis placatus gratiam donet, non autem credunt,
quod apud Deum interpellat et gratiam eis impetret per
suum sanguinem, et gratiam (ut hic dicitur) pro gratia. Atque
ut credunt, ita habent. Est enim Christus uere et merito illis 5
iudex inexorabilis, dum eum deserunt ut mediatorem et
saluatorem clementissimum, et sanguinem ac gratiam eius
uiliorem habent, quam studia et conatus liberi arbitrij.

    Audiamus et exemplum liberi arbitrij. Nicodemus scilicet
uir est, in quo nihil queas desiderare, quod liberum arbitrium 10
ualeat, Quid enim uir ille omittit studij aut conatus? Fatetur
355 E Christum ueracem, et a Deo uenisse, signa praedicat, | uenit
nocte auditurus et collaturus reliqua. An non is quaesijsse
uidetur ui liberi arbitrij ea, quae sunt pietatis et salutis? Sed
uide, ut impingat. Cum a Christo ueram uiam salutis per 15
renascentiam doceri audit, nunquid eam agnoscit, aut sese
illam aliquando quaesiuisse fatetur? Imo sic abhorret et
confunditur, ut eam non solum se non intelligere dicat, sed
etiam auersetur, ut impossibilem. Quomodo (inquit) possunt
haec fieri? Nec mirum sane, Quis enim unquam audiuit, 20
quod ex aqua et spiritu regenerandus sit homo ad salutem?
Quis unquam cogitauit, quod filium Dei oportuerit exaltari,
quo omnis, qui crederet in ipsum, non periret, sed haberet
uitam aeternam? An huius Philosophi acutissimi et optimi
unquam meminerunt? An principes huius mundi hanc 25
scientiam unquam cognouerunt? An ullius liberum arb. un-
quam ad hoc conatum est? Nonne Paulus eam fatetur esse
sapientiam in mysterio absconditam, per Prophetas quidem
praedictam, sed per Euangelion reuelatam, ita ut ab aeterno
fuerit tacita et incognita mundo? Quid dicam? Ex- 30
perientiam interrogemus, ipse mundus totus, ipsa ratio hu-
mana, ipsum adeo liberum arbitri. cogitur confiteri, sese
Christum non nouisse neque audiuisse, antequam Euangelion
in mundum ueniret. Si autem non nouit, multo minus quae-
siuit aut quaerere aut ad eum conari potuit. At Christus 35
est uia, ueritas, uita et salus. Confitetur ergo, uelit, nolit,
sese suis uiribus nec nosse nec quaerere potuisse ea, quae
779 W sunt uiae, ueritatis et salutis. Nihilominus contra hanc ipsam
confessionem et experientiam propriam insanimus et inanibus
uerbis disputamus, Esse in nobis uim tantam reliquam, quae 40
et noscat et applicare sese possit ad ea, quae sunt salutis,

---

9 Jo. 3, 1 f.   19 Jo. 3, 9   27 1. Ko. 2, 7   36 Jo. 14, 6

hoc est tantum dicere, Christum filium Dei pro nobis ex-
altatum, cum nullus unquam scierit nec cogitare potuerit;
haec ipsa tamen ignorantia non est ignorantia, sed notitia
Chri⌐sti, id est, eorum quae sunt salutis. An nondum uides 356 E
5 et palpas liberi arbitrij assertores plane insanire, cum hoc
uocent scientiam, quod ipsimet confitentur esse ignorantiam?
Nonne hoc est tenebras dicere lucem Esaiae quinto? Scilicet,
adeo potenter obstruit Deus os libero arbitrio, eius propria
confessione et experientia; nec sic tamen tacere potest et
10 Deo gloriam dare.

Deinde cum Christus dicatur uia, ueritas et uita, idque
per contentionem, ut, quicquid non est Christus, id neque
uia, sed error, neque ueritas, sed mendacium, neque uita,
sed mors est, necesse est liberum arbitrium, cum sit neque
15 Christus, neque in Christo, errore, mendacio et morte con-
tineri. Vbi igitur et unde habetur medium illud et neutrum,
nempe uis illa liberi arbitrij, quae, cum nec Christus (id est,
uia, ueritas et uita) sit, nec error, nec mendacium, nec mors
tamen esse debeat? Nam nisi per contentionem dicerentur
20 omnia, quae de Christo et gratia dicuntur, ut opponantur
contrarijs, scilicet, quod extra Christum non sit nisi Satan,
extra gratiam non nisi ira, extra lucem non nisi tenebrae,
extra uiam non nisi error, extra ueritatem non nisi menda-
cium, extra uitam non nisi mors, Quid, rogo, efficerent
25 uniuersi sermones Apostolorum et tota scriptura? frustra
scilicet dicerentur omnia, cum non cogerent, Christum esse
necessarium, quod tamen maxime agunt, Eo quod medium
reperiretur, quod de se nec malum, nec bonum, nec Christi,
nec Satanae, nec uerum, nec falsum, nec uiuum, nec mor-
30 tuum, forte etiam nec aliquid, nec nihil esset, idque uocetur
praestantissimum et summum in toto genere hominum. Vtrum
igitur uis, elige. Si Scripturas per contentionem loqui con-
cedis, de libero arbitrio nihil dicere poteris, nisi quae con-
traria sunt Christo, scilicet, quod error, mors, Satan et omnia
35 mala in ipso regnent. Si non concedis eas per contentionem
loqui, iam scripturas eneruas, ut nihil efficiant, nec Christum
necessarium probent, ac sic, dum liberum arbitrium statuis,
Christum euacuas et totam | scripturam pessundas. Deinde, 357 E
ut uerbis simules, te Christum confiteri, reipsa tamen et
40 corde negas. Quia, si liberi arbitrij uis non est erronea tota,
neque damnabilis, sed uidens et uolens honesta et bona et

---

7 Jes. 5, 20   11 Jo. 14, 6

ea, quae sunt salutis, sana est, Christo medico non habet
opus, nec Christus eam partem hominis redemit; Quia, quid
est opus luce et uita, ubi lux et uita est? At ea non re-
dempta per Christum, optimum in homine non est redemptum,
sed per sese bonum et saluum. Tum Deus quoque iniquus 5
est, si ullum hominem damnat, quia illud, quod in homine
780 W optimum est et sanum, hoc est, innocentem damnat. ¹ Nam
nullus homo non habet liberum arbitrium. Et licet abutatur
malus homo, Vis tamen ipsa docetur non extingui, quin ad
bona conetur et conari possit. Si autem talis est, dubio 10
procul bona, sancta et iusta est, quare non debet damnari,
sed ab homine damnando separari. At hoc fieri nequit.
Atque si fieri posset, tum homo iam sine libero arbitrio, ne
homo quidem esset, nec mereretur, nec demereretur, nec
saluaretur, essetque plane brutum, iam non immortalis. Re- 15
liquum igitur est, ut Deus sit iniquus, qui bonam, iustam,
sanctam illam uim damnat, quae Christo non eget in homine
et cum homine malo.

Sed pergamus in Iohanne. Qui credit (inquit) in eum,
non iudicatur, Qui non credit, iam iudicatus est, quia non 20
credit in nomine unigeniti filij Dei. Responde, an liberum
arbitrium sit de numero credentium nec ne. Si est, iterum
gratia opus non habet, per sese credens in Christum, quem
per sese nec nouit nec cogitat. Si non est, iam iudicatum
est; hoc quid est nisi: damnatum est coram Deo? At Deus 25
non damnat nisi impium, Impium igitur est. Quid pij uero
impium conetur? Neque credo hic uim liberi arbitrij ex-
356 S cipi posse, cum de toto ho'mine loquatur, quem damnari
dicit. Deinde incredulitas non est crassus affectus, sed
summus ille in uoluntatis et rationis arce sedens et regnans, 30
sicut eius contrarius, nempe, fides. Incredulum autem esse,
est Deum negare et mendacem facere .1. Iohannis primo:
Si non credimus, mendacem facimus Deum. Quomodo iam
uis illa Deo contraria et eum mendacem faciens, conatur
ad bonum? Si non esset incredula et impia illa uis, non 35
debuit dicere de toto homine: iam iudicatus est, sed sic:
Homo secundum crassos affectus est iam iudicatus, sed se-
cundum optimum et praestantissimum non iudicatur, quia
conatur ad fidem, seu potius credula iam est. Sic, ubi toties
scriptura dicit: Omnis homo mendax, dicemus authoritate 40
liberi arbitrij: Contra, Scriptura potius mentitur, quia homo

---

non est mendax optima sua parte, id est, ratione et uolun-
tate, sed tantum carne, sanguine et medullis, ut sic illud
totum, unde nomen habet homo, silicet ratio et uoiuntas,
sit sanum et sanctum. Item et illud Baptistae: Qui credit
5 in filium, habet uitam aeternam, Qui autem incredulus est
filio, non uidebit uitam, sed ira Dei manet super ipsum, sic
oportebit intelligi: super ipsum, id est, super crassos affectus
hominis manet ira Dei, super uim autem illam liberi ar-
bitrij, uoluntatis scilicet et rationis, manet gratia et uita
10 aeterna. Hoc exemplo, ut libe arbitrium subsistat, quicquid
in scripturis in homines impios dicitur, per synecdochen
torqueas ad partem hominis brutalem, ut salua sit pars ra-
tionalis et uere humana. Tum ego gratias agam liberi ar-
bitrij assertoribus, cum fiducia peccabo, securus, quod ratio
15 et uoluntas seu liberum arbitrium damnari non possit, eo
quod nunquam extinguatur, sed perpetuo sanum, iustum et
sanctum permanet. At uoluntate et ratione beata, gaudebo
foedam et brutam carnem separari et damnari, tantum abest,
ut optem illi Christum ǀ redemptorem. Vides, quorsum nos 781 W
20 ferat dogma libe. arb., ut omnia diuina et humana, tem-
poralia et aeterna, neget et tot monstris irrideat seipsum?

ǀ Item, dicit Baptista: Homo non potest accipere quic- 359 E
quam, nisi fuerit ei datum de coelo. Desinat hic Diatribe
suam ostentare copiam, ubi omnia, quae de coelo habemus,
25 numerat. Nos non de natura, sed de gratia disputamus, nec,
quales simus super terram, sed, quales simus in coelo coram
Deo, quaerimus. Scimus, quod homo dominus est inferioribus
se constitutus, in quae habet ius et liberum arbitrium, ut illa
obediant et faciant, quae ipse uult et cogitat. Sed hoc
30 quaerimus, an erga Deum habeat liberum arbitrium, ut ille
obediat et faciat, quae homo uoluerit, uel potius, an Deus in
hominem habeat liberum arbitrium, ut is uelit et faciat, quod
Deus uult, et nihil possit, nisi quod ille uoluerit et fecerit.
Hic dicit Baptista, quod nihil accipere possit, nisi donetur
35 ei de coelo, Quare nihil erit lib. arbitrium. Item: Qui de
terra est, de terra est, et de terra loquitur; Qui de coelo
uenit, super omnes est. Hic iterum omnes terrenos facit,
terrenaque sapere et loqui dicit eos, qui non sunt Christi,
nec medios aliquos relinquit. At liberum arbitrium utique
40 non est ille, qui de coelo uenit, Quare de terra esse et
terram sapere et loqui necesse est. Quod si aliqua uis in

---

homine, aliquo tempore, loco aut opere non terrena saperet, hunc Baptista debuit excipere, et non generaliter de omnibus extra Christum dicere: de terra sunt, de terra loquuntur. Sic infra cap. 8. quoque dicit Christus: Vos de mundo estis, ego non sum de mundo, Vos deorsum estis, ego de supernis sum. 5 At illi habebant liberum arbitrium, ad quos loquebatur, scilicet rationem et uoluntatem, et tamen de mundo eos esse dicit. Quid uero noui diceret, si secundum carnem et crassos affectus de mundo esse eos diceret? An hoc non ante nouit totus mundus? Tum quid opus est homines ea parte, qua 10 brutales sunt, de mundo dicere, cum hoc modo et bestiae sint de mundo?

360 E   ¹ Iam illud, ubi Christus Iohannis. 6. dicit: Nemo uenit ad me, nisi pater meus traxerit eum, quid relinquit libero arbitrio? Dicit enim opus esse, ut quis audiat et discat ab 15 ipso patre, tum omnes oportere a Deo doctos esse. Hic sane non solum opera et studia liberi arbitrij docet esse inania, sed ipsum etiam uerbum Euangelij (de quo agitur eo loco) frustra audiri, nisi intus loquatur, doceat, trahat ipsemet pater. Nemo potest, nemo potest (inquit) uenire, uis scilicet illa, 20 qua possit homo aliquid conari ad Christum, id est: ad ea, quae sunt salutis, nulla esse asseritur. Nec prodest libero arbitrio, quod Diatribe ex Augustino affert ad calumniandum clarissimum hunc et potentissimum locum, scilicet, quod Deus trahat, quemadmodum ouem ostenso ramo trahimus. Hac 25
782 W similitudine uult probari, uim inesse nobis ¹ sequendi tractum Dei, Sed nihil ualet haec similitudo hoc loco. Quia Deus ostendit non solum unum, sed omnia bona sua, tum ipsum etiam Christum filium, nec tamen ullus homo sequitur, nisi intus pater aliud ostendat et aliter trahit, imo totus mundus 30 persequitur filium, quem ostendit. Ad pios belle quadrat ea similitudo, qui iam sunt oues et cognoscunt pastorem Deum, hi spiritu uiuentes, et moti sequuntur, quorsumcunque Deus uoluerit et quicquid ostenderit. Impius uero non uenit etiam audito uerbo, nisi intus trahat, doceatque pater, quod facit 35 largiendo spiritum. Ibi alius tractus est, quam is, qui foris fit; ibi ostenditur Christus per illuminationem spiritus, qua rapitur homo ad Christum dulcissimo raptu, et patitur loquentem doctorem et trahentem Deum, potius quam ipse quaerat et currat.   40

---

4 Jo. 8, 23   13 Jo. 6, 44   23 Tract. in Joannis ev. 26, 5
(MSL. 35, 1609) | δ IIIc 3, z. 21 ff.

Vnum adhuc ex Iohanne afferamus, ubi cap. 16. dicit: Spiritus arguet mundum de peccato, quia non crediderunt in me. Hic uides peccatum esse, non credere in Christum. At hoc peccatum, non utique in cute uel capillis haeret, sed in
5 ipsa ratione et uoluntate. Cum autem totum mundum reum faciat hoc peccato, et experientia notum sit, peccatum hoc mundo fuisse | ignoratum aeque ac Christum, ut quod spiritu 361 E arguente reueletur, manifestum est, liberum arbitrium cum sua uoluntate et ratione hoc peccato captum et damnatum cen-
10 seri coram Deo. Quare, donec Christum ignorat, nec in eum credit, nihil boni potest uelle aut conari, sed seruit ne-cessario peccato illo ignorato. Summa, cum scriptura ubique Christum per contentionem et antithesin praedicet (ut dixi), ut, quicquid sine Christi spiritu fuerit, hoc Satanae, impietati,
15 errori, tenebris, peccato, morti et irae Dei subijciat, contra liberum arbitrium pugnabunt testimonia, quotquot de Christo loquuntur. At ea sunt innumerabilia, imo tota scriptura. Ideo, si scriptura iudice caussam agimus, omnibus modis uicero, ut ne iota unum aut apex sit reliquus, qui non damnet
20 dogma liberi arbitrij. Quod autem scriptura Christum per contentionem et antithesin praedicet, etsi id ignorent aut scire dissimulent magni Theologi et liberi arbitrij tutores, sciunt tamen et confitentur uulgo cuncti Christiani. Sciunt (inquam) duo esse regna in mundo, mutuo pugnantissima, in
25 altero Satanam regnare, qui ob id princeps mundi a Christo, et Deus huius soeculi a Paulo dicitur, qui cunctos tenet captiuos ad uoluntatem suam, qui non sunt Christi spiritu ab eo rapti, teste eodem Paulo, nec sinit eos sibi rapi ullis uiribus, nisi spiritu Dei, ut Christus testatur in parabola de
30 forti atrium suum in pace seruante. In altero regnat Christus, quod assidue resistit et pugnat cum Satanae regno, in quod transferimur, non nostra ui, sed gratia Dei, qua liberamur a praesenti soeculo nequam, et eripimur a potestate tenebrarum. Istorum regnorum mutuo tantis uiribus et animis perpetuo
35 pugnantium cognitio et confessio sola satis esset ad con-futandum dogma liberi arbitrij, quod in regno Satanae cogimur seruire, nisi | uirtute diuina eripiamur. Haec inquam uulgus 783 W nouit et tum prouerbijs, precibus, studijs, totaque uita satis confitetur.
40 Omitto illud meum uere Achilleum, quod Diatribe for-titer transiuit intactum, scilicet, quod Rom. | 7. et Gala 5. 362 E

---

1 Jo. 16, 9   25 Jo. 12, 31   26 2. Ko. 4, 4   29 Lc. 11, 21 f.
41 Rö. 7, 14 ff. | Ga. 5, 16 ff.

Paulus docet, in sanctis et pijs esse pugnam spiritus et carnis tam ualidam, ut non facere possint, quae uellent. Ex hoc sic arguebam: Si natura hominis adeo mala est, ut in ijs, qui spiritu renati sint, non modo non conetur ad bonum, sed etiam pugnet et aduersetur bono, quomodo in illis, qui non- 5 dum renati in ueteri homine sub Satana seruiunt, ad bonum conaretur? Neque enim ibi Paulus solum de crassis affectibus loquitur, per quos uelut per commune effugium solet Diatribe omnibus scripturis elabi, sed numerat inter opera carnis, haeresim, idolatriam, dissensiones, contentiones, quae utique 10 in summis illis uiribus, puta, ratione et uoluntate, regnant. Si igitur caro istis affectibus pugnat contra spiritum in sanctis, multo magis contra Deum pugnabit in impijs et in libero arbitrio. Ideo et Rom. 8 uocat eam inimicitiam contra Deum. Hoc (inquam) argumentum uellem mihi dilui, et ab eo libe. 15 arbitrium defendi. Ego sane de me confiteor: Si qua fieri posset, nollem mihi dari liberum arbitrium, aut quippiam in manu mea relinqui, quo ad salutem conari possem, non solum ideo, quod in tot aduersitatibus et periculis, Deinde tot impugnantibus daemonibus, subsistere et retinere illud non 20 ualerem, cum unus daemon potentior sit omnibus hominibus, neque ullus hominum saluaretur, Sed, quod, etiamsi nulla pericula, nullae aduersitates, nulli daemones essent, cogerer tamen perpetuo in incertum laborare et aerem pugnis uerbe- rare, neque enim conscientia mea, si in aeternum uiuerem et 25 operarer, unquam certa et secura fieret, quantum facere deberet, quo satis Deo fieret. Quocunque enim opere per- fecto, reliquus esset scrupulus, an id Deo placeret, uel an aliquid ultra requireret, sicut probat experientia omnium iustitiariorum, et ego meo magno malo tot annis satis didici. 30 At nunc, cum Deus salutem meam, extra meum arbitrium tollens, in suum receperit, et non meo opere aut cursu, sed sua gratia et misericordia promiserit me seruare, securus et 363 E certus sum, quod ille | fidelis sit et mihi non mentietur, tum potens et magnus, ut nulli daemones, nullae aduersitates eum 35 frangere aut me illi rapere poterunt. Nemo (inquit) rapiet eos de manu mea, quia pater, qui dedit, maior omnibus est. Ita fit, ut, si non omnes, tamen aliqui et multi saluentur, cum per uim liberi arbitrij nullus prorsus seruaretur, sed in unum omnes perderemur. Tum etiam certi sumus et securi, 40 nos Deo placere, non merito operis nostri, sed fauore miseri-

---

14 Rö. 8, 7   26 I. Ko. 9, 26   36 Jo. 10, 28 f.

cordiae suae nobis promissae, atque, si minus aut male egerimus, quod nobis non imputet, sed paterne ignoscat et emendet. Haec est gloriatio omnium sanctorum in Deo suo.

[1] Si autem id mouet, quod difficile sit, clementiam et 784 W
5 aequitatem Dei tueri, ut qui damnet immeritos, hoc est, impios eiusmodi, qui in impietate nati, non possunt ulla ratione sibi consulere, quin impij sint, maneant et damnentur, coganturque necessitate naturae peccare et perire, sicut Paulus dicit: Eramus omnes filij irae, quemadmodum et caeteri, cum tales
10 creentur ab ipsomet Deo ex semine uitiato per unius Adae peccatum, Hic honorandus et reuerendus est Deus, clementissimus in ijs, quos iustificat et saluat indignissimos, donandumque est saltem non nihil diuinae eius sapientiae, ut iustus esse credatur, ubi iniquus nobis esse uidetur. Si enim
15 talis esset eius iustitia, quae humano captu posset iudicari esse iusta, plane non esset diuina, et nihilo differret ab humana iustitia. At cum sit Deus uerus et unus, deinde totus incomprehensibilis et inaccessibilis humana ratione, par est, imo necessarium est, ut et iustitia sua sit incomprehensibilis,
20 Sicut Paulus quoque exclamat dicens: O altitudo diuitiarum sapientiae et scientiae Dei, quam incomprehensibilia sunt iudicia eius, et inuestigabiles uiae eius! Incomprehensibilia uero non essent, si nos per omnia capere ualere'mus, quare 364 E sint iusta. Quid est homo comparatus Deo? Quantum est,
25 quod potentia nostra potest, illius potentiae comparata? Quid est nostra fortitudo illius uiribus collata? Quid nostra scientia illius sapientiae comparata? Quid nostra substantia ad illius substantiam? Summa, quid omnia nostra sunt ad illius omnia? Si igitur fatemur, etiam natura magistra, humanam
30 potentiam, fortitudinem, sapientiam, substantiam et omnia nostra prorsus nihil esse, si ad diuinam potentiam, fortitudinem, sapientiam, scientiam, substantiam conferantur, quae est nostra illa peruersitas, ut solam iustitiam et iudicium Dei uexemus, et iudicio nostro tantum arrogemus, ut diuinum
35 iudicium comprehendere, iudicare et aestimare uelimus? quare non similiter et hic dicimus: Iudicium nostrum nihil est, si diuino iudicio comparetur? Consule ipsam rationem, si non conuicta cogetur sese stultam et temerariam confiteri, quod iudicium Dei non sinit esse incomprehensibile, cum
40 caetera diuina omnia fateatur esse incomprehensibilia. Scilicet, in omnibus alijs Deo concedimus maiestatem diuinam, in solo

---

8 Eph. 2, 3   20 Rö. 11, 33

iudicio negare parati sumus, nec tantisper possumus credere,
eum esse iustum, cum nobis promiserit, fore, ubi gloriam
suam reuelarit, ut omnes tum uideamus et palpemus, eum
fuisse et esse iustum.

Dabo exemplum ad confirmandam hanc fidem et ad 5
consolandum oculum illum nequam, qui Deum suspectum
habet de iniquitate. Ecce sic Deus administrat mundum
istum corporalem in rebus externis, ut, si rationis humanae
iudicium spectes et sequaris, cogaris dicere, aut nullum esse
Deum, aut iniquum esse Deum, ut ille ait: Sollicitor nullos 10
saepe putare Deos. Vide enim, ut prosperrime habeant mali,
785 W contra infoelicissime boni, testan|tibus prouerbijs et experientia,
prouerbiorum parente, quo sceleratiores, hoc fortunatiores esse.
Abundant (inquit Hiob) tabernacula impiorum, et Psalmus .72.
365 E | queritur, Peccatores in mundo abundare diuitijs. Obsecro, 15
an non omnium iudicio, iniquissimum est, malos fortunari et
bonos affligi? At ita fert cursus mundi. Hic etiam summa
ingenia eo lapsa sunt, ut Deum esse negent et fortunam
omnia temere uersare fingant, quales Epicurei, et Plynius,
Deinde Aristoteles suum illud primum ens, ut liberet a mi- 20
seria, sentit ipsum nihil rerum uidere, nisi se solum, quod
ei molestissimum esse putat, tot mala, tot iniurias uidere.
Prophetae uero, qui Deum esse crediderunt, magis tentantur
de iniquitate Dei, ut Hieremias, Hiob, Dauid, Assaph et alij.
Quid putas Demosthenes et Cicero cogitarint, cum omnia, 25
quae poterant, effecissent, et talem mercedem misero interitu
receperunt? Et tamen haec iniquitas Dei uehementer pro-
babilis et argumentis talibus traducta, quibus nulla ratio aut
lumen naturae potest resistere, tollitur facillime per lucem
Euangelij et cognitionem gratiae, qua docemur, impios cor- 30
poraliter quidem florere, sed anima perdi. Estque totius
istius quaestionis insolubilis, ista breuis solutio in uno uer-
bulo, Scilicet, Esse uitam post hanc uitam, in qua, quicquid
hic non est punitum et remuneratum, illic punietur et re-
munerabitur, cum haec uita sit nihil nisi praecursus aut 35
initium potius futurae uitae.

Si igitur lux Euangelij, quae solo uerbo et fide ualet,
tantum efficit, ut ista quaestio omnibus soeculis tractata et
nunquam soluta, tam facile dirimatur et componatur, quid
putas futurum, ubi cessante lumine uerbi et fidei, res ipsa 40
et maiestas diuina per sese reuelabitur? An non putas, quod

14 Hi. 12, 6 | Ps. 73, 12

tum lumen gloriae quaestionem quam facillime soluere possit,
quae in lumine uerbi aut gratiae est insolubilis, cum lumen
gratiae tam facile soluerit quaestionem in lumine naturae in-
solubilem? Tria mihi lumina pone, lumen naturae, lumen
5 gratiae, lumen gloriae, ut habet uulgata et bona distinctio.
In lumine naturae est insolubile, hoc esse iustum, quod bonus
affligatur et malus bene habeat. At hoc dissoluit lumen
gratiae. ¹ In lumine gratiae est insolubile, quomodo Deus ₃₆₆ E
damnet eum, qui non potest ullis suis uiribus aliud facere,
10 quam peccare et reus esse. Hic tam lumen naturae, quam
lumen gratiae dictant, culpam esse, non miseri hominis, sed
iniqui Dei, nec enim aliud iudicare possunt de Deo, qui ho-
minem impium gratis sine meritis coronat, et alium non
coronat, sed damnat, forte minus uel saltem non magis im-
15 pium. At lumen gloriae aliud dictat, et Deum, cuius modo
est iudicium incomprehensibilis iustitiae, tunc ostendet esse
iustissimae et manifestissimae iustitiae, tantum, ut interim id
credamus, moniti et confirmati exemplo luminis gratiae, quod
simile miraculum in naturali lumine implet.
20 ¹ Finem hic faciam huius libelli, paratus, si opus sit, ₇₈₆ W
pluribus hanc caussam agere, quanquam hic arbitror pio et
qui ueritati sine pertinacia cedere uelit, abunde satis esse
factum. Si enim credimus uerum esse, quod Deus praescit
et praeordinat omnia, tum neque falli neque impediri potest
25 sua praescientia et praedestinatione, Deinde nihil fieri, nisi
ipso uolente, id quod ipsa ratio cogitur concedere, simul
ipsa ratione teste, nullum potest esse liberum arbitrium in
homine uel angelo aut ulla creatura. Ita, si credimus Satanam
esse principem mundi, Christi regno totis uiribus perpetuo
30 insidiantem et pugnantem, ut captiuos homines non dimittat,
nisi diuina spiritus uirtute pulsus, iterum patet, nullum esse
posse liberum arbitrium. Ita, si peccatum originale credimus
sic nos perdidisse, ut etiam ijs, qui spiritu aguntur, negocium
molestissimum faciat, aduersus bonum luctando, clarum est,
35 nihil in homine spiritus inani reliquum esse, quod ad bonum
sese uerti possit, sed tantum ad malum. Item, si Iudaei
summis uiribus iustitiam sectantes, in iniustitiam potius pro-
ruerunt, et Gentes impietatem sectantes, gratis et insperate
ad iustitiam peruenerunt, itidem manife'stum est, ipso opere ₃₆₇ E
40 et experientia, hominem sine gratia nihil nisi malum posse
uelle. Sed summa, Si credimus-Christum redemisse homines

---

23 Rö. 8, 29   36 Rö. 9, 30 f.

per sanguinem suum, totum hominem fateri cogimur fuisse perditum, alioqui Christum faciemus uel superfluum uel partis uilissimae redemptorem, quod est blasphemum et sacrilegum.

Te nunc, Mi Erasme, per Christum oro, ut, quod pro- 5 misisti, tandem praestes; promisisti autem, uelle te cedere meliora docenti. Pone respectum personarum! Fateor: tu magnus es et multis, ijsque nobilissimis dotibus a Deo ornatus, ut alia taceam, ingenio, eruditione, facundia usque ad miraculum. Ego uero nihil habeo et sum, nisi quod Christianum 10 esse me prope glorier. Deinde et hoc in te uehementer laudo et praedico, quod solus prae omnibus rem ipsam es aggressus, hoc est, summam caussae, nec me fatigaris alienis illis caussis de Papatu, purgatorio, indulgentijs, ac similibus nugis potius quam caussis, in quibus me hactenus omnes fere uenati sunt 15 frustra. Vnus tu et solus cardinem rerum uidisti, et ipsum iugulum petisti, pro quo ex animo tibi gratias ago, in hac enim caussa libentius uersor, quantum fauet tempus et ocium. Si hoc fecissent, qui me hactenus inuaserunt, si adhuc illi facerent, qui modo nouos spiritus, nouas reuelationes iactant, 20 minus seditionis et sectarum, et plus pacis et concordiae haberemus. Sed Deus ita per Satanam nostram ingratitudinem uindicauit. Quanquam, nisi aliter caussam istam agere potes, quam hac Diatribe egisti, optarim magnopere, ut tuo dono contentus, literas et linguas, sicut hactenus cum magno fructu 25 et laude fecisti, coleres, ornares, proueheres, quo studio non nihil et mihi seruiuisti, ut multum tibi me debere fatear, et certe in ea re te ueneror et suspicio syncero animo. Huic nostrae caussae ut par esses, nondum uoluit nec dedit Deus, 787 W Id quod rogo, nulla dictum arrogantia existimes, ¹ Oro autem, 30 ut propediem Dominus tantum te in hac re superiorem me faciat, quantum in alijs omnibus mihi superior es. Non est 368 E enim nouum, ¹ si Deus Mosen per Iethro erudiat, Et Paulum per Ananiam doceat. Nam quod tu dicis, procul esse aberratum a scopo, si tu Christum ignores, arbitror teipsum 35 uidere, quale sit, Neque enim ideo omnes errabunt, si tu aut ego erramus. Deus est, qui mirabilis in sanctis suis praedicatur, ut sanctos putemus, qui longissime sint a sanctitate. Neque difficile est, ut, homo cum sis, scripturas aut patrum dicta, quibus ducibus te credis scopum tenere, 40

---

6 δ IV 17, z. 29 ff.   33 Ex. 18, 13 ff. | AG. 9, 10 ff.   34 δ IV 17, s. 92, z. 2 ff.   37 Ps. 68, 36

neque recte intelligas, neque diligenter satis obserues, quod satis monet illud, quod nihil asserere, sed contulisse te scribis. Sic non scribit, qui rem penitus perspicit et recte intelligit. Ego uero hoc libro NON CONTVLI,
5 SED ASSERVI, ET ASSERO, ac penes nullum uolo esse iudicium, sed omnibus suadeo, ut praestent obsequium. Dominus uero, cuius est haec caussa, illuminet te et faciat uasculum in hono-
10 rem et gloriam.
AMEN.

FINIS.

3 ♂ Ia 4, s. 3, z. 15ff., s. 4, z. 6   9 Rö. 9, 21

Deutsche Messe. 1526.

Erst auf vieles bitten und nach langem zögern gab L. seine Deutsche
Messe in den druck, nachdem am 20. sonntag nach Trinitatis (29. okt.)
1525 in der Wittenberger pfarrkirche der erste versuch mit der neuen
gottesdienstordnung nach wunsch ausgefallen war; zu weihnachten wurde
sie dann in Wittenberg endgültig eingeführt.　Neujahr erschien die
1. aufl.[1]　Wir drucken nach dem vorgang der „Kleinen Texte" h. 37
die 2. verbesserte aufl. W. A. 19, 60 B ab, müssen aber leider auf die
noten verzichten und verweisen daher für das musikalische auf W. A. 19,
53 ff. u. L.s Werke f. d. christl. Haus 7, 162 f. — Zu beachten: Rud.
Herrmann, Thomas Münzers „Deutsch-evangelische Messe", Allstedt 1524,
verglichen mit Luthers drei liturgischen Schriften 1523—1526, Ztschr.
d. Vereins f. Kg. in der Provinz Sachsen 9, 57—91.

22, 227 E
19, 72 W

Voꝛꝛhede Martini Luther.

Vor allen dingen wil ich gar freundlich gebeten haben / auch vmb Gottis
willen / alle die ienigen / so diese vnser ordnunge ym Gottis dienst
sehen / obber nach folgen wollen / das sie ia keyn nöttig gesetz draus
machen / noch yemands gewissen damit verstricken obber fahen / sondern 5
der Christlichen freyheyt nach / yhres gefallens brauchen / wie / wo /
wenn vnd wie lange es die sachen schicken vnd foddern / Denn wyr auch
solchs nicht der meynung lassen aufgehen / das wyr yemand darynnen
meystern ober mit gesetzen regiern wolten / sondern / die weyl allenthalben
gebrungen wird auff deudsche Messe vnd Gottis dienst / vnd gros klagen 10
vnd ergernis gehet vber die mancherley weise der newen Messen / das
eyn iglicher eyn eygens macht / etliche aus guter meynunge / etliche auch
aus furwitz / das sie auch was newes auffbringen / vnd vnter andern auch
scheynen vnd nicht schlechte meyster seyen / wie denn der Christlichen
228 E freyheyt[1] alle wegen geschicht / das wenig der selbigen anders gebrauchen / 15
denn zu eygener lust obber nutz / vnd nicht zu Gottis ehre vnd des nehisten
besserung.　Wie wol aber eym iglichen das auff seyn gewissen gestellet ist /
wie er solcher freyheyt brauche / auch niemands die selbigen zu weren ober
zuuerbieten ist / so ist doch darauff zu sehen / das die freyheyt der liebe
vnd des nehisten diener ist vnd seyn sol.　Wo es denn also geschicht / das 20
sich die menschen ergern obber yrre werden / vber solchem mancherley
brauch / sind wyr warlich schuldig / die freyheyt eynzuziehen / vnd so viel
es müglich ist / schaffen vnd lassen / auff das die leute sich an vns bessern

------

1) Der W. A. 19, 51 als vom 11. dez. 1525 verwertete brief Haus-
manns an Stephan Roth (original: Zw. R. S. B. N 71, abgedruckt bei
O. G. Schmidt, Nik. H., Leipzig 1860, s. 88) ist vielmehr vom 11. dez.
1523 und handelt von der Formula missae (so richtig W. A. 12, 198).

------

　　7 verhältnisse mit sich bringen und fordern　　　8 in der absicht
14 sich sehen lassen | gewöhnliche　　22 zu opfern

vnd nicht ergern. Weyl denn an diser eufferlichen ordnung / nichts gelegen
ist vnsers gewissens halben fur Gott / vnd doch den nehisten nutzlich seyn
kan / sollen wyr der liebe nach / wie S. Paulus leret / darnach trachten /
das wyr eynerley gesynnet seyn / vnd auffs beste es seyn kan / gleycher
5 weyse vnd geberden seyn / gleych wie alle Christen eynerley tauffe / eynerley
sacrament haben / vnd keynem eyn sonderlichs von Gott geben ist.

[1] Doch wil ich hiemit nicht begeren / das die ienigen / so bereyt yhre 73 W
gute ordnunge haben / oder durch Gottis gnaden besser machen konnen /
dieselbigen faren lassen vnd vns weychen / Denn es nicht meyne meynunge
10 ist / das gantze deudsche land / so eben müste vnser Wittembergische ord-
nung an nemen / Jsts doch auch bis her nie geschehen / das die stiffte /
klöster vnd pfarhen ynn allen stucken gleych weren gewesen / Sondern seyn
were es / wo ynn eyner iglichen hirschafft der Gottis dienst auff eynerley
weyse gienge / vnd die vmbligende stedlin vnd dörffer mit eyner stad gleych
15 barbeten / ob die ynn andern hirschafften die selbigen auch hielten odder
was besonders dazu thetten / sol frey vnd vngestrafft seyn. Denn summa /
wyr stellen solche ordnunge gar nicht vmb der willen / die bereyt Christen
sind / denn die, bedurffen der dinge keyns / vmb wilcher willen man auch
nicht lebt / sondern sie leben vmb vnserwillen / die noch nicht Christen
20 sind / das sie vns zu Christen machen / sie haben yhren Gottis dienst ym
geyst. Aber vmb der willen mus man solche ordnunge [1] haben / die noch 229 E
Christen sollen werden / odder stercker werden / Gleich wie eyn Christen
der tauffe / des worts vnd sacraments nicht darff / als eyn Christen /
denn er hats schon alles / sondern als eyn sunder. Aller meyst aber ge-
25 schichts vmb der eynfeltigen vnd des iungen volcks willen / wilchs sol vnd
mus / teglich ynn der schrifft vnd Gottis wort geubt vnd erzogen werden /
das sie der schrifft gewonet / geschickt / leufftig vnd kündig drynnen werden /
yhren glauben zuuertretten / vnd andere mit [der zeyt zu leren vnd das
reych Christi helffen mehren / vmb solcher willen mus man lesen / singen /
30 predigen / schreyben vnd dichten / vnd wo es hulfflich vnd fodderlich dazu
were / wolt ich lassen mit allen glocken dazu leutten / vnd mit allen orgeln
pfeyffen / vnd alles klingen lassen was klingen kunde / Denn darumb sind
die bepstlichen Gottis dienste so verdamlich / das sie gesetze / werck vnd
verdienst draus gemacht / vnd damit den glauben verdruckt haben / vnd
35 die selbigen nicht gericht auff die iugent vnd eynfeltigen / die selbigen
damit ynn der schrifft vnd Gottis wort zu vben / sondern sind selbst dran
bekliehen / vnd halten sie als yhn selbst nutz vnd nöttig zur selickeyt /
das ist der teuffel / Auff wilche weyse / die alten sie nicht geordnet haben
noch gesetzt.

40 _____

3 Rö. 15, 5 | 1. Ko. 1, 10 | Phi. 2, 2. 3, 16   4 so gut wie
möglich   7 bereits   10 gerade   15 gleiche gebärden (weise) hielten
23 bedarf   27 schriftkundig, bewandert u. bekannt darin   30 schrift-
stellern | förderlich   34 unterdrückt   37 kleben geblieben

Es iſt aber dreyerley vnterſcheyd Gottis dienſts vnd der Meſſe.
Erſtlich eyne latinſche / wilche wir zuuor haben laſſen auffgehen / vnd heiſt
74 W Formula Miſſe. Diſe wil ich hie mit nicht auffgehaben oder verendert
haben / ſondern / wie wyr ſie bis her bey vns gehalten haben / ſo ſol
ſie noch frey ſeyn / der ſelbigen zu gebrauchen / wo vnd wenn es vns   5
geſellet odder vrſachen bewegt / Denn ich ynn keynen weg wil die latē-
niſche ſprache aus dem Gottis dienſt laſſen gar weg komen / denn es iſt
myr alles vmb die iugent zu thun. Vnd wenn ichs vermöcht / vnd die
Kriechiſche vnd Ebreiſche ſprach were vns ſo gemeyn als die latiniſche /
vnd hette ſo viel feyner muſica vnd geſangs / als die latiniſche hat / ſo   10
ſolte man eynen ſontag vmb den andern / yn allen vieren ſprachen /
Deutſch / Latiniſch Kriechiſch / Ebreiſch / meſſe halten / ſingen vnd
230 E leſen. Ich halte es gar nichts mit denen / die nur auff eyne ſprache ſich
ſo gar geben / vnd alle andere verachten / Denn ich wolte gerne ſolche
iugent vnd leute auffzihen / die auch ynn frembden landen kunden Chriſto   15
nutze ſeyn / vnd mit den leuten reden / das nicht vns gienge / wie den
Waldenſer ynn Behemen / die yhren glauben ynn yhre eygene ſprach ſo
gefangen haben / das ſie mit niemand konnen verſtendlich vnd deutlich
reden / er lerne denn zuuor yhre ſprache / So thet aber der heylige geyſt
nicht ym anfange / Er harret nicht bis alle welt gen Jeruſalem keme vnd   20
lernet Ebreiſch / ſondern gab allerley zungen zum prebig ampt das die
Apoſtel reden kunden / wo ſie hyn kamen / Diſem egempel wil ich lieber
folgen / vnd iſt auch billich / das man die iugent ynn vielen ſprachen vbe /
wer weys wie Gott yhr mit der zeyt brauchen wird? dazu ſind auch die
ſchulen geſtifftet.   25
Zum andern iſt die deudſche Meſſe vnd Gottis dienſt / da von wyr
itzt handeln / wilche vmb der eynfeltigen leyen willen geordent werden
ſollen. Aber diſe zwo weyſe muſſen wir alſo gehen vnd geſchehen laſſen /
das ſie offentlich ynn den kirchen fur allem volck gehalten werden / darunter
viel ſind / die noch nicht gleuben odder Chriſten ſind / ſondern / das   30
mehrer teyl da ſteht und gaffet / das ſie auch etwas newes ſehen / gerade /
als wenn wyr mitten vnter den türcken odder heyden auff eym freyen platz
odder ſelbe Gottis dienſt hielten / denn hie iſt noch keyne geordente vnd
75 W gewiſſe verſamlunge / darynnen man kunde nach dem Euangelio die Chriſten
regiern / Sondern iſt eyne offentliche reytzung zum glauben vnd zum   35
Chriſtethum.
Aber die dritte weyſe / die rechte art der Euangeliſchen ordnunge
haben ſolte / muſte nicht ſo offentlich auff dem platz geſchehen vnter allerley
volck / ſondern die ienigen, ſo mit ernſt Chriſten wollen ſeyn / vnd das
Euangelion mit hand vnd munde bekennē / muſten mit namen ſich eyn zeychen / 40

---

2 oben II, 427 ff.   6 Herrmann s. 67. 85   7 ganz   14 ganz
verſteifen   16 daß es   33 feſt organiſierte und konſtituierte gemeinde
37 Herrmann s. 87   40 wort und tat

vnd etwo yn eym hauſe / alleyne ſich verſamlen / zum gebet / zu leſen / zu teuffen / das ſacrament zu empfahen vnd andere Chriſtliche werck zu 231 E oben. Inn dieſer ordnunge kund man die / ſo ſich nicht Chriſtlich hielten / kennen / ſtraffen / beſſern / ausſtoſſen / odder ynn den bann thun / nach 5 der regel Chriſti Matth. xviij. Hie kund man auch eyn gemeyne almoſen den Chriſten aufflegen / die man williglich gebe vnd aus teylet vnter die armen / nach dem exempel S. Pauli .ij. Cor. ix. Hie durffts nicht viel vnd gros geſenges. Hie kund man auch eyn kurtze feine weyſe mit der tauffe vnd ſacrament halten vnd alles auffs wort vnd gebet vnd die liebe 10 richten / Hie muſte man eynen guten kurtzen Catechiſmum haben vber den glauben / zehen gebot vnd vater vnſer. Kurtzlich / wenn man die leute vnd perſonen hette / die mit ernſt Chriſten zu ſeyn begerten / die ordnunge vnd weyſen weren balde gemacht. Aber ich kan vnd mag noch nicht eyne ſolche gemeyne odder verſamlunge orden odder anrichten / Denn ich habe noch 15 nicht leute vnd perſonen dazu / ſo ſehe ich auch nicht viel / die dazu dringen. Kompts aber / das ichs thun mus vnd dazu gedrungeu werde / das ichs aus gutem gewiſſen nicht laſſen kan / ſo wil ich das meyne gerne dazu thun / vnd das beſte ſo ich vermag / helffen. Inn des wil ichs bey den geſagten zwo weyſen laſſen bleyben / vnd offentlich vnter dem volck 20 ſolchen Gottis dienſt / die iugent zu vben vnd die andern zum glauben zu ruffen vnd zu reytzen / neben der predigt / helffen foddern / bis das die Chriſten / ſo mit ernſt das wort meynen / ſich ſelbſt finden vnd anhalten / auff das nicht eyne rotterey draus werde / ſo ichs aus meynem kopff treyben wolte / Denn wir deudſchen ſind eyn wild / rho tobend volck / mit dem 25 nicht leychtlich iſt etwas an zufahen / es treybe denn die hhbiſte nott.

[1] Wolan ynn Gottis namen. Iſt auffs erſte vm deudſchen Gottis 76 W dienſt / eyn grober / ſchlechter / eynfeltiger guter Catechiſmus von nöten. Catechiſmus aber heyſt eyne vnterricht / damit man die heyden / ſo Chriſten werden wollen / leret vnd weyſet / was ſie gleuben / thun / laſſen vnd 30 wiſſen ſollen ym Chriſtenthum / da her man [1] Catechumenos genennet hat / 232 E die leer iungen / die zu ſolcher vnterricht angenomen waren / vnd den glaubē lernten / ehe denn man ſie teuffet. Diſe vnterricht odder vnter- weyſunge / weys ich nicht ſchlechter odder beſſer zu ſtellen / denn ſie bereyt iſt geſtellet von anfang der Chriſtenheyt / vnd bis her blieben / nemlich 35 die drey ſtuck / die zehen gebot / der glaube vnd das vater vnſer. Inn diſen dreyen ſtucken ſteht es ſchlecht vnd kurtz faſt alles was eym Chriſten zu wiſſen not iſt. Diſe vnterricht mus nu alſo geſchehen weyl man noch keyne ſonderliche gemeyne hat / das ſie auff der Cantzel / zu ettlichen

---

1 irgendwo   5 Mt. 18, 15—17   7 2. Ko. 9, 1 | bedürfte es
10 religionsunterricht (s. unten z. 28 ff.) abhalten   16 danach verlangen
21 fördern   22 lieben | gegenseitig dazu anhalten   23 tumult | nach
meinem Kopfe erzwingen   27 leichtverständlicher, schlichter   37 so-
lange als.

zeytten obber teglich / wie das die not foddert / fur geprebigt werde / vnd
daheymen ynn heusern / des abents vnd morgens / den kindern vnd ge-
sinde / so man sie wil Christen machen / fur gesagt obber gelesen werde.
Nicht alleyne also / das sie die wort auswendig lernen noch reden / wie
bis her geschehen ist / sondern von stuck zu stuck ˌfrage vnd sie antworten ⁵
lasse / was eyn iglichs bedeute / vnd wie sie ˌes ˌverstehen. Kan man
auff eyn mal nicht alles fragen / so neme man eyn stuck fur / des andern
tages eyn anders / Denn wo die eltern obber verweser der iugent diese muhe
durch sich selbs oder andere nicht wollē mit yhn haben / so wird nymer
mehr keyn Cathechismus angericht werden / Es teme deñ da zu / das ¹⁰
man eyne sonderliche gemeyne anrichtet / wie gesagt ist.

Nemlich also sol man sie fragen / Was ˌbettestu? Antwort / das
vater vnser. Was ists denn / das du sprichst / Vater vnser ym hymel?
Antwort / Das Got nicht eyn yrdenischer / sondern ein hymlischer vater
ist der vns ym hymel wil reich vnd selig machen. Was heyst denn ¹⁵
deyn name werde geheyliget? Antwort / das wyr seynen namen sollen
ehren vnd schonen / auff das er nicht geschendet werde. Wie wird er
denn geschendet vnd entheyliget? Antwort / Wenn wir / die seyne kinder
⁷⁷ W sollen seyn / vbel leben / vnrecht leren ¹ vnd gleuben. Vnd so fort an /
was Gottis reych heysse / wie es kompt / was Gottis wille / was teglich ²⁰
²³³ E brod etc. heysse. ¹ Also auch ym glauben / wie gleubestu? Antwort / Jch
gleube an Gott vater / durchaus. Dar nach von stuck zu stuck / darnachs
die zeyt gibt / eynes obber zwey auff eyn mal. Also / was heyst an Gott
den vater almechtigen gleuben? Antwort / Es heyst / wenn das hertze
yhm gantz vertrawet / vnd sich aller gnaden / gunst / hulffe vnd trost / ²⁵
zu yhm gewislich versihet / zeytlich vnd ewiglich. Was heyst an Jhesum
Christ seynen son gleuben? Antwort. Es heyst / wenn das hertze gleubt /
das wyr alle verloren weren ewiglich / wo Christus nicht fur vns gestorben
were etce. Also auch ynn den zehen gebotten mus man fragen / Was das
erst / das ander / das dritte vnd andere gebot deutten / Solche fragen ³⁰
mag man nemen aus dem vnsern betbuchlin / da die drey stuck kurtz auf-
gelegt sind / obber selbs anders machen / bis das man die gantze summa
des Christlichen verstands ynn zwey stucke als ynn zwey secklin fasse ym
hertzen / wilchs sind / glaube vnd liebe / Des glauben secklin habe zwey
beutlin / ynn dem eynem beutlin stecke das stuck / das wyr gleuben / wie ³⁵
wyr durch Adams sunde / alzumal verderbt / sunder vnd verdampt sind /
Ro. v. psal. l. Jm andern stecke das stucklin / das wyr alle durch Jesum
Christ / von solchem verderbten / sundlichem verdampten wesen / erlöset
sind Ro. v. Joh. iij. Der liebe secklin habe auch zwey beutlin / Jnn dem
eynen stecke dis stucke / das wyr yderman sollen dienen vnd wolthun wie ⁴⁰

  8 pfleger   17 bewahren   22 und so weiter in einem zuge bis
zu ende   23 mit sich bringt   30 bedeuten   23 W. A. 10², 331 ff.
37 Rö. 5, 12 | Ps. 51, 7   39 Rö. 5, 18 f. | Jo. 3, 16 ff.

vns Chriſtus than hat. Ro. ʒiij. Im andern ſtecke das ſtücklin / das wyr
allerley böſes gerne leyden vnd dulden ſollen.

Wenn nu eyn kind begynnet ſolchs ʒu begreyffen / das mans gewene /
aus den predigeten ſprüche der ſchrifft mit ſich ʒu bringen / vnd den eltern
5 auffʒuſagen / wenn man eſſen│wil vbertiſche / gleych wie man vorʒeytten
das latin auffʒuſagen pflegte / vnd darnach die ſprüche yn die ſecklin vnd
beutlin ſtecken / wie man die pfennige vnd groſſen odder gulden│ynn die
taſſchen ſteckt. Als / des glaubens ſecklin ſey das gulden ¹ ſecklin / ynn das 234 E
erſte beutlin gehe diſer ſpruch. Ro. v. An eynes eynigen ſunde / ſind
10 ſie alle ſunder vnd verdampt worden / Vnd der Pſal. l. Sihe ynn ſunden
byn ich empfangen / vnd ynn vnrecht trug mich meyne mutter. Das ſind
ʒween reyniſche gulden ynn ¹ das beutlin. Inn das ander beutlin gehen die 78 W
vngeriſchen gulden / als diſer ſpruch. Ro. v. Chriſtus iſt fur vnſer ſund
geſtorben vnd fur vnſer gerechtickeyt aufferſtanden / Item Joh. iij. Sihe
15 das iſt Gottis lamb / das der welt ſunde tregt. Das weren ʒween gute
vngeriſche gulden ynn das beutlin. Der liebe ſecklin ſey das ſolberne ſecklin /
Inn das erſte beutlin gehen die│ſprüche│vom wolthun / als Gal. iiij.
Dienet vnternander ynn der liebe. Matth. ʒʒv. Was yhr eynem aus mey-
nen geringſten thut / das habt yhr myr ſelb gethan. Das weren ʒween
20 ſilbern groſſchen ynn das beutlin. Inn das ander beutlin gehe diſer ſpruch
Matth. v. Selig ſeyt yhr / ſo yhr verfolget werdet vmb meynen│willen.
Ebre. ʒij. Wen der herr liebet / den ʒüchtiget er / Er│ſteupt aber eynen
iglichen ſon / den er auffnympt. Das ſind ʒween ſchreckenberger ynn das
beutlin. Vnd las ſich hie niemand ʒu klug│duncken vnd verachte ſolch
25 kinder ſpiel. Chriſtus / da er menſchen ʒiehen wolte / muſte er menſch
werden / Sollen wyr kinder ʒiehen / ſo muſſen wyr auch kinder mit yhn
werden / Wolt Gott / das│ſolch kinderſpiel wol│getrieben wurde / man
ſolt ynn kurʒer ʒeyt groſſen ſchaʒ von Chriſtlichen leuten ſehen / vnd das
reyche ſeelen ynn der ſchrifft│vnd erkentnis Gottis wurden / bis das ſie
30 ſelbs diſer beutlin / als locos Communes mehr machten / vnd die ganʒe
ſchrifft dreyn faſſeten / ſonſt gehets teglich ʒur predigt / vnd gehet widder
dauon / wie es hynʒu│gangen iſt. Denn man meynet / es gelte nichts
mehr / denn die ʒeit ʒu hören / gedenckt niemant etwas dauon ʒu lernen
odder behalten. Alſo höret manchs menſch drey │/ vier iar predigen / vnd
35 lernt doch nicht / das auff eyn ſtuck des glaubens kund antworten / wie
ich teglich wol erfare. Es ſteht ynn buchern gnug ¹ geſchrieben / Ja es iſt 235 E
aber noch nicht alles ynn die herʒen getrieben.

1 Rö. 13, 8—10   3 gewöhne man's   4 nach hause zu tragen
5 bei tisch (vgl. WABr 5, 534, 33 l.)   7 groschen   9 Rö. 5, 12. 18
10 Ps. 51, 7   13 Rö. 4, 25   14 Jo. 1, 29   17 Ga. 5, 13
18 Mt. 25, 40   21 Mt. 5, 11   22 Hbr. 12, 6   23 silbermünzen
vom Schreckenberg (= Annaberg im Erzgeb.)   25 erziehen   30 kar-
dinalstellen   31 geht man   32 es käme nur darauf an, während des
gottesdienstes zuzuhören   35 daß er   36 gegnerischer einwand

Von dem Gottis dienſt.

Weyl alles Gottis dienſts / das gröſſiſt vnd furnempſt ſtuck iſt / Gottis wort predigen vnd leſen / halten wyrs mit dem predigen vnd leſen alſo. Des heyligen tags odder Sontags laſſen wyr bleyben die gewonlichen Epiſtel vnd Euangelia / vnd haben dꝛey predigt. Frue vmb funffe odder ſechſe / ſinget man etliche pſalmen / als zur metten / Darnach predigt man die Epiſtel des tages / allermeyſt vmb des geſindes willen / das die auch verſorget werden vnd Gottis wort hören / ob ſie ia ynn andern predigeten nicht ſein kunde / Darnach eyn antiphen vnd das Te deum laudamus odder Benedictus vmb einander / mit eynem Vater vnſer / Collecten vnd Benedicamus domino. Vnter der Meſſe vmb acht odder neune / predigt man das Euangelion / das die zeyt gibt durchs iar. Nach mittage vnter der veſper / fur dem Magnificat / predigt man das alte teſtament / ordentlich nach eynnander. Das wyr aber die Epiſteln vnd Euangelia nach der zeyt des iars geteylet / wie bis her gewonet / halten / Iſt die vrſach / Wyr wiſſen nichts ſonderlichs nu ſolcher weyſe zu tadbeln / So iſts mit Wittemberg ſo gethan zu diſer zeyt / das viel da ſind / die predigen lernen ſollen an den orten / da ſolche teylung der Epiſteln vnd Euangelia noch geht vnd villeycht bleybt. Weyl man denn mag den ſelbigen damit nütze ſeyn vnd dienen / on vnſer nachteyl / laſſen wyrs ſo geſchehen / damit wyr aber nicht die tadbeln wollen / ſo die gantzen bucher der Euangeliſten fur ſich nemen. Hie mit achten wyr habe der leye predigt / vnd lere gnug / wer aber mehr begerd / der findet auff andere tage gnug.

Nemlich des Montags vnd Dinſtags frue geſchihet eyne deudſche lection / von den zehen geboten / vom glauben vnd vater vnſer / von der tauffe vnd ſacrament / das diſe zween tage / den Catechiſmen erhalten vnd ſtercken ynn ſeym rechten verſtand. Des Mitwochens frue / aber eyn deudſche lection / dazu iſt der Euangeliſt Mattheus gantz geordenet / das der tag ſol ſeyn eygen ſeyn / weyl es ia zumal eyn feyner Euangeliſt iſt fur die gemeyne zu leren vnd die gute predigt Chriſti auff dem berge gethan / beſchreybt / vnd faſt zu vbung der liebe vnd guten werck helt Aber den Euangeliſten Johannes / wilcher zu mal gewaltiglich den glauben leret / hat auch ſeynen eygen tag / den Sonnabent nach mittage vnter der veſper / das wyr alſo zween Euangeliſten nun teglicher vbung halten. Der donſtag / freytag / frue morgens / haben die teglichen wochen lection ynn den Epiſteln der Apoſteln vnd was mehr iſt ym newen teſtament. Hie mit ſind lection vnd predigt gnug beſtellet / das Gottis wort ym ſchwang zu halten / on was noch ſind lection ynn der hohen ſchulen fur die gelerten.

10 abwechſelnd   12 nach der perikopenordnung im röm. missale
14 der reihe nach   15 hat ſeinen grund darin, daß   16 ſteht's in
Witt. jetzt ſo   19 im ſchwang geht, üblich iſt   27 abermals   29 beſonders   31 ſehr | anhält   38 außer

Fur die knaben vnd schuler ynn der Biblia zu vben gehets also zu.
Die wochen vber teglich / fur der lection / singen sie ettliche psalmen
latinisch / wie bis her zur metten gewonet / denn / wie gesagt ist / wyr
wollen die iugent bey der latinschen sprachen ynn der Biblia behalten vnd
5 vben / Nach den psalmen lesen die knaben eyner vmb den andern zween
odder drey eyn Capitel latinsch aus dem newen testament / darnachs lang
ist / Darauff liset eyn ander knabe dasselbige capitel zu deudsch sie zu vben /
vnd ob yemands von leyen da were vnd zu höret. Darnach gehen sie mit
10 eyner antiphen zur deudschen lection / dauon droben gesagt ist. Nach der
lection singet der gantze hauffe eyn deudsch lied / darauff spricht man heym-
lich eyn vater vnser / Darnach der pfarherr odder Capplan eyne Collecten /
vnd beschliessen mit dem benedicamus domino / wie gewonet ist.

Desselbigen gleychen zur vesper / singen sie etliche der vesper psalmen /
15 wie sie bis her gesungen sind / auch latinsch mit eyner antiphen / darauff
eynen hymnus / so er fur handen ist / Darnach lesen sie abermal eyner
vmb den andern zween odder drey latinsch aus dem alten testament / eyn
gantzes odder halbes Capitel / darnachs lang ist / Darnach liset eyn
knabe dasselbige Capitel zu deudsch / Darauff das magnificat zu latein /
20 mit eyner antiphen / odder lied / Darnach eyn vater vnser heymlich /
vnd die Collecten mit dem Benedicamus. Das ist der [1] Gottis dienst teg- 237 E
lich durch die wochen ynn stedten da man schulen hat.

Des Sontags fur die leyen.

Da lassen wyr die Messegewand / altar / liechter noch bleyben / bis
25 sie alle werden / odder vns gefellet zu endern wer aber hie anders wil
faren / lassen wyr geschehen / Aber ynn der rechten Messe vnter eyttel
Christen / muste der altar nicht so bleyben / vnd der priester sich ymer
zum volck keren / wie on zweyffel Christus ym abendmal gethan hat. Nu
das erharre seyner zeyt.
30 Zum anfang aber singen wyr eyn geystlichs lied / odder eynen deud-
schen Psalmen ynn primo tono auff die weyse wie folget.
[1] Ich wil den herrn loben alle zeyt / Seyn lob sol ymerbar ynn 81 W
meynem munde seyn. Meyne seele sol sich rhümen des herrn / Das die
elenden hören vnd sich frewen. Preyset mit myr den herrn Vnd last vns
miteynander seynen nhamen erhöhen. Da ich den herren sucht / antwort
35 er myr vnd errettet mich aus aller meyner furcht. [1] Wilche auff yhn sehen / 82 W
werden erleucht / Vnd yhr angesicht wird nicht zu schanden. Da dieser
elende rieff / höret der herr / Vnd halff yhm aus allen seynen nöten. Der
engel des herrn lagert sich vmb die her / so yhn furchten / Vnd hilfft yhn

---

6 2 oder 3 — das richtet sich nach der länge des betr. kapitels
26 verfahren 30 vgl. W. A. 19, 54 31 Ps. 34, 2—23

aus. Schmeckt vnd seht / wie freuntlich der herre ist / wol dem man
83 W der auff yhn thrawet. Furchtet yhn seyne heyligen / Denn die yhn furchten
haben keynen mangel. Die reychen mussen darben vnd hungern / Aber
die den herrn suchen haben keynen mangel, an yrgend eynem gut. Her zu
kinder hört myr zu / Jch wil euch die furcht ldes herren leren. Wer ist 5
der lust hat zu leben? vnd wundscht gute ltage zu sehen. Behüt deyne
84 W zunge fur vbel / vnd deyne lippen das sie nicht betrug reden. Las vom
bösen vnd thu guts / Suche frid vnd iag yhm nach. Die augen des herrn
sehen auff die gerechten / vnd seyne oren auff lyhr lschreyen. Das anblitz
des herrn steht vber die so böses thun / das ler vhr gedechtnis ausrotte 10
85 W vom lande. Wenn die gerechten schreyen / so l höret der herr vnd errettet
sie aus all yhrer not. Der herr ist nahe bey denen die zu brochens hertzen
sind / vnd hilfft denen bie zur schlagen gemuet haben. Der gerechte mus
viel leyden / aber der herr hilfft lyhm aus ldem allen. Er bewaret yhm
alle lseyne lgebeyne / das der lnicht leyns zubrochen wird. Den gottlosen 15
86 W wird das vnglück tödten / l vnd die den gerechten hassen werden schuld haben.
Der herr erlöset die seele seyner knechte / vnd alle die auff yhn trawenl/
werden keyne schuld haben.

Darauff Kirie Eleison / auch yhm selben thon / drey lmal vnd nicht
neun mal / wie folget. 20

Kyrie Eleison. Chriſte Eleiſon, Kyrie Eleiſon.

Darnach lieset der priester eyne Collecten ynns Jfaut ynn vnisono/
wie folget.

Almechtiger Gott / der du bist eyn beschützer aller die auff dich hoffen /
an wilchs lgnad niemand ichts vermag / noch etwas fur dyr gilt / lasse 25
deyne barmhertzigkeyt vns reychlich wibberfarn / auff das myr lturch deyn
87 W heyliges l evngeben dencken was recht ist / vnd durch deyne krafft auch daf-
selbige volbringen / vmb Jhesus Christus vnsers herrn willen. Amen.

Darnach die Epistel rnn octauo Tono / das er ym vnisono der Col-
lecten gleych hoch bleybe / cnius regule sunt iste. 30

Periodus est finis sententie.
Colon est membrum Periodi.
Coma est incisio vel membrum Coli.
¶ Regule huius melodie.
Initium. Coma. Coma aliud. Colon. Periodus. Questio. Finale. 35
Exemplum.

238 E
48 W l So schreybt der heylig Apostel Paulus zu den l Corinthern. Lieben
brüder / da fur halte vns yederman / nemlich fur Christus diener / vnd
haushalter vber Gottis geheymnis. Nun sucht man nicht mehr an den
haushaltern / denn das sie trew erfunden werden. Myr ists aber eyn 40

---

22 auf einem einzigen ton, F fa ut, ohne jede modulation (W. A.
19, 55)   25 ohne dessen gnade | irgend etwas   37 1. Ko. 4, 1—5

gerings / das ich von euch gerichtet werde / obber von eynem [1] menschlichen 89 W
tage / Auch richte ich mich selber nicht. Ich bin wol nichts myr bewust /
aber darynn byn ich nicht gerechtfertiget. Der herr aber ists / der mich
richtet. Darumb richtet nicht fur der zeyt / bis der herre kome / wilcher
5 auch wird ans liecht bringen / was ym finstern verborgen ist / vnd den
rad der hertzen offinbaren / Als denn [1] wird eym iglichen von Gott lob 90 W
widderfaren.

Er sol aber die Epistel lesen mit dem angesicht zum volck gekert /
Aber die Collecten mit dem angesicht zum altar gekeret.

10 Auff die Epistel singet man eyn deudsch lied / Nu bitten wyr den
heyligen geyst / obber sonst eyns / vnd das mit dem gantzen Chor.

Darnach lieset er das Euangelion ynn quinto tono / auch mit dem
angesicht zum volck gekeret.

Cuius melodie sunt iste regule.

15 Initium Coma Coma aliud Colon. Periodus finale.
[1] Vox personarum. 91 W
Coma Coma aliud Colon. Periodus. Questio Finale.
Vox Christi.
Coma. Colon. Periodus. Questio Finale.

20 Exemplum Euangelij Dominice quarte in aduentu. vt sequitur.|

So schreybt der heylig Johannis ynn serm Euangelion. Diss ist das
zeugnis Johannis / [1] Da die Juden sandten von Jerusalem / Priester vnd 92 W
Leuiten / das sie yhn fragten / Wer bistu? Vnd er bekand vnd leugnet
nicht / vnd |er bekand / ich byn nicht Christus / 'Vnd sie fragten yhn /
25 Was denn? bistu Elias? Er sprach / Ich bins nicht. Bistu eyn Pro-
phet? Vnd er antwort / Neyn / Da sprachen sie zu yhm / Was bistu
denn / das wyr [1] antwort denen geben / die vns gesand haben? was sagstu 93 W
von dir |selbs? Er sprach / ich bin eyn ruffende stym ynn der wusten /
richtet den weg des herrn / wie der Prophet Jsaias gesaget hat / Vnd
30 die gesand waren / die waren von den Phariseern vnd 'fragten yhn vnd
sprachen zu yhm / Warumb teuffestu denn / so du nicht Christus bist /
noch [1] Elias / noch eyn Prophet? Johannis antwort yhn vnd sprach / 94 W
Ich teuffe mit wasser / aber er ist mitten vnter euch getretten / den yhr
nicht kennet / der ists / der nach myr komen wird / wilcher vor myr ge-
35 wesen ist / des ich nicht werd byn / das ich seyne schuchrymen aufflöse.
Dis geschach zu Betharaba ienfit des Jordans / da Johannes teuffet.

[1] Nach dem Euangelio singt die gantze kirche den glauben zu deudsch / 95 W
Wyr gleuben all an eynen gott

Darnach gehet die predigt vom Euangelio des Sontags obber fests.

---

10 Alb. Leitzmann, M. L.'s geistl. Lieder (Kleine Texte, h. 24/25)
no. 19, WA 35,447f. 21 Jo. 1, 19—28 37 Leitzmann no. 25,
WA 35,451f.

Vnd mich dunckt / wo man die deudsche postillen gar hette durchs iar /
Es were das beste / das man verordnete / die postillen des tages / gantz
odder eyn stucke / aus dem buch dem volck fur zu lesen / nicht alleyne
vmb der prediger willen / die es nicht besser kunden / sondern auch vmb
der schwermer vnd secten willen zuuerhüten / wie man sihet vnd spuret 5
an den Homilien ynn der metten / das etwa eben auch solche weyse ge-
wesen ist / Sonst wo nicht geystlicher verstand vnd der geyst selbst redet
durch die prediger / (wilchem ich nicht wil hiemit zil setzen / der geyst
leret wol das reden den̄ alle postillen vnd Homilien /) so kompts doch
endlich dahyn / das eyn iglicher predigen wird / was er wil / vnd an 10
stat des Euangelij vnd seyner auslegunge / widderumb von blaw endten
gepredigt wird / Denn auch das der vrsachen eyne ist / das wyr die
239 E Episteln vnd Euangelia / wie sie ynn den postillē geordenet stehen / ¹ be-
halten / das der geystreichen prediger wenig sind / die eynen gantzen Euan-
gelisten odder ander buch / gewaltiglich vnd nützlich handeln mugen. 15

Nach der predigt sol folgen eyne offentliche paraphrasis des vater
vnsers / vnd vermanung an die so zum sacrament gehen wollen / auff die
odder besser weyse wie folget.

Lieben freunde Christi / weyl wir hie versamlet sind / ynn dem namen
des herrn / seyn heyliges testament zu empfahen / So vermane ich euch 20
auffs erste / das yhr ewer hertze zu gott erhebt / mit mir zu betten das
vater vnser / wie vns Christus vnser herr geleret vnd erhorung trostlich
zugesagt hat.

Das Gott vnser vater ym hymel vns seyne elende kinder auff erden
barmhertziglich ansehe wolte / vnd gnade verleyhen / das seyn heyliger 25
name vnter vns vnd in aller welt geheyliget werde / durch reyne recht-
schaffne lere seines worts / Vnd durch brunstige liebe vnsers lebens /
Wolte gnediglich abwenden alle falsche lere vnd böses leben / darynn seyn
werder name gelestert vnd geschendet wird.

96 W ¹ Das auch seyn reych zu kome vnd gemehret werde / alle sunder / 30
verblendte vnd vom teuffel ynn seym reych gefangen / zur erkentnis des
rechten glaubens an Jhesum Christ seynen son bringen / vnd die zal der
Christen gross machen.

Das wyr auch mit seym geyst gesterckt werden / seynen willen zu
thun vnd zu leyden / beyde ym leben vnd sterben / ym guten vnd bosen / 35
alzeyt vnsern willen brechen / opffern vnd todten.

Wolt vns auch vnser teglich brot geben / fur geytz vnd sorge des
bauchs behueten / sondern vns alles guts gnug zu yhm versehen lassen.

1 vollständig | die kirchenpostille über das ganze jahr erschien erst
1527 (K. K. 2, 153)   6 'das horengebet in der römischen kirche
schreibt auch Lektionen aus Homilien der kirchenväter vor'   9 besser
als   11 W. A. 38, 231³, Schade 2, 370, Flugschriften 1, 252¹⁰⁷
15 eindringlich und erbaulich traktieren können   38 vielmehr ihm
vertrauen lassen, daß er uns von allem gutem genug geben werde

Wolt auch vns vnser schuld vergebē / wie wyr denn vnsern schuldigern
vergeben / das vnser hertz eyn sicher frölich gewissen fur yhm habe / vnd
fur keyner sunde vns nymmer furchten noch erschrecken.

Wolt vns nicht eyn furen ynn anfechtunge / sondern helffe vns durch
5 seynen geyst / das fleysch zwingen / die welt mit yhrem wesen verachten /
vnd den teuffel mit allen seynen tücken vberwinden.

Vnd zu letzt vns wolt erlosen von allem vbel / beyde leyblich vnd 240 E
geystlich / zeytlich vnd ewiglich. Wilche das alles mit ernste begeren /
sprechen von hertzen Amen / on allen zweyffel gleubend / es sey ia / vnd
10 erhöret ym hymel / wie vns Christus zusagt / Was yhr bittet gleubt das
yhrs haben werdet / so sols geschehen Amen.

Zum andern vermane ich euch ynn Christo / das yhr mit rechtem
glauben des testaments Christi war nehmet / vnd allermeist die wort /
darynnen vns Christus sein leyb vnd blut zur vergebung schenckt / ym her-
15 tzen feste fasset / das yhr gedenckt vnd danckt der grundlosen liebe / die er
vns beweysen hat / da er vns durch seyn blut von gots zorn sund / todt
vnd helle erloset hat / vnd darauff euiserlich das brod vnd weyn / das ist
seynen leyb vnd blut zur sicherung vnd pfand zu euch nemet. Dem nach
wollen wir ynn seinem namen / vnd aus seynem befelh / durch seyne eygene
20 wort das testament also handeln vnd brauchen.

Ob man aber solche paraphrasin vnd vermanung wolle auff der
Cantzel flux auff die predigt thun / odder fur dem altar / las ich frey eym
iglichen seyne wilkore. Es sihet / als habens die alten bis her / auff der
Cantzel gethan / daher noch blieben ist / das man auff der Cantzel gemeyn
25 gebet thut / odder das vater vnser fur spricht. Aber die vermanung zu
eyner offentlichen beycht ' worden ist. Denn da mit bliebe das vater vnser 97 W
mit eyner kurtzen auslegung ym volck / vnd wurde des herrn gedacht / wie
er befolhen hat am abend essen.

Ich wil aber gebeten haben / das man die selbige paraphrasis vnd
30 vermanunge / conceptis / seu prescriptis verbis odder auff eyn sonderliche
weyse stelle / vmb des volcks willen / das nicht heute eyner also / der
ander morgen anders stelle / vnd eyn iglicher seyne kunst beweyse / das
volck yrre zu machen / das es nichts lernen noch behalten kan. Denn es
ist ia vmb das volck zu leren vnd zu furen zuthun / darumb ists nott /
35 das man die freyheyt hie breche / vnd eynerley weyse fure ynn solcher
paraphrasi vnd vermanung / sonderlich ynn eynerley kirchen odder gemeyne
fur sich / ob sie eyner andern nicht folgen wollen vmb yhre freyheyt
willen.

10 Mc. 11, 24   13 das t. Chr. beherzigt   23 Willkür | scheint
31 formuliere

241 E   Darnach folget das ampt vnd vermunge / auf die weyſe wie folgt.

Exemplum.

Vnſer herr Jheſu Chriſt / ynn der nacht da er verraten ward / Nam er das brod / danckt vnd brachs / vnd gabs ſeynen iungern vnd ſprach.

98 W   Nempt hyn vnd eſſet / das iſt meyn leyb / der fur euch gegeben wird / Solchs thut ſo offt yhrs thut / zn meynem gedechtnis.

Deſſelben gleychen auch den kilch / nach dem abendmal vnd ſprach / Nempt hyn vnd trincket alle draus / das iſt der kilch / eyn new teſtament

99 W   ynn meynem blut / das fur euch vergoſſen wird zur vergebung der ſunde / ſolchs thut / ſo offt yhrs trinckt / zu meynem gedechtnis.

Es dunckt mich aber / das es dem abendmal gemes ſey / ſo man flux auff die conſecration des brods / das ſacrament reyche vnd gebe / ehe man den kilch ſegenet / Denn ſo reden beyde Lucas vnd Paulus / Deſſelben gleychen den kilch / nach dem ſie geſſen hatten etce. Vnd die weyl ſinge das deudſche ſanctus / odder das lied / Got ſey gelobet / odder Johans Huſſen lied / Iheſus Chriſtus vnſer heyland / Darnach ſegene man den kilch vnd gebe den ſelbigen auch / vnd ſinge was vbrig iſt von obgenanden liedern odder das deudſch Agnus dei / Vnd das man ſeyn ordentlich vnd zuchtig zu gehe / nicht man vnd weyb vnternander / ſondern die weyber nach den mennern / darumb ſie auch von eynander an ſondern orten ſtehen ſollen. Wie man ſich aber mit der heymlichen beycht halten ſolle / hab ich ſonſt gnug geſchrieben / vnd man findet meyne meynunge ym betbuchlin.

Das auffheben wollen wyr nicht abthun / ſondern behalten / darumb / das es ſeyn mit dem deudſchen Sanctus ſtymmet / vnd bedeut / das Chriſtus befohlen hat / ſeyn zu gedencken / Denn gleych / wie das ſacrament wird leyblich auffgehaben / vnd doch drunter Chriſtus leyb vnd blut nicht wird geſehen / alſo wird durch das wort der predigt ſeyner gedacht vnd erhaben / dazu mit empfahung des ſacraments bekant vnd hoch gehret vnd doch

100 W   alles ym glauben begriffen vnd nicht geſehen wird / wie Chriſtus ſeyn

242 E   leyb vnd blut fur vns gegeben / vnd noch teglich fur vns bey gott / vns gnade zurlangen / zeyget vnd opffert.

Das deudich Sanctus.

Jeſaia dem propheten das geſchach / das er ym geyſt den herren ſitzen ſach / auff eynem hohen thron ynn hellem glantz / ſeynes kleydes ſaum den

101 W   kor fullet gantz / Es ſtunden zween ſeraph bey yhm daran / Sechs flugel ſach er eynen ydern han / mit zwen verbargen ſie yhr antlitz klar / mit zwen bedeckten ſie die fuſſe gar / vnd mit den andern zwen ſie flogen frey /

---

1 abendmahlsfeier | konsekration (K. K. 2, 629, W. A. 38, 234[9])
15 s. u. z. 33 ff. | Leitzmann no. 4, WA35,452 f. 16 L.no.6,WA35,435ff.
18 ‚Christe. du Lamm Gottes' (vgl. Wackernagel, Kirchenlied 3. no. 619—
621) 23 W. A. 10², 438 ff. 24 die Elevation (K. K. 2, 578, WABrio,85 ff.)
28 und er erhoben 33 Leitzmann no. 26, WA35,455 34 Jes. 6, 1—4

gen anber ruffen ſie mit groſſem ſchrey / Heylig iſt Gott der herre zebaoth / Heilig iſt Gott der herre ſebaoth / Heilig iſt gott [1] der herre zebaoth / Sein ehr die gantze welt erfullet hat / von dem ſchrey zittert ſchwel vnd balcken gar / das haus auch gantz vol rauchs vnd nebel war. 102 W

5 Darnach folget die Collecten mit dem ſegen.

Wyr dancken dir almechtiger herr gott / das du vns durch diſe heylſame gabe haſt erquicket / vnd bitten deyne barmhertzigkeit / das du vns ſolchs gedeyen laſſeſt zu ſtarckem glauben gegen dir / vnd zu brinſtiger liebe vnter vns allen / vmb Jheſus Chriſtus vnſers herrn willen. Amen.

10 Der herr ſegene dich vnd behuete dich.

Der herr erleuchte ſeyn angeſicht vbir dyr / vnd ſey dyr gnedig.

Der herr hebe ſeyn angeſicht auff dich / vnd gebe dyr frid.

¶ Exercitatio odder vbunge der melobeyen.

Auff das man ſich wol lerne ſchicken ynn melobeyen / vnd wol gewone 15 der Colon / Comaten vnd der gleychen pauſen / ſetze ich hie noch eyn exempel / Eyn anber mag eyn andere nemen.

[1] Die Epiſtel.

103 W

So ſchreybt S. Pauel der heylig Apoſtel Jheſu Chriſti / zu den Corinthern. Dafur halt vns yederman / nemlich fur Chriſtus diener / 20 vnd haushalter vbir gottis geheymnis / Nu ſucht man nicht mehr an den haushaltern / denn das ſie trew erfunden werden / Mir aber iſts eyn gerings / das ich von euch gerichtet werde / odder [1] von eynem menſchlichen 104 W tage / Auch richte ich mich ſelbeſt nicht / Ich bin wol nichts mir bewuſt / aber daryn bin ich nicht gerechtfertiget / Der herr iſts aber der mich 25 richtet / Darumb richtet nichts fur der zeyt / bis der herre komme / wilcher auch wirt ans liecht bringen was ym finſtern verborgen iſt / vnd den radt der hertzen offinbarn / [1] als dañ wirt eynem iglichen von got lob widder- 105 W faren. Solchs aber lieben brüder / hab ich auff mich vnd Apollo gebeuttet / vmb ewret willen / das yhr an vns lernet / das niemant hoher 30 von ſich halte / denn itzt geſchrieben iſt / auff das ſich nicht eyner widder den andern vmb yemands willen auffblaſe / Denn wer hat dich fur zogen? was [1] haſtu aber / das du nicht empfangen haſt? was rhumeſtu dich denn / 106 W als der es nicht empfangen hette? It ſeyt ſchon ſat worden / yr ſeit ſchon reich worden / yr hirſchet on vns / vnd wolt gott yhr hirſchetet / auff das 35 auch wyr mit euch hirſchen möchten.

Das Euangelium.

Höret zu dem heyligen Euangelion. So ſpricht [1] Jheſus Chriſtus zu 107 W ſeynen iungern / Niemant kan zweyen herren dienen / entwedder / er wird eynen haſſen / vnd den andern lieben / odder wird eynem anhangen / vnd 40 den andern verachten / Ihr kund nicht gott dienen vnd dem Mammon / darumb ſag ich euch / ſorget nicht fur ewer leben / was yhr eſſen vnd

---

1 einander zu   18 1. Ko. 4, 1—8   37 Mt. 6, 24—34

108 W trincken werdet / auch nicht fur ¹ ewren leyb / was yhr anziehen werdet /
Ist nicht das leben mehr denn die speis? vnd der leyb mehr denn das
kleyd? Seht die vogel vnter dem hymel an / sie sehen nicht / sie erndten
nicht / sie samlen nicht ynn die schewren / vnd ewer hymelischer vater
109 W neret sie doch / Seyt yr denn nicht vielmehr deñ sie? ¹ Wer ist vnter euch ⁵
der seyner lenge eine elle zusetzen muge / ob er gleych drumb sorget? warumb
sorget yhr denn fur das kleid? Schawet an die lilien auff dem feld wie sie
wachsen / Sie erbten nicht / auch nehn sie nicht / Ich sage euch / das auch
Salomon yn aller seyner herlickeyt nicht bekleydet gewesen ist / als der
110 W selbigen eyns. So dann ¹ Gott das gras auff dem feld also kleydet / das doch ¹⁰
heute steht / vnd morgen yn den ofen geworffen wirt / solt er das nicht viel
mehr euch thun? O yr kleyn gleubigen / darumb solt yr nicht sorgen vnd
sagen / was werden wir essen / was werden wyr trincken / wo mit werden wir
111 W vns kleyden? Nach solchem allen trachten die heyden / ¹ Denn ewer hymelischer
vater weys / das yr des alles beduffet / Tracht am ersten nach dem reych ¹⁵
Gottes / vnd nach seyner gerechtickeit / So wirt euch solchs alles zufallen.
Drumb sorget nicht fur den andern morgen / denn der morgen tag wirt
fur das seyne sorgen. Es ist gnug / das eyn igklich tag seyn eygen vbel habe.
112 W
243 E ¹ Das sey gesagt vom teglichen Gottis dienst / vnd ¹ vom wort Gottis
zu leren / allermeyst fur die iugent auff zu zyhen vnd fur die eynfeltigen ²⁰
zu reytzen. Denn die ienigen / so aus furwitz vnd lust newer dinge gerne
zu gaffen / sollen solichs alles gar balde mude vnd vberdrussig werden /
wie sie bis her auch ynn dem latinschen Gottis dienst gethan haben / da
man ynn den kirchen teglich gesungen vnd gelesen hat / vnd dennoch die
kirchen wust vnd lebig blieben sind / vnd schon bereyt auch ym deudschen ²⁵
thun. Darumb ists das beste / das solcher gottis dienst auff die iugent
gestellt werde / vnd auff die eynfeltigen / so zufals er zu komen. Es wil
doch bey den andern / widder gesetz noch ordnung / noch vermanen noch
treyben helffen / die las man faren / das sie williglich vnd frey lassen ym
gotts dienst / was sie vnwillig vnd vngerne thun / Gott gefallen doch ge- ³⁰
zwungene dienst nicht / vnd sind vergeblich vnd verloren.

Aber mit den festen / als Weynachten / Ostern / Pfingsten / Michaelis /
purificationis / vnd der glenchen / mus es gehen / wie bisher / latinsch /
bis man deudsch gesang gnug dazu habe / Denn das werck ist ym anheben /
darumb ists noch nicht alles bereyt / was dazu gehort / alleyne / das man ³⁵
wisse / wie es auff eynerley weyse solle vnd muge zugehen / das der
mancherley weyse rad vnd mass gefunden werde.

Die fasten / palmtag / vnd marterwochen lassen wyr bleyben / nicht
das wyr yemand zu fasten zwingen / sondern das die passion vnd die
Euangelia / so auff die selbige zeyt geordnet sind / bleyben sollen / doch ⁴⁰

---

8 arbeiten   21 freude an neuerungen   25 leer | bereits   27 zu-
fällig herzukommen   34 noch in den anfängen   38 Herrmann s. 67

nicht alſo / das man das hunger tuch / palmen ſchieſſen / bilde decken / vnd
was des gauckel wercks mehr iſt / halten obber vier paſſion ſingen obber acht
ſtunden am karfreytag an der paſſion zu predigen haben / ſondern die
marterwoche ſol gleych / wie ander wochen ſeyn / on das man die paſſion
5 predige / des tages eyne ſtunde / ¹ durch die woche / obber wie viel tage es ¹¹³ W
geluſtet / vnd das ſacrament neme / wer do wil / Denn es ſol ia alles /
vmb des worts vnd ſacramenten willen vnter den Chriſten geſchehen ym
gots dienſt.

Summa / diſer vnd aller ordnunge iſt alſo zu gebrauchen / das wo ²⁴⁴ E
10 eyn misbrauch draus wird / das man ſie ſtug abthu / vnd eyne andere
mache / gleych wie der künig Ezechias die eherne ſchlange / die doch got
ſelbs befolhen hatte zu machen / darumb zubrach vnd abthet / das die
kinder Jſrael derſelbigen misbrauchten / denn die ordnung ſollen zu ſodderung
des glaubens und der liebe dienen / vnd nicht zu nachteyl des glaubens.
15 Wenn ſie nu das nicht mehr thun ſo ſind ſie ſchon thot vnd abe / vnd
gelten nichts mehr / gleych als wenn eyn gute muntze verfelſcht / vmb
des misbrauchs willen auffgehaben vnd geendert wird / obber als wenn die
newen ſchuch alt werden vnd drucken / nicht mehr getragen / ſondern weg
geworffen vnd ander gekaufft werden. Ordnung iſt eyn euſſerlich ding /
20 ſie ſey wie gut ſie will / ſo kan ſie ynn misbrauch geratten / Denn aber
iſts nicht mehr eyn ordnung / ſondern eyn vnordnung / darumb ſtehet vnd
gilt keyne ordnung / von yhr ſelbs etwas / wie bis her die Bepſtliche
ordnunge geachtet ſind geweſen / ſondern aller ordnunge leben / wirde /
trafft vnd tugent / iſt der rechte brauch / ſonſt gilt ſie vnd taug gar nichts /
25 Gotts geiſt vnd gnade ſey mit vns allen. Amē.

Martinus Luther.

---

1 faſten- oder hungertuch zur verhüllung des altars in der faſten-
zeit, vgl. W. A. 30², 257⁸, palmen wurden auf den palmeſel geworfen,
vgl. ebd. 258¹¹ᵃ, die heiligenbilder in der faſtenzeit verhüllt, vgl. ebd. 257⁸
11 2. Kö. 18, 4   13 Förderung   21 beſtehet   24 taugt

Das Taufbüchlein aufs neue zugerichtet. 1526.

Unterm 23. aug. 1525 hatte der Zwickauer pfarrer dem damals in
Wittenberg studierenden Stephan Roth folgenden wunsch zur weiter-
beförderung an L. mitgeteilt: 'Optarem etiam a Luthero, si ociosus esset,
purgari libellum de formula baptisandi' (O. G. Schmidt, Nicolaus Haus-
mann, Leipzig 1860, s. 89). Wann L. sein taufbüchlein von 1523 über-
arbeitet hat, ist nicht festzustellen. Im druck erschienen ist diese neue
bearbeitung wohl erst mitte 1526. Wir geben den ältesten bekannten
druck von Nickel Schirlentz in Wittenberg (W. A. 19, 532 A) wieder
und darunter diejenigen abschnitte aus dem taufbüchlein von 1523, die
L. gestrichen oder geändert hat, nach dem Schirlentzschen originaldruck
W. A. 12, 40 A. Vgl. K. K. 1, 543 f. 2, 21. RE³ 19, 438 f.

22, 163 E
29, 537 W

Martinus Luther al=
len Chriſtlichen leſern gnad vnd
frid ynn Chriſto vnſerm
Herrn.

164 E

WEil ich teglich ſehe vnd höre / wie gar mit vnvleys vnd 5
wenigem ernſt / wil nicht ſagen / mit leichtfertickeit / man das hohe
heilige tröſtliche ſacrament der tauffe handelt vber den kindeln / wilcher vr-
ſach ich achte der auch eine ſey / das die / ſo da bey ſtehen ¹ / nichts dauon
verſtehen / was da gered vnd gehandelt wird / dunckt michs nicht alleine
nütz / ſondern auch not ſeyn / das mans ynn deudſcher ſprache thue. Vnd 10
habe darumb ſollichs verdeudſcht anzufahen / auff deudſch zu teuffen / da mit
die paten vnd beyſtehende deſte mehr zum glauben vnd ernſtlicher andacht
gereytzt werden / vnd die prieſter ſo do teuffen / deſte mehr vleyſ vmb der
zuhörer willen haben müſſen.

Jch bit aber aus Chriſtlicher trew / alle die yhenigen / ſo da teuffen / 15
kinder heben vnd da bey ſtehen / wolten zu hertzen nehmen das treffliche
werck / vnd den groſſen ernſt / der hierynnen iſt. Denn du hie höreſt /
ynn den worten dieſer gepet / wie kleglich vnd ernſtlich die Chriſtlich kirche /
das kindlin her tregt / vnd mit ſo beſtendigen vngezweyffelten worten für
Gott bekennet / es ſey vom teuffel beſeſſen / vnd ein kind der ſünden vnd 20

---

16 aus der taufe heben   19 gewissen

---

11 ſolchs / wie biß her zu latin geſchehen / verdeutſcht 1

vngnaden / vnd so vleyssig bittet / vmb hülff vnd gnade durch die tauff /
das es ein kind Gottes werden müge.

   Darumb wolltestu bedencken / wie gar es nicht ein schertz ist / wibber
den teuffel handelen / vnd den selben nicht alleine vom kindlin iagen /
5 sondern auch dem kindlin solchen mechtigen feind sein lebenlang auff den
hals laden / das es wol not ist / dem armen kindlin aus gantzem hertzen
vnd starckem glauben beystehen / auffs andechtigest bitten / das yhm Gott /
nach laut dieser gepet / nicht allein von des teuffels gewalt helffe / sondern
auch stercke / das es müge wibber yhn ritterlich / ym leben vnd sterben be-
10 stehen.   Vnd ich besorge / das darumb die leute nach der tauff / so vbel
auch geraten / das man so ¹ kalt vnd lessig / mit yhn vmbgangen / vnd so 538 W
gar on ernst fur sie gebeten hat ynn der tauffe.

   So gedencke nu / das ynn dem teuffen / dise euserliche stücke das
geringste sind / als da ist / vnter augen blasen / creutze an streichen / saltz
15 ynn den mund geben / speychel vnd kot ynn die oren vnd nasen thun / mit
öle auff der brust vnd schuldern salben / vnd mit Cresem die scheytel be-
streychen / westerhembd anzihen / ¹ vnd brennend kertzen ynn die hend geben / 165 E
vnd was das mehr ist / das von menschen / die tauff zu zieren / hynzu ge-
than ist / denn auch wol on solchs alles die tauffe geschehen mag / vnd
20 nicht die rechte griffe sind / die der teuffel schewet odder fleucht. Er ver-
acht wol grösser ding / Es mus ein ernst hie seyn.

   Sondern da sihe auff / das du ym rechten glauben da stehest / Gottes
wort hörest vnd ernstlich mit betest. Denn wo der priester spricht / Last
vns beten / da vermanet er dich yhe das du mit yhm beten sollt. Auch
25 sollen seins gebets wort mit yhm zu Gott ym hertzen sprechen alle paten
vnd die vmb her stehen / Darumb sol der priester diese gebet fein deutlich
vnd langsam sprechen / das es die paten hören vnd vernemen kunden / vnd
die paten auch einmütiglich ym hertzen mit dem priester beten / des kindlins
not auffs aller ernstlichst für Gott tragen / sich mit gantzem vermügen fur
30 das kind wider den teuffel setzen vnd sich stellen / das sie es ernst lassen
sein / das dem teuffel kein schimpff ist.

   Der halben es auch wol billich vnd recht ist / das man nicht truncken
vnd rohe pfaffen teuffen lasse / auch nicht lose leute zu gefattern neme /
sondern feyne / sittige / ernste / frume / priester vnd gefattern / zu den man
35 sich versehe / das sie die sach mit ernst vnd rechtem glauben handeln / da
mit man nicht dem teuffel das hohe sacrament / zum spot setze / vnd Got
vernehre / der darynnen so vberschwenglichen vnd grundlosen reychtumb
seiner gnaden vber vns schüttet / das ers selbs ein newe gepurt heyst /
damit wir aller tyranney des teuffels ledig / von sünden / tod vnd helle
40 los / kinder des lebens vnd erben aller güter Gottes / vnd Gottes selbs

---

16 chrisma, salböl   17 taufhemd   20 kunstgriffe   29 vemügen A
31 scherz   33 nichtsnutzige   36 zum gespött preisgebe   38 Tit. 3. 5

kinder vnd Christus brüder werden. Ach lieben Christen / laſt vns nicht ſo
vnvleyſſig / ſolch vnauſſprechliche gabe achten vnd handeln / Iſt doch die tauffe
vnſer einiger troſt / vnd eingang zu
allen göttlichen gütern vnd al-
ler heiligen gemeinſchafft /
Das helff vns
Gott /
A M E N.

22, 291 E
19, 539 W

¹¹ Das tauffbuchlin auffs
new zu gericht.
Mar. Lu.
Der tauffer ſpreche.

FAr aus du vnreiner geiſt / vnd gib raum dem heiligen geiſt.

Darnach mach er yhm ein creutz an
die ſtirn vnd bruſt / vnd ſpreche.

Nym das zeichen des heiligen creutzs / beide an der ſtirn vnd an
der bruſt.

Laſt vns betten.

O Almechtiger Ewiger Gott vater vnſers herrn Iheſu Chriſti / Ich
ruffe dich an vber dieſen .N. deinen diener / der deiner tauffe gabe bittet /
vnd dein ewige gnade durch die geiſtliche wider gepurt begerd.

---

166 E   8 nach A M E N folgt in 1 noch: Ich hab aber noch nichts ſonder-
lichs wollen verendern ym tauff büchlin / Wie wol ichs leyden möcht / es
were beſſer gerüſt / denn es auch vnvleyſſige meyſtere gehabt hatt / die der
tauffe herlickeyt nicht gnügſam bewogen. Aber die ſchwachen gewiſſen zů
ſchewen / laſſz ichs faſt ſo bleyben / das ſie nicht klagen / ich wolle eyn
newe tauffe eynſetzen / vnd die biß her getaufft ſind / thaddeln / als die nit
recht getaufft weren. Denn / wie geſagt / an dem menſchlichen zůſetzen
nicht ſo gros ligt / wenn nur die tauff an yhr ſelbs / mitt Gottis wortt /
richtigem glawben vnd ernſtem gepett gehandellt wirtt. Hie mit Got be-
folhen / Amen.
12 Der teuffer blaße dem kind drey mal vnter augen vnd ſpreche :
19 zwiſchen Iheſu Chriſti und Ich ſteht in 1 noch: Du woltiſt
ſehen auff dießen .N. beynen diener / den du zu des glawbes vnterricht
beruffen haſt treybe alle blindheytt ſeyns hertzen von yhm / zureys alle
ſtrick des teuffels / da mit er gepunde iſt. Tu yhm auff herr die thur
beyner gutte / auff das er mit dem zeychen beyner weyßheytt begeychnet /
aller boſer luſt geſtanck on ſey / vnd nach dem ſuſſen geruch beyner gepott /
dyr ynn der Chriſtenheyt frolich byene / vnd teglich zu neme / vnd das er
tuchtig werde zu komen zu beyner tauffe gnade / erczney czu empfahen /
durch Chriſtum vnſern herren Amen.

Laſt vns aber beten.

O Gott du vnſterblicher troſt aller die was ſobbern / erloßer aller
die dyr ſtehen / vn̄ frid aller die dich bitten / leben der glewbigen / auff-
erſtehung der tobten.

Nym yhn auff HERRE / vnd wie du gesagt hast / Bittet / so werdet yhr nehmen / Sucht / so werdet yhr finden / Klopffet an / so wird euch auffgethan / So reiche nu das gut ʃdem der da bittet / vñ offen die thur dem ʃder da anklopffet / das er den ewigen segē dieses hymelischen bades 5 erlange / vnd das verheissen reych deiner gabe entpfahe / durch Christum vnsern herrn Amen.

Laſt vns beten.

Almechtiger Ewiger Gott der du hast durch die sindflut / nach deinē gestrengen gericht / die vnglewbige welt verdampt / vnd den glewbigen 10 Noe selb acht / nach deiner grossen barmhertzigkeit erhalten. Vnd den ver- ˡ stockten Pharao mit allen seinen yhm roten meer erseufft / vnd dein volck ²⁹² E Israel trocken durch hyn gefurt / da mit dis bad deiner heiligen tauffe zu- kunfftig bezeichnet / vnd durch die tauffe deines lieben kindes vnsers herren Jhesu Christi den Jordan vñ alle wasser zur seligen sindflut vnd reich- 15 licher abwaschung der sunden geheiliget vnd eingesetzt. Wyr bitten durch die selbe deine grundlose barmhertzickeit / du woltest disen .N. gnediglich ansehen / vnd mit rechtem glawben ym geyst beseligen / das durch dise heylsame sindflut / an yhm ersauffe vnd vntergehe / alles was yhm von Adam angeporn ist / vnd er selb dazu gethan hat / Vnd er aus der vn- 20 gleubigen zal gesundert / yn ˡ der heiligen Arca der Christenheit trocken vnd ⁵⁴⁰ W sicher behalten / alzeit brunstig ym geist / frolich onn hoffnung / deinem namen diene / auff das er mit allen gleubigen deyner verheissung ewigs lebens zu erlangen / wirdig werde / durch Jhesum Christum vnsern Herrn Amen.

---

1 Mt. 7, 7   8 vgl. über den ursprung dieses sündflutgebets Drews, Beiträge zu Luthers liturgischen Reformen, Tüb. 1910, s. 112 ff. 10 mit sieben andern   20 arche

---

3 gut] lohn 1
6 nach Amen folgt in 1 noch: Hie neme er das kind vnnd lege yhm saltz ynn den mund vnd sprech. Nym .N. das saltz der weysheytt, die dich foddere zum ewigen leben / Amen. Hab fride.
24 nach Amen folgt in 1 noch: Darumb du leydiger teuffel erkenne deyn vrteyl / vnd las die ehre dem rechten vnd lebendigen got / las die ehre seynem son Jesu Christo vnd dem heyligen geist / vnd weyche von dießem .N. seynem diener / Denn Gott vnd vnser herr Jesus Christus hatt yhn zu seyner heiligen gnade vnd segen vnd zum brun der tauffe durch seyn gabe beruffen. Vnd das du dis zeychen des heyligen creutzis ✝ das wir an seyne stirn thun / mussist nymmer thuren verstoeren / durch den der zukünfftig ist zu richten etce.
So hore nu du leydiger teuffel / bey dem namen des ewigen gottis vnd vnsers heylandes Jhesu Christi beschworen / vnd weyche mit zittern vnd seufftzen / sampt deynem hassz vberwunden / das du nichts zu schaffen habst mit dem dyener gottis / der nu nach dem das hymlisch ist / trachtet / vnd dyr vnd deyner wellt entsaget / vnd leben soll yn seliger vnsterblickeytt. So las nu die ehere dem heyligen geyst der da kompt / vnd von der hohisten

Jch beschwere dich du vnreyner geyst / bey dem namen des vaters
✠ vnd des sons ✠ vñ des heyligen geists / ✠ das du ausfarest / vnd
weichest von disem diener Jhesu Christi .N. Amen.

Last vns hören das
heilig Euangelion   5
S. Marcus.

Zu der zeit brachten sie kindlin zu Jhesu / das er sie solt anrüren. Aber
die iunger bedraweten die / so sie brachten. Da das Jhesus sahe / verdros
yhn / vnd sprach zu yhn. Last die kindlin zu mir komen / vnd weret yhn
nicht. Denn solcher ist das himelreich. Warlich ich sage euch / wer nicht 10
das reich Gottis nympt wie ein kindlin / der wird nicht hinein komen /
Vnd er hertzet sie / vnd leget die hende auff sie / vnd segnet sie.

Denn lege der priester seine hende auffs
kinds heubt / vnd bete das Vater
vnser sampt den paten nyder   15
geknyhet.

VAter vnser der du bist ym himel / Geheiliget werde dein name / Zu
kome dein reich / Dein wille geschehe / als ym himel vnd auff der erden /
Vnser teglich brod gib vns heute / Vnd verlas vns vnsere schulde / als wir

---

6 Mc. 10, 13—16   8 bedroheten   19 erlass

---

durck des hymels erab feret / deyne triegerey zuverstoeren / vnd das hertz
mit dem gottlichen brun geseget / eyn heyligen tempel vnd wonung Gotte
zubereyten / auff das dießer dyener gottis / von aller schuld der vorigen
laster erloßet / dem ewigen Gott danck sage allzeyt / vnd lobe seynen namen
ewiglich / Amen.

1 der exorcismus lautet in 1: Jch beschwere dich du vnreiner geyst /
bey dem namen des vaters ✠ vnd des sons ✠ vnd des heyligen geysts /
das du ausfarest / vnd weychest von disem diener gottis .N. deñ der ge-
peutt dyr du leybiger / der mit fussen auff dem meere ging / vnd dem
syncken̄den petro die hand reycht.

Darauf folgt in 1:

Last vns beten.

Herr heyliger vater almechtiger ewiger Got / von dem alle liecht der
warheyt kompt / wir bitte deine ewige vñ aller sennfftiste gutte / das du
deynen segen auff diesen .N. deynen dyener gissest / vnnd wolltist yhn er-
leuchten / mit dem liecht deyns erkentnis / reynige vnd heylige yhn / gib
yhm das recht erkentnis / das er wirdig werde / zu deyner tauffe gnade zu
komen / das er hallte eyn feste hoffenung / rechten radt / vnd heylige lere /
vñ geschickt werde zu deyner tauffe gnade / durch Christum vnßern herrn /
Amen.

Der herr sey mit euch / Anttwort. Vnd mit deyñ geyst. Euāgelion
Sanct Marcks. Anttwortt. Ehere sey dyr herre.

Ezu der zeytt Brachten sie kindlin zu Jhesu / ... [wie oben]

Denn lege der priester seyne hend auffs kinds heubt vnd bete das
vater vnser sampt den paten nydder geknyet.

verlaſſen vnſern ſchuͤldigern / Vnd nicht ¹ einfure vns ynn verſuchunge /   293 E
Sonder erloͤſe vns von dem vbel. Amen.

Darnach leyte man das kindlin zu
der Tauffe / vnd der prieſter ſpreche.

5   Der herr behuͤte deinen eingang vnd ausgang / von nu an bis zu
ewigen zeiten.

Darnach las der prieſter das kind
durch ſeine paten dem teuffel abſa-
gen / vnd ſpreche.

10 N.   Entſageſtu dem teuffels?   Antwort.   Ja.
        Vnd alle ſeinen wercken?   Antwort.   Ja.
        Vnd alle ſeinem weſen?   Antwort.   Ja.

Darnach frage er.

Gleubeſtu an Gott den almechtigen vater ſchepffer himels vñ erden?
15   Ant¹wort.   Ja.   541 W

Gleubeſtu an Jheſum Chriſt ſeinen einigen ſohn vnſern herrn geporn vnd
gelitten?   Antwort.   Ja.

Gleubeſtu an den heiligen geiſt / ein heilige Chriſtliche kirche gemeine der
heiligen / vergebung der ſunde / aufferſtehung des fleiſchs / vnd nach dem
20 tod ein ewiges leben?   Antwort.   Ja.

        Wiltu getaufft ſein?   Antwort.   Ja.

Da neme er das kind vnd tauche
es ynn die tauffe / vnd ſpreche.

Vnd ich teuffe dich ym namen des vaters vnd des ſons vnd des heiligen
25 geiſtes.

---

23 vgl. I 185, z. 12

        Darnach neme er mit dem finger ſpeychel vnd ruͤre damit das rechte
ohr vñ ſpreche.
Ephthah / das iſt / thu dich auff.
                            Zu der naßen / vnd zum lincken ore.
Du teuffel aber fleuch / denn gotis gericht kompt herbey.
        Darnach leytte man das kindlin ynn die kirche vnd der prieſter ſpreche.
Der herr behute deynen eyngang vnd außgang / von nu an bis zu ewigen
zeytten.
        Darnach laß der prieſter das kind durch ſeyne paten dem teuffel ab-
ſagen vnd ſprech. N. Entſagiſtu dem teuffel? Anttwort. Ja. . . .
[wie oben.] Darnach ſalbe er das kind mit heyligem oͤle auff der bruſt
vnd zwiſſchen den ſchuldern vnd ſprech
Vnd ich ſalbe dich mit heylſamen ole yn Jheſu Chriſto vnſerm herrn /
Vnd frage. willtu getaufft ſeyn? Anttwortt. Ja.
        Da neme er das kind vnd tauche es ynn die tauffe / vnnd ſprech.
        Vnd ich teuffe dich ym namen des vaters vnd des ſons vnd des
heyligen geyſts.
Dem ſollen die paten das kindlein halten ynn der tauffe / vnnd der prieſter
        mache yhm eyn creutz mit dem ole auff der ſcheytell vnnd ſprech.

Denn sollen die paten das kindlin
halten ynn der tauffe / vnd der prie-
ster spreche / weil er das wester
hembt an zeucht.

Der Almechtige Gott vnd vater vnfers herrn Jhefu Chrifti / der ⁵
dich anderweyt geporn hat / durchs waffer vnd den heiligen geift / vnd hat
²⁹⁴ E dir alle deine ¹ funde vergeben / der ftercke dich mit feiner gnade zum ewigen
leben / Amen.

Frid mit dir.
Antwort   Amen.   ¹⁰

---

3 während   6 zum zweiten male

Der allmechtige Got vnd vatter vnßers herrn Jhefu Chrifti / der
dich anderweyt geporn hatt durchs waffer vnd den heyligen geyft / vnd
hat dyr alle beyne funde vergebe / der falbe dich mit dem heylfamen ole
zum ewigen leben / Amen.   Frid mit dyr / Anttwortt. vnd beynem geyft.
Vnd weyl die paten das kind noch hallten yn der tauffe / fol yhm
der priefter die hauben aufffeßen vnd fagen.
Nym das weyffe / heylige vnd vnbefleckte kleyd / das du on flecken
bringen follt / fur den richtftuel Chrifti / das du dz ewige leben habft.
Frid mit dyr.
Darnach heb man es auß der tauffe vnd der priefter geb yhm eyn
kertßen ynn die hand.
Nym dieße brennende fackel vnd beware dein tauffe vnftrefflich / auff
das / wenn der herr kompt zur hochzeytt / du yhm mugeft entgegen gehen /
fampt den heyligen vn den hymelifchen faal / vnd das ewige leben habft /
Amen.

Ob Kriegsleute auch in seligem Stande sein können. 1526.

Als nach beendigung des bauernkriegs der neue kurfürst in Wittenberg einzog, bat der wohl besonders über das blutbad von Frankenhausen (Jordan, Zur Schlacht bei Fr., Zur Gesch. der Stadt Mühlhausen i. Th. h. 4, s. 32 ff.) entsetzte oberst Assa v. Kram (Cyr. Spangenberg, Adelsspiegel, Schmalkalden 1591, II 58ᵃ—59ᵃ; WABr 4,144) L., eine schrift zu veröffentlichen über die frage, ob der soldatenstand mit dem christenstand vereinbar sei. L. kam längere zeit nicht dazu; als Kram und er gevattern wurden (vielleicht bei der taufe eines sohnes des Gabriel Didymus in Torgau ende jan. 1526), wiederholte jener seine bitte; L. entschloss sich nun, zugleich auch die frage nach der berechtigung des krieges und des widerstandes gegen ungerechte massnahmen der obrigkeit zu behandeln. Am 14. okt. 1526 war der druck noch nicht beendigt (WABr 4,122f), am 1. jan. 1527 sandte L. ein druckexemplar an Mich. Stifel (4,152,10). Wir reproduzieren W. A. 19, 618 A. Das geschichtchen, „dass man in etlichen exemplaren L.s und auch der stadt Wittenberg namen samt der vorrede und etlichen wenigen worten ausgelassen“ und ein solches Herzog Georg v. Sachsen in die hände gespielt, der es nun hoch gerühmt habe (Spangenberg I 132ᵃ, II 58ᵇ), ist gut erfunden. — Vgl. O. Grossmann, Das Evangelium u. der Krieg, Deutsch-Evangelisch 1, 705—718.

Dem Geſtrengen vnd Ernvhe
ſten Aſſa von Kram Ritter ꝛc. meynem
günſtigen Herrn vnd freunde
Martinus Luther.

22, 246 E
19, 623 W

5 GNad vnd friede ynn Chriſto. Geſtrenger Ernvheſter lieber
Herr vnd freund / Als yhr ym nehiſten Chürfürſtlichem einzug zu
Wittemberg / mit vns von dem ſtande der kriegeßleute redet / vnter wilcher
rede mancherley ſtücke / ſo das gewiſſen betreffend / würden fürgebracht /
Darauff yhr vnd andere mehr von mir eine ſchrifftliche offentliche vnter
10 richt begeret / weil viel mehr ſind / die ſich des ſtandes vnd weſens be
ſchweren / Etliche ynn zweiffel ſtehen / Etliche aber ſich ſo gar vnd gantz
erwegen / das ſie nichts mehr nach Gotte fragen / vnd beide ſeele vnd
gewiſſen yn den wind ſchlahen / Wie ich den wol ſelbs ſolcher geſellen gehort habe ſagen / wenn ſie ſolten daran gedencken / müſten ſie nymer mehr
15 ynn krieg komen / gerade als were kriegen ſolch ein trefflich ding / das an
Gott vnd ſeele nicht zu dencken ſey / wenn krieg für handen iſt / ſo doch
denn / als ynn todes nöten vnd fahr / am meiſten an Got vnd für die ſeelen
zu dencken iſt / Auff das nu ſo viel an vns iſt / den ſchwachen blöden vnd

---

6 letzten   11 beschwert fühlen   12 erdreisten   14 dürften
15 in den krieg ziehen | außerordentlich   16 in sicht   17 dann

zweiffelben gewiſſen geraten werde / vnd die rauchloſen beſſer vnterricht
vberkomen / habe ich ewr bitte bewilliget vnd dis Büchlin zugeſagt. Denn
wer mit gutem wol berichtem gewiſſen ſtreyt / der kan auch wol ſtreiten /
Sintemal es nicht feylen kan / wo gut gewiſſen iſt / da iſt auch groſſer
mut vnd kecks hertz / Wo aber das hertz keck vnd der mut getroſt iſt /
247 E ¹ da iſt die fauſt auch deſte mechtiger / vnd beide ros vnd man friſſcher /
vnd gelingen alle ding beſſer / vnt ſchicken ſich auch alle ſelle vnd ſachen
624 W beſte ſeiner zum ſiege / ¹ wilchen denn auch Gott gibt. Widderumb /
wo das gewiſſen blöde vnd vnſicher iſt / da kan auch das hertz nicht recht
keck ſein / Denn es iſt vnmüglich / das böſe gewiſſen nicht ſolten feyg
vnd zag machen / wie Moſes zu ſeinen Jüden ſagt / Wenn du vngehor-
ſam biſt / ſo wird dir Got ein verzagtes hertz geben / das wo du eines
weges widder deine feinde zeugeſt / ſoltu durch ſieben wege zurſtrewet
werden / vnd kein glück haben. So gehts denn / das beide ros vnd man ſaul
vnd vngeſchickt iſt / vnd kein anſchlag für ſich gehet / vnd mus zu letzt
vnterligen.　　Was aber rohe rauchloſe gewiſſen ſind vm hauffen / wilche
tolküne rnd wage heiſſe heiſſen / mit den gehts alles plumps weiſe zu / ſie
gewunnen obber verlieren / Denn wie es denen ge
het / die gute obber böſe gewiſſen haben / ſo
gehts ſolchem rohen viehe mit / weil
ſie vm hauffen ſind / Vmb vhren
willen wird kein ſieg ge-
geben / Denn ſie ſind
die ſchalen vnd
nicht der
rech=
te kern des
kriegshauffen.
Dem nach ſchicke ich
euch nu dieſe meine vnter-
richt / ſo viel mir Gott verlihen
hat / damit / yhr vnd andere / ſo gerne wol-
ten wol kriegfüren / auff das ſie auch Gots hulde
vnd das ewige leben nicht verlören / ſich wiſſen zu rüſ-
ten vnd vnterweiſen.　Gotts gnade ſey mit euch /
A M E N.

Aﬀs erſt iſt der vnterſcheid für zu nemen / das ein ander ding iſt /
Ampt vnd perſon / obber werck vnd thetter / Denn es kan wol ein
ampt obber werck gut vnd recht ſein an yhm ſelber / das doch böſe vnd

---

vnrecht ist / wenn die person odder thetter nicht gut odder recht ist / odder treibts nicht recht. Ein richterampt ist ein köstlich göttlich ampt / es sey der mundrichter odder faustrichter / wilchen man den scharffrichter heist / Aber wenns einer für nympt / dem es nicht befolhen ist / oder der so des befelh hat / nach gelt vnd gunst [1] aus richtet / So ists bereit nicht mehr 248 E recht noch gut. Der ehliche stand ist auch köstlich vnd göttlich / noch ist mancher schalck vnd bube drynnen. Also ists auch mit dem kriegestand / ampt oder werck / das an yhm selbs recht vnd göttlich ist / Aber darauff ist zusehen / das die person auch sey / die dazu gehöre vnd rechtschaffen sey / wie wir hören werden.

Auffs ander bedinge ich hie / das ich auff dis mal nicht rede von der gerechtickeit die für Gott frume person macht / Denn dasselbige thut alleine der glaube an Jhesum Christ / on alle vnser werck vnd verdienst aus lauter Gotts gnaden geschenckt vnd gegeben / wie ich das sonst so offt vnd manchmal [1] geschrieben vnd geleret habe / Sondern ich rede hie von der 625 W eusserlichen gerechtickeit / die ynn den ampten vnd wercken stehet vnd gehet / das ist (auff das ichs ia deutlich sage.) Ich handele hierynne / ob der Christliche glaube / durch wilchen wir für Gott frum gerechent werden / auch neben sich leiden könne / das ich ein kriegesman sey / krieg füre / würge vnd steche / raube vnd brenne / wie man dem feinde ynn kriegs leufften / nach krieges recht / thut / ob solch werck auch sunde odder vnrecht sey / dauon gewissen zu machen sey für Gott / odder ob ein Christen musse der werck keines thun / sondern alleine wolthün / lieben / niemand würgen odder beschedigen / Das heisse ich ein ampt odder werck / wilchs / obs schon göttlich vnd recht were / dennoch böse vnd vnrecht werden kan / so die person vnrecht vnd böse ist.

Auffs dritte / Von dem kriegesampt vnd werck / wie das an yhm selbs recht vnd göttlich sey / gedencke ich hie auch nicht ynn die lenge zuschreiben / weil ich dauon ym büchlin von weltlicher oberkeit reichlich habe geschrieben / Denn ich mich schier rhumen möchte / das sint der Apostel zeit / das weltliche schwerd vnd oberkeit / nie so klerlich beschrieben vnd herrlich gepreiset ist / wie auch meine feinde müssen bekennen / als durch mich / dafür ich doch den ehrlichen danck habe zu lohn verdienet / das meine lere auffrürisch vnd als die so widder die oberkeit strebe / gescholten vnd verdampt wird / des Gott gelobt sey / Denn weil das schwerd ist von Gott eingesetzt / die bösen zu straffen / die frumen zu schützen [1] vnd fride hand zu 249 E haben Ro. 13. 1. Pet. 3. So ists auch gewaltiglich gnug beweiset / das kriegen vnd würgen von Gott eingesetzt ist / vnd was krieges laufft vnd recht mit bringet. Was ist krieg anders / denn vnrecht vnd böses straffen? Warumb kriegt man / denn das man fride vnd gehorsam haben wil?

Obs nu wol nicht scheinet / das würgen vnd rauben ein werck der
liebe ist / derhalben ein einfeltiger denckt / Es sey nicht ein Christlich werck /
zyme auch eym Christen nicht zu thun / So ists doch ynn der warheit
auch ein werck der liebe / Denn gleich wie ein guter artzt / wenn die seuche
so böse vnd gros ist / das er mus hand / füs / ohr odder augen lassen ab- 5
hawen odder verderben auff das er den leib errette / so man an sihet das
gelied / das er abhewet / ¹ scheinet es / er sey ein grewlicher vnbarmhertziger
mensch / So man aber den leib ansihet / den er wil damit erretten / so
findet sichs ynn der warheit / das er ein trefflicher trewer mensch ist vnd
ein gut Christlich (so viel es an yhm selber ist) werck thut / Also auch / 10
wenn ich dem krige ampt zu sehe / wie es die bösen strafft / die vnrechten
würget vnd solchen iamer anrichtet / scheinet es gar ein vnchristlich werck
sein / vnd aller dinge widder die Christliche liebe. Sihe ich aber an / wie
es die frumen schützt / weib vnd kind / haus vnd hoff / gut vnd ehre / vnd
friede damit erhelt vnd bewaret / so sind sichs / wie köstlich vnd Göttlich 15
das werck ist / vnd mercke / das es auch ein bein odder hand abhewet /
auff das der gantze leib nicht vergehe / Denn wo das schwerd nicht
werete vnd fride hielte / so müste es alles durch vnfride verderben / was
ynn der welt ist / Derhalben ist ein solcher krieg nicht anders / denn ein
kleiner kurtzer vnfriede der eym ewigen vnmeslichem vnfriede weret. Ein 20
klein vnglück / das eym grossen vnglück weret.

Das man nu viel schreibt vnd sagt / wilche eine grosse plage krieg
sey / das ist alles war. Aber man solt auch daneben ansehen / wie viel
mal grösser die plage ist / der man mit kriegen weret. Ja wenn die leute
frum weren vnd gerne fride hielten / so were kriegen die grösseste plage 25
auff erden / Wo rechenstu aber hin / das die welt böse ist / die leute nicht
wol'len friede halten / rauben / stelen / todten / weib vnd kind schenden /
ehre vnd gut nemen? Solchem gemeinen aller welt vnfriede / dafur kein
mensch bleiben künde / mus der kleine vnfride / der do krieg odder schwerd
heist / steuren / Darumb ehret auch Gott das schwerd also hoch / das ers 30
seine eigen ordnunge heist / vnd wil nicht / das man sagen odder wehnen
solle / menschen habens erfunden odder eingesetzt / Denn die hand die solch
schwerd füret vnd würget / ist auch als denn nicht mehr menschen hand /
sondern Gottes hand / vnd nicht der mensch / sondern Got henget /
redert / entheubt / würget vnd krieget. Es sind alles seine werck vnd seine 35
gerichte.

Summa / Man mus ym kriegeampt nicht ansehen / wie es würget /
brennet / schlegt vnd sehet zc. Denn das thun die engen einfeltigen kinder
augen / die dem artzt nicht weiter zusehen / denn wie er die hand abhewet
odder das bein abseget / sehen aber oder mercken nicht / das vmb den 40

---

13 ganz und gar   22 palge A   26 was meinst du aber dazu?
31 Rö. 13, 4   34 henkt   38 kurzsichtigen

gantzen leib zurretten zu'thun ist / Also mus man auch dem kriegs odder 627 W
schwerds ampt zusehen mit menlichen augen / warumb es so würget vnd
grewlich thut / so wird sichs selbs beweisen / das ein ampt ist an yhm
selbs Göttlich / vnd der welt so nöttig vnd nützlich / als essen vnd trincken
5 odder sonst kein ander werck / Das aber etliche solchs ampts missebrauchen /
würgen vnd schlahen on not / aus lauter mutwillen / das ist nicht des
ampts / sondern der person schuld / Denn wo ist yhe ein ampt / werck odder
yrgent ein ding so gut / des die mutwilligen bösen leute nicht missebrauchen.
Solche sind gleich wie die tollen ertzte / die eine gesunde hand wolten dem
10 menschen abhawen / on not / aus lauter mutwille / ia sie hören ynn den
gemeinen vnfride / dem man mit rechtem krieg vnd schwerd weren vnd zum
fride zwingen mus / wie es denn auch allewege geschihet vnd geschehen ist /
das die geschlagen werden / die krieg on not anfahen / Denn sie können
zu letzt doch Gottes gericht / das ist / seym schwerd nicht entgegen / Er
15 findet vnd trifft sie zu letzt / wie den Baurn itzt ym auffrur auch ge-
schehen ist.

¹ Solchs zu bestettigen haben wir den grösten prediger vnd lerer nehest 251 E
Christo / nemlich Johannen den Teuffer / wilcher Luce .3. da die krieges
knechte zu yhm kamen vnd fragten / was sie thun solten / verdampt er
20 yhr ampt nicht / hies sie auch des nicht abstehen / sondern bestettigts viel
mehr vnd sprach / Last euch benügen an ewrem solde / vnd thut niemand
gewalt noch vnrecht / Damit hat er das kriegeampt an yhm selbst ge-
preiset / aber gleich wol den misbrauch geweret vnd verbotten / Denn
misbrauch gehet das ampt nicht an. Also auch Christus / da er fur Pilato
25 stund bekand er / kriegen were nicht vnrecht / da er sprach / Were ich von
dieser welt Könige / so würden meine diener streitten daruber / das ich
nicht den Juden vberantwortet würde. Hie her gehoren auch alle alte
kriegs historien ym alten Testament / als Abraham / Mose / Josua / die
richter / Samuel / Dauid vnd alle konige / ym volck Jsrael. Solte aber
30 kriegen odder kriegsampt an yhm selbs vnrecht odder Gotte missellig sein /
so musten wir Abraham / Mose / Josua / Dauid / vnd alle andere heilige
veter / konige vnd Fursten verdamnen / wilche darynnen auch Gotte ge-
dienet haben vnd desselbigen wercks hoch berümbt sind ynn der schrifft /
wie ¹ das alles wol bewust ist / allen die auch wenig ynn der heiligen 628 W
35 schrifft gelesen haben / Derhalben es hie nicht not ist / weiter zubeweisen.

Vnd ob vielleicht yemand hie wolte sagen / Es were ein ander ding
mit den heiligen vetern geweft / als wilche Gott hette von andern Heiden
gesundert durch seine wale vnd wort / vnd hette sie heissen streitten /
Darümb were yhr exempel nicht gnug fur eynen Christen ym newen
40 Testament / Weil sie Gottes befelh fur sich hatten vnd aus gottlichem ge-

1 daß es sich darum handelt, den g. l. zu erretten   3 daß es
10 gehören   14 entgegnen, entgegentreten   18 Lc. 3, 14   20 davon
25 Jo. 18, 36   33 wegen dieses   37 da gott diese

horsam stritten / Aber wir keinen befelh haben zu streitten / sondern viel
mehr zu leiden vnd alles lassen faren. Darauff ist klarlich gnug geant-
wortet durch S. Peter vnd Paulus / wilche beide gebieten auch ym newen
Testament / menschlicher ordnung vnd gebotten der welltlichen oberkeit ge-
horsam zu sein / Vnd wie wir gehort haben droben / das S. Johannes 5
der teuffer / die kriegsleute / als ein Christlicher lerer / ¹ Christlich leret /
vnd dennoch sie ließ kriegsleute bleiben / alleine das sie des nicht solten
misbrauchen / niemand vnrecht odder gewalt thuen / sondern sich an yhrem
solde benugen lassen / Darumb ist auch ym newen Testament das schwerd /
mit Gotts wort vnd befelh bestetiget / Vnd die sein recht brauchen vnd 10
vnn gehorsam streitten / dienen auch Got daryñn vnd sind seinem wort
gehorsam.

Vnd denck du selber / Wenn man das stücke einreumet / das kriegen
an yhm selbs vnrecht were / so würden wir darnach auch mussen alle ander
stücke einreumen vnd vnrecht lassen sein / Denn so das schwerd ein vnrecht 15
ding were ym streiten / so würde es auch vnrecht sein wenn es die vbel-
thetter strafft / odder fride helt. Vnd kurtz vmb alle seine werck würden
vnrecht sein müssen. Denn was ist recht kriegen anders / denn die vbel-
thetter straffen / vnd fride halten? Wenn man einen dieb / mörder odder
ehebrecher strafft / das ist ein straffe vber einen entzelen vbeltheter. Wenn 20
man aber recht kriegt / so strafft man einen gantzen grossen hauffen vbel-
thetter auff ein mal / die so grossen schaden thun / so gros der hauffe ist /
Ist nu ein werck des schwerds gut vnd recht / so sind sie alle recht vnd
gut / Es ist doch ein schwerd / vnd nicht ein fuchsschwantz / vnd heyst
Gottes zorn / Ro. 13. 25

Auff das aber / da sie einfüren / Die Christen haben keinen befelh zu
streitten / vñ exempel seyen nicht gnug / weil sie eine lere haben von Christo /
¹ das sie dem vbel nicht sollen widder stehen / sondern alles leyden / hab ich
gnugsam ym büchlin von der weltlicher oberkeit geantwortet. Denn frey-
lich die Christen nicht streyten / noch weltliche oberkeit vnter sich haben / 30
Yhr regiment ist ein geistlich regiment / vnd sind nach dem geiste niemand
denn Christo vnterworffen. Aber dennoch sind sie mit leyb vnd gut / der
weltlichen oberkeit vnterworffen / vnd schuldig gehorsam zu sein / Wenn sie
nu von weltlicher oberkeit zum streyt gefoddert werden / sollen sie vnd
mussen streyten aus gehorsam / nicht als Christen / sondern als gelieder 35
vnd vnterthenige gehorsam leute / nach dem leybe vnd zeitlichem gut /
Darumb wenn sie streyten / so thun sie es nicht für sich ¹ noch vmb yhren
willen / sondern zu dienst vnd gehorsam der oberkeit / vnter wilchen sie
sind / wie S. Paulus zu Tito schreibt / Sie sollen der oberkeit gehorsam
sein. Dauon magstu weiter lesen ym büchlin von weltlicher oberkeit. 40

---

17 erhält   18 kreigen A   20 einzelnen   24 werkzeug zum
streicheln   25 Rö. 13, 4   26 einwenden   28 Mt. 5, 39   29 oben II,
369, z. 17 ff.   39 Tit. 3, 1

Denn das ist Summa Summarum dauon / Das ampt des schwerds
ist an yhm selber recht vnd eine Göttliche nützliche ordnunge / wilche wil
er vnueracht / sondern gefurcht / geehret / vnd gehorcht haben / odder sol
vngerochen nicht bleiben / wie S. Paulus Ro. am xiij. sagt. Denn er hat
5 zweyerley regiment vnter den menschen auff gericht / Eins geistlich / durchs
wort vnd on schwerd / da durch die menschen sollen frum vnd gerecht
werden / also das sie mit der selbigen gerechtickeit / das ewige leben er=
langen / Vnd solche gerechticeit handhabet er durchs wort / wilchs er den
predigern befolhen hat. Das ander ist ein weltlich regiment durchs schwerd /
10 auff das die ienigen / so durchs wort nicht wollen frum vnd gerecht werden
zum ewigen leben / dennoch durch solch weltlich regiment gebrungen werden
frum vnd gerecht zu sein für der welt / Vnd solche gerechticeit handhabet
er durchs schwerd / Vnd wie wol er der selbigen gerechticeit nicht wil
lonen mit dem ewigen leben / So wil er sie dennoch haben / auff das friede
15 vnter den menschen erhalten werde / vnd belohnet sie mit zeitlichem gute /
Denn darumb gibt er der öberkeit / so viel guts / ehre vnd gewalt / das sie
es mit recht für andern besitzen das sie yhm dienen solche weltliche ge=
rechticeit zu handhaben. Also ist Gott selber aller beyder gerechticeit /
beyde geistlicher vnd leiblicher stiffter / herr / meister / födderer vnd | be- 630 W
20 lohner / Vnd ist keine menschliche ordnung odder gewalt drynnen / sondern
eytel Göttlich ding.

Weil es nu des ampts vnd standes halben an yhm selber keinen
zweiffel hat / das alles recht vnd Göttlich ding ist / wollen wir nu von den
personen vn brauch desselbigen standes handelen / Denn da ligts am meisten
25 an / das man wisse / wer vnd wie man dieses ampts brauchen solle / Vnd
hie hebt sichs auch / das wenn man gewisse regel vnd recht stellen wil /
so viel felle vnd auszüge sich begeben / das gar schwerlich ist / | odder auch 254 E
vnmüglich / alles so genaw vnd eben zu fassen / wie es denn gehet auch
ynn allen rechten / das man sie so gewis vnd eben nymer mehr kan stellen /
30 es komen selle / die einen auszug gewinnen / Vnd wo man nicht den aus=
zug liesse gehen / sondern folgete stracks dem rechten nach / so were es das
aller grossest vnrecht / Wie der Heyde Terentius sagt / Das strengest recht
ist das aller grossest vnrecht. Vnd Salomo ynn seym Prediger leret
auch / man solle nicht allzu recht sein / sondern zu weilen nicht wollen
35 weise sein.

Als das ich des ein exempel gebe / Ynn der Baurn auffrur nehist
vergangen / hat man wol etliche funden die vngerne mit gezogen sind /
sonderlich was wolhabende leute gewest sind / Denn es galt die auffrur
den reichen eben so wol als den oberherrn / Vnd der billicheit nach zu-

4 Rö. 13, 2   8 bewirkt   15 werden A   17/18 gerechticiet A
24 darauf kommt's an   26 tritt auch ein   27 ausnahmen | schwer
28 vnmüglich A | passend   30 eine Ausnahme fordern   32 Heaut.
IV, 5, 48   33 Prd. 7, 17   36 z. B. | kürzlich

uermuten ist / das keinem reichen die auffrur sey lieb gewest. Wolan /
da haben etliche mit gemust on yhren willen vnd danck. Etliche auch
haben sich ynn solchen zwang gegeben / der meynunge / das sie dem tollen
hauffen kundten weren / vnd mit gutem rad hindern / etwa yhrem bösen
fürnemen / das sie doch nicht so viel vbels thetten / der öberkeit zu gut / 5
vnd yhn selbs auch zu nutze. Etliche auch sind mit gezogen / aus ver-
gunst yhrer oberherrn / wilche sie zuuor drümb gefragt / haben. Vnd was
der gleichen felle mehr sich möchten begeben haben / Denn niemand kan sie
alle erdencken nach vns recht fassen.

Nu wolan / hie stehet das recht vnd spricht / Alle auffrurische sind 10
des tods schüldig / Vnd diese dreyerley / sind yñ frisscher that vnter dem
auffrürischen hauffen funden. Was sol man yhn thun? Sol hie kein
auszug gelten / vnd das strenge steyffe recht gehen / wie es laut von der
that eusserlich / so müssen sie auch sterben wie die andern / die sampt der
_{631 W} that / ein schüldiges ¹ hertz vnd willen drynnen gehabt / so doch diese ein 15
vnschuldigs hertz vnd guten willen gegen die öberckeit gehabt. Wie denn
etlich vnser Junckerlin gethan haben / sonderlich den reichen / da sie haben
_{255 E} etwas vermeynet zu erschinden / Wenn sie nur haben kund zu yhn sa¦gen /
Du bist mit gewest vnterm hauffen / du must fort. Vñ haben also gros
vnrecht vielen leuten gethan / vnd vnschuldig blut vergossen / widwen vnd 20
waysen gemacht / dazu yhn das gut genomen / vnd heissen dennoch die
vom Adel / Ja freylich vom Adel / Aber es ist der dreck auch vom Adel /
vnd mag sich wol rhümen / er kome aus des Adelers leybe / ob er wol
stinckt vnd kein nütze ist / Also mügen diese auch wol vom Adel sein / Wir
Deudschen sind Deudschen vnd bleiben Deudschen / Das ist sew vnd vn- 25
uernunfftige bestien.

So sage ich nu / Ynn solchen fellen / als der dreyerley obgenanten
leuten exempel gibt / sol das recht weichen vnd an seine stat / die Billicheit
regiern. Denn das recht spricht durre eraus. Auffrur ist des tods schuldig /
als Crimen lese maiestatis / Als eine sünde widder die öberkeit / Aber die 30
Billicheit spricht also / Ja liebes recht / es ist wie du sagest / Aber es kan
geschehen / das zween ein gleich werck thun / aber doch mit vngleichem
hertzen vnd meynunge. Als Judas küsset den HERRN Christum ym
garten / wilchs eusserlich ein gut werck ist / Aber sein hertz war böse / vnd
verrhiet seinen herrn mit dem guten werck / wilchs doch Christus vnd seine 35
jüngern sonst aus gutem hertzen mit einander vbeten. Widderumb Petrus
satzt sich mit Annas diener zum feur / vnd wermet sich mit den gottlosen /
das war nicht gut / rc. Wenn nu hie strenge recht gehen solt / so must
Judas ein frum man / vnd Petrus ein schalck sein / Aber das hertz Juda

---

2 gefallen   3 solchem zw. gefügt   9 einbeziehen   13 ausnahme |
rücksichtslose   18 erpressen   23 Adler = Adelaar = edler Aar
29 dürr, einfach, unverhüllt   32 Duo cum faciunt idem, non est idem.
Wander, thun no. 313   33 Mt. 26, 49   36 Lc. 22, 55

war böse / das hertz Petri war gut / Darúmb mus die billicheit hie das recht meiſtern.

Alſo / wilche vnter den auffrůriſchen geweſt ſind guter meynunge / die ſelbigen ſpricht die billickeit nicht alleine los / ſondern achtet ſie wol
5 zweyfeltiger gnaden werd / Denn ſie ſind eben wie der frume Huſai von Arach / wilcher ſich vnter den auffrůriſchen Abſalom gab / vnd ſtellet ſich ſeer gehorſam / auch aus Dauids befelh / alles der meynunge / das er Dauid hülffe / vnd dem ¹ Abſalom werete / wie das alles fein geſchrieben iſt ym
andern buch Samuel am xv. vnd xvj. ¹ Euſſerlich an zuſehen / war Huſai
10 auch auffruriſch mit Abſalom widder Dauid / Aber er verdienet gros lob vnd ehre ewiglich für Gott vnd aller welt / Wenn nu Dauid den ſelbigen Huſai hette laſſen als einen auffruriſchen richten / das were eben ſo ein lobliche that geweſt / als die ytzt vnſer Fürſten vnd Junckerlin an der gleichen vnſchúldigen / ia wolverdienten leuten thun.
15 Solche tugent obber weisheit / die alſo kan vnd ſol das ſtrenge recht lencken vnd meſſen / nach dem ſich die ſelle begeben / vnd einerley guts obber böſes werck nach vnterſcheid der meynunge vnd der hertzen richtet / Die heyſt / auff Kriechiſch Epijkia / auff Latiniſch Equitas / Jch nenne ſie / Billicheit / Denn weil das recht mus vnd ſol / einfeltiglich mit důrren
20 kurtzen worten geſtellet werden / kan es gar nicht / alle zufelle vnd hinder-nis / mit einfaſſen / Derhalben die richter vnd herrn můſſen hie klug vnd frum ſein / vnd die Billicheit aus der vernunfft meſſen / vnd alſo denn das recht laſſen gehen obber anſtehen. Als ein hauswird ſetzt ſeinem geſinde ein recht / was ſie dieſen obber den tag thun ſollen / Da ſtehet das recht /
25 Wer das nicht thut obber helt / ſol ſeine ſtraffe leyden / Nu mag der eins kranck / obber ſonſt on ſeine ſchuld verhindert werden / Da höret das recht auff / vnd were gar ein wůtiger hausherr / der ſeinen knecht vmb ſolchs nachlaſſen willen wolte ſtraffen. Alſo můſſen vnd ſollen alle rechte / wilche auff die that geſtellet ſein / der Billicheit als der meyſterynn vnter-
30 worffen ſein / vmb der manchfeltigen / vnzelichen / vngewiſſen zufelle willen / die ſich begeben konnen / vnd niemand ſie kan zuvor abmalen obber faſſen.

Dem nach ſagen wir nu auch vom kriegs recht obber vom brauch des kriegs wercks der perſonen halben / Erſtlich / das krieg mag geſchehen /
35 von dreyerley perſonen / als das ein gleicher widder ſeinen gleichen ſtreit / das iſt / da der beyder perſonen keiner der ander geſchworen obber vnter-than iſt / ob gleich die eine perſon nicht ſo gros / herlich / mechtig ſey / als die andere. Item / Wenn die oberperſon widder yhr vnterperſon kriegt! Item / ¹ wenn die vnter perſon widder yhr ober perſon ſtreyt. Nu das
40 dritte nemen wir zu erſt für vns. Hie ſtehet das recht vnd ſpricht / Das

632 W
256 E

257 E

---

2 korrigieren   7. in der abſicht   9 2. Sa. 15, 22 ff. 16, 16 ff.
10 Aſalom A   19 unverhüllten   23 stillstehen | z. B.   25 eins der-
selben   28 unterlassens   36 zu gehorſam verpflichtet

633 W niemand ſolle widder ſeinen ¹ oberherrn fechten noch ſtreyten / denn der ober-
teit iſt man gehorſam / ehre vnd furcht ſchůldig / Ro. ziij. Denn wer
oder ſich hewet dem fallen die ſpan vnd die augen / Wñ wie Salomo ſpricht /
Wer ſteine vnn die hohe wirfft / dem fallen ſie auff den kopff / Das iſt
kurtz vmb das recht an ohm ſelbſt / wilchs Gott ſelbs eingeſetzt / vnd von s
menſchen angenomen iſt / Denn es reymet ſich nicht / Gehorſam zu ſein /
vnd doch widder ſtreiten. Vnterthenig zu ſein / vnd den herrn nicht
wollen leyden.

     Nu wir aber ytzt geſagt haben / das die Billicheit ſolle des rechts
meiſteryn ſein / vnd wo es die zufelle foddern / das recht lencken / heyſſen 10
vnd laſſen da widder thun / Darúmb fragt ſichs hie / obs auch billich konne
ſein / das iſt / ob auch ein fal etwa ſich múge zutragen / das man widder
dis recht múge der oberkeit vngehorſam ſein vnd widder ſie ſtreyten / ſie
abſetzen / odder binden. Denn es iſt eine vntugent ynn vns menſchen /
die heyſt frauß / Das iſt / liſt odder túcke / wenn die ſelbige höret / das 15
Billicheit vber recht gehet / wie geſagt iſt / So iſt ſie dem rechten gantz
feind / vnd ſucht vnd grobelt tag vnd nacht / wie ſie vnter dem namen vnd
ſchein der billicheit zu marckt kome vnd ſich verkeuffe / da mit das recht zu
nichte werde / vnd ſie die liebe trawte ſey / die es gut gemacht habe /
Daher ein ſprich wort gehet / Jnuenta lege / Jnuenta eſt frauß legis. 20
Wenn ein recht an gehet / ſo bald ſind ſich jungfraw frauß auch.

     Die Heyden / weil ſie von Gott nichts gewuſt / auch nicht erkand
haben / das weltliche regiment Gotts ordnung ſey (denn ſie habens fúr ein
menſchlich glúck vnd that gehalten) die haben hie friſch dreyn gegriffen /
vnd nicht alleine billich / ſondern auch löblich gehalten / vnnútze böſe ober- 25
keit abſetzen / wúrgen vnd veriagen. Daher die Kriechen auch kleynod vnd
geſchencke durch offentlich geſetz zuſprachen / den Tyrannicibis / das iſt /
258 E denen wilche einen Tyranen erſtechen odder vmb'brechten. Dem haben die
Römer ynn ohrem Keyſerthum mechtiglich gefolget / vnd ſchier das mehrer
teyl ohrer Keyſer ſelbs ermôrdet / Das ynn dem ſelbigen loblichen Keyſer- 30
thum ſchier kein Keyſer iſt vhe mals von den feinden erſchlagen Sie aber
ſelbs haben ohr wenig laſſen auff dem bette vnd des natúrlichen tods
ſterben. Das volck Jſrael vnd Juda haben des gleichen auch ettliche
ohrer Könige alſo erwúrget vnd vmbbracht.

634 W   ¹ Aber vns iſt nicht gnug an ſolchen exempeln / Denn wir fragen hie 35
nicht darnach / was die Heyden odder Júden gethan haben / ſondern was
recht vnd billich iſt zuthun / nicht allein fúr Gott ym geiſt / ſondern auch
ynn Göttlicher euſſerlicher ordnunge des weltlichen regiments / Denn wenn
gleich noch heute odder morgen ein volck ſich auff machet / vnd ſetzet ſeinen
herrn ab odder erwúrget yhn / Wolan das were geſchehen / die herrn 40

---

     2 Rö. 13, 1   3 Wander, hauen no. 11   4 Pr. 26, 27
17 grübelt   20 Wander, Gesetz no. 82   21 Recht no. 257   25 es
nicht allein für b.   28 dem sind   33 ettliche A

müssens gewarten / obs Gott so verhienge / Aber daraus folget noch nicht /
das drůmb recht vnd billich gethan sey. Mir ist noch kein solcher fal
fůrkomen / da es billich were / kan auch ytzt bis mal keinen erdencken. Die
baurn ynn der auffrur gaben fůr / die herrn wolten das Euangelion nicht
5 lassen predigen vnd schunden die arme leute / drůmb muß man sie stortzen /
Aber ich hab solchs verantwortet / das / ob gleich die herrn vnrecht daran
thetten / were drumb nicht billich noch recht / auch vnrecht zuthun / das
ist / vngehorsam sein / vnd zustoren Gotts ordnung die nicht vnser ist /
sondern man solle das vnrecht leiden / Vnd wo ein Fůrst odder herr das
10 Euangelion nicht wil leyden / Da gehe man ynn ein ander Fůrstenthum /
da es geprediget wird / wie Christus spricht / Verfolgen sie euch ynn einer
stad / so fliehet ynn die andere.

Das ist wol billich / wo etwa ein Fůrst / König odder herr wan-
synnig wůrde / das man den selbigen absetzt vnd verwaret / denn der ist nu
15 fort mehr nicht fůr einen menschen zu halten / weil die vernunfft da hyn ist.
Ja sprichstu / Ein wůtiger Tyran ist freylich auch wol wansynnig / odder
noch wol erger zu achten deñ ein vnsynniger / Denn er thut viel mehr
schaden / ꝛc. Hie wil sichs klemmen mit der antwort / Denn es hat solche
rede einen mechtigen schein / vnd wil eine Billicheit eraus zwingen / Aber
20 doch sage ich meine meynunge [1] drauff / das nicht gleich ist mit eim wan- 259 E
synnigen vnd Tyrannen / Denn der wansynnige / kan nichts vernunfftiges
thun noch leyden / Es ist auch keine hoffnung da / weil der vernunfft liecht
weg ist. Aber ein Tyran thut dennoch viel dazu / so weis er / wo er vn-
recht thut / vnd ist gewissen vnd erkentnis noch bey yhm / vnd hoffnung
25 auch / das er sich můge bessern / yhm sagen lassen / vnd leren vnd folgen /
Wilcher keines bey dem wansynnigen ist / wilcher ist wie ein klotz odder
stein. Aber das ist noch dahinden eine böse folge odder exempel / das wo
es gebillicht wird / Tyrannen zurmorden odder [1] veriagen / reyst es balde
ein / vnd wird ein gemeiner mutwille draus das man Tyrannen schilt / 635 W
30 die nicht Tyrannen sind / vnd sie auch ermordet / wie es dem pöfel ynn
synn kömpt / als vns das die Römischen historien wol zeigen / da sie
manchen feinen Keyser tödten / alleine darůmb das er yhn nicht gefiel /
odder nicht yhren willen thet / vnd lies sie herrn sein / vnd hielte sich yhren
knecht vnd maul affen / Wie dem Galba / Pertinax / Gordian / Alexander
35 vnd mehren geschach / Man darff dem Pöfel nicht viel pfeiffen / Er tollet
sonst gerne / vnd ist billicher dem selbigen zehen elle abbrechen / denn eine
handbreit / ia eins finger breyts einreumen ynn solchem sal / Vnd besser /
das die Tyrannen hundert mal yhn vnrecht thun / denn das sie den Tyrannen
ein mal vnrecht thun / Denn so ia vnrecht sol gelidden sein / so ists zu er-

---

1 erwarten   2 billch A   6 darauf geantwortet (oben s. 64,
z. 1 ff.)   11 Mt. 10, 23   14 einsperrte   16 sicherlich   18 hapert's
27 ausserdem steht noch im hintergrunde   29 mutwille A   34 vgl.
II 382, z. 38   39 vorzuziehen

welen / von der öberkeit zuleiden / denn das die öberkeit von den vnter-
thanen leyden / denn der Pöfel hat vnd weis keine masse / vnd stickt ynn
eym iglichen mehr denn funff Tyrannen / Nu ists besser von einem Tyrannen
(das ist) von der öberkeit vnrecht leyden / denn von vnzelichen Tyrannen
(das ist) vom Pöfel / vnrecht leyden.   5

Man sagt / die Schweytzer haben vorzeiten auch yhre öberherrn er-
schlagen vnd sich selbs frey gemacht / rc. Vnd die Denen newlich haben
yhren König veriagt / zeigen beyde vrsache an / die vntregliche Tyranney /
so die vnterthanen haben müssen leyden / rc. Ich hab aber droben ge-
260 E sagt / das ich hie nicht handele / was Heyden [7] thun odder gethan haben /   10
odder was den selbigen exempeln vnd geschichten gleich ist / sondern was
man thun solle vnd müge mit gutem gewissen / auff das man sicher vnd
gewis sey / das solch thun / an yhm selbs / für Gott nicht vnrecht sey /
Denn ich zu guter massen wol weis / auch nicht wenig historien gelesen
habe / wie offt mals / die vnterthanen yhre öberkeit erwürget odder veriagt   15
haben / als die Jüden / Kriechen vnd Römer / Vnd Gott hats also lassen
gehen / vnd sie drüber wachsen vnd zu nemen / Aber zu letzt hat sichs
dennoch ymer funden ym ausskerich / Denn die Jüden würden zu letzt durch
die Assyrier / die Kriechen durch König Philipps / die Römer durch die
Gotten vnd Longebarden vnterdruckt vñ zurstöret / Die Schweytzer habens   20
warlich auch bis her mit viel bluts theur bezalet / bezalen auch noch ymer /
wie es hynaus gehen wird / kan man leichtlich abnemen / Die Denen sind
636 W auch [7] noch nicht hyndurch. Ich sehe aber kein bestendiger regiment / denn
da die öberkeit ynn ehren gehalten wird / als der Persen / Tattern vnd der
selbigen völcker mehr / wilche nicht alleine sind für den Römern vnd aller   25
gewalt blieben / sondern haben wol die Römer vnd viel mehr land ver-
störet.

Mein grund vnd vrsach dis allen ist / das Gott spricht /
Die Rache ist mein / Ich wil vergelten. Item Richtet nicht / Dazu
ym alten Testament so hart vnd offt verboten wird / der öberkeit auch nicht   30
zu fluchen noch vbel zu reden / Exo. 23. Du solt dem Fürsten deines
volcks nicht fluchen / Vnd Paulus .1. Timot. 2. leret die Christen für die
öberkeit bitten / rc. Salomo auch ynn seinen spruchen vnd Prediger allent-
halben leret / dem Könige gehorchen vnd vnterthenig zu sein. Nu kan
das niemand leucken / wenn die vnterthanen sich widder die öberkeit setzen /   35
das sie sich selbs rechen / sich selbs zu richter machen / Wilchs nicht alleine
widder Gotts ordnung vnd gebot (der das gericht vnd rache wil selbs
haben) sondern auch widder alle natürliche recht vnd billicheit ist / wie man

7 Dänen | April 1523   8 Christian II (K. K. 1, 626)   10 s. 326,
z. 35 ff.   14 reichlich   15 off mals A   18 ein ende mit schrecken
genommen (W. A. 30², 550, z. 16)   24 Tataren   28 Rö. 12, 19
29 Mt. 7, 1   30 streng   31 Ex. 22, 28   32 1. Ti. 2, 1 ff.
33 Pr. 24, 21 | Prd. 10, 20

spricht / Niemand sol sein selbs richter sein / Vnd aber mal / Wer wibber
schlecht / der ist vnrecht.

Hie wiltu vielleicht sagen / Ja wie ists doch [1] alles zu leyden von den [261 E]
Tyrannen / du gibst yhn zu viel / vnd wird yhre bösheit durch solche lere
5 nur stercker vnd grösser / Sol man den leyden / das also ydermans weib
vnd kind leib vnd gut ynn der fahr vnd schande stehe? Wer wil etwas
redlichs ansahen / wo man so leben sol / Antwort ich Lere ich doch nicht
dich / der du thun wilt / was dich dunckt vnd dir gefellt / farhyn / deinem
synn nach / vnd erwürge deine herren alle / Sihe zu / wie dirs gelinget /
10 Ich lere die alleine / so gerne wolten recht thun. Solchen sage ich / Das
der oberkeit nicht ist zu weren mit freuel vnd auffrur / wie die Römer /
Kriechen / Schweytzer vnd Denen gethan haben / Sondern haben wol
andere weise. Erstlich die / Wenn sie sehen / das die oberkeit yhr selbs
selen selickeit so geringe acht / das sie wüetet vnd vnrecht thut / was ligt
15 dir denn dran / das sie dir dein gut / leib / weib vnd kind verderbet?
Kan sie doch deiner seelen nicht schaden / vnd thut yhr selbs mehr schaden
denn dir / weil sie yhr selbs seelen verdampt / da denn nach folgen mus
auch leibs vnd guts verderben / Meynstu / es sey nicht schon hoch gnug
gerochen?

20 [1] Zum andern / Wie woltestu thun / wenn die selbige deine oberkeit [637 W]
krieg hette / da nicht alleine dein gut / weib vnd kind / sondern du selbs
auch mustest zu scheitern gehen / gefangen / verbrand / erwürget werden vmb
deines herren willen? Woltestu drümb deinen herrn erwürgen? Wie
viel seiner leute hat wol Keyser Maximilian verloren ynn kriegen sein
25 leben lang / Darümb man yhm doch nichts gethan hat / Vnd wo er sie
hette Tyrannisch vmbbracht / were freylich nie grewlichers gehort / Wolan /
noch ist er ia vrsache / das sie vmbkomen sind / Denn vmb seinen willen
sind sie erschlagen? Was ist nu ein Tyrann vnd wütricher anders / denn
wie ein ferlicher krieg / da es manchem seynen / redlichen / vnschüldigen
30 man gilt / Ja ein böser Tyrann ist leydlicher denn ein böser krieg / wilchs
du must billichen / wenn du deine eigen vernunfft vnd erfarung fragest.
Wol gleube ich / das du gerne fride vnd gute tage hettest / Wie aber wenn
sie dir Gott durch krieg odder Tyrannen weret? Nu wele [1] vnd rechene [262 E]
du / ob du lieber krieg odder Tyrannen haben woltest / Denn du hasts
35 beydes wol verdienet / vnd bist es für Gott schüldig. Aber wir sind solche
gesellen / das wir wollen buben sein vnd ynn sunden bleiben / Die straffe
aber für die sünde wollen wir meyden / dazu auch widder streben vnd vnser
sünde vertheydingen / Das wird vns gelingen / wie dem hunde / der ynn
die stachel beysset.

40 Zum dritten / ist die oberkeit böse / Wolan so ist Gott da / der hat /

---

1 vgl. II 304, z. 6   4 räumst ein   7 Ordentliches   16 diener A
22 untergehen   27 dennoch   30 erträglicher   33 urteile   38 vgl.
Wander 5, 1455, no. 1846   39 näml. des Igels

feur / waſſer / eiſſen / ſtein / vnd vnzeliche weiſe zu tödten / Wie bald hat
er einen Tyrannen erwürgt? Er thets auch wol / Aber vnſer ſünde leydens
nicht / Denn er ſpricht ym Hiob alſo / Er leſt einen buben regirn vmb des
volcks ſünde willen. Gar fein konnen wir ſehen / das ein bube regirt /
Aber das wil niemand ſehen / das er nicht vmb ſeiner büberey willen /   5
ſondern vmb des volcks ſünde willen regirt / Das volck ſihet ſeine eigene
ſünde nicht an / vñ meynet / der Tyrann regire vmb ſeiner büberey willen /
So verblend / verkeret vnd toll iſt die welt / drümb gehets auch alſo /
wie es den bauren iſt gangen ym auffrur / wilche der öberkeit ſünde
ſtraffen wolten / gerade als weren ſie ſelbs gantz rein vnd vnſtrefflich /   10
Drümb muſt yhn Gott den balcken zeigen ynn yhrem auge / das ſie eins
andern ſplitter vergeſſen.

638 W   ¹ Zum vierden / Stehen die Tyrannen ynn der fahr / das durch Gotts
verhengen / die vnterthanen ſich auff machen / wie geſagt iſt / vnd erwürgen
odder veriagen ſie / Deñ wir leren hie die / ſo recht thun wollen / wilcher   15
faſt wenig ſind / Daneben bleibt gleichwol der groſſe hauffe / heyden / gott-
loſen / vnd vnchriſten / Wilche / ſo es Gott verhenget / ſich widder die
öberkeit mit vnrecht ſetzen vnd vnglück anrichten / wie die Jüden vnd
Kriechen vnd Römer offt gethan haben / Der halben du nicht klagen
darffeſt / das durch vnſer lere die Tyrannen vñ öberkeit ſicherheit gewynnen   20
böſes zuthun / Nein / ſie ſind freylich nicht ſicher / Wir leren wol alſo / das
ſie ſicher ſein ſollen / Gott gebe / ſie thun böſes odder guts / Aber wir
konnen yhn ſolche ſicherheit nicht geben noch leiſten / Denn wir konnen
den hauffen nicht zwingen / vnſer lere zufolgen / wo Gott nicht gnade gibt.

263 E   Wir leren was wir ¹ wollen / ſo thut die welt gleichwol auch was ſie wil / 25
Gott mus helffen / vnd wir muſſen leren die / ſo gerne wol vnd recht
thetten / ob die ſelbigen kundten den hauffen helffen auffhalten / Vnſer lere
halben / ſitzen die oberherrn eben ſo ſicher / als ſie on vnſer lere ſitzen /
Denn leider gehets alſo / das deine klage nicht von nöten iſt / weil der
meiſte hauffe vns nicht gehorchet / vnd alleine bey Gott vnd ynn Gotts   30
hand ſtehet / öberkeit zuerhalten / wie er ſie alleine auch geordent hat /
Das haben wir wol auch erfaren ynn der bauren auffrur / Drümb las dich
nicht yrren / das die öberkeit böſe iſt / Es ligt yhr die ſtraffe vñ vnglück
neher / denn du begeren mochteſt / wie der Tyran Dioniſius bekandte /
das ſein leben ſtunde / als eines dem ein bloſſchwerd vber dem kopffe   35
an eym ſeyden faden hienge / vnd vnter yhm ein groſſe glut feurs brennete.

Zum fünfften / hat Gott noch eine ander weiſe / die öberkeit zu
ſtraffen / das du dich nicht dürffeſt ſelbſt rechen / Er kan frembde öberkeit
erwecken / als die Gotten widder die Römer / die Aſſyrer widder Iſrael / ꝛc.
Das alſo allenthalben rache / ſtraffe vnd fahr gnug iſt vber die Tyrannen   40

3 Hi. 34, 30   11 Mt. 7, 5   16 ſehr   21 gewisslich   23 gewähr-
leiſten   26 leren/die ſo A   34 Cic. Tusc. 5, 21   38 ſelbſt zu rächen
brauchſt

vnd öberkeit / Vnd Gott sie nicht lesset mit freuden vñ fride böse sein /
Er ist kurtz hynder yhn / Ja vmb sie her / vnd hat sie zwisschen den sporn
vnd ym zawme. Vnd hie zu stymmet auch das naturliche recht / Das
Christus Matth. 7. leret / Was yhr wollet das euch die leute thun / das
5 thut yhr yhn. Es wolte yhe freylich kein haus vater ynn seym hause
von den seinen verjagt / erwürget odder verderbet sein vmb seiner misse-
that willen / Sonderlich so sie es thetten ¹ aus eygenem freuel vnd gewalt / 639 W
sich selbs zu rechen / vnd selbs richter zu sein / on vergehende klage für
ander hoher öberkeit / Eben so vnrecht solts auch sein eym iglichen vnter-
10 thanen / widder seinen Tyrannen zu handelen.

Darauff mus ich ein exempel odder zwey sagen / die wol zu mercken
sind vnd yhn nützlich zu folgen. Man lieset von einer widwe / die stund
vnd bettet für yhren Tyrannen auffs aller andechtist / das yhn Gott wolte
ia lange lassen leben / ꝛc. Der Tyrann hörets vnd verwundert sich / weil
15 er wol wuste / das er yhr viel leydes gethan hatte vnd solch gebet seltzam
war / denn ¹ das gemein gebet für die Tyrannen / pflegt nicht so zulauten / 264 E
Er fragt sie / warümb sie so für yhn betet / Antwortet sie / Jch hatte zehen
kue / da dein gros vater lebet / der nam er mir zwo / Da bettet ich widder
yhn das er stürbe / vnd dein vater herr würde / Da das geschach / nam
20 mir dein vater drey kue / Aber mal betet ich / das du herr würdest / vnd
er stürbe / Nu hastu mir vier kue genomen / drümb bitte ich nu für dich /
Denn ich sorge / wer nach dir kompt / nympt mir die letzte kue auch mit
allem das ich habe. Also haben die glerten auch eine gleichnis / von eym
bettler der vol wunden war / vnd sassen viel fliegen drynnen / die yhn sogen
25 vnd stochen / Da kam ein barmhertziger mensch / wolt yhm helffen vnd
geucht die fliegen alle von yhm / Er schrey aber vnd sprach / Ach was
machstu da / Diese fliegen waren schier vol vnd satt / das sie mir nicht
mehr so angst thetten / Nu komen die hungerigen fliegen an yhre stat /
vnd werden mich viel vbeler plagen.

30 Verstehestu diese fabeln? Oberkeit endern / vnd Oberkeit bessern /
sind zwey ding / so weit von einander als hymel vnd erden / Endern mag
leichtlich geschehen / Bessern ist mislich vnd ferlich. Warümb? Es steht
nicht ynn vnserm willen odder vermügen / sondern alleine ynn Gotts willen
vnd hand / Der tolle Pöfel aber / fragt nicht viel / wie es besser werde /
35 sondern das nur anders werde / Wenns denn erger wird / so wil er aber
ein anders haben / So kriegt er denn humeln für fliegen / vnd zu letzt
horniffen für humeln / Vnd wie die frossche verzeiten auch nicht mochten
den kloz zum herrn leyden / kriegen sie den storck dafür / der sie auff den
kopff hacket vnd fras sie / Es ist ein verzweifelt / verflucht ding vmb einen

4 Mt. 7, 12   5 yhm A   8 vorhergehende   12 über die
quellen dieser zwei exempel vgl. W. A. 19, 666   15 selten   16 ge-
wöhnliche   26 jagt   27 bald   34 pöbel   35 abermals   38 vgl.
II 383, z. 2 | kriegten?

640 W tollen pöfel / wilchen niemand so [1] wol regirn kan / als die Tyrannen / die
selbigen sind der knuttel dem hunde an den hals gebunden / Solten sie
besserer weise zu regirn sein / Gott würde auch ander ordnung ober sie
gesetzt haben / deñ das schwerd vnd Tyrannen / Das schwerd zeigt wol an /
was es für kinder vnter sich habe / nemlich eytel verzweifelte buben / wo 5
sie es thun thursten.

265 E   [1] Darümb rate ich / das ein iglicher / der mit gutem gewissen hieronn
wil faren vnd recht thun / der sey zu friden mit der weltlichen öberkeit /
vnd vergreiffe sich nicht dran / angesehen / das weltliche öberkeit der seelen
nicht kan schaden thun / wie die geistlichen vnd falschen lerer thun / Vnd 10
folge hieronn dem frumen Dauid / wilcher so grosse gewalt leyd von dem
Könige Saul / alse du ymer leyden kanst / noch wolt er nicht die hand an
seinen König legen / wie er wol offt hette konnen thun / sondern befalhs
Gott / lies gehen / so lange es Gott so haben wolte / vnd leyd bis ans
ende hinaus. Wenn nu ein krieg odder streyt sich erhube widder deinen 15
oberherrn / da las kriegen vnd streyten wer do wil (Denn wie gesagt ist)
Wenn Gott nicht helt so konnen wir den hauffen nicht halten / aber der du
wol wilt thun / vnd dein gewissen sicher halten / las harnisch vnd wehre
liegen / vnd streite nicht widder deinen herrn odder Tyrannen / Leyde lieber
alles was dir geschehen kan / Der hauffe aber der es thut / wird seinen 20
richter wol finden.

Ja sprichstu / Wie aber wenn ein König odder herr sich mit eyden
seinen vnterthanen verpflicht / nach für gestelleten artikel zu regirn / vnd
helt sie nicht / vnd damit schuldig sein wil / auch das regiment zu lassen / rc.
wie man sagt / das der König zu Franckreich / nach der Verlamenten seines 25
reichs regieren müsse / Vnd der König zu Denemarck auch schweren musse /
auff sonderliche artikel / rc. Hie antworte ich / Es ist sein vñ billich / das
die öberkeit nach gesetzen regire vnd die selbigen handhabe / vnd nicht nach
eygenem mutwillen / Aber thu das noch hynzu / das ein König / nicht
alleine sein landrecht odder artikel gelobt zu halten / sondern Gott selber 30
gebeut yhm auch / er solle frum sein / vnd er gelobets auch zu thun /
Wolan / wenn nu solcher König / der keins helt / widder Gotts recht noch
sein landrecht / Solteftu ohn drümb angreiffen / solchs richten vnd rechen?
Wer hat dirs befolhen? Es muste ia hie zwisschen euch ein ander öber-
keit komen / der euch beyde verhörete vnd den [1] schüldigen verurteilt / Sonst 35
641 W [1] wirstu dem vrteil Gotts nicht entlauffen / da er spricht / Die Rache ist
266 E mein / Item / Richtet nicht / Matth. 7.

Vnd weil es hie eben trifft das exempel mit dem Könige von Dene-
marck / den die von Lubeck vnd Seestedte sampt den Denen vertrieben
haben / wil ich auch mein antwort dazu sagen / vmb der willen / die viel- 40

2 vgl. W. A. 30², 471¹   6 zu tun wagten   8 handeln   12 dennoch
23 nach einer verfassungsurkunde   24 verschuldet   36 Rö. 12, 19
37 Mt. 7, 1

leicht ein falsch gewissen hierynn haben / ob etliche sich mochten das be=
sonnen vnd erkennen. Wolan es sey aller dinge also / Der König ist vn=
gerecht für Gott vnd der welt / vnd das recht stehet gantz vnd gar auff
der Denen vnd Lübeker seiten / das ist ein stück für sich / Vber dis ist nu
5 das ander stücke / das die Denen vñ Lübeker sind zugefaren als richter vnd
oberherrn des Königes / vnd haben solch vnrecht gestrafft vnd gerochen /
Damit sich des gerichts vnd der rache vnterwunden. Hie gehet nu frage
vnd gewissen an / Wenn die sache für Gott kümpt / so wird er nicht fragen /
ob der König vngerecht odder sie gerecht sind / Denn solchs ist offinbar
10 worden / Sondern so wird er fragen / Jhr herrn zu Denemarck vnd zu
Lübeck / Wer hat solche rache vnd straffe euch befolhen zu thun? Hab ichs
euch befolhen odder der Keyser odder oberherr? So legt brieffe vnd siegel
auff vnd beweiset es. Konnen sie das thun / so stehen sie wol. Wo nicht /
so wird Gott also vrteilen / Jhr auffrurischen Gotts diebe / die yhr mir
15 ynn mein ampt greifft / vnd aus freuel euch der Göttlichen rachen vnter=
wunden habt / seyt schuldig / Lese maiestatis diuine / das ist / yhr habt euch
an Göttlicher maiestet versündigt vnd verwirckt / Denn es sind zwey ding /
vnrecht sein / vnd vnrecht straffen / Jus et executio Juris / iustitia et ad=
ministratio iustitie / Recht vnd vnrecht haben ist yderman gemein / Aber
20 Recht vnd vnrecht geben vnd austeylen / das ist des / der vber recht vnd
vnrecht herr ist / wilcher ist Gott alleine / der es der oberkeit an seine stat
befelhet / Drümb sol sichs niemand vnterwinden / er sey denn gewis /
das ers von Gott odder von seiner dienerynn / der oberkeit / befelh habe.
¹ Wenns so solt gehen / das ein iglicher der do recht hette / mocht 267 E
25 den vngerechten selbs straffen / was wolt draus ynn der welt werden?
Da würde es gehen / das der knecht den herrn / die magt die frawen /
kinder die eltern / ¹ schüler den meister / schluge / Das solt ein lobliche 642 W
ordnunge werden / Was durfft man denn richter vnd weltlicher oberkeit
von Gott eingesetzt? Last sie es selbs die Denen vnd Lübeker bedencken /
30 ob sie es billich achten / das yhr gesinde / bürger / vnterthanen sich widder
sie setzen solten / so offt yhn vnrecht geschicht / Warumb thun sie denn eim
andern nicht / das sie wollen yhn gethan haben / vnd oberheben des einen
andern nicht / des sie selbs wollen oberhaben sein / wie Christus vnd das
natürliche gesetze leren? Zwar die Lübeker vnd ander stedte / mochten sich
35 hiemit behelffen / das sie nicht des Königes vnterthanen / sondern als feind
mit feind / vnd gleich mit gleichem gefaren hetten / Aber die armen Denen
als vnterthanen / haben widder yhre oberkeit / on Gotts befelh / gehandelt /
Vnd die Lübeker haben dazu geraten vnd geholffen / sich mit der selbigen
frembden sünden beladen vnd ynn den auffrurischen vngehorsame / beyde
40 Göttlicher vnd Königlicher maiestet / vermisscht vnd verwickelt vñ

---

verknüpfft / Jch wil des schweygen / das sie des Keyssers gebot auch verachten.

Solchs rede ich hie vnn diesem fal zum exempel / weil wir handeln / vnd leren / das die vnter person / nicht solle sich widder die oberperson setzen / Denn es ist ein merglich geschicht mit dem vertriebenen Könige / 5 Vnd dienet eben wol hieher / alle andere zu warnen / das sie sich hüten für dem exempel / vnd denen die es gethan haben / yhr gewissen gerüret werde / damit sich ettliche bessern vnd die vntugent lassen / ehe denn Gott kompt / vnd rechent sich widder an seinen reübern vnd feinden / Nicht das sie sich alle werden dran keren / Denn wie gesagt ist / der grosse hauffe 10 keret sich an Gotts wort nicht / Es ist ein verlorner hauffe / der nur zum zorn vnd straffe Gottes zubereitet wird / Sondern ich las mir benügen / das ettliche zu hertzen nemen / vnd mit der Denen vnd Lübeker that sich nicht vermengen / vnd ob sie vermenget gewesen weren / sich eraus wickeln
268 E vnd frembder sunden nicht teilhafftig erfunden werden / Denn wir alle 15 sampt eigener sünde für vns selber mehr denn gnug haben.

Hie werde ich aber müssen herhalten vnd hören meine richter / die da schreyen / Ey das heyst / meyn ich ia getrost den Fürsten vnd herrn geheuchelt / kreuchstu nu zu creutz / vnd suchst gnade / fürchstu dich / rc. Wolan
643 W diese humeln las ich schnurren vnd fur vber faren / Wer es kan der machs 20 besser / Jch habe mir yet nicht fürgenomen den Fürsten vnd oberherrn zu predigen / Jch acht auch wol / solch mein heuchlen solle mir wol schlechte gnade erwerben / vnd sie dieses heuchelns nicht seer fro sein werden / weil ich yhren stand / vnn solche fahr setze / wie gehort ist / So hab ichs sonst gnug gesagt / vnd ist leyder allzuwar / das der mehrer teyl Fürsten vnd 25 herrn gottlosen Tyrannen vnd Gotts feinde sind / das Euangelion verfolgen / dazu mein vngnedige herrn vnd Junckern sind / darnach ich auch nicht viel frage. Sondern das lere ich / das yderman sich selbs wisse zu halten vnn diesem stücke / vnd werck gegen die oberperson / vnd thu was yhm Gott befelhet / vnd las die oberherrn fur sich selbs sehen vnd stehen / 30 Gott wird der Tyrannen vnd oberpersonen nicht vergessen / Er ist yhn auch gewachsen gnug / wie er von anfang der welt her gethan hat.

Zu dem wil ich dis mein schreiben nicht allein von den baurn verstanden haben / gerade alse weren die alleine die vnterperson / vnd der Adel nicht / Nicht also / Sondern / was ich von der vnter person sage / das 35 sol treffen / beyde Baur / Bürger / Eddel / Herrn / Grauen vnd Fürsten / Denn diese alle haben auch oberherrn vnd sind vnterperson eines andern / Vnd wie man eym auffrurischen baurn den kopff abschlegt / so sol man eym auffrurischen / Edelman / Grauen / Fürsten auch den kopff abschlahen / Eym wie dem andern / so geschicht niemand vnrecht. Keiser Maximilian / 40

halt ich / hette wol konnen eym ein lieblin singen von vngehorsamen auff=
rúrisschen Fürsten vnd Adel / die gar gerne sich gerottet vñ die ¹ kopffe zu= 260 E
samen gestossen hetten / Vñ der Adel / wie offt haben sie wol geklagt ge=
flucht / gewunbscht vnd gesucht den Fürsten zu trotzen vnd sich zu rotten?
5 Was hat alleine der Frenckisch Adel für ein geschrey / wie sie nicht viel
widder auff Keyser noch yhre Bisschoue geben? Solche Junckerlin mus
man nicht rottisch noch auffrúrisch heissen / ob sie es gleich weren / Der
baur sols leyden / der mus herhalten / Aber mich triege denn mein synn /
So ists freylich so / das Gott durch die auffrúrische baurn hat die ¹ auff= 644 W
10 rurisschen herrn vnd Adel gestrafft / einen buben durch den andern / weil
sie Maximilian must leyden vnd nicht straffen kunde / wie wol er hat
mussen der auffhalt sein bey seym leben / Vnd ich durfft drauff etwas
wetten / wo der baurn auffrur nicht were drein komen / es hette sich ein
auffrur vnter dem Adel widder die Fürsten / vnd villeicht widder den Keyser
15 auch erhaben / so gar stund Deudsch land ynn einer wage / Aber nu die
baurn drein gefallen sind / müssen sie alleine schwartz sein / gehen Adel vñ
Fürsten fein dauon / wisschen das maul / sind schon / vnd haben nie nichts
böses gethan / Doch damit bleibt Got vngeteusscht / vñ er hat sie damit
gewarnet / das sie an dem exempel lernen sollen auch yhrer oberkeit ge=
20 horsam zu sein / Das sey mein heucheln an die fürsten vnd herrn.

Hie sprichstu / Solt man denn solchs leyden von eym oberherrn / das
er ein solcher böswicht were / land vnd leute verderben lassen / vnd das ich
auff adelsch dauon rede / Teuffel / Veitstantz / Pestilentz / S. Anton / S.
Kijryn / Ich bin vom Adel / wer wils lassen geschehen / das ein Tyrann /
25 mein weib / kind / leib vnd gut / so schendlich verterbe / zc.? Antwort
ich / Höre doch / Ich lere dich nichts / fare ymer fort / bist klug sat /
meinet halben hatts keinen mangel / Es kost mich nicht mehr muhe /
denn das ich dir zusehe / wie du ein solch hoch lieblin hinaus singest / Den
andern / die gerne yhr gewissen wolten bewaren / sagen wir also / Gott
30 hat vns ynn die welt geworffen vnter des Teuffels hirsschafft / Also / das
wir hie kein Paradis haben / sondern alles vnglücks sollen gewarten alle
stunde an leib / weib / kind / gut vnd ehren / Vnd wo ynn einer stunde
nicht zehen vnglück ¹ komen / Ja das du eine stunde leben kanst / sagen 270 E
sollest / Ach wie grosse gúete erzeigt mir mein Gott / das mir nicht alles
35 vnglück ist diese stunde komen / Wie gehet das zu? Ich solte ia vnter
des Teuffels hirsschafft nicht so eine selige stunde haben / zc. So leren wir
die vnsern / Du aber magst dir ein anders machen / baw dir ein Paradis /

3 zusammengesteckt   4 verbünden   5 einen ruf   6 soll man
nicht . . . dürfen   8 stillhalten   9 freylich A | gewisslich   12 mora
(vgl. 2. Th. 2, 7); wiewohl er, so lange er lebte, den ausbruch eines
bürgerkriegs aufgehalten hat   15 auf die kippe   17 Thiele no. 315 |
rein   23 lauter flüche | antoniusfeuer, rotlauf, vgl. W. A. Tischreden
1, 654, R.E.³ 1, 606   24 Quirin, vgl. Schade, Satiren u. Pasquillen 2,
67, 28   28 leiblin A vgl. Thiele no. 158f.   31 auf alles u. gefasst sein

da der Teuffel nicht hyn müge komen / auff das du von keinem Tyrannen
dürffest solche wüeterey gewarten / Wir wollen zu sehen. Ach vns ist nur
zu wol / der kutzel sticht vns / Gotts güete kennen wir nicht / gleubens auch
nicht das vns Gott so behut / vnd der teuffel so böse sey / Eytel böse buben
wollen wir sein / vnd doch eytel guts von Gott haben.   5

645 W ¹ Das sey von dem ersten stück gesagt / das widder die oberperson kein
fechten noch streit / recht sein konne / Vnd wie wol es offt geschehen ist /
vnd teglich ynn fahr stehet zugeschehen / gleich wie alle ander vntugent
vnd vnrecht auch geschicht / wo Gott verhenget vnd nicht weret / so gehets
doch zu letzt nicht wol aus vnd bleibt nicht vngerochen / ob sie gleich eine 10
zeitlang glück haben. So wollen wir nu das ander stück fürnemen / ob
gleich widder gleichen / fechten vnd streiten müge / Wilchs ich wil also ver-
nomen haben / Nicht das es billich sey / krieg anzufahen / nach eins iglichen
tollen herren kopff / Denn das wil ich für allen dingen zuuor gesagt haben /
Wer krieg anfehet der ist vnrecht / Vnd ist billich / das der geschlagen / 15
odder ydoch zu letzt gestrafft werde / der am ersten das messer zuckt / wie
es denn auch gemeiniglich geschehen ist vnd ergangen ynn allen historien /
das die verloren haben / die den krieg angefangen haben / vnd gar selten
die geschlagen sind die sich haben müssen weren / Denn weltliche oberkeit
ist nicht eingesetzt von Gott / das sie solle friede brechen vnd kriege an- 20
fahen / sondern dazu / das sie den fride handhabe vnd den kriegern were /
wie Paulus Ro. 13. sagt / des schwerds ampt sey / Schutzen vnd Straffen /
Schutzen die fromen ym friede / vnd Straffen die bösen mit kriege. Vnd
Gott der vnrecht nicht leydet / schickts auch also / das die krieger müssen
bekriegt werden / vnd wie das sprichwort lautet / Es ist nie keiner so böse 25
771 E ¹ gewest / er fand noch einen bösern / So leist auch Gott von yhm singen /
Psalm .67. Dissipa gentes que bella volunt / Der HERR zerstrewet die
völcker so lust zu kriegen haben.

    Da hütt dich für / der leuget nicht / vnd las dir das gesagt sein /
das du weit weit von einander scheidest / Wollen vñ Müssen / Lust vñ 30
Not / Lust zu kriegen vnd Wollen streiten / las dich ia nicht anfechten /
du seyest gleich der Türkissche Keyser / Harre bis not vnd müssen kömpt /
on lust vnd willen / du wirst dennoch zuschaffen gnug haben vnd kriegens
gnug kriegen / auff das du mügest sagen vnd dein hertz sich konne rhümen /
Wolan / wie gerne wolt ich doch fride haben / wenn meine nachbar wolten / 35
so kanstu mit gutem gewissen dich wehren / Denn da stehet Gotts |wort /
Er zerstrewet / die lust zu kriegen haben / Sihe an die rechten krieger /
646 W die bey dem schimpff gewest sind / ¹ die zucken nicht balde / trotzen nicht /
haben nicht lust zu schlahen / Aber wenn man sie zwingt / das sie müssen /

---

    2 brauchst   3 vgl. Thiele no. 323   8 droht   13 verstanden
16 ja doch   21 kriegen?   22 Rö. 13, 4   25 Wander, böse no. 36
27 Ps. 68, 31   31 dazu lass dich nicht verführen   38 blutigen spiel ¡
näml. die schwerter

so hutt dich für yhn / so schimpffen sie nicht / Jhr messer stickt fest / aber
müssen sie es zucken / so kumpts nicht on blut widder ynn die scheiden.
Widderumb die tollen narren die mit gedancken zu erst kriegen / vnd sahens
trefflich an / die welt fressen mit worten / vnd sind die ersten mit messer
5 zucken / Aber sie sind auch die ersten die da fliehen vnd das messer einstecken.
Die Römer das mechtige Keiserthum hat fast am aller meisten damit ge-
wonnen / das sie haben müssen kriegen / Das ist / yderman wolt sich an sie
hengen vnd ritter an yhn werden / das sie sich müsten wehren / So schlugen
sie auch als denn gar weyblich vmb sich / Hannibal der Fürst aus Affrica
10 thet yhn doch seer wehe / das er sie gar schier hette zu nicht gemacht /
Aber was sol ich sagen? Er hatte angefangen / er muste auch auffhören /
Der mut (von Gott) bleib bey den Römern / ob sie wol verloren / Wo
aber mut bleibt / da folget auch die that gewislich / Denn es ist Gott der
es thut / vnd wil fride haben / vnd ist feind denen so krieg anfahen vnd
15 fride brechen.

Jch mus hie Hertzog Fridrichs zu sachsen Churfursten gedencken zum ²⁷² E
exempel / denn es schade ist / das solchs klugen Fürsten spruche sollen mit
seynem leibe sterben / Da er manchen bösen tuck / beyde von seinen nachbarn
vnd sonst allenthalben leyden must / vnd solche vrsache zu kriegen hatte /
20 das ein ander toller Fürst der lust zu kriegen hat / zehen mal hette ange-
fangen / lies er dennoch sein messer stecken / gab ymer gute wort / vnd stellet
sich als furcht er sich fast seer / vnd flohe fast / vnd lies die andern scharren
vnd pochen / Bleib gleich wol für yhn sitzen / Da er drumb angeredt ward /
warumb er sich so liesse pochen / Antwortet er / Jch wil nicht anheben /
25 mus ich aber kriegen / so soltu sehen / das auffhören sol bey mir stehen /
Also bleib er vngebissen / wie wol viel hunde die zehen blicken liessen /
Er sahe das narren waren / vnd kunds yhn zu gut halten / Hette der
König von Franckreich nicht angehaben widder den Keyser Carol zu streiten /
er were nicht so schendlich geschlagen vnd gefangen / Vnd ytzt noch weil
30 die Venediger vnd Walen sich widder den Keyser setzen (wie wol er mein
feind ist / so ist doch das vnrecht mir nicht lieb) vnd anfahen / so gebe
Gott das sie zu letzt auch müssen am ¹ ersten auffhören / vnd den spruch ⁶⁴⁷ W
lassen war bleiben / Gott zerstrewet die lust zu krieg haben.

Solchs alles bestettigt Gott mit trefflichen exempeln ynn der schrifft /
35 Denn darumb lies er den Königreichen der Amorriter vnd Cananiter durch
sein volck zum ersten fride anbieten / vnd wolt nicht / das sein volck an-
fienge zu streiten / auff das solche seine leere bestettigt würde / Widderumb
da die selbigen Königreiche anfiengen / vñ zwungen Gotts volck sich zu
wehren / müsten sie alle zu drummern gehen. O Wehren ist eine redliche
40 vrsache zu streyten / Darumb auch alle rechte billichen / das not wehre solle

1 scherzen   3 umgekehrt | vgl. unten s. 338, z. 34   10 fast ganz
18 streich   22 gar sehr | aufbegehren   23 vor ihnen   26 zähne   29 Pavia
24. Febr. 1525   33 Ps. 68, 31   35 Nu. 21, 21 ff.   39 untergehen

vngestrafft sein / Vnd wer aus Not wehre yemand erschlecht / der ist vn-
schuldig für yderman / Widderumb / da die kinder Israel die Cananiter
wolten schlahen / on not / würden sie geschlagen. Nu. 14. Vnd da Joseph
273 E vñ Asarias wolten strei'ten / vnd ehre einlegen / worden sie geschlagen.
Macha. 5. Vnd Amazia der König Juda / wolt auch aus lust kriegen 5
widder den König Israel / Aber wie es yhm gieng / da lies von cap. 14.
ym vierden buch der König. Item der König Ahab fieng an widder die
Syrer zu Ramoth / verlor aber vnd bleib drüber / 3. Reg. 22. Vnd die
von Ephraim wolten Jephtha fressen / vnd verloren .42000. man / Vnd
so fort an / findestu das fast alle die verloren haben / die angefangen haben. 10
Muste doch der heilige König Josia erschlagen werden / weil er anfieng
widder den König zu Egypten zu streiten / vnd muste den spruch lassen
war bleiben / Der HERR zerstrewet / die lust zu krieg haben. Daher
haben meine landleute die Hartzlinge ein sprichwort / Jch habe yhe werle
gehort / Wer schlecht / wird widder geschlagen / Warumb doch das? 15
Darumb / das Gott die welt gewaltiglich regirt vnd lest vnrecht nicht vn-
gestraffet / Wer vnrecht thut / bust er nicht / vnd thut seym nehisten dafür
nicht gnug / der hat seine straffe von Gott / so gewis er lebt / Jch meyne
der Müntzer mit seinen baurn solts auch bekennen müssen.

So sey ynn disem stücke das erste / Das kriegen nicht recht ist / ob 20
schon / gleichem widder gleichen gilt / es sey deñ das es solchen titel vnd
gewissen habe / das da konne sagen / Mein nachbar zwingt vnd bringt mich
zu kriegen / ich wolts lieber geraten / auff das der krieg nicht alleine krieg /
648 W sondern auch ¹ pflichtiger schutz vnd not wehre müge heyssen / Denn man
mus den krieg scheiden / als das etlicher aus lust vnd willen wird ange- 25
fangen ehe denn ein ander angreifft / etlicher aber wird aus not vñ zwang
auff gedrungen / nach dem er ist von eym andern angriffen / Das erst mag
wol ein kriegs lust / der ander ein notkrieg heyssen / Der erst ist des teuffels /
dem gebe Gott kein glück / Der ander ist ein menschlich vnfal / dem helffe
Gott / Darumb last euch sagen yhr lieben herrn / Hut euch für krieg / es 30
sey denn das yhr wehren vnd schutzen müst / vnd ewr auffgelegts ampt
274 E euch zwingt zu ¹ kriegen / Als denn so lasts gehen vnd hawet dreiu / seyt
denn menner vnd beweiset ewern harnisch / Da gilts denn nicht mit ge-
dancken kriegen / Es wird die sache selbst ernst gnug mit sich bringen / das
den zornigen / trotzigen / stoltzen eissenfresser die zeen so stumpff sollen werden 35
das sie nicht wol frische butter beissen konnen.

Vrsache ist die / Ein iglicher herr vnd Fürst ist schüldig / die seinen
zu schützen vnd yhn friede zu schaffen / Das ist sein ampt / dazu hat er das

---

3 Nu. 14, 45   5 1. Mak. 5, 55 ff.   7 2. Kö. 14, 8 ff.   8 kam
dabei um | 1. Kö. 22, 2 ff.   9 Ri. 12, 1 ff.   11 2. Kö. 23, 29
14 Mansfeld nannte L. seine heimat (K. K. 1, 21) | Wander, schlagen
no. 60 | wahrlich   23 lassen (vgl. unten s. 340, z. 14)   25 unter-
scheiden   35 prahlhänsen

schwerd Ro. 13. Das sol auch sein gewissen sein / darauff er sich verlasse /
auff das er wisse / solch werck sey für Gott recht vnd von yhm befolhen /
Denn ich lere ytzt nicht / was Christer sollen thun / Denn vns Christen
gehet ewer regiment nicht an / Wir dienen aber euch vnd sagen / was euch
5 für Got ynn ewrem regiment zu thun ist / Ein Christ ist eine person für
sich selbst / er gleubt für sich selbst vnd sonst für niemand / Aber ein Herr
vnd Fürst ist nicht eine person für sich selbst / sondern für andere / das er
yhn diene / Das ist sie schütze vnd vertheydinge / Wie wol es gut were /
das er auch dazu ein Christ were vnd gleubte an Gott / so were er wol
10 gluckselig / Aber es ist nicht Fürstlich / Christen sein / darumb müssen wenig
Fürsten Christen sein / wie man sagt / Fürst wildbret ym hymel. Wenn
sie nu gleich nicht Christen sind / sollen sie dennoch recht vnd wol thun
nach eusserlicher ordnug Gotts / das wil er von yhn haben.

Wo aber ein Herr odder Fürst / solch seines ampt vnd befelhs nicht
15 war nympt / vnd lest sich duncken / er sey nicht vmb seiner vnterthanen
willen / sondern vmb seiner schonen gelben har willen / Fürst / als hette
yhn Gott darumb zum Fürsten gemacht / das er sich seiner gewalt / guts
vnd ehren / frewen solle / [1] lust vnd trotz drynnen haben / vnd sich drauff 649 W
verlassen / der gehort vnter die heyden / ia er ist ein narr / Denn der selbige
20 solt wol vmb einer tauben nus willen krieg anfahen / vnd nichts ansehen /
denn wie er seinen mutwillen büsset / Dem selbigen weret nu Gott damit /
das andere auch seuste haben / vnd jensyt des berges auch leute sind / vnd
behelt also ein schwerd das ander ynn der scheiden / Aber ein vernunfftiger
Fürst sihet nicht sich selbs an / Er hat gnug / wenn seine vnterthan ge-
25 horsam sind / ob [1] seine feinde odder nachbar scharren vnd pochen / viel böser 275 E
wort faren lassen / so denckt er / Narren waschen allzeit mehr denn weisen.
Es gehen viel wort ynn einen sack / Vnd mit schweigen wird viel ver-
antwortet / Darumb fragt er nicht gros darnach / bis er sihet das man seine
vnterthan angreifft / odder findet das messer gezuckt mit der that / so wehret
30 er denn so viel er kan / sol vnd mus / Sonst / wer eine solche memme ist /
das er alle wort wil auffahen / vnd sucht vrsache / Der wil den wind
gewislich mit dem mantel fahen / Aber was er für ruge odder nutz
dauon wird haben / das las yhn selbs zu letzt beichten / so wirstu es wol
erfaren.

35 Das sey das erste ynn diesem stück / Das ander ist ia so not zu
mercken / Wenn du nu gleich gewis vnd sicher bist / das du nicht ansehest /
sondern wirst gezwungen zu kriegen / so mustu dennoch Gott furchten vnd

1 Rö. 13, 4   11 vgl. I 420, z. 19, II 388, z. 9   16 vgl.
D. W. 4², 13 u. Dietz 2, 193   20 Wander, nuss no. 137   21 be-
friedigte   22 vgl. W. A. 30², 711 f.   23 hält zurück   25 auf-
begehren   26 schwatzen | Wander, Narr no. 879   27 Wander, wort
no. 223 f.   28 Wander, schweigen no. 38. 42   32 Wander, wind
no. 347 f.   35 ebenso

für augen haben / vñ nicht so eraus faren / Ja ich werde gezwungen / ich
habe gute vrsach zu kriegen / wilt dich drauff verlaſſen vnd tol küne hyn
ein plumpen / das gilt auch nicht. War iſts / rechte gute vrſache haſtu zu
kriegen vnd dich zu wehren / Aber du haſt drumb noch nicht ſtegel vnd
briue von Gott / das du gewynnen werdeſt / Ja eben ſolcher troß ſolt wol 5
machen / das du muſteſt verlieren / ob du gleich billiche vrſache hetteſt zu
kriegen / Darůmb das Gott keinen ſtolß noch troß leiden kan / on wilcher
ſich für yhm demütigt vnd furcht / Das gefelt yhm wol / das man ſich fur
menſchen vnd teuffel nicht fürchte / keck vnd troßig mütig vnd ſteyff wibder
ſie ſey / wenn ſie anfahen vnd vnrecht haben / Aber das damit ſolte ge- 10
650 W wunnen ſein / als weren ¹ wirs / die wirs thetten obder vermöchten / da
wird nicht aus / Sondern er wil gefurchtet ſein / vnd ein ſolch lieblin von
herßen hören ſingen / Lieber herr mein Gott / du ſtheſt / das ich mus kriegen /
wolts ia gerne laſſen / Aber auff die rechte vrſache bawe ich nicht / ſondern
auff deine gnade vnd barmherßickeit / denn ich weys / wo ich mich auff die 15
rechte vrſache verlieſſe vnd troßt / ſolteſtu mich wol laſſen billich fallen /
als den / der billich ſiele / weil ich mich auff mein recht / vnd nicht auff
deine bloſſe gnade vnd güete verlaſſe
276 E   ¹ Hie höre doch / was ynn dieſem ſal die heyden / als Kriechen vnd
Römer ſagen / wilche von Gott vnd Gotts furcht nichts gewuſt haben / 20
Denn ſie hielten dafür / ſie werens / die da kriegten vnd ſiegten / Aber
durch manchfeltige erfarunge / da offt gros geruſt volck / von wenigen vnd
vngeruſtem geſchlagen ward / müſten ſie lernen vnd bekennen auch frey /
das nichts ferlichers ſey ynn kriegen / denn ſicher vnd troßig ſein / vnd
ſchlieſſen alſo / Man ſolle nymmer mehr den feind verachten / er ſey wie 25
klein er ymer ſey / Item / man ſolle kein vorteyl begeben / es ſey wie klein
es ſey. Item / man ſolle kein hut wache obder acht noch laſſen ſie ſey wie
klein ſie ſey / gerade als ſolt man alle ſtücke mit der golt wage aus meſſen /
Narren / troßige / vnachtſame leute dienen zum kriege nichts denn das ſie
ſchaden thun / Das wort (Non putaſſem) Ich hetts nicht gemeynet / halten 30
ſie für das ſchendlichſt wort / ſo ein kriegs man reden kund / Deñ es an-
zeigt einen ſichern / troßigen / leſſigen man / der ynn einem augenblick / mit
einem ſchrit / mit einem wort / mehr kan verderben / denn ſeiner zehen
mügen wibder bringen / vnd wil dar nach ſagen / Ich hetts warlich nicht
gemeynet / Der Fürſt Hannibal / wie grewlich ſchlug er die Römer / ſo 35
lange ſie troßig vnd ſicher wibder yhn waren / Vnd der hiſtorien ſind vn-
zelich viel / auch teglich für augen.
      Nu die heyden haben ſolchs erfaren vnd geleret / wüſten aber keine
vrſach noch grund anzuzeigen / on das ſie es dem glück ſchutt gaben / dafür

---

        1 raſch und heftig reden   3 daraufloſſtürmen   7 ausſer den,
der   8 vol A   16 darauf, dass ich recht und grund zum kriegführen
habe   26 preisgeben   27 behütung, bewachung oder beobachtung
vernachlässigen   30 Cic. de off. 1, 23, 81. Val. Max. 7, 2, 2   39 ausſer

sie sich gleich wol müsten fürchten / Aber der grund vnd vrsache ist / wie
ich gesagt habe / ¹ das Gott nun allen vnd durch alle solche historien wil 651 W
bezeugt haben / das er wil gefürcht sein / auch nun solchen sachen / kan
vnd wil keinen trotz / veracht / noch vermessenheit / noch sicherheit leyden /
5 bis wir lernen / alles was wir haben wollen vnd sollen / aus seinen henden
zu nemen / durch lauter gnade vnd barmhertzickeit / Darümb ists ein wunder-
lich ding / ein kriegs man der rechte vrsach hat / der sol zu gleich mütig
vnd verzagt sein / Wie wil er streiten / wenn er verzagt ist? Streit er
aber vnuerzagt / so ists aber grosse fahr. So sol er aber thun / für Gott
10 sol er verzagt / ¹ furchtsam vnd demütig sein / vnd dem selbigen die sache be- 277 E
felhen / das ers nicht nach vnserm recht sondern nach seiner güete vnd
gnaden schicke / auff das man Gott zuuor gewinne mit eym demütigen
furchtsamen hertzen / Widder die menschen sol man kecke / frey vnd trotzig
sein / als die doch vnrecht haben / vnd also mit trotzigem getrostem gemut
15 sie schlahen. Denn warumb solten wir das nicht vnserm Gotte thun / das
die Römer die aller grosten kriegsleute auff erden / haben yhrem abgott
dem glück gethan / für welchem sie sich fürchten? Vnd wo sie es nicht
thetten / gar ferlich stritten / odder gar vbel geschlagen würden.
    So sey das beschlossen von diesem stücke / kriegen widder gleichen /
20 sol genöttigt ding sein vnd mit Gotts furcht geschehen. Nötigen aber ist /
wenn der feind oder nachbar angreifft vnd anfahet / vnd wil nicht helffen /
das man sich zu recht / zuuerhor / zum vertrag erbeut / allerley böser wort
vnd tücke vertregt vnd zu gut helt / sondern wil schlechts mit dem kopffe
hyndurch / Denn ich mich ymer bedinge / das ich denen predige / die gerne
25 recht für Gott thun wolten / Wo aber die sind / die nicht recht bieten
noch an nemen wollen / die gehen mich nichts an. Gotts fürcht ist / das
man sich auff rechte vrsache nicht verlasse / sondern sey sorgfeltig / vleyssig
vnd fürsichtig / auch ym aller geringsten stücklin wenns gleich eine pfeiffe
were / Mit dem allen ist nu Gott seine hand nicht gebunden / das er müge
30 heyssen kriegen / widder die / so keine vrsache vns gegeben haben / wie er
die kinder Israel hies widder die Cananiter kriegen / Da ist denn not gnug
zu kriegen / nemlich Gotts gebott / Wie wol auch solcher krieg nicht sol
on furcht vnd sorge geschehen / wie Gott zeigt Josua .3. da die ¹ kinder 652 W
Israel sicher widder die Aiten zogen vnd würden wol geschlagen / Der
35 gleichen not ist / wenn die vnterthanen aus befelh der öberkeit streiten /
denn Gott befelht der öberkeit gehorsam zu sein / vnd sein gebot ist eine
not / doch das auch mit furcht vnd demut zugehe / Dauon wollen wir her
nach weiter sagen.
    ¹ Das dritte stück / ob die ober person widder die vnterperson müge 278 E
40 mit recht kriegen. Zwar droben haben wir gehort / wie die vnterthan

---

4 verachtung   9 abermals   23 wegen . . . versöhnt   24 erkläre
28 vgl. Wander, pfeife no. 47. 51   33 Jos. 7, 1 ff.

follen gehorſam ſein vnd auch vnrecht leyden von yhren Tyrannen / Das
alſo / wo es recht zu gehet / die öberkeit mit den vnterthanen nichts zu
ſchicken hat / denn des rechts / gerichts / vnd vrteil pflegen / Wo ſie ſich
aber emporen vnd aufflenen / wie die baurn neheſt thetten / Da iſt es recht
vnd billich wibber ſie zu kriegen / Alſo auch ſol ein Fürſt wibber ſeinen 5
Adel / Keyſer wibber ſeine Fürſten thun / wenn ſie auffrüriſch ſind vnd
fahen krieg an / Doch das auch mit furcht Gotts zugehe / vnd man ſich
nicht zu trotzig auff recht laſſe / auff das nicht Got verhenge / das auch
durch vnrecht / die öberherrn von yhren vnterthanen geſtrafft werden / wie
offt geſchehen iſt / als wir droben wol gehort haben / Denn recht ſein vnd 10
recht thun folgen vnd gehen nicht alle wege miteinander / ja nymer mehr /
Gott gebe es denn / Drümb obs wol recht iſt / das die vnterthanen / ſtille
ſitzen vnd alles leyden / vnd nicht ſich emporen / So ſtehts doch nicht yñ
menſchen hand / das ſie auch alſo thun / Denn Got hat die vnter perſon
gantz vnd gar geſetzt eintzelen zu ſein für ſich alleine / vnd yhr das ſchwerd 15
genomen vnd vns gefengnis gelegt / Rottet ſie darüber vnd henget andere
an ſich vnd bricht los / vnd nympt das ſchwerd / So iſt ſie für Gott des
gerichts vnd tods ſchüldig.

　　Wibberümb / die oberperſon iſt geſetzt das ſie ſol eine gemeine perſon
ſein vnd nicht alleine für ſich ſelbs / ſol anhang haben der vnterthanen vnd 20
das ſchwerd füren.　Denn wenn ſich ein Fürſt zum Keyſer keret / als zu
ſeinem öberherrn / ſo iſt er nicht mehr Fürſt / ſondern eine eintzele perſon /
ym gehorſam des Keyſers / wie alle andere / ein iglicher für ſich / Wenn
er ſich aber zu ſeinen vnterthanen keret / als zu ſeinen vnterthanen / ſo iſt
er ſo viel perſonen / ſo viel heubter er vnter ſich vnd an ſich hangen hat / 25
Alſo auch der Keyſer wenn er ſich gegen Gott keret / ſo iſt er nicht
653 W Keyſer / ſondern eine eintzele ¹ perſon / wie alle andere für Gott / keret er
279 E aber ſich zu ſeinen vntertha'nen / ſo iſt er ſo viel mal Keiſer / ſo viel er
vnter yhm hat.　Alſo iſt auch von allen andern öberkeiten zu reden / das
wenn ſie ſich zu yhrem öberherrn keren / ſo haben ſie keine öberkeit vnd 30
ſind aller öberkeit ausgezogen / Wenn ſie ſich herunter keren / ſo werden
ſie mit aller öberkeit gezieret / Das alſo zu letzt alle öberkeit hynauff zu
Gott kome / des ſie alleine iſt.　Denn er iſt der Keyſer / Fürſt / Graue /
Edbel / Richter vnd alles / vnd teilet ſie aus / wie er wil gegen die vnter-
thanen / vnd hebt ſie wibberümb auff gegen ſich ſelbs / Nu ſol keine eintzele 35
perſonen ſich wibber die gemeine ſetzen / noch die gemeine an ſich hengen /
denn ſie hewet damit ynn die höhe / ſo werden yhr die ſpan gewislich ynn
die augen fallen / Vnd hieraus ſiheſtu / wie die wibber Gotts 'ordnung
ſtreben / die der öberkeit wibber ſtreben als S. paulus leret Ro. 13.

---

　　4 kürzlich　　7 dass es　　8 verlasse　　19 vertreterin des gemein-
weſens　　21 in beziehung tritt　　23 gegorſam A　　31 obrigkeitlichen
würde entkleidet　　37 oben s. 326, z. 3　　39 Rö. 13, 2

Vnd so redet er auch 1. Cor. 15. das Gott wird alle oberkeit auff heben /
wenn er nu wird selbs rigirn vnd alles zu sich keren

Das sey von den drey stücken gesagt / Nu komen die fragen herbey /
Denn die weil kein König odder Fürst kan alleine kriegen / Er mus leute
5 vnd volck dazu haben die yhm dienen / so wenig als er kan gericht vnd
recht handhaben / Er mus Rethe / Richter / Rechtkündige / stockmeister /
Hencker / vnd was zum gericht gehört / haben / Fragt man / obs recht sey /
das einer solb neme odder (wie sie es nennen) dienstgelt odder mangelt /
vnd lasse sich damit bestellen / das er sich verbindet dem Fürsten zu bienen
10 wenns die zeit fobdert / wie der brauch ytzt gehet vnd stehet. Hierauff zu
antworten / scheiden wir die selbigen kriegs diener. Erstlich sind es vnter=
thanen / wilche on das yhrem oberherrn verpflicht sind mit leib vnd gut
bey zustehen / vnd yhrem auffgebot zu folgen / sonderlich der Abel vnd die
lehengüter haben von der oberkeit / Denn die güter so grauen / Herrn vnd
15 die Edlen haben / sind verzeiten durch die Römer vnd Römissche Keyser
also ausgeteilet vnd gelieent / das die ienigen so [1] sie ynnen haben / solten 280 E
ynn stettiger rustung vst bereitschafft sitzen / einer mit so viel pferde vnd
man / der ander so viel / nach dem die güter vermochten / Vnd waren
solche güter / yhr solb / damit sie bestellet waren / Darümb heyssens auch
20 lehen guter vnd sind auch noch solche beschwerunge drauff / Solche güter
lest der Keyser erben / Das ist auch alles billich vnd [1] sein ym Römischen 654 W
reich / Aber der Türck (als man sagt) lest keine erben / vnd leydet kein
erblich Fürstenthum / Graueschafft odder Rittergut odder Lehengut / Setzt
vnd gibt wie / wenn / vnd wem ers wil / Darümb hat er so vber alle mas
25 viel golds vnd guts / vnd ist kurtz vmb Herr ym lande / odder viel mehr
ein Tyrann.

Darümb dürffen die vom Abel nicht dencken / das sie yhr gut vmb=
sonst haben / als betten sie es funden odder auffm spiel gewunnen / Die
beschwerung drauff / vnd die lehen pflicht zeygen wol an / wo her vnd
30 warumb sie es haben / nemlich / vom Keyser odder vom Fürsten geliehen /
nicht das sie drauff brassen vnd brangen / sondern rustig bereit sein sollen /
zum streit / das land zu schutzen vnd fride zu handhaben / Wenn sie nu sich
rhümen / wie sie müssen roshalten vnd Fürsten vnd Herrn dienen / wenn
andere ruge vnd fride haben / Sage ich / Ey lieber / da last euch für dancken /
35 yhr habt ewern solb vnd lehengut / vñ seyt da mit zu solchem ampt ge=
stifft / vnd nemets wol bezalt / Haben aber andere nicht auch erbeit gnug
vmb yhr gutlin? odder seyt yhrs allein die yhr arbeit habt / so doch ewr
ampt selten kompt ynn brauch / ander aber müssen teglich sich oben /
Wiltu aber nicht / odder dunckt dich zu schweer vnd vngleich / so las dein

---

1 1. Ko. 15, 24   8 manngeld   11 unterscheiden   12 ließ A
16 zu lehen gegeben   20 lasten   31 kriegsbereit   34 lasst mich
euch darauf antworten   35 bestellt   36 empfangt es zu angemessenem
preis   38 von berufswegen selten in tätigkeit tretet

gut faren / man findt wol / die es gerne annemen vnd thun dafür / was
es fobbert.

Darumb haben die Weisen aller menschen werck gefast vnd geteilt
ynn zwey stück / Agriculturam vnd Militiam / das ist / ynn ackerwerg vñ
kriegswerck / wie sichs denn selbs natürlich also teylet / Ackerwerck sol 5
neeren / Kriegswerck sol wehren / vnd die ym wehere ampt sind sollen
yhr zinse vnd narung von den die ym neere ampt sind / nemen / das sie

²⁸¹ E wehren konnen / Widderumb die ym neere ampt sind / sollen yhren schutz
haben von denen / die ym wehere ampt sind / auff das sie neeren konnen /
Vnd der Keyser odder Fürst ym lande sol auff beyde ampt sehen vnd drob 10
halten / das die ym wehre ampt rustig vnd reysig seyen / vnd die ym neer
ampt redlich handeln / die narunge zu bessern / Vnnütze leute aber die widder
zu wehren noch zu neeren dienen / sondern nur zeeren / faulentzen / vnd
müssig gehen konnen / nicht leyden / sondern aus dem lande iagen odder
zum werck halten / gleich wie die Bynen thun vnd stechen die humeln weg / 15

⁶⁵⁵ W wilche nicht erbeyten / vnd den andern Bynen yhr ¹ honnig auffressen. Daher
nennet Salomo ynn seym Prediger die Könige / Bauleute / die das land
bawen / denn es sol yhr ampt sein / Aber Gott behüte vns Deudschen /
das wir ia nicht so bald klug werden vnd solchs treiben / auff das wir
noch eine weile gute zeerlinge bleiben / vnd lassen neerlinge vnd wehrlinge 20
sein / wer lust dazu hat odder kans nicht vmbgehen.

Das diese ersten nu mit recht yhren sold vnd lehen gut haben / vnd
auch recht thun / das sie yhrem herren helffen kriegen vnd darynn dienen /
wie sie schüldig sind / hat S. Johannes der teuffer bestettigt / Luce 2. da
yhn die kriegsleute fragten / was sie denn thun solten / Antwortet er / Last 25
euch benügen an ewrem solde / Denn wo yhr sold vnrecht / odder yhr ampt
widder Gott were / hette ers nicht müssen so lassen bleiben / erleuben vnd
bestettigen / sondern sie straffen vnd dauon halten / als ein Göttlicher
Christlicher lerer. Vnd damit ist denen geantwortet / die aus blobem ge=
wissen (wie wol ynn solchem volcke ytzt seltzam) fürgeben / Es sey ferlich / 30
vmb zeitlichs guts willen / solch ampt an nemen / wilchs nicht anders ist /
denn blut vergiessen / morden vnd seym nehisten alles leyd anlegen / wie
kriegs laufft gibt / Denn die selbigen sollen yhr gewissen also berichten /
das solch ampt sie nicht thun / aus fürwitz / lust odder widder willen /
sondern es ist Gotts ampt / vnd sinds yhrem Fürsten vnd Gott schüldig 35
zuthun / Darúmb weil es ein recht ampt ist / von Gott geordent / so ge=
burt yhm sein sold vnd lohn da für wie Christus spricht / Math. 10.
Ein erbeiter ist seines lohns werd.

---

8 umgekehrt   11 darüber wachen | kriegsbereit   12 narrunge A
15 zur arbeit anhalten   17 Prd. 5, 8   24 Lc. 3, 14   25 kriegs=
leute A   29 ängstlichem   30 selten   32 zufügen   33 mit sich
bringt | unterrichten   37 Mt. 10, 10

¹ Wol ist das war / wenn einer mit solchem hertzen vnd meynunge ²⁸² E
vm kriege dienet / das er nichts anders sucht noch denckt / denn gut zu er-
werben / Vnd ist zeitlich gut sein einige vrsache / Also das er nicht gerne
sihet / das fride ist / vnd yhm leid ist das nicht krieg ist / Der trit freylich
5 aus der ban / vnd ist des teuffels / wenn er gleich aus gehorsam vnd durch
auffbot seines herrn krieget / denn er macht aus eym guten werck / yhm
selbs ein böses / mit dem zusatz / das er nicht viel achtet / wie er aus ge-
horsam vnd pflicht diene / sondern alleine das seine sucht / Darümb hat
er kein gut gewissen / das da kunne. also sagen / Wolan / meinet halben
10 wolt ich wol dahenymen bleiben / Aber weil mein herr mich sobbert vnd
mein begerd / so kome ich ynn Gotts ¹ namen / vnd weis / das ich gotte ⁶⁵⁶ W
darynn diene / vnd wil meinen sold verdienen / odder nemen / was mir
dafür gegeben wird / Denn es sol ia ein kriegs man mit sich vnd bey sich
haben solch gewissen vnd trost / das ers schuldig sey vnd müsses thun /
15 damit er gewis sey / das er Gott dryn̄en diene / vnd kunne sagen / Hie
schlecht / sticht / würget / nicht ich / sondern Gott vnd mein Fürst / wilcher
diener ytzt mein hand vnd leib ist. Denn solchs deutet auch die Losung
vnd geschrey ym streyt / Hie Keyser / Hie Franckreich / Hie Lüneburg / Hie
Braunschweig. Also schryen auch die Jüden widder die Medianiter /
20 Judicum 7. Hie Gotts vnd Gedeonis schwerd.

Verderbt doch ein solcher geitz hals / auch wol alle ander gute werck /
Als wer vmb zeitlichs guts willen predigt / der ist auch verloren / Vnd
Christus spricht doch / Es solle ein prediger vom Euangelio geneert werden.
Vmb zeitlich gut etwas thun ist nicht böse / Denn zinse / sold vn̄ lohn
25 ist auch zeitlich gut / sonst müste niemand erbeiten noch etwas thun sich zu
erneeren / weil es alles geschicht vmb zeitlich gut / Aber geitzen vmb zeit-
lich gut / vnd einen Mammon draus machen / das ist allwege' ynn allen
stenden / ynn allen empten vnd wercken vnrecht / Das geitzen vnd andere
böse meynung / so ist kriegen nicht sünde / vnd nym dafür deinen sold vnd
30 was dir gegeben wird / Darümb hab ich droben gesagt / das ¹ werck an yhm ²⁸³ E
selbs ist recht vnd Göttlich / Aber wenn die person vnrecht ist / odder nicht
recht sein braucht / so wirds auch vnrecht.

Ein ander frage / Wie wenn mein herr vnrecht hette zu kriegen?
Antwort / Wenn du weist gewis / das er vnrecht hat / so soltu Got mehr
35 furchten vnd gehorchen denn menschen Acto .4. vnd solt nicht kriegen noch
dienen / denn du kanst da kein gut gewissen für Gott haben. Ja (sprichstu)
mein herr zwingt mich / nympt mir mein lehen / gibt mir mein gelt / lohn
vnd sold nicht / dazu würde ich veracht vn̄ geschendet als ein verzagter /
ja als ein trewloser für der welt / der seinen herrn ynn nöten verlest / ꝛc.

---

4 gewisslich   5 vom rechten wege   20 Ri. 7, 20   22 z. B.
23 Mt. 10, 10   25 dürfte   26 gierig trachten nach   30 s. 321,
z. 3   35 AG. 5, 29   39 der (1.)] dre A

Antwort / Das muſtu wagen vnd vmb Gotts willen laſſen faren / was da feret / Er kan dirs wol hundert ſeltig widder geben / wie er ym Euangelio verheiſt / Wer vmb meinen willen verleſt haus / hoff / weib / gut / der ſols hundert ſeltig widder kriegen / ꝛc. Mus man doch ſolche ſahr ynn allen andern wercken auch gewarten / da die oberkeit zwingt / vnrecht zu thun / 5

657 W Aber weil Gott¹ auch ſvater vnd mutter wil verlaſſen haben vmb ſeinen willen / ſo mus man freylich auch herrn verlaſſen vmb ſeinen willen / ꝛc. Wenn du aber nicht weiſt odder kanſt nicht erfaren / ob dein herr vnge‐ recht ſey / Soltu den gewiſſen gehorſam / vmb ſvngewiſſes rechts willen nicht ſchwechen / ſondern nach der liebe art / dich des beſten zu beym herrn 10 verſehen / Denn liebe gleubt alles / vnd denckt nicht arges / 1. Cor. 13. So biſtu ſſicher vnd fereſt aber wol für Gott / Schendet man dich drümb odder ſchild dich trewlos / ſo iſts beſſer / das dich Got preiſet trew vnd redlich / denn das dich die welt trew vnd redlich preiſet / Was hülff dichs / wenn dich die welt für Salomo odder Moſes hielte / vnd du wereſt für 15 Gott ſo böſe gerechent / als Saul odder Ahab?

Die dritte frage / Ob ein kriegs man müge ſich mehr denn einem herrn zu dienſt verpflichten vnd von eym iglichen ſold odder dienſtgelt nemen. 284 E Antwort / ich hab droben geſagt / Geitz iſt vnrecht / Gott¹ gebe ſer gehe ym guten odder böſen ampt / Denn acker werck freylich der beſten ampt 20 eins iſt / Noch iſt ein geitziger ackerman vnrecht vnd verdampt für Gott / Alſo auch hie / ſſold nemen iſt billich / vnd recht / da für dienen iſt auch recht. Aber geitz iſt nicht recht / wenn auch der ſold des jars kaum ein gülden were. Widdervmb / Sold nemen vnd verdienen / iſt recht an yhm ſelbſt / es ſey von einem / zweyen / dreyen herrn / odder wie viel der ſind / 25 So ferne dem erbherrn vnd lands Fürſten ſein gebur nicht entzogen / vnd mit ſeinem willen vnd gunſt andern gedienet wird. Denn gleich wie ein guter handwercks man / mag ſeine kunſt verkeuffen / wer ſie haben wil / vnd damit dienen / ſo fern es nicht widder ſeine oberkeit vnd gemeine iſt. Alſo weil ein kriegs man / von got die geſchicklickeit hat zu kriegen / mag er 30 damit dienen / als mit ſeiner kunſt oft handwerg dienen / wer ſein begerd / vnd dafür ſeinen lohn / als für ſeine arbeit nemen. Denn das iſt auch ein beruff der aus dem geſetz der liebe her quillet / Wenn yemand mein be‐ darff vnd begerd / das ich yhm zu willen bin / vnd neme dafür mein gebur / odder was mir gegeben wird / Denn ſo ſpricht S. Paulus 1. Cor. 9. 35 Niemand reiſet auff ſeinen eigen ſold / vnd billich damit ſolch recht / Weil denn ein Fürſt / eins andern vnterthan bedarff vnd begerd zum ſtreyt / mag er dem ſelbigen mit ſeines Fürſten willen vnd wiſſen / wol dienen vnd dafür ſold nemen.

---

1 riskieren | geſchehen laſſen, was nun einmal geſchieht   3 Mt. 19, 29   5 erwarten   6 Mt. 19, 29   7 freylitḥ A   9 gewiſſen] vngewiſſen A 11 1. Ko. 13, 7. 5   12 handelſt abermals   19 s. 345, z. 26 | gleich‐ viel   26 das ihm gebührende   35 1. Ko. 9, 7   36 zieht in den krieg

Wie aber wenn der Fürsten odder Herrn einer widder den andern
kriegt / vnd ich beyden verpflicht were / wolte aber lieber dem dienen / der
vnrecht hette / [1] die weil er mir mehr gnade odder guts erzeigt hat / denn 658 W
dem der recht hat / weil ich des weiniger geniesse. Hie ist die stracke kurtze
5 antwort / Recht / (das ist Gotts wolgefallen) sol gehen vber gut / leib /
ehre vnd freund / gnad vnd genies / Vnd ist hie keine person anzusehen /
sondern alleine Gott / Vnd ist auch hie das vmb Gotts willen aber mal
zu leiden / das einer vndanckbar gehalten wird / odder veracht / denn es ist
hie reblich entschüldigung / nemlich / Gott vnd das recht / wilche nicht
10 leiden wollen / [1] dem liebsten zu dienen vnd den vnwerbesten zu lassen / Wie 285 E
wol solchs der alte adam nicht gerne höret / noch sols so sein / wo es anders
wil recht sein / Denn widder Gott ist nicht zu streiten / Wer aber widder
recht streyt / der streyt widder Gott / der alles recht gibt / ordenet vnd
handhabt.

15 Die vierde frage / Was sol man aber von dem sagen / der nicht
alleine vmb guts willen / sondern auch vmb zeitlicher ehre willen kriegt /
das er so ein weydlicher man sey vnd angesehen werde / rc. Antwort /
Ehergeitz vnd geltgeitz ist beydes Geitz / einer so wol vnrecht als der ander /
Vnd wer ynn solchem laster kriegt / der kriegt yhm die helle / Denn wir
20 sollen Gott die ehre alleine lassen vnd geben / vnd vns an dem solde vnd
futter benügen lassen / Darumb ist das ein Heydnissche vnd nicht eine
Christliche weise / das kriegs volck für der schlacht zuermanen / auff die
weise / Lieben gesellen / Lieben knechte / seyt frisch vnd getrost / wir wollen
ob Gott wil heute ehre einlegen vnd reich werden / Sondern also / vnd
25 auff die weise solt man sie vermanen. Lieben gesellen / wir sind alhie ver-
samlet ym dienst pflicht vnd gehorsam vnsers Fürsten / wie wir nach Gotts
willen vnd ordnung schuldig sind / vnserm herrn bey zustehen mit leib vñ
gut / wie wol wir für Got eben so wol arme sünder sind alse vnser feinde /
Aber doch weil wir wissen / odder doch nicht anders wissen / denn das
30 vnser Fürst ynn diesem stück recht hat / vnd damit sicher vnd gewis sind /
das wir gotte selbs ynn solchem dienst vnd gehorsam dienen / So sey ein
iglicher frisch vnd vnuerzagt / vnd lasse sich nicht anders duncken / denn
seine faust sey Gotts faust / sein spies sey Gotts spies / vnd schrey mit
hertzen vnd munde / Hie Gott vnd Keyser / Gibt vns Gott den sieg / so
35 sol ehre vnd lob sein seyn / nicht vnser / der es durch vns arme sünder
thut / Die ausbeute aber vnd sold wollen wir nemen / als vns vnwirdigen
von seiner Göttlichen güte vnd gnaden geschenckt vnd gegeben / vnd yhm
da für von hertzen dancken / Nu walts Gott vnd hinan mit freuden.

[1] Denn an zweifel / wo man die ehre Gotts sucht [1] vnd lest sie yhm 650 W
40 bleiben / wie es doch billich vnd recht ist / auch sein sol / So wird die ehre 286 E

---

4 von dem weniger nutzen habe | schnelle   6 nutzen   11 dennoch
12 AG. 5, 39   17 stattlicher   23 mutig   27 ordnug A   36 beute

ſelbs mehr komen / denn nemand ſuchen kunde / weil Gott verheyſſen hat
.1. Regum 2. Wer mich ehret / den wil ich widder ehren / Wer mich aber
vnehret / der ſol widder geunehret werden / Das ers freylich nicht laſſen
kan / ſolchen ſeinem zuſagen nach / Ehr mus die ehren wilche ohn ehren /
Vnd iſt der gröſſeſten ſünde eine / wenn man eigen ehre ſucht / wilchs nicht 5
anders iſt denn Crimen leſe maieſtatis diuine / Ein raub Göttlicher
maieſtet. Drumb las andere rhümen vnd ehre ſuchen / Sey du gehorſam
vnd ſtille / dein ehre wird ſich wol finden / Es iſt manch ſtreyt verloren /
der ſonſt gewonnen were / wenn die eytel ehre gethan hette / Denn ſolch
ehrgeyßige krieger gleuben nicht / das Gott mit ym kriege iſt vnd ſieg gibt / 10
Darümb fürchten ſie auch Gott nicht / ſind nicht freydig / ſondern frech vnd
tol / werden auch zu letzt geſchlagen.

 Aber das ſind mir die aller beſten geſellen / die ſich für der ſchlacht
ermanen vnd ermanen laſſen / durch die lobliche andacht yhrer bulſchafft /
vnd laſſen ohn ſagen / Hui nu dencke ein iglicher an ſeinen liebſten bulen / 15
Ich ſage das / wenn ich nicht hette gehöret von zween glaubwerdigen
mennern / vnn ſolchem ſpiel erfaren / das ſolchs geſchehe / ſo hette ich
nymer mehr gleubt / das menſchen hertz ſolt yn ſolchem ernſten handel /
da des todtes fahr für augen iſt / ſo vergeſſen vnd leichfertig mügen ſein /
Vnd zwar thuts keiner / wenn er mit dem todt alleine ficht / Aber hie 20
vm hauffen reitzt einer den andern / das keiner nicht acht / was yhm gilt /
weil es vielen mit gilt. Erſchrecklich aber iſt eym Chriſtlichen hertzen zu
dencken vnd zu hören / das ynn der ſtunde / da man Gotts gericht vnd
todes fahr für augen hat / aller erſt mit fleiſchlicher liebe ſich kutzelt vnd
tröſtet / Denn wilche alſo erſtochen werden odder ſterben / die ſchicken frey= 25
lich yhre ſeelen auch gar friſch ynn die hellen on alles ſeumen. Ja ſagen
ſie / wenn ich an die helle ſolte gedencken / müſte ich nymer mehr ynn krieg
287 E zihen / Das iſt noch ſchrecklicher / das man mutwilliglich Gott vnd ſein
gericht aus dem ſynn ſchlegt vnd wil nichts dauon / wiſſen / dencken noch
hören / Derhalben iſt ein gros teyl des kriegvolcks / des teuffels eigen / 30
vnd gar etliche ſo voller teuffel / das ſie yhre freydickeit nicht wiſſen bas
600 W zuweiſen / denn das ſie verechtlich von Gott vnd ſeinem gericht reden
konnen / als ſeyen ſie damit die rechten eiſenfreſſer / das ſie ſchendlich
ſchweren / martern / fluchen vnd Got ym hymel trotzen thuren. Es iſt ein
verlorner hauffe vnd die ſprew / gleich wie ynn allen andern ſtenden auch 35
viel ſprew vnd wenig korns iſt.

 Daraus folgt / das die Landsknechte ſo vnn landen vrre lauffen vnd
krieg ſuchen / ſo ſie doch wol erbeiten vnd handwerck treiben mochten / bis

---

2 1. Sa. 2, 30 3 gewiſslich 9 nicht vorhanden geweſen wäre
(Ztſchr. deutſche Philologie 24, 202) 14 den gedanken an ihre geliebte
20 wahrlich 24 reizt 25 gewiſslich 31 keckheit 34 bei
Chriſti leiden fluchen und ſchwören (vgl. z. B. Schade, Satiren 2, 252,
z. 3. 8; 253, z. 11)

sie gefobbert wurden / vñ für faulheit / obber aus rohem wilden gemüte
die zeit also verlieren / nicht wol dran mugen sein mit Got / den sie konnen
keine sache noch gut gewissen yhres lauffens für Got anzeigen / sondern
haben nur eine tolkune lust obber fürwitz zum krieg / obber ein frey wild
5 leben zu füren / nach solcher gesellen art / Müssen auch eins teils / zu letzt
buben vñ reuber draus werden / Wenn sie aber sich zur erbeit obber hand-
wercken begeben / vnd verbieneten yhr brod / wie Got allen menschen ge-
botten vnd auffgelegt hat / bis das der landfürst auffgeböte für sich selbs
obber eym andern zu zuzihen erleubete vnd begerde / So möchten sie mit
10 gutem gewissen sich erheben als die denn wusten / das sie yhrem oberherrn
zugefallen drynnen dieneten / wilchs sein gewissen sie sonst |nicht konnen
haben / Denn das sol ja aller welt ein trost vnd freude / ia auch eine
mechtige vrsache sein / die oberkeit zu lieben vnd zu ehren / das vns Gott
der almechtige die grosse gnade thut / vnd die oberkeit vns als ein eusser-
15 lich mal vnd zeichen seins willens dahyn stellet / da wir gewis sind / das
wir seinen Göttlichen willen gefallen vnd |recht thun / so offt vnd wenn
wir der oberkeit willen vnd gefallen thun / Denn er hat sein wort vnd
seinen willen an sie gehefft vnd gebunden / da er spricht / Gebt dem
Keyser was des ¹ Keysers ist / Vnd Roma. 13. Ein iglicher sey der ober- 288 E
20 keit vnterthan.

Zu Letzt haben auch die Kriegsleute viel aberglaubens / ym streyt /
da sich einer / Sanct Georgen / der ander Sanct Christofel befelht / Einer
diesem der ander dem heiligen / Etliche konnen eisen vnd buchsen stein be-
schweren / Etliche konnen ros vnd reuter segenen / Etliche tragen Sanct
25 Johans Euangelion / obber sonst etwas bey sich / darauff sie sich lassen /
Diese alle sampt sind ynn fehrlichem stande / Denn sie gleuben nicht an
Gott / sondern versündigen sich ¹ viel mehr / mit vnglauben vnd misglauben 661 W
an Gott / vnd wo sie so stürben / musten sie auch verloren sein / Sondern
so sollen sie thun / wenn die schlacht daher geht / vnd die vermanung / so
30 ich droben erzelet habe / geschehen ist / sol man sich einfeltiglich ynn Gotts
gnade befelhen / vnd sich nu ynn diesem stücke als ein Christen stellen.
Denn ynn der vorigen vermanunge ist allein die form gestellet / wie man
das eusserlich kriegs werck mit gutem gewissen thun solle / Aber weil kein
gut werck nicht selig macht / sol nu ein iglicher bey sich / nach solcher ver-
35 manunge / also ym hertzen obber mit dem munde sagen.

Hymlischer Vater / hie bin ich / nach deinem Göttlichen willen ynn
diesem eusserlichen werck vnd dienst meines oberherrn / wie ich schüldig
bin / dir zuuor vnd dem selben oberherrn vmb deinen willen / Vnd dancke
deiner gnaden vnd barmhertzickeit / das du mich ynn solch werck gestellt

---

3 ursache | ihres vagabundierens   18 spricht A | Mt. 22, 21
19 Rö. 13, 1   22 vgl. W. A. 30², 296⁹⁹   23 geschosse   24 be-
schwören   25 als amulett, vgl. Flugschriften 4, 364 | verlassen   29 be-
vorsteht   30 S. 347, z. 25

haſt / da ich gewis bin / das es nicht ſünde iſt / ſondern recht vnd deinem
willen ein geſelliger gehorſam iſt / Weil ich aber weis vnd durch dein
gnadreichs wort gelernt habe / das keins vnſer guten werck vns helffen mag /
vnd niemand als ein krieger / ſondern allein als ein Chriſten mus ſelig
werden / So wil ich mich gar nicht auff ſolch meinen gehorſam vnd werck 5
verlaſſen / ſondern das ſelbige deinem willen frey zu dienſt thun / Vnd
gleube von hertzen / das mich allein das vnſchuldige blut deins lieben ſons
meins Herrn Jheſu Chriſti / erlöſe vnd lſelig mache / wilchs er für mich
deinem gnedigen willen gehorſamlich vergoſſen hat / Da bleib ich auff / da
289 E lebe [1] vnd ſterbe ich auff / da ſtreyt vnd thu ich alles auff / Erhalte lieber 10
Herr Gott Vater / vnd ſtercke mir ſolchen lglauben durch deinen geiſt /
Amen. Wiltu darauff den glauben vnd ein Vater vnſer ſprechen / magſtu
thun / vnd laſſen damit genug ſein / Vnd befelh damit leib vnd ſeele ynn
ſeine hende / Vnd zeuch denn von ledder vnd ſchlahe drein ynn Gotts
namen.   15

Wenn ſolcher kriegs leute ynn einem heer viel weren / Lieber / wer
(meynſtu) würde yhn etwas thun? Sie freſſen wol die welt on allen
ſchwerd ſchlag / Ja wenn neun odder zehen ſolcher ynn eym hauffen were /
odder noch drey odder viere / die ſolchs mit rechtem hertzen kondten ſagen /
die ſolten mir lieber ſein denn alle büchſen / ſpieſſe / ros vnd harniſch / 20
Vnd wolte den Turcken mit aller ſeiner macht laſſen komen / Denn Chriſt-
602 W licher glaube iſt [1] kein ſchimpff noch geringe ding / ſondern / wie Chriſtus
ym Euangelio ſagt / Er vermag alles / Aber lieber / wo ſind ſie / die ſo
gleuben vnd ſolchs thun mügen? Doch obs der hauffe nicht thut / Müſſen
wir dennoch ſolchs leren vnd wiſſen vmb der willen (wie wenig der ſelbigen 25
auch ſind) die es thun werden / Denn Gotts wort gehet nicht vmbſonſt
aus / ſpricht Jeſaia 55. Es bringt ia etliche zu Gott. Die andern ſo
dieſe heylſame lere zu yhrer ſelickeit / verachten / haben yhren richter /
dem ſie antworten müſſen / Wir ſind entſchuldigt / vnd haben das vnſer
gethan.   30

Hie wil ichs ytzt laſſen bleiben / Denn ich auch vom Turkiſchen
kriege wolt etwas geſagt haben / weil er vns ſo nahe komen war / Vnd
mir etliche meine wort fürworffen / das ich widder den Turken zu kriegen
hette widder raten / Denn ich lengſt wol gewuſt habe / Jch müſte auch
noch Turkiſch werden / vnd mich nichts hilfft / das ich ſo deutlich dauon 35
geſchrieben habe / Dazu ym büchlin von weltlicher öberkeit gelert / wie
gleich widder gleichen wol müge kriegen. Aber weil der Turck widder
heym iſt / vnd vnſer Deudſchen nu nicht mehr dar nach fragen / iſts noch

---

9 darauf bleibe ich   14 leder = lederne schwertscheide   22 scherz
23 Mc. 9, 23   27 Jes. 55, 11   31 „Vom Kriege wider die Türken",
begonnen okt. 1528 (W. A. 30², 107 ff.)   33 vgl. W. A. 30², 93 f.
36 II 391, z. 7 ff.

nicht zeit / dauon zuschreiben. Solche vnterricht mein Lieber Er Assa /
solt ich len'gest haben gefertigt / Es hat sich aber so lange verzogen bisher / ²⁹⁰ E
das wir pū des gefattern worden sind von Gotts gnaden.   Wilchen verzug
vhr wollet mir zu gut halten / denn ich selbs nicht wol weis / wie sichs
5   so lange hat verzogen / Doch hoffe ich / solle es nicht
ein vnfruchtbar verzug gewesen sein / vnd die
sache beste bas gefoddert haben.   Hie
mit Gott befolhen.

6 vnfrutchbar A

Vom Abendmahl Christi, Bekenntnis. 1528.

L.s schrift: „Dass diese Worte Christi: 'Das ist mein Leib' noch
feststehen . . .“ wurde auf der Frankfurter frühjahrsmesse 1527 feil-
geboten. Am 24. april hatte Oekolampad sie in händen und ermahnte
im einverständnis mit den Straßburgern Zwingli, schnell eine energische
gegenschrift zu verfassen; auch die Straßburger und er bereiteten ent-
gegnungen vor. Schon am 22. mai konnte Oekolampad druckbogen an
Zwingli senden, weitere folgten ende mai, am 8. juni war sein buch
fertig: „Das der mißuerstand D. Martin Luthers . . . nit beston mag.
Die ander billiche antwort Ioannis Ecolampadii“ (= a). Sehr bald darauf
erschien (mit einer vorrede an Kurfürst Johann von Sachsen vom 20. juni)
Zw.'s gegenschrift: „Das diese wort Jesu Christi . . . ewigklich den alten
eynigen sinn haben werded . . . Huldrych Zuinglis Christenlich Antwurt“
(= 𝔄). L. scheint Zw.'s schrift zuerst nur flüchtig in einem ihm von
Amsdorf zugesandten exemplar gelesen (WABr4,275,11), dasjenige
exemplar aber, welches Zw. in einem verloren gegangenen „grimmigen
und drohenden“ briefe (WABr4,233.31f;234,6ff.) ihm in aussicht
gestellt hatte, erst „am St. Martinstag“ (11. nov.) erhalten zu haben.
„Unter sehr schwierigen und bedrängten verhältnissen“, krank und über-
arbeitet, begann L. seine erwiderung. Sie sollte sein letztes wort in der
sache sein und auf der Frankfurter frühjahrsmesse 1528 erscheinen
(WABr4,300,21f;388,11f.). Am 28. märz 1528 übergab er einem boten
die für die Nürnberger freunde bestimmten druckexemplare(WABr4, 435,
1f). Von dem 3. teile der schrift veranstaltete Wenzeslaus Link
in Nürnberg mit L.s erlaubnis eine sonderausgabe, zu dieser ihm am
14. juli und nochmals am 16. (6.?) aug. (WABr4, 496, 10ff; 538, 12 ff)
auf einem zettel einen ergänzenden abschnitt de confessione auriculari
sandte. Wir reproduzieren den originaldruck von Michel Lotther in Witten-
berg W. A. 26, 252 A unter berücksichtigung der in Wolfenbüttel und
Magdeburg vorhandenen bruchstücke des druckmanuskripts und unter
einfügung jenes 'additamentum' nach W. A. 26, 507. Ueber die von
Heinrich Knaust angefertigte lateinische übersetzung dieses 3. teils
(W. A. 26, 255) vgl. ZKG. 32, 297f.

30, 152 E
26, 261 W

GOt sey lob vnd danck durch Jhesum Christ vnsern herren
ynn ewigkeit / das mein buch / so ich bis iar widder die schwermer-
geist vnd feinde des heiligen sacraments / hab ausgehen lassen / nicht geringe
frucht bracht hat. Erstlich viel frommer hertzen / so durch der schwermer
vnnütze wort verwirret vnd vnrügig worden waren / sind zu friden gestellet 5
vnd mit grossen freuden Gott dancken / wie sie denn mit schrifften an mich
frölich bekennen. Zum andern / das ich den Satan so eben getroffen vnd
nicht „esevlet habe / also / das er nu allererst vnsynnig vnd rasend vber

---

2 „Dass diese worte Christi: 'Das ist mein Leib' noch feststehen.
Wider die Schwarmgeister“ 1527, W. A. 23, 64ff.   5 unruhig   7 so
genau, empfindlich   8 erst recht

mich worden ist / wie das auch wol anzeyget des geistes nehiste antwort
widder solch mein büchlin / lengest ausgangen / vnd zu letzt auff diesen Sanct
Martin tag / auch ein mal zu mir gen Wittemberg komen / Denn es villeicht
bisher sich fur dem sterben gefurcht hat. Hilff Gott / wie zornig sind die
5 helden / das sie nicht alleine yhre messigkeit vergessen / die sie doch hoch
widder mich zu rhůmen pflegen / vnd auch noch gerne erhalten wölten /
so doch kein otter so gifftig ist / als sie ynn diesen schrifften sind / Sondern
fur grossem wehe mut vnd grym auch nicht sehen / was odder warauff sie
antworten sollen / Vnd des Zwingels geist sonderlich / der viel mit einmenget
10 vom Bilden / fegfewr / heiligen ehre / schlüssel / erbsund / vnd weis nicht
was mehr seiner newen tollen leren / allein das er viel speyen müge / da
kein not ist / vnd vber springen / da antwortens not were / wie ich an-
zeigen wil.

Derhalben habe ich yhr gnug / vnd wil nicht mehr an sie schreiben /
15 auff das der Satan nicht noch töller werde / vnd mehr lügen vnd narrenwerck
eraus speye (wie er itzt gethan) das papyr vnnütze zu besudbelen / vnd dem
leser damit die zeit zu hynderen bessers zu lesen. Denn so ich mit dem
buche nicht habe mügen richtige antwort eraus bringen / darynn ich doch
so offt / ¹ auch mit grossen buchstaben habe verzeichent / wozu ich antwort   153 E
20 begerd / So hab ich kein hoffnung / ob ich tausent bücher schriebe / das mir
antwort würde. Vnd ist auch der Satan nicht zuuerdencken / denn dem
lügner ist nicht schertzens mit der warheyt. Der barmhertzige Gott bekere
sie vnd erlöse yhren synn von den ¹ stricken des leidigen Satans / mehr kan   262 W
ich doch ia nicht thun / Ich habe sorge leider / das ich ein warer prophet
25 sein mus / da ich geschrieben habe / Es werde kein ketzer meister bekeret.
So wil ich nu sie faren lassen nach der lere S. Pauli Tit. 3. Einen
ketzer soltu meiden / wenn er ein mal odder zwier vermanet ist. Denn sie
werdens hinfurt nicht besser machen / Es ist eraus / was sie vermügen /
Vnd wil mich zu den vnsern keren / die selbigen weiter / so viel ich vermag
30 durch Christus gnade / ynn diesem artickel vnterrichten.

Vnd wie wol ich durch die zwey büchlin / eins widder die hymlischen
Propheten / das ander widder die schwermer / allen verstendigen Christen
gnug gethan habe / also das / wer nicht yrren wil / sich wol damit widder
die verfürer entsetzen kan / Vnd bis her von dem schwermergeist noch
35 vngebissen sind / wie fast sie auch gewonnen schreyen. So wil ich doch zu
mehrer stercke der schwachen / vnd den artickel beste bas zuuerkleren / bis

---

1 letzte | über diese schrift Zwinglis vgl. Einl.   4 vor der pest
6 behaupten   8 schmerz   10 von bildern | heiligenverehrung |
A Bᵇ—B iiijᵃ   11 nur dass   12 mit stillschweigen übergehen
19 W. A. 23, 274 f.   21 dem s. nicht zu verdenken   22 der lügner
darf nicht mit der w. anbändeln   25 W. A. 23, 73, z. 31   26 Tit.
3, 10   28 sie haben gezeigt   31 W. A. 18, 62 ff. u. 134 ff.   32 W. A. 23,
s. 64 ff.   34 verteidigen   35 sehr sie auch „sieg!" schreien

buͤchlin zur letze ynn dieſer ſachen laſſen ausgehen. Denn ich ſehe / ia auch wol greiffen mus / Das / weyl der Satan ſo toͤlpiſſche antwort gibt vnd eitel vnnuͤtze wort ſpeyet / hat er ym ſynn / mich dadurch zu hindern ynn andern ſachen / da yhm viel mehr angelegen iſt. Darumb wil mirs nicht lenger zymen / mit ſeinem narrenwerck vmbgehen / vnd die heiligen ſchrifft ligen laſſen. Er ſpeye fort hyn wie viel er wil. Drey ſtuͤck wil ich aber fur mich nemen ynn dieſem buͤchlein. Erſtlich / die vnſern warnen mit anzeygung / wie gar nicht dieſer ſchwermer geiſt auff meine gruͤnde geant-
154 E wortet habe. ¹ Zum andern / die ſpruͤche handeln / ſo von dem heiligen ſacrament leren. Zum dritten / bekennen alle artickel meines glaubens wibber dieſe vnd alle andere newe ketzerey / damit ſie nicht der mal eins / obber nach meinem todte / rhuͤmen moͤchten / Der Luther hette es mit yhn gehalten / wie ſie ſchon ynn etlichen ſtuͤcken gethan haben.

Auffs erſt ſey ein iglicher fromer Chriſt gewarnet fur den Sacra-
ments feinden / aus der vrſach / das dieſe ſecten flug ym anfang / ſo viel rotten vnd heubter hat / vnd vnternander ſelbs vneins ſind dieſes textes halben (Das iſt mein leib fur euch gegeben) Denn ſolche vneinigkeit vnd rotterey kan vnd mag nicht vom heiligen geiſte ſein. Es iſt gewis der leydige Satan / wie ich ynn dem nehiſten buͤchlin auch angezeigt habe / Denn der text mus ia einerley vnd einfeltig ſein vnd einen einigen gewiſſen verſtand haben / ſol er klar vnd einen gewiſſen artickel gruͤnden. Weyl ſie aber ſo mancherley verſtand vnd text hie haben / da ein iglicher wibber des andern verſtand iſt / Dazu keiner ſeines verſtandes gewis iſt / hat auch noch nie keiner ſeinen verſtand muͤgen beweiſen vnd der andern verlegen / So folget / das ſie alleſampt yrren / vnd keiner vnter yhn bis auff dieſen tag /
263 W den text an dieſem ort habe / vnd muͤſſen ¹ alſo alleſampt das abendmal halten on text. Denn vngewiſſer text iſt eben als kein text. Was mag nu das fur ein abendmal ſein / da kein text obber gewis wort der ſchrifft iſt? Denn Chriſtus wort / muͤſſen gewis vnd klar ſein / ſonſt hat man ſie freylich nicht / Wir aber haben ia gewiſſen text vnd verſtand / vnd einfeltige wort / wie ſie da ſtehen / vnd wir ſind nicht vneins druͤber.

Wenn ſie nu hierauff antworten / Es ſchade nicht / das ſie mancherley wort obber verſtand haben / weyl ſie doch der heubt ſachen eines ſind / nemlich / das eytel brod vnd wein da ſey. Vnd geben ſolche gleichnis / Gleich wie ym Euangelio Chriſtus die ſumma des Euangelij durch mancher-
ley weiſe anzeigt / als Johan. 4. durchs waſſer trincken. Item Johan. 6.
155 E durchs ¹ eſſen ſeines fleiſchs vnd trincken ſeines bluts. Item durch den haus-
vater / der erbeiter ynn ſeinen weingarten binget Matth. 22. Vnd ſo fort an durch viel vnd mancherley gleichnis iſt das einige reich Gottes ym

---

1 als mein letztes wort　　3 eiteil A　　8 mit dem nachweis
15 gleich im anfang　　17 lieb A　　19 W. A. 23, 69, z. 10 ff.　　21 ſinn |
glaubwürdigen | begründen　　22 auffaſſung　　24 widerlegen　　29 ſicher-
lich　　34 A B v̄　　36 Jo. 4, 14. 6, 51　　38 Mt. 20, 1 ff.

Euangelio / angezeigt / darumb sey es nicht vnbillich / das auch der schwermer-
geist vber einerley sachen / mancherley verstand vnd wort habe. Wie dünckt
dich? Reymet sichs nicht fein? Wer sihet doch hie nicht / das der elende
geist / entweder nicht antworten wolle fur grossem hohmut / als spottete
5 er vnser frage / odder ist gantz vnd gar stock star blind / das er nicht sihet /
was man fragt / odder was er antworten solle. Wer hat doch das von
yhm begert? Wer hat yhn gefragt? das er vns das leren solte / wie einerley
sache müge durch mancherley deutung / rede / gleichnis vnd gestalt furgetragen
werden? Solchs alles wissen wir zuuor besser denn er vns ymer leren
10 kan. Ich weis aus der massen wol / das Christus der einige heiland /
nicht alleine mancherley / sondern alle deutunge der schrifft hat. Er heist /
Ein lamb / Ein fels / Ein eckstein / Sonn / morgen stern / born / breudgam /
hausherr / ein lerer / ein vater / Ja alles vnd alles deutet auff yhn vnd
saget von yhm / Ein iglichs auff seine weise. Gerade als handelten wir
15 hie / wie ein ding müge viel namen vnd zeichen haben / odder als were
yemand der dran zweyffelt.

Hie aber solte er antworten / da du fragten wir / wie es zu gienge
vnter den schwermern / das bey yhn einerley namen / wort vnd verstand /
mit yhm selbs vneins were vber einerley sachen / da eines / ia sagt / das
20 ander / nein. Als Carlstad spricht . Tuto zeige auff den sytzenden leib.
Zwingel spricht / dasselbige [1] Tuto zeige auffs brod. Nu kans beydes nicht   264 W
war sein / Einer mus liegen vnd des teuffels lerer sein / Denn ynn einerley
rede / kans nicht sein / das einerley namen odder wort zugleich zween widder-
wertigen verstand vnd deutunge habe. Ich kan nicht sagen ynn dem einigen
25 spruch Johan. 1. (Sihe das ist das lamb Gottes etc.) das lamb hie zugleich
solle deuten ein schaff vnd wolff / odder zugleich ein schaff vnd nicht ein
[1] schaff / wie doch ynn dem einigen wort Tuto / Carlstadt / Ecolampad vnd   156 E
Zwingel vneins sind vnd einer spricht / Es deute dis / der ander sagt /
Nein / Es deute ein anders. Item Zwingel spricht / Ist / heisse / deutet /
30 Ecolampad sagt / Nein / Es heisse schlecht (Ist) Widder umb Ecolampad
spricht / Mein leib / heist / Meins leibs zeichen. Zwingel sagt / Nein / Es
heist schlechts / Mein leib. Hie hie solt man antworten / vnd diese vneinickeit
vergleichen / auff das der teuffel nicht so kalt müste stehen vnd ynn seiner
lügen so offentlich ergriffen werden / Aber das wird von yhn wol ewiglich
35 vnuerantwort bleiben.

Denn ob gleich ein ort der schrifft Christum ein lamb nennet vnd
als von eim lamb redet / So redet sie doch an keinem ort da widder / vnd
strafft sich auch nicht selbs / noch sagt Nein dazu. Denn das er ein lamb
genennet wird / sicht nicht da widder / das er anders wo ein fels odder

---

1 unrecht, unangemessen   11 nicht allein manche, sondern alle alle-
gorien in der bibel auf Christus gehen   20 τοῦτο   23 zweierlei ver-
schiedenen sinn und bedeutung   25 Jo. 1, 29. 36   30 einfach: ist
33 in einklang bringen | am pranger (Thiele no. 301)   36 eine stelle

23*

ſtein genennet wird / vnd iſt keine vneinickeit da. Aber hie der ſchwermer
geiſt hewet ſich ſelbs ynn die backen / vnd deutet nicht allein mancherley
wort / ſondern auch einerley wort zu gleich an einem ort / wibder ſich ſelbs /
Es were doch die lügen nicht ſo grob vnd die ſchande nicht ſo gros / wenn
ſie einerley wort an anderley orten / vneiniglich vnd vngleich deuteten / obber 5
mancherley wort an einem ort vngleich deuten. Aber das ſie einerley wort /
an einerley ort / ynn einerley rede / vngleich vnd wibderwertigs deuten /
das heiſt mit vrlaub ſich wol bethan / vnd den teuffel nackt an den pranger
geſchlagen / Denn keine ſprache redet alſo / Vnd ein kind mus ſagen / das
nicht ſein kan / Denn wenn ich ſage / Chriſtus iſt Gottes lamb / kans nicht 10
ſein / das einer durchs lamb einen wolff / der ander ein ſchaff verſtehe /
einer mus liegen / Vnd iſt nicht beydes vom heiligen geiſt. Nu haben ia
die ſchwermer ſchier zehenerley verſtand ynn den worten des abendmals /
vnd keiner helts mit dem andern ym deuten. Da müſſen ia eitel lügen
vnd teuffel vnd kein guter geiſt ſein.   15

    Das aber der falſche geiſt vns ſchuld gibt / wir bleiben ſelbs nicht
¹⁵⁷ E auff den worten vnd einerley ver'ſtand / weil wir ſagen / Die wort (Das
iſt mein leib) ſollen alſo verſtanden werden / Vnter dem brod iſt mein leib /
oder ynn dem brod iſt mein leib ꝛc. vnd alſo ſelbs auch vneins ſind /
Antwort ich. Der lügen geiſt weis wol / das er vns hie mit vnrecht thut / 20
vnd ſolchs allein darumb ſpeyet / das er vns verunglympffe / vnd ſeine lügen
bey den ſeinen ſchmücke. Denn er weis aus der maſſen wol / das wir mit
allem ernſt darüber ſtreitten / das dieſe wort (Das iſt mein leib) ſollen /
²⁶⁵ W wie ſie da ſtehen vnd ¹ lauten / auffs einfeltigſt verſtanden werden / vnd machen
nicht mancherley vnd vneinige text aus einem text / wie ſie thun. Das 25
hab ich wol geſagt ynn meinem büchlin / das die ienigen / ſo da ſagen ynn
gemeynem geſpreche / Vnter dem brod iſt Chriſtus leib / obber ym brod iſt
Chriſtus leib / nicht zuuerdammen ſind / Darumb das ſie mit ſolchen worten
yhren glauben bekennen / das Chriſtus leib warhafftig ym abendmal iſt /
Aber damit machen ſie keinen andern newen text / Sie wöllen auch nicht / 30
das ſolche yhre wort der text ſein ſollen / Sondern bleiben auff dem einigen
text. Spricht doch Paulus / Chriſtus iſt Gott Rom. 9. Aber .2. Corin. 6
Gott war ynn Chriſto / vnd ſind doch beyde ort / ein iglicher ynn ſeinem
verſtand / einfeltig vnd gewis / vnd dazu nicht wibdernander. Aber der
ſchwermer text iſt an einerley ort / ynn einerley wort vneins.   35

    Vnd wo man vns ia ſo genaw wolt ſuchen / vnd ſolte ſo groſſe macht
bran liegen / obber beweiſet würde / das der text (Das iſt mein leib) nicht
leiden könne / das ich anders wo ſpreche / ym abendmal iſt Chriſtus leib.

---

2 ſchlägt ſich ſelbſt ins geſicht (W. A. 30², 442¹ u. ö.)   8 ſit
venia verbo! | beſchiſſen (vgl. Thiele no. 69) | Thiele no. 301   9 daß es
16 A Cᵃ u. D 6ᵇ   22 beſchönige   26 W. A. 23, 145, z. 26 ff.
27 gewöhnlicher rede   32 Rö. 9, 5 | 2. Ko. 5, 19   36 oben ſ. 91,
z. 35 | ſo viel darauf ankommen

So sind wir bereit / vnd wöllens widberufft haben / das nicht also zu reden
sey / sondern schlecht vnd einfeltig / Das ist mein leib / wie die wort da
stehen. Las sie auch so thun vnd einig werden ym text. Wie wol vns
kein Christen mensch also nötigen wird / das wir so eben musten ynn allen
5 andern predigten vnd gespreche / so offt man vom abendmal redet / gebunden
sein zu sagen / Das ist mein leib / so fern wir ym abendmal den text an
yhm selbs vnd an seinem ort lassen bleiben. An andern orten vnd reden
wird man vns wol gönnen zu sagen / Vnter dem brod / odder ym brod [1] ist 158 E
Christus leib / Item ym abendmal ist Christus leib warhafftig / Man wolte
10 vns denn nicht gönnen / das wir von vnserm glauben möchten reden. Aber
die schwermer gauckeln also / yhren löcherten pelz da mit zu flicken. Sie
fulen wol / das mit yhren lügen ynn eynerley ort vnd wort anders stehet /
vnd wöllen damit yhr vneinigkeit verteydingen vnd nicht widberuffen /
Es gilt aber nicht / Wir gönnen yhn wol / das sie auch anders wo vom
15 sacrament reden / wie sie wöllen odder können. Aber den text ym abendmal
wöllen wir eynerley / einfeltig / gewis vnd sicher haben ynn allen worten /
syllaben vnd buchstaben. Weil sie das nicht thun / So schliesse ich frey /
as der teuffel aller vneinigkeit vater / sey yhr lerer. Denn S. Paulus
spricht / Gott ist nicht ein Gott der vneinigkeit. So sind auch alle Christen
20 einerley gesynnet Ephe. 4. vnd machen nicht zurtrennung .1. Cor. 1. Also
kennestu diesen geist aus der ersten frucht yhrer vneinigkeit.

Aber das / Wo die schrifft einem dinge mancherlei namen odder rede
gibt / da sind die selbigen nicht alleine gut eines / vnd nymer widbernander /
sondern auch gewis vnd wol gegründet / das man drauff stehen kan / als /
25 Wo Christus ein lamb geprediget wird / da bin ich gewis vnd sicher / das
er wol vnd recht ein lamb heist. Aber der schwermer keiner kan seine
deutunge gewis machen / [1] Denn Carlstad hat sein Tuto bis auff diesen tag 266 v.
nicht gewis gemacht / das so deute / wie ers fur gibt / als sie selbs be-
kennen / Zwingel aber vnd Ecolampad habens noch nie mit eim buchstaben
30 furgenomen / das sie es wolten gewis machen / wie (Jst) so viel als deutet
(leib) so viel als leibs zeichen sey / Sondern sagens schlecht daher / als yhr
eigen wort vnd meynung / der sie selbs vngewis sind vnd niemand ansehen /
das sie es wolten versuchen / ob sie es möchten gewis machen.

Darumb sol vns der schwarm geist hie nicht leren / wie ynn der
35 schrifft / das reich Gottes / mancherley deutung hette / sondern beweisen /
das solche deutunge widbernander vnd vngewis weren / wie wir klagen vnd
beweisen / das yhre yrrige falsche deutunge nicht [1] allein mancherley / sondern 159 E
auch widbernander vnd vngewis sind / Jsts nu nicht fein geantwortet. Wenn
ich fechte widber yhre vneinigkeit vnd vnsicherheit / so antwort er mir von

---

11 faseln | löcherigen   12 dass es   19 1. Ko. 14, 33   20 Eph. 4, 3.
1. Ko. 1, 10   22 ausserdem   23 durchaus einig   28 dass es so
bedeute, die bedeutung habe   31 behaupten's einfach   32 und nehmen
auf niemand rücksicht

der manchfeltigkeit / gerade als were manchfeltigkeit vnd vneinickeit ein ding.
Ich frage / wie es zugehe / das yhre deutung vnd verstand nicht alleine
manchfeltig / sondern auch vneins vnd wibdernander sind / So antwort er /
Es sey nicht vnrecht / das sie manchfeltig sey / daran sollen wir vns gnügen
lassen / vnd vnsern yrthum bekennen vnd yhrem glauben recht geben. Wenn 5
wil aber auch antwort gefallen / wie die vneinigkeit ynn solcher manchfeltig-
keit aus dem heiligen geiste kome? Hie ist niemand daheyme. Sollen
wir zu yhn tretten / So müssen sie warlich solche ergernis der vneingkeit
weg thun / vnd des texts vnd verstands zuuor eins vnd gewis werden /
Sonst schewen wir vns gantz billich / vnd sagen / Der teuffel ist ynn der 10
hecken / Denn solch ergernis were nötiger bey zuthun / denn die bilder
stürmen / Bilder würden vns nicht hindern. Aber vneinigkeyt des verstands
vnd der rede / das ist der teuffel.

Denn ob sie gleich yhr sache aller dinge gewunnen hetten / vnd vns
das maul gestopfft / so hetten sie doch nicht mehr ausgericht / vnd yhre 15
sache nicht weiter bracht / Denn das sie vns diesen text (Das ist mein leib)
hetten genomen nach vnserm verstand. Aber damit hetten sie noch nicht
yhren verstand beweiset / können auch nymer mehr denselbigen beweisen.
Wenn nu ein rechter geist bey yhn were / so würde er nicht alleine den
falschen verstand weg nemen / sondern auch einen andern rnd bestendigen 20
warhafftigen an seine stat geben vnd beweisen. Wenn S. Paulus gleich
auffs aller gewaltigst hette die gerechtigkeit des gesetzs odder werck weg-
genomen / hette er freylich damit nichts ausgericht. Er hette denn auch
eine andere gerechtigkeit an der selbigen stat geleret vnd gewis gemacht.
Gott hub das alte testament nicht auff / bis er an seine stat das newe 25
testament einsetzt vnd viel gewisser macht denn das alte. Es ist nicht ein
160 E   seiner geist / der da leret vnd [1] spricht / bis ist erlogen / vnd gibt doch keine
267 W   gewisse warheit dafur. Es gilt nicht etwas lügen straffen [1] vnd dagegen
nicht wissen noch wöllen / die lügenstrefferyn / nemlich / die warheit / an-
zeygen. Wer die lügen wil gewaltiglich stürtzen / der mus an der selbigen 30
stat gar offentliche gewisse vnd bestendige warheit stellen. Denn lügen
furcht noch fleucht nicht / bis die helle / bestendige warheit kome. Sie ist
gar gerne ym finstern vnd abwesen der warheit. Ist nu vnser verstand
falsch ynn diesen worten (Das ist mein leib) so ist Zwingel schuldig / das
er seinen verstand vnd text (nemlich das bedeut meinen leib) gewis mache 35
vnd bestendiglich beweise. Des selbigen gleichen Ecolampad vnd die andern
alle / ein iglicher den se..nen / Wenn wöllen sie aber das thun?

Ja ich wil dir wol mehr sagen / Weil sie yhren verstand odder text

---

6 gegeben werden (W. A. 38, 117, z. 7)   7 stellt sich niemand
(Thiele no. 181)   8 ihnen beifallen   10 lauert (vgl. Latet anguis in
herba)   11 abzutun   20 unwiderleglichen   23 sicherlich | wenn er
nicht auch . .   29 die überwinderin der lüge   31 ganz offenbare
32 fürchtet sich   33 fern

nicht gewis haben können / noch beweisen / So ists gewis / das sie auch
onsern verstand vnd text nicht bestendiglich mügen falsch schelten / Denn wie
gesagt ist. Wer kan eine lügen gewis vnd bestendiglich straffen / der nicht
die widderwertige warheit kan auffbringen? Wer kan das vnrecht tadeln /
5 der nicht dagegen das recht beweiset? Es mus nhe das liecht die finsternis
straffen / Ein finsternis strafft die ander nicht / So treibt auch Beelzebub
keinen teuffel aus / Solchs fulet der schwermergeist wol / drumb gehet er
ombher wie die katz omb den heissen brey / sichtet grewlich / wie onser text
ond verstand nicht recht sey / ond schewet doch vnd fleucht / wie der teuffel
10 das wort Gottes / das er nicht musse beweisen / wie sein text vnd verstand
recht sey / Denn er fulet wol / das ers nicht thun kan / Darumb meinet
er / man solle es da lassen bleiben / das er den text des abendmals nach
onserm verstande auffhebe / vnd keinen andern gewissen an seine stat setze /
Nein / das gilt nicht. Wiltu abbrechen / so bawe auch widder. Wiltu
15 fur yrrthum warnen / So lere auch die gewisse warheit an die stat / odder
las dein meistern vnd leren anstehen / Denn da mit gibstu dich selbs ge-
wonnen / das du ein falscher lügengeist bist / weil du das falsch schiltest /
welches ¹ widderspiel du nicht warhafftig noch gewis machen kanst / vnd wilts   161 E
auch nicht thun. Der heilige geist aber weis gar fein das widderspiel zu
20 beweisen vnd gewis zu machen / wo er die lügen odder yrrthum strafft.

Das sey nu euch meinen lieben herren vnd brüdern zur warnung
geschrieben / denn hie künd yhr diesen geist greiffen / das er das liecht
schewet vnd ein vnnützer wesscher ist da es nicht not ist / vnd flabbert vnd
fleucht vber hin / da es not zu reden ist. Vnd wie ich ynn yhenem buch
25 auch gesagt habe / darffest ¹ nicht dencken / das er dir auff ein argument odder   268 W
widderrede / richtig vnter augen gehe / Sondern gleich wie er auff diese erste
widderrede gethan hat / so thut er fast auff alle andere / wie wir hören
werden. Darumb so hüt dich fur yhn / odder greiff sie frisch an mit dieser
oneinigkeyt vnd ongewisheyt yhrer lrede lvnd verstand vnd sodder getrost
30 von yhn / das sie dir einen richtigen / gewissen / eintrechtigen text machen
ynn diesen worten (Das ist mein leib) Wenn sie das thun / so trit getrost
zu yhn / so wil ich auch lmich gewonnen geben. Weil sie aber das nicht
thun / so sollen sie vnrecht haben / ketzer / schwermer / verfurer heissen / vnd
dazu auch verloren haben / wenn sie gleich noch / so steyff vnd stolz weren.
35 Denn wenn gleich yhr heubtsache vnd yrrsal recht vnd warhafftig were /
so müste man dennoch ia einen einigen richtigen / gewissen / eintrechtigen
text haben / Weil auff ongewissen / oneinigen / widderwertigen text nichts
zu bawen ist. Also stehet mein erste widder rede noch / das diese secte so

---

4 gegensätzliche | an den tag bringen   8 Thiele no. 434   16 lass
sein | gestehst du selbst deine niederlage ein   18 wovon du das gegen-
teil   23 schwätzer   24 W. A. 23, 89, z. 1 ff.   26 offen entgegen-
trete   28 keck   29 fordere   30 zu ihrer auffassung stimmenden
35 irrtum

viel vneinige heubter hat / zum zeichen / das der Satan hie meyſter vnd
geiſt iſt.

    Zum andern / hatte ich begerd / das man vns auch beweiſen ſolte
aus der ſchrifft / wie das woͤrtlin (Iſt) ſo viel hieſſe als / Deutet / ym
abendmal / Denn ich ynn mein buͤchlin hatte beweiſet / das der geiſt ynn 5
seinen vorigen ¹ ſchrifften wol etliche ſpruͤche furet aus der ſchrifft / daryñnen
Iſt / ſolte deutet heiſſen / Aber es were ſein eigen dunckel vnd hette es
noch nicht beweiſet / Drumb begeret ich / Er ſolte es noch thun / vnd ſeine
deuteley beweiſen / Denn das er ſpruͤche furet / iſt vns nicht hoch von
noͤten / Wir kennen ſolche ſpruͤche faſt wol / auch on ſein erfur ziehen / als / 10
Chriſtus iſt der fels ꝛc. Aber das da deuteley ynn ſey / das ſehen vnd
kennen wir nicht / vnd begerten / das ſolchs auch moͤcht erfur komen / So
feret er iʒt ʒu vnd thut gleich / alſo / furet abermal ſpruͤche / als den /
Johannes iſt Elias / Chriſtus iſt ein weinſtock etc. Wenn das geſchehen /
ſo kluͤttert er lange vnd viel mit ſeinen eigen worten / vnd ſchleuſt on 15
ſchrifft / ſpricht / Hie iſt deuteley. Denn Johannes iſt nicht Elias / ſondern
deutet Eliam. Da ſehet yhr abermal das er nicht wil beweiſen / wie (Iſt)
ſol (deutet) heiſſen. Er ſagt wol / Es heiſſe deutet / Wer fragt aber
darnach / das ers ſagt? Wir wiſſens vorhin wol / das er ſo ſagt. Er
ſolte aber mit ſchrifft beweiſen / das er recht ſaget.   20

    Vnd wie wol er ſelbs faſt fulet / das ſein kluͤttern ein lauter geweſſch
(wie er denn groſſen vleis thut / boͤſe deudſch ʒu reden / ſo er doch on
ſolchen ¹ vleis / dennoch vndeudſch genug were) vnd bekennet / das ſeine
meynung ſey nicht darauff zu ſtehen / ob (Iſt) etwo fur deutet wuͤrde ge-
nomen / das drumb auch hie ym abendmal muͤſte / ſo genomen werden / 25
Sondern / das / weil ander oͤrt der ſchrifft vnd glaube ʒwingen / das die
wort des abendmals vnſern alten verſtand nicht haben muͤgen / ſo ſey das
(Iſt) fur deutet bey yhn genomen. Quia is ſenſus ſit abſurdus etiam
fideli intellectui / Ja carnali intellectui. Nu wie vnſer verſtand ſich nicht
reyme mit der ſchrifft vnd glauben / haben ſie noch nicht beweiſet / Vnd 30
werdens hernach weiter ſehen. Aber das gilt nicht / das ſie alſo wolten
den text des abendmals vngewis machen vnd ſich als die diebe heymlich
ausdrehen / Sie ſollen ſtehen / Vnd weil ſie geleret haben / das (iſt) heiſſe /
bedeuten / ſo ſollen ſie es beſtendiglich beweiſen / vnd vns an ſtat des
vorigen alten gewiſſen texts / welchen ſie wollen zuruͤtet vnd vngewis haben 35
gemacht / widderumb einen newen / gewiſſen ſtellen / wie ich droben auch
geſagt habe / das ſie ʒu thun ſchuͤldig ſind / Weil ſie nu daſſelbige ſchewen

Marginalien links: 269 W   162 E   270 W

---

    3 W. A. 23, 95, z. 20 ff.   7 einbildung   10 sehr wohl, auch
ohne seinen hinweis   11 1. Ko. 10, 4 | allegorie vorliege   13 A
D 7ᵇ ff.   14 Mt. 11, 14. Jo. 15, 1   15 spielt | folgert   21 recht
wohl | blosses geschwätz   22 schlecht   23 an und für sich schon
24 absicht | irgendwo   27 abendmal A u. hs.   33 drücken
(Thiele no. 139)   35 erschüttert und unsicher gemacht zu haben be-
haupten   36 s. 358, z. 20

vnd [1] wollen nicht dran / so geben sie wol zuuerstehen / was sie fur einen 163 E
geist haben / als der nůr brechen vnd nicht bawen / reissen vnd nicht heilen
wolle / Das heist der teuffel. Drumb sey aber mal gewarnet [1] fur diesem 271 W
schewern teuffel / der so fleucht vnd flabbert / das er nicht richtig antworten
5 wil / vnd las yhn faren.

Aber euch als die vnsern / weiter zu vnterrichten / solt yhr wissen /
Das ein lauter geticht ist / wer do sagt / das dis wörtlin (Ist) so viel
heisse / als deutet / Es kan kein mensch nymer mehr beweisen an einichem
ort der schrifft / Ja ich wil weiter sagen / Wenn die schwermer ynn allen
10 sprachen so auff erden sind / einen spruch bringen / darynnen (ist) so viel
gelte als deutet / so sollen sie gewonnen haben. Aber sie sollens wol lassen /
Es mangelt den hohen geistern / das sie die rede kunst grammatica / obber
wie sie es nennen / Tropus / so man ynn der kinder schulen leret / nicht recht
ansehen. Die selbige kunst leret / wie ein knabe solle aus einem wort zwey
15 obber drey machen / obber wie er einerley wort / newen brauch vnd mehr
deutunge geben müge. Als das ichs mit etlichen exempeln beweise. Das
wort / blume / nach seiner ersten vnd alten deutunge / heist es eine rosen /
lilien / violen vnd der gleichen / die aus der erden wechst vnd blühet. Wenn
ich nu Christum wolt mit eym seinen lobe preisen / vnd sehe / wie er von
20 der iungfrawen Maria kompt / so ein schön kind / mag ich das wort blume /
nemen / vnd einen tropum machen obber eine newe [1] deutunge vnd brauch 272 W
geben / vnd sagen / Christus ist eine blume. Hie sprechen alle grammatici
obber redenmeister / Das blume sey ein new wort worden vnd habe eine
newe deutung / Vnd heisse nu nicht mehr / die blume auff dem felde / sondern
25 das kind Jhesus / Vnd müsse nicht hie das wort (Ist) zur deuteley werden.
Denn Christus bedeutet nicht eine blume / sondern er ist eine blume / Doch
ein ander blume denn die natürliche.

Denn so spricht der Poet Horatius / Dixeris egregie / notum si callida
verbum / reddiderit iunctura nouum / das ist / Gar fein ists geredt / wenn du
30 ein gemeyn wort kanst wol vernewen. Daraus [1] man hat / das einerley 164 E
wort / zwey obber vielerley wort wird / wenn es vber seine gemeyne deutunge
andere newe deutunge kriegt / Als blume / ist ein ander wort / wenn es
Christum heist / vnd ein anders / wenn es die natürliche rosen vnd der
gleichen heist / Item ein anders / wenn es eine gülden / sylbern obber hülzern
35 rosen heist. Also wenn man von einem kargen man spricht / Er ist ein
hund. Hie heist hund den kargen filz / vnd ist aus dem alten wort ein
new wort worden / nach der lere Horatij / Vnd mus nicht hie (Ist) eine
deuteley sein / denn der karge be-deutet nicht einen hund. Also redet man 273 W

7 dass es eine pure erfindung ist   8 irgend einem   13 der]
den hs.   16 z. B.   22 L. denkt wohl an: „und hat ein Blümlein
bracht" (Wackernagel, Kirchenlied II no. 1153 f. v. 1)   28 Ars poët. 47 f.
30 in einem neuen sinne verwenden | schliesst man   31 über-hinaus
35 geizigen | vgl. Thiele no. 14

nu ynn allen sprachen / vnd vernewet die wörter / als / wenn wir sagen /
Maria ist eine morgenrödte / Christus ist eine frucht des leibes / Der teuffel
ist ein Gott der wellt / Der Bapst ist Judas / S. Augustin ist Paulus /
S. Bernhard ist eine taube / Dauid ist ein holtzwürmlin / Vnd so fort an /
ist die schrifft solcher rede vol / vnd heist tropus odder Metaphora ynn der   5
grammatica / wenn man zweyerley dingen / einerley namen gibt / vmb des
willen / das ein gleichnis ynn beiden ist / Vnd ist denn der selbige name
nach dem buchstaben wol einerley wort / aber potestate ac significatione
plura / nach der macht / brauch / deutunge / zwey wort / ein altes vnd newes /
wie Horatius sagt vnd die kinder wol wissen.   10

    Wir deudschen pflegen bey solchen vernewelen worten (recht odder
ander odder new) zusetzen / vnd sagen / Du bist ein rechter hund / Die münche
sind rechte Pharisper / Die nonnen sind rechte Moabiter töchter / Christus
ist ein rechter Salomon. Item Luther ist ein ander Hus / Zwingel ist ein
ander Chore / Ecolampad ist ein newer Abiram. Ynn solchen reden / werden   15
mir alle deudschen zeugnis geben vnd bekennen / das newe wörter sind / Vnd
274 W   gleich so viel ist / ' wenn ich sage / Luther ist Hus / Luther ist einander Hus /
Luther ist sein rechter Hus / Luther ist ein newer Hus. Also das man
es sulet / wie ynn solchen reden / nach der lere Horatij / ein new wort aus
165 E   dem vorigen gemacht ' wird / Denn es klapt noch klinget nicht / Wenn ich   20
sagt / Luther bedeut Hus / sondern / Er ist ein Hus / Vom wesen redet man
ynn solchen sprüchen / was einer sey / vnd nicht was er bedeute / vnd macht
vber seinem newen wesen / auch ein new wort / So wirstu es finden ynn
allen sprachen / das weis ich fur war / Vnd also leren alle Grammatici /
vnd wissen die knaben ynn der schule / Vnd wirst nymer mehr finden / das /   25
Ist / müge deuten heissen.

    Wenn nu Christus spricht / Johannes ist Elias / kan niemand be-
weisen / das Johannes bedeute Elias / Denn es auch lecherlich were / das
Johannes solte Elias bedeuten / so viel billicher Elias Johannem bedeutet /
Vnd nach Zwingels kunst / mustes Christus vmbkeren / vnd sagen / Elias   30
ist Johannes / das ist / Er bedeut Johannem / Sondern / Christus wil
sagen / Was Johannes sey / nicht was er bedeute / sondern was er fur ein
wesen odder ampt habe / vnd spricht / Er sey Elias. Hie ist Elias ein
new wort worden / vnd heist nicht den alten Elias / sondern den newen
Elias / Wie wir deudschen sagen / Johannes ist der recht Elias / Johannes   35
275 W   ist ein ander Elias / Johannes ist ein newer ' Elias. Eben so ists auch
gered / Christus ist ein fels / das ist / Er hat ein wesen vnd ist warhafftig
ein fels / aber doch ein newer fels / ein ander fels / ein rechter fels. Item /
Christus ist ein rechter weinstock. Lieber wie klappets / wenn du solchs
also wilt deuten nach Zwingels dunckel / Christus bedeut den rechten wein-   40

---

    8 dem] den hs.   11 solche vernewete worte hs.   15. Korah | solchen
allen hs.   27 Mt. 11, 14   37 1. Ko. 10, 4   39 Jo. 15, 1   40 gut-
dünken

stock? Wer ist denn der rechte weinstock / den Christus bedeut? So hör
ich wol / Christus solt ein zeichen odder deutung sein / des holtzes ym wein-
berge? Ach das were sein ding / Warumb hette denn Christus nicht
billicher also gesagt / Der rechte weinstock ist Christus / das ist / der hültzen
5 weinstock bedeutet Christum? Es ist ia billicher / das Christus bedeutet
werde / denn das er aller erst bedeuten sollt / sintemal das da deutet allmal
geringer ist / denn das bedeutet wird / Vnd alle zeichen geringer sind / denn
¹ das ding / so si ¹bezeichen / wie das alles auch narren vnd kinder wol ver- ¹⁰⁶ E
stehen.

20   Aber der Zwingel sihet nicht auff das wort Vera / ynn diesem spruch /
Christus ist der rechte weinstock / Wenn er dasselbige ansehe / hette er nicht
konnen deuteley aus dem Ist / machen / Denn es leidet keine sprache noch
vernunfft / das man sage / Christus bedeut den rechten weinstock / Denn es
kan ia niemand sagen / das an diesem ort der rechte weinstock sey das holtz
15 ¹ ym weinberge / Vnd zwinget also der text mit gewalt / das (weinstock) sey ²⁷⁶ W
hie ein new wort / das einen andern / newen / rechten weinstock heisse / vnd
nicht den weinstock ym weinberge / drumb kan auch / Ist / hie nicht deuteley
sein / Sondern / Christus ist warhafftig vnd hat das wesen eines rechten /
newen weinstocks / Wie wol / wenn gleich der text also stünde / Christus
20 ist ein weinstock / so lautets doch nicht / das ich sagen wolt / Christus bedent
den weinstock / Sondern viel mehr solt der weinstock Christum bedeuten.

Also ¹auch dieser spruch / Christus ist das ¹lamb Gottes / kan nicht
also verstanden werden / Christus bedeut das lamb Gottes / Denn so müste
Christus geringer sein / als ein zeichen / denn das lamb Gottes / Welchs
25 wil aber denn das lamb Gottes sein / das Christus bedeutet? Solts sein
das Osterlamb? Warumb keret ers denn nicht vmb vnd spreche billicher /
Das lamb Gottes ist Christus / das ist / Osterlamb bedeut Christus / wie
Zwingel deutet / Nu aber weil das ¹wörtlin (Gottes) bey dem wort (Lamb)
stehet / zwinget es mit gewalt / das Lamb hie ein ander / new / wort ist /
30 heist auch ein ander / new vnd das rechte lamb / welchs Christus warhafftig
ist / vnd nicht das alte osterlamb.

Vnd so fort an / was sie mehr fur exempel furen / als / Der same ²⁷⁷ W
ist Gottes wort / der acker ist die welt ꝛc. konnen sie keine deuteley aus
dem (Ist) machen mit gutem grunde / Sondern / die kinder ynn der schule
35 sagen / das Same vnd Acker seyen tropi odder vernewete wörter nach der
Metaphora / Denn vocabulum simplex ꝛ metaphoricum sind nicht ein / sondern
zwey wort. Also heist ¹ Same hie nicht korn noch weitzen / sondern Gottes ¹⁶₇ E
wort / vnd Acker heist die welt / denn Christus (spricht der text selbs) redet
ynn gleichnissen vnd nicht von natürlichem korn odder weitzen / Wer aber
40 ynn gleichnissen redet / der macht aus gemeinen worten eitel tropos / new

---

vnd ander wörter / sonst werens nicht gleichnisse / wo er die gemeinen wort
brauchet ynn der vorigen deutunge / Das gar ein toller vnuerstendiger geist
ist / der ynn gleichnissen / wil die wort nemen nach gemeiner deutunge /
widder die natur vnd art der gleichnissen / der mus denn wol mit deuteley
vnd geuckeley zu schaffen gewynnen. 5

 Item / also auch / der spruch aus dem ersten buch Mosi / Sieben ochsen
sind sieben iare / Vnd sieben ehern sind sieben iare / Weil der text selbs
sagt / das er vom trawm rede / vnd von gleichnis odder zeichen der sieben
iare / So mussen hie die wort (Sieben ochsen / Sieben ehern) auch meta-
phore vnd newe wörter sein / vnd eben dasselbige heissen / das diese wort / 10
Sieben iar / das¹ also diese wort / sieben iar (nach gemeiner deutung) vnd
diese wort / sieben ochsen (nach newer deutunge) einerley heissen / Denn die
sieben ochsen bedeuten nicht sieben iar / sondern sie sind selbs wesentlich vnd
warhafftig die sieben iar / Denn es sind nicht natürliche ochsen / die da gras
fressen auff der weide / welche wol durch alte gemeine wort (sieben ochsen) 15
genennet werden / Aber hie ists ein new wort / vnd sind sieben ochsen des
hungers vnd der fulle / das ist / sieben iar des hungers vnd der fulle.
Summa / Sie mügen wol sprüche furen / vnd sagen / Hie ist deuteley /
Aber sie werdens nymer mehr ynn einigem beweisen / wie sie denn auch
bisher solchs zu beweisen sich noch nie vnterwunden haben / Meinen / es 20
sey gnug / wenn sie sprüche furen vnd sagen / Hie ist deuteley / Aber vns
ists nicht gnug / denn wir gleuben nicht an Zwingel odder einigen menschen /
Wir wollen grund vnd beweisunge haben.

 Aber hie wird villeicht die ander rotte sich brüsten vnd sagen / Hie
mit wirstu bestettigen des Ecolampads zeicheley / weil der selbige nach 25
solcher lere Horatij auch ein new wort vnd tropum macht aus dem ge-
meinen vnd spricht / mein leib / heisse hie / meins¹ leibs zeichen. Hirauff
ist bald geantwortet / das die grammatici / dazu auch alle Christliche lerer
verbieten / man solle nymer¹ mehr von gemeiner alten deutunge eins worts
tretten vnd newe deutunge an nemen / Es zwinge denn der text vnd der 30
verstand / odder werde aus andern orten der schrifft mit gewalt beweiset /
Sonst würde man nymer mehr keinen gewissen text / verstand / rede noch
sprache behalten / Als wenn Christus spricht / Johannes ist Elias / Hie
zwingt der text vnd glaube / das / Elias / ein newes wort sein mus / Weil
das gewis ist / das Johannes nicht ist noch sein kan der alte Elias. Item 35
Christus ist ein fels / Zwinget aber mal der text selbs vnd der glaube /
das fels hie ein newes wort ist / weil Christus nicht ist noch sein kan ein
natürlicher fels.

 Das nu Ecolampad / hie aus dem wort / Leib / macht leibszeichen /

5 zu d. greifen 6 Gen. 41, 26 8 Gen. 41, 1. 15. 25 18 an-
führen | allegorie 19 irgend einem falle 25 herumreiten auf dem
begriff „zeichen" 30 abgehen

geſtehet man yhm nicht / Denn er thuts mutwilliglich / vñ kans nicht be-
weiſen / das der text odder glaube ſo erzwinge / gleich als wenn einer mut-
williglich wolte alſo tropiſirn odder wort vernewen / Das Euangelion iſt
Gotts krafft Rom. 1. ſolte ſo viel gelten / das Euangelion iſt des Rolands
5 ſchwerd / Alſo möcht einer Chriſtum / Belial / Paulum Judas heiſſen odder
deuten / Wer wils yhm weren? Aber man nympts nicht an / er beweiſe
es denn / vñ zwinge es aus dem text. Alſo ſtreitet Ecolampad auch nicht
weiter / denn das er eitel brod vñ wein ym abendmal mache / Aber wenn
er daſſelbige ſchön erſtritte (als er nicht vermag) ſo kan er doch nicht
10 erſtreiten noch beweiſen / das leib / leibszeichen heiſſe / wie ich ym vorigen
büchlin auch angezeigt habe / Vñ mus alſo auch Ecolampad bleiben on
gewiſſen text vñ verſtand des abendmals / Nu mus man ia gewiſſen text
vñ verſtand hie haben / wenn gleich eitel ſtro vñ sprew ym abendmal
ſein ſolt / Wer wil aber den ſelbigen geben? Sie thuns nicht / Wollens
15 auch nicht thun / konnens auch nicht thun / Wolan ſo bleiben wir bey dem
vnſern / vñ vermanen alle die ſich vermanen laſſen wollen / das ſie ſich
fur ſolchen vngewiſſen / vnbeſtendigen tropiſten vñ Deutiſten hueten / Denn 169 E
es iſt nicht gnug / das ſie ¹ ſagen / Brod ſey brod / vñ wein ſey wein /
Sondern müſſen vñ ſollen beweiſen / wie der text ſolle zu leſen vñ zu-
20 verſtehen ſein (Das iſt mein leib) ob er ſolle alſo ſtehen / Das bedeut
meinen leib / odder / das iſt meins leibs zeichen / odder / das iſt mein leib /
Wir laſſen vns kein kinder ſpiel odder geringe ſachen (wie ſie gerne wollen)
aus dieſem ¹ text machen / Es ſind Chriſtus wort / wir müſſen wiſſen / was 280 W
ſie halten vñ geben. Summa / Es iſt / wie ich geſagt habe / Sie wollen
25 nicht antworten wo ſie antworten ſollen / vñ plaudern die weil von yhren
eigen gedancken.

Auffs dritte / Wie wol der geiſt aus den bünden wol weis / das ich
von Gotts gnaden verſtehe / wie man müſſe einen ort der ſchrifft durch
den andern verkleren / wie ich / ehe denn Zwingels name auff kam / fur aller
30 welt / ynn ſo viel ſchrifften habe an tag geben / doch muſt er mich ſolchs
durch faſt viel bletter leren / allein darumb / das man dencken ſolle / Er
wolle ein mal antworten / Nu weis Gott / ich hab antwort auff meine
einſprüche vñ nicht ſolche kunſt von yhm begerd / weis yhm auch der
ſelbigen keinen danck / Aber das wolt ich noch heutiges tages gerne / das
35 er ſich ſelbs vñ die ſeinen / die es bas dürfften denn ich / ſolche kunſt
leret / vñ an dem text des abendmals auch erzeiget / da es yhm doch not
thut. Er ſchilt mich wol / das ich das ſtück (Das iſt mein leib) habe allein
furgenomen / vñ das folgende (Der fur euch gegeben iſt) laſſen ſtehen /
vñ weſcht grewlich / wie daſſelbige folgende ſtücke / das vorige ſtück verklere /

---

1 dazu kann man ihm das recht nicht zugestehen   4 Rö. 1, 16
5 ebenso könnte   9 schon   11 W. A. 23, 269, z. 34 ff.   24 enthalten
27 ausbündig, ausserordentlich   31 A D iij a — D iiij b   35 besser,
nötiger brauchten   37 A D iiij b   39 schwätzt grauenerregend

Wolan ich verstehe sein wol / das ein ort den andern verkleret / so bin ich
auch newlich ym bade gewesen / vnd hab die oren gewasschen / das ich wol
höre / wie ym abendsmal text / das folgende stücke (der fur 'euch gegeben
ist) solle verkleren das vorgehende stück (Das ist mein leib) Ich frage
aber / wie solche verklerung |beweiset werde odder zugehe? Da höre ein 5
mal einen meister / hastu nie keinen gehöret.

170 E   Christus leib (spricht er) ist sichtbarlich am creutz fur vns gegeben /
Weil denn ym abendmal stehet / Das 1 ist mein leib der fur euch gegeben
ist / So muste er auch sichtbarlich ym abendmal sein / so es der selbige leib
fur vns gegeben / sol sein / Also verkleret das folgende stücke das fodderst / 10
das weil Christus nicht sichtbarlich ist ym abendmal / so müsse (Ist) eine
deuteley sein / Hie saget mir lieben brüder / ob diesem geist ernst sey vns
zu antworten / odder ob er nicht |viel mehr ein gespot aus| dieser sachen
macht. Ich dancke aber dir Jhesu Christe mein Herr   das du deine feinde /
nnn yhren eigen worten also meisterlich zu fahen vnd zu schanden machen kanst / 15
zu stercken vnsern glauben ynn deinen einfeltigen worten. Dis einige stück
solt billich yderman von dieser secten abschrecken / wenn er solch grosse
grobe blindheit sihet / ynn solchem hohen gelerten geist / Die knaben ynn
der schulen wissen / das Quod refert substantiam / Vnd dieser geist sagt /
Quod refert qualitatem / imo accidens communissimum : mutabilissimum / 20
Ich mus deudsch reden.

          Wenn vnd wo ich von Christus leib sagen kan (Das ist Christus
leib fur vns gegeben) da mus er auch sichtbarlich sein / weil er nicht anders /
denn sichtbarlich fur vns gegeben ist / Ist er aber nicht sichtbarlich da / so
28 W ist er gar 1 nichts da / Nu ich zeige mit der hand gen hymel / vnd sage diese 25
wort / Da sitzt zur rechten Gotts der leib der fur vns gegeben ist / So
mus er fur war sichtbarlich da sitzen / odder ist gar nichts da / denn die
folgende wort (der fur euch gegeben ist) verklerens also   nach der kunst
dieses geists. Item / Da Christus Johan. 8. sich verbarg vnd zum tempel
aus gieng / möcht ich sagen / da gehet der leib der fur vns gegeben wird / 30
Aber er wird sichtbarlich fur vns gegeben / darumb gehet er gewis sichtbarlich
da / vnd der Euangelist leuget / da er sagt / das er verborgen da gehe /
odder wird gar nicht da sein. Vnd Summa / Christus leib sey wo er
wolle / so ists der leib der fur vns gegeben ist / Weil er denn sichtbarlich fur
vns gegeben / so kan er nirgent sein / er sey denn sichtbarlich da / Wie dünckt 35
dich? hastu ein mal einen meister gehöret? da hastu ein mal schrifft vnd
171 E 1 glauben / welche vnsern verstand nicht leiden mügen / Nu gleube hinfurt
diesem geist / das er dich recht leren müge ym abendmal. Aber also mus
der teuffel ymer dar seine weisheit mit drecke versiegeln / vnd stanck hinder
sich lassen / das man ia mercke / er sey da gewesen.   40

_____

    2 Thiele no. 3   10 vorderste, vorhergehende   29 Jo. 8, 59
39 Wander, Dreck no. 147   40 Thiele no. 59

So iſt nu der arme leib Chriſti / weil er ein mal ſichtbarlich fur vns
gegeben iſt / alſo gefangen / das er entwedder nirgent ſein kan vnſichtbarlich /
odder iſt er vnſichtbarlich / ſo iſt er nicht da / Denn wo ohn das hindert
ym abendmal zu ſein / das er ſichtbarlich fur vns gegeben iſt / vnd kan nicht
5 anders denn ſichtbarlich da ſein / weil die wort da ſtehen / das iſt mein
leib / der fur euch lgegeben iſt / So mus er freylich nirgent andere denn
ſichtbarlich ſein / Denn ſolche verklerunge geben dieſe wort / Der fur euch
gegeben iſt / Was heiſt Der? Der? Der geiſt ſagt / Es heiſſe ſo viel als /
Wie / odder der geſtalt wie er am creutze hieng / Nu hieng er da fur den
10 augen der Jüden ſichtbarlich vnter ſpieſſen vnd roſſen / Wo er nu ym
abendmal were / ſo müſten alle Jüden / roſſe / ſpieſſe / creutze / negel vnd
alles miteinander auch ym abendmal ſein / ia auch zur rechten Gottes vnd
an allen orten da Chriſtus leib iſt / So ſol man die ſchrifft verkleren vnd
einen ort durch den andern richten / Sie zürnen / das ich den teuffel durch
15 ſie reden achte / Lieber / wie ſol doch vernunfft hie ſagen mügen / das
menſchlich yrthum / vnd nicht eitel teuffels geſpötte ſey? ſonderlich weil
der Zwingel ſolch gros kunſt / geiſt vnd geweſch draus macht / als ſey es
ſeiner beſten heubtgründ vnd meiſterſtück eines. Müntzer war ein thumküner
geiſt / Aber dieſer iſt ia ſo thumküne / ſpeyet eraus / was yhm vns maul
20 ſellet / denckt nicht ein mal / was er doch ſage / Doch Gott warnet
vns alſo.

Iſts nu nicht zurbarmen / das man aus ſolchem nichtigen falſchen
grunde / ſol leucken die helle wort Chriſti / Das iſt mein leib / vnd das
abendmal alſo ſchenden? Wenn ein knabe ynn der ſchule ſolchen ſyllogiſmum
25 machte / ſo gebe man yhm einen ſchilling / Thets ein meiſter vnter den 282 W
Sophiſten / ſo müſt er Eſel heiſſen /Vnd hie ym geiſt / ſol es göttliche 172 E
ſchrifft vnd warheit heiſſen / der ſie ſich hoch rhümen wibder vnſern verſtand.
Alſo möcht einer auch ſolche geiſterey treiben vnd ſagen / Chriſtus zur
rechten Gotts / iſt der ſon der von Marien geborn iſt / Aber er iſt von
30 Maria ſterblich geborn / So mus er auch ſterblich ſitzen zur rechten Gottes /
Er Hans Ritter reytet nicht ym köris / Darumb iſts nicht ein ritter.
Rahel hat keinen ſchleyer auff / drumb iſt Rahel kein weib. Juxta regulam
nouam / accidens eſt ſubſtantia nec poteſt abeſſe ſuo ſubiecto.

Auffs vierde kömpt er auff die wort ym abendmal vnd teilet die
35 ſelbigen ynn zwey teil / Aus etlichen macht er / Befelh / die vns etwas
heiſſen thun odder befelhen / als dieſe / (Nemet / Eſſet) Aus etlichen macht
er Rede odder geſpreche / die vns ſchlecht ſagen was geſchehe / Aber ich
mus hie ſeines filzichten / feindſeligen deudſches brauchen / welchs yhm doch
viel bas gefellet / denn dem ſtorcke ſein klappern / wie wol einer ſchwitzen

---

6 gewiss 14 eine stelle nach der andern beurteilen | A B 7ᵃ
18 dummdreister 19 ebenso | Thiele no. 8 25 eine tracht prügel
28 geistreichelei 31 herr | kürass 34 A F iiij ᵇ ff. 37 schlechthin
38 verworrenen, abscheulichen

möcht / ehe ers verſteht / Er wil ſo viel geſtammelt obber gehuſtet (ich ſolt
ſagen) gered haben / Wo Gott gebeut / da ſind heiſſe wort / als / du ſolt
kein ander götter haben / Wo er aber etwas thut / da ſind thatlich wort /
als Gen. 1. Es werde liecht ꝛc. So wolt er nu gerne ſo viel ſagen /
wenn er reden künde / Wo thatel wort ſind ob ich gleich die ſelbigen auch 5
ſpreche / ſo wird doch nichts draus / als wenn ich ſchön aus Gen. 1.
ſpreche / Es werde Sonn vnd Mond / ſo wird doch nichts draus / Alſo
ob Chriſtus gleich ym abendmal hette ſeinen leib gegeben / da er ſprach /
Das iſt mein leib / So folget doch nicht / wenn ichs nach ſpreche / das auch
alſo bald Chriſtus leib werde / Denn Chriſtus hat es nirgend geheiſſen / 10
das aus meinem wort ſein leib werde ꝛc.

O der arme elende geiſt / wie ringet vnd windet er ſich / vnd kan
doch nirgent aus. Nu wir nemen auffs erſt das an / das er zu leſt /
173 E Chriſtus habe ſeinen leib ym abendmal den Jüngern gegeben / Denn [1] er
bekennet / das dis thettel wort ſind (das iſt mein leib) welche das mal 15
geſchehen ſind / Vnd dancken ohn freundlich / das ſie vns doch das erſte
einige abendmal laſſen bleiben / Wo wir aber das haben / ſo ſollen vns
die andern auch bleiben / Auch wollen wir das ſelbige erſte abendmal wol
mit gewalt / vnd durch yhre eigen wort ohn abbringen / Auff die weiſe /
Zwingel halte die wort ym abendmal / gleich wie er wil / es ſeyen heiſſel- 20
wort / obber laſſelwort / thettelwort obber leſelwort / da ligt mir nichts
an / Das frage ich aber / ob die ſelbigen thettel wort Chriſti / lügen wort /
obber ware wort ſind? Sinds lügen wort / ſo verantworte ſie Chriſtus
ſelbs / vnd gehen vns nicht an / Sind es aber ware wort / ſo antworten
wir frölich ! das auch der ſchwermergeiſt mus bekennen / das Chriſtus ſeinen 25
283 W leib hat ym abendmal gegeben / Denn es ſind [1] thetel wort / die Chriſtus
auffs erſte mal redet vnd leuget nicht / da er ſpricht / Nemet / eſſet / das
iſt mein leib etce. eben ſo wol / als ſon vnd mond da ſtund / da er ſprach
Gen. 1. Es ſey ſonn vnd mond / vnd war kein lügen wort / So iſt ſein
wort freylich nicht ein nachwort / ſondern ein machtwort / das da ſchaffet / 30
was es lautet. Pſalm. 33. Er ſpricht / ſo ſtehets da / ſonderlich weil es
hie am erſten geſprochen wird vnd ein thetel wort ſein ſol. Alſo
haben wir das erſte einige abendmal erhalten / das ſie ſelbs auch geben
vnd bekennen.

Nu wollen wir auch ſehen / wie der zarte geiſt / aus den thettel 35
worten (Jſt) zum deutel wort machen / vnd vnſern verſtand nemen wil /
Wo thettel wort ſind (ſpricht er) da folget nicht / das alſo geſchehe / wenn
wir ſie reden / ſondern bleibt ſchlechte rede / von der that / ſo geſchehen
iſt / Wenn wir nu gleich ſagen ym abendmal / das iſt mein leib / wird drumb
nicht Chriſtus leib draus / Drumb mus nu freylich eitel brod da ſein / Jſt 40

---

2 befehlsworte   3 worte, die ein tun ausdrücken und ein ge-
ſchehen zur folge haben   29 Gen. 1, 14   31 Pſ. 33, 9   33 be-
hauptet | zugeben   35 feine   37 A F 6ᵃ   38 einfache   40 gewiſs

eitel brod da / so mus (Jst) deutelen sein / Also ist vnser verstand nichts /
vnd der schwermer recht / Hiemit sicht er nicht weiter / denn das ym ersten
abendmal sey vnser verstand wol recht / Aber nicht ynn den andern folgen-
den ꝛc. Wenn ich nu hie frage / wer dem geist die macht hat gegeben
5 obber / wo ¹ mit ers beweisen wil / das die wort ym abendmal sollen also 174 E
zurtrennet vnd von einander gescheiden werden / etliche heisselwort etliche
thettelwort? So gibt er keine ander antwort denn spricht / Er hoffe / das
niemand muge sagen / das ym abendmal heisselwort sind / da durch man
Christus leib mache / Also stehet seine beweisung auff seiner hoffnung / der
10 doch ymer rhumet / er grunde sich auff Gotts wort vnd helle schrifft / Wer
nu auff des geists hoffnung wil bawen / der mag ymer hin gleuben / das
eitel brod ym abendmal sey / denn solcher glaub / billich auch / solchen grund
haben sol.

　　Wir sagen aber da widder / das dieser geist abermal vns leret das
15 wir wissen / vnd lest faren / das er leren solt / vnd einer freuel buberey
braucht / das er die wort des abendmals also teilet vnd sondert / Er solt
beweisen / das sie so von einander zu reissen weren / so sie doch alle nach-
einander sein an einem ort stehen / Nemet hin / Esset / das ist mein leib ꝛc.
vnd sind allzu mal nicht vnser wort / sondern Christus selbs eigen wort.
20 Dazu ob gleich diese wort (Das ist mein leib) an yhn selbs / thettel wort
weren / wo sie. eraus gezwackt vnd alleine ynn einen kercker von den andern
abgesundert wurden / So sind sie dennoch eitel heisselwort / weil sie ynn
heisselwort geleibet vnd gefasset werden / Denn ich hoffe warlich auch / Ja
ich weis fur war / das alle Christen schuldig sind aus der einsetzunge vnd
25 gebot Christi / solche wort ym abendmal zu sprechen / vnd halte die schwermer
selbs so kune nicht / das sie die selbigen mit gutem gewissen aussen lassen /
Mus man sie denn haben vnd sprechen ym abendmal / so sinds warlich
heissel wort / darumb das sie ynn heisselwort gefasset sind / Vñ gilt nicht sie
also von den heisselworten zu scheiden / wie der ¹ geist freuelt / Wenn aber 284 W
30 die thettel wort also ynn heissel wort gefasset sind / So sinds nicht mehr
schlechte thettelwort / sondern auch heissel wort / denn es geschicht auch /
alles was sie lauten / aus krafft der gotlichen heisselwort / durch welche sie
gesprochen werden.

　　¹ Als Matthei .21. stehet ein thattel wort / das die Junger sprechen 175 E
35 solten / Heb dich vnd wirff dich ynns meer / Welchs so yemand schlecht da
her redet / folgete freylich nichts draus / vnd bliebe ein thetel wort / Aber
da es Christus vns heissel wort fasset vnd spricht / So yhr werdet sagen
mit glauben zu diesem berge / heb dich ꝛc. so mus warlich nicht mehr ein
thettel wort sein / sondern geschicht wie es lautet / so mans nach seinem
40 befelh spricht. Item wenn der Priester teuffet vnd spricht / Jch teuffe
dich ꝛc. das ist freylich ein lauter thettel wort / Aber weil es ynn das heissel

---

7 A F 6 b　　21 herausgerissen　　23 einverleibt　　28 ym A
34 Mt. 21, 21

wort gefaſſet iſt / da Chriſtus ſagt / Gehet hin vnd teuffet / mus es gleich
wol eine tauffe ſein fur Gott.   Vnd wenn Petrus odder Paulus ſpreche /
Dir ſind deine ſunde vergeben / wie Chriſtus zu Maria Magdalena ſprach /
wolan das iſt ein lauter thettel wort / Dennoch ſind da die ſunde vergeben /
wie die wort lauten / Darumb das ym heiſſel wort befolhen vnd gefaſſet 5
iſt / da Chriſtus ſpricht Johan. vlt. nemet den heiligen geiſt / welchem yhr
die ſunde vergebt ꝛc. Vnd wenn das wort Gen. 1. (Es werde mond vnd
ſonne) auch ſo ynn heiſſel wort were gefaſſet vnd vns zu ſprechen befolhen /
So ſolteſtu wol ſehen / ob Gott liegen würde vnd nicht eine ſonne ſolt
werden / wo ichs zum ſtern odder hymel ſpreche / Nu aber da kein heiſſel 10
wort iſt / wird freylich keine ſonne draus / Alſo auch wenn ein heiſſel
wort were / das ich zum waſſer möcht dieſe thettel wort ſprechen (das iſt
wein) ſolteſtu wol ſehen / ob nicht ſolt wein da werden / Darumb iſts ein
lauter tillens tellens vnd vnnütze gepleuder / das dieſer geiſt die thettel
wort von den heiſſel worten ſcheidet ynn einerley text / da ſie den heiſſel 15
worten eingeleibet vnd zu ſprechen befolhen ſind / vnd gleichet ſie andern
thettel worten / die on befelh vnd heiſſel wort ſind / Das heiſt ſophiſtiſch
vnd bübiſch handeln ynn Gotts worten / Aber bey yhn heiſts ſchrifft vnd
glaube / welche vnſern verſtand nicht leiden mügen.

Weil denn hie durch noch keine deuterey beweiſet / noch vnſer ver- 20
176 E ſtand damit vmbgeſtoſſen / fragen wir ¹ nu weiter / ob Chriſtus habe vns
liegen heiſſen / da er beſilhet vnd vns heiſt dieſe thetel wort ſprechen /
Nemet / Eſſet / das iſt mein leib / weil ſie allzu mal ynn ſeiner perſon
vnd als ſeine eigene wort geſprochen werden? Heiſt er vns liegen / ſo
ſehe er zu / Heiſt er vns aber war reden / ſo mus freylich ſein leib da ſein 25
ym abendmal / aus krafft / nicht vnſers ſprechens / ſondern ſeines befelhs /
185 W heiſſens vnd wirckens / Vnd alſo haben ¹ wir denn nicht allein das erſt
einig abendmal / ſondern alle andere / ſo gehalten werden nach befelh vnd
einſetzunge des Herrn Chriſti.

Wenn ſie nu tragen / Wo iſt die krafft / die Chriſtus leib ym abend- 30
mal mache / wenn wir ſagen / das iſt mein leib? Antwort ich / Wo iſt
die krafft / das ein berg ſich hebe vnd yns meer werffe / wenn wir ſagen /
Heb dich vnd wirff dich yns meer? freylich iſt ſie nicht ynn vnſerm ſprechen.
ſondern ynn Gottes heiſſen / der ſein heiſſen an vnſer ſprechen verbindet.
Item / Wo iſt die krafft / das waſſer aus dem fels gehet / weil Moſes nichts 35
dazu thut / denn ſchlegt drauff? Solt ſchlahen gnug ſein / ſo wolten wir
auch wol alle ſteine zu waſſer machen / Aber dort iſt Gottes heiſſen / vnd
Moſe hat nichts denn mag das thetel wort ſprechen / Ich ſchlahe den
fels / welchs ich auch wol ſprechen künd / vnd folget dennoch kein waſſer /
denn das heiſſel wort iſt bey Moſe vnd nicht bey mir / Alſo hie auch 40

3 Lc. 7, 48   6 Jo. 20, 22   7 Gen. 1, 14   9 lügen   14 kin-
diſche tändelei   16 ſtellt ſie auf eine ſtufe mit   23 allzuſammen in
ſeinem namen   25 ſicherlich   27 halten, urteilen wir über

wenn ich gleich vber alle brod spreche / das ist Christus leib / wûrde frey-
lich nichts draus folgen / Aber wenn wir seiner einsetzunge vnd heissen
nach ym abendmal sagen / das ist mein leib / So ists sein leib / nicht vnsers
sprechens odder thettel worts halben / sondern seines heissens halben / das
er vns also zu sprechen vnd zu thun geheissen hat / vnd sein heissen vnd
thun an vnser sprechen gebunden hat. Wenn aber nach des geists hoch-
berûmbter kunst / Gottes heissen vnd vnser sprechen von einander zu reissen
weren / So dürfft er vns nicht leren / wie als denn vnser sprechen nichts
schaffet / das wüsten wir auch wol / Aber da solt er antworten vnd kunst
beweisen / ¹ Wo heissen vnd sprechen / beyeinander sind / das da Gott liegen ¹⁷⁷ E
vnd triegen müste / vnd nichts draus wurde / Ymer mus der tolle geist
anders speyen / denn man fragt / odder die sache foddert.

Wenn ich aber widder den geist zu schreiben hette furgenomen / Wolt
ich auch hie eine seltzame frage thun / Nemlich / Weil der geist so hoch
ficht / quod verbum facti / non efficiat factum / sed narret factum / das
thetel wort nicht schaffe / das es lautet / sondern predige nûr von dem ge-
schefft / So bekennet er freylich damit / es sey ym ersten abendmal Christi
geschehen / das Christus leib zu tisch gegeben ist / Was dürfft er sonst sich
so martern / wie es thettel wort seyen / das ist / die von der geschicht
reden / Es were gantz ein vergeblich geschwetz / weil ers alles darauff
stellet / das thettel worte die sind / die von der that sagen / das sie ein
mal geschehen sey / (Sonst werens nicht thetel wort) Wolan so bekennet
der geist hiemit / das ym ersten abendmal Christus leib gegeben sey zu
essen / vnd solch geschicht sey ein mal geschehen / Aber es habe drumb
keine folge / wo hernach dauon gered wird / wie ers denn droben auch
nicht leugnet.

Hie frage ich nu / wo doch dieser geist / stirn / vernunfft / zucht vnd scham /
gelassen habe / So er droben sagt / sein grund vnd vrsache / das Christus
leib nicht ym abendmal sey / were diese / das solchen verstand der wort
Christi / die ¹ schrifft vnd der glaube nicht leiden müge / Absurditas huius ²⁸⁶ W
sensus repugnaret intellectui etiã fideli / Kan das erste abendmal Christus
leib haben / wie kans denn widder die schrifft vnd glauben sein? Ists
widder die schrifft vnd glauben das Christus leib ym abendmal sey / wie
kan er denn ym ersten abendmal sein? Denn ich rede hie nicht von vn-
wirdigen pfaffen / obs die mugen consecriern odder nicht / sondern von den
worten Christi (Das ist mein leib) Von welchen sie sagen / schreyen vnd
plaudern / Es sey widder glaube vnd schrifft / das Christus leib da sey /
wie sie lauten / wenn gleich eitel heiligen da weren / Vnd doch der geist
hie widderumb sich ynn die zungen beysset / vnd zu lesset / es sey nicht
widder die ¹ schrifft noch glaube / das nach yhrem laut / Christus leib da ¹⁷⁰ E
sey ym ersten abendmal / Sondern alleine es folge nicht / das er drumb

auch ynn andern abendmalen also sey / So solten sie nicht so schreyen vnd
rhümen / das vnser verstand were widder die schrifft vnd glauben (wie sie
gar herlich pochen) sondern widder die folge vnd ander abendmal / Denn
das ist gar viel ein andere frage / ob ich odder du Christus leib ym abend-
mal habe / vnd ob der alte verstand widder die schrifft vnd glauben sey /　5
Ist er nicht widder die schrifft vnd glauben / wie das erste abendmal be-
weiset / auch mit des geists bekentnis.

So bitten wir gar freuntlich / sie wolten vns gonnen zu leren vnd
gleuben / das sie doch selbs widder sich selbs bekennen / das es nicht sey
widder die schrifft noch glauben. Haben sie aber schrifft vnd glauben da-　10
widder / das sie selbst drauff antworten wolten / als die ia so fast widder
solch yhr bekentnis streben / Vns benüget / das sie zu lassen selbs / Es
sey nicht widder schrifft vnd glauben / wie sie doch plaudern / damit sie
als die lügener sich selbs an tag geben / vnd yhren falschen synn nicht
bergen können / Weil wir denn hie den lügen geist ergreiffen / das er　15
widder sich selbs leuget vnd vns bekennet / Es sey vnser verstand nicht
widder schrifft noch glaube (wie er doch sichtet) das Christus leib ym abend-
mal sey / sondern allein widder die folge / So wollen wir dabey bleiben /
Denn weil es nicht widder die schrifft noch glauben ist / das die wort
Christi / nach vnserm verstand / ym ersten abendmal / Christus leib geben /　20
so sehen wir auch keine vrsache / warumb es ynn andern abendmalen solte
widder schrifft vnd glauben sein / Was nicht widder schrifft vnd glauben
ist / das ist auch widder keine folge. Ists nu nicht ein feiner fursichtiger
geist? Eben ynn dem stück / da er beweisen wil / das vnser verstand widder
den glauben sey / nympt er fur sich vnd beweiset / das thettel wort ym　25
abendmal sind / Vnd sihet nicht / das er eben damit widder sich selbs be-
weiset / das vnser verstand ym ersten abendmal recht vnd nicht widder den
glauben sey / Denn thettel wort / geben das erste mal / was sie lauten /
odder sind nicht [1] thetel wort / wie [1] er selbs bekennet / Also schleust er widder
sich selbs / Entwedder das kein thetel wort ym ersten abendmal sind / odder　30
vnser verstand ist recht ym ersten abendmal.

Wenn aber yemand sagen würde / Christus hats nicht geheissen / diese
wort zu sprechen ym abendmal (Das ist mein leib) Antwort / Das ist war /
Es stehet nicht ym text dabey / (yhr solt sprechen) Das ist mein leib /
auch kein hand dabey gemalet die drauff zeige / Aber las sie so kecke sein /　35
wer sie wollen / das sie solche wort aussen vnd fur vngeheissene wort /
anstehen lassen / Denn es stehet auch nicht da bey ym text / Yhr solt sprechen /
Nemet vnd esset. Item / es stehet nicht da bey / yhr solt das brod nemen
und segenen zc. Las aber sehen / wer so küne sein wil vnd sagen / man

---

3 übermütig behaupte. 7 wie auch die schwarmgeister zugestehen
11 sehr 16 zugesteht 17 behauptet 20 die anwesenheit von
Chr. leib ergeben 25 sich vor 36 als nicht befohlene worte weg-
lassen

folle kein brod nemen noch segen / odder solle nicht sprechen / Nemet vnd
esset / So höre ich wol / Christus müste bey einem iglichen buchstaben
setzen diese wort (So solt yhr sprechen vnd thun) Vnd solt nicht gnug
sein / das er am ende sagt / Solchs thut zu meinem gedechtnis? Sollen
5 wir solchs thun / das er gethan hat / warlich / so müssen wir das brod
nemen vnd segenen / brechen vnd geben / vnd sprechen / Das ist mein leib /
Denn es ist alles ynn das heissel wort (Solchs thut) gefasset / vnd wir
müssen die wort nicht aussen lassen / Denn auch S. Paulus sagt / Er
habs vom Herrn empfangen vnd vns also gegeben ɾc. Welchs freylich
10 auch heisselwort sind / vnd lassen vns nicht ein einiges stücke eraus zwacken
odder endern.

Also ists freilich war / das vns Christus nirgent hat gesagt / diese
buchstaben (Yhr solt aus brod meinen leib machen) Was ists auch von
nöten? Er hat aber gesagt / wir sollen diese wort ynn seiner person vnd
15 namen / aus seinem befelh vnd geheisse / sprechen (das ist mein leib) da er
sagt / Solchs thut / Wir machen auch seinen leib nicht aus dem brod / wie
vns der geist anleuget / Ja wir sagen auch nicht / das sein leib werde aus
dem brod / Sondern wir sagen / ¹ sein leib. der lengest gemacht vnd worden 180 E
ist / sey da / wenn wir sagen / Das ist mein leib / Denn Christus heist
20 vns nicht sagen / Das werde mein leib / odder da machet meinen leib /
sondern das ist mein leib.

Vnd weil wir von den heisselworten gesagt / müssen wir noch ein
kleines dazu thun / die vnsern zu bewaren widder der geister gepleuder /
Denn dem teuffel ist nicht müglich das maul zu stopffen / Er ist gleich wie
25 der wind / der findet gar enge löcher (wie man sagt) Heissel wort sind
zweyerley / Etlich da der glaube wird eingebunden / als das Math. 21.
von dem berge versetzen / Vnd Marci vlt. von den zeichen die den gleubigen
sollen folgen. Wenn nu gleich yemand on glauben spreche solche wort
zum berge / heb dich / vnd rhümet / er thets aus dem heisselwort / so ge=
30 schehe es doch nicht / weil Christus da selbs den glauben yns heissel wort
bindet. Die andern sind / da ¹ der glaube nicht wird mit eingebunden / 288 W
als diese wort ym abendmal / Nemet / esset / denn hie auch die vnwirdigen
vnd vngleubigen essen Christus leib / wie auch Judas vnd viel der Co=
rinther thetten / Darumb müssen nicht von nöten den glauben haben / die
35 die Abendmal handeln / gleich wie auch die so teuffen / nicht mit ein=
gebunden haben / das sie gleuben müssen. Item die da predigen desselbigen
gleichen / vnd alle die so offentlich ampt haben / denn solchs hat Christus
alles ynn sein wort vnd nicht ynn menschen heilickeit gestellet / auff das
wir des worts vnd der sacrament sicher möchten sein ɾc. Das rede ich

8 1. Ko. 11, 23   9 sicherlich   10 herausreissen   14 an
seiner stelle   17 A F 6ᵇ   26 vorausgesetzt | Mt. 21, 21   27 Mc.
16, 17   34 brauchen nicht notwendigerweise   36 an die voraus-
setzung gebunden sind

darumb / das freylich die grösseste ergernis der schwermer ist / so die vn-
wirdigen teuffel / meshalten / predigen ꝛc. Vnd nicht ansehen / das sie
selbs villeicht erger fur Gott sind / odder ohe niemand wissen kan / wie
frum sie sind / das sie doch müssen die sacrament blos ynn Gotts worten
vnd befelh stehen vnd gehen lassen.   5

Darnach furet er meinen finger / als eines blinden / auff das wort
(Solchs odder das thut) welchs S. Paulus sol also verkleren / So offt
yhr das brod esset ꝛc. Daraus wil er beschlossen haben / das Christus mit
181 E dem wort (Das thut) auffs brod essen vnd ¹ nicht auff Christus leib essen
deute. Furwar / wenn S. Paulus spreche / So offt yhr dis brod esset das   10
nicht der leib Christi ist (welchs der geist aus seinem kopff hinzu setzt)
durfft es nichts finger drauff legen / Ich wolts wol lengest vber funff
schritt gesehen haben / Ich hoffe ymer / sie solten schrifft furen / so furen
sie yhre eigen trewme / Darumb sag ich widderumb / Ich wolte auch gerne /
das sie yhre finger auff das vorige wort legten / da Christus auffs brod   15
deutet vnd dennoch spricht / Das ist mein leib / Hie stehet auch ein (Das)
289 W vnd es wolt gerne sich mit schwermergeists fingern ¹ greiffen lassen / welchs
mich herter vnd geweltiger dringet / das Christus leib da gegessen werde
ym brod / denn sein / Das / dadurch er eitel brod machen wil / Sintemal
mein (Das) vnd sein (Das) auff einerley brod deuten / wie sie bekennen /   20
vnd doch bey meinem / Das / stehet (Es ist mein leib) Aber bey seinem /
Das / nicht stehet (Es ist nicht mein leib) sondern er selbs mus es da bey
setzen / vnd hüpfft vber das hin / das bey meinem (Das) stehet / der trewe
vleyssige schrifft furer.

Nu sey richter zwisschen mir vnd diesem geist alle welt / welch brod 25
dem andern weichen solle / Mein brod hat bey sich solchen text / Esset /
Das ist mein leib / vnd verkleret sich selbs mit ausgedruckten worten / das
dis brod sey der leyb Christi / Des geists brod hat bey sich solchen text /
Das thut / odder / So offt yhr das brod esset / vnd verkleret sich nicht /
das eitel brod / odder nicht der leib Christi sey / Sondern der geist mus   30
den text bessern vnd sagen / Es sey nicht Christus leib / wie er denn solchs
zuthun befelh hat / ia vom teuffel / Sol nu ein / Das / dem andern weichen /
so sol billich seines meinem weichen / als das blos vnd nacket ist on ver-
290 W klerunge / meines aber seine verklerung mit sich hat / odder er mus noch
anders schwitzen / sol er beweisen / das mein / Das / seinem / Das / sol   35
weichen / Mit finger zeigen ists verloren. Vnd wenn er wol wolt vnd
trewlich handeln / solt er vns nicht mit fingern zeigen / wie sein (Das)
auffs brod deutet / Solchs wolten wir wol on seinen geist / verklerung vnd
181 E kunst finden / Sondern diesem text solt er zu erst weren (Esset / das ist

1 die schwärmer den grössten anstoss nehmen, wenn   4 kraft
der worte gottes   6 A F 7ᵇ   8 soll folgen   12 bedürfte es nicht
des finger-darauf-legen | auf 5 schritt entfernung   13 anführen   18 zu
der auffassung drängt   24 schriftzitierer   27 erklärt   30 dass es

mein leib) Wenn dem gewehret würde / das da Brod nicht Christus leib
wurde gepredigt / so müsten wir selbs wol / das sein (Das) auff eitel brod
deuten solt / Nu er aber das nicht thut / so ists petitio principij vnd ver-
loren geschwetz / das er ia nicht antworte / da man fragt vnd begerd / wie
5 ich ymer klage / Denn wir sagen doch / Wo das erste (Das) auff den leib
Christi deutet / so müsse sein (Das) hernach / vnd auch drauff deuten /
weil alle beide (Das) auffs brod deuten / vnd doch das erste zugleich
Christus leib mit bringet wie die wort lauten / Esset / Das ist mein leib.

Dazu gestehen wir yhm nicht / das wo Christus sagt / (Solchs odder
10 das thut) solle so viel sein / als da Paulus sagt (So offt yhr dis brod
esset) Der¹ geist sagts wol / Aber er beweisets nicht / wie seine art ist / ²⁹¹ W
Denn diese wort (So offt yhr dis brod esset ꝛc.) sagen allein von essen
vnd trincken / Wo nu ein ander geist auch / so zenckisch 'were als dieser
geist / solte er wol draus erstreiten wollen / das man das brod nicht nemen /
15 dancken / brechen / geben vnd segenen solt / sondern alleine essen / wie die
wort lauten / vnd also das brod mit dem maul vom tisch fassen / odder
aus dem backofen beissen / Konnen aber die wort (So offt yhr dis brod
esset) leyden / das mans / nemen / brechen / dancken vnd geben mus / lieber /
so werden sie auch leiden / das ander einige stück / nemlich / den segen /
20 da Christus spricht / Das ist / mein leib ꝛc. Sol aber dasselbige einige
stück nicht drynnen gelidden werden / So wil ich auch eben so mechtig da-
durch erstreiten / das mans / flugs / den buchstaben nach / alleine essen /
nicht nemen / nicht brechen / nicht segenen / nicht geben solle / Denn
S. Paulus spricht nicht / so offt yhr dis brod nemet / brechet / dancket
25 odder gebt / Sondern alleine / so offt / yhrs esset. Sihestu wie fein ding
es ist / sich so mit buchstaben flicken vnd pletzen? vnd solchs mus denn
eitel schrifft heissen / die widder vnsern verstand sey. Darumb sagen wir /
das Christus mit dem wort ' (Solchs odder das thut) nicht das brod essen ¹⁸³ B
alleine / sondern den antzen ' text des abendmals befilhet / vnd S. Paulus ²⁹² W
30 eben auch / ob er gleich allein die buchstaben setzt vom brod essen / Denn
er hat freylich / das brod wollen essen heissen / wie es Christus eingesetzt
hat / vnd nicht wie der schwarm geist narret / wie wol er ynn den buch-
staben (Brod essen) solche |weise nicht fassen kundte / Er hatte es aber
vorher / mit vielen worten gnug geleret.

35 Auffs funffte / wil er beweisen / das vnser verstand widder |den
glauben sey / Vnd hat abermal aus der massen viel zu thun / das er vns
lere / wie Christus sey fur vns gestorben / Denn der geist mus mich
ymerdar leren / das ich so lange vnd offt geleret habe / vnd dieweil vber-
hüpffen da er antworten solt / Denn ich ia wol weis / von Gotts gnaden /
40 das vnser glaube sey / wie Christus durch sein leiden vns von sunden er-
löset hat / solchs alles durfft er vns nicht leren / Aber wie vnser verstand

---

16 unmittelbar vom tisch wegschnappen   26 herausputzen
35 A Gᵇ ff.   37 mich] auch bs.   41 brauchte

ym abendmal / wibber ſolchen glauben ſey / als er pocht vnd rhůmet / wolt
ich ſeer gerne hören / da ſchweigt mein lieber geiſt als eine maus / ia er
ſpringet als ein hirs oberhin / Das er aber ſagt / Wenn man leret / das
Chriſtus leib leiblich eſſen / vergebe die ſunde ꝛc. das ſey wibber den
glauben. Antwort ich / Das halt ich warlich auch / Ja ich hab wol mehr 5
293 W geſagt / nemlich / Das Chriſtus leib leiblich eſſen / ¹ on geiſt vnd glauben /
gifft vnd tod ſey / Warauff antwort nu der geiſt / obber wibber wen ficht
er? Meinſtu auch / das er bey ſynnen ſey? der wibber Luther fechten
wil / vnd ficht wibber niemand?

Denn las gleich ſein / das Chriſtus leib ym abendmal nicht vmb 10
vnſer ſunde willen geeſſen werde / wie wil daraus folgen / das darumb ſein
leib nicht ym abendmal ſey / obber wibber den glauben ſey? Wenn
Chriſtus alſo zuuerſtůmpeln iſt / das der ſunden vergebunge yhm allein /
als dem gecreutzigten zu geeigent ſolt werden / ſo wil ich auch aus ſolcher
kunſt ſchlieſſen / Es ſey wibber den glauben / das Chriſtus ym hymel ſey / 15
vnd wil alle ſprůche dieſes geiſts furen alſo / S. Paulus ſagt nicht /
Chriſtus ſey fur vnſer ſunde gen hymel gefaren / ſondern er ſey fur vnſer
184 E ¹ ſunde gecreutzigt / darumb iſt er nicht ym hymel / vergibt auch daſelbs
nicht die ſunde. Item Paulus ſpricht nicht / Chriſtus iſt fur vnſer ſunde
geboren noch gelebt / ſondern geſtorben / Drumb iſt er nicht geborn / hat 20
auch nicht gelebt / aller dinge gleich wie der geiſt hie ſchleuſt / Chriſtus
leib wird nicht fur vnſer ſunde geeſſen / ſondern iſt fur vnſer ſunde ge-
294 W ſtorben / drumb iſt er ym abendmal nicht zu eſſen. Alſo wollen wir ¹ aus
Chriſto nichts machen / denn einen ſolchen / der ewiglich am creutz leide
fur vnſer ſunde / auff das wir nicht wibber den glauben handeln / ſo wir 25
ynn andern artickeln glauben / das Chriſtus da ſey / vnd ſunde vergebe /
welchs dieſer geiſt allein am creutz haben wil.

Der blinde tolle geiſt / weis nicht / das meritum Chriſti vnd
diſtributio meriti zwey ding ſind / Vnd mengets ynn einander / wie ein
vnſtetige ſaw. Chriſtus hat ein mal der ſunden vergebung am creutz ver- 30
dienet / vnd vns erworben / Aber die ſelbigen teylet er aus / wo er iſt /
alle ſtunde vnd an allen örten / Wie Lucas ſchreibt vlt. Alſo ſtehets ge-
ſchrieben / das Chriſtus muſte leiden vnd am dritten tage aufferſtehen (Da
ſtehet ſein verdienſt) vnd ynn ſeinem namen predigen laſſen buſſe vnd ver-
gebung der ſunden (da gehet ſeines verdienſts austeilung) Darumb ſagen 35
wir / ym abendmal ſey vergebung der ſunden / nicht des eſſens halben /
obber das Chriſtus daſelbs der ſunden vergebunge verdiene obber erwerbe /
ſondern des worts halben / dadurch er ſolche erworbene vergebung vnter
vns austeilet vnd ſpricht / das iſt mein leib / der fur euch gegeben wird /
Hie höreſtu / das wir den leib als fur vns gegeben / eſſen / vnd ſolchs 40

---

3 wie ein hirsch   10 einmal zugegeben   13 zu verstümmeln
14 nach dieser methode   27 nur als am kreuz geschehend   32 Lc. 24, 46

hören vnd gleuben ym essen / drumb wird vergebunge der sunden da aus=
geteilet die am creuz doch erlanget ist.

¹ Sonst wolt ich auch wol gauckeln / wie der geist thut vnd sagen / 295 W
Christus hat vns nicht erlöset / durch vnser predigen / drumb ists wibber
5 den glauben / das man vergebunge der sunden ym predigen sucht / Lieber /
wo sol man sie denn suchen? So Christus doch spricht / die vergebunge
der sunde solle gepredigt werden ynn seinem namen? Item Christus hat
vns nicht ¹ erlöset / durch vnsern glauben / drumb ists wibber den glauben / ¹⁸₅ E
das man vergebunge der sunden / durch den glauben sucht / Lieber / wo
10 durch sol man sie denn suchen? So doch Christus spricht / Wer gleubt
der wird selig. Item Christus hat vns nicht erlöset durch vnser teuffen /
drumb ists wibber den glauben / wer ablas der sunden ynn der tauffe
sucht / Lieber warumb heist denn Paulus die tauffe ein abwasschunge der
sunde? Item Christus hat vns nicht erlöset durch den heiligen geist /
15 drumb ists wibber den glauben / das man vergebunge der sunden bey dem
heiligen geist suche / Lieber wo denn? Aber wer blind ist / der mus
nichts sehen / Der geist ist yrre vnd blind worden vber dem sacrament /
drumb mus er kein stück der Christlichen lere recht kennen / Aber wir
wissen / das Christus ein mal fur vns gestorben ist / vnd solch sterben aus=
20 teilet er durch predigen / teuffen / geist / lesen / glauben / essen / vnd wie er
wil / wo er ist / vnd was er thut.

¹ Hab ich doch so vleyssig ym nehisten büchlin geschrieben / wie vnser 296 W
abendmal habe zwey stück / nemlich / wort vnd essen / Vnd wie das wort
gleuben vnd geistlich essen fodbere / neben dem leiblichen / vnd sie gebeten /
25 das sie solchs solten beweisen / wie es wibber den glauben were / Noch
thar der geist vnuerschampt so offt ynn allen büchern diese lügen aus=
schreyen / das ich kein geistlich essen noch glauben / sondern alleine / das
leibliche essen lere / Lies mein büchlin / so wirstu sagen müssen / das dieser
geist ein falscher verlogener geist ist / der mir schuld gibt / ich lere / allein
30 durch leiblich essen des leibs Christi / vergebung der sunden zur langen /
so ers wol anders weis vnd gelesen hat. Denn er mit solchen lügen
alleine sucht zu plaudern / das er nur nicht antworten müsse / wie vnser
verstand wibber den glauben sey / Wolan mit solchen tücken werden sie
noch lange nicht vnsern verstand nemen / sondern viel mehr vns stercken /
35 weil sie vns mit öffentlichen lügen angreiffen / denn wir haltens nicht / ¹⁸₆ E
das Christlicher glaube vnd öffentliche lügen ein ding sey.

Desselbigen gleichen hab ich ia vleissig geschrieben wibber die hym=
lischen Propheten / wie die geschicht vnd brauch des leidens Christi nicht
ein ding sey / factum ⁊ applicatio facti / seu factum ⁊ vsus facti / Denn

---

3 schwatzen   10 Mc. 16, 16   12 absolution   13 1. Ko. 6, 11
22 W. A. 23, 179, z. 24 ff.   25 dennoch   26 wagt   32 zu be-
gründen brauche   34 unsere auffassung rauben | darin bestärken
35 offenbaren   37 W. A. 18, 203, z. 27 ff.

Christus leiden ist wol nur ein mal am creutz geschehen / Aber wem were
das nütz / wo es nicht ausgeteilet / angelegt / vnd ynn brauch bracht
würde? Wie sols aber ynn brauch komen vnd aus geteilet werden / on
durchs wort vnd sacrament? Aber warumb solten solche hohe geister meine
büchlin lesen? sie wissens wol besser / Wolan so haben sie auch das zu
lohn / das sie factum 2 vsum fur eins halten / vnd machen sich selbs drüber
zu narren vnd zu schanden / Sehen nicht / das ym abendmal vsus passionis
2 non factum passionis gehandelt wird / Es geschicht ohn recht / die nichts
lesen / odder ober hin lesen / was man widder sie schreibt / fur grossem
hohmut vnd sicherheit / Der amechtige geist solt beweisen / das Christus
leib nicht ym abendmal sey / Das lest er stehen / vnd beweiset / das wir
durchs essen seines leibs nicht erlöset sind / sondern durch sein leiden. Wer
wolt solche newe kunst wissen / wo sie itzt der geist nicht erfur brechte?
Es ist des geists art / Er mus ander ding speyen / denn man fragt / vnd
ymer vns leren das wir wissen / auff das er ia nicht müsse beweisen / das
er furgenomen hat vnd schüldig ist / Damit er aber vns ymer deste mehr
sterckt / als ein seltsüchtiger geist / der nicht thar seym gegenteil richtig
vnter augen gehen / Wir wissen wol / das vns Christus durch vnser essen
nicht erlöset hat / Niemand hats auch yhe anders von vns gehört / Aber
das daraus solt folgen / das eitel brod ym abendmal sey / das weren wir
lüstern zu hören / vnd wolten den geist preisen / wo ers beweiset.

    Das er auch zürnet / da wir warnen / Man solle nicht fragen / wie
es zugehe / das Christus leib ym abendmal sey / sondern einfeltiglich
glauben den worten Gottes / Welchs wir nicht den einfeltigen (denn sie
dürffens nicht) sondern eben den hochfarenden / vnd eben den schwermern selbs
zu gut / haben gethan / Doch wie sie wollen / las sie forschen vnd steigen /
allein das sie nur yhrem rhum gnug thun / vnd beweisen / wie vnser ver-
stand widder den glauben sey / welchs sie denn wol thun werden / auffs
teuffels hymelfarttag / Das sehen wir aber wol / das sie ober yhrem
forschen öffentliche lügener werden / vnd das anfechten das sie selbs er-
tichten vnd niemand leret / Dabey wol zu mercken ist / das sie zu hoch
ynn die höhe steigen / vnd den schwindel geist kriegen / das sie zu letzt
Quod pro qualiter nemen / Item mengen factum vnd vsum ynn einander
wie die rechten sewköche / Dazu vneins vnternander vnd vngewis werden
yn allen yhren rotten / vnd ymer von eim yrthum ynn den andern fallen
on auffhören. Solchen lohn sollen empfahen / die Gotts wort nicht
gleuben / sondern ausforschen wollen.

    Auffs sechste / wil er beweisen / wie auch die schrifft widder vnsern
verstand sey / Die erste sey eben dieser spruch / Das ist mein leib / der fur
euch gegeben ist / Nu ists nicht war / das sein leib sey / wie er fur vns

---

    9 nur oberflächlich   10 elende   17 kampfscheuer | wagt
seinem widerpart offen entgegenzutreten   22 A D ij a G v. a   25 brauchen's
27 nur zur befriedigung ihres ehrgeizes   29 nimmermehr   38 A G 6 a ff.

gegeben iſt / denn er iſt ſichtbarlich fur vns gegeben. Hierauff iſt droben
geantwortet / wie der geiſt aus Quod / quale macht / vicioſiſſimo ſyllo=
giſmo / in quo quatuor termini / nullũ dici de omni / nulla predicatio in
quib aut diſtributio / vnd viel ander vicia / wie die logici wol wiſſen
5 das ſub termino ſubſtantiali non poteſt ſubſumi accidentalis / Solchs heiſt
aber dennoch ſchrifft vnd Gotts wort bey dieſem geiſt. Auff deudſch /
Wir ſagen nicht / das ym abendmal ¹ Chriſtus leib ſey / wie odder nun 299 W
welcher geſtalt er iſt fur vns gegeben (Deñ wer wolt doch das ſagen)
ſondern es ſey der ſelbige leib / der / odder welcher fur vns gegeben iſt) /
10 nicht vnn der ſelbigen geſtalt odder weiſe / ſondern vnn dem ſelbigen weſen
vnd natur / Nu kan einerley weſen wol hie ſichtbarlich vnd dort vnſicht=
barlich ſein / Ach es iſt narrenwerck / Man wil vns nicht antworten /
ſondern / ſie wollen allein vnnütze plaudern vnd rhümen.

¹ Item / Es ſſol widder den text ſein / So offt yhr das brod eſſet ꝛc. 188 E
15 weil ſhie / Das / auffs brod deutet / ſo ſolle es dort (Das iſt mein leib)
auff eitel brod deuten ꝛc. Antwort / Es mus es nichts vberal thun / vnd
wird auch ſolch müſſen nicht beweiſet / ſondern droben haben wir das
widder ſpiel beweiſet / das beide (Das) auffs brod / der Chriſtus leib iſt /
deuten / vnd keines auff eitel gemein brod.

20 Item Marci / Der Herr iſt gen hymel auff genomen / Item / Ich
verlaſſe die welt / vnd gehe zum vater. Item .17. Ich bin nicht mehr
vnn der welt / ſie aber ſind vnn der welt. Vnd was der ſprüche mehr
iſt / da Chriſtus ym hymel zu ſein gepredigt wird / Wolan das gleuben
vnd ſagen ¹ wir auch / vnd were kein not geweſt / vns zu leren. Aber ſein 300 W
25 were not zu leren / das weil Chriſtus ym hymel iſt / ſo konne ſein leib
nicht ym abendmal ſein / Dieſe widderwertickeit ſolten ſie beweiſen / ſo
wolten wir darnach ſelbs wol wiſſen / das dieſe ſprüche widder vnſern ver=
ſtand weren / Nu leret man vns ymer mit viel geweſch / das wir wiſſen /
vnd ſchweigt meiſterlich / das wir ſoddern / derhalben wir müſſeu auff
30 vnſerm verſtand bleiben.

Vnd zwar / was da heiſſe / vnn der welt ſein / verkleret Chriſtus
ſelbs Luce vlt. da er ſpricht / Das ſind die wort / die ich zu euch ſaget /
da ich noch bey euch war / Wie? iſt er nicht bey yhn? vnd iſſet doch mit
yhn nach ſeiner aufferſtehunge? Aber freylich iſt er nicht mehr bey yhn /
35 wie er zuuor bey yhn war / ſterblich vnd der dieſes lebens auff der welt
brauchen muſte / Wie Paulus .1. Cor. 15. redet vom natürlichen vnd
geiſtlichen menſchen / Aber daraus kan man nicht beweiſen / das er drumb
nicht ſolte leiblich da ſein / Denn wie geſagt iſt / Er ſas vnd aſs vnd
redet mit yhn / vnd iſt doch nicht vnn der welt. Alſo auch / Armen habt

6 Auff deudſch fehlt hs.   13 brillieren   14 U G 7ᵃ   15 ſolle]
mus hs.   16 auch auffs brod hs.   18 gegenteil   20 Mc. 16, 19.
Jo. 16, 28   21 Jo. 17, 14   26 (angebliche) unmöglichkeit   29 ver-
ſchweigt   32 Lc. 24, 44   36 1. Ko. 15, 44   39 Mt. 26, 11

ohr ymer bey euch / Mich aber habt ohr nicht ymer bey euch / Was hie
301 W heisse (Bey euch) gibt der text selbs vnd ' ist gut zu rechen / nemlich (wie
die armen bey vns sind) so ist er nicht bey vns / Vnd so fort an / was
sie der sprüche mehr furbringen / ist bald gesagt / Christus ist nicht bey
189 E vns / wie die armen / sterblich vnd weltlich / ' Darumb konnen sie damit 5
noch nicht auffbringen / das vnser verstand widder die schrifft sey / sondern
es ist Zwingelsche Logica / substantiam pro accidente / Quod pro qualiter
zu brauchen / als wenn ich spreche / Christus ist etlicher gestalt nicht ym
abendmal / drumb ist er leiblich nicht drynnen. Christus ist etlicher gestalt
nicht bey vns / drumb ist er allerdinge nicht bey vns / frisch a particulari 10
ad vniuersale / Der Schultheis ist nicht mit roten hosen ym bade / drumb
ist er nicht ym bade. Der konig sitzt nicht gekronet vbe. tische / drumb
sitzt er nicht vber tische / kinderspiel vnd gauckelwerck ist das / wie die
schulen wol wissen / Aber bey den geistern mus solchs schrifft vnd Christ-
licher glaube sein.   15

Vnd wenn sie ia auff diesen sprüchen stehen / das Christus nicht mehr
bey vns sey / so werden sie auch daraus müssen schliessen / Das Christus
geistlich auch nicht bey vns sey / Denn die wort stehen dürre. da / Ich bin
nicht mehr bey euch / welchs stracks lautet / das er gar nicht bey vns sey.
302 W Ja ' sprechen sie / da haben wir klare sprüche widder / das er geistlich bey 20
vns sey / als den Joha. 16. wir wollen wonung bey yhm machen / Vnd
Paulus Ephe. 3. Christus wonet ynn ewrem hertzen 2c. Antwort / Lieber
konnen sie solche sprüche finden / widder ihene / wie konnen sie denn auch
nicht finden den text ym abendmal widder die selbigen? Kan Christus
bey yhn sein etlicher weise / das sie der text nicht hindert (Ich bin nicht 25
bey euch) So kan er auch bey vns sein ym abendmal / das vns der selbige
text nicht hindere (Ich bin nicht bey euch) Stösset aber solcher text yhre
sprüche vom geistlichen wesen Christi nicht vmb / so stöst er vnsern text
ym abendmal vom vnsichtbarn wesen auch nicht vmb / Also ist solch yhr
einspruch / ia so starck widder sie als widder vns / Vnd wo mit sie sich los 30
wircken / da mit machen sie vns auch los / Vnd bleibt vnser verstand fest /
Das ist mein leib / Denn wenn sie viel beweisen mit yhren sprüchen / so
beweisen sie / das Christus ym abendmal nicht sichtbarlich / sterblich vnd
190 E weltlicher weise ' sey / Welchs gar nicht not ist zu beweisen / denn wir be-
kennen solchs alles / Aber das sie beweisen solten / nemlich das vnser ver- 35
stand falsch sey / vnd Christus liege / da er sagt / Das ist mein leib / Da
wil keiner herzu / da sinds eitel flüchtige flabber geister / bescheissen die
303 W weil ' viel guts papyrs mit vnnützen vergeblichen worten / vnd nerren den
armen einfeltigen Christen.

---

2 leicht zu erkennen   6 beweisen   8 in einer gewissen g.
10 überhaupt   11 vgl. Thiele no. 58   12 bei t.   18 klar   19 direkt besagt
21 Joh 18 hs. | Jo. 14, 23   22 Eph. 3, 17   25 irgend welcher | ohne
dass   31 salvieren | unsere auffassung unerschüttert   35 gestehen zu

Was er darnach vom Passah plaudert da Paulus .1. Cor. 5. Christum
ein Passah nennet / vnd wil daraus schliessen / gleich wie Christus an dem
ort nicht als natürlich Passah / sondern per tropum ein new Passah sey /
also sey auch ynn diesen worten / das ist mein leib / ein tropus. Ist nichts
5 gered / denn es zuuor von yhm selbs bekand ist / das nicht folget / ob an
einem ort ein tropus sey / das drumb hie auch ein tropus sey / sondern
man sol beweisen solche folge / Vnd wir droben gnug von den tropis ge-
schrieben / Es ist alles dem geist zu thun / das er nur ein buch schreibe
vnd den seinen hofiere / auff das er die weil nicht antworte / was er sol
10 vnd schüldig ist / vnd doch ein ansehen hab / als antworte er / Er sol be-
weisen / das vnser verstand sey widder die schrifft. So leret er vns / das
Christus Passah sey / das heist er ein oberschritt. Das lassen wir sie
reden vnd machen wie sie wollen / Denn damit ist nicht geantwortet / wie
vnser verstand widder die schrifft sey.

15 ¹ Darnach wird der geist seer zornig / das ich yhr deutelen so frölich ge- 304 W
spottet habe / vnd schilt mich vbel / Aber schelten vnd zürnen odder
toben / ist bey vns nicht schrifft die widder vnsern verstand sey. Doch
wer nicht kan antworten / der zürnet vnd tobet billich / wie ihene mutter
yhr kind leret / Liebes kind / wenn du nicht gewinnen kanst / so trage
20 habber ein. Ich habe den knüttel vnter die hund geworffen / vnd am ge-
schrey merck ich / welchen ich troffen habe.

Es gemahnet mich doch des geists eben / als wenn ein toller mensch
ein armbrust hette / vnd mit grossem geschrey vnd wesen / die winden neme
vnd das armbrust spannet drewet mit trefflichen worten den eisern nagel
25 ym blad zu spalten / vnd fur grosser eile vnd iech / keinen pfeil drauff
legt / vnd also los drücket / Vnd wenn er die sehnen klappen höret / das
armbrust her umb würffe vnd spreche / Da steckts / der nagel ist entzwey /
Vnd wo die andern lachten / ¹ vnd sagten / Es were kein pfeil da gewest / 191 E
Er sie scholte / ¹ das sie es nicht fur pfeil wolten ansehen. Eben so thut 305 W
30 dieser geist auch / Mit grosser pracht gibt er fur / er wolle antworten vnd
treffen / vnd vergisset ymer der pfeile / das er nicht ein mal recht ant-
wortet / Aber gleichwol gefellet yhm das maul klappern wol / vnd wil
wehnen / es sey ein pfeil gewest / vnd habe den nagel ym blad zu schossen /
Aber wir sind solcher narren schüsse gewonet / Ja wenn sie gleich pfeile
35 auffs armbrust legeten / wollen wir dennoch wol sicher sein / das sie ehe
ynn die aschen / odder drey ellen vber den wal / schiessen sollen / ehe sie
vns treffen.

Als da sie den spruch S. Pauli furen Col. 3. Seid yhr mit

---

1 yl G 8ᵇ | 1. Ko. 5, 7   9 gefällig sei   12 Al G·8ᵇ   15 Al H a ff.
19 Wander, gewinnen no. 46. 99   20 Wander, knüppel no. 5, Hund
no. 1317 f.   23 getue   24 gewaltigen   25 zielblatt, scheibe | jähe,
hitze   27 umkehrte | Thiele no. 2   30 prahlerei   36 erde (zu kurz)
38 anführen | Kol. 3, 1 f.
47*

Chriſto aufferſtanden / ſo ſucht was droben iſt / da Chriſtus iſt ſitzend zur
rechten Gottes / ſeid des geſonnet was droben iſt / nicht des / das auff
erden iſt. Da / Da / yhr fleiſch freſſer vnd blut ſeuffer / Da höret / das
Chriſtus leib nicht vm ſacrament zu ſuchen iſt / denn das ſacrament iſt auff
erden / ſo iſt Chriſtus droben zur rechten Gottes. Hie iſt dem geiſt nicht   5
von nöten / das er vns anzeige / was bey S. Paulus / auff erden heiſt /
306 W   da doch die macht an ligt / ynn [1] dieſem ſpruch / Sondern rauſcht vberhin /
plumbs daher / wie ſie yhr dünckelgeiſt treibt / Wenn ich nu ſpreche /
Warumb ſie denn zur predigt gehen / vnd das Euangelion ſuchen? Item
warumb ſie des Herrn abendmal halten? Warumb ſie den nehiſten lieben   10
vnd wohlthun? Vater / mutter / herr / knecht vnd vnſer nehiſter ſind alle
auff erden / Wolan ſo wollen wir ſie nicht ſuchen / niemand ehren / ge=
horchen / noch dienen / noch lieben / Iſts nicht fein? Iſt doch ſolchs alles
auff erden. Vnd S. Paulus ſagt / man ſolle nicht ſuchen das auff erden
iſt / Fur war / ſo haben die Apoſtel gantz vbel gethan / das ſie Chriſto   15
folgeten / denn er war auff erden / Vnd Chriſtus ſelbs kompt auff erden /
Auch Paulus ſelbſt predigt vnd beſucht die Chriſten hin vnd widder auff
erden / Wie dünckt dich? haben ſie den ſpruch nicht fein geſpannet?
192 E   Doch wir ſind des teuffels nu wol gewonet / das [1] er vns nür
ſpottet / vnd aus groſſem hohmut nicht werd acht / den er antworten   20
ſolle / als der ſonſt mit vnnützem ſpeyen / dennoch iünger gnug kriegen
kan / So nemen wir widderumb ſein ſpotten an vnd bieten yhm da gegen
trotz das er mit ſpotten vnſern verſtand vmbſtoſſe / vnd laſſens vns eine
ſtercke vnſers glaubens ſein / weil er nichts kan widder vns auffbringen /
307 W   denn ſeinen wehmütigen / ammechtigen [1] ſpot. S. Paulus heiſt / auff erden /   25
das yrdiſch leben / wie die weit lebet / ynn hurerey vnd allerley vntugent /
Denn er redet von der tödtung des alten Adams / wie ſeine wort da
ſtehen vnd helle lauten. Seid yhr mit Chriſto geſtorben / vnd hernach /
So tödtet nu ewre gelieder / die auff erden ſind / hurerey / vnreinickeit /
vnkeuſcheit / geitz ꝛc. Da hören wir / das er auff erden heiſt / ein yrdiſch   30
alt leben nach dem alten Adam / wie man ynn der welt / on den geiſt
Gotts lebet / Denn alſo lebt der alte Adam / ſolchs ſollen wir nicht
ſuchen (ſpricht S. Paulus) Denn wir ſollen mit Chriſto / der welt vnd
yrdiſchem leben abgeſtorben / hinfurt hymelſch ynn Chriſto leben / Demnach
ſagen wir frölich / das vnſer ſacrament nicht auff erden ſey / Wir ſuchens   35
auch nicht auff erden / Wenn aber der teuffel nu beweiſen wird / das wir
vnſer ſacrament / vnd den leib Chriſti / fur hurerey / geitz / haſs vnd eitel
vntugent halten / ſo wollen wir bekennen / das wir vnrecht thun / ſo wir
Chriſtum auff erden ſuchen / Wo er aber das nicht thut / So ſagen wir /

---

5 haben's die schwarmgeister nicht nötig   7 worauf's doch an-
kommt | streicht darüberhin   8 blindlings darauf los   18 sich zurecht-
gerenkt   25 ärgerlichen, elenden   28 Kol. 3, 3. 5 | bald her-
nach hs.

das er leuget ynn seinen hellisschen rachen hinein / vnd lestert S. Paulus
dazu / damit / das er Christus leib auff erden sein heist / wenn er ym
sacrament ist. Denn das heist S. Paulus nicht auff erden sein / wie wir
gehort haben / Da hastu abermal die schwermer / wie sein [1] sie die schrifft 308 W
5 ansehen vnd wer der geist sey / der durch sie redet / Denn der teuffel weis
wol / was S. Paulus auff erden heisst / vnd treibt doch seine verblente
schwermer / das sie Christus leib ym sacrament / auff erden heissen / Mit
solchen gründen sollen sie yhr abendmal bestetigen vnd vnsers vmbstossen.

Eben solch gespöt treibt der teuffel auch mit dem spruch Pauli .2.
10 Cor. 5. Wir kennen Christum nicht mehr nach dem fleisch / Vnd ist ynn 193 E
Christo die new Creatur / Solche spruch müssen allzumal so viel schliessen /
Christus leib ist nicht ym abendmal. Wolan wir lassen vns aber mal
gerne spotten / las sehen / was der teuffel dran gewinnet. Es solte der
schwarmgeist hie anzeigen / Was doch S. Paulus meinet / mit dem wort /
15 Nach dem fleisch / da auch die gantze machc antigt / Ja / spricht der teuffel /
Ich sehe euch nicht an / Es ist gnug / wie es meine iünger furen / Man
mus doch wol an nemen / Wolan / so wollen wir so demütig sein / vnd
dasselbige anzeigen. Sanct Paulus redet daselbst auch von der tödtung
des alten Adams / vnd wil sagen / das wir nicht mehr nach dem fleisch /
20 sondern eine newe Creatur ynn Christo leben sollen / Höre selbs seine wort:
Wir achtens (spricht er) so einer fur alle gestorben ist / [1] so sind sie alle ge- 309 W
storben rc. Was kan doch das anders sein / denn wie er ym nehisten
spruch droben Col. 3. sagt / Wir sind mit Christo gestorben / Vnd Ro. 6.
vnser alter mensch ist mit Christo gecreutzigt? Vnd folget hie / Vnd er
25 ist darumb fur alle gestorben / auff das die / so da leben / nicht yhn selbs
leben / sondern dem der fur sie gestorben vnd aufferstanden ist / Was ist
das anders / denn das wir sollen new leben ynn Christo?

Folget / Darumb von nu an kennen wir niemand nach dem fleisch.
Hie las Paulon vnd schwermer mit einander reden / Der schwermer sagt /
30 Nach dem fleisch kennen / sey etwas leiblich gegenwertig achten / odder fur
yemand mit seim leibe da sein / wie Christus ym sacrament ist / Vnd
solchs sey vnrecht / vnd Paulus verbeuts. Lieber warumb kennet denn
Paulus seine Corinther leiblich fur yhm lebend? Warumb kennet er
seinen eigen leib? Item warumb kennen die schwermer yhre gesellen leib-
35 lich fur yhn? Warumb kennen sie yhr leiblich abendmal? Ist das nicht
alles leiblich ding vnd nach dem fleisch gegenwertig? Nu verbeuts doch
hie S. Paulus nach dem fleisch zu kennen / Konnen sie aber yhr ding also
kennen nach dem fleisch / [1] das S. Paulus nicht widder sie sein mus / Lieber 194 E
warumb solte er denn widder vns sein / das wir [1] Christum leiblich ym 310 W

---

1 Paul A   10 2. Ko. 5, 16 f.   11 zu dem schlusse zwingen
15 worauf's auch ausschliesslich ankommt   16 zitieren   17 muss es
20 ym A u. hs.   21 1. Ko. 5, 14   23 Kol. 3, 3 | Rö. 6, 6
29 Paulen hs.   30 für leibhaftig gegenwärtig halten   38 ohne dass

sacrament kennen? Aber las den spötter spotten / Wer des andern am
besten spottet / der sey meister.

S. Paulus heist an diesem ort (nach dem fleisch) das da fleischlich /
odder fleischlicher weise geschicht / vnd nicht nach dem geist / odder geist=
licher weise / Gleich wie er .2. Cor. 10. spricht / ob wir wol ym fleisch 5
wandeln / so streitten wir doch nicht nach dem fleisch / das ist / nicht fleisch=
licher weise / Secundum carnem / non significat in carne / sicut somniant /
sed more aduerbij significat / Carnaliter vel studio 2 affectu carnis vel quo=
modo caro facit. Im fleisch vnd nach dem fleisch ist weit von einander /
Paulus Gal. 2. lebt ym fleisch / aber doch nicht nach dem fleisch / sondern 10
ym glauben Christi / Denn Ro. 8. heist er nach dem fleisch leben / den
tod / da er spricht / So yhr nach dem fleisch lebt / so werdet yhr sterben /
Darumb zwingt der text S. Paulus mit gewalt / das dis seine meinung
sey / Weil wir alle mit Christo der welt vnd fleisch abgestorben sind / so
sollen wir hinfurt nicht mehr nach dem fleisch odder fleischlich leben noch 15
dencken / Vnd also niemand fleischlich / sondern allein geistlich kennen /
Denn den andern fleischlich kennen / ist yhn nicht weiter kennen / denn
311 W fleisch vermag / Nu vermag fleisch nicht mehr / denn das es das seine an
oderman sucht / hasset / neidet vnd thut alles vbel dem feinde / sucht aber
lust / gonst / genies vnd freundschafft an oderman zu seinem nutz 2c. Auff 20
solche weise kennet die welt einander / Aber wir Christen kennen nu nie=
mand also / Denn wir sind eine newe Creatur ynn Christo / vnd kennen
einander nach dem geist / das ist / ein iglicher sucht nicht das seine / sondern
was des andern ist / zu desselbigen besten / wie er auch Ro. 14. vnd
Phil. 2. leret. 25

Vnd ob wir Christum auch fleischlich hetten gekennet (spricht er) so
195 E kennen wir yhn doch nu nicht mehr / Ist gut zuuersтehen / das er nicht
hie mit meinet Christus personlich fleisch (wie der geist narret) denn das
bleibt Christus fleisch ynn ewickeit / vnd müssen yhn auch alle engel
drynnen kennen ewiglich / Aber gleich wie wir vnser brüder geistlich vnd 30
nicht mehr fleischlich kennen / also kennen wir auch viel weniger Christum
fleischlich / Vorhin aber (wil er sagen) da wir ym Jüdenthum vnd ynn
des gesetz wercken heilig waren (dahin ist die falschen Aposteln widder
treiben) wusten wir nichts von Christo geistlichs / sondern eitel fleischlichs
suchten wir dazumal / Denn wir hoffeten / er solt Israel erlösen Luce vlt. 35
vnd vnser heilickeit ansehen / vnd vns nach dem fleisch herlich machen /
312 W Das war freylich Christum nach dem fleisch kennen / vnd ein rechter fleisch=
licher synn / Aber das ist nu alles ab vnd mit yhm gestorben / kennen yhn
nu nicht mehr also / Denn es ist solchs alles vergangen / vnd wir sind

---

5 2. Ko. 10, 3   10 Ga. 2, 20   11 Rö. 8, 6. 13   13 un-
widerstehlich   24 Rö. 14, 19   25 Phi. 2, 4   35 fleischlich suchen
war hs. | Lc. 24, 21

eitel new Creatur ynn Chriſto. Dieſen verſtand wird dir Paulus ſelbs
geben / lies nůr vnd ſihe den text recht an.

Alle nu die Chriſtum fleiſchlich anſehen vnd kennen / můſſen ſich an
yhm ergern / wie den Jůden iſt geſchehen / Denn weil fleiſch vnd blut
5 nicht weiter dencket / denn es ſihet vnd fulet / Wad ſihet / das Chriſtus
als ein ſterblich menſch gekreutzigt wird / mus es ſagen / Das iſt aus / da
iſt widder leben noch ſelickeit / Der iſt dahin / der kan niemand helffen /
Er iſt ſelbs verloren. Wer ſich aber nicht ſol an yhm ergern / der mus
vber das fleiſch faren / vnd durchs wort auffgericht werden / das er ym
10 geiſt erkenne / wie Chriſtus eben durch ſein leiden vnd ſterben / recht
lebendig vnd herlich wird / Vnd wer das recht thut vnd thun kan / der
iſt ein newe Creatur ynn Chriſto / mit newem geiſtlichem erkentnis be-
gabt. Gleich wie noch itzt / alle ſich ergern an Chriſto / wenn ſie ſein 313 W
abendmal fleiſchlich an ſehen / wie es die ſchwermer kennen / vnd ſie ſelbs
15 ſind (das ſie vns ſchůldigen) die Chriſtum nach dem fleiſch kennen / Denn
fleiſch kan nicht mehr ſagen noch kennen / denn / hie iſt brod vnd wein /
darumb mus es ſich ergern an Chriſto / da er ſpricht (Das iſt mein leib) 196 E
denn es iſt ein alte Creatur ynn Adam / Sol ſichs nu nicht ergern / ſo
mus es vber ſolch fleiſch faren / vnd den worten gleuben / Das iſt mein
20 leib / ſo wird es verſtehen / das ſolch brod / nicht ſchlecht brod / ſondern
der rechte leib Chriſti ſey.

Es verdreuſt mich wol / das der teuffel ſolch geſpöt treibet ynn
Gotts worten / Aber es iamert mich doch / das die armen leute nicht
ſehen ſollen / wie ſie ſolch loſe gedancken zu yhres dunckels grund legen /
25 Sie rhůmen ſich trefflich theur / wie ſie nichts von vns haben gelernt /
důrfftens warlich nicht / yhr ſchrifft zeigens allzu viel an / wenn ſie gleich
des rhumes ſtill ſchwigen / Vnd were vns leid / das ſie von vns ſolchs
lernen ſolten. Vnd iſt das yhre weiſe die ſchrifft auszulegen / vnd predigen
zu Zůrch / Baſel vnd Straſburg / vnd wo ſie leren / were es zu wůndſchen /
30 das ſie noch Bepſtiſch weren / Denn die ſelbigen ſind doch nu faſt vber-
zeuget ynn aller welt / das ſie vnrecht leren. Herr Gott / welchen ſolch
offentlich yrthum vnd falſcher verſtand S. Pauls nicht ſchreckt noch be-
wegt / widder dieſe ſchwermer / was ſol doch den ſelbigen bewegen?

Vnd was ſie der ſprůche mehr einfuren / da Chriſtus wird ge- 314 W
35 predigt / das er die welt verlaſſen / zum vater gangen / gen hymel ge-
faren / vnd zur rechten Gottes ſitze ꝛc. richten ſie doch gar nichts aus /
denn das ſie vns leren / das wir lengeſt wol gewiſſt haben / auff das man
die weil nicht mercken ſol / wie ſie vberhůpffen / da ſie antworten ſollen /

9 ſich erheben | ym geiſt fehlt hs. 15 das] des hs. | deſſen ſie uns
beſchuldigen 24 vage | ihrer phantaſterei zugrunde legen 25 indem
ſie bei allem, was ihnen teuer iſt, ſchwören; in den höchſten tönen
26 brauchten's 31 überführt 34 anführen | A K iij^b 38 darüber
hinweggleiten

Aber das solten sie leren vnd beweisen / das darumb vnser verstand vn-
recht / vnd diese wort Christi (das ist mein leib) falsch weren / Sie sagen /
Es sey widdernander / das Christus leib ym hymel vnd ym abendmal sey /
Aber sie beweisens nicht / Darumb sagen wir dagegen / Es sey nicht
widdernander / weil es alles beides die schrifft sagt / Vnd ist vnser / Nein / 5
so starck als yhr / Ja / Denn wir konnen nicht die hellen klaren wort /
vmb yhres / blossen / nacketen / schlechten / Ja sagens willen / leucken / Man
hats lenger denn fur tausent iaren gewust / das Christus gen hymel ist
gefaren / on alles leren dieses newen geists / noch hat man darumb nicht
geleucket / das Christus leib ym abendmal / odder Christus wort warhafftig 10
seyen / Hette nu dieser geist mangel dran / das solt er vns billich anzeigen
vnd leren / Aber das wil nicht eraus.

197 E

315 W   ¹ Aber ich wil euch die warheit sagen / lieben freunde / Wenns der
geist mit ernst meinet / vnd nicht mutwilliglich leuget / das vnser verstand
widder die schrifft sey / so wil ich alle meine sachen verloren haben / Das 15
wil ich beweisen also / Erstlich / Der geist hat droben zugelassen / das
Christus ym ersten abendmal seinen leib zu essen geben hat / da er thettel
wort ym abendmal machet / wie gnugsam gehort ist / So sage mir nu /
wie kan er hie mit ernst sagen / das widder die schrifft vnd falsch sey /
das er doch selbst droben bekennet / Es sey recht vnd ein mal geschehen? 20
Denn wo ers mit ernst meinete / so würde ers auch ym ersten abendmal
mit schrifften angreiffen vnd nicht thettel wort drynnen machen / Welchs
er nicht thut / sondern lest vnsern verstand bleiben / Bleibt nu vnser ver-
stand / ym ersten abendmal / so kan keine deuteley noch zeicheley ynn den
worten sein / sondern wie sie da stehen vnd lauten / so deuten sie / Vnd 25
ist also vergeblich alle yhr vngewitter vnd toben / das sie deuteley suchen.

Zum andern kan das niemand leucken / das Christus das erste abend-
mal hielt / da er ynn der welt war / ehe denn er zum Vater gieng / So
sage mir / wie mag der geist mit ernst sagen / Die sprüche / so vom gange
Christi zum Vater reden / seyen widder den text ym abendmal? so er doch 30
mus bekennen / das der selbigen ſprüche noch keiner erfüllet war / vnd
Christus nicht droben ym hymel saſs. Wenn Christus vom hymel nach
der auffart hette das abendmal eingesetzt / so hetten die schwermer yhren
schein / Aber nu thut Christus eben als solt er sagen / Es werden schwermer
316 W komen / die furgeben / mein ¹ abendmal sey widder die sprüche / die von mir 35
sagen / wie ich zum Vater gehe vnd nicht mehr ynn der welt bin / Drumb
wil ich zuuor komen / vnd mein abendmal einsetzen / weil ich noch ynn der
welt bin vnd auff erden / auff das sie / ehe sie sich versehen / als die öffent-

7 schlechtes hs. | einfachen   9 dennoch   11 wäre er nicht zu-
frieden damit   25 bedeuten   34 scheinbar recht   37 dem zuvor-
kommen | während

lichen lügener / ynn ihren eigen ¹ worten ergriffen werden / vnd yhr meine 198 E
lieben kinder gesterckt werdet ym rechten glauben.

Wie wollen sie nu hie bestehen? Sie müssen alle solche sprüche
faren lassen / darauff sie bis her so freuelich getrotzt haben / vnd als die
5 öffentlichen lügener bekennen / das weil Christus nicht ym hymel ist / da
er das abendmal helt / so mügen solche spruche sie nicht mit ernst bewegt
haben zu leucken / das Christus leib ym abendmal sey / sondern sind durch
den teuffel betrogen / das sie sich haben düncken lassen / sie sehen / das sie
nicht sahen / Denn die sprüche thun nichts dazu / Christus leib ſsey ym
10 abendmal odder nicht / so wenig als diese sprüche dazu thun / Jhesus ist
geborn zu Bethlehem vnd floh ynn Egypten. Ich wil yhn aber guten
rat geben / Sie müssen nu auff andere schrifft dencken / nemlich auff diese /
Am abend satzte sich Jhesus zu tische mit den zwelffen / Vnd was der
selbigen mehr ist / die von dem sitzen vber tische reden / Aus welchen
15 müssen sie denn schliessen / Die schrifft sagt / Christus sitze vber tische /
drumb kan er nicht ym brod sein / Wenn sie dasselbige gesagen / so ists
denn gnug / vnd ist nicht not / das sie vns auch beweisen / wie es widder
solche schrifft sey / gleich wie sie mit den vorigen sprüchen auch thun /
Denn was der geist sagt / das ist recht / on wo er leuget. Aber wir
20 werden antworten / Zu langsam / lieber geist / zu langsam / denn diese schrifft
vom sitzen vber tisch / haben dich bisher nicht bewegt zu deinem yrthum /
du hast auch nie dran gedacht / schweige das sie dich bewegen solten / Weil
dich denn diese noch nie bewegt haben / vnd ihene haben dich mit ernst
nicht konnen bewegen / so sage du / was dich bewegt hat? Lieber
25 geist / ergreiff vns auch also auff öffentlichen lügen / so wollen wir verloren
haben.

Ob sie aber sprechen / Wenn gleich das erste abendmal nicht widder
solche schrifft ist / die wir gefurt haben / so sind doch die andern abendmal
nach der hymelfart / dawidder / Antwort ich / Da frage ich itzt nicht nach /
30 Mir ist auff das mal gnug / das ich das erste ¹ abendmal erhalten habe / 199 E
das nicht sein kan widder die sprüche von der auffart Christi / Vnd der
geist öffentlich gefeylet hat / Denn wo ich das habe / das die sprüche von
der auffart Christi niemand konnen bewegen / das erste abendmal zu leucken
nach vnserm verstande / So wollen wir wol auch die andern abendmal er-
35 halten / Denn wer wil den schwermern gleuben / das die sprüche von der
auffart Christi sie ernstlich bewege widder die abendmal nach der auffart /
so sie vberwunden sind / das sie durch die selbigen nicht sind bewegt widder
das abendmal fur der auffart? Kan Christus leib vber tisch sitzen vnd
dennoch ym brod sein / so kan ¹ er auch ym hymel vnd wo er wil / sein / 317 W
40 vnd dennoch ym brod sein / Es ist keine vnterscheid / fern odder nahe bey

dem tiſſche ſein / dazu / das er zu gleich vm brod ſey. Wolan das heiſt
öffentlich auff lügen funden / Aber noch werden ſie nicht weichen odder
jhren jrthum bekennen / das ſie die warheit ehreten vmb Gotts willen.
Das ſey guug dauon / das vnſer verſtand nicht iſt widder ſchrifft
odder glauben / wie der tolle geiſt ſich ſelbs betreügt. Darnach kompt er 5
zu den zweyen heubtſtücken / die ich am hertiſten hab angriffen / nemlich /
das / Chriſtus zur rechten Gotts iſt / Vnd fleiſch kein nütze iſt zc. Da
ſolte er beweiſen / wie die zwey ſtücke nicht leiden kündten / das Chriſtus
leib vm abendmal ſey / wie ichs denn mit groſſen buchſtaben hatte ge-
zeichend / das ſie mir ia nicht drüber ſprungen. So kompt der liebe geiſt 10
her / vnd bringet ſeine figur Alleoſis / da durch er alles wil ſchlecht
machen / Leret vns / wie vnn der ſchrifft werde eine natur fur die andern
genomen vnn Chriſto / bis er vnn den abgrund fellet vnd ſchleuſt / das
dieſer ſpruch / Das wort iſt fleiſch worden Johan. 1. müſſe nicht ver-
ſtanden werden wie er lautet / ſondern alſo / Das fleiſch iſt wort worden / 15
odder / Menſch iſt Gott worden zc. So ſol man der ſchrifft vns maul
greiffen.

Jch kan auff dis mal nicht alle jrthum des geiſtes angreiffen / Das
ſage ich aber / wer ſich wil warnen laſſen / der hüte ſich fur dem Zwingel /
vnd meide ſeine bücher / als des helliſſchen Satans gifft / Denn der menſch 20
iſt gantz verkeret / vnd hat Chriſtum rein abe verloren / die andern ſacra-
menter bleiben doch auff einem jrthum / dieſer bringet kein buch erfur /
er ſchüt newe jrthum aus / jhe lenger jhe mehr / Wer aber ſich nicht
wil warnen laſſen / der fare hin / ſo ferne / das er wiſſe / das ich jhn ge-
warnet habe / vnd bin entſchüldigt. Du ſolt nicht gleuben noch annemen / 25
das der tropus Alleoſis vnn ſolchen ſprüchen ſey / odder das eine natur
fur die andern etwa werde genomen vn Chriſto / Der vnſonnige geiſt er-
tichtet ſolchs / das er vns Chriſtum auch raube / Denn er beweiſet dirs
nicht / vnd kan dirs auch nicht beweiſen / Vnd wenn ſchön ſolch ſein jr-
thum war vnd recht were / dennoch iſt damit nicht beweiſet / das Chriſtus 30
leib vm abendmal nicht ſein müge / Denn ich hab darauff gedrungen / das
ſie ſolten grund zeigen / warumb dieſe wort falſch weren / Das iſt mein
leib / wie ſie lauten / ob gleich Chriſtus vm hymel ſey / weil Gottes ge-
walt vns nicht bewuſt / vnd er wol eine weiſe mag treffen / das beides
war ſey / nemlich / Chriſtus vm hymel vnd ſein leib vm abendmal / Das 35
war die furnemſt frage / Das ſodderte ich / da ſchreib ich groſſe buchſtaben /
das ſie zeigen ſolten / wie die zwey widdernander weren / Da ſchweigt er /
des gedenckt er nicht mit einem buchſtaben / als gienge es jhn nicht an /
vnd ſpeyet die weil von ſeiner Alleoſi.

---

5 A L ij ᵇ   9 W. A. 23, 274 f.   11 A I iiij ᵇ | einrenken
13 A L vᵃ   14 Jo. 1, 14   16 lügen ſtrafen   21 reinweg
24 wenn er nur   27 irgendwo   29 ſchon   34 bekannt

Denn das ich beweisete / wie Christus leib allenthalben sey / weil ³¹⁸ W
Gotts rechte hand / allenthalben ist / das thet ich darumb (wie ,ich gar
öffentlich daselbst bedinget) das ich doch ein einige weise anzeigete / da mit
Gott vermöcht / das Christus zu gleich ym hymel vnd sein leib ym abend=
5 mal sey / vnd vorbehielt seiner göttlichen weisheit vnd macht / wol mehr
weise / dadurch er dasselbige vermöcht / weil wir seiner gewalt ende noch
mas nicht wissen / Wenn sie nu hetten wollen odder konnen antworten /
solten sie vns haben bestendiglich beweiset / wie Gott keine weise müst
noch vermöcht / das Christus ¹ ym hymel vnd zu gleich sein leib ym abend= ²⁰¹ E
10 mal were / da ligt der knote / da springen sie die guten gesellen / Denn
die sichtbarliche weise / das der hymel nach den augen / hoch droben / vnd
das abendmal hie nydden auff erden ist / dürfften sie vns nicht leren / wir
wissen selbs wol / das den augen nach zu rechen / nicht kan droben sein /
was hie nydden ist / vnd widderumb / Denn das ist ein menschliche / sicht=
15 barliche weise / Aber Gotts wort vnd werck gehen nicht / nach vnser
augen gesichte / sondern vnbegreifflich aller vernunfft / ia auch den Engeln /
So ist Christus auch widder ym hymel noch ym abendmal / sichtbar=
licher weise / vnd wie die fleischlichen augen etwas hie vnd dort zu sein
vrteilen.

20 Vnd ist freylich ein amechtiger geist / der Gotts wort vnd werck /
nach den augen richtet / Denn auff solche weise ist auch Gott selbs nicht /
wo er auch ist / er sey an allen enden odder an etlichen enden / Lieber
warumb henget sich denn nu der geist / an die einige weise von mir an=
gezeigt? Erstlich darumb / Er hatte sorge / der bauch wurde yhm bersten
25 fur grosser kunst / Zum andern / auff das er damit die einfeltigen narret /
das sie die weil nicht sehen solten / wie er vber hin sprünge / da er ant=
worten solt / vnd also ein ander spiel anfienge / da mit er vns von der
ban risse / das wir der sachen / die yhn engstet / vergessen / Wenn ich nu
mit yhn stritte vber der selbigen meiner angezeigten weise / so hetten sie
30 gewonnen spiel / Warumb? Darumb / das sie dadurch vrsache hetten / nicht
zu antworten auff den rechten knoten / der sie drücket / vnd gleich wol ein
buch vmbs ander schrieben / yhr vnnütz gepleuder ynn die welt zu speyen /
denn sie achten / viel speyen vnd vnnütze bücher schreiben sey recht ant=
worten / vnd betriegen die armen leute.

35 Darumb soltu also thun / dich widder sie zu schützen / Wenn sie dir
bestendiglich beweisen / das Göttliche gewalt vnd weisheit / nicht weiter
ist / denn vnser augen sind / vnd nicht mehr vermag / denn wir leiblich
mit augen sehen vnd richten / vnd mit fingern tappen mügen / So soltu es

---

2 ganz   3 erklärte | irgendeine   4 bewirken könnte   8 un-
widerleglich   10 die hauptschwierigkeit (Thiele no. 2) | darüber
hinweg   12 brauchte   13 rechnen, urteilen   14 umgekehrt
15 richten sich nicht   20 erbärmlicher   21 beurteilt   24 er
möchte sonst vor gelehrsamkeit platzen (Thiele no. 266)

202 E mit yhn halten / So wil ¹ ich auch gleuben / das Gott keine weise mehr
weis / wie Chriſtus zu gleich ym hymel vnd ſein leib ym abend mal ſey /
Solchs bringe vnd foddere von yhn / Sie ſinds ſchůldig zuthun / Vnd yhre
319 W lere mag nicht ehe beſtehen / ¹ ſie haben denn ſolchs klar vnd gewis gemacht /
denn darauff ſtehet yhr lere / Das ſulet der teuffel wol / das ers nicht thun   5
kan / drumb poltert er alſo mit vnnützem plaudern / das wir yhn nicht
ſollen dahin bringen / vnd gibt die weil kunſt aus / die niemand begerd /
Denn wenn er gleich meine angezeigte weiſe kund vmbſtoſſen (als er nicht
thun kan) ſo hette er damit noch nichts ausgericht / weil damit noch nichts
beweiſet were / das die zwey widdernander ſeyen / Chriſtus ym hymel vnd   10
ſein leib ym brod / Er mus beweiſen / das nicht alleine die ſelbigen weiſe
vnmůglich ſey / ſondern auch / das Gott ſelbs kein andere weiſe mehr wiſſe
noch vermůge / wie ich ym vorigen buch auch gefoddert hab / Weil er das
nicht thut / ſo ſprechen wir / Gott iſt allmechtig / vermag mehr denn wir
ſehen / drumb gleub ich ſeinen worten / wie ſie lauten / Sihe / ſo ſtehet   15
denn der geiſt vnd hat ſich ynn die hende bethan mit all ſeiner kunſt.

Denn auff alle ſein vnnütz ſpeyen / das er widder meine angezeigte
weiſe thut / antworte ich mit einem wörtlin / das heiſt / Nein / Denn
er furet ſeine Alleoſin daher / Der geſtehet yhm niemand / ynn dem ar-
tickel / vnd ſie bedarff eben ſo wol / das er ſie beweiſe / als ſein gantze   20
lugen lere / Wenn er ſie aber beweiſet / ſo kund man yhm weiter ant-
worten / Alſo ſtehet mein angezeigte weiſe (ſeiner Alleoſi halben) noch
auffs aller feſteſt / Denn das er ſaget / Es ſey Alleoſis / da gibt man ein
dreck auff / Möcht er doch wol ſagen / Es were / Ironia odder ein ander
tropus da. Es gilt nicht ſo troppens odder troppelns ynn der ſchrifft /   25
man mus die tropos zu erſt beweiſen / das ſie da ſeyen / ehe man da mit
ſtreitte. Ach / Es iſt / wie ich geſagt habe / Der teuffel iſt getroffen / das
er nicht antworten kan / darumb ſchweifft er ſo vmbher mit vergeblichen
worten / Gott ſey lob vnd danck / der vns ſo wol widder den teuffel zu
růſten weis.   30

203 E ¹ Du aber lieber bruder / ſolt an ſtat der Alleoſi das behalten / weil
Iheſus Chriſtus warhafftiger Gott vnd menſch iſt / ynn einer perſon / ſo
werde an keinem ort der ſchrifft / eine natur fur die ander genomen / Denn
das heiſt er Alleoſin / wenn etwas von der Gottheit Chriſti geſagt wird /
das doch der menſcheit zu ſtehet / odder widderumb / als Luce vlt. Muſt   35
nicht Chriſtus leiden vnd alſo ynn ſein ehre gehen? Hie gauckelt er /
das Chriſtus fur die menſchlichen natur genomen werde. Hůt dich / Hůt
dich / ſage ich / fur der Alleoſi / ſie iſt des teuffels laruen / Denn ſie richtet
zu letzt ein ſolchen Chriſtum zu / nach dem ich nicht gern wolt / ein Chriſten

---

7 packt gelehrsamkeit aus   16 beschissen; sich gründlich blamiert
19 zu dieser gesteht ihm niemand das recht zu   24 gar nichts | ebensogut
könnte er   31 festhalten   35 umgekehrt | Lc. 24, 26   36 herrlich-
keit eingehen | faselt   38 der teufel stecket dahinter

sein / Nemlich / das Christus hinfurt nicht mehr sey / noch thu / mit seinem
leiden vnd leben / denn ein ander schlechter heilige / Denn wenn ich das
gleube / das allein die menschliche natur fur mich gelidden hat / so ist mir
der Christus ein schlechter heiland / so bedarff er wol selbs eines heilands /
5 Summa / es ist vnsaglich / was der teuffel mit der Alleosi sucht.

[1] Vnd zwar dis stück ist ein hoher artickel / vnd dürfft wol eins sonder- 320 W
lichen buchs / vnd gehört auch ynn diese sache nichts / Doch kürtzlich / lasse
yhm ein einfeltiger Christ daran benügen / Das der heilige geist wol hat
wissen vns zu leren / wie wir reden sollen / vnd dürffen keiner troppeler
10 noch toppeler. Also spricht aber der heilige geist / Johan. 3. Also liebet
Gott die welt / das er seinen einigen son dahin gibt / Ro. 8. Er hat
seines eigen sons nicht verschonet / sondern fur vns alle dahin gegeben /
Vnd so fort an / alle werck / wort / leiden / vnd was Christus thut / das
thut / wirckt / redet / leidet der warhafftige Gottes son / vnd ist recht gered /
15 Gottes son ist fur vns gestorben / Gottes son predigt auff erden / Gottes
son wescht den iüngern die füsse / wie die Epistel Ebre. 6. sagt / Sie
creutzigen yhn selbs den son Gottes. [1] 1. Cor. 2. hetten sie erkand / sie hetten 321 W
nymer mehr den Herrn der ehren gecreutzigt.

Ob nu hie die alte wettermecherynn fraw vernunfft / der Alleosis
20 grosmutter / sagen würde / Ja die Gottheit kan nicht leiden noch sterben /
Soltu ant'worten / Das ist war / Aber dennoch weil Gottheit vnd menscheit 204 E
ynn Christo eine person ist / so gibt die schrifft / vmb solcher personlicher
einickeit willen / auch der Gottheit / alles was der menscheit widderferet /
vnd widderumb / Vnd ist auch also ynn der warheit / Denn das mustu ia
25 sagen / Die person (zeige Christum) leidet / stirbet / Nu ist die person
warhafftiger Gott / drumb ists recht gered / Gottes son leidet / Denn ob
wol das eine stück (das ich so rede) als die Gottheit / nicht leidet / so leidet
dennoch die person / welche Gott ist / am andern stücke / als an der menscheit /
Gleich als man spricht / Des königes son ist wund / so doch allein sein bein
30 wund ist. Salomon ist weise / so doch allein sein seele weise ist / Absalom
ist schöne / so doch allein sein leib schön ist / Petrus ist graw / so doch allein
sein hewbt graw ist. Denn weil leib vnd seele eine person ist / so wirds
der gantzen person recht vnd wol [1] zugeeignet / alles was dem leibe odder 322 W
seele ia dem geringsten gelied des leibs widderferet / Dis ist die weise zu
35 reden ynn aller welt / nicht allein ynn der schrifft / Vnd ist dazu auch die
warheit / Denn yn der warheit / ist Gottes son fur vns gecreutzigt / das
ist / die person / die Gott ist / Denn sie ist / Sie (sage ich) die person ist
gecreutzigt nach der menscheit.

---

2 geringer   6 wahrlich | hochwichtiger | bedürfte   9 be-
dürfen | die immer mit tropen operieren   10 würfelspieler | Jo. 3, 16
11 Rö. 8, 32   16 Hbr. 6, 6   17 1. Ko. 2, 8   19 hexe   22 weist zu
24 umgekehrt

Also sol man der gantzen person zu eigen / was dem andern teil der person widderferet / vmb des willen / das beyde eine person ist / So reden auch alle alte lerer / Auch alle new Theologen / alle sprache vnd die gantze schrifft. Aber die verfluchte Alleosis / keret solchs stracks vmb / vnd wil wechseln vnd den stücken zu eigen / das der gantzen persone ynn der schrifft zugeeigent wird / macht eigen tropos / die schrifft zuuerkeren / vnd die person Christi zur trennen / wie er mit dem (Ist) auch thut / allein das er was newes lere / vnd seine nerrichte gedancken / auch an die sonne bringe / Vnd weil er ia so gerne troppet / Warumb bleibt er nicht bey dem alten tropo / den die schrifft vnd alle lerer bisher haben hie gebraucht? nemlich / Synecdoche / als Christus ist gestorben nach der menscheit ꝛc. Aber / das were nichts newes gewest / vnd war kein rhum drynnen zu eriagen / Hette auch nicht mügen newe yrthum bringen / Darumb muste Alleosis erfur vnd vns leren / das eine natur würde fur die andern genomen / als weren die Aposteln tol vnd töricht gewest / das sie nicht hetten mugen reden von der Gottheit / sie müsten sie denn / menscheit nennen / vnd widderumb / Hette Johannes wollen Alleosin ansehen / Er hette auch wol sagen konnen / Das fleisch ist wort worden / da er sprach / Das wort ist fleisch worden.

Ist aber das nicht ein freueler geist / der also tolküne eraus feret / vnd macht vns Alleosin an diesen örten? Wer hats yhm befolhen? Wo mit beweiset ers / das Alleosis hie sey? Nein / das ist nicht von nöten / Sondern ist gnug / wenn er spricht / Ich Zwingel sage / das hie Alleosis sey / drumb ists also / Denn ich bin gestern ym schos der Gottheit gewest vnd kom itzt vom hymel / drumb mus man mir gleuben / Er solte zuuor beweisen / das hie Alleosis sey / Das lest er / vnd nympts an / als habe ers fur tausent iaren erstritten / vnd sey niemand der dran müge zweifeln / So es doch viel nötiger ist / zu beweisen / das hie Alleosis sey / denn das ihenige / so er da mit bestettigen wil / Das heist aus der Zwinglische Logica incertum per incertius / ignotum per ignotius probare / O schöne kunst / die auch kinder mit drecke aus werffen solten. Wenn das gilt / das er mag troppen vnd mit figuren spielen / seines mutwillens / vnd mus recht sein / was er sagt / Was ists wunder / ob er aus Christo zu letzt auch einen Belial macht? Wer sagen thar / alles was yhm gefellet (vnd mus nicht grund anzeigen) Lieber / was solt der nicht schliessen? Es ist nicht anders / denn wie ich klage / der geist rhümet schrifft / den leuten das maul zuschmieren / Vnd furet doch eitel eigene trewme vnd seinen tollen dünckel / widder die schrifft. Wir aber verdammen vnd verfluchen die

---

1 zueignen   4 geradezu   5 tauschen   9 mit tropen operiert 16 umgekehrt   17 ansehen] haben hs.   18 Jo. 1, 14   26 tut so 31 austreiben   32 nach belieben   34 zu sagen wagt   35 für konsequenzen ziehen   36 beruft sich auf   37 schöne worte zu geben (Thiele no. 255) | führt an

Alleosin an diesem ort / bis ynn die helle hinein als des teuffels eigen
eingeben / Vnd wollen sehen / wie er sie wil bestettigen / Denn schrifft vnd
guten grund wollen wir haben / Nicht seinen eigen rotz vnd geiffer.

Sie schreyen vber vns / das wir die zwo natur ynn ein wesen
5 mengen / Das ist nicht war / Wir sagen nicht / das Gottheit sey menscheit /
obber Gottliche natur sey menschliche natur / welches were die natur ynn
ein wesen gemenget / Sondern wir mengen die zwo vnterschiedliche natur /
ynn ein einige person / vnd sagen / Gott ist mensch / vnd mensch ist Gott.
Wir schreyen aber widderumb vber sie / das sie die person Christi zur
10 trennen als werens zwo personen / Denn wo die Alleosis sol bestehen /
wie sie Zwingel furet / so wird Christus zwo personen müssen sein / ein
Gottliche vnd eine menschliche / weil er die sprüche vom leiden / allein auff
die menschliche natur zeucht / vnd aller dinge von der Gottheit wendet /
Denn wo die werck zuteilet vnd gesondert werden / da mus auch die person
15 zurtrennet werden / Weil alle werck obber leiden / nicht den naturen /
sondern den personen zugeeigent werden / Denn die person ists / die alles
thut vnd leidet / eins nach dieser natur / das ander nach ihener natur / wie
das alles die gelerten wol wissen / Drumb halten wir vnsern Herrn
Christum also fur Gott vnd mensch ynn einer person / non confundendo
20 naturas / nec diuidendo personam / das wir die naturn nicht mengen / vnd
die person auch nicht trennen.

Nu das sey gnug von zufelliger sachen / Denn sie hieher nichts dienet /
on das der geist so vol yrthum stickt / das er allenthalben vrsache sucht /
die einfeltigen zu beschmeyssen / vnd die rechte sache die weil vom platz
25 treibe / Wir stehen darauff / weil der weschafftiger geist nicht wil noch
kan beweisen / das die zwey widdernander sind / Christus ist ym hymel
vnd sein leib ist ym abendmal / so sollen vns die wort (das ist mein leib)
bleiben / wie sie lauten / Denn ein buchstabe drynnen / ist vns gewisser vnd
besser / denn aller schwermer bucher / wenn sie gleich die welt vol bücher
30 schrieben / Item weil sie nicht beweisen / das Gottes rechte hand / ein
sonderlicher ort sey ym hymel / so bleibt mein angezeigte weise auch noch
feste / das Christus leib allenthalben sey / weil er ist zur rechten Gotts /
die allenthalben ist / wie wol wir nicht wissen / wie das zugehet / Denn
wir auch nicht wissen / wie es zugehet / das Gottes rechte allenthalben
35 ist / Es ist freylich nicht die weise / wie wir mit augen sehen ein ding
etwa sein / als die schwermer das sacrament ansehen / Gott hat aber wol
eine weise / das es sein kan vnd also sey / bis das die schwermer anders
beweisen.

---

4 erheben über uns ein zetergeschrei   9 umgekehrt   13 be-
zieht | gans | abwendet   22 nebenbei mir aufstoßender und nebenbei
zu erledigender   24 bescheissen, betrügen   25 schwatzhafte   36 irgendwo
37 bis — 38 beweisen fehlt hs.

Denn wenn gleich die Alleosis bestünde / das eine natur für die
andern genomen würde / so betreffe doch solchs allein die werck odder geschefft
der naturn / vnd nicht das wesen der naturn / Denn ob gleich ynn den
wercken / wenn man ¹ spricht (Christus prediget / trinckt / bettet / stirbt) möcht
Christus für die menschliche natur genomen werden / So kans doch nicht   5
so sein / ym wesen / wenn man spricht / Gott ist mensch / odder mensch ist
Gott / Hie kan ia kein Alleosis / ia auch kein Synecdoche odder einiger
tropus sein / Denn da mus Gott für Gott / mensch für mensch genomen
werden. Nu da ich schreib / das Christus leib allenthalben were / handelt
ich ia nicht von wercken der naturn / sondern vom wesen der naturn /   10
Drumb kan wibber Alleosis noch Synecdoche myr solchs vmbstossen / Denn
Wesen ist wesen / ein iglichs für sich / keins für das ander / Vnd wer mirs
wil vmbstossen / der mus nicht Alleofes / Synecdochen oder tropos bringen /
Sie schaffen hie nichts / sondern er mus mir meine gründe / darauff ich
stehe ynn dem stücke / vmbstossen.   15

Meine gründe aber / darauff ich stehe ynn solchem stücke / sind diese /
Der erst / ist dieser artickel vnsers glaubens / Jhesus Christus ist wesent-
lich / natürlicher / warhafftiger / völliger Gott vnd mensch ynn einer person
vnzurtrennet vnd vngeteilet. Der ander / das Gottes rechte hand allent-
halben ist. Der dritte / das Gotts wort nicht falsch ist odder lügen. Der   20
vierde / Das Gott mancherley weise hat vnd weis / etwa an einem ort zu
sein / vnd nicht allein ¹ die einige / da die schwermer von gauckeln / welche
die Philosophi Localem nennen / Denn die Sophisten reden hie von recht /
da sie sagen / Es sind dreyerley weise / an eim ort zu sein / Localiter odder
circumscriptiue / Diffinitiue / Repletiue / Welchs ich vmb leichters verstandes   25
willen wil also verdeubschen. Erstlich ist ein bing ¹an eym ort circum-
scriptiue odder localiter / begreifflich / das ist / wenn die stet vnd der corper
brynnen sich mit einander eben reymen / treffen vnd messen / gleich wie ym
fas der wein odder das wasser ist / da der wein nicht mehr raumes nympt /
noch das fass mehr raumes gibt / denn so viel des weins ist / Also ein holtz   30
odder baum ym wasser nicht mehr raumes nympt noch das wasser gibt /
denn so viel des bawmes brynnen ist. Also ein mensch ynn der lufft
wandelend / nicht mehr raums von der lufft vmb sich her nympt / noch die
lufft mehr gibt / denn so gros der mensch ist / Auff die weise messen sich /
stet ¹vnd corper miteinander gleich abe von stück zu stück / gleich als ein   35
kannen giesser / die kannen ynn seiner form abmisset / geust vnd fasset.

Zum andern ist ein bing an eim ort diffinitiue / vnbegreifflich / wenn
das bing odder corper nicht greifflich an eim ort ist / vnd sich nicht abmisset
nach dem raum des orts / da es ist / sondern kan etwa viel raums / etwa

---

7 irgend ein   14 richten aus   21 irgendwo   22 einzige,
von der   28 einander genau entsprechen   29 einnimmt   30 hergibt
39 einmal | ein andermal

wenig ¹ raums einnemen / Also sagen sie / Sind die Engel vnd geister an 328 W
steten odder örtern / Denn also kan ein Engel odder teuffel ynn eym gantzen
hause odder stab sein / Widderumb kan er ynn einer kamer / laden odder
büchsen / ia ynn einer nusschalen sein / Der ort ist wol leiblich vnd begreiff-
5 lich / vnd hat seine masse / nach der lenge / breite vnd dicke / Aber das so
drynnen ist / hat nicht gleiche lenge / breite odder dicke mit der stete / darynn
es ist / ia es hat gar keine lenge odder breite / So lesen wir ym Euangelio /
das der teuffel die menschen besitzt vnd ynn sie setzet / vnd furen auch ynn
die sew / Ja Matth. 8. stehet / das ein gantz Legion ynn einem menschen
10 waren / das waren bey sechs tausent teuffel / Das heisse ich vnbegreifflich
an eym ort sein / Denn wir konnens nicht begreiffen noch abmessen / wie
wir die Cörper abmessen / vnd es ist doch gleich wol an dem ort / Auff
solche weise war der leichnam Christi / da er aus dem verschlossen grabe
fur / vnd zu den iungern durch verschlossene thür kam / wie die Euangelia
15 zeigen / Denn da ist kein messen noch begreiffen / an welchem ort / sein
heubt odder fusse sind gewest / da er durch die steine fur / vnd muste doch
ia herdurch / da nam er ¹ keinen raum / so gab yhm der stein auch keinen 209 E
raum / sondern der stein bleib stein / gantz vnd fest / wie vor / vnd sein leib
bleib auch so gros vnd dick / als er vor war / Er kondte doch daneben /
20 ¹ wie er wolte / sich auch begreifflich an örten / sehen lassen / da er raum 329 W
nam von dem ort vnd sich abmessen lies / nach seiner grösse / Eben also
ist vnd kan auch Christus ym brod sein / ob er gleichwol daneben / sich kan
begreifflich vnd sichtbarlich zeigen / wo er wil / Denn wie der versiegelt
stein vnd die verschlossen thür vnuerendert vnd vnuerwandelt blieben / vnd
25 doch sein leib zu gleich war an dem ort / da eitel stein vnd holtz war /
also ist er auch ym sacrament zu gleich / da brod vnd wein ist / vnd doch
brod vnd wein fur sich selbs bleiben vnuerwandelt vnd vnuerendert.
Zum dritten / ist ein ding an örten Repletiue / vbernatürlich / das
ist / wenn etwas zu gleich gantz vnd gar / an allen örten ist vnd alle örte
30 fullet / vnd doch von keinem ort abgemessen vnd begriffen wird nach dem
raum des orts / da les ist. Diese weise wird allein Gotte zu geeignet /
wie er sagt ym Propheten Jeremia / Ich bin ein Gott von nahe vnd nicht
von ferne / Denn hymel vnd erden fulle ich rc. Diese weise ist vber alle
mas vber vnser vernunfft vnbegreifflich / vnd mus allein mit dem glauben
35 ym wort behalten werden. Solchs alles habe ich darumb erzelet / das man
sehe / das wol mehr weise sind / ein ding etwo zu sein / denn die einige
begreiffliche leibliche weise / darauff die schwermer stehen / Vnd gewaltiglich
aus der schrifft erzwungen ist / das Christus ¹ leib nicht müsse allein begreiff- 330 W
lich odder leiblich an eym ort sein / da er raum nympt vnd gibt / nach
40 seiner grösse / Denn er ist ym stein des grabes gewest / on solche begreiff-

---

9 Mc. 5, 9   20 wie] wo hs.   32 Jer. 23, 23   36 wie ein
ding irgendwo sein kann | einzige   37 mit gewalt   39 einnimmt
und ausfüllt

liche weise / Des gleichen ynn verschloffener thür / wie sie nicht leucken
konnen. Hat er nu da selbs konnen sein / on raum vnd stete / seiner grösse
gemesse / Lieber warumb solt er nicht auch / ym brod also sein mügen / on
raum vnd stet seiner grösse gemesse? Wenn er aber auff diese vnbegreiff-
liche weise ist / so ist er ausser der leiblichen Creaturn / vnd wird nicht 5
210 E drinnen gefasset noch abgemessen / Wer kan ¹ aber wissen / wie solchs zugehe?
Wer wil beweisen / das falsch sey / ob yemand saget vnd hielte / weil er
ausser der Creatur ist / So ist er freylich wo er wil / das yhm alle Creatur /
so durchleufftig vnd gegenwertig sind / als einem andern cörper / seine leib-
liche stet odder ort?   10

  Sihe vnsere leibliche augen vnd gesichte an / wenn wir die augen
auffthun / so ist vnser gesichte ynn eym augenblick / vber funff odder sechs
meyle wegs / vnd zu gleich an allen örten / die ynn solchen sechs meilen
sind gegenwertig / vnd ist doch nur ein gesichte ein auge / Kan das ein 15
leiblich gesichte thun / Meinstu nicht / das Gottes gewalt konne auch eine
331 W weise finden / das auch ¹ alle Creaturn also gegen Christus leib seyen gegen-
wertig vnd durchleufftig / Ja sprichstu / damit beweisestu nicht / das so sey?
Danck hab / Ich beweise aber so viel damit / das die schwermer auch nicht
konnen vmbstossen noch beweisen / das solchs Göttlicher gewalt vnmüglich
sey / Welchs sie doch müssen vnd sollen beweisen / Beweisen (sage ich) sollen 20
sie / Das Gott keine weise wisse / wie Christus leib müge anders denn
leiblich vnd begreifflich etwo sein / Wo sie das nicht thun / so stehet yhr
lere mit schanden / Nu konnen sie es ia nymer mehr thun / Weil aber wir
aus der schrifft beweisen / das Christus leib / kan auch mehr weise / denn
auff solche leibliche weise etwo sein / So haben wir damit gnug erstritten / 25
das man den worten solle gleuben / wie sie lauten (Das ist mein leib)
weil es widder keinen artickel des gleubens ist / vnd dazu der schrifft gemes
ist / als da sie Christus leib / durch versiegelten stein vnd verschlossene thür
furet / Denn weil wir eine weise konnen anzeigen vber die leibliche begreiff-
liche weise / Wer wil so küne sein / das er Gotts gewalt wolte messen 30
vnd vmb spannen / als der nicht auch wol andere mehr weise wisse? Vnd
kan doch der schwermer ding nicht bestehen / sie beweisen denn / das Gotts
332 W ¹ gewalt also zu messen vnd zu vmb spannen sey / weil alle yhr grund darauff
211 E stehet / das ¹ Christus leib müsse allein an einem ort sein / leiblicher vnd be-
greifflicher weise / Aber hie gilts nicht antwortens / sondern springens vnd 35
die weil von fraw Alleoffi plaudern.

  Vnd das ich auff meine sachen kome / Weil vnser glaube helt / das
Christus Gott vnd mensch ist / vnd die zwo naturn eine person ist / also das
die selbige person nicht mag zur trennet werden / so kan er freylich nach

---

  7 behauptete 8 sicherlich 9 durchdringbar 11 sehkraft
16 gegenüber 22 stehet hs, stehen A 29 hindurchgehen lässt | über
hinaus 35 überspringens 37 behauptet 39 sicherlich

der leiblichen begreifflichen weise sich erzeigen an welchem ort er wil / wie
er nach der aufferstehung thet / vnd am iungsten tage thun wird / Aber
vber diese weise / kan er auch der andern vnbegreifflichen weise brauchen /
wie wir aus dem Euangelio beweiset haben ym grabe vnd verschlossener
5 thür / Nu er aber ein solch mensch ist / der vbernatürlich mit Gott eine
person ist / vnd ausser diesem menschen kein Gott ist / so mus folgen / das
er auch nach der dritten vbernatürlichen weise sey vnd sein müge allent-
halben / wo Gott ist / vnd alles durch vnd durch vol Christus sey auch
nach der menscheit / nicht nach der ersten leiblichen begreifflichen weise /
10 sondern nach der vbernatürlichen göttlichen weise / Denn hie mustu stehen
vnd sagen / Christus nach der Gottheit / wo er ist / da ist er eine natür-
liche Göttliche person / vnd ist auch natürlich vnd personlich daselbst / wie
das wol beweiset sein empfengnis ynn mutterleibe / Denn solt er Gottes
son sein / so müste er natürlich vnd personlich ynn mutter leibe sein / vnd
15 mensch werden. Ist er nu natürlich vnd personlich wo er ist / so mus er
daselbs auch mensch sein / denn es sind nicht zwo zurtrennete personen /
sondern ein einige person / Wo sie ist / da ist sie die einige vnzurtrennete
person / Vnd wo du kanst sagen / Hie ist Gott / da mustu auch sagen / So
ist Christus der mensch auch da.

20 Vnd wo du einen ort zeigen wurdest / da Gott were vnd nicht der
mensch / so were die person schön zurtrennet / weil ich als denn mit der
warheit kund sagen / Hie ist Gott / der nicht mensch ist / vnd noch nie
mensch ward / Mir aber des Gottes nicht / Denn hieraus wolt folgen /
das raum vnd stette / die ¹ zwo ¹ naturn von einander sonderten vnd die person 333 W
25 zurtrenneten / so doch der tod vnd alle teuffel sie nicht kundten trennen   212 E
noch von einander reissen / Vnd es solt mir ein schlechter Christus bleiben /
der nicht mehr denn an einem einzelen ort zu gleich eine Göttliche vnd
menschliche person were / Vnd an allen andern orten muste er allein ein
blosser abgesonderter Gott vnd Gottliche person sein / on menscheit / Nein
30 geselle / wo du mir Gott hinsetzest / da mustu mir die menscheit mit hin
setzen / Sie lassen sich nicht sondern vnd von einander trennen / Es ist eine
person worden / vnd scheidet die menscheit nicht so von sich / wie meister
Hans seinen rock auszeucht vnd von sich legt / wenn er schlaffen gehet.

Denn das ich den einfeltigen ein grob gleichnis gebe / Die menscheit
35 ist neher vereiniget mit Gott / denn vnser haut mit vnserm fleische / ia
neher denn leib vnd seele / Nu so lange der mensch lebt vnd gesund / ist
haut vnd fleisch / leib vnd seele also gar ein ding vnd person / das sie nicht
mügen zurtrennet werden / Sondern / wo die seele ist / da mus der leib
auch sein / Wo das fleisch ist / da mus die haut auch sein / Vnd kanst nicht
40 sonderliche stet odder raum geben / da allein die seele on leib / als ein kern

---

1 sehen lassen   3 über-hinaus   23 komm mir aber nicht mit
dem gott!   32 der henker?   37 so ganz   40 anzeigen

on die schale / odder da das fleisch on haut als ein erbeys on hülsen sey /
Sondern / wo eines ist / da mus das ander mit sein / Also kanstu auch
nicht die Gottheit von der menscheit abschelen / vnd sie etwa hin setzen /
da die menscheit nicht mit sey / Denn da mit würdestu die person zu trennen
vnd die menscheit zur hülsen machen / ia zum rock / den die Gottheit aus 5
vnd anzöge / darnach die stet odder raum were / Vnd solt also der leibliche
raum hie so viel vermügen / das er die Göttliche person zurtrennet / welche
doch widder Engel noch alle creatur mügen zutrennen.

    Hie wirstu mit Nicodemo sprechen / Wie kan das zugehen? Sollen
nu alle stet vnd raum / ein raum vnd stet werden? odder (wie der tölpel 10
213 E geist / nach seinem groben fleischlichen synn trewmet) sol die menscheit
Christi sich ausbreiten vnd denen wie ein fell / so weit alle creatur sind?
Antworte ich / Du must mit Mose hie die alten schuch ausziehen / vnd
mit Nicodemo new geborn werden / Nach deinem alten dunckel / der nichts
mehr / denn die erste leiblichen begreifflichen weise vernympt / wirstu dis 15
nicht verstehen / wie die schwermer thun / Welche dencken nicht anders /
denn als sey die Gottheit leiblicher begreifflicher weise allenthalben / als
were Gott so ein gros ausgebreitet ding / das durch vnd vberaus alle
creatur reichet / Das merck dabey / weil sie vns schuld geben / wir breiten
vnd denen die menscheit aus vnd vmbzeunen die Gottheit damit / welche 20
wort klerlich von der leiblichen begreifflichen weise reden / wie ein bawr
ynn wammes vnd hosen steckt / da wammes vnd hosen ausgedenet werden /
das sie den leib vnd die schenckel vmbgeben. Heb dich du grober schwermer=
334 W geist / mit solchen faulen gedancken / Kanstu hie nicht höher noch anders
dencken / so bleib hinder dem ofen vnd brad die weil birn vnd öpffel / las 25
diese sache mit friden / Gieng doch Christus durch verschlossene thür mit
seinem leibe / vnd die thür ward dennoch nicht ausgedenet / noch sein leib
eingezogen / wie solt denn hie die menscheit ausgedenet / odder die Gottheit
eingezeunet werden / da viel ein ander vnd höher weise ist?

    Es ist hoch ding (sprichstu) vnd ich verstehe sein nicht / Ja das klage 30
ich auch / das diese fleischliche geister / so kaum auff der erden kriechen
kónnen / ym glauben vnuersucht / ynn geistlichen sachen vnerfaren / wollen
ynn der höhe vber den wolcken fliegen / vnd solch hohe / heymliche / vn=
begreiffliche sachen / nicht nach Gottes worten / sondern / nach yhrem kriechen
vnd schreiten auff erden messen vnd richten / So gehets yhn denn wie die 35
Poeten von dem Icaro sagen / Denn sie haben auch frembde feddern (das
ist sprüche der schrifft) gestolen / vnd mit wachse angeklebt (das ist / mit
der vernunfft yhrem synn eben gemacht) vnd fliegen also ynn die höhe /
Aber das wachs zuschmiltzt / vnd sie fallen vns meer vnd ersauffen ynn

1 erbse   3 irgendwohin   9 Jo. 3, 9   13 Ex. 3, 5   14 Jo. 3, 3
18 über alle kr. hinausreicht   19 erkenne daraus, dass . . .   24 nichts-
würdigen   36 Ovid   38 angepasst

allerley yrthum ꝛc. ¹Chriſtus ſpricht / Hab ich euch von yrdiſchen dingen 214 E
geſagt vnd yhr gleubet nicht / wie wolt yhr gleuben / wenn ich euch von
hymliſchen dingen ſagen wuͤrde? Sihe / das iſt noch alles yrdiſch vnd
leiblich ding / wenn Chriſtus leib durch den ſtein vnd thuͤr gehet / Denn
5 ſein leib iſt ein coͤrper / den man ¹greiffen kan / ſo wol als der ſtein vnd
die thuͤr / Noch kans keine vernunfft begreiffen / wie ſein leib vnd der ſtein
zugleich an einem ort ſind / da er hindurch feret / vnd wird hie der ſtein
nicht groͤſſer noch weiter ausgedenet / vnd Chriſtus leib wird nicht kleiner
noch enger eingezogen / Der glaube mus hie die vernunfft blenden / vnd ſie
10 aus der leiblichen / begreifflichen ¦weiſe heben / ynn die andere vnbegreiff=
lichen weiſe / die ſie nicht verſtehet / vnd doch nicht leucken kan.

Mus nu die andere weiſe durch den glauben verſtanden werden /
vnd die vernunfft mit yhrer erſten begreifflichen weiſe vntergehen / wie viel
mehr mus der glaube alleine hie ſtehen vnd die vernunfft vntergehen / ynn
15 der hymliſchen vbernatuͤrlichen weiſe / da Chriſtus leib ynn der Gottheit
eine perſon mit Gott iſt? Denn das wird mir ia yderman zu laſſen / das
gar viel ein ander hoher weiſe iſt / da Chriſtus leib ym verſigelten ſtein
vnd verſchloſſen thuͤr iſt / Denn da er nach der erſten weiſe / ynn ſeinen
kleidern odder ynn der lufft ſo vmb yhn her geht / ſitzt odder ſtehet / Denn
20 hie denet vnd breitet ſich die lufft vnd kleider aus / nach der groͤſſe ſeines
leibs / das die augen ſehen vnd die hende greiffen muͤgen / Aber ym ſtein
vnd thuͤr iſt der keines. Weiter / ſo mus mir yderman das auch zu laſſen /
das noch viel ein hoͤher weſen vnd weiſe iſt / Da Chriſtus leib mit Gott
eine perſon iſt / Denn da er ym ſtein odder thuͤr iſt / ¹Denn Gott iſt kein 335 W
25 leiblich ding / ſondern ein geiſt vber alle ding / So iſt ia Chriſtus nicht
eine perſon mit dem ſtein odder thuͤr / wie er mit Gott iſt / Darumb mus
er mehr vnd tieffer ſein ynn der Gottheit / denn er ym ſtein odder thuͤr
iſt / gleich wie er tieffer vnd mehr ym ſtein odder thuͤr iſt denn ¹ ym kleide 215 E
odder lufft / Vnd ſo der ſtein odder thuͤr ſich nicht haben muͤſſen ausdenen
30 odder breiten / noch den leib Chriſti vmbzeunen / viel weniger wird hie
ynn der aller hoͤheſten weiſe / die menſcheit ſich ausdenen / ausbreiten
odder die Gottheit vmbzeunen odder einziehen / wie der fleiſchliche geiſt
trewmet.

Denn der geiſt mus mir hie ſtehen vnd bekennen / das Chriſtus leib /
35 gar viel ein hoͤher vbernatuͤrlicher weſen habe / da er mit Gott eine perſon
iſt / denn er hatte / da er ym verſigelten ſtein vnd thuͤr war / Sintemal
das die hoͤheſte weiſe vnd weſen iſt / vnd nichts hoͤhers kan ſein / denn
das ein menſch mit Gott eine perſon iſt / Denn die ander weiſe / wie
Chriſtus leib ym ſteine war / wird auch allen heiligen ym hymel gemein
40 werden / das ſie mit yhrem leibe durch alle creatur faren / gleich wie ſie
ſchoͤn izt den Engeln vnd teuffeln gemein iſt / Denn der Engel kam zu

1 Jo. 3, 12   6 dennoch   34 rede ſtehen   41 ſchon

Petro nun den kercker Act. 12. So komen die polter geister teglich ynn
verschlossene kamer vnd kemnoten. So mus er mir auch bekennen / das
der stein sich nicht ausgedenet / noch Christus leib vmbzeunet habe / Was
gauckelt er denn von dem aller höhesten wesen vnd weise / da Christus
mit Gott eine person ist / das daselbst sich die menscheit muste ausdenen   5
vnd Gott vmbzeunen / wo sie solt mit Gott allenthalben sein? on das er
damit seine grobe / fette / dicke gedancken anzeigt / das er von Gott vnd
Christo nie nicht anders gedacht habe / denn nach der ersten leiblichen /
begreifflichen weise / Lieber / Die menscheit sey an einem ort / obber an
allen orten / so vmbzeunet sie die Gottheit nicht / viel weniger denn der   10
stein / so an einem ort war / seinen leib vmbzeunet / Sondern sie ist mit
Gott eine person / das wo Gott ist / da ist auch der mensch / Was Gott
thut / das heist auch der mensch gethan / Was der mensch leidet / das heist
auch Gott gelidden.

    So hat nu Christus einiger leib dreyerley wesen obber alle drey weise   15
etwo zu sein / Erstlich / die begreiffliche leibliche weise / wie er auff erden
2·6 E leiblich ¹ gieng / da er raum nam vnd gab / nach seiner grösse / Sölche weise
kan er noch brauchen wenn er wil / wie er nach der aufferstehung thet /
vnd am iüngsten tage brauchen wird / wie Paulus sagt. 1. Timo. Welchen
wird offenbarn der selige Gott rc. vnd Col. 3. Wenn Christus ewer leben 20
sich offenbarn wird rc. Auff solche weise ist er nicht ynn Gott obber bey
dem vater / noch ym hymel / wie der tolle geist trewmet / Denn Gott ist
nicht ein leiblicher raum obber stet / Vnd hierauff gehen die sprüche / so
die geistler furen / wie Christus die welt verlasse vnd zum vater gehe rc.
Zum andern die vnbegreiffliche geistliche weise / da er keinen raum nympt 25
noch gibt / sondern durch alle creatur feret wo er wil / wie mein gesichte
(das ich grobe gleichnis gebe) durch lufft / liecht obber wasser feret vnd
336 W ist / vnd nicht raum nympt noch gibt / Wie ein klang ¹ obber dohn durch
lufft vnd wasser obber bret vnd wand feret vnd ist / vnd auch nicht raum
nympt noch gibt. Item wie liecht vnd hitze durch lufft / wasser / glas /   30
Cristallen vnd der gleichen feret vnd ist / vnd auch nicht raum gibt noch
nympt vnd der gleichen viel mehr / Solcher weise hat er gebraucht / da er
aus verschlossenem grabe fur / vnd durch verschlossene thür kam / vnd ym
brod vnd wein ym abendmal / Vnd wie man gleubt / da er von seiner
mutter geborn ward rc.   35
    Zum dritten die Göttliche hymelische weise / da er mit Gott eine
person ist / Nach welcher freylich alle Creaturn yhm gar viel durchleufftiger
vnd gegenwertiger sein müssen / denn sie sind nach der andern weise / Denn
so er nach der selbigen andern weise / kan also sein ynn vnd bey den
Creaturn / das sie yhn nicht fulen / rüren / messen noch begreiffen / wie viel 40

---

1 AG. 12, 7 | gespenster   17 leiblich A   19 1. Ti. 6, 15
20 Kol. 3, 4   24 schwärmer   37 durchdrngbarer   40 berühren,
spüren

mehr wirb er nach dieſer hohen dritten weiſe / ynn allen Creaturn wünder-
licher ſein / das ſie yhn nicht meſſen noch begreiffen / ſondern viel mehr /
das er ſie fur ſich hat gegenwertig / miſſet vnd begreifft? Denn du muſt
dis weſen Chriſti / ſo er mit Gott eine perſon iſt / gar weit weit auſſer
5 den Creaturn ſetzen / ſo weit als Gott drauſſen iſt / widderumb ſo tieff vnd
nahe ynn alle Creatur ſetzen / als Gott dryñen iſt / Denn er [1] iſt ein 217 B
vnzertrennete perſon mit Gotte / Wo Gott iſt / da mus er auch ſein / obber
vnſer glaube iſt falſch / Wer wil aber ſagen obber dencken / wie ſolchs zu
gehe? Wir wiſſen wol / das alſo ſey / das er ynn Gott auſſer allen
10 Creaturn vnd mit Gott eine perſon iſt / Aber wie es zugehe / wiſſen wir
nicht / Es iſt vber natur vnd vernunfft auch aller Engel ym hymel / alleine
Gott bewuſt vnd bekand / Weil es denn vns vnbekand vnd doch war iſt /
ſo ſollen wir ſeine wort nicht ehe leucken / wir wiſſen denn zubeweiſen
gewis / das Chriſtus leib aller dinge nicht müge ſein / wo Gott iſt / vnd
15 das ſolche weiſe zu ſein / falſch / ſey / Welchs die ſchwermer ſollen beweiſen /
Aber ſie werdens laſſen.

Ob nu Gott noch mehr weiſe habe vnd wiſſe / wie Chriſtus leib
etwo ſey / wil ich hiemit nicht verleucket / ſondern angezeigt haben / wie
grobe hempel vnſer ſchwermer ſind / das ſie Chriſtus leibe nicht mehr denn
20 die erſte begreiffliche weiſe zu geben / Wie wol ſie auch die ſelbigen nicht
konnen beweiſen / das ſie widder vnſern verſtand ſey / Denn ichs ynn keinen
weg leucken wil / das Gottes gewalt nicht ſolte ſo viel vermügen / das ein
leib zu gleich an vielen orten ſein müge / auch leiblicher begreifflicher weiſe /
Denn wer wils beweiſen / das Gott ſolchs nicht vermag? Wer hat ſeiner
25 gewalt ein ende geſehen? Die ſchwermer dencken wol alſo / Gott vermüge
es nicht / Aber wer wil yhrem dencken gleuben? Wo mit machen ſie
ſolch dencken gewis? Gilt dencken vnd iſt gnug / ſo wil ich auch dencken /
beſſer denn ſie / vnd alſo ſagen / Wenn Chriſtus leib gleich an [1] einem ort 337 W
were (wie ſie gauckeln) ym hymel / ſo mügen dennoch alle Creaturn fur
30 yhm / vnd vmb yhn her ſein / wie ein helle durchſichtige lufft / Denn wie
geſagt iſt / Ein geiſt / ſihet / feret vnd höret durch ein eiſerne maur / ſo
hell vnd leicht / als ich durch die lufft obber glas ſehe obber höre / Vnd
was vnſerm geſicht dick vnd finſter iſt / als holtz / ſtein vnd ertz / das iſt
eim geiſt / wie ein glas / ia wie eine helle lufft / wie denn das die polter-
35 geiſter vnd Engel wol beweiſen / vnd Chriſtus auch ym verſigelten ſtein
vnd verſchloſſener thür beweiſet hat.

[1] Nu hab ich wol Chriſtallen obber edelgeſtein geſehen / da yñwendig 218 E
etwa ein füncklin obber flamme / als ym Opalo iſt / obber ein wölcklin
obber ſonſt ein bleslin iſt / Vnd doch daſſelbige bleslin obber wölcklin
40 ſcheinet / als ſey es an allen enden des ſteines / denn wo man den ſtein
hin keret obber wendet / ſo ſihet man das bleslin / als ſey es forn an ym

---

14 durchaus   19 narren   20 zuweiſen   33 dicht   40 zu
ſehen iſt

ſtein / ſo es doch mitten ynnen iſt / Jch rede itzt nicht aus der ſchrifft /
Es gilt denckens / odder las gleich ſchwermens gelten / Wenn nu Chriſtus
auch alſo ym mittel aller cr atur ſeſſe / gleich an einem ort / wie das
bleslin odder füncklin ym Chriſtall / vnd mir wurde ein ort der creaturn
fur geſtelt / als das brod vnd wein durchs wort mir wird furgelegt / gleich   5
wie mir ein ort des Chriſtals fur die augen geſtellet wurde / ſolt ich nicht
ſagen konnen / ſihe da iſt Chriſtus leib warhafftig ym brod / gleich wie
ich ſage / Sihe da iſt das füncklin gleich forn an ym Chriſtall? Meinſtu
nicht / das Gott viel wünderbarlicher vnd warhafftiger konne Chriſtus
leib ym brod dar ſtellen (ob er gleich an einem ort ym hymel were) denn   10
mir das füncklin ym Chriſtall furgeſtellet wird? Nicht dencke ich / das
ſolchs gewis ſo ſey / Sondern das Got ſolchs nicht vnmüglich ſey / auff
das ich den ſchwermern damit etwas zu ſpotten vnd felſchlich zu deuten
gebe / wie yhr art iſt / aber doch gleichwol da durch auch anzeige / das ſie
yhr ding nicht konnen erhalten / noch vnſern verſtand verdamnen / wens   15
gleich war were / da ſie ſagen / Chriſtus ſey ym hymel an einem ſondern
ort / wie wol ſie daſſelbige auch nicht wiſſen noch beweiſen / So gar ferne
ſind ſie von der gewiſſen warheit / Das wenn yhr dencken gleich recht
were (als nicht iſt) dennoch ſie damit yhr abendmal nicht beweiſen / das
eitel brod da ſey / noch vnſers vmbſtoſſen konnen.   20

      Weiter / auff das ſie ſehen / wie gar es keine kunſt ſey / on ſchrifft
etwas dencken / Neme ich fur mich die gleichnis Laurentij Vallen. Es
ſtehet da ein prediger / vnd predigt / Seine ſtym iſt ein einige ſtymme die
aus ſeinem munde gehet vnd ynn ſeinem munde gemacht wird vnd iſt /
Noch kompt die ſelbige einige ſtym / ſo an einem ort iſt / nemlich ynn   25
²¹⁹ E ſeinem munde / ynn vier funfftauſent odder zehen tauſent o'ren ynn einem
augenblick / Vnd iſt doch kein andere ſtym ynn den ſeibigen viel tauſent
oren / denn die ynn des predigers munde iſt / vnd iſt zu gleich ynn einem
³³⁸ W augenblick ein einige ſtym / ym munde ¹ des predigers / vnd allen oren des
volcks / als were ſein mund vnd yhr ohren on alles mittel ein ort / da   30
die ſtymme were. Lieber / kan Gott ſolchs thun mit einer leiblichen
ſtymme / warumb ſolt ers nicht viel mehr thun konnen mit dem leibe
Chriſti / ob er gleich an einem ort were (wie ſie ſagen) vnd dennoch zu
gleich an vielen orten warhafftig ynn brod vnd wein ſein als ynn zweyen
ohren? weil ſein leib viel geſchwinder vnd leichter iſt denn keine ſtymme /   35
vnd iſt yhm alle creatur durchleufftiger denn die lufft der ſtymme iſt / wie
er das ym grabe ſtein beweiſet hat / Sintemal kein ſtym ſo leicht durch
einen ſtein faren kan / als Chriſtus leib thet. Solchs ſage vnd dencke ich
abermal nicht weiter / denn ſo fern der ſchwermer dencken war ſey / das
Chriſtus an einem ort leiblich vnd begreifflich ſey / auff das du ſeheſt zum   40

15 unſre auffaſſung   22 Sermo Laurentii Vallae de myſterio
euchariſtiae in: Lactantii opera, Venet. 1521, fol. CLVIII ᵇ (W. A. 26,
656)   25 dennoch

oberfluß / wenn sie gleich dasselbige erstritten / das dennoch gleichwol / sein leib ym abendmal sein kan durch Göttliche krafft / weil solchs wol geringern Creaturn / als der stym vnd dohn odder hall ist / nicht allein müglich / sondern auch natürlich vnd gewonlich / dazu greifflich vnd empfindlich ist / 5 Darumb yhr trewme nicht bestehen / das eitel brod ym abendmal sein müsse / weil Christus leib ym hymel ist.

Noch eines / Also hat man auch vnter dem Bapstum geleret / Wenn ein spiegel ynn tausent stücke gebrochen würde / dennoch bliebe ynn eim iglichen stücke das selbige gantze bilde / das zuuor ym gantzen spiegel alleine 10 erschyn / Hie ist ein einiges anblitz das da fur stehet vnd dreyn sihet / vnd ist doch ynn allen stücken gleich dasselbige anblitz gantz vnd völlig ynn einem augenblicke / Wie wenn Christus auch also were ynn brod vnd wein vnd allenthalben? Denn kan Gott solchs mit dem anblitz vnd spiegel thun / das ein anblitz augenblicklich ynn tausent stücken odder spiegeln ist / warumb 15 solt er nicht auch Christus einigen leib also machen / das nicht allein sein bilde / sondern er selbs an viel örten zu gleich were / ob er gleich ym hymel an ei'nem ort sey / weil sein leib viel leichter ist zu faren yns brod vnd wein / denn ein anblitz ynn den spiegel / als der auch durch stein vnd eisen feret / da durch kein bilde odder anblitz feret. O du zwyfaltiger Papist / 20 werden sie hie schreyen / Wolan schrey / wer da schreye / mit schreyen wird man lange nicht antworten noch ichts vmbstossen / sonst wurden die gense odder esel odder volle bauren auch wol Theologen sein / So hab ich auch noch kein stück gesehen / das die schwermer / die grossen Rolande vnd Risen hetten dem Bapst abgeschlagen / das sie so hoch odder billich widder die 25 Papisten möchten rühmen / Die armen höltzer vnd steine / die bilder / haben sie ein wenig angemeulet / aber doch nicht gebissen. Die tauffe vnd abendmal / greiffen sie itzt an / aber es ist noch nicht ausgefuret / Ich weis auch fast wol / das sie mügen hierauff sagen / die bilder ym spiegel sind nicht das anblitz selbs / sondern sein gleichnis / wie brod vnd wein des Herrn 30 leibs zeichen sind / darumb solch gleichnis mehr fur sie denn widder sie sey / Aber ich weis auch wol widderumb das brod vnd wein / nicht gleich ist des Herrn leib / als das bilde ym spiegel dem anblitz ist / Drumb stehet mein gleichnis darauff / So Gott ynn eym augenblick / so viel bilder eines anblitzs ym spiegel machen kan / vnd solch wünderlich ding natürlich geschicht 35 vnd sichtbarlich / So sol es viel mehr zu gleuben sein / das er Christus leib könne machen / warhafftig an viel örten ym brod vnd wein / ob er gleich an einem leiblichen ort were / wie sie trewmen / auff das ich anzeige / wie gar nichts yhr dunckel sey als / der nicht mehr denn die einige begreiff-

220 E

339 W

---

21 etwas   22 betrunkene   24 abgewonnen, dessen sie sich in so hohen tönen oder mit recht . . . rühmen könnten   26 den b. haben sie ein wenig die zähne gezeigt   27 bis zu ende erfolgreich durch-geführt   28 sehr   33 hat mein gleichnis die bedeutung   38 ihre meinung sei, die ja

liche weiſe von Chriſto gedenckt / vnd wenn ſolchs gleich war were / den-
noch nicht draus folgete / was ſie draus ſchlieſſen wollen / Nu aber folgets
viel weniger / weil Chriſtus leib / nicht ſolcher leiblicher begreifflicher
weiſe ym hymel iſt / noch ſie auch beweren konnen / das er alſo ym
hymel ſey.   5

    Das nu der geiſt widder mich ſchwermet / wenn Chriſtus leib ſolt
allenthalben ſein / wo Gott iſt / ſo wurde ich ein Marcioniſt werden vnd
221 E einen getichten [1] Chriſtum machen / weil ſein leib nicht kōnde ſo gros ſein
odder ausgedenet werden / das er die Gottheit / ſo allenthalben iſt /
vmbzeunet ꝛc. Antwort ich / Erſtlich / das ſolchs der geiſt villeicht fur [10]
groſſem kutzel vnd mutwillen redet / Denn er beweiſets nicht / das ſolchs
aus meiner rede folge / drumb acht ich ſolch geweſche nichts / Zum andern
weis er wol / Quod allegare inconueniens non eſt ſoluere argumenta / Wenn
es gnug were / das einer ſpreche / Es reymet ſich nicht / ſo kunbte kein
artickel des glaubens / ia kein recht ynn der welt beſtehen / Aber der ſtoltze [15]
hohmütige geiſt / leſt ſich düncken / wenn er blos daher ſagt / Es reymet
ſich nicht / Solchs vnd ſolchs wurde draus folgen / ſo müſſe es alſo ſein /
vnd dürffes nicht beweiſen. Zum dritten gibt er damit ſeine grobe tölpel
gedancken an tag / das er nicht anders von Gotts weſen an allen ōrten
dencket / denn als ſey Gott ein groſſes / weites weſen / das die welt fullet [20]
vnd durch aus raget / gleich als wenn ein ſtroſack vol ſtro ſtecket / vnd oben
vnd vnben dennoch ausraget / eben nach der erſten leiblichen begreifflichen
weiſe / Da wurde freylich Chriſtus leib / ein lauter geticht vnd geſpenſt
ſein / als ein groſſer ſtroſack / da Gott mit hymel vnd erden ynnen were /
Hieſſe das nicht grob gnug von Gott gered vnd gedacht? Aber wir [25]
reden nicht alſo / Sondern ſagen / Das Gott nicht ein ſolch ausgereckt /
lang / breit / dick / hoch / tieff weſen ſey / ſondern ein vbernatürlich vner-
forſchlich weſen / das zu gleich ynn yglichen kōrnlin gantz vnd gar /
vnd dennoch ynn allen vnd vber allen vnd auſſer allen Creaturn ſey /
drumb darffs keines vmbzeunens hie / wie der geiſt trewmet / denn ein leib [30]
iſt der Gottheit viel viel zu weit / vnd kondten viel tauſent Gottheit
drynnen ſein / Widderumb auch viel viel zu enge / das nicht eine Gottheit
drynnen ſein kan. Nichts iſt ſo klein / Gott iſt noch kleiner / Nichts iſt
ſo gros / Gott iſt noch grōſſer / Nichts iſt ſo kurtz / Gott iſt noch kürtzer /
Nichts iſt ſo lang / Gott iſt noch lenger / Nichts iſt ſo breit / Gott iſt [35]
222 E noch breiter / Nichts iſt ſo ſchmal / Gott iſt noch ſchmeler / vnd [ſo] fort an /
340 W Iſts ein vnausſprechlich weſen ober vnd auſſer allem das man nennen
ober dencken kan.

    Aber hierauff ſolte der geiſt antworten / Erſtlich / wo die ſchrifft
odder grund ſey / das Chriſtus leib nicht mehr weiſe habe etwo zu ſein / [40]

---

4 beweiſen   6 A H iij[b]   8 ſchemenhaften   11 übermut
18 brauche es nicht zu   21 dadurch und darüberhinaus ragt   23 bloſſer
ſchemen   30 bedarf's   32 andererſeits   40 ratio evidens

denn die leibliche / begreiffliche weiſe / wie ſtro ꝩm ſacke / obber wie brob
ꝩm korbe / vnd fleiſch ꝩm topffen / ſonderlich / weil ich beweiſet habe / das
er noch wol andere weiſe hat / als ꝩm grabeſtein ꝛc. Item das Gottes
rechte hand ein ſonderlicher ort ſey ꝩm hꝩmel. Wie gehets zu / das der
5 geiſt hie ſo ſtill iſt / da die höheſte not iſt zu reden? denn weil er hie ſtill
iſt / ſo hat er verloren / ſindtemal ſein glaube auff dieſem ſtücke ſtehet / das
Chriſtus leib muſſe keine andere weiſe haben zu ſein ꝩm hꝩmel / denn
localem / wie ſtro ꝩm ſacke / welchs doch offentlich falſch durch mich vber
zeuget iſt. Hie ſolt er klug ſein vnd ſolchs beweiſen / Ja wie kan er?
10 Er iſt zu weit ynn ſchlam gefaren vnd kan nicht eraus.

Zum andern / ſolte der geiſt antworten / weil Chriſtus Gott vnd
menſch iſt / vnd ſeine menſcheit mit Gott eine perſon worden / vnd alſo
gantz vnd gar ynn Gott gezogen vber alle creatur / das er gleich an yhn
klebt / wie es müglich ſey / das Gott etwo ſey / da er nicht menſch ſey?
15 vnd wie es on zurtrennung der perſon geſchehen müge / das Gott hie ſey
on menſcheit / vnd dort ſey mit der menſcheit? ſo wir doch nicht zween
Götter / ſondern nur einen Gott haben / vnd derſelbige doch ia gantz vnd
gar menſch iſt / nach der einen perſon / nemlich des ſons / Was iſts / das
er ſonſt viel plaudert / vnd hie / da es not iſt / ſpringet vnd ſchweiget?
20 Iſt Gott vnd menſch eine perſon / vnd die zwo naturn miteinander alſo
vereinigt / das ſie neher zu ſamen gehören denn leib vnd ſeele / So mus
Chriſtus auch da menſch ſein / wo er Gott iſt / Iſt er an einem ort Gott
vnd menſch / warumb ſolt er denn nicht an eym andern ort auch menſch
vnd Gott ſein? Iſt er am andern ort auch menſch vnd Gott / Warumb
25 nicht am dritten / vierden / funfften vnd ſo fort an allen orten? Leſt yhn
aber der drit / vierde / funfft ort ¹ nicht zu gleich menſch vnd Gott ſein /   223 E
ſo leſt yhn auch der erſt einige ort nicht zu gleich menſch vnd Gott ſein /
Denn ſo ort obber ſtete kan die perſon zutrennen / ſo thuts die erſte ſtet
eben ſo wol / als die andern alle. Hie ſolt man haben geantwortet /
30 darauff drang ich / da ich anzeigete / wie Gott vnd menſch eine perſon
were / vnd Chriſtus dadurch ein vbernatürlich weſen obber weiſe hette
bekommen zu ſein an allen orten.

Wollen wir Chriſten ſein vnd recht von Chriſto dencken vnd reden
ſo müſſen wir ia alſo von yhm dencken / Das die Gottheit ſey auſſer vnd
35 vber allen creaturen / Zum andern müſſen wir dencken / das die menſcheit
(wie wol ſie auch eine creatur iſt) aber weil ſie alleine / vnd ſonſt keine /
alſo an Gott ¹ klebet / das ſie eine perſon mit der Gottheit iſt / ſo mus ſie   341 W
auch höher / vber vnd auſſer allen andern creaturn ſein / doch vnter Gott
alleine / Wolan das iſt vnſer glaube / Hie komen wir nu mit Chriſto auſſer
40 allen Creaturn / beide nach der menſcheit vnd Gottheit / Da ſind wir ynn
eym andern lande mit der menſcheit / denn da ſie auff erden gieng / nemlich

---

8 offenbar als falſch durch mich erwieſen   13 über-hinaus

auſſer vnd vber allen Ereaturn / blos ynn der Gottheit / Nu las den glauben
hie richten vnd ſchlieſſen / Auſſer den Creaturn iſt nichts denn Gott / vnd
dieſe menſcheit iſt darnach auch auſſer den Creaturn / So mus ſie ſein /
da Gott iſt / das feylet nymer mehr / Weſentlich aber kan ſie nicht Gott
ſein / aber weil ſie oben aus vber alle Creatur an den weſentlichen Gott   5
reicht vnd klebt / vnd iſt / da Gott iſt / ſo mus ſie zum wenigſten perſonlich
Gott ſein / vnd alſo auch an allem ort ſein da Gott iſt.

    Wol iſts war / das vnſer vernunfft hie ſich nerriſch ſtellet zu dencken /
weil ſie das wörtlin (ynn) gewonet iſt nicht anders zuuerſtehen / denn auff
die eine leibliche / begreiffliche weiſe / wie ſtro ym ſacke / vnd brod ym korbe 10
iſt / Drumb wo ſie höret / das Gott ſey ynn dem obder ynn dieſem / denckt
ſie ymer des ſtroſacks vnd brodkorbes / Aber der glaube [vernympt / das
224 E (ynn) gleich ſo viel ynn dieſer ſachen gilt / als vber / [1] auſſer / vnter / durch
vnd wibber herdurch vnd allenthalben.   Ach was rede ich vnn ſo hohen
dingen / die doch vnausſprechlich ſind / vnd fur den einfeltigen vnnötig / fur 15
den ſchwermern aber gar vmb ſonſt / dazu auch ſchedlich / Denn ſie ver=
ſtehens doch ſo wenig / als der eſel den Pſalter / on das ſie etwa ein
ſtücklin eraus zwacken mugen / das ſie leſtern vnd ſchenden / damit ſie der
heubtſachen müſſig gehen vnd vberhüpffen / wie der Zwingel hie narret /
vnd aus meiner rede zeucht / das ſo Chriſtus allenthalben ſey / ſo konne 20
er mit dem munde nicht empfangen werden obder der mund muſte auch
allenthalben ſein / Das heiſt wol ein rechte mutwillige bosheit / da der
teuffel ſich ſelbs mit anzeigt / Drumb wil ich auch hie mit auffhören von
dieſem ſtücke zu reden / Wem zu raten iſt / der hat hieran gnug / Wer
aber nicht wil / der fare ymer hin / Den einfeltigen iſt gnug an den ein= 25
ſeltigen worten Chriſti / die er ym abendmal ſagt / Das iſt mein leib /
weil die ſchwermer nichts gewiſſes noch beſtendiges da wibder auffbringen /
noch auff ein einiges ſtück richtig antworten / Denn wer ynn dieſer groſſen /
ſachen / funden wird auff einem einigen faulen grunde / den ſol man billich
verdechtig halten vnd meyden / ſonderlich weil ſie hohmütig vnd ſicher ſich 30
rhümen / Sie haben ſchrifft vnd ſey alles gewis / Wie viel mehr ſol man
ſie als die yrrigen / auffgeblaſen rotten geiſter halten / weil ſie nicht auff
einem allein / ſondern auff eitel loſen gründen funden werden / das ſie auch
ſo viel mal offentlich liegen vnd auff kein ſtück richtig antworten?

    Vnd ynn ſonderheit iſt der Zwingel hinfurt nicht werd / das man 35
yhm mehr antworten ſolle / Er wibder ruffe denn ſeine leſterliche Alleoſin /
342 W Denn [1] wie man ſpricht / Ein offentliche lügen iſt keiner antwort werd /
Alſo iſt auch der als ein offentlicher ketzer zu meyden / der einen offent=
lichen artickel des glaubens leucket / Nu leuckt der Zwingel nicht allein /

---

    4 das kann nicht fehlen   17 Thiele no.158/9   18 herausreissen
19 die h. sich schenken   29 als auch nur in einem punkte sich auf
einen schlechten vernunftgrund stützend   33 lauter schlechten   37 Thiele
no. 28

diesen höhesten nöttigsten artickel (das Gottes son fur vns gestorben sey)
Sondern / lestert dasselbige dazu vnd spricht / Es sey die aller grewlichst
ketzerey / so yhe gewest ist / Da hin furet yhn sein dünckel vnd die verdampte
Alleosis / das er ¹ die person Christi zurtrennet / vnd lest vns keinen andern 225 E
5 Christum bleiben / denn einen lautern menschen / der fur vns gestorben
vnd vns erlöset habe / Welchs Christlich hertz kan doch solchs hören odder
leiden? Ist doch damit der gantze Christliche glaube vnd aller welt
selickeit / aller dinge weggenomen vnd verdampt / Denn wer allein durch
menscheit erlöset ist / der ist freylich noch nicht erlöset / wird auch nymer
10 mehr erlöset / Aber dauon weiter zu handeln / ist itzt nicht zeit noch raum.

Ich bekenne fur mich / das ich den Zwingel fur einen vnchristen halte mit
aller seiner lere / denn er helt vnd leret kein stück des Christlichen glaubens
recht / vnd ist erger worden sieben mal / denn da er im Papist war / nach
dem vrteil Christi Matt. 9. Es wird mit solchem menschen hernach erger /
15 denn es vorhin war. Solch bekendnis thu ich / auff das ich fur Gott vnd
der welt entschüldigt sey / als der ich mit Zwingels lere nicht teilhafftig
bin noch sein wil ewiglich.

Summa Summarü / wir lassen hie keine Alleosin noch Heterosin noch
Ithipeian zu / noch einiges geuckelwerck das Zwingel aus seinem gauckelsack
20 erfur bringt / Grund wollen wir aus der schrifft haben / vnd nicht kunst
aus seinem geticht / Fragen auch nichts darnach / das er so grausam hie
tobet vnd schewmet / als were er besessen fur grossem zorn / Mit zorn vnd
grym wird man vnsern verstand nicht nemen. Das wil dem zornigen geist
nicht eraus / das vns gewis gemacht wurde / wie Christus leib nicht müge
25 zu gleich ym ¹ hymel vnd abendmal sein / wie die wort lauten / Das ist mein 343 W
leib / Vileicht fur grossem zorn odder fur hoher messickeit lesset er das stück
liegen vnd rauschet fur vber / vnd leret vns die weil newe tropos / on alle
not / Denn das er schleust vnd folgert daher / wo meine lere solt bestehen /
das Christus leib sey allenthalben / wo Gott ist / so were Christus leib
30 alterum infinitum / ein vnendlich ding / gleich wie Gott selber rc. das künd
er selber wol sehen / wo der zorn nicht yhn blendet / das ¹ solche folge nichts 226 E
sey. Ist doch die welt an yhr selbs nicht infinitum odder vnendlich / wie
solts denn folgen / das Christus leib vnendlich sey / so er allenthalben were?
Dazu folgert der blinde geist solche folge nach der groben begreifflichen
35 weise / vnd wir doch wissen / das Gott mehr denn einer weise vermag
etwas an orten zu halten / wie droben beweiset ist. Kan doch ein Engel
zu gleich ym hymel vnd auff erden sein / wie Christus zeigt Matth. 18.
yhr Engel sehen stets des vaters angesicht ym hymel / Dienen sie vns / so
sind sie bey vns auff erden / vnd sehen doch stets des Vaters angesicht ym
40 hymel / Dennoch sind sie nicht infinitum odder vnendlicher natur.

---

5 blossen   8 völlig   14 Mt. 12, 45   18 A 1 iiij ᵇ   19 A I 6 ᵇ
ηδυποιίαν | seiner zaubertasche, unerschöpflichen phantasie   21 seiner
phantasie   23 unsre auffassung   24 entfahren   26 erhabener
mässigung   28 darauf los   28 A I iij ᵇ   37 Mt. 18, 10

Der grobe geist / weis noch nichts / was ym hymel sein heist / vnd wil fölgerey drynnen treiben / Denn da ich sagt / wie Christus ym hymel war / da er noch auff erden gieng / wie Johan. 3. stehet / Des menschen 344 W son der ym [1] hymel ist ⁊c. Hilff Gott / wie hat er da zu fölgern vnd zu gauckeln / Wie kündte (spricht er) Christus dazumal ym hymel sein? Isset 5 vnd trinckt man auch ym hymel? Stirbt vnd leidet man auch ym hymel? Schlefft vnd ruget man auch ym hymel? Sihe / wo hin du kompst / du toller Luther? Pfu dein mal an / Wie dünckt dich vmb diesen sieg des geists? Constantinopel hat er hie mit gewonnen / vnd den Türcken ge= fressen / da gehet sein gauckelsack ynn sprüngen mit eitel Alleosin vnd 10 Ithipeien. Aber far hin du schöner teuffel / Ein frum Christen sage mir / obs nicht höher vnd grösser ist / das die menscheit ynn Gott / ia mit Gott eine person ist / denn das sie ym hymel ist? Ist Gott nicht höher vnd herlicher denn der hymel? Nu ist ia Christus menscheit von mutter leib an höher vnd tieffer ynn Gott vnd fur Gott gewest / denn kein Engel / 15 So ist sie freylich auch höher ym hymel gewest denn kein Engel / Denn was ynn Gott vnd fur Gott ist / das ist ym hymel / gleich wie die Engel sind / wenn sie gleich auff erden sind / wie gesagt ist aus Matth. 18. Es were denn das Gott selbs noch nicht ym hymel sei. So wolt ich nu auch wol aus der Zwinglischen kunst fölgern vnd gauckeln / Isset vnd trincket 20 227 E man auch ynn der Gottheit? Stirbt vnd [1] leidet man auch ynn der Gott= heit? Sihe / wo du hinkompst / du toller Johannes Euangelist / der du vns leren wilt / das Christus Gott / vnd ynn der Gottheit sey? Denn 345 W [1] so bey Gott kein sterben noch leiden / noch essen / noch trincken ist / So kan Christus menscheit nicht bey Gott sein / viel weniger kan sie mit Gott 25 eine person sein. Da wolt ich hin (spricht der teuffel) mit meiner geuckeley / Aber du feindseliger Luther / reissest mir hie dem gauckelsack den boden aus.

Kan nu Christus zu gleich auff erden / leiden vnd sterben / ob er wol ynn der Gottheit / vnd mit Gott eine person ist / Warumb solt er nicht 30 viel mehr auff erden leiden konnen / ob er schön zu gleich ym hymel ist? Solts der hymel hindern / viel mehr wurde es die Gottheit hindern. Ja wie wenn ich spreche / das nicht allein Christus ym hymel war / da er auff erden gieng / sondern auch die Apostel vnd wir allesampt / so wir auff erden sterblich sind / so fern wir an Christo gleuben? Da solt sich aller erst ein 35 gerümpel ynn Zwingels gauckelsack heben / Da wurde er fölgern vnd schliessen / Sündigt man auch ym hymel? yrret man auch ym hymel? ficht der teuffel auch ym hymel an? verfolget die welt vns auch ym hymel? Reisst vns fleisch vnd blut auch ym hymel? vnd so fort an / Denn wir

---

2 konsequenzenmacherei   3 Jo. 3, 1   5 A I 8ᵃ   8 pfui über dich!   10 fängt vor freude an zu tanzen   21 Stirbt A 26 darauf wollt ich hinaus   27 böser | deckst vorzeitig meine pläne auf und vereitelst meine kunststückchen   36 rumoren | anheben

fundigen vnd yrren on vnterlas / wie das Vater vnser leret / Vergib vns
vnser schuld / vnd werden ymer angefochten vom teuffel / welt vnd fleisch.
Mit der weise solteftu wol den [7] teuffel vnd die welt / fleisch vnd blut ynn 346 W
den hymel setzen / Sihe doch / wo du hin kompst / du toller Luther / pfu /
5 wiltu noch nicht greiffen / das vnser geist kein gauckeler sey / Da hafftus
ein mal. Wie sol ich yhm thun? S. Paulus hat mich verfuret / da er
spricht / Ephe. 1. Gott hat vns gesegenet mit allerley geistlichem segen /
ym hymlischen wesen / Vnd aber mal Cap. 2. Er hat vns sampt Christo
lebendig gemacht / vnd hat vns sampt yhm aufferweckt / vnd sampt yhm
10 vns hymlische wesen sitzen lassen / Vnd Col. 3. spricht er / Vnser leben sey
mit Christo ynn Gott verborgen / das mus freylich ym hymel sein.

Aber der geist kan hie wol seinen [11] gauckelsack anruffen / das er yhm 228 E
eraus gebe etwa eine Alleosin odder Jthipian / die vns hie wechseln vnd
eins fur das ander nemen lere / das hymel hie sol erden heissen / wie er
15 Johan. 6. auch spricht / das Christus fleisch / mus seine Gottheit heissen /
Denn die Alleosis ist meisteryn ym der schrifft / Vnd wo wirs nicht wollen
gleuben / wird ers vns mit fölgern aufdringen / vnd sagen / Sind wir doch
nicht auff dem öleberge / vnd von dannen gen hymel gefaren / sondern hie
ynn deudschen landen / Darumb mus S. Paulus hymel so viel als erden /
20 heissen / Denn dieser geist heist hymel nicht mehr / denn das er mit fingern
vnd augen vber sich zeigen [21] mag / da die sonn vnd mond stehen / Vnd weil 347 W
die selbigen nymer still stehen / halt ich / sie geben Christo einen solchen
ort ym hymel / da er nymer stille sitzen kan / Denn ich kan nicht dencken /
noch aus yhn bringen / was sie doch fur einen ort Christo ym hymel geben /
25 Aber las faren was da feret.

Also auff meinen spruch aus Col. 3. Die gantze fulle der gottheit
wonet ynn Christo leibhafftig rc. darff er nicht mehr sagen / Denn / Leib-
hafftig / heist / wesentlich / gerade / als were Christus nicht auch wesent-
licher Gott gewest / ehe denn er leibhafftig ynn Christo wonete / Es ist
30 sein / das der geist mag deuten was er wil / vnd darffs nicht beweisen.
Gleich wie auch den spruch Ephe. 4. Christus ist hinunter gefaren vnd
vber alle hymel auffgefaren / auff das er alles fullet. Hie heist er Fullen /
die heilige schrifft erfullen / Vnd iauchtzt abermal widder den tollen Luther /
als hette er die helle zu brochen / Das ers aber solte beweisen / das ist
35 nicht not / Ist gnug / das der geist so sagt / So ist denn gnug geantwort /
vnd vnser verstand falsch.

Aber da trifft er den Luther aller erst recht / da er seine fölger kunst
beweiset vber dem spruch Christi / Wo ich bin / da solt yhr auch sein.
Sihe / spricht er / Ist Christus allenthalben / so mussen wir auch allent-

7 Eph. 1, 3   8 Eph. 2, 5 f.   10 Kol. 3, 3   12 zu hilfe rufen
13 tauschen   15 Jo. 6. 51 ff.   24 herausbringen   25 Thiele   no.367
26 Kol. 2, 9   27 braucht | A L*   30 braucht's   31 den] der A
Eph. 4, 10   36 unsre auffassung   37 kunst zu folgern   38 Jo. 12, 26

348 W halben sein. ¹ Mich wundert / das er nicht auch / also fólgern mag / Weil
wir sind / wo Christus ist / so müssen wir auch alle Gott vnd mensch sein /
229 E Denn Christus ist / da er Gott vnd mensch ist. Item Christus fur durch
versiegelten stein vnd verschlossene thúr / drumb müssen wir auch dadurch
faren.   Item Christus ist geistlich ynn vns / so müssen wir auch geistlich   5
ynn vns sein ꝛc. Ja widderumb mócht er wol also fólgern / Wo Christus
ist / da kónnen wir nicht sein / Denn es leidet sich eben so wenig / das viel
leibe an einem ort sind / als / das ein leib an viel órten sey / Sondern
weil Christus einen sondern ort besitzt ym hymel (wie sie sagen) so mus
darnach ein iglicher auch seinen sondern ort haben / Weil nu dieser spruch   10
(Wo ich bin / da solt yhr auch sein) widder die schrifft vnd glauben ist /
wo er solte verstanden werden / nach dem er lautet / So mus fraw Alleosis
odder Heterosis odder villeicht die gemeine figura Narrosis hie gevatter
werden / vnd vns zum rechten verstand helffen / Kan ich nicht auch sein
yhre folgerey treiben?   15

Nu eine saw sol keine taube sein / vnd der kuckuc mus keine nachtgall
sein / Der stoltze teuffel handelt ynn der schrifft / wie er wil / Vnd zeigt
mit solchem gauckelwerck an / das / weil er nicht antworten kan / wil er
349 W sein ¹ gespótte an vns vben / Wir wissen aber / das die schrifft diesen einigen
menschen vnd keinen mehr zur rechten Gottes setzt / Ob wir nu gleich sein   20
werden / da er ist / nach der ersten odder andern weise / wie droben gezeigt /
so werden wir doch nicht auff die dritten weise sein / wo er ist / nemlich
zur rechten Gottes eine person mit Gott / Nach welcher weise er ist / wo
Gott ist.   Ja / weil er allenthalben ist / so sind wir freylich da er ist /
denn er mus ia bey vns auch sein / sol er allenthalben sein.   Solchs solt   25
der fólgergeist haben vmbgestossen / So menget ers ynn einander / Vnd
wil nicht mehr wissen / denn die einige begreifflichen weise / darüber mus
er denn nichts vberal wissen / vnd selbs nichts verstehen / was er schwermet.
Das sey gnug von diesem ersten heubtstück / Denn aus diesen erzeleten
sprüchen vnd antworten des geists / kan yderman wol sehen / das alle yhr   30
kunst ist / viel plaudern vnd schreyen / aber nichts antworten noch verstehen
230 E kónnen / Vnd yhe mehr schrifft sie furen / yhe ¹ mehr ǀsie yhre torheit an
tag geben.   Wollen nu von dem andern spruch (fleisch ist kein nütze) auch
handeln vnd hóren / ob der teuffel antworten odder spotten wolle.

Erstlich / da ich geschrieben hatte / das Christus fleisch nicht gehóret   35
vnter den spruch Johan. 3.   Was aus fleisch geboren ist / das ist fleisch /
350 W sondern ǀ vnter diesen / Was aus geist geboren ist / das ist geist / Vnd hatte
solchs gar mechtiglich beweiset / aus vnserm glauben vnd Euangelio / da
der Engel zu Joseph sagt Matth. 2.   Das ynn Maria geboren ist / das
ist von dem heiligen geiste.   Vnd Luce .1. Das ynn dir geborn wird ist   40

_____

7 verträgt   9 besondern ort einnimmt   16 vgl. Thiele no. 195
26 meister im folgern   27 ausserdem   33 Jo. 6, 63   36 Jo. 3, 6
39 Mt. 1, 23   40 Lc. 1, 35

heilig ꝛc. Widder solche donnerschlege der schrifft / thut er nicht mehr /
denn setzt seinen blossen vnd nacketen geiffer daher vnd spricht / Christus
fleisch sey auch aus fleisch geboren / vnd ich thu vnrecht / das ich eitel geist
draus mache. Solchs ist nicht anders (wie ichs verstehe) denn als wolt
5 der hoffertige teuffel so viel sagen / Du ammechtiger toller Luther / solt
ich dir antworten vnd deine sprüche verlegen? Ich thette ynn dich / Ich
sage Christus fleisch sey aus fleisch geboren / Da las es bey bleiben vnd mucke
kein wort da widder. Hie solt ich nu wol sagen / Gnade Juncker / was
yhr sagt / das ist recht / vnd darff keiner beweisung / Wenn mir so geringe
10 an der sachen gelegen were / als dem geiste / Welcher / wo er fulet / das
er von mir getroffen wird / entwedder springet odder zürnet / odder meulet
ein wort odder zwey die helfft / vnd heists denn ein antwort.

Wir wissen aber / das Christus fleisch / nicht kan vnter den spruch
gehören (Was aus fleisch geboren ist das ist fleisch) wenn es gleich zehen
15 mal ein [1] gnome were / odder funfftzehen Alleosis eitel wechselbencke da hetten. 351 W
Es thut nichts zur sachen / das ein gnome ist / Denn Christus redet da
selbs von der newen geburt / vnd verdampt die fleischliche alte geburt / das
sie das reich Gottes nicht sehen kan ꝛc. Darumb sey Anathema vnd ver-
flucht / wo gesagt wird / das Christus fleisch [1] aus fleisch geboren sey / Sintemal 231 E
20 Christus fleisch nicht verdampt ist / muste auch nicht anderweit geboren
werden zum reich Gottes / sondern ist heilig / vnd hat vns die newe geburt
bracht. Wer den geist zur schulen furet / vnd leret yhn / was fleisch vnd
geist heisse / Denn fleisch heist er die creatur so nicht geist ist / wie es von
Gott geschaffen ist / wie Christus spricht Luce vlt. das ein geist nicht fleisch
25 noch bein hat / Wie ists müglich / das er mit solchem synn solt die sprüche
Johannis .3. vnd der gleichen verstehen / da fleisch vnd blut verdampt
wird? Sintemal wir wissen / das alle Creatur Gottes gut sind Gene. 1.
vnd Gott seine Creatur nicht verdampt / Nach solcher weise / ist freylich
Christus fleisch vnd blut von Maria fleisch vnd blut komen / Weil aber
30 fleisch vnd blut Johan. 3. verdampt wird / als das nicht kan das reich
Gottes erkennen / so mus es fur war nicht die Creatur Gottes heissen
als da ist / fleisch / bein / haut vnd har / Denn solchs ist alles Gottes gute
Creatur.

[1] Drumb mus ia fleisch hie heissen / nicht allein / blut / bein vnd marck /
35 wie es Gottes Creatur ist / sondern / wie es on geist / vnd ynn eigener
krafft / werck / brauch / witz / willen vnd vermügen ist / Also wo fleisch etwas
thut nach seiner klugheit vnd krafft ynn Göttlichen sachen / da ist fleisch
kein nütze / sondern verdampt / Darumb wolt Christus nicht von mans

---

2 sprudelt blosse worte hervor   5 elender   6 widerlegen | tun
euphemistisch = scheissen   8 mit verlaub, junker   9 bedarf   11 dar-
über hinwegspringt   11 herausstösst   13 zur hälfte, stammneind
20 von neuem geboren zu werden brauchte (Jo. 3, 3)   22 schulmeistert
24 Lc. 24, 39   27 Gen. 1, 31   36 auswirkung, betätigung, klugheit |
ettwas hs. etwa A (einmal)   37 ists fleisch vnd hs.

ſamen geboren werden / auff das er nicht aus fleiſch / das iſt / aus fleiſches
werck / luſt / willen odder zuthun / ſondern allein aus krafft vnd wirckung
des heiligen geiſts geboren wurde / Vnd iſt alſo ſein fleiſch / eitel geiſt /
eitel heilickeit / eitel reynickeit / Denn was kan doch / heilickeit / reynickeit /
vnſchuld / anders ſein / denn geiſt vnd eitel geiſt? Aber vnſer ſchwermer / 5
heiſſen geiſt nichts mehr / denn ein weſen / das kein fleiſch noch bein hat /
darumb iſt / heilickeit / reinickeit / vnſchuld / bey yhn nicht geiſt. Es ſind
mir doch ia grobe vngelerte hempel ynn dieſen ſachen / Wollen viel leren /
vnd verſtehen die wort nicht / die ſie reden / Chriſtus Johan. 3. heiſt auch
²³² E alle die ienigen geiſt / ſo aus dem geiſt geboren ¹ ſind / Welche müſſen ia 10
fleiſch / bein / marck / haut vnd har haben / Dauon hab ich ynn ihenem
buch gnug geſchrieben / Denn ob ichs tauſent mal ſchriebe / ſo leſens vnd
achtens doch meine lieben iuncker ſchwermer nicht / So las ich ſie auch
faren.

³⁵³ W   Drey groſſe vntugent legt mir der geiſt auff / vber dieſen worten 15
(fleiſch iſt kein nütze) Da laſt vns hören vnd ſehen / wie der zornige teuffel
ſo gifftige lügen durch ſeine verblente elende ſchwermer tichtet. Die erſte
iſt / das ich ſol widder mich ſelbs ſein / weil ich hin vnd widder geleret
habe / das Chriſtus leib leiblich eſſen kein nütz ſey / vnd alhie da widder
lere / das Chriſtus fleiſch eſſen ſey nütze / Meine büchlin ſind am tage / 20
da durch man dieſen lügen geiſt wol kan vberzeugen / das er an mir
handelt / wie eym ſolchen ſchüler wol gezymet. Lieber was hülffs / ob ich
ewiglich widder dieſen geiſt ſchriebe / weil er ſich des vleyſſigt / das er mit
öffentlichen vnuerſchampten lügen handele. Las den teufel faren. Ich hab
alſo geleret / vnd lere noch alſo / Das Chriſtus fleiſch nicht allein kein 25
nütz / ſondern auch gifft vnd der tod ſey / ſo es on glauben vnd wort wird
geeſſen / Ich hab wol mehr geſagt / das Gott vnd der heilige geiſt ſelbs /
eitel gifft / tod vnd kein nütz ſind / wo ſie on glauben empfangen werden /
Denn da ſtehet ſchrifft / Den vnreinen iſt nichts rein / Tit. 1. Item
Pſal. 17. Mit den verkereten biſtu verkeret / Denn freilich die Jüden 30
nicht heilig wurden / da ſie Chriſtum angriffen vnd tödten / Aber widderumb /
³⁵⁴ W iſt Chriſtus fleiſch eſſen / ſelig / nöttig vnd nütz / wo es ſampt dem ¹ wort
vnd glauben / leiblich geeſſen wird / Denn da ſtehet ſchrifft / Den reinen iſt
alles rein / Ließ mein büchlin / ſo wirſtu ſehen / das der lügen geiſt nicht
hat wiſſen zu antworten / vnd darumb mein büchlin mit groben vngehöfelten 35
lügen / verdechtig machen wil.

³⁵⁵ W   ¹ Ein kind von ſieben iaren / kan wol vernemen / das dieſe zwey nicht
widdernander ſind / Chriſtus fleiſch on glauben leiblich eſſen / iſt kein
²³³ E nütz / Vnd Chriſtus ¹ fleiſch leiblich eſſen mit glauben / iſt nütze / Gleich als
die zwey nicht widdernander ſind / Chriſtus fleiſch iſt den gottloſen kein 40

---

     8 narren   16 leydige hs.   17 A L ij^b   21 überführen
22 eym teüfels ſchüler hs.   29 Tit. 1, 15   30 Ps. 18, 27 | A L iij^a
31 andererſeits   35 ungehobelten   37 verstehen

nůß / Vnd Chriſtus fleiſch iſt den frumen nůß / wie ich ſolchs faſt reichlich
ym nehiſten bůchlin habe ausgeſtrichen / das ym glauben auch der tod vnd
alles vbel nůße ſind / ſchweige denn das fleiſch Chriſti / welchs an yhm
ſelber heilig vnd nůßlich iſt / voller Gottheit ꝛc. Noch thar der lügen geiſt
5 öffentlich liegen / Jch ſolle geſagt haben / Chriſtus fleiſch ſey nůß on glauben
gnoſſen / wie er mit ſeinen exempeln tobet / Denn das anrůren war ia nicht
vnnůß / da die blutflüſſige fraw Chriſtus ſawm anrůret / Odder wir můſten
auch ſagen / ſie hette Chriſtus ſawm nicht angerůret / weil anrůren kein
nůß iſt / gleich wie ſie hie gauckeln / Chriſtus fleiſch eſſen iſt kein nůße /
10 drumb iſt ſein fleiſch nicht da / Es iſt des teuffels büberey.

¹ Die ander vntugent / ſo er mir aufflegt / iſt / das ich ſol den text nicht 356 W
recht verdeudſcht haben (fleiſch iſt kein nůße) weil ym Griechiſchen ſtehe /
Das fleiſch iſt kein nůß / vnd ich / das wörtlin (Das) ausgelaſſen habe.
Warumb der geiſt ſolch alfenßen treibt / kan ich nicht wiſſen / on das mich
15 dunckt / er wolle ſich auff dem plaß verdrehen / vnd die leute bezaubern / das
ſie gröſſer kunſt der Griechiſchen ſprache ynn ſeinem kopff ſich verwundern
ſollen / ſo er doch der ſelbigen nicht ſonderlich viel vergeſſen hat / Weis ers /
das ſolch geſchweß / ſo gar nichts zur ſachen thut / ſo iſts ein bubenſtuck /
Weis ers nicht / ſo iſts ein anzeigen / das er noch wol eine weil / eines
20 ſchulmeiſters bedarff / Denn das můſſen wir beide Latiniſchen / Deudſchen
vnd Griechsverſtendigen bekennen / das dieſer text / Hie ſarx uk vpheli vben /
ym latiniſchen verdolmetſcht werden mus alſo / Caro non probeſt quicquam /
das iſt / Fleiſch iſt kein nůß / vnd kan nicht (Das) dabey ym latinſchen
ſtehen / wie es denn auch Eraſmus vnd alle ſampt verdolmetſchen. Weiter
25 můſſen mir die deudſchen bezeugen / ¹ das nach vnſer ſprachen ſeer gemeinem 357 W
brauch vnd art / gleich viel iſt / man ſeße (Das odder ein) dazu odder laſſe
¹ es anſtehen / als wenn wir ſagen / Man vnd weib iſt ein leib / gilt eben 234 E
ſo viel als / Ein man vnd ein weib iſt ein leib / Ja es iſt ſeiner gered /
Man vnd weib iſt ein leib / denn / Ein man vnd ein weib iſt ein leib.
30 Jtem Petrus hat haus vnd hoff / weib vnd kind zu Bethſaida / gilt gleich
ſo viel als / Petrus hat ein haus vnd ein hoff / ein weib vnd ein kind zu
Bethſaida. Jtem / Herr vnd knecht iſt ein kuche / gilt gleich ſo viel / als
der Herr vnd der knecht iſt ein kuche. Jtem / Er gab mir hund vmb
hund / gaul vmb gorren / gilt gleich ſo viel / als / Er gab mir ein hund
35 vmb ein hund / einen gaul vmb einen gorren. Jtem / Fraw ſol nicht herr
ſein ym hauſe / gilt gleich ſo viel / als / Ein fraw / odder die fraw ſol nicht
der herr / odder ein herr ſein ym hauſe.

---

1 überreichlich   2 letzten | ausgeführt   3 ſey hs. | geſchweige
4 dennoch wagt   6 A L iij ͣ   9 faſeln   11 A L iiij ᵇ   14 nugari ;
ſolche poſſen treibt   15 dorfplatz | durch zauberei verwandeln (D. Wb.
12, 242). Oder: tanzen   16 ſich über ſeine groſſe kenntnis der
griech. Spr. verwundern ſolle   21 ἡ σάρξ οὐκ ὠφελεῖ οὐδέν   27 z. b.
32 ein kuchen, eine gemeinſchaft; ſind einander wert (Thiele no. 76)
34 gorre = alte ſtute
48*

So fort an / wird man des redens viel finden ynn deudscher zungen /
Vnd solche wörtlin die man also mag auſſen laſſen odder hinzu ſetzen /
heiſſen die gelerten / Articel / ynn der Latinſſchen ſprache hat man keine /
Vnd kan niemand gewiſſe mas noch regel ſtellen / wenn ſie auszulaſſen
odder da bey zu ſetzen ſind / ſondern man mus auff den gemeinen brauch 5
358 W der ſprachen ſolchs ¹ ſtellen vnd laſſen / Denn es begibt ſich zu weilen / das
feiner laut / wenn ſie auſſen gelaſſen werden / als wenn ich ſpreche von
zween gleichen / Es iſt Man gegen Man / das laut feiner / denn ſo ich
ſage / Es iſt ein man gegen man / Item / So ſpricht man / Stück vmb
ſtück / Auge vmb auge / fauſt vmb fauſt / gelt vmb gelt / leib vmb leib / 10
Jnn welchen reden / die artickel beſſer auſſen bleiben denn das ſie dabey
ſtünden / Widderumb / ſtehen ſie zu weilen / viel feiner da bey / denn das
ſie auſſen blieben / als wenn ich ſpreche / Ein man iſt ſtercker denn ein
weib / odder der man iſt ſtercker denn das weib / wie wols nu gleich ſo
viel were / wenn ich ſpreche / Man iſt ſtercker denn weib / ſo lauts doch 15
nicht ſo wol. Der Zwingel iſt erger denn der Ecolampad / lautet beſſer /
235 E denn alſ ¹ / Zwingel iſt erger denn Ecolampad. Ein Apoſtel iſt ¹ höher denn
ein Prophet / laut das / denn / Apoſtel iſt höher denn Prophet.

Ja es gibt ſich / das wir deudſchen offt müſſen ſolche artickel ſetzen /
da ſie doch ym Griechiſſchen nicht ſtehen / als Matth. 1. ſtehet. Biblos 20
geneſeos ꝛc. das iſt / Buch geburt Jheſu Chriſti / Das laut ia nichts /
drumb mus ichs alſo verdeudſchen / Das buch der geburt / odder noch
beſſer alſo / Dis iſt das buch von der geburt Jheſu Chriſti. Item / Joſeph
that wie yhm der Engel des Herrn befalh / Da ſteht ym Griechiſchen
kein artickel (des) ſondern ſchlechts / der Engel Herrens / vnd mus doch 25
ym deudſchen ſtehen. Item Matth. 3. vnd ¹ Marci .1. Luce .3. müſſen
wir ſagen / Eine ſtymme odder die ſtimme des ruffenden ynn der wüſten /
ſo doch ym Griechiſchen ſchlecht ſtehet / Phone boontos ꝛc. (das iſt) Stymme
ruffendes. Widderumb durffen wir keinen artickel ſetzen / da er doch ſein
mus ym Griechiſchen / als Matth. 1. Abraham zeuget Jſaac / da ſtehet 30
ym Griechiſchen / Abraham zeuget den Jſaac. Item (Emanuel das iſt
verdolmetſcht Gott mit vns) Hie ſtehet ym Griechiſchen / Der Gott mit
vns. Nym fur dich das Griechiſche Teſtament / vnd halts gegen deudſche
ſprache / ſo wirſtu finden / wie ich ſage / das dort offt artickel ſtehen / da
ſie ym gegen deudſchen nicht ſtehen müſſen / vnd widderumb ym Griechiſſchen 35
nicht ſtehen / da ſie ym gegen deudſch ſtehen müſſen.

Das ſage ich darumb / das man greiffe / wie der Zwingel mit gauckeley
vmb gehet / vnd ſolch loſe geſchwetz ſeinem yrthum zu grunde legt / Denn
wo der artickel ſo nötig ſolt ſein / vnd geben / das etwas beſonders odder

  2 weglaſſen kann   7 es beſſer klingt | z. b.   12 umgekehrt
18 beſſer   19 trifft   20 Mt. 1, 1   23 Mt. 1, 24   25 einfach
26 Mt. 3, 3. Mc. 1, 3. Lc. 3, 4   28 einfach   29 brauchen
30 Mt. 1, 2   31 Mt. 1, 23   35 im entſprechenden d. | umgekehrt
39 mit ſich bringen

anhengig des fordern gered wurde / wie er geiffert / so solte er billich auch
Marci .1. stehen / da Marcus sagt / Stymme ruffendes / Sintemal es wol
so ein sonderliche stymme vnd ruffer ist / als nie auff erden komen ist.
Item solt auch billich Johan. 1. stehen / da er schreibt / Es war ein mensch
5 gesand von [1] Gott / Nu stehet ym Griechischen nicht / Es war ein mensch 360 W
gesand / sondern / Es war mensch gesand / [1] Vnd so fort an / wird der Zwingel 236 E
noch wol funff iar stubirn mussen ym Griechischen / ehe er seinen trawm
von den artickeln beweise / odder ehe er anzeigen wird / wo vnd wenn sie
abzuthun / odder zu zuthun sind. Ich weis kein ander beweisung / denn
10 das wol einerley mag gered werden (wie gesagt ist) on artickel vnd mit
artickel / gibt auch einerley synn / Aber eins ist völliger odder feiner gered
denn das ander / welchs man mus aus der gewonheit vnd brauch der
sprochen erkennen.

Also hie auch / fleisch ist kein nütze / stehet wol ym Griechischen /
15 Das fleisch ist kein nütze / Aber weil eins so viel gilt als das ander / wie
ich droben mit exempeln beweiset habe / vnd ein iglicher selbs des gleichen
ym Griechischen reichlich finden mag / hab ichs auch beides gebraucht / wils
auch hinfurt beides brauchen / weil es beides recht ist / vnd solt dem geist
der bauch bersten / Wie wol es ym deudschen seiner laut / Fleisch ist kein
20 nütze / denn / Das fleisch ist kein nütze / Es ist ia die meynung Christi so
viel / als wenn ich spreche / Es ist doch fleisch nichts nütze / odder / Es ist
ein vnnütze ding vmb das fleisch / Solche meynung magstu nu reden also /
Fleisch ist kein nütze / odder also / Das [1] fleisch ist kein nütze / gilt eins wie 361 W
das ander gleich viel / Sonst müsten vnd kondten die Latinschen diesen
25 text nymer mehr haben noch kriegen / weil sie on alle artickel sagen mussen /
Fleisch ist kein nütze / vnd doch gleich wol rechte dolmetschung haben. Das
aber der Zwingel sich auff etliche lerer berüfft / die solchs von den artickeln
leren / hilfft yhn nichts / Denn sie leren nicht wie Zwingel ynn dem stück /
so streitet auch yhr beweisen nichts / dazu ists auch sein ernst nicht / Denn
30 er helt sie nicht so geleret / das sie solten yhm raten odder helffen ynn
dieser sachen.

Nu lest er yhm nicht gnugen an solchem gauckel werck von den
artickeln / sondern feret fort / vnd deutet den artickel (Das) an diesem ort /
Das fleisch ist kein nütze / also / Eben das fleisch ist kein nütz / Vnd sol /
35 Das / vnd Eben das / gleich gelten / wil die meynung Christi also meistern /
Eben das fleisch (vernym / dauon ich droben sagt / Mein fleisch ist die rechte
speise) Nu weis alle welt / das ym deudschen (Eben das) nicht ein [1] artickel / 237 E
sondern ein gut starck pronomen ist / das relatiuum vnd demonstratiuum zu
gleich ist als das idem. Hie verstehen die gelerten wol / wilch ein grob
40 esels stücke das ist / ex articulo pronomen demonstratiuum ꝛ relatiuum

---

1 aus dem vorausgehenden folgendes   4 Jo. 1, 6   10 aus-
gedrückt w. kann   19 die schwärmer aus der haut fahren   22 aus-
drücken   33 A L v*   35 richtigstellen   36 nämlich

362 W facere / Alſo ſol man den Luther leren den text ¹ dolmetzen / Was ſol man doch mit ſolchen freueln geiſtern begynnen / die Quod pro Qualiter / articulum pro pronomine / Carnem pro diuinitate nemen / vnd alles was ſie nur dencken thüren / ynn der ſchrifft machen? Hat er ſolchs aus Cyrillo / Chriſoſtomo vnd Eraſmo von den artickeln gelernet / ſo hat er ſie warlich 5 vm trawm odder rauchloch geleſen / Denn ſo leret yhr keiner / Er leuget ſie felſchlich an.

O lieber / es iſt ein gros vnterſcheid zwiſchen dem (das fleiſch iſt kein nütze) vnd dem / Dieſes fleiſch iſt kein nütze / odder Eben das fleiſch / odder daſſelbige fleiſch ꝛc. Denn (Eben das / odder dieſes / odder daſſelbige) 10 mügen nicht ausgelaſſen werden / wie die artickel / on verenderung des verſtandes / Wenn ich ſage / Der man ſol herr ym hauſe ſein vnd nicht die fraw / Hie zeiget mirs keinen gewiſſen gegenwertigen man odder frawen / ſondern redet frey ynn gemeyn hin / von allen frawen vnd mennern / Aber wenn ich ſage / Dieſer odder eben der man ſol herr ſein vnd nicht dieſe 15 odder eben die fraw / da zeigt mirs an einen ſonderlichen man vnd weib von allen ausgeſchloſſen / als gegenwertig / Denn das heiſt ein pronomen /
363 W wenn es auff ein ſonderlichs zeiget / ¹ gleich als gegenwertigs / vnd daſſelbige von allen andern ſcheidet / Aber artickel zeiget nichts ſonderlichs odder gegenwertigs von andern ausgeſcheiden / ſondern redet frey dahin / on zeigen 20 odder deuten / als wenn man ſagt / Dieſer man iſt frum / Dieſe fraw iſt züchtig / dis brod iſt ſchön / Hie zeiget die rede auff ſonderliche perſonen / als gegenwertige / Vnd wo man hie ſolche pronomina odder wörtlin abthet / vnd ſpreche / Man iſt frum / fraw iſt züchtig / were gantz kein ſynn noch verſtand mehr da von dem vorigen / Aber wenn ich ſage / Der man ſol ein 25 man ſein / Die fraw ſol ein fraw ſein / kan ich wol die artickel abthun vnd
238 E dennoch den ſynn ¹ haben / als / Man ſol man ſein / fraw ſol fraw ſein / denn der artickel zeiget nichts gegenwertiges odder als gegenwertiges / wie das pronomen thut.

Weil nu dieſer geiſt bekennen mus / das hie kein pronomen / ſondern 30 ein artickel ſtehet (Das fleiſch iſt kein nütze) vnd er doch ein pronomen braus macht / nicht allein mit dem dolmetſchen / da er ſpricht (Das) vermüge o viel / als (Eben das) ſondern auch mit der auslegung / da er ſagt / das an dem ort / daſſelbige fleiſch ſolle heiſſen / dauon Chriſtus droben gered hat (Mein fleiſch iſt die rechte ſpeiſe) ſo bezeuget er hie mit ſelbs / das 35
364 W er Gotts wort verfelſcht ¹ vnd bübiſch mit den einfeltigen vmbgehet / Denn ein artickel nymer mehr / von vorigem odder ſonderlichem dinge redet / wie ein pronomen / ſondern frey dahin ynn gemein dauon redet / das mans

4 zu denken wagen | A L v ᵃ oben   6 da, wo man nichts ſehen, aber ſich alles mögliche einbilden kann (vgl. W. A. 10², 511)   12 ſinnes 13 beſtimmten   14 unbeſtimmt | im allgemeinen   20 unterſchieden 25 was vorher daſtand   32 bedeute   33 A L v ᵃ   37 vor- hergehendem

gleich fo wol verstehen kan / wo man on artickel dauon redet / obs gleich
nicht fo wol vnd fein lautet / Darumb ift vnmüglich / nach der grammatica /
das hie fleifch müge Chriftus fleifch vnn fonderheit heiffen / dauon er droben
zuuor redet / fondern mus vnn gemein hin fleifch heiffen / alfo / das man
5 dauon auch wol on artickel kundet reden / nemlich alfo / fleifch ift
kein nütze.

Solchen vnterfcheid der pronomen vnd artickel / haben wir deudfchen
auch an dem klang odder dohn / welchs die Latinfchen / accent / nennen /
Denn es ftehet gar viel ein ander / Das / da Chriftus fpricht / Das ift
10 mein leib / vnd viel ein anders / da er fpricht / Das fleifch ift kein nütze /
Das erfte Das / ift ein pronomen vnd lautet der buchftab / A / drynnen
ftarck vnd lang / als were es gefchrieben alfo ⸥ Dahas / wie ein fchwebifch
odder Algawifch / Daas / lautet / Vnd wer es höret / dem ift / als ftehe
ein finger dabey / der drauff zeyge / Aber das ander / Das / lautet kurtz
15 verhawen / das man den buchftaben / A / kawm höret odder [1] nicht weis / 365 W
obs / A / E / odder / J / laute / vnd ftehet kein finger dabey / der da zeige /
das es lautet / gleich wie die Behemen ohre buchftaben kurtz verhawen
vnd fagen / Przikafani / Da kanftu nicht mercken / ob er fage / [1] parzikafani 239 E
odder perzikafani odder pirzikafani / fo behend lauts / Alfo wenn ein deudfcher
20 recht redet / Wie ift Das korn fo thewr / fo kanftu nicht wol mercken / ob
er fage / das / des odder dis korn / denn es lautet als ftünden die wort on
mittel buchftaben / alfo / Wie ift / dskorn fo thewr / odder alfo / wie iftds /
korn fo thewr / fo kurtz vnd behende lauts. Wie ich nu von dem / Das /
fage / fo fol man auch halten von den andern artickeln / als / Dis / Die /
25 Des / Den / Dem / Wenn fie den mittel buchftaben lang denen / als were
er zwyfeltig drynnen / fo find es pronomina / Wo fie behend lauten / als
verfchwünde der mittel buchftabe / fo find es artickel / als fprechftu / Dsraw /
Drherr / dskind / dshaus / auffs kürtzift verhawen / da finds artickel / vnd
zeigen nicht mit fingern auff etwas.

30 Aus diefem kan nu ein iglicher deudfcher diefe zenckifche fache ver-
ftehen / vnd mercken die büberey vnd fchalckeit diefes geifts / Denn Johan. 6.
(Das [1] ift mein fleifch) da macht er ein lang fchwebifch / Dahas / odder ein 366 W
pronomen / So es doch ein artickel vnd kurtz verhawen Das ift / vnd auff
behend eigentlich deudfch alfo lautet / Dsfleifch ift kein nütz / odder alfo /
35 Sfleifch ift kein nütz / als ftünde nur der einzele buchftabe / s / dafur. Da
haftu doch ia eigentlich vnd klerlich den tegt Johan. 6. vnd was die artickel
find odder vermügen. Nu fey richter wer deudfch kan / zwifchen mir vnd
dem Zwingel / Zwingel fpricht / das der tegt folle fo viel gelten / Eben das
fleifch ift kein nütze / odder daffelbige fleifch ift kein nütze / Wer verfelfchet
40 hie den tegt? Wer ift fo grob / der nicht groffen vnterfcheid fule / wenn

---

1 ebenfo gut   13 algäuifch   15 abgehackt   18 altböhmifch
= gebot   19 flüchtig   23 läütets hs.   24 Der / Die hs.
30 ftrittige

man sagt / Fleisch ist kein nütze / vnd / Dasselbige fleisch ist kein nütze?
Verstehestu schier / wo mit der bübische geist vmbgehet? Weiter / Wenn
ich nu an eim ort sage / Fleisch ist kein nütze / vnd am andern / Ds fleisch
obder Fleisch ist kein nütze / lieber was ist fur vnterscheid darunter? Eins
ist anders gered denn das ander / Aber der sinn ist ia gleich. Es ist wie 5
ich sage / der geist mus vnnütz geschwetzes viel anrichten / auff das er den
240 E leuten das maul schmyre /¹ als wolle er antworten / damit man die weil sein
springen vnd flabbern nicht mercke.

367 W   ¹ Darnach greifft er mit ernst zur sachen / vnd wils aus dem text
Johan. 6. beweisen / das Christus von seinem fleisch rede / da er spricht / 10
Fleisch ist kein nütze. Hie last vns kunst hören / Erstlich (spricht er) Die
iunger murreten drumb / das Christus leret / sie müsten sein fleisch essen /
Nu murreten sie ia nicht widder des geists verstand / sondern widder das
leiblich essen / Da steckts. Lieber / sage mir / heist das beweiset / das Christus
fleisch kein nütze sey? obder das solcher spruch von Christus fleisch zuuer- 15
stehen sey? Freylich / denn ynn der Zwinglische Logica folget alles ynn
allerley / wie er wil. Ach es ist ia verdrieslich ding / mit solchen buben
ynn Gottes worten handlen. Wir sagen / das die iünger murreten beyde
widder den verstand des geists vnd widder das leiblich essen des fleischs
Christi / denn sie verstunden keins recht / Weil sie dachten / sie müsten sein 20
fleisch mit zeenen zu reissen / wie ander vergenglich fleisch / Aber daraus
folget noch nicht / Das Christus fleisch / als ein vnuergenglich geistlich fleisch /
nicht müge mit dem glauben ym abendmal leiblich zu essen sein / Solchs
solte der geist vmbstossen / so leret er vns / wie die Jünger haben Christus
fleisch leiblich zu essen verstanden / gerade als wüsten wir solchs nicht / on 25
seine meisterschafft / Er fleucht antwort / wo er kan.

368 W   ¹ Zum andern / leret er vns / das die iunger sich ergerten an solcher
rede Christi von dem leiblichen essen seines fleischs / daraus folgen sol /
das Christus mit seiner antwort fur vnd fur von seinem fleisch redet /
Lieber warumb folgets? Darumb / das es Zwingel sagt / das ist gnug / 30
gerade als kondte Christus nicht von anderm fleisch reden / wenn er den
geistlichen verstand leren wil von seinem fleisch zu essen / So er doch nicht
feiner leren kund / denn das er zweyerley fleisch anzeiget vnd zweyerley essen
leret / Vnd also spreche / Fleisch vnd blut lest euch solch essen meins fleischs
nicht verstehen / Denn solch fleisch ist kein nütze / Aber dieses fleisch ist das 35
241 E leben. Quia vnicum 2 ¹ optimum genus docendi est / bene diuidere 2 definire /
Darumb folget viel mehr / das dieser spruch (fleisch ist kein nütze) müsse von
anderm fleisch zuuerstehen sein / welchs Christus sondert vnd gegen sein
fleisch setzet / wie alle rechte lerer zu thun pflegen / wo sie am besten leren.

---

        2 ungefähr   7 schöne worte gebe   9 die sache mit ernst an
11 A L 6ᵃ   13 den allegorischen sinn   14 getroffen! vgl. oben s. 381,
z. 27   17 bunt durcheinander   18 sowohl   26 vermeidet
29 immer   38 absondert von seinem Fl. und diesem entgegensetzt

Zum dritten / Chriſtus ſpricht / wenn yhr nu des menſchen ſon ſehen
werdet hinauff faren / da er vorhin war? Was er damit meine / kan ich
nicht erſonnen / on das dem geiſt alles mus dienen zu ſeiner lügen / was er
ſpeyet / Villeicht wil er yhr gemein liedlin ſingen / Chriſtus feret gen
5 hymel / drumb kan ſein leib nicht ym abendmal ſein zu eſſen / Was ſolch
geſchwetz vermüge / ¹ Iſt droben gnug geſagt / Aber das er damit wil be- 369 W
weiſen / das der ſpruch (fleiſch iſt kein nütz) von Chriſtus fleiſch rede / das
iſt ia ein hübſche Logica / vnd ſeer ſchöne folge / als wenn ich ſpreche /
Chriſtus fur gen hymel / drumb iſt der ſpruch von ſeinem leibe zuuerſtehen /
10 Alle menſchen ſind lügener / Reymet vnd folgets nicht ſein? Das heiſt
auff Schweizeriſch den Luther geſchlagen / das nicht ein fusknecht vberbleibt /
wie ſich der geiſt rhümet.

Zum vierden / Der geiſt iſt der lebendig macht / Da / Da / das iſt
kurtz vnd gut (ſpricht er) Der ſpruch ſol ſchlieſſen / So allein der geiſt
15 lebendig macht / ſo iſt Chriſtus fleiſch kein nütze / Denn es iſt nicht geiſt.
So müſſen wir hirauff nu ſagen / Weil denn Chriſtus fleiſch nicht geiſt
iſt / vnd des halben kein nütz iſt / weil allein der geiſt nütze iſt / Wie kans
denn nütze ſein / wenn es fur vns gegeben iſt? Wie kans nütze ſein /
wenns ym hymel iſt vnd wir dran gleuben? Denn wo die vrſache recht
20 vnd gnug iſt / das / weil Chriſtus fleiſch nicht geiſt iſt / kans nichts nütze
ſein / ſo kans widder am creutze noch hymel nütze ſein / Denn es iſt eben
ſo wol nicht geiſt am creutze vnd ym hymel als ym abendmal / Weil nu
kein geiſt fur vns gecreuzigt iſt / ſo iſt ¹ Chriſtus fleiſch vnnützlich fur vns 370 W
gecreuzigt / Vnd weil kein geiſt / ſondern Chriſtus fleiſch gen hymel iſt
25 gefaren / ſo gleuben wir an ein vnnütze fleiſch ym hymel / Denn Chriſtus
fleiſch ſey wo es wolle / ¹ ſo iſts kein geiſt / Iſts kein geiſt / ſo iſts kein 242 E
nütze vnd gibt nicht das leben / wie hie der Zwingel ſchleuſt / Sihe / wo
der teuffel hinaus wil / das heiſt den nebel fein von den augen thun.

Zum funfften / Die wort die ich rede / ſind geiſt vnd leben ꝛc. Hieraus
30 folgert er / das Chriſtus von ſeinem fleiſch rede / da er ſagt / fleiſch iſt kein
nütze. Awe ia ſchöne folge / wie die neheſt droben / Ich acht / der geiſt
fur groſſem hohmut dencke / Es ſey kein menſch auff erden / odder halte
alle menſchen / fur eitel genſe vnd dolen / Wie were es ſonſt müglich / das
er ſolt ſo frech vnd thürſtig ſein / ſolch grobe narheit an tag zu geben?
35 Wir wiſſen wol / das Chriſtus wort ſind geiſt vnd leben / Aber das daraus
folgen ſolt / das Chriſtus fleiſch vnnütze ſey / das wird niemand ſagen / er
ſey denn toll vnd töricht / odder verachte hoffertiglich aller welt ſynn vnd
gedancken / Der geiſt ſagt / Es folge / Aber wenn beweiſet er ſolche folge?
Es ſind freylich auch eben dieſe wort Chriſti (fleiſch iſt kein nütze) geiſt
40 vnd leben / denn damit erleucht er vns vnd weiſet vom fleiſch zum geiſt /

---

1 Jo. 6, 62   3 herauskriegen   8 argumentation   11 fussoldat
12 Zwingli an Osiander, 6. mai 1527, Epistolae Duae (W. A. 23, 243) A 6ᵃ
14 die schlussfolgerung aufdrängen   29 Jo. 6, 63   31 nächst, zuletzt
34 dreist

371 W welchs iſt eine heilſame ¹ geiſtliche lere / die da leben gibt / Nu iſts ia eine
öffentliche leſterunge / wenn yemand ſagen wolt / das vns Chriſtus von
ſeinem fleiſch ſolt weiſen / zu welchem er vns doch weiſet vnd ſpricht /
Mein fleiſch iſt die rechte ſpeiſe / Es were denn / das vns fraw Alleoſts hie
aber mal aus fleiſch Gottheit machet / Aber wir hören der vnhulden nicht. 5
Zum ſechſten ſpricht Chriſtus / Aber es ſind etliche vnter euch die
nicht gleuben. Item Petrus ſpricht daſelbs / Zu wem ſollen wir gehen?
du haſt wort des ewigen lebens. Aus dieſen zween ſprüchen fölgert vnd
gauckelt er abermal / das weil ſolche ſprüche vom glauben vnd lebendigen
wort reden / ſo müſſe Chriſtus fleiſch verſtanden werden ynn dem ſpruch / 10
Fleiſch iſt kein nütz / vnd er müſſe nicht ein news anſahen / von anderm
fleiſch zu reden ꝛc. Ich hab auch manch tolle folge odder conſequentien
gehort mein leben lang / Aber toller vnd freueler folge hab ich nie gehört /
243 E als dieſer geiſt macht / das / weil Chriſtus vom glau ben vnd wort redet /
ſo müſſe draus folgen / das der ſpruch / Fleiſch iſt kein nütze / ſey gered 15
von ſeinem fleiſch. Ich halt warlich / das dieſer geiſt nicht anders ynn
ſeim hertzen dencke / denn alſo. Wir Zwingel von Gotts gnaden / Rieſe
372 W vnd Roland / Hellt vnd Siegman / ynn Welſchen vnd ¹ Deudſchen landen /
ynn Franckreich vnd Hiſpanien / Apoſtel aller Apoſtel / Prophet aller
Propheten / lerer aller lerer / meiſter aller meiſter / gelerter aller gelerten / 20
herr aller herrn / geiſt aller geiſter ꝛc. ſagen alſo vnd alſo / Da ſols bey
bleiben / des vnd kein anders. Denn wie kündtes müglich ſein / das er ſo
thürſtiglich einher fure vnd ynn der ſchrifft vnd Gotts wort allenthalben
ſolte folgern vnd handeln / wo er nicht mit vmmenſchlichem hohmut vnd freuel
beſeſſen were? 25
Wir armen ſunder vnd fleiſch freſſer / haben zwar nirgend vnd noch
nie geſagt / das Chriſtus ein news anſahe / da er ſpricht / Fleiſch iſt kein
nütze / wie vns der geiſt ſchüldigt / ſondern bekennen auch noch heutiges
tages / das Chriſtus / da er von ſeinem fleiſch anſehet / durch vnd durch /
fur vnd fur / bis ans ende des Capitels Johan. 6. rede vom geiſtlichen 30
eſſen ſeins fleiſchs / Sondern ſo ſagen wir / weil aus ſolcher ſeiner rede /
zweyerley ſchüler worden / etliche ſich dran ergerten / murreten vnd von yhm
lieffen / Etlich gleubten / lobten vnd bey yhm blieben / ſo hat er auff ſolche
zwotracht / on alles news anſahen / mugen ſagen / Geiſt gibt das leben /
373 W Fleiſch iſt kein nütze / Welchs ¹ wir nicht anders verſtanden haben / denn 35
alſo / Mein lere iſt geiſtlich / Wer fleiſchlich ſie wil verſtehen / der feylet /
vnd iſt ſolchs verſtehen nichte nütze / wer aber geiſtlich ſie verſtehet / der
lebet / Hie iſt nichts newes / von ſeinem fleiſch eſſen geredt / ſondern vnter=
ſcheid / der ſchüler / ſo ſolchs höreten / angezeigt / vnd ſind allezeit bereit
geweſt anders zu lernen / wo es yemand mit gutem grund thun würde / 40
Gleich als wenn ich predigete / Gute werck ſind nütze zur gerechtickeit /

---

5 unholdin, hexe   6 Jo. 6. 64   7 Jo. 6 68   22 damit
basta!   23 dreiſt   36 greift fehl   37 nichts bs.

Hie kriege ich zweyerley schüler / Etlich ergern sich / murren lauffen dauon
vnd sagen / wie verbeut dieser alle gute werck? Etliche aber gleuben / ²⁴⁴ E
loben vnd bleiben. Hie möchte ich nu auch sagen / Meine lere von guten
wercken ist geistlich / vnd vnterschiedlich gered / nemlich / gute werck zur
5 gerechticfeit / vnd gute werck zu Gotts lob / Wer sie zur gerechticfeit nöttig
verstehet / der seylet / Wer sie aber zu Gotts lob nottig verstehet / der
trifft. Hie (mein ich) das solchs kein newe predigt / sondern durch vnd
durch / fur vnd fur von guten wercken gepredigt sey / ob ich gleich von
zweyerley schüler predige.
10 Also thut ia Christus auch Johan. 6. Er leret vom essen seines
fleischs / vnd handelt darnach von vnterscheid der schüler / so solche lere
hören / Etliche findet er fleischlich / etliche geistliche / Vnd spricht das vrteil
drüber / das fleisch sey nichts nütze / Geist gebe das leben / Verkleret dazu
sich selbs vnd spricht /¹ Meine wort sind geist vnd leben / Welchs kan ia ³⁷⁴ W
15 nicht anders sein / denn so viel / Ich mus geistliche schüler zu meinen
worten haben / fleischliche schüler werdens nicht thun / Denn sie sind des
fleischs / vnd nicht meiner wort schüler / Fleisch aber ist kein nütz vnd
verfuret sie / Denn gleich wie der geist ist seine wort vnd lere / Also mus
fleisch auch des fleischs wort vnd lere sein / Also gibt der geist / das ist /
20 sein wort vnd lere das leben / Vnd fleisch / das ist / fleischs wort vnd
lere / ist kein nütze / Dauon ich gnug anders wo geschrieben habe.
Die dritte vntugent / so ich an diesem ort begangen haben sol / Ist /
das meine regel falsch sey / da ich schreib / Wo geist vnd fleisch ynn der
schrifft gegen ander gesetzt werden / da müge fleisch nicht Christus fleisch /
25 sondern müsse den alten Adam heissen / O hie reisst der grosse Christoffel
von Zürch eitel bewme vmb / vnd wirfft berg vnd tal ynn einander / Ver-
stehe ich sein filzicht zöttlicht deubsch recht (welchs mir warlich schweer ist)
so macht er vnterscheid zwischen Gotts geist vnd vnserm geist / Welchs
wol so not ist zur sachen / als das funfft rad zum wagen / on das es da
30 zu dienet / das der arm pöbel meinen solle / der grosse Riese¹ von Zürch ²⁴⁵ E
wolle antworten vnd sey bey¹ yhm eitel grundlose kunst verborgen / Aber ³⁷⁵ W
vns ligt nichts dran / Es sey Gotts geist odder vnser geist / so stehet mein
regel noch feste / das wo ynn der schrifft / geist vnd fleisch widdernander
odder zu gegen gesetzt werden / da kan fleisch nicht Christus fleisch heissen /
35 Denn sein fleisch ist nicht widder den geist / sondern viel mehr aus dem
heiligen geist geborn / vnd dazu vol heiliges geists / Weil aber hie Christus
spricht / Geist macht lebendig / vnd fleisch ist kein nütze / ists greifflich klar
gnug / das er solch fleisch meine / das nicht geist ist / noch geist hat /
sondern widder den geist sey / Denn lebendig machen / vnd kein nütz sein /
40 sind widdernander / wie tod vnd leben / wie ich solchs weiter habe ynn
ihenem büchlin verkleret.

13 erklärt   22 A L 7ᵇ   25 Christophorus   27 verworrenes,
holpriges   35 den] der A   37 handgreiflich

Das aber der Zwingel hernach mich leret / wie geiſt vnd fleiſch ſich
wol zu ſamen reymen / als Johan. 1. Das wort iſt fleiſch worden / Vnd
.1. Pet. 3. Chriſtus iſt geſtorben nach dem fleiſch / aber lebendig gemacht
nach dem geiſt / Des dancke yhm der liebe Gott / denn wer hette das
konnen finden / on ſeine hülffe? Meine regel helt alſo / Wo geiſt vnd ⁵
fleiſch ynn der ſchrifft widdernander ſtehen ꝛc. Damit ich ia klerlich gnug
bekenne / das geiſt vnd fleiſch nicht an allen enden widdernander ſind /
³⁷⁶ W Denn auch hie nicht die frage iſt / ¹ ob fleiſch vnd geiſt etwa ſich mit
einander vertragen ynn der ſchrifft / Sondern das iſt die frage / Wo geiſt
vnd fleiſch ſich nicht miteinander vertragen / als hie geſchicht / fleiſch iſt ¹⁰
kein nütze / Geiſt macht lebendig / Daſelbſt (ſage ich) kan fleiſch nicht
Chriſtus fleiſch heiſſen / Hie ſolte der trotzige Helt antworten / ſo flabbert
er fur vber / vnd alſentzt die weil ein anders vnd leret vns / das geiſt vnd
fleiſch an etlichen orten der ſchrifft nicht widdernander ſind / Noch heiſt
ſolchs alles geantwortet / gleich wie ihener fragt / Wo gehet der weg ¹⁵
hinaus / Vnd dieſer antwortet / Ich hawe iünge ſpecht aus ꝛc. Der Satan
iſt ein meiſter zu plaudern / wo er nicht kan wol antworten.
²⁴⁶ E   ¹ Ich drang auch auff das wörtlin / Mea / das Chriſtus nicht hie
ſpricht / Mein fleiſch iſt kein nütze / wie er doch droben thut / Mein fleiſch
iſt ein rechte ſpeiſe / Da gibt er mir ſolchen beſcheid / gleich wie Chriſtus ²⁰
nicht ſpricht / Mein geiſt macht lebendig / vnd iſt doch ſein geiſt / ſo ſage
er auch nicht / Mein fleiſch / obs wol ſein fleiſch iſt / Verdrehe dich ein
mal geiſtlin. Aber Chriſtus redet hie nicht von ſeinem eigen geiſt / den
er perſonlich hat / ſondern / wie der text lautet / vom geiſt der da lebendig
³⁷⁷ W macht / das iſt / von dem gemeinen geiſt / ſo ¹ ynn allen gleubigen iſt / wie ²⁵
wol den ſelbigen Chriſtus gibt vnd iſt Chriſtus geiſt / doch iſt er hie ein
gemein geiſt / allenthalben / wo er lebendig macht / Denn er nicht allein
Chriſtum lebendig macht / Alſo mus hie fleiſch auch / das gemein fleiſch
ſein / ſo on geiſt iſt / vnd nichts nütze iſt / Darumb braucht der Zwingel
hie einer rechten ſophiſtrey vnd triegerey / ym wörtlin / Mein / die heiſt ³⁰
fallacia figure dictionis / Denn droben da Chriſtus ſpricht / Mein fleiſch
iſt die rechte ſpeiſe / da heiſt / Mein / ſein eigen perſonlich fleiſch / das
niemand gemein iſt / Aber wenn hie der geiſt / ſein geiſt heiſt / ſo iſts nicht
ſein eigener perſonlicher geiſt fur ſich alleine / ſondern der gemeine geiſt
ynn allen den er gibt / Darumb kan hie / fleiſch / nicht alſo / ſein fleiſch ³⁵
heiſſen / wie der geiſt ſein geiſt heiſt / denn ſein fleiſch iſt nicht das gemeine
fleiſch ynn allen / Aber wer nichts weis zu antworten / der mus ſich alſo
behelffen.
      Das ſey gnug von dem andern heubtſtücke / darynnen ein iglicher ſehen
mag / das der ſchwarm geiſt nicht kan dieſen ſpruch (fleiſch iſt kein nütze) ⁴⁰

1 AL 8ᵇ   2 Jo. 1, 14   3 1. Pt. 3, 18   4 dafür   5 lautet
8 irgendwo   13 treibt unterdeſſen andre poſſen   14 dennoch
15 vgl. W. A. 38, 117¹   22 s. oben s. 413, z. 15

auff Chriſtus fleiſch bringen / vnd wie er mit ſchanden drüber ſtehet / vnd
ſo gar nichts antworten kan / Denn das er alle die exempel leſt anſtehen
vnd ſchweigt / ¹ da ich ſo reichlich beweiſet hatte / wie auch Abraham / ³⁷⁸ W
Sara / Iſaac vnd ander heiligen fleiſch nütze were geweſt zum glauben /
5 vnd damit gewaltiglich vberzeugt / das viel mehr Chriſtus fleiſch müſte
nütze ſein ꝛc. Das mus ich yhm zu gut halten / Iſt beſſer / er ſchweige
¹ vnd rauſſche fur vber / denn das er drüber erſticken vnd öffentlich müſte ²⁴⁷ E
ernyder liegen / Er fulet wol / das da nicht helffen wolte zürnen vnd leſtern.
Alſo auch / das er auff der Veter ſprüche nicht antwortet / ſondern ſchlecht
10 ſagt / Du Luther verſteheſt ſie nicht recht / Dazu ſo liege yhm nicht viel
dran / ob ſie nicht bey yhm ſtehen ꝛc. Iſt auch fein gethan / Was ſolt
ſolcher höher geiſt / auff ſolch lappen werck antworten? Wolan ſo mag er
hin faren vnd gelert ſein / Aber mein meiſter noch helffer / ſol er nymer
mehr werden / ob Gott wil / Er lere denn vmb von ſeiner leſterlichen
15 lere / nicht allein ynn dieſem ſtücke / ſondern ynn allen andern / da er ſich
vnd die leute / ſo iemerlich verfuret. Des helffe yhm vnd allen Chriſtus
vnſer Herr / Amen.

¹ Den Ecolampad wollen wir nu auch hören / wie der ³⁷⁹ W
ſelbige antworte / welchen ich noch hoffe / das ers nicht mit Zwingel ynn
20 allen ſtücken halte / ſondern allein ym Sacrament vnd tauffe / Gott helffe
yhm eraus / Amen. Droben hab ich zwar beweiſet / Das Ecolampads
tropus ym abendmal nicht ſein kan noch ſol / Denn er kans nicht beweiſen /
Vber das / ſo iſts auch ein verkereter vnartiger tropus widder alle tropos
der ſchrifft / das man greiffen mus / es ſei ein mutwillig getichte / Das
25 mus ich klar machen.

Wo ein tropus odder vernewet wort wird ynn der heiligen ſchrifft /
Da werden auch zwo deutunge / eine newe / vber die erſten alte odder
vorige / wie droben geſagt iſt / als / das wort / weinſtock / ynn der ſchrifft
hat zwo deutunge / ein alte vnd newe / Nach der alten odder erſten / heiſt
30 es ſchlecht den ſtrauch odder gewechſe ym weinberge / Nach der newen heiſt
es Chriſtum / Johan. 15. Ich bin ein weinſtock / odder heiſt ein kinder
mutter Pſalm .128. Dein weib wird ſein wie ein weinſtock / odder was
des gleichen iſt / darumb das es mit dem weinſtock eine gleichnis hat der
frucht halben / wie die reden meiſter leren / Que transferuntur ſecundum
35 ſimilitudinem transferuntur / Das iſt / alle vernewerung odder tropi ge-
ſchehen einer gleichnis halben.

¹ Nu ſind die ſelbigen tropi ynn der ſchrifft alſo gethan / das die wort ³⁸⁰ W
nach der alten odder erſten deutunge / zeigen das ding / ſo des newen ²⁴⁸ E
gleichnis iſt / Vnd nach der newen deutunge / zeigen ſie das newe rechte

---

    1 beziehen | beſtehet   12 lumpenwerk   21 oben s. 360, z. 2 ff.
23 ausserdem | unpaſſender   24 phantaſie   27 über-hinaus   28 z. b.
30 einfach   31 Jo. 15, 5   32 Ps. 128, 3   33 ähnlichkeit   37 ſo
beſchaffen

ding odder wesen selbs / vnd nicht widderumb zuruck / Als ynn diesem
spruch / Ich bin der rechte weinstock / Hie ist das wort / Weinstock / ein
tropus odder newe wort worden / welchs nicht kan zu ruck deuten / den
alten weinstock / der des newen gleichnis ist / sondern deutet fur sich / den
rechten newen weinstock selbs / der nicht ein gleichnis ist / Denn Christus   5
ist nicht ein gleichnis des weinstocks / sondern widderumb der weinstock ist
ein gleichnis Christi rc. Item / Der Same ist Gottes wort / Hie zeiget
Same / nicht das korn / wilchs ein gleichnis ist des Euangelij / sondern
(wie ein vernewet wort odder tropus sol) deutet es das Euangelion den
rechten newen samen selbs / der nicht die gleichnis ist. Vnd so fort an /   10
alle tropi ynn der schrifft / deuten das rechte newe wesen / vnd nicht das
gleichnis desselbigen newen wesen.

    Solchs aber keret Ecolampad vmb / vnd macht ein solchen tropum
odder vernewet wort / das zu rücke deutet / die gleichnis des newen wesen
vnd spricht (leib) solle leibs zeichen odder gleichnis heissen / ynn dem spruch /   15
Das ist mein leib / so er doch / wo er der schrifft nach folgen wolt / viel
381 W mehr solt das wort [1] (leib) also vernewen / das es den rechten newen leib
hiesse / welchem der natürliche leib Christi / ein gleichnis were / Denn die
schrifft troppet nicht also zu rücke / Vnd lautet auch nicht / wenn ich also
wolt troppen / Christus ist ein weinstock / das ist / ein zeichen des wein-   20
stocks / Euangelion ist ein same / das ist / ein zeichen des samens / Christus
ist ein lamb / das ist / ein zeichen des lambs / Christus ist ein fels / das
ist / ein zeichen des felsen / Christus ist vnser Passah / das ist / ein zeichen
vnsers Passah / Johannes ist Elias / das ist / ein zeichen Elias / Summa
Summarum / Solcher tropus ist keiner ynn der schrifft / vnd taug auch   25
keiner / Drumb kan auch Ecolampabs tropus nicht gelten / da er spricht /
Brod ist mein leib / das ist / meins leibs zeichen / Denn es ist ein rücklinger
249 E verkereter tropus / [1] macht aus dem rechten wesen / ein gleichnis odder
zeichen / welchs der heiligen schrifft art nicht ist / drumb ists ein lauter
geticht.   30

    Wenn aber der text also stünde / Nemet / esset / das ist mein rechtes
brod / da künd man ein artigen tropum machen vnd gar sein sagen / Brod
ist hie ein vernewet wort / welchs nach der ersten deutunge heist schlecht
brod / das ein gleichnis ist des leibs Christi / Vnd nach der newen deutung
heist es das rechte newe brod selbs / welchs ist der leib Christi / Aber nu   35
der text also stehet / Das ist mein leib / vnd er wil einen tropum da
382 W machen / mus er der schrifft [1] nach also sagen / Das wort (leib) nach der
alten deutunge heist den natürlichen leib Christi / Aber nach der newen
deutunge mus es einen andern newen leib Christi heissen / welchem sein
natürlicher leib / ein gleichnis ist / Das were, nach der schrifft weise / das   40

---

    4 bedeutet nach vorwärts   6 umgekehrt   19 ergebt sich nicht
in rückwärts weisenden tropen | stimmt, klappt   25 taugt   27 rück-
wärts weisender   29 pure phantasie   33 einfach

wort recht vnd wol vernewet / das der newe text also stunde / Das ist
mein rechter newer leib / der nicht ein gleichnis ist / gleich wie ich sage
von Christo / Das ist vnser weinstock / das ist / ein newer rechter wein-
stock / welches gleichnis ist der alte weinstock ym weinberge.

Ob nu yemand hie wolt furgeben / Man funde gleichwol solchen
Ecolampads tropum ynn gemeiner rede / Als wenn man von den bildern
sagt / Das ist S. Peter / Das ist S. Paulus / Das ist Bapst Julius /
Das ist keiser Nero / vnd so fort an / Inn welchen reden / die wort
Petrus / Paulus / Julius / Nero / fur bilder genomen werden. Antwort
ich / Erstlich / Da frag ich nichts nach / Ecolampad hat nicht fur sich ge-
nomen zu troppen ynn gemeiner rede / Sondern ynn der schrifft / Da mus
er auch ynn bleiben vnd der selbigen art vnd weise folgen / Wo er aber
mir ein exempel seines troppes ynn der schrifft kund zeigen / so solt er ge-
wonnen haben / vnd ich wolt yhm ynn allen stücken zu fallen / Wo er aber
kein exempel auffbringet / so hat er verloren vnd ist sein tropus nichts vnd
ein lauter geticht / Denn die heilige schrifft helt sich mit reden / wie Gott
sich helt mit wircken / Nu schafft Gott alle wege / das die deutung / odder
gleichnis zuuor geschehen vnd darnach folge / das rechte wesen vnd er-
fullunge der gleichnissen / Denn also gehet das [1] alte testament / als ein   250 E
gleichnis furher / vnd folget das newe testament hernach als das rechte
[1] wesen / Eben also thut sie auch wenn sie tropos odder newe wort macht /   383 W
das sie nympt das alte wort / welches die gleichnis ist / vnd gibt yhm ein
newe deutunge / welche das rechte wesen ist.

Denn wie solts lauten / wenn ich spreche / Euangelion ist ein newe
testament (das ist) ein gleichnis des newen testaments. Das were so viel
gesagt / Das Euangelion ist das alte testament. Item Christus ist Gottes
lamb / das ist / ein bilde odder gleichnis Gottes lambs / Das were so viel
gesagt / Christus ist das alte Osterlamb Mosi / Eben so thut auch Ecolampad
mit seinem rücklingen tropo / da er aus dem newen wort (leib) ein alt wort
macht vnd spricht / Es sol heissen / Das ist meins leibs zeichen / das ist so
viel gesagt / Das ist brod / Nu solt yhe billich Brod das alte wort sein /
vnd der leib das newe / vnd das wort brod den leib / nicht das wort leib
das brod bedeuten. Also wird sein tropus zu wasser vnd kan nicht stehen
ynn der schrifft.

Zum andern / Ists auch nicht war / das solcher tropus Ecolampads
ynn einiger gemeiner rede odder sprache sey yn der ganzen welt / Vnd
wer mir des ein bestendig exempel bringet / dem wil ich meinen hals geben /
Sie sagen wol / das ein solch tropus sey ynn dieser rede / Hie ist S. Petrus
(das ist) ein bilde S. Petrus / Ich sage aber nein dazu / vnd sie konnens
nicht beweisen / Es ist yhr eigen falsch getichte / Denn das ist eine gewisse

---

4 dessen vorbild   10 behauptet   14 beistimmen   16 ver-
hält   24 stimmen, klappen   29 rückwärts weisenden   36 irgend
einer   37 dafür ein unwiderlegliches beispiel

regel ynn allen sprachen / Wo das wörtlin (Ist) ynn einer rede gefurt
wird / da redet man gewißlich vom wesen des selbigen dinges vnd nicht
von seim deuten / Das mercke dabey / Ich neme eine hültzin odder silbern
Rose fur mich / vnd frage / Was ist das? So antwort man mir / Es ist
eine rose / Hie frage ich nicht / was es bedeute / sondern nach dem wesen 5
was es sey / so antwortet man mir auch / was es sey vnd nicht was es
bedeute / Denn es ist viel ein ander frage / wenn ich sage   Was bedeut
251 E das? vnd wenn ich sage / Was ist¹ das? Ist / gehet ymer auffs wesen
selbs / das feylet nymer mehr. Ja sprichstu / Es ist ja nicht eine rose /
sondern ein holtz. Antwort / Das ist gut / Dennoch ists eine Rose / Obs 10
nicht eine gewachsen natürliche rose ist ym garten / dennoch ists auch wesent-
lich eine Rose auff seine weise / Denn es sind mancherlei Rosen / als sylbern /
gülden / tüchern / papyren / steinern / hültzen / Dennoch ist ein igliche fur
sich wesentlich eine rose ynn yhrem wesen / Vnd kan nicht ein blos deuten
da sein / Ja wie wolte ein deuten da sein / das nicht zuvor ein wesen hette? 15
Was nichts ist / das deutet nichts / Was aber deutet / das mus zuvor ein
wesen vnd ein gleichnis des andern wesens haben.

Darumb ist an einer hültzen rosen / beides von einander zu scheiden /
Das wesen vnd das deuten / sicut actum primü ꝛ secundum / sicut verbum
substantiuum ꝛ actiuum / Nach dem wesen / ists warhafftig eine Rose / 20
nemlich eine hültzerne rose / Darnach / wenn das wesen also stehet / mag
man denn sagen / Diese Rose bedeut odder ist nach einer andern Rosen
gemacht / Denn dis sind zwo vnterschiedliche rede odder propositiones /
Das ist eine Rose / vnd das bedeut eine Rose / Vnd wer ein rede draus
384 W machet / der thet so viel / als¹ der propositionem Hypotheticam vnd Cathe- 25
goricam fur eine proposition hielte / quod est impossibile / wie vngeschickt
ding das sey / wissen die gelarten wol. Wie nu der Rosen wesen mancherley
ist / hültzen / sylbern / gülden ꝛc. vnd doch ein igliche warhafftig fur sich
selbs eine Rose ist vnd heisst / Also wird auch das wort / Rose / so offt
ein ander new wort (obs wol einerley buchstaben bleibt) nach der deutunge / 30
so offt das wesen der Rosen / anders vnd anders wird / Also / das man
nirgend darff des Ecolampads tropos brauchen odder sagen / das ist einer
rosen bilde / Denn es ist auch nicht war / das wer do spricht / das ist eine
rose / das der wolle gesagt odder verstanden haben / das ist einer rosen
gleichnis / Sondern er wil sagen / was es sey am wesen / Vnd wenn er 35
weiter sagen wil / was es bedeute / so macht er zwo vnterschiedliche rede
252 E vnd spricht / Das ist eine Rose vnd bedeut eine rose / ¹ Vnd yderman mus
bekennen / das solche zwo rede / nicht gleich viel gelten   noch von einerley
rosen reden / sondern ein igliche fur sich ein anders sagt denn die andere /
Das weis ich fur war / das diesem allen so sey / vnd niemand wirds leucken 40
konnen.

---

3 erkenne aus folgendem: | hölzerne   9 das ist zweifellos
24 das identificierte

Darumb kan Ecolampad mit seinem tropo nicht bestehen / das er diese zwo rede wil gleich viel gelten lassen / Das ist mein leib / vnd das ist meins leibs gleichnis / Denn das leidet keine zunge noch sprache / Gleich als nicht kan gleich viel gelten / wenn ich sage / vom bilde S. Pauli /
5 Das ist S. Paulus / vnd das bedeut S. Paulus / Denn die erste rede wil sagen / was das bilde sey / das es sey Paulus / nemlich ein hültzen S. Paulus / ein sylbern S. Paulus / ein gülden S. Paulus / ein gemalet S. Paulus / Kurtz vmb / Vom wesen redet das wörtlin Ist / es sey was es auch sur ein wesen sey / vnd ist S. Paulus hie ein newe wort
10 worden / das nicht den lebendigen S. Paulus heist / Darnach wenn ich weiter frage / Was bedeutet es denn? da ist so balde ein andere rede / die nu nicht vom wesen / sondern vom deuten redet / Das also gleich wie / Wesen vnd Deuten nicht einerley sind / also auch / nicht mit einerley worten odder reden mügen ausgesprochen werden / Ein iglichs mus seine besonder
15 rede haben.

Sol nu Ecolampad mit seinem tropo bestehen / so mus er ym abendmal auch zwo rede machen / Die eine vom Wesen / also / das ist mein leib / Denn es stehet ein (Ist) da / das wil vnd mus vom wesen reden / Die weil nu ym abendmal / nicht mehr denn die eine rede stehet / so vom
20 wesen redet / nemlich / das ist mein leib / so mus es von eym wesentlichen leibe Christi gered sein / Gott gebe / der selbige leib sey hültzern / sylbern / odder wie er wil / Denn es stehet ein (Ist) da / das wil ein leib Christi haben / der da sey vnd heisse Christus leib / wie gemeiner sprache art ist / das ein Paulus da sein mus / wenn man vom bilde sagt / das ist Paulus /
25 Also mus Ecolampad einen leib Christi ym abendmal sein lassen / da mag er nach dencken / ob er den selbigen aus brod / holtz / thon odder stein machen wolle / Der tropus mus einen leib Christi haben / [1] weil nicht die 253 ander rede dabey stehet / das bedeut / odder das ist meins leibs zeichen / sondern also / Das ist mein leib.
30 [1] Summa Summarum / wie ich von der rosen gesagt habe / Wo etwo 385 W ynn einer rede das wort / rose / sol ein new wort odder troppus werden / da müssen zwo rosen zu komen / die alle beide den namen rose mit warheit furen / Eine die bedeute / die andere die bedeutet werde / Vnd ein igliche der beider rosen / mus warhafftig eine rose sein vnd heissen / wie wol ein
35 igliche auff ohre weise / eine hültzen / die ander natürlich. Also auch / so das wort (mein leib) ynn der rede des abendmals / ein new wort odder tropos werden sol / so müssen auch zween leibe Christi dazu komen / die alle beide den namen / Mein leib / mit warheit furen / Einer der do bedeute / der ander der bedeutet werde / also das ein iglicher der beider leibe Christi /
40 warhafftig vnd recht / ein leib Christi heisse vnd sey wesentlich / Er sey gleich hültzern / sylbern odder brödtern. Kan nu Ecolampad beweisen / das

---

4 ebensowenig als gleichbedeutend ist   21 gleichgültig, ob
30 einmal

brod sey warhafftig ein leib Christi / vnd mag sagen / es sey ein brödtern
leib Christi / der do sey ein gleichnis des natürlichen leibs Christi / wie die
hülgern rose warhafftig eine rose ist / vnd ein gleichnis der natürlichen
rosen / So hat er damit so viel ausgericht / das seines tropes exempel mag
funden werden / vnd sein tropus sey dem gleich / so ynn gemeyner rede 5
gehet von Bilden / das ist S. Petrus / das ist S. Paulus rc. obs wol
noch nicht ein tropus ist nach der schzifft art / Wo aber nicht / so ist sein
tropus auch ausser der schrifft nichts / Wie wil er nu solchs beybringen /
das ¹ brod Christus leib sey vnd heisse / odder das Christus einen brödtern
leib habe / wie S. Paulus einen hülgern S. Paulus hat? Nu mus ers 10
thun odder ist lurgsch / Vnd wenn ers gleich funde / Was hülffs? so dennoch
ynn der schrifft solcher tropus nichts golte? Weil denn sein tropus / wibder
ynn der schrifft noch ausser der schrifft / exempel hat / ia wibder der schrifft
vnd alle sprachen art ist / ¹ so kan man ia wol greiffen / das ein lauter vnnüz
geticht sey. 15

 Es hat sich der Ecolampad selbs betrogen ynn dem spruch Tertulliani /
Hoc est figura corporis mei / das ist / meines leibs gestalt / Da hat er
figura odder gestalt fur einen tropum angesehen / Denn es ist gut zu
mercken / das Ecolampad solchen tropus nicht von yhm selbs erfunden /
noch aus der schrifft genomen hat / weil wibder schrifft noch keine sprache 20
also redet / Sondern an Tertulliani spruch hat er angelauffen vnd sich dran
gestoffen / das er ist yrre worden / Tertullianus aber macht keinen tropum
da selbs / sondern gibt eine verklerung odder exposition / Wie Brod der leib
Christi sey / nemlich / das es sey die gestalt / darunter der leib Christi sey /
Vnd redet nicht von vocabulis sed de rebus / da er spricht Hoc est figura 25
corporis mei / Quia panis non est figura sermonis in grammatica / sed
figura rei in natura / Vnd Tertullianus kan so toll nicht sein gewest / das
er sagen wolt / Christus hette aus dem brod / ein vocabulum in grammatica
gemacht / wie es aus Ecolampads meinung ¹ folgen müste / sic / panem fecit
corpus suum idest figuram corporis sui / hoc est / figuram grammaticam. 30

 Hie mit acht ich / solt dem Ecolampad sein tropus vnd zeicheley so
gewaltiglich genomen sein / als dem Zwingel seine deuteley vnd dem Carl-
stad sein tuto genomen ist / das yhr keiner seinen text hat noch haben kan /
Vnd also alzumal on text ym abendmal nackt vnd blos sizen / Haben sie
nu keinen text / so konnen sie auch keinen synn noch verstand haben / Haben 35
sie keinen verstand / so konnen sie auch nicht wissen / ob sie eitel brod vnd
wein haben / odder nicht / Denn sie müssen ia zu erst dahin komen / das
sie wissen / was sie haben ym abendmal / Da können sie aber nicht hin-
komen / sie kriegen denn gewissen text vnd verstand / Aber den konnen sie
nymer mehr kriegen / wie wir beweiset haben / Darauff schliessen wir also / 40

---

  8 beweisen 11 auf falschem wege 18 wohl zu beachten
21 ist er gescheitert 31 sein herumreiten auf dem begriff „zeichen"
32 überzeugend

386 W (margin left)
254 E (margin left)
387 W (margin left)

Die schwermer wissen selbs nicht / was sie ym abendmal haben / O des
feinen geists / O des schönen [1] abend[1]mals / das heist warlich recht ym
finsternis sitzen vnd essen / da man nicht weys / was man isset odder wo
man sitzt / O lieber / gebt vmb Gotts willen ein pfennig zum liecht dem
5 armen geist.

Nicht / das ich der schwermer vnd yhrs Gottes spotte / ich thets
denn mit worten / Denn ich bin nicht Elias / der die aller heiligsten pro-
pheten Baal spotten thar / Sonderlich weil sie selbs zeugen / vnd ob sie
wol ym finstern sitzen / dennnoch gesehen haben / das der Luther den geist
10 verloren hat vnd ist ein Saul worden / vnd kan nicht verstehen / das brod
brod sey / welchs doch hunde vnd sew verstehen / Denn wo ich yhr spotten
wolt / so wolt ich yhn ynn solchem iamer vnd not raten / das sie yhrer
iünger einem nachfolgeten / welcher sich mit der vnser einem vber dem
sacrament befragt / vnd zu letzt da er nichts mehr hatte / sprach er / Ach
15 mein lieber bruder / Man sagt doch werlich werlich / Es stehe ym
Griechisschen / Hoc est tropus meus / vnd nicht / Hoc est corpus meum /
Also möchten sie doch einen gewissen text kriegen / vnd so lange troppen
bis sie es ein mal treffen.

Verschmahet yhn aber solchs / wolan so mügen sie thun wie ihener
20 pfaff thet / welcher on gefehr zu zweyen andern pfaffen kam / vnd fand sie
hoch bekomert eben ynn dieser sachen vom Sacrament / vber dem text /
Hoc est corpus meum / Einer der sacht / Es müste / Hoc est corpus meus
heissen / der ander / [1] Es müste / Hoc est corpum meum heissen / auff das
sichs ia reymete / Da sie nu die sache dem dritten heymstelleten zu vr-
25 teilen / sprach er / Warlich / es hat mich auch offt bekummert / Aber ich
thu yhm also / wenn ich an den selben text kome / so bete ich ein Aue
Maria dafur / Nu hie ist eine grosse frage / welcher consecriert habe / das
lassen wir itzt faren / Denn weil vnser schwermer nicht Consecriern odder
darmen / vnd doch so zweiuelhafftig / yrrig / vneins vnd finster vber dem
30 text sitzen / were es gut / das sie dem exempel nach / an stat des vngewissen
texts / auch ein Aue Maria betten / odder wo sie ia sich scheweten / alt
odder newe papisten zu sein / vnd fur [1] Maria vnd den heiligen odder
bilden sich zu seer furchten / möchten sie dafur singen / Christ ist erstanden /
odder Christ fur gen hymel / weil solcher gesang vnd wort sonderlich
35 widder den text ym abendmal ficht vnd den selbigen so vngewis macht /
Denn es solt einen stein erbarmen / das solche hohe erleuchte geister /
welche doch sonst wol so viel sonnen ym kopff / als har auffm heubt haben /
allein ynn diesem stück sollen finster sitzen / das sie auch nicht ein stern-
lin sehen.

40 Dünckt yemand / das ich hie die schwermer zu hart angreiffe vnd
zu hoch verachte / Den bitte ich / wolle da neben auch dencken / das / wie

wol ich ein geringer Chriſten bin / dennoch nicht vnbillich verdries habe
vber den Satan / der mir aus meinem Herrn vnd Heiland Jheſu Chriſto /
nichts anders machet / denn einen leichtfertigen narren / vnd ſein geſpöt
an ohm hat / als were er ein maulaffe odder truncken bold ym abendmal
geweſt. Erſtlich vnn dem / Weil ſie Chriſtum vnn ſeinen worten vnd   5
wercken alſo deuten / das ym abendmal nichts mehr ſey / denn allein brod
vnd wein zu empfahen / des Herrn tod zu gedencken / ſo dürffen ſie dieſes
texts (Das iſt mein leib ꝛc. Das iſt mein blut ꝛc.) nirgent zu / vnd iſt
gantz ein vergeblicher / vnnötiger / vnnützer text / on welchen das abend-
390 W   mal / wol vnd völliglich kan gehalten werden / Denn ſie ¹ haben vbrig   10
texts gnug / wenn ſie alſo leſen / Nemet / Eſſet / Nemet / Trincket / Solchs
thut zu meinem gedechtnis. Jnn dieſen worten haben ſie ohr abendmal
gantz vnd völlig / Darumb mus Chriſtus ein rechter narr ſein / der an
ſeinem ende ſo ein vnnützer weiſcher iſt / vnd ſolchen vnnötigen text ſetzt
(das iſt mein leib ꝛc. Das iſt mein blut ꝛc.) welchs doch ſolch hohe   15
geiſter wol geraten konnen / vnd dazu auch ohm feind ſind vnd gerne
heraus hetten / Denn las ſie ſagen / wo zu ſolcher text nütz ſey / wenn ſie
wol bey brod vnd wein des Herrn tod gedencken konnen (welchs das heubt
ſtück vnd einige vrſach des abendmals ſein ſol) on ſolchen text?
257 E   ¹ Zum andern / Wenn gleich brod vnd wein des Herrn leib vnd blut   20
bedeuten / Was iſts von nöten / das Chriſtus ſo eben das mal / vns
ſolche deutelen leren muſte? Denn wie wol man nicht ſol fragen / warumb
Gott etwas thu / Aber weil er hie ein narr ſein mus / frage ich ſolchs
nicht vnbillich / odder wo zu iſts nütze / wenn ich weis / das brod bedeute
des Herrn leib? Was hilfft den glauben ſolch allegorien / welche auch   25
die teuffel vnd gottloſen konnen erfinden? Widderumb was ſahr vnd
ſchadens were es / ob ich nymer mehr wüſte / das brod Chriſtus leib be-
deutet / ſondern brod ſchlecht brod hielte? Hatte Chriſtus nichts zu leren /
denn das gar kein nütz iſt / vnd auch wir wol von vns ſelbs hernach /
on ſein leren / möchten erfinden / vnd das der teuffel vnd die ſeinen konnen? 30
Vnd ſonderlich weil da kein analogia fidei iſt / Denn es müſſen in alle
wort Chriſti / glauben vnd liebe treiben vnd dem glauben ehnlich ſein
Ro. 12. Nein / Er muſte ſeine narheit beweiſen / vnd nicht alleine vns
391 W   mit vergeblichem / vnnützem text beladen / ſondern auch vnnötige / ¹ vnnütze
kunſt leren / die man wol on ſein leren / vnd vber allen tiſſchen der gott- 35
loſen haben kan. Vber das / ſo leret er ſolch vnnütze kunſt / mit ſo
tunckeln worten / das ſie freylich dazu mal die Apoſteln nicht haben ver-
ſtanden / wie wir leſen / das ſie nymer / odder ſelten / ſeine rede verſtunden /
wenn er vnn gleichnis redet / Vnd er muſte ymer dar die deutunge auch
ohn eraus ſagen / Wie iſt er denn nu ſo neydiſch worden / ym höchſten   40
letzten werck ſeiner liebe / vnd gibt keine auslegung den albern einfeltigen

---

7 bedürfen   10 überflüssig   14 ſchwätzer   16 entbehren
21 gerade da   26 gefahr   33 Rö. 12, 7   37 gewiss   41 kindlichen

iüngern / vnd leſt ſie ynn ſolchen tunckeln worten bleiben / welche ſie nicht
haben / on auslegung / anders verſtehen mügen / denn wie ſie lauten / vnd
iſt doch ſo milde an andern örtern mit ſeiner auslegung? Iſt kurtz die
antwort / Chriſtus als ein narr / hat fur vbriger müſſe dazu mal die
5 iünger wollen nerren vnd eſſen mit vnnützen tunckeln worten / on
welche ſie dennoch wol hetten mit yhm das abendmal völliglich halten
mügen.

Zum dritten / iſt das die aller gröſſeſt torheit / das er ſpricht / Das
brod bedeute odder ſey ein gleichnis ſei'nes leibs fur vns gegeben / Vnd 258 E
10 der becher odder wein / ſey eine gleichnis ſeines bluts fur vns vergoſſen.
Lieber wo iſt ſolche gleichnis ym brod vnd becher weins? Denn wo eine
figur / ſymbolum odder gleichnis ſein ſol / da eins das ander bedeuten ſol /
da mus ia etwas gleichs ynn beiden angezeigt werden / darauff die gleich-
nis ſtehe / Als Johan. 15. der weinſtock iſt ein gleichnis odder figur 392 W
15 Chriſti / ynn dem / wie er ſelbs ſagt / ¹ Das gleich wie der rebe nicht kan
frucht bringen / ſondern verdorret / wo er nicht am weinſtock bleibt. Item /
Elias iſt eine figur odder gleichnis Johannis / ynn dem / wie der Engel
Gabriel ſagt Luce .1. das er gleichen geiſt vnd krafft mit Elias habe.
Das Oſterlamb iſt eine gleichnis Chriſti / ynn dem / wie Apocalypſis ſagt /
20 das er fur vns geſchlacht vnd geopffert iſt / Vnd ſo fort an ynn allen
figurn vnd gleichnis / mus etwas ſein / darynn die gleichnis ſtehe vnd ſich
mit beyden reyme / Aber hie ym brod vnd weinbecher findet ſich nichts /
darynn Chriſtus leib vnd blut / möcht den ſelbigen gleich ſein.

Wenn nu Chriſtus ſpricht / Das brod iſt meins leibs fur euch ge-
25 geben / gleichnis / Der becher weins iſt meins bluts fur euch vergoſſen /
gleichnis / Das iſt eben als wenn er ſpreche / Das brod / ſo gar kein
gleichnis hat meins leibs fur euch gegeben / iſt dennoch meins leibs fur
euch gegeben gleichnis / gerade als wenn ich ſpreche / aus S. Paulo /
Belial der gar kein gleichnis hat mit Chriſto / iſt dennoch ein gleichnis
30 Chriſti / Das liecht / das ſich nichts reymet mit der finſternis / reymet
ſich dennoch wol mit der finſternis ꝛc. Was fur leute ſind / die alſo
reden / weis yderman wol / nemlich / tolle vnſynnige narren odder lotter-
buben / die vber tiſche / von eiſern vogeln ſagen ſo vber den ¹ ſee fliegen / 393 W
odder von ſchwartzem ſchnee der ym ſomer fellt damit ſie ein gelechter den
35 geſten anrichten. Eben ſolchen tollen narren odder lotterbuben machen
die ſchwermer aus Chriſto auch / da ſie yhm zu meſſen / Er ſolle ſagen /
Das brod iſt meins leibs fur euch gegeben / gleichnis / ſo doch ſolchs
gleichnis nichts vberal ym brod iſt.

Ob ſie aber hie würden furgeben / Die gleichnis ¹ ſtehet darynn / das 259 E
40 gleich wie das brod wird geeſſen vnd der becher weins getruncken / alſo

3 freigebig   4 vor überflüſſiger freizeit (= aus langeweile)
10 bluts] leibs A   14 beruhe | Jo. 15, 4   18 Lc. 1, 17   19 Apk. 5, 12
20 u. ſ. w.   28 2. Ko. 6, 14 f.   33 anſpielung auf lügenmärchen

wird Christus leib geistlich geessen vnd sein blut geistlich getruncken rc.
Lieber das ist nichts gered / Denn die schwermer stellen den tropum nicht auff
diese wort / Nemet / Esset / odder danckt rc. sondern auff diese wort / Das
ist mein leib fur euch gegeben / drumb fragt man hie nach der gleichnis
ym essen / nemen / dancken nichts / Hie Hie sage ich / mus eine gleichnis   5
ym brod / angezeigt werden / wie es fur vns gegeben / getödtet / gemartert
vnd geopffert werde / zur vergebunge der sunde / auff das es müge eine
figur odder gleichnis sein vnd heissen des leibs Christi fur vns gegeben
zur vergebung der sunden / wie die wort lauten / odder Christus ist ein
394 W narr / das er das brod eine ¹ gleichnis nennet / so es doch solche gleichnis   10
nicht ist / noch sein kan. Also auch mus ym becher weins eine gleichnis
angezeigt werden / das gleich wie er fur vns etwa zur erlösunge verschut
wird / also werde Christus blut auch vergossen zur vergebunge der sunden.

    Denn also thut Moses mit seinen gleichnissen / der zeigt an / wie
die ochsen vnd kelber geschlacht vnd geopffert werden / vnd yhr blut ver=   15
gossen an den boden des altars / vnd gesprenget zur vergebung der sunden
vnd zu reinigen das volck vnd die hütten vnd alles gefess / wie vns die
Epistel zu den Ebreern solche gleichnis meisterlich zeiget / Vnd sonderlich
das Osterlamb hat ia eine seer feine gleichnis mit dem leibe Christi fur
vns gegeben zu vergebung der sunden / ynn dem / das es geschlachtet vnd   20
geopffert wird / sein blut vergossen / gesprenget / vnd gestrichen an die thür /
zur erlösunge vom verderber / Solche gleichnis mus man ym brod vnd
wein auch anzeigen / odder wir müssen sagen / das ein narr sey / der sie
dem leibe vnd blut Christi fur vns gegeben vnd vergossen zur vergebung
der sunden / gleich spricht / So doch nichts vberal solcher gleichnis dryn   25
zu finden ist / Denn sols gleichnis sein / so mus etwas gleichs drynnen
sein / odder ist erlogen vnd falsch / so mans gleichnis heisset.

260 E   ¹ ¹ Wenn nu Christus wolt ein abendmal einsetzen / da nicht sein leib
395 W vnd blut / sondern gleichnis seins leibs vnd bluts ynnen were / so hette er
billich vns das alte Moses abendmal mit dem Osterlamb gelassen / welchs   30
aus der massen vnd rund vmb / durch vnd durch / allenthalben / auffs feinest
seinen leib fur vns gegeben vnd sein blut fur vns vergossen zur vergebunge
der sunden / deutet / vnd eine figur odder gleichnis ist / wie alle welt wol weis /
Was narret er denn / vnd hebt solch sein abendmal des alten testaments
auff / vnd setzt dagegen ein solch abendmal ein / das doch gar nichts ist   35
gegen ihenes / widder mit deuten / noch mit wesen? So möcht man billich
zu yhm sagen / Das newe testament soll eine erfullung vnd liecht sein
gegen das alte testament / Aber du kerest es vmb / das das newe Testa=
ment wol eine auslerung vnd finsternis ist gegen das alte testament / Denn
dort ist doch ein lamb / ein lebendiger leib / so fur das volck geopffert   40
wird / welchs viel heller vnd klerer / den leib Christi deutet / denn schlecht

    14 Le. 16, 14 f. | Ex. 24, 6 ff. | Le. 8, 15 ff.   18 Hbr. 9,
13 f. 19 ff.   31 völlig zutreffend   41 gewöhnlich

brod / welchs gleich ein finster gleichnis ist gegen dem lamb / Vnd dort ist
blut des lambs / welchs viel heller vnd klerer Christus blut deutet /
denn schlechter wein. Summa / Dis abendmal ist ihenem ynn keinen weg
zu vergleichen / mit deutung vnd gleichnis / Darumb / so ym newen testa‹
5 ment alles völliger sein sol denn ym alten / auch die gleichnis / so hette
billich Christus [1] vns bey ihenem abendmal lassen bleiben / odder wird nicht 396 W
war sein / das schlecht brod vnd wein ynn vnserm abendmal sey / Denn es
mus warlich ihenes abendmal Most / gar weit vbertreffen / Christus hette
sonst ihenes nicht auffgehaben.

10   Hie werden die schwermer abermal eine ausflucht suchen vnd fur‹
geben / S. Paulus .1. Corr. 11. sagt ynn seinem text also / Das ist mein
leib / der fur euch gebrochen wird / Da stehet die gleichnis vnd deutung
ym brechen / das gleich wie das brod vber tissch gebrochen wird / also ist
Christus auch am creutz fur vns gemartert ⁊c. O wer nu nicht hette ver‹
15 boten die [1] heiligen zu ehren vnd bilder zu haben / der möcht itzt fur 261 E
S. Paulus bilde nidder fallen vnd ruffen / O du heiliger S. Paule / hilff
vns armen elenden verlassenen schwermern / widder den wütigen Luther /
Sihe / wie er vns treibt vnd iecht / bis wir nicht mehr konnen / Du allein
kanst vns helffen / wenn du sagest / Christus leib sey gebrochen / Aber
20 kurtz / S. Paulus kan vnd wil nicht helffen / denn der heiligen [1] bilder 397 W
haben oren vnd hören nicht. Erstlich.   Das gebrochen hie so viel heisse
als gecreutzigt / sagen sie wol aus yhrem kopff / Aber sie konnens eben so
wenig beweisen / als sie die gleichnis ym brod gegen den leib Christi
konnen beweisen / Vnd ist eitel vngewis geschwetz / ignotum per ignotum /
25 Wir aber soddern gewisse beweisunge / solcher gleichnis / Denn weil sie
sich so gewis yhrs dinges rhumen / so sollen sie es auch gewis machen /
odder sollen gack stehen.

        Zum andern / hab ich droben gesagt / das die schwermer den tropum
odder gleichnis nicht stellen ynn die wort / Nemet / Esset / dancket / also
30 auch nicht ynn diese wort / Christus nam das brod / brachs vnd gabs den
iüngern / Hie lassen sie diese wort / nemen / brechen / geben / brod / iünger /
alles bleiben on tropus / schlecht wie sie lauten / Darumb mügen sie auch
hernach nicht das Brechen zum tropo machen / da Paulus sagt / Das ist
mein leib / fur euch gebrochen / Denn es eben von dem selbigen brechen
35 gesagt ist / dauon er droben sagt / Er nam das brod vnd brachs / bis das
sie beweisen gewaltiglich / das ein ander brechen sey / Jnn des sagen wir /
das einerley brechen sey an beiden orten / vnd müge nicht Christus creutzigen
odder leiden / dadurch verstanden werden / Denn Christus hat sich nicht
selbs / gefangen / gecreutzigt noch getödtet / wie es doch sein muste / wo

---

        : gleichsam   5 vollkommener   11 1. Ko. 11, 24   18 jächt,
fugat   21 Ps. 115, 6   27 am pranger (Thiele no. 301)   32 einfach
36 unwiderleglich

brechen so viel als tödten solt heissen / denn er das brod ia selbs nam vnd
brachs mit seinen eigen henden.

Zum dritten / so bleiben wir bey der schrifft / das brod brechen heist /
brod austeilen / wie ich beweiset habe widder die homlischen Propheten /
Vnd S. Paulus spricht / Das brod so wir brechen / ist die austeilunge 5
262 E des leibs Christi / Vnd ist ! gantz freuel gered / so yemand on grund der
schrifft wolt brechen so viel heissen / als creutzigen odder tödten / Denn
auch sonst brechen nirgent so viel gilt als erwürgen odder tödten / Drumb
ists ein lauter geticht / das die schwermer sich hie damit wolten flicken /
Aber es sol eine gewisse gleichnis angezeigt werden / so das brod mit dem 10
leibe Christi fur vns gegeben habe / Auch wenn gleich das brechen die
gleichnis were (als sie nicht ist) so ist doch noch nicht da des gleichnis
heubtstücke / nemlich / das fur vns etwa zurlösunge / das brod gebrochen
vnd der wein vergossen werde / Denn das brod vnd wein sol vnd mus ein
gleichnis sein / solchs leibs vnd bluts Christi / so fur vns gegeben vnd 15
vergossen ist / dazu / das wir da durch erlöset sind / wie der text lautet /
Das ist mein leib vnd blut fur euch gegeben vnd vergossen zur vergebung
der sunden / Ein solch gleichnis aber vermag das brechen nicht / Aber das
Osterlamb vnd alt abendmal vermags aus den bünden wol / Darumb kan
wein vnd brod / hie nicht gleichnis sein noch heissen solchs leibs vnd bluts 20
398 W | Christi / wie die wort ym abendmal dauon reden / Ich wil schweigen / das
Johannes / das wort Brechen / gantz vnd gar verneinet vom leiden Christi /
da er schreibt / das an Christo auch nicht ein bein zubrochen sey / auff das die
schrifft erfullet wurde / yhr sollet yhm kein bein brechen rc. Darumb
leidet die schrifft nicht / das man Brechen auff Christus leiden odder sterben 25
reyme.

Zum vierden / Ich setze nu gleich / das durchs brechen sey das Brod
dem gecreutzigten leibe Christi gleich / als nicht ist / Wie wils aber ym
andern teil werden mit dem becher odder kelch weins? Wie wil hie der
wein / ein gleichnis sein des vergossen bluts Christi fur vnser sunde? 30
Denn trincken ist ein gleichnis nicht des vergossen bluts Christi / sondern des
geistlichen trinckens / das ist des glaubens / wie sie selbs leren / Hie stehet
doch der arme becher weins so blos ynn allen schanden / das er nicht
263 E schendlicher ste'hen kundte / denn er doch nicht einer ayn gros , gleichnis an
sich hat / vnd sol doch eine gleichnis sein vnd heissen des bluts Christi fur 35
vns vergossen / Wo bistu nu S. Paule? das du auch hettest vom kelch
gesagt / wie Christo die hende weren zittern gewest / vnd hette den kelch
verschut / so kundten wir armen schwermer vns doch eine weile fristen mit

---

4 W. A. 18, 168, z. 1 ff. u. 199, z. 4 ff.   5 1. Ko. 11, 16
9 pure phantasie | ihre blösse decken   19 ausbündig, ausserordentlich
(oben s. 365, z. 27)   23 Jo. 19, 33 ff.   27 einmal angenommen, . . .
33 am pranger (Thiele no.301)   34 ayn = agen, fäserchen (W. A. 18,
167²); neque hilum   38 begnügen

dem selbigen verschütten / wie wir mit dem brechen vns itzt eine stunde
fristen / Ey das S. Johannes / da er Christo ynn den armen saß / etwa
mit dem kopff hette Christum an den elbogen gestossen / da er den becher
nam vnd den iüngern gab / Were nur ein tröpfflin verschüt / so hetten wir
5 gnug / vnd kondten sagen / Sihe da / der wein / ist dem vergossen blut
Christi gleich / ynn dem / das er verschüttet ward / Ob nu solchs ver=
schütten nicht geschicht etwa vns zu erlösung odder nutz / vnd damit dem
blut Christi ym heubtstück der gleichnis nicht gleich ist / wie die wort ym
abendmal foddern / so geschehe sie doch vns armen schwermern zu erlösunge /
10 von dieser grossen not vnd schande / das wir sonst kein gleichnis konnen
anzeigen / vnd haben doch so lange her / so weit vnd ferne vnd mit so viel
büchern ausgeschrien / das der wein sey gleich vnd eine figur des bluts
Christi fur vns vergossen zur vergebunge der sunde / vnd findet sich nu
nicht ein titel solcher gleichnis.
15 Da sihe / was die spötter vnsers Herrn Christi gewinnen / vnd wer
den andern am besten zum narren macht / Denn yhr figura nec gram=
matica / nec theologica / nec naturalis esse potest / Das ist / yhr gleichnis
bestehet aller ding nichts / Denn es ist widder ynn worten / noch ynn
heiliger schrifft / noch ynn der natur / solch gleichnis zu finden / Were es
20 ynn den worten / so müste das wort / leib / zwey wort werden / vnd den=
noch einerley buchstaben bleiben / vnd zweyerley leib Christi heissen / wie
das wort weinstock zwey wort wird / vnd dennoch einerley buchstaben
bleibet vnd zweyerley weinstock heisset. Nu kan brod ia nicht Christus
leib sein noch heissen / Solts ynn der heiligen schrifft sein / so müste das
25 brod ¹ solche gleichnis an sich haben / die Christus leib / fur vns gegeben / 264 E
zeigen möcht / wie alle ander gleichnis thun ynn der heilgen schrifft / ¹ Solts 399 W
aber ein natürlich gleichnis sein / so müste das brod / dem leibe so ehnlich
sein / wie eine hültzen rose der natürlichen rosen / Denn das heist ein na=
türlich gleichnis / wenn ein iglicher von natur merckt / on alles leren / was
30 es zeige / wie die bilder zeigen / Denn wer eine rose kennet / dem darff
niemand sagen / das eine gemalte rose / einer natürlichen rosen gleich ist /
Aber so ist brod nymer mehr dem leibe Christi ehnlich / schweige das es
solte yhm gleich sein / wie er fur vns gegeben ist.
Also / Wo man der schwermer dunckel hin keret / so ist er faul vnd
35 nichts / Denn droben haben wir beweiset / das sie gar keinen gewissen
text haben / Nu aber ob wir gerne wolten yhren text fur gewis an nemen /
so wil der schelm nicht halten / vnd wird vns vntern henden zu nichts /
Denn wer kan bey solchem text bleiben / der also lautet / Das brod ist
Christus leibs gleichnis / vnd kan doch nicht Christus leibs gleichnis sein?
40 Wer kan zu gleich nein vnd ia sagen ynn einerley rede vnd vber einer

---

2 ach wenn doch   6 wenn nun auch   14 rechtfertigung für
30 braucht   32 geschweige   34 den wahn | prüft   37 das aas
(Thiele no. 205)| stand halten

400 W ſache? Es gehet yhn gleich / wie ¹ ihenem narren der eine waſſer müllen
auff einen berg bawet / da die mülle bereit war / fragt man yhn / wo er
waſſer nemen wolt / Da ſprach er / Sihe / da hab ich doch werlich nie an
gedacht. Alſo iſt den ſchwermern auch ſo iach nach der deuteley vnd
gleichnis / das ſie dafur nichts bedencken konnen / Wenn man nu gleich 5
yhn gerne wolte gewonnen geben / vnd ſolche gleichnis annehmen / vnd
begerd / das ſie leren / worynn ſolch gleichnis des brods mit dem leib
Chriſti ſtehe / Müſſen ſie auch ſagen / Sihe / da haben wir doch werlich
nie angedacht / Wir meineten / wenn wir gleichnis nenneten / ſo ſtünde ſie
da / Denn vnſer geiſt hat von anfang Gott ſein wollen / das alles ſein 10
ſolte / was er ſpreche / Sihe / das heiſt ſich ſelbs abgeronnen / mit eigen
worten.

265 E   Wie wol nu, hiemit der ſchwermer tropus iſt ¹ gewaltiglich gnug ge-
ſtoſſen / dennoch werden ſie nicht konnen weichen noch ſchweigen / denn
wer kan dem teuffel das maul ſtopffen? Solche teuffel faren nicht aus / 15
on durch faſten vnd beten / Sie wollen vnd müſſen eine zeitlang gewonnen
haben / Sie werden ſagen / wie die gleichniſſen pflegen nicht ynn allen
ſtücken einzutreffen! Vnd müge brod wol Chriſtus leibs gleichnis ſein ynn
401 W andern ſtücken denn ynn ¹ dem (das Chriſtus leib fur vns gegeben iſt) als
ym eſſen / nemen ⁊c. Darauff iſt droben gnug geantwortet / das ſie ſelbs 20
die gleichnis ſolcher wort odder ſtück / ym abendmal nicht geſucht noch ge-
ſtellet haben / ſondern auff den leib ſo fur vns gegeben iſt. Finden ſie
nu ynn andern ſtücken gleichnis / die gehen das abendmal nicht an / vnd
helffen yhrem duncklel nicht / Sie müſſen auff dieſem ſtück bleiben / das iſt
ein gleichnis meins leibs ſo fur euch gegeben iſt / Wo ſie die nicht an- 25
zeigen / vnd wol da mit ein treffen / ſo ſtehen ſie wie der peltz auf ſeinen
ermeln.

    Das ſey fur das erſt gnug von den tropis geſagt / damit ſich die
vnſern / vnd wer bey der warheit zu bleiben luſt hat / widder des teuffels
geſchwetz wol ſchirmen kann / Weiter / da Ecolampad trefflich vber mich 30
klagt / wie ich leſtere / Item / mein ſchreiben vom teuffel anfahe / wie der
402 W Zwingel auch ¹ narret / vnd etliche ſagen / bey ſieben vnd ſiebenzig mal /
ich den teuffel genennet haben ſol / Iſt ein löblich / ehrlich ding / doch hoch
von nöten zu ſchreiben / weil man nichts antworten kan / Warumb zelen
ſie nicht auch / wie viel mal ich Gott vnd Chriſtus nenne / vnd wie ich 35
fur Chriſtum widder den teuffel fechte? Ja das dienet nicht alſo wol zu
der gifft / damit ſie dem gemeinen man einbilden möchten / des Luthers

2 fertig   4 sind die schw. auch so versessen auf   5 davor
6 den sieg zuerkennen   9 wenn wir nur das wort aussprächen
10 auch Gott hs.   11 zu fall gebracht   13 einen genügend kräftigen
stoss erhalten hat   15 Mt. 17, 21   16 sich als sieger fühlen
24 wahn   26 bestehen | sinken sie in sich zusammen (Thiele no. 120
u. 301 a. E.)   30 a b 2ᵃ | heftig   37 einprägen

lere fey vom teuffel / Das ottern gezicht / wil lieb / friede vnd vnefiicteit
rhûmen / vnd ftickt fo voller gifft / wie ein bundter molch / Wolan ich
habe mich bedingt / das ich nicht widder fleifch vnd blut fchreibe (wie
S. Paulus leret fondern widder den teuffel vnd feine gelieber / darumb
5 thu ich recht / wenn ich fchôn vber das ander wort / teuffel nennet / Sol
ich denn nu fo fchew werden / vmb der zarten hoch geiftlichen / tieff-
heiligen fchwermer willen / [1] das ich auch meinen feind nicht nennen fol? 266 E
Ich wils auch gerne geleftert vnd getobet heiffen laffen / wo ich den teuffel
fo frifch vnd frôlich angreiffe ynn feinen boten / Denn es fol mir / mein
10 frey / ôffentlich / einfeltiges beiffen / widder den teuffel / lieber fein / denn
vhr gifftiges / meuchlinges mordftechen / fo fie vnter dem fchein des friedes
vnd der liebe widder die auffrichtigen vben / wie der Pfalter von folchen
ottern fagt 2c.

    [1] Zum dritten fchreibt er / das diefer text (das ift mein leib) fey nicht 403 W
15 klar / wie ich rhûme / weil Chriftus leib nicht fichtbarlich da ift / Ich
beweife auch folch mein affirmatiua nicht / Vrfache ift die / Ich bringe
keine fchrifft auff / das Chriftus vnfichtbarlicher leib da fey / So reyme
fichs auch nicht / weil Chriftus leib ift fichtbarlich fur vns gegeben / vnd
der text redet von folchem Chriftus leib fo fur vns gegeben ift / das er
20 fol vnfichtbarlich da fein.   Antwort ich / Fur die fchwermer hab ich frey-
lich nichts beweifet / kans auch nymer mehr thun / Denn fie wollens
widder lefen noch wiffen noch verftehen / wie der Pfalter fagt / das fie
die oren zuftopffen wie eine fchlange / das fie nicht hôre des klugen zeuberers
ftymme / Fur die vnfern hab ich (das weis ich) diefen text klar gnug ge-
25 macht / vnd folche regel geben / Man fol ynn der fchrifft / die wort laffen
gelten / was fie lauten / nach yhrer art / vnd kein ander deutung geben /
es zwinge denn ein ôffentlicher artickel des glauben / Solche regel ftehet
ynn meinem buch / Noch fagt der Ecolampad / Ich hab keine regel geben /
Weil denn diefe wort / Das ift mein leib / nach art vnd laut aller
30 fprachen / nicht brod odder leibs zeichen / fondern Chriftus leib / heiffen /
fo [1] fol man fie laffen da bey bleiben / vnd nichts anders deuten / es zwinge 404 W
denn fchrifft.
    Wo man nu folche wort hat / die gewiffe deutung haben / bey yder-
man bekand / vnd kein ander deutung beweifet wird / das heiffen klare /
35 dûrre / helle wort vnd text / Denn es hat kein menfch auff erden yhe mals
gehôrt / das (Leib) folt ein gleichnis des leibs heiffen / vnd ift eine new /
finfter / vnbekandte deutunge [1] ynn aller welt / drumb mus fie gar ftarck be- 267 E
weifet werden / Aber die erfte beutunge ift an yhr felbs klar vnd gewis /
als yderman bewuft. Ifts nu nicht fein ding / das Ecolampad bringt eine
40 new vnbekandte / finfter / vngewiffe deutung auff / vnd wil da mit fchaffen /

---

    2 gefleckter; feuerfalamander (Salamandra maculata)   3 erklärt
4 Eph. 6, 12   5 bei mir fchon das 2. wort „teufel" wäre   12 Pf. 140, 4
14 a b 2^b 22 Pf. 58, 5 f.   28 dennoch   35 unverhüllte

das die alte deutung solle finster vnd vngewis sein / Mit der weise / solt
kein wort ynn der schrifft klar bleiben / wenn eym iglichen geist der rawm
were gegeben / das er eine new deutunge drauff brecht / vnd spreche denn /
die alte deutung ist finster vnd vngewis / Was aber diese faule folge ver-
mag / die hie Ecolampad macht / nemlich / Der text sagt / Das ist mein s
leib fur euch gegeben / nu ist er sichtbarlich fur vns gegeben / drumb konne
sein leib nicht da sein vnsichtbarlich / hab ich droben dem Zwingel gnug
gezeigt / Es ist der schultheis aber mal on rote hosen ym babe vnd nicht
ym babe.

^{405 W}   ¹ Ich habe nicht gewust / Das Ecolampad so gar ein böser armer ¹⁰
Logicus odder Dialecticus were / das er auch quod pro qualiter neme vnd
ab accidente ab substantiam syllogisirte / Jm Zwingel ists nicht wunder /
der ist ein selb gewachsen Doctor / die pflegen also zu geraten / Warlich
wer disputirn wil / vnd kan seine puerilia noch nicht ynn der Logica / Was
solt der guts ausrichten? Es ergert mich der Ecolampad hie mit so seer / ¹⁵
das ich mich hin furt keines sonderlichen verstands kan zu yhm versehen /
Denn ob er gleich die vnnützen spitzerey vnd sophisterey der sophisten nicht
durfft wissen / so solt er doch die puerilia / das ist / gemeine Dialectica wol
wissen / als regulas consequentie / formas syllogismorum / species argu-
mentationis rc. Es were denn / das ich yhn mit der warheit so hette ge- ²⁰
stossen (als ich dencke) das er nicht wol sehen kan / was er redet / Denn
sage mir / Wer kan dencken / das von eym besonnen man mag gesagt
werden / das hie Ecolampad sagt? Nemlich / Das dieser text (das ist
mein leib) sey darumb nicht klar / denn der leib Christi ist nicht sichtbar-
lich ym sacrament / vnd allein die gleubigen verstehen solch wort / als ²⁵
^{400 W} Augult. sol sagen / Sol ein text drumb vnklar sein / so das ding ¹ vnsichtbar
^{208 E} ist / vnd allein der gleubige solchs fasset? Welch stuck ¹ wil denn klar
bleiben ynn der schrifft? Jsts doch alles vnsichtbar / was der glaube leret /
So müste dieser text nicht klar sein / Gott schuff hymel vnd erden / denn
Gott vnd sein schepffen ist vnsichtbar / Wie wil denn auch das klar werden / ³⁰
das ym abendmal eitel brod vnd wein sey? Denn ob etwas mehr da
sey / ist vnsichtbar / Was hilfft doch den geist solch gauckelwerck? on das
sie sich selbs zu schanden machen / Fur war mit solchen losen teydingen
werden sie vns noch lange nicht zu sich bringen / vnd yhr ding be-
stettigen.   ³⁵
        Wir wissen aber / das diese wort / Das ist mein leib rc. klar vnd
helle sind / Denn es höre sie gleich ein Christ odder Heide / Jüde odder
Türcke / so mus er bekennen / das da werde gered / von dem leibe Christi /
der ym brod sey / Wie kondten sonst die Heiden vnd Jüden vnser spotten /

---

        4 üble folgerung   8 vgl. oben s. 380, z. 11 f.   10 schlechter,
miserabler   13 autodidakt, dilettant   16 künftig keine besondere
weisheit von ihm erhoffe   17 spitzfindigkeit   18 brauchte   23 a b 3ª
26 de trin. 3, 10, 21 (M S L. 42, 881)   33 albernen possen   34 auf
ihre seite hinüberziehen

vnd ſagen / das die Chriſten freſſen yhren Gott / wo ſie nicht dieſen text
hell vnd klerlich verſtünden? Das aber das ihenige ſo geſagt wird / der
gleubige faſſet vnd der vngleubige veracht / das iſt nicht der tunckelheit
odder klarheit ynn worten ſchuld / ſondern der hertzen / ſo es hören /
5 Konnen doch die Poeten auff das aller feineſt / mit den aller klerlichſten
worten reden / nicht allein von vnſichtbarn / ſondern auch von nichtigen
dingen? Wie wird mancher man durch ¹ lugener betrogen / mit ſchönen 407 W
worten / die er ſo hertzlich wol verſtehet / was ſie heiſſen? Wie werden
die leute itzt durch ſchwermer verfuret / ſo von nichtigen ſachen (ſchweige
10 von vnſichtbarn) reden? Eben da durch / das ſie die wort hell vnd klar
wol verſtehen / Ja es ſind die wort zu weilen heller vnd klerer / damit
man die leute betreugt vnd von nichtigem ſchwetzt / denn die / ſo man von
der warheit ſagt / Denn wo die wort nicht hell vnd klerlich verſtanden
wurden / was ſie heiſſen / ſo blieben ſie wol vnbetrogen. Aber (wie ge-
15 ſagt) Es mangelt Ecolampad vnd dieſem geiſt an der puerili Dialectica /
das er / ex difficultate vel obſcuritate intelligendi in re / infert obſcuritatem
ſignificandi in vocabulis / Hoc eſt / male diuidere / tertiam partem ſcilicet
Dialectice ignorare.

Eben der ſelbigen klugheit iſts / das er fur gibt / ¹ weil das abendmal 269 E
20 ein ſacrament ſey / ſo müſſen die wort auch ſacramentlich zuuerſtehen ſein
(Das iſt mein leib) das iſt / ein zeichen meines leibs. Wo fur ſol doch
ſolch geuckeley? Jch laſſe es von hertzen gerne zu / das das abendmal
ein ſacrament ſey / obs wol nicht ynn der ſchrifft ſo genennet wird / Aber
wie folget daraus / ¹ das die wort drumb ſollen ſacramentlich / tröpiſch / 408 W
25 odder (wie ſie ſagen) figurlich ſein? Jſts nicht eine hübſche conſequentz
odder folge? Da iſt ein ſacrament / drumb müſſen die wort drynnen
figurlich genomen werden? Lieber warumb werden denn die andern wort
nicht auch figurlich genomen / vnd gehet der tropus allein vber das wort
(iſt) odder (leib)? Odder wo iſt hie eine regel / die vns lere / welche /
30 vnd welche nicht müſſen figurlich genomen werden? Denn auff ſolche
lere / wil ich auch die wort (Nemet / eſſet / Solchs thut zu meinem ge-
dechtnis) zu tropos machen vnd ſagen / Nemen heiſt / hören / Eſſen heiſt /
gleuben / Solchs thun heiſt / ym hertzen dencken / Gedechtnis / heiſt / ein
crucifix / odder ein ander denck zeichen / Vrſache ſol ſein dieſe / Hie iſt ein
35 ſacrament / drumb müſſen die wort drynnen ſacramentlich odder figurlich
genomen werden / Denn ich weis keine vrſache / warumb nicht dieſe / ſo
wol als ihene müſſen figurlich zu nemen ſein. Mit der weiſe ſolt wol
Gott ſelbs kein ſacrament konnen einſetzen / Denn wie kan er von ſacra-
menten reden / ſo man alle ſeine wort wird anders verſtehen denn ſie
40 lauten? Redet er einfeltig dauon / wie der wort art iſt / ſo iſts kein
ſacrament / denn es ſind nicht tropus odder figurliche wort / Redet er
figurliche wort / ſo weis man nicht was er ſagt.

14 worben hs.   19 von derſelben kl. zeugt | a c 3ᵃ

409 W ¹ Narren werck ists. Da Moſes das Oſterlamb einſetzt / welchs doch
ia ein bilde vnd figur war Chriſti / braucht er gar keins figurlichen worts /
ſondern durre / klare / einfeltige wort / wie ſie ym gemeinen brauch giengen /
Vnd alle figurn des alten teſtaments / ſind mit durren / einfeltigen klaren
worten gered / vnd iſt nicht eines ynn allen / das da figurlich gered werde / 5
Das man wol Ecolampads regel mus vmbkeren vnd ſagen / Man konne
270 E von keinem ſacrament obber figur reden / es ¹ ſey denn das man durre /
einfeltige / gemeine wort dazu brauche / Wer wolts ſonſt verſtehen / wenn
Moſe ſpreche / Exo. 12. Jhr ſolt ein ierig lamb nemen vnd eſſen ꝛc. ſo
er da durch nicht ein natürlich lamb vnd eſſen einfeltiglich wolt anzeigen / 10
ſondern ſolte die meinung ſein / yhr ſolt ein zeichen des ierigen lambs
nemen vnd geiſtlich eſſen? Alſo auch / wer wolt Johannem verſtehen / da
er Johan. 1. ſpricht / Jch teuffe mit waſſer / ſo er nicht einfeltiglich von
natürlichem waſſer vnd teuffen redet / ſondern ſolte die meinung haben /
Jch teuffe mit eim zeichen des waſſers? Ach / was ſol ich ſagen? 15
Schreibt Ecolampad ſolchs nicht aus bosheit (als ich hoffe) ſo habe ich
zum gelerten man / alle mein tage / kein albern / einfeltigern / vnbedechtigern
410 W ¹ man gehört / Jſts doch alles ſtracks widder yhn ſelbs / was er nür fur
ſich ſagen wil.

　　Jch ſorge aber / der teuffel ſuche ein anders hieryn (denn wer iſt 20
vnter vns fur dem teuffel ſicher?) Nemlich / weil er weis / das Chriſtus
ein ſacrament ynn der ſchrifft heiſt / als 1. Timoth. 3. ſo wolle her da-
hinaus / das auch figurliche wort ſollen ſein / wenn man ſagt / Chriſtus iſt
Gott vnd menſch ꝛc. Denn er mus was ym ſynn haben / Er alfentzt
nicht vmb ſonſt alſo / Summa / Es mangelt hie abermal dem Ecolampad 25
an der puerili Dialectica / die da leret / bene diuidere / das iſt / vnter-
ſchiedlich reden / Denn das ſacrament obber geſchicht / vnd die wort / ſo
man vom ſacrament redet / ſind zweyerley / Das ſacrament obber geſchicht /
ſol wol ein zeichen obber gleichnis ſein eins andern dinges / Aber die wort
ſollen einfeltiglich nichts anders deuten denn ſie lauten / als das Oſter- 30
lamb Moſi ſol freylich Chriſtum furbilden vnd zeichen / Aber die wort
damit Moſe vom Oſterlamb redet / ſollen einfeltiglich daſſelbige Oſterlamb
leren / vnd nichts anders. Jtem die beſchneittung ſol freylich die tödtung
des Adams furbilden / Aber die wort / damit Moſe von der beſchneittung
redet / ſollen eigentlich von der leiblichen beſchneittung leren / Alſo die 35
411 W ¹ tauffe ſol bedeuten der ſunden erſauffen / ¹ aber die wort von der tauffe /
271 E ſollen einfeltiglich das tauchen vns waſſer leren.

　　Alſo auch das ſacrament des abendmals / ſol wol etwas furbilden
vnd zeichen / nemlich die einickeit der Chriſten ynn einem geiſtlichen leibe
Chriſti / durch einerley geiſt / glauben / liebe vnd creutz ꝛc. Aber die wort 40

---

1 a c 2ᵇ　9 Ex. 12, 3　13 Jo. 1, 26　18 direkt　22 1. Ti.
3, 16 | her (= er) hs. u. A　24 albert　28 zweyerlei A　30 z. b

von solchem sacrament / sollen vnd müssen einfeltiglich geben / was sie
lauten / Aber mein lieber Ecolampad trifft hie blintzling eine rechte
Zwingelische Alleosin / vnd wechselt daher ym finstern / vnd macht er figura
rei / figuram sermonis / hoc modo / Res est figuratiua / ergo verba de
5 rebus figuratiuis sunt figuratiua. Das mus mir doch ia ein guter alber
Vater sein / der fur war vnschüldig ynn diese sache kompt / vnd wol
draussen blieben were. Weil ich denn achte / (Er thu es aus lauter ein-
falt / so wil ich yhm das schencken / da er viel sich mühet vber dem spruch
Gen. 17. das die beschneittung ein bund sey / so sie doch ein zeichen des
10 bundes sein sol / Denn mein Genesis sagt nicht / das die beschneittung ein
bund vnd zeichen sey / wie ichs wol beweisen wolt / das dem teuffel solte
wehe thun / Aber weil es nichts zur sachen hilfft / wenn er gleich daselbst
recht hette / las ichs faren / denn damit noch nicht beweiset were / das
¹ drumb ym abendmal / Leib auch müsse leibs zeichen sein / Desselbigen 412 W
15 gleichen wil ich yhm auch schencken / da er einen geistlichen fels macht /
aus dem natürlichen / ynn dem spruch Pauli / Der fels war Christus /
angesehen / das er also daher redet aus seinem kopff vnd nichts beweiset /
Vnd ob ers noch morgen beweisen künd / dennoch draus nicht folget / das
drumb / leib / hie auch leibs zeichen müste sein / Also auch der spruch /
20 Exo. 12. Es ist des Herrn Passah / denn auch sonst gnug von solchen
sprüchen vnd von den tropis droben gesagt ist. Zur heubtsachen wollen
wir komen / wie die schrifft sol widder vnsern verstand sein / Villeicht
wird sich hie die witze finden.

Die schrifft bringet (spricht er) das Christus ¹ nicht ym abendmal sey / 272 E
25 Welche? Da Christus spricht / Armen habt yhr allezeit bey euch / mich
aber werdet yhr nicht haben. Item Christus wil nicht hie vnd da ge-
sucht werden rc. Weil nu / Da sein vnd nicht da sein widdernander sind /
so mus eitel brod ym abendmal sein. Auff diese sprüche ist von vns gnug
gesagt / Ich hatte aber ynn meinem nehisten büchlin begerd / sie solten vns
30 nicht ¹ sagen / das solche sprüche widdernander weren / denn wir hetten 413 W
solchs nu lange gnug von yhn gehöret / vnd wustens fast wol / das sie
also sagen / Sondern sie soltens beweisen / Da schweigt Ecolampad eben
so wol still zu als Zwingel / Drumb ists nichts / was sie sagen / Denn es
kan beides war sein / das Christus zugleich da sey vnd nicht da sey /
35 anderer vnd anderer gestalt / Er hat mehr denn eine weise etwa zu sein /
wie droben gesagt ist.

Da ich von der rechten Gotts sagt / das Christus leib sein müste /
wo Gott ist / Folgert Ecolampad auch / wie der Zwingel / das Christus

---

2 mit geschlossenen Augen   3 darauflos   4 be] der A.
8 a cᵃ   9 Gen. 17, 10   16 1. Ko. 10, 4   20 Ex. 12, 11   22 a d 1ᵇ
23 der witz, verstandesäusserung   24 a d 3ᵃ   25 Mt. 26, 11   26 Mc.
13, 21   29 letzten | W. A. 23, 119, z. 11 ff. u. 275, z. 15 ff.   31 recht
wohl   32 sagten hs.   35 irgendwo   36 s. 400, z. 15 ff.   38 a d 3ᵇ

nicht rechten leib haben müste / vnd spinnet eben dasselbige sackgarn / das
Zwingel spinnet / nemlich / das Christus leib müste so gros sein als hymel
vnd erden / vnd doch vnbegreifflich. Diese folge solt er beweisen / da
schweigt er aber mal / Kurtz / der geist wil nicht antworten / da man fragt /
Wir sagen nein dazu / Christus leib müste drumb nicht so weit sein als 5
hymel vnd erden / Ist doch Gott selbs nicht so gros vnd weit / der doch
allenthalben ist. Wie wol ich aber dauon viel habe droben gesagt / mus
ich doch widder den Ecolampad auch ein kleins zugeben / Weil Gott mehr
kan denn wir verstehen / so müssen wir ia nicht sagen / das die zwey
widdernander sind / Christus leib ym hymel vnd ym brod / stracks nach 10
vnserm dunckel vnd folgern / Weil es alles beides Gottes wort sind /
Sondern mit schrifft mus man beweisen / das sie widdernander sind / So
lange man das nicht thut / spricht der glaube / Gott kan wol einer sondern
weise Christus leib ym hymel halten / vnd einer ander weise ym brod /
Wenns denn ander vnd ander weise auff beiden seiten zugehet / so ists ia 15
nicht widdernander / gleich wie es nicht widdernander ist / Das Christus
bey den iüngern sas nach seiner aufferstehung / Luce vlt. vnd doch zu
gleich nicht bey yhn war / wie er daselbs spricht / Solchs sagt ich / da
ich noch bey euch war. Hie stehet / bey euch / vnd nicht bey euch / den-
noch sind sie nicht widdernander / denn die kinder Dialectica leret / das 20
contra dictoria debent fieri / ab idem / secundum idem / circa idem rc. das
ist / solche geister solt man zur schulen furen / vnd Petrum Hispanum
leren / das dürfften sie wol.

Ich mus aber ein grobs gleichnis geben / Sihe / die sonne scheinet
ynn einen grossen see odder teich / Da mus natürlich nicht mehr denn ein 25
einiges bilde der sonnen ym wasser sein / weil es nur eine sonne ist / Wie
gehet es denn zu? das wenn hundert vnd aber hundert vmb den see
stünden / so hette doch ein iglicher der sonnen bilde fur sich an seinem
ort / vnd keiner an des andern ort / Vnd wenn er vmb den see gienge /
so gehet das bilde mit yhm / vnd ist an allen orten da er hin gehet / Vnd 30
wenn tausent augen drein sehen / so sehe ein igliches das bilde fur sich
vnd nicht fur dem andern / Wolan / das ist eine Creatur / vnd kan etlicher
weise an allen orten ym see sein / Lieber / wer wil vns leucten heissen /
das Gott nicht viel mehr auch eine weise wisse vnd vermuge / das Christus
einiger leib also sey / wie er wolle / allenthalben odder wo er wolle? Hie 35
Hie sage ich mus man ia zuuor antworten vnd beweisen / das Gotts ge-
walt solchs nicht vermüge / Wo man das nicht beweiset / so ists ein

---

1 grobe garn; fährt dasselbe grobe geschütz auf   3 folgerung
7 s. 394, z. 37 ff.   8 zu ehren dem Ecolampad hs.   10 ohne weiteres
11 meinung   17 Lc. 24, 44   20 die] der hs.   22 über Petrus
Hispanus, den verf. der Summula logica u. der Parva logicalia vgl.
Böcking, Opera Hutteni VII 393 sq.   23 brauchten sie sehr nötig
24 abermals | leichtverständliches   26 einziges | eine s. gibt   28 vor
sich   32 irgendwie

schrecklicher freuel / das man die zwey widdernander sein / schilt / Christus
leib ym hymel / vnd abendmal / weil sie des nicht gewis sein konnen /
Vnd doch die gewisse wort Gottes da stehen / das ist mein leib.

Aber hie hören die klugen geister nicht / ia solten wol vnser lachen
5 mit solchen gleichnissen / Drumb rede ich mit den vnsern also / Las sie
lachen / quod [1] pro qualiter / carnem pro diuinitate / 2 econtra / accipere 2 274 E
ignorantia tota logice / viciosissime disputare / Vns ist gnug / das sie nichts
beweisen / Jch wil noch eine gleichnis setzen / Wenn eine seule auff dem
platz stehet / wenn [1] tausent vnd aber tausent augen drumb her weren / vnd 426 W
10 sie ansehen / so fasset doch ein iglich auge die selbigen seulen gantz ynn sein
gesichte / vnd keins hindert das ander / Vnd ist auch die seule gantz ynn
eins iglichen gesichte vnd fur eim iglichen auge / als werens all. ein auge
vnd ein gesichte / denn keines sihet weniger odder mehr von der seulen
denn das ander / Vnd solcher gleichnis künd man viel mehr an zeigen /
15 sonderlich aus der Mathematica / Aber weil wirs gewonet sind / so achts
niemand fur wunder / Drumb ists der tollen vernunfft so wunder / das ein
leib an viel örten zu gleich sein sol / weil sie es nicht sihet. Es solt aber
freylich auch ein gros vngleublich wunder sein / wenn kein auge were / vnd
wir allein / die vier synnen / als / greiffen / riechen / schmecken / hören /
20 hetten / welche alzu mal nicht ynn die ferne / sondern / nahe sulen müssen /
Vnd man predigte also / wie Gott kündte ein gelied schaffen / das ynn
eim augenblick / kündte durch vnd vber . 8. 9. 10. meyle gelangen vnd
fulen / nemlich ein auge / Hie solt auch ein geborener blinder sich wundern.
vnd sagen / Ey lieber wie ists müglich? meine hand fulet nicht ein elle
25 weit / meine zunge schmeckt nicht ein fingern breit / meine nase reucht nicht
einer [1] spenne weit / Mein ore hörets ferne / so hörets einer gassen weit / 417 W
Vnd du sagest mir von eym gelied / das . 10. meyl wegs weit fule.

Aber wir so da sehen / haltens fur kein wunder mehr / Denn wir
fulen wol weiters mit den augen / nemlich / bis an die sonne vnd sterne /
30 ia vom auffgang bis zum nyddergange / Nu ist doch das auge / ein leib-
lich / fleischlich / sterblich ding / vnd dazu ein einiges auge sol die halbe
welt ynn eym augenblicke fassen / vnd zu gleich an allen örten der halben
welt / mit seym gesichte sein / Was wollen wir denn Gotts gewalt spannen
vnd messen / als ob er mit dem [1] leibe Christi nicht mehr kündte thun / 275 E
35 denn er mit vnserm sterblichen auge thut / so doch vnser augen gar viel
weniger sind gegen Gotts macht vnd werck / denn des blinden fulen vnd
schmecken gegen vnser gesichte / Weil denn hie die hellen durren wort
Gotts stehen (Das ist mein leib) also das widder ynn der schrifft noch
einiger sprache yhe erhöret ist / das dis wort (Mein leib) anders denn es
40 lautet / gered odder verstanden sey / Vnd vns Göttliche gewalt vnbewust /
dazu nirgent widder die schrifft ist / vnd ynn natürlichen wercken viel

---

gleichnis hat / Auch die schwermer / vnn so viel falschen lügen vnd grund-
losen grünben drüber ergriffen sind / sol man ia billig Gott mehr gleuben
418 W ¹ denn vnserm dunckel / Wenn die schwermer mit einem stück öffentlich falsch
erfunden würden / so weren wir damit gnugsam von Gott gewarnet / vhn
nicht zu gleuben / vnd bey den worten Gotts zu bleiben / denn der heilige 5
geist leuget noch seylet noch zweiuelt nicht / Nu haben wir sie fast vnn
allen stücken / von Gotts gnaden / falsch vnd lügenhafftig erfunden / vnn
ben andern aber / haben wir sie zum wenigsten vngewis vnd zweyuelig
erfunden / das wenn ich gleich meins verstands vngewis were / vnd gerne
zu vhn fallen wolte / so kan ichs nicht thun / weil ich so offentlich da 10
sehe / entweder lügen obber zweiuel / vnd nicht einen einigen / tüchtigen
obber gewissen grund.

     Da ich hatte beweiset / das zween leibe zu gleich an einem ort sein
mügen / als da Christus durch verschlossen thur kam / welchs eben so gros
wunder ist / als das ein leib an zweyen örten sey / Spricht er / Es sey 15
nichts / denn wol andere wege sind / das Christus durch beschlossene thür
kam / nemlich / durch die subtilickeit des leibs hab er sich hinein gethan /
das nicht zween leibe haben müssen an einem ort sein / Wenn ich nu
frage / Welchs sind denn solche wege / vnd wie ist die subtilickeit hinein
419 W komen? Da gilts schweigens / Ich ¹ acht / der eine weg / sey zur kirchen / 20
das Ecolampad da er antworten solt / must er prebigen gehn / Der anber
weg / sey ein böse gedechtnis / das ers barnach vergessen hat drauff zu
276 E antworten. ¹ Also thut dieser geist / Mucket ein wort obber zwey / das
niemand weis / was er sagt / vnd das heist geantwortet. Kan er hie die
subtilickeit des leibs Christi finden / das Christus zur thür hinein gehet / 25
vnd nicht zween leibe an einem ort sein sollen / Lieber / wie kan er denn
nicht auch die subtilickeit finden / das er zu gleich ym brod sey / vnd nicht
müsse vom hymel faren / als ein stein vom dache? Aber sie entwisschen
mir nicht also mit der subtilickeit / Es ist gleichwol der selbige Christus
leib / vnd die thür auch verschlossen / Vnd Christus ist nicht zwischen den 30
ritzen obber negel löchern hinein geschlossen / Er hatte bein vnd fleisch /
wie er selbs bekennet Luce vlt.

     Auff die erscheinung so Christus S. Stephan erschien / Act. 8. vnd
anbern heiligen mehr / vnd das des Vaters stym aus der wolcken fiel
Math. 17. welche exempel ich einfurete zu beweisen / das nicht Christus 35
müste an eym sondern ort ym hymel sein. Beweiset er seine witze dennoch
eben sein vnd spricht / Probiert das? es sey ein leib an zweyen örten /
420 W Was sind das fur ¹ rebe von eim gelerten man? Ich bekenne meine schuld /
Denn solch exempel beweisen auch nicht / das der wolff gerne schaff frisset /

3 wahn | offenbar   6 greift fehl   9 auffassung   10 über-
gehen   13 W. A. 23, 147, z. 9 ff.   15 a e 1ᵇ   23 murmelt, brummt
30 ist auch verschlossen hs.   31 hineingeschlüpft   32 Lc. 24, 39
33 AG. 8, 55   35 Mt. 17, 5   37· a e 5ᵃ

obber was er der gleichen möcht einfuren / Ich fure solch exempel dazu /
das Christus nahe sey vnd nicht ym hymel an einem ort sitze / so deutet
ers / wie yhm gefellet / Vnd dazu noch zweiuelt / ob S. Stephan geistlich
odder leiblich Christum gesehen habe / Vnd wil / das Christus ynn eym
5 bilde / vnd nicht Christus selbs solle gesehen sein / Vnd solchs ist alles
war / allein darumb / Ecolampad sagts aus seinem kopff / So müssen denn
solche helle wort der schrifft / seinem dunckel weichen / Das heist alles ant-
wort auffs Luthers buch / Wenn ichs thet / so hies man mich schrifft furen.

    Aber das ist nicht vnrecht vnd freylich besser denn der Zwingel thut /
10 von dem spruch Joh. 3. gered / Der son des menschen ist ym hymel / da
Ecolampad bekennet / das vmb der person willen / recht sey gered / Gott
ist von Maria geborn vnd herab vom hymel gestigen / on das er mich zur   277 E
lesterlichen exegesin des zwingels weiset / darynn vnter andern greweln die
Alleosis vns leret / Carnem pro diuinitate accipi / vnd das beste drynnen
15 ist / das man wissen sol / wie gelert der Zwingel sey ynn allerley künsten /
Die sachen zwar treibt er wenig gnug / fur grosser kunst verhindert / Vber   421 W
das thut Ecolampad an diesem ort auch / zuuiel / das er Christum / widder
sich selbs vnd alle schrifft / nach der Gottheit ym hymel vnd nach dem
leibe allein auff erden stellet / Sie sehen meine gründe nicht recht an /
20 verstehen dazu yhr eigen wort nicht / ist Christus eine person ynn der
Gottheit vnd menscheit / so mus die menscheit zu gleich auch auff erden
vñ ym hymel sein / wie ich droben widder den Zwingel beweiset habe /
Denn ynn Gott vnd mit Gott eine person sein / ist wol höher denn ym
hymel sein / So ist das auch nicht war / das Christus dazumal nach der
25 Gottheit ym hymel war / Wo war er nach der Gottheit / da er mensch
ward ynn mutter leibe? War er nicht persönlich vnd wesentlich auch
nach der Gottheit ynn mutter leibe vnd auff erden? Habe ich doch solchs
so reichlich ym nehisten büchlin gesagt / Aber es gilt vber lauffens / nichts
recht ansehen noch dencken was man höre odder sage.
30   Drumb stehet auch seine gleichnis nicht / so er anzeigt / wenn einer
vom berge erab gienge / vnd ym thal sich kleidet / so kund man sagen /
Niemand steiget hinauff / denn der erab steigt / Denn die Gottheit seret
nicht vom hymel / wie ihener vom berge / sondern ist ym hymel vnd bleibt
ym hymel / ist aber auch zu gleich auff erden vnd bleibt auff erden / So
35 kan man auch von dem gekleideten nicht sagen / Der ist auff dem berge /
wenn er noch hienidden ist / wie Christus von sich sagt / Des menschen   422 W
son der ym hymel ist. Was darffs viel redens? Ist doch das hymel reich
auff erden / Die Engel sind zu gleich ym hymel vnd auff erden / Die
Christen sind zu gleich ym reich Gottes vnd auff erden / So man auff
40 erden wil verstehen wie sie dauon reden / Mathematice vel localiter /
Gotts wort ist ia auff erden / so ward der geist auff erden geben / Vnd   278 E

   7 wahn   8 anführen   10 Jo. 3, 13   16 fördert | gelehr-
samkeit   30 hält stand   31 ankleidet   37 braucht's
49*

Chriſtus der könig war auff erden / vnd ſol ein reich auff erden haben /
ſo weit die welt iſt / Pſal. 2. vnd richt vnd gerechtickeit auff erden
ſchaffen / Jere. 31. Ach kindiſch vnd alber reden ſie vom hymel / auff
das ſie Chriſto einen ort droben ym hymel machen / wie der ſtork ein neſt
auff eym baum / vnd wiſſen ſelbſt nicht / was vnd wie ſie reden.   5

Darnach ſicht er an / das Chriſtus nicht an örten ſich verbunden
hat / noch hie odder dort wil gefunden ſein / ſondern ym geiſt erkennet
werden. Da rauſſchen ſie abermal vber hin / vnd ſehen nicht / was ich
ſchreibe widder ſie. Kürtzlich / Wer bindet Chriſtum an ſonderliche ört?
Thuns nicht die ſchwermer ſelbs / die vns Chriſtum ym hymel an ſonder-   10
lichen ort ſetzen / vnd zwingen vns zu ſagen / Sihe hie / ſihe da iſt
Chriſtus? Vnd wie thun ſie ſelbs / wenn ſie die leute zum Euangelio
vnd zum nehiſten weiſen? Iſt nicht der neheſt vnd das Euangelion an
423 W ſondern orten auff erden? Iſt denn da nicht Chriſtus | ynn den gleubigen?
Geiſtlich iſt er da (ſprechen ſie) Was heiſt geiſtlich? Heiffts felſchlich   15
oder warhafftig? gerade als ſprechen wir / das er leiblich oder ſichtbar-
lich yn. ſacrament ſey. Iſt nicht die Chriſtenheit / vnd Gotts reich ſo
weit die welt iſt auff erden / wie die Propheten verkündigen? Wo ſind
ſie ſelbs / ſo ym reich Chriſti die furnemeſten ſein wollen? Iſt das reich
Chriſti auff erden / ſo iſts auch hie vnd dort. Widder die hymliſchen   20
Propheten hab ich ſolchs geſchrieben. Es verdreuſt ſie faſt vbel / das ich
ſolch buch ymer rhüme / als vngebiſſen von yhn / Noch iſts vngebiſſen von
yhn / vnd ſol auch wol vngebiſſen bleiben / Anmeulen vnd plaudern heiſſe
ich nicht beiſſen.

Es feylet hie abermal die kinder Logica dem geiſt / das ſie nicht   25
vnterſcheiden dieſe wort (Hie vnd dort ſein) Denn Chriſtus klerlich ſich
ſelbs deutet / wo von er ſolche wort redet vnd wie ſie ſollen verſtanden
werden / da er vorher ſpricht / Das hymelreich kompt nicht mit euſſerlicher
279 E weiſe odder geberde / man wird | auch nicht ſagen / Sihe hie iſts / ſihe da
iſts / Denn ſihe / das reich Gotts iſt ynn wendig ynn euch. Was feylet doch   30
dieſen hellen worten / denn das ſie kein ſchwermer mag anſehen / Das reich
Gotts iſt ynn euch? Wer ſind dieſe (Euch?) Sind ſie nicht auff erden /
leiblich zu reden / wie ſie dauon reden? So ſind ſie gewislich hie vnd
424 W dort / Darumb mus ia ſolch wort (hie vnd | dort) zweyerley weiſe zuuerſtehen
ſein / Loco 2 more loci / Zum erſten weſentlich alſo / Hie vnd dort ſein   35
iſt / das es gewislich daſelbſt funden werde vnd gegenwertig ſey / Denn
ſie müſſen ia Gott laſſen hie vnd dort ſein vnd an allen orten / vnd yhn
laſſen ſuchen vnd anbeten beyde hie vnd da vnd allenthalben / das weis
ich furwar. Zum andern / more loci / Breuchlich / das iſt / es helt ſich

---

2 Ps. 2, 6 | recht hs.   3 Jer. 33, 15   6 a e 3ᵃ   11 Mc. 13, 21
15 felſchlich hs., fleiſchlich A   21 W. A. 18, 210, z. 22 ff. | ſehr übel
23 unverſehrt | dennoch   23 bloss die zähne zeigen und ſchwatzen
27 ſolten hs.   28 Lc. 17, 20

vnd lebet auch nicht des selbigen orts / da es ist / gleich wie Paulus
spricht . 2. Cor. 10. Wir wandeln ym fleisch aber wir streiten nicht
fleischlich / Was ist das anders / denn wir sind ym fleisch vnd nicht ym
fleisch? Sind wir ym fleisch / so sind wir gewislich hie vnd dort? Man
5 wolt denn fleisch nicht lassen hie vnd dort sein / Aber wir streiten nicht
fleischlich / das ist / vnser wesen vnd thun gehet nicht / wie es ym fleisch
pflegt zu gehen.

Also mag ich sagen / wir sind auff erden vnd nicht auff erden / das
ist / wir leben auff erden / aber wir leben nicht yrdisch / das ist / yrdischer
10 weise. Item / wir sind ynn der welt vnd nicht ynn der welt / das ist /
wir leben wol ynn der welt aber wir leben doch nicht weltlich / das ist /
weltlicher weise / gleich wie Christus Luce vltimo / bey den iüngern sitzt
vnd lebt nach seiner aufferstehunge / Noch bekennet er / das er nicht bey 425 W
yhn sey noch lebe / Solchs redet ich (spricht er) da ich noch bey euch war /
15 Was kan solchs (Bey euch) anders sein / denn / auff ewer weise odder wie
yhr itzt seid? personlich odder wesentlich saß er ia daselbs vnd redet vnd
lies sich betasten. Ein gleichnis / Ein wanderer kan gen Wittemberg
komen vnd sagen / Ich bin zu Wittemberg / vnd bin nicht zu Wittemberg /
Wie so? Also / ¹ leiblich vnd wesentlich bin ich wol hie / aber ich bin hie 280 E
20 nicht Wittembergisch / das ist Wittembergischer weise / denn ich habe hie
kein burger recht / nere vnd gelebe auch der Wittemberger recht vnd güter
nicht. Also schreibt auch S. Paulus Colo. 3. das vnser Politeuma / das
ist / vnser burgerschafft odder bürgerlich wesen ist nicht hie / sondern ym
hymel / Weil nu Christus spricht / Das hymelreich kömpt nicht mit eusser-
25 licher weise / so bekennet er ia klerlich / das das hymelreich zu vns auff
erden kompt / wie er spricht / Thut busse / das hymelreich ist nahe komen /
Aber es kompt nicht auff solche weise / wie die weltlichen reich komen /
denn es helt vnd lebet nicht weltlich odder menschlicher weise. Wie ich
gesagt habe / den geist nur ynn die schule gefurt vnd die puerilia aus Petro
30 Hispano gelernt / das were ym hoch von nöten.

¹ Aber da gibt er dem Luther erst recht harab / da er den spruch 426 W
Johannis . 4. furet / das Gott wil ym geist angebetet werden / nicht zu
Jerusalem noch auff dem berge / Daraus hastu nu gewisse antwort / Das
Christus leib nicht hie vnd dort / also auch nicht ym abendmal sey. Wenn
35 der geist nur antwortet / so treffe ers zu mal sein / Aber wo er springet /
da ist er feindselig. Wolan / so ist der hymel / geist / Denn Christus ist
ym geist / das ist / ym hymel / anzubeten. Wie wil er aber denn ym
hymel / an einem ort sein? Ist geist auch so viel / als sonderlicher ort?
Warumb nicht? Wenn der geist sagt / so ists gewis. Wie thet aber der

---

2 2. Ko. 10, 3   12 Lc. 24, 44   13 dennoch   21 nähre mich
und lebe nicht von, geniesse nicht   22 Phi. 3, 20   26 Mt. 3, 2
28 verhält sich   30 oben s. 442, z. 22   31 setzt er den L. erst recht
ins unrecht | æ e 3ᵃ   32 Jo. 4, 24 | anführt   35 träfe   36 unleidlich

blinder Joh. 9 so Christum auff erden anbettet? Der hat freylich ge-
yrret / vnd Christus hat genarret / das ers an nam / odder geist wird auch
so viel gelten als auff erden. Lieber du must nicht lachen / der geist
möcht zürnen / denn es ist sein ernst. Aber das ist noch keiner / Christus
redet von den anbetern / die selbigen sollen widder zu Jerusalem noch auff   5
dem berge anbeten / gleich wie auch das weiblin zu yhm sprach / Vnser
281 E   ve'ter haben auff diesem berge angebettet / vnd yhr sagt / man müsse zu
Jerusalem anbeten / Solche wort reden auch von den anbetern / Denn sie
spricht nicht / Gott ist nicht auff dem berge / Christus spricht auch nicht /
427 W   ¹ Gott ist nicht zu Jerusalem odder auff diesem berge rc. Aber der geist   10
leret vns solchen spruch von Gott / das er nicht hie vnd dort sey / vnd
nicht von den anbetern / zuuerstehen.

    Lieber was denckstu / das Gott damit meine / das er den schwarm-
geist so gröblich lest narren ynn der schrifft? freylich nicht anders / denn
als solt er sagen / Liebes kind / Es sol an mir nicht feylen / Ich wil   15
trewlich gnug an dir thun / vnd den geistern nicht gestatten ynn der schrifft
zuhandeln / denn also grob / vngeschickt vnd nerrisch / das / wer sich ver-
furen lest / kein entschüldigung habe / als sey er durch mich / nicht gnug ge-
warnet vnd bewaret / Mutwilliglich wil der verloren sein / der solchen
geistern gleubt / weil er nicht so viel mag thun / das er nur drauff sehe /   20
was sie doch narren / sondern raffets alles auff / was sie sagen / als ein
vnfletige saw / Wir gleuben aber / das ym geist anbeten sey / das wir
sollen geistlich odder geistlicher weise anbeten / Christus sey gleich ym
hymel / auff erden odder ym sacrament / odder wo er wolle / Denn das
geistlich anbeten / setzt Christus widder das leiblich anbeten / welchs die   25
Jüden vnd auch vnser heuchler / an stet vnd zeit also binden / das es mus
eusserlicher weise / wie die stet vnd zeit bestympt / geschehen / als hette
das gebet sein wesen / krafft / leben vnd alle tugent von der stet odder zeit /
428 W   Wie sie leren / Es sey ¹ der gehorsam ynn solchem gebet das heubtstück /
ob sie gleich nichts bitten noch wissen was sie plappern / Sihe das heist   30
hie Christus / zu Jerusalem vnd an stetten / nicht ym geist vnd warheit
gebet. Wie starck nu solcher spruch sechte / das Christus leib nicht müge
ym brod sein / vnd das diese wort (Das ist mein leib) anders zuuerstehen
sind / denn sie lauten / hoffe ich / solle ein kind begreiffen. Lieber / wenn
sie yhr ding wollen beschirmen vnd vns einreden / so müssen sie warlich   35
282 E   warlich sich anders dazu stellen / ¹ Mit solcher weise scheuhen sie vns yhe
weiter von sich / das wir müssen sagen / die sache sey yhn nicht ernst /
odder gehen mit büberey vmb / das sie so hart auf solch vngewisse / falsche /
lose gründe bawen.

---

1 Jo. 9, 38   6 Jo. 4, 20   13 beabsichtige   17 anders zu h.
als so   19 absichtlich stürzt sich ins verderben   20 achte   32 da-
gegen spreche   36 scheuchen   38 eifrig

Also stehet auch Ecolampad kalt / ynn diesem heubtstücke / vnd kan
nicht beweisen / das Christus allein ym hymel an sonderlichem ort sey /
Vnd wil sich noch kein antwort finden / wie die zwey widdernander seyen /
Christus ym hymel / vnd sein leib zu gleich ym abendmal / darauff ich ge-
5 drungen hab ynn meinem büchlin / Sie konnens nicht bey bringen / das
ist vmmüglich / vnd sie fulens auch wol / Denn alles was sie plaudern /
leret vns nicht mehr / denn das Christus sey gen hymel gefaren / Welchs
niemand zu wissen begerd / Aber [1] wie es zugehe / das drumb Christus leib   439 W
nicht ym abendmal sey / nach laut der wort / Das ist mein leib / Da gilts
10 schweigens / sladberns / hüpffens obber widder sich selbs reden / vnd sich
ynn eigen worten sahen / wie wir gesehen haben. Vnd was ists nütz /
das ich allen dreck des teuffels rüre? Ich möcht sunde daran thun / das
ich mir vnd dem leser die zeit raubet / mit solchen faulen zoten / Denn
ob wir gleich die gantze schrifft vber dieser sachen ynn allen sprüchen fur-
15 nemen / So thetten wir doch nichts mehr / denn wie bisher geschehen /
das wir dem geist nur viel raumes geben / vnnütz zu plaudern vnd die
schrifft falsch auszulegen / damit er die weil der heubtsachen vergesse / vnd
vnnötige kunst beweise. Denn das hab ich gesagt / sags auch noch / vnd
sags ymer fort / Jrer lere grund stehet darauff / das Christus leib müge
20 nicht mehr weise haben etwa zu sein / denn / wie mehl ym sacke / obber
gelt ym beutel / ibest localiter / Den selbigen grund sollen sie vns zeigen
mit der schrifft / Was darffs viel bücher schreibens? Las sie dir diesen
grund zeigen / vnd gib yhn denn frölich gewonnen. Denn gleub mir /
Hetten sie es künden thun / sie hetten so lange nicht geschwigen / Weil sie
25 denn hie so gedültig vnd aus der massen gute müncha ober die das
schweigen seer wol halten / da es am nöttigsten zu [1] reden ist / Vnd ynn so   430 W
viel büchern als sie aus strewen / noch nie mit einem buchstaben diesen
blutschweren haben wollen anrüren / Jsts gut zu mercken / warumb sie so   283 E
rhümen / poltern / brangen vnd pochen / als sey yhr ding gewis / Nemlich
30 der teuffel furcht das liecht / vnd wil vns mit poltern schweigen.
Weil nu (sage ich) aus diesem stummen polter geist niemand kan
bringen / dieses einiges / nötiges stück / so wil ich den Ecolampad auch
hiemit faren lassen / Vnd allein noch das stücke zur letze besehen (fleisch ist
kein nütze) Denn was er von dem eusserlichen wort lestert / möcht ein
35 mal angezeigt werden / wo ich von der tauffe noch ein mal schriebe / das
Gott verleyhe. Wolan Ecolampad wil aus vmbstenden des texts / be-
weisen / Joh. 6. das fleisch hie solle von Christus fleisch verstanden werden /
Vnd thut doch nichts denn gibt eine gleichnis von eym könige ynn zu-

---

1 am pranger (Thiele no. 301)   12 Thiele no. 347   13 schlechten
spässen   19 gründet sich darauf   20 irgendwo   22 braucht's
23 erkenne ihnen dann getrost den sieg zu   28 geschwür | wohl zu
verstehen   29 protzen   30 zum schweigen bringen   33 a f 4ᵃ | zu
guterletzt   35 schreibe hs.   36 aus dem zusammenhang   38 doch
fehlt hs.

riſſem kleide / das die bürger küſſen ſollen vnd nicht wollen / ſondern ſich
dran ergern ꝛc. Solchs heiſt er mir antworten vnd ſeine eyſene maur be-
feſtigen. Da ſihe den klabbergeiſt abermal / Er verheiſt aus den vmb-
ſtenden des texts / ſeinen verſtand zu bringen / vnd gibt eine gleichnis vom
könige / Was fragen wir nach der gleichnis? Sie ſey gleich gut vnd gelte ⁵
431 W ¹ was ſie wolle / wie werden wir aber gewis / das ſie hie her höret? Wir
ſagen / Nein / vnd er müſſe es beweiſen / Aber das iſt nicht von nöten /
Es heiſt / Sufficit ita nos dicere / gnad herr / Da ſtehets / So hab ich
mein antwort.

        Darnach behilfft er ſich alſo / Es iſt gewis / das die Jüden murreten ¹⁰
vmb ſeines fleiſchs willen / drumb mus er freylich von ſeinem fleiſch vnd
von keinem andern reden vnd antworten. Iſts nicht eine feine folge vnd
gewiſſe conſequentz? Die Jüden murren vber ſeinem fleiſch / darumb mus
Chriſtus auch von ſeinem fleiſch reden / Das heiſt aus vmbſtenden des
texts beweiſen / Lieber warumb ſolt doch nicht yemand konnen reden / ¹⁵
von Chriſtus fleiſch / von geiſt / vom Euangelio / vom glauben / obber wo
von er wolt / vnd dennoch bald drauff vom fleiſch vnd blut obber von den
menſchen reden? Gleich wie Chriſtus Matthei . 16. da er mit den
284 E jüngern redet vnd fragt / wo fur ſie yhn hielten / das iſt / er redet ¹ mit ²⁰
yhn von Chriſto / der Gott vnd menſch war / vnd dennoch flux drauff von
gemeinem fleiſch ſagt / Fleiſch vnd blut hat dirs nicht offenbart / Vnd
Paulus Gal. 1. da er von ſeinem beruff ſchreibt / flugs drauff ſpricht / Ich
beſprach mich nicht mit fleiſch vnd blut / Stehet die eiſerne maure nicht
feſter denn alſo / ſo bawe der drauff der luſt zu fallen hat / ich nicht /
Sie iſt nicht ſo gut als papyren.   ²⁵

        Die vmbſtende des texts helffen viel beſſer vnſerm verſtande / ſo
man on zanck vnd einfeltiglich (wie es ſein ſol) drauff merckt / Denn ich
gebe nicht gleichnis / ſondern der text ſagt offentlich / das ſich die Jüden
vnd iünger ergerten an der rede Chriſti von ſeines fleiſchs eſſen / Das iſt
432 W ia gewis? Hie ¹ kan ich vnd mus / aus vmbſtende des texts / ſagen / das ³⁰
Chriſtus zweyerley ſchüler habe krieget / Etlich die ſich ergern vnd murren /
Etliche die da gleuben vnd ſich beſſern / Wenn nu ein meiſter ſchüler hat /
die ſein ding nicht recht verſtehen / So iſts ia natürlich / das er ſich
wende zu ſolchem vnerſtande / den ſelbigen zu ſtraffen vnd mag ſagen /
Ach / grobe köpffe wollens doch nicht thun / odder alſo / Ein eſel iſt doch ³⁵
kein guter ſchüler / Es gehören newe ſchleuche zum moſt ꝛc. Eben ſo kan
ia Chriſtus hie auch thun / da er grobe ſchüler findet / keret er die rede
zu yhn vnd ſpricht / Ergert euch das? Hie ſtrafft er ia yhren falſchen
verſtand / Vnd mag fein darnach ſagen / Ach fleiſch iſt kein nütze / geiſt

---

    4 ſeine auffaſſung zu beweiſen   8 gnädiger herr, oder: mit ver-
laub, herr   10 macht er die ausflucht   12 folgerung   18 Mt. 16,
15 ff.   22 Ga. 1, 16   35 helfen nichts   37 wendet er ſich
an ſie

gibt leben / So mus ia geiſt hie heiſſen geiſtlicher verſtand odder lere /
weil es Chriſtus ſelbſt ſo deutet vnd ſpricht / Die wort ſo ich rede / ſind
geiſt vnd leben / Darumb mus freylich / fleiſch da gegen ſein fleiſchlicher
verſtand odder lere / Solchs ſage ich / gibt viel beſſer der text mit allen
5 vmbſtenden / on alle gleichnis / denn der ſchwermer gloſe.

Solchs iſt droben widder den Zwingel auch geſagt / Vnd Ecolampad
braucht eben der Sophiſtrey vber dem wörtlin / Mea / die Zwingel braucht /
vnd antwortet nichts. Item / meine regel wil er auch falſch machen / das
ich hab geſagt / Wo fleiſch vnd geiſt widdernander ſtehen / da kan fleiſch 285 E
10 nicht Chriſtus fleiſch ſein / Vnd thut doch nichts denn furet den ſpruch
. 1. Timo. 8. Es iſt offenbart ym fleiſch vnd gerechtfertiget ym geiſt.
Was ſol ich ſagen? Ich rede von geiſt vnd fleiſch / ſo widdernander ynn
der ſchrifft ſtehen / ſo gibt er einen ſpruch / da fleiſch vnd geiſt wol eines
ſind / Beweiſet dazu auch nicht / das daſelbs Chriſtus fleiſch ſey zu
15 uerſtehen / Noch mus es alles geantwortet heiſſen. Wolan ſo ſtehet meine
regel noch feſte / das hie fleiſch nicht müge Chriſtus fleiſch heiſſen. Weil
die ſelbige ſtehet / ſo mus dis yhr heubtſtück liegen.

Mit der Veter ſprüche handelt er auch alſo / Ich fure yhre text /
So gibt er dafur ſeine gloſe / vnd zwingt nichts aus dem text / wie ich
20 gethan habe / eben wie er Johan. 6. den text auch aus ſeinem kopffe ge-
meiſtert hat / Damit geben ſie zuuerſtehen / wie gar höchlich ſie alle
menſchen verachten / vnd haltens dafur / wenn ſie etwas ſagen / ſo ſey es
ſtracks alſo zu halten. Wolan ich hab widder die hymliſchen Propheten
geſchrieben / da iſt nichts auff geantwortet / on ſolch yhr eigen dünckel vnd
25 gloſe / Auffs büchlin widder die ſchwermer gehet mirs gleich alſo / Plaudern
wollen ſie / antworten konnen ſie nicht / wie ich das ynn dieſem büchlin
wol hab beweiſet / So mügen ſie hinfaren / vnd heilig / geiſtlich / gelert
ſein / Ich habe verthan / nach der lere S. Pauls vnd ſie zum andern
mal vermanet / Gott bekere ſie / vnd behuete die vnſern fur yhrem gifft /
30 Amen.

Auff das ich aber mich dieſer ſachen allenthalben frey vnd los mache /
mus ich auch meiner nachbarn gedencken / auff das ſie nicht dechten / ich
verachtet yhre kunſt vnd geiſt. Dieſer geiſt ſchreibt / Es habe widder
Zwingel noch Ecolampad / noch Carlſtad / noch Luther / noch Bapſt recht /
35 vnd macht den text ym abendmal alſo (Mein leib der fur euch gegeben
iſt / iſt das) da die Euangeliſten vnd Paulus das wörtlin (das) forn an
ſetzen / da ſetzt ers hinden an / vnd ſol ſo viel heiſſen / als (Ein geiſtliche
ſpeiſe) Darumb ſtehet yhr text¹ alſo / Mein leib der fur euch gegeben 434 W
wird / iſt¹ das (vernym) eine geiſtliche ſpeiſe. Frageſtu / warumb ſie das 286 E

---

2 Jo. 6, 63   7 a g 3ª   11 1. Ti. 3, 16   15 dennoch
18 a i 3ª | citiere   22 bilden ſich ein   23 ohne weiteres   28 alles
getan, mich ausgegeben | 2. Ti. 4, 2   32 der ſchleſier Schwenkfeld u.
Krautwald (W. A. 26, 433¹)   39 nämlich:

thun / vnd nicht etwa des Carlſtads / Zwingels obber Ecolampads teyt
nemen / ſo ſie boch der ſelbigen meynunge ſind? Mag man breyerley ant=
wort geben / Die erſt iſt Göttlich / nemlich / das Gott haben wil / das ſie
vneins vnd vnternander wibberwertig vnd vngleich ſollen ſein / auff das
der heilige geiſt vnuerdechtig bleibe / vnd öffentlich entſchüldigt ſey fur aller 5
welt / als der nichts mit yhnen zu ſchaffen habe / weil er ein geiſt der
einickeit / vnd nicht der vneinickeit iſt / vnd yderman da mit warne fur
yhrem lügen geiſt. Die anber iſt menſchlich / nemlich / Warumb ſolten ſie
ſo demütig ſein vnd des Carlſtads / Zwingels obber Ecolampads teyt an
nemen / ſo lboch Carlſtab / Zwingel vnd Ecolampad ſelbs ſo ſtolk vnter= 10
nander ſind / das keiner des andern teyt annympt? Solten ſie nicht ſo
wol geiſtreich ſein / einen ſonderlichen teyt zu machen / als yhene? das were
groſſe ſchande / Lieber / die ehre thut yhn wol ſo ſanfft / als ſie yhenen
breyen thut. Die dritte iſt teuffeliſch / nemlich / das die Euangeliſten vnd
Paulus ſind truncken obber wahnſynnig geweſt / das ſie auff den ohren 15
vnd heubt gangen lſind / vnd alſo das vberſt zu vnterſt / das forberſt zu
hinderſt / geſetzt haben ym teyt des abendmals / drumb muſte dieſer geiſt
komen / vnd den teyt zu recht bringen / vnd die Euangeliſten meyſtern.

    Grund vnd vrſach / ſolchs yhres dunckels iſt / Erſtlich / das man
dieſe wort (das iſt mein leib) müſſe aus den augen thun / vnd zuuor durch 20
den geiſt die ſachen bedencken / Denn wer an dieſen worten anſehet (das
iſt mein leib) der kan nicht zu ſolchem dunckel (ich ſolt ſagen) zu ſolchem
hohen verſtand komen / das brod / brob ſey / vnd wein / wein ſey / Wer
aber dieſe wort aus den augen thut / der kan als denn wol zu ſolchem
verſtand komen. Da haſtu eine gewiſſe regel / die dich beſſer leitet ynn 25
alle warheit / denn der heilige geiſt ſelber thun kan / nemlich / Wo die
heilige ſchrifft deinen dunckel yrret obber hindert / da thu ſie aus den
augen / vnd folge zu erſt deinem dunckel / ſo triffeſtu den rechten weg ge
wis / allerdinge ſein / wie Moſe leret / Deute. 12. Du ſolt nicht thun /
287 E l was dich recht dünckt / das iſt / du ſolt thun was dich recht dünckt. 30
Dieſer teuffel gehet frey daher on laruen / vnd leret vns öffentlich / die
ſchrifft nicht an ſehen / gleich wie der Müntzer vnd Carlſtab auch thetten /
welche hatten auch yhre kunſt aus dem zeugnis yhrer ynnwendickeit / vnd
durfften der heiligen ſchrifft nicht fur ſich ſelbs / ſondern fur die andern zu
leren / als ein euſſerlich zeugnis des zeugnis ynn yhrer ynnwendickeit. 35
Wer nu ſolchem öffentlichen teuffel gleubt / der wil doch ia williglich ynn
das helliſche fewr faren / darffs doch gar keiner antwort / auch fur eitel
narren / Aber ſolchen grund ſollen ſolche leſterer haben / zu yhrem glauben /
weil ſie Chriſto nicht gleuben.

    Zum andern / Sol die Einbrödtunge des leibs Chriſti (wie ſie reden) 40
ſein wibber die gantze heilige ſchrifft ꝛc. Wie dünckt dich hie / vmb dieſen

---

geiſt? ¹ Der thar ſein maul ia weit gnug auffſperren / Denn er wil / weit / ⁴³⁵ W
weit / hoh / hoh / fern / fern vber Zwingel vnd Ecolampad ſein / welche
nicht die gantze ſchrifft da widder furen. Höre aber zu / Das allte teſta-
ment (ſpricht er) ſagt nichts dauon / zu welchem doch Chriſtus vns weiſet
⁵ Johan. 5. So ſagt das newe teſtament von ſeiner zukunfft vns fleiſch /
des Johannes ein vorleuffer iſt / vnd nicht vns brod / So ſpricht Chriſtus
ſelbs / Niemand kennet den Vater on durch mich / Spricht nicht / on
durchs brod. Da ſiheſtu / wie ſtarck es hilfft zur warheit / wenn man
dieſe wort (Das iſt mein leib) aus den augen thut / Denn wie kündte
¹⁰ ſonſt dieſer geiſt ſagen / Es were vnſer verſtand widder die gantze ſchrifft /
wenn er die ſelbigen wort ſolt fur augen behalten? Vber das / wenn
man yhn gleich die ſelbigen wort fur die augen bünde / mit eiſern ketthen /
das er ſie nicht kunde weg thun / So hat er noch eine andere kunſt vnd
regel zur warheit / nemlich / Er ſpricht / das ſolche wort nicht ym allten
¹⁵ teſtament ſtehen / Denn das ſie S. Lucas / Matheus / Marcus / Paulus
ym newen teſta'ment ſetzen / das iſt nichts / da kan er ſie wol aus den ²⁸⁸ E
augen thun / Sondern Gott mus vnd ſol ſich gefangen geben / das er
ſeine wort nicht ſetze / wenn vnd wo er wil / ſondern wo vnd wie es yhm
dieſer geiſt ſtymmet / Nu er ſie denn yun dem allten teſtament ſtymmet
²⁰ vnd ſucht / vnd Gott ſie daſelbſt nicht ſetzt / ſo hat der geiſt abermal frey
vnd ſchön gewonnen.

Wie kan dieſem geiſt die warheit feylen? Ja wer kan yhm abge-
wynnen / weil er ſolche zwo ſeiner künſt vnd regel fur ſich hat? Eine /
das man die wort Gotts / wo man ſie geſchrieben findet / aus den augen
²⁵ thut / Die ander / wo er ſie nicht kan aus den augen thun / das er die
augen dauon keret / an einen andern ort / da ſie nicht geſchrieben ſtehen /
vnd ſpricht denn / Sihe / da ſtehen ſolche wort nicht / Beweiſe mir / das
ſie hie / hie ſtehen / Wo nicht / ſo haſtu verloren / Denn du muſt mir die
wort alſo furlegen / das ich ſie nicht konne aus den augen thun / odder
³⁰ konne meine augen nicht dauon wenden / an einen andern ort. Alſo ſol
man vns fleiſchfreſſer angreiffen / Alſo möcht man vnſern brödtern Gott
ſtörtzen. Da ſihe vnd greiff / ob der teuffel nicht vnſer ſpotte fur groſſem
mutwillen. Aber es dienet gleichwol vns zur ſtercke vnd ſicherunge vnſers
glaubens / weil der leidige Sathan ſo vngeſchickt ding gauckelt. Er weis /
³⁵ das wir die wort Chriſti ym abendmal nicht konnen zeigen ym allten
teſtament / Darumb ſtellet er ſich / als wolt er ſich weiſen laſſen / wo wir
ſie ym allten teſtament zeigeten / Vnd meinet / man ſehe ſeine grobe lügen
nicht / Denn weil er ſie ym newen teſtament nicht wil ſehen / ſondern aus
den augen thut / Was ſolt er thun / wenn wir ſie gleich kündten ym
⁴⁰ allten teſtament anzeigen? Da ſolt er ſie viel mehr aus den augen thun

---

1 wagt	3 anführen	5 Jo. 5, 39 | ankunft	7 Jo. 14, 6
19 bestimmt	23 beikommen	31 brotgewordenen	33 stärkung
34 ungereimtes zeug faselt			

vnd furgeben / das alte teſtament were finſter odder auffgehaben / man
ſolte ſie yhm ym newen teſtament zeigen / das were die erfullunge rc.

^{436 W} ¹ Vnd wens alles ym alten teſtament ſtünde das wir gleuben ſollen /
was dürfften wir des newen? Was were es not / das Chriſtus keme
^{289 E} auff erden vns zu ¹ leren? Mit der weiſe wolt ich auch ſagen / die tauffe 5
were nichts / die ſendung des heiligen geiſts were nichts / das Gotts
mutter ſo eben Maria ſey / were nichts / Vnd kürtzlich / kein artickel des
Chriſtlichen glaubens ſolte beſtehen / Denn ym alten teſtament ſtehet wol
von Chriſtus zukunfft / Aber das er itzt komen ſey vnd alles erfullet habe /
tauffe eingeſetzt / vergebung der ſunden geſtellet / den heiligen geiſt geben rc. 10
ſtehet kein buchſtabe drynnen / Solchs alles muſte das newe teſtament
verkleren. Aber der geiſt ſol ſich ſelbs alſo verkleren / was er fur
grund fur ſeine lügen habe / auff das wir vns fur yhm deſte ſicherer hüten
mügen.

Der dritte grund iſt / Das die Einbrödtunge iſt widder den Chriſt- 15
lichen glauben / Denn der glaub mus ein geiſtlichen anblick haben / daran
er haffte / Aber brod iſt ein leiblich anblick. Aus dieſem grund kan man
auch ſchlieſſen / das Chriſtus auff erden nicht menſch geweſen iſt / Denn
ſeine menſcheit war ein leiblicher vnd nicht ein geiſtlicher anblick / Darumb
hat niemand on ketzerey an ſolchen menſchen mügen gleuben / das er Gott 20
ſey. Item niemand kan gleuben / das ein Chriſten menſch vnſer nehiſter
ſey / das man vnd weib / vnſer elltern / vettern / brüder ſeyen. Item nie-
mand kan gleuben / das hymel vnd erden Gotts geſchepff ſey / Vrſach / der
glaube kan nichts leiblichs zum anblick haben / Aber dieſe ſtück ſind alle
ym leiblichen anblick. Solcher blinder geiſt iſt dieſer / das er nicht weis / 25
wie dem glauben allzeit ein leiblicher anblick wird fur geſtellet / darunter
er doch ein anders verſtehe vnd begreiffe / wie ich das ynn meinem büchlin
mit vielen exempeln beweiſet habe / als aus Ro. 4. vom leibe Sara / vnd
der gleichen.

Der vierde grund / Es ſey widder die natur vnd art des worts / 30
Denn das wort heiſt er nicht die ſtymme odder mündlich wort / ſondern
die ewige warheit Gottes rc. Daſſelbige wort kan nicht an brod vnd
Creatur ſich binden. Dieſer artickel / da ſie das eufferliche wort ſo leſtern /
als vntüchtig zum glauben / bedarff wol bewerens / Darumb iſts nichts /
was ſie da mit beweiſen / weil er ſelbs nicht beweiſet iſt. Dauon ein 35
ander mal.

^{290 E} ¹ Der funfft grund / Es ſey widder das Prieſterthum vnd königreich
Chriſti / ſo die Epiſtel zu den Ebreern leret / Denn Chriſtus / Wo er iſt /
da iſt er könig vnd prieſter / Aber ym brod kan er nicht könig ſein / Denn
Brod iſt ein Creatur ynn der welt / Nu iſt ſein reich nicht von der welt. 40
Iſts nicht ſein? Chriſtus reich iſt nicht von der welt / drumb iſts nicht

---

4 bedürften   7 = Maria   9 ankunft   12 erklären   16 etwas
für das geiſtige auge   28 Rö. 4, 19   38 Hbr. 6, 20

ynn der welt / Denn dieſer geiſt macht / Von der welt vnd Jnn der welt /
ein ding. Weh vns armen Chriſten / die wir ynn der welt / ym tode /
vnter dem teuffel ſein müſſen vnd vnſer könig iſt ym hymel gefangen / das
er vns nicht regiren noch ſchützen / noch helffen / noch bey vns ſein kan /
5 Denn ſein reich iſt ym hymel ¹ vnd nicht ynn der welt. Solche tolle vn= 437 W
ſynnige lerer ſol haben dieſe rotten / vnd kein andere. Gott ſey gelobt
vnd gedanckt / Wir wiſſen / das Chriſtus fur Pilato nicht ſprach / Mein
reich iſt nicht hienybben / ſondern alſo / Mein reich iſt nicht von dannen /
Es iſt vnd regirt allenthalben wo er iſt / ym brod / welt / tod / helle / vnter
10 den teuffeln / Aber ſeins reichs krafft ſtehet nicht ynn der krafft des brods /
welt / todes / helle / teuffel / Denn er nympt nichts davon / ſein reich zu
ſtercken / wie die welt vnd teuffel vnn yhrem reich thun müſſen.

Der ſechſt grund / Es iſt widder die ehre Gottes / Denn Chriſtus
iſt ym hymel ynn der ehre des Vaters Phil. 2. Vnd hat ſeinen ſtuel
15 nicht ym brod / ſondern ynn dem hymel bereit ꝛc. Dieſer grund wil eben
das der vorige / Das Chriſtus ſey ym hymel als ym kercker vnd ſtock ge=
fangen / Denn es were ſchande / das er ſolte bey vns ſein auff erden ynn
allerley not der ſunden vnd des tods / Es iſt beſſer / Er laſſe vns dem
teuffel hienyden / vnd ſpiele droben mit den Engeln. Jſts nicht köſtlich
20 ding? Es iſt Gottes ehre nicht entkegen / das er nach der Gottheit allent=
halben auch ynn der hellen ſey / vnd ſol widder Gotts ehre ſein / das ſein
leib ym brod ſey / als were ſein leib edeler denn die Gottheit. Fort fort /
Es iſt ein ſchöner feiner geiſt.

¹ Zu letzt / Sol es auch ſein widder die einſetzung Chriſti vnd vbung 291 E
25 der erſten kirchen. Denn die wort Chriſti ſind thettel wort / da er
ſpricht / Das iſt mein leib / vnd ſind nicht heiſſelwort / Denn Chriſtus
nirgent ſpricht / Wenn yhr dieſe wort geſprochen habt / ſo ſol mein leib
da ſein. Dieſes ſtücke hat er aus dem Zwingel geſtolen / Vnd iſt droben
gnugſam drauff geantwortet. Alſo haben wir dieſen tollen geiſt auch ge=
30 höret / Vnd wil noch kein zan erfur / der die wort Chriſti beiſſe / ia der
auch mein büchlin angreiffe / Jch habe auch mein büchlin widder die hym=
liſchen Propheten widderumb geleſen / vnd mus mich wundern des ſelt=
flüchtigen teuffels / das er ſo gar nichts mit ſchrifften / ſondern allein mit
bloſſen worten da widder ſich meulet / vnd ſo gar vngebiſſen bisher hat
35 gelaſſen.

¶ De predicatione Jdentica.

Es iſt das gröſſeſt vnd ergerlichſt ſtück ynn dieſer ſachen dahinden /
welchs mich dünckt / kein ſchwermer verſtehet / denn ſie es ia nicht rüren /

---

8 Jo. 18, 36   13 herrlichkeit | Phi. 2, 9   15 will dieselbe vor-
stellung erwecken wie   28 s. 367, z. 34 ff.   33 kampfscheuen   34 oben
s. 446, z. 23   36 der folgende abschnitt gegen Wiclif (W. A. 26,
437⁹)   37 steht im hintergrunde   38 berühren, behandeln

obber gar vngeschickt růren / gegen welchs der schwermer plaudern eitel
recht gauckel werck ist. Aber dis stücke bewegt billich alle redliche ver-
nunfft / Welchs der Vigleph ynn seinen büchern / als das furnemest treibt /
438 W Auch die hohen schulen sich da ¹ mit ǀso lange geblewet haben ynn aller
welt / bis sie dahin sich selbs gedrungen haben / das sie leren / ym sacra- ⁵
ment bleibe kein brod wesentlich / sondern allein die gestalt / Denn es
439 W leidet sich widder ynn der schrifft noch vernunfft ǀ solch predicatio identica
de diuersis ǀnaturis / das ist / das zweyerley vnterschiedliche natur solten
ein ding sein / Wenn die schwermer nicht so ǀongelerte logici weren so
hetten sie ǀdis stücke konnen treiben / das were auch der reden werd ge- ¹⁰
west / vnd hetten yhr vnnütze fleisch vnd Christum ym hymel bleiben
lassen / mit andern yhrem kinder werck / Darumb wollen wir hie auch
dauon reden.

     Es ist ia war vnd kan niemand leucken / das zwey vnterschiedliche
292 E wesen nicht mügen ein wesen sein / ǀ als was ein esel ist / das kan ia nicht ¹⁵
ein ochse ǀsein / Was ein mensch ist kan nicht ein stein odder holtz sein /
Vnd leidet ǀsich nicht / das ich wolt von S. Paulo sagen / Das ist ein
leiblicher stein odder holtz / Ich wolt denn stein vnd holtz ein newes wort
vnd newe deutunge machen / wie droben gesagt ist / Solchs alles mus alle
vernunfft ynn allen Creaturn bekennen / da wird nicht anders aus. Wenn ²⁰
wir nu mit solchem verstand hie vns abendmal komen / so stösset sich hie
die vernunfft / Denn sie findet / das hie zwey vnterschiedliche wesen / als
brod vnd leib / werden fur ein ding odde wesen gesprochen ynn diesen
worten / Das ist mein leib / Da schüttelt sie den kopff vnd spricht / Ey / Es
kan vnd mag nicht sein / Das brod sol leib sein / Ists brod / so ists brod / ²⁵
Ists leib / so ists leib / der eins / welchs du wilt. Hie haben nu die
Sophisten / den leib behalten / vnd das brod lassen faren / vnd sprechen /
Das brod vergehe vnd verlasse sein wesen vber den worten / Vnd das
wörtlin (Das) zeige nicht auffs brod / sondern auff den leib Christi / da der
text spricht / Das ist mein leib. Vigleph widderumb / ficht dagegen / vnd ³⁰
behelt brod / vnd lest den leib faren / spricht / das ǀwörtlin (Das) zeige
auffs brod ǀvnd nicht auff den leib. Also haben sich diese spitze köpffe an
einander gewetzt / Das die Sophisten haben müssen ein wunderzeichen er-
tichten / wie das brod vergehe / vnd lasse sein wesen zu nicht werden.

     Nu ich hab bis her geleret vnd lere noch / das solcher kampff nicht ³⁵
von ǀnöten sey / Vnd nicht grosse macht dran liege / Es bleibe brod odder
nicht / Wie wol ichs mit dem Vigleph halte das brod da bleibe /
Widderumb auch halte mit den Sophisten / das der leib Christi da sey /
Vnd also widder alle vernunfft vnd spitze Logica / halte ich das zwey
vnterschiedliche wesen / wol ein wesen sein vnd heissen mügen / Vnd ist ⁴⁰

2 blosse faselei   4 geplagt   5 gebracht   7 reimt   21 nimmt
anstoss   33 gerieben   36 nicht viel darauf ankomme   38 um-
gekehrt   39 spitzfindige

das mein vrsache / Erstlich / das man ynn Gottes wercken vnd worten /
sol vernunfft vnd alle klugheit gefangen geben / wie S. Paulus leret
. 2. Corint. 10. vnd sich blenden [1] vnd leiten / furen / leyen vnd meistern 293 E
lassen / auff das wir nicht Gotts richter werden ynn seinen worten / denn
5 wir verlieren gewislich mit vnserm richten ynn seinen worten / wie Psal. 50.
zeuget. Zum andern / wenn wir denn nu vns gefangen geben vnd be-
kennen / das wir sein wort vnd werck nicht begreiffen / das wir vns zu
friden stellen / vnd von seinen wercken reden mit seinen worten / einfeltig-
lich / wie er vns dauon zu reden furgeschrieben hat / vnd fursprechen lest /
10 vnd nicht mit vnsern worten / als anders vnd besser dauon zu reden fur- 440 W
nemen / Denn wir [1] werden gewislich feylen / wo wir nicht einfeltiglich yhm
nach sprechen / wie er vns fur spricht / gleich wie ein iung kind seym
Vater / den glauben] odder Vater vnser nach spricht / Denn hie gilts ym
finstern vnd blintzling gehen vnd schlecht am wort hangen vnd folgen / Weil
15 denn hie stehen Gottes wort (Das ist mein leib) dürre vnd helle / ge-
meine / gewisse wort / die nie kein tropus gewesen sind / widder ynn der
schrifft noch einiger sprache / mus man die selbigen mit dem glauben
fassen / vnd die vernunfft so blenden vnd gefangen geben / Vnd also / nicht
wie die spitzige sophistria / sondern / wie Gott vns furspricht / nach sprechen
20 vnd dran halten.

Wenn nu hie die predicatio Identica wil drein reden / Es konne
widder ynn der schrifft noch vernunfft sich leiden / das zweyerley wesen ein
ding sey / odder das ein wesen das ander sey / wie gesagt ist / das Stein
nicht holtz / Wasser nicht fewr sein kan / auch ynn der schrifft / drumb
25 wirds widder Gotts wort vnd artickel des glaubens sein / das ein ding
sey etwas anders denn es ist / vnd brod mus brod sein vnd kan nicht leib
sein. Soltu antworten / Es ist nicht widder die schrifft / Ja es ist auch
nicht widder vernunfft noch widder die rechte Logica / sondern / es dünckt
sie widder die schrifft / vernunfft vnd Logica sein / Denn sie haltens nicht
30 recht zu samen / Das müssen wir mit exempeln beweisen / das mans deste
bas verneme / Erstlich aus der schrifft / darnach aus gemeiner sprache.

Der hohe artickel der heiligen dreyfaltickeit leret vns gleuben vnd
reden also / das der Vater vnd son vnd heiliger geist seyen drey vnter-
schiedliche persone / [1] Dennoch ist ein igliche der einige Gott. Hie wird 294 E
35 von der einigen Gottheit gesprochen / das sie sey dreyerley / als drey per-
sone / Welchs gar viel höher vnd herter widder die vernunfft ist / denn
das holtz stein sey / Denn freylich / holtz an yhm selber nicht so ein einig
wesen hat als die Gottheit / Vnd widderumb / holtz vnd stein / nicht so
gewis vnd vnuermischlich vnterschieden sind / als die personen sind. Kan
40 nu hie die einickeit der natur vnd des wesens machen / das vnterschiedliche

---

3 2. Ko. 10, 5   5 Ps. 51, 6   11 fehl greifen   14 mit ge-
schlossenen augen | einfach   15 klare   16 allgemein gebräuchliche,
bestimmte   31 gewöhnlicher redeweise   37 sicherlich

personen / dennoch einerley vnd ein wesen gesprochen werden / so mus es freylich nicht widder die schrifft noch artickel des glaubens sein / das zwey vnterschiedliche ding / einerley odder ein wesen gesprochen werden / als brod vnd leib. Es sey aber gleich dieser artickel zu hoch / wir wollen einen andern fur vns nemen.   5

     Ich zeige auff den menschen Christum / vnd spreche / Das ist Gottes son / odder dieser mensch ist Gottes son / hie ist nicht von nöten / das die menscheit vergehe / odder werde zu nicht / damit das wörtlin (das) auff Gott deute vnd nicht auff den menschen / wie die Sophisten ym sacrament vom brod tichten / sondern die menscheit mus bleiben / Dennoch ist mensch 10 vnd Gott / viel vnterschiedlicher vnd weiter von einander vnd widdernander / deñ brod vnd leib / fewr vnd holtz / odder ochs vnd esel / Wer macht hie / das zwo so vnterschiedliche natur ein wesen werden / vnd eine die ander gesprochen wird? Jch zweifel nicht die wesentliche einickeit der naturn 441 W (denn es sind zwo vnterschiedliche natur ¹ vnd wesen) sondern die personliche 15 einickeit / Denn obs gleich nicht einerley wesen ist nach den naturn / so ists doch einerley wesen nach der person / Vnd entspringt also hieraus zweyerley einickeit / vnd zweyerley wesen (als ein natürliche einickeit vnd personliche einickeit) Vnd so fort an / aus der personlichen einickeit ent=springet solche rede / das Gott mensch / vnd mensch Gott ist / Gleich wie 20 aus der natürlichen einickeit ynn der Gottheit entspringet diese rede / das Gott sey der Vater / Gott sey der son / Gott sey der heilige geist / vnd widderumb / der Vater sey Gott / der Son sey Gott rc.

295 E   Da haben wir zwo einickeit / Eine natürliche / vnd ¹ personliche / die vns leren / das nicht widder die schrifft sey / die predicatio identica / odder 25 das zwey vnterschiedliche wesen / ein wesen gesprochen werden / Wollen der selbigen mehr suchen / Psal. 104. spricht / Er macht seine engel zu winde / vnd seine diener zu fewrflammen. Hie sind auch zweyerley wesen / als Engel vnd wind / odder engel vnd fewrflammen / gleich wie ym sacra= ment brod vnd leib / Noch macht hie die schrifft einerley wesen aus beiden 30 vnd spricht / Er macht seine Engel zu winde vnd flammen / gleich wie er seinen leib zu brod macht / das man sagen mus von solchem winde vnd flammen / Das ist ein Engel / Vnd die schrifft also redet / das wer solchen wind odder flamme sihet / der sihet den engel / Nu kan ia niemand einen engel sehen ynn seiner natur / sondern allein ynn seiner flammen odder 35 hellen gestalt / Vnd mus auch nicht solche helle gestalt vergehen / wenn man zeigt vnd spricht / das ist ein Engel / wie die Sophisten das brod ym sacrament zu nicht machen rc. sondern sie mus bleiben.

     Hie ist nu auch eine einickeit / der zwey vnterschiedlichen wesen / nemlich des engels vnd der flammen / Jch weis nicht wie sie zu nennen 40 ist / Es ist nicht eine natürliche einickeit / wie ynn der Gottheit / Vater

vnd son eine natur sind / Auch nicht eine personliche einickeit / wie Gott
vnd mensch eine person ist ynn Christo / Las sie gleich heissen / Wirckliche
einickeit / darumb das der Engel vnd seine gestalt einerley werck aus-
richten / Dennoch redet die schrifft hie also / Abraham vnd Lot haben Engel
5 gesehen / gehöret / gespeiset vnd geherberget. Gideon vnd Manoha sahen
vnd höreten engel / Dauid vnd Daniel sahen vnd höreten Engel. Die
Marien bey dem grabe Christi / sahen vnd höreten Engel / Vnd so fort
an der exempel viel / Inn welchen allen / doch ia kein Engel nach seiner
natur / sondern allein nach seiner gestalt odder flammen gesehen ist / Vnd
10 wo man drauff zeiget / so mus man sagen / Das ist ein Engel / vnd doch
solchs (Das) auff die gestalt des Engels zeiget. Ob nu hie der spitze
Vigleph vnd Sophisten wol'ten fur geben / die predicatio identica / das 296 E
zwey vnterschiedliche wesen nicht mügen ein ding sein / noch eins das ander
gesprochen werden / sondern entweder muste eitel gestalt on Engel da
15 bleiben / wie Vigleph wil / odder eitel Engel on gestalt / wie die So-
phisten wollen / Da fragen wir nicht nach / die klare schrifft vnd das öffent-
liche werck ¹ Gottes stehet da / das Gott seine Engel zu flammen macht / 442 W
vnd die flamme ist der Engel / wenn man drauff zeigt vnd spricht / das ist
ein Engel / vmb der wircklichen einickeit willen / das die zweyerley wesen
20 ein ding worden sind / wie ynn Christo vmb der personlichen einickeit
willen / Gott vnd mensch ein personlich wesen ist / Also mus man auch
vom sacrament reden / Das ist mein leib / ob wol solch (das) auffs brod
deute / Denn es ist auch eine Einickeit aus zwey vnterschiedlichen wesen
worden / wie folgen wird.

25   Zum vierden schreiben die Euangelisten / wie der heilige geist sey
auff Christum komen / ynn einer tauben gestalt ym Jordan. Item vber
die iünger ynn winds vnd fewriger zungen gestalt am Pfingstage / Item
auff dem berge Thabor ynn der wolcken gestalt ꝛc. Hie mügen Vigleph
vnd die Sophisten sich verklügen vnd sagen / diese taube sey da on den
30 heiligen geist / odder / sey der heilige geist da on die taube / wir sagen
widder beyde teil / das / so man auff die taube zeigt / recht vnd wol
spricht / das ist der heilige geist / vmb des willen / das hie die zwey vnter-
schiedliche wesen / als geist vnd taube / etlicher massen auch einerley wesen
sind / nicht natürlich odder personlich / Wolan sie heisse gleich / Formliche
35 einickeit / darumb / das der heilige geist sich ynn solcher form hat offenbarn
wollen / Vnd redet hie die schrifft frey / das wer solche taube sihet / der
sihet den heiligen geist / wie Johannes .1. Vber welchen du sehen wirst
den geist herab faren vnd auff yhm bleiben ꝛc. Warumb solt man denn
nicht viel mehr auch ym abendmal sagen / Das ist mein leib / ob gleich
40 brod vnd leib zwey vnterschiedliche wesen sind / vnd solch (das) auffs brod
deute? Denn hie auch eine Einickeit ¹ aus zweyerley wesen ist worden / 297 E

---

2 in der funktion bestehende   17 offenbare tun   29 die super-
klugen spielen   37 Jo. 1, 33   41 Einickeit A

die wil ich nennen Sacramentliche Einickeit / darumb das Christus leib
vnd brod / vns alda zum sacrament werden gegeben / Denn es ist nicht
eine natürlich odder personliche einickeit / wie ynn Gott vnd Christo / So
ists auch villeicht ein ander einickeit / denn die taube mit dem heiligen
geist / vnd die flamme mit dem Engel hat / dennoch ists ia auch ein 5
sacramentlich einickeit.

Darumb ists aller ding recht gered / das so man auffs brod zeiget
vnd spricht / Das ist Christus leib / Vnd wer das brod sihet / der sihet
den leib Christi / gleich wie Johannes spricht / das er den heiligen geist
sahe / da er die tauben sahe / wie gehöret ist / Also fort an ists recht ge= 10
red / Wer dis brod angreiffet / der greiffet Christus leib an / Vnd wer dis
brod isset / der isset Christus leib / wer dis brod mit zenen odder zungen
zu drückt / der zu drückt mit zenen odder zungen den leib Christi / Vnd
bleibt doch allwege war / das niemand Christus leib sihet / greifft / isset /
odder zubeisset / wie man sichtbarlich ander fleisch sihet vnd zubeisset / Denn 15
was man dem brod thut / wird recht vnd wol dem leibe Christi zu ge-
eignet vmb der sacramentlichen einickeit willen. Darumb thun die schwermer
vnrecht / so wol als die glosa ym geistlichen recht / da sie den Bapst
Nicolaus straffen / das er den Berenger hat gedrungen zu solcher bekend=
443 W nis / das er spricht / Er zu drücke vnd zureibe mit seinen zenen / [1] den war= 20
hafftigen leib Christi. Wolt Gott alle Bepste hetten so Christlich ynn
allen stücken gehandelt / als dieser Bapst mit dem Berenger ynn solcher
bekendnis gehandelt hat / Denn es ist ia die meinung / das wer dis brod
isset vnd beisset / der isset vnd beisset das / so der rechte warhafftige leib
Christi ist / vnd nicht schlecht eitel brod / wie Wigleph leret / Denn dis 25
brod ist ia der leib Christi / gleich wie die taube der heilige geist ist / vnd
die flamme der Engel ist.

Es hat den spitzen Wigleph vnd die Sophisten betrogen / die vn=
298 E zeitige Logica / das ist / sie haben die [1] Grammatica odder rede kunst nicht
zuuor angesehen / Denn wo man wil Logica wissen / ehe man die Gram= 30
matica kan / vnd ehe leren denn hören / ehe richten denn reden / da sol
nichts rechts ausfolgen. Die Logica leret recht / Das brod vnd leib /
taube vnd geist / Gott vnd mensch vnterschiedliche naturn sind / Aber sie
solt zuuor auch die Grammatica hören zur hülffe / Welche leret also reden
ynn allen sprachen / Das wo zwey vnterschiedliche wesen / ynn ein wesen 35
komen / da fasset sie auch solche zwey wesen / ynn einerley rede / Vnd wie
sie die einickeit beider wesens ansihet / so redet sie auch von beiden mit

---

7 durchaus   18 papst Nikolaus II. erzwang von Berengar von Tours
(RE [2] 2, 610) auf der Lateransynode im april 1059 das bekenntnis:
‚Confiteor . . . panem et vinum, quae in altari ponuntur, post consecra-
tionem non solum sacramentum, sed etiam verum corpus et sanguinem
Christi esse et sensualiter, non solum sacramento, sed in veritate, manibus
sacerdotum tractari, frangi et fidelium dentibus atteri.‘ Decr. p. III de
consecratione dist. 2 c. 42   29 vorzeitig angewandte

einer rede / als ynn Christo / ist Gott vnd mensch ein personlich wesen /
darumb redet sie von beiden wesen also / Der ist Gott / der ist mensch.
Item von der tauben Johan. 1. Das ist der heilige geist / das ist eine
taube. Item von den Engeln / das ist ein wind / das ist ein Engel / das
5 ist brod / das ist mein leib / Vnd widderumb auch zu weilen ein iglichs
vom andern also / Der mensch ist Gott / der Gott ist mensch / Die taube
ist der heilige geist / Der heilige geist ist die taube / Der wind odder diese
flamme ist der Engel / Der Engel ist die flamme / Das brod ist mein leib /
Mein leib ist das brod / Denn hie mus man nicht reden nach dem die
10 wesen vnterschieden vnd zweyerley sind an yhn selbs / wie Vigleph vnd
die Sophisten die Logica vnrecht brauchen / sondern nach dem wesen der
einickeit / nach dem solche vnterschiedliche wesen / einerley wesen sind
worden / ein iglichs auff seine weise / Denn es ist auch ynn der warheit
also / das solche vnterschiedliche naturn so zu samen komen ynn eins / war-
15 hafftig ein new einig wesen kriegen aus solcher zu samen fugung / nach
welchem sie recht vnd wol / einerley wesen heissen / ob wol ein iglichs fur
sich sein sonderlich einig wesen hat / Solchs hat den Vigleph vnd die so-
phisten betrogen / quod de vnitate totali per vnitates partiales 2 econtra
syllogisant.
20 ¹ Solche weise zu reden von vnterschiedlichen wesen / ¹ als von einerley /
heissen die grammatici Synecdochen / vnd ist fast gemein nicht allein ynn
der schrifft / sondern auch ynn allen sprachen / als wenn ich einen sack
odder beutel zeige odder dar reiche / spreche ich / Das sind hundert gulden /
da gehet das zeigen vnd das wortlin (das) auff den beutel / Aber weil der
25 beutel vnd gulden etlicher masse ein wesen sind / als ein klumpe / so trifft
zu gleich auch die gulden / Der weise nach / greiffe ich ein fas an vnd
spreche / das ist Reinisch wein / das ist Welsch wein / das ist roter wein.
Item / ich greiffe ein glas an vnd spreche / das ist wasser / das ist bier /
das ist salbe 2c. Jnn allen diesen reden sihestu / wie das wortlin (das)
30 zeiget auff das gefesse / vnd doch weil das getrencke vnd gefesse etlicher
massen ein ding ist / so triffts zu gleich / ia wol furnemlich / das getrencke /
Also hab ich droben auch ein exempel geben / Wer des koniges son ynn
die hand sticht / den vrteilt man / das er habe des koniges son gestochen /
darumb das die hand mit des koniges son / ein wesen / das ist / ein leib
35 ist / ob sie gleich fur sich selbs auch ein sonderlich wesen hat / als eine
hand / denn hand ist freylich kein leib. Hie her gehort auch meine gleich-
nis vom fewrigen eisen aus S. Augustino genomen / an welcher sich die
schwermer fast verbrochen vnd doch nichts ausgericht haben / Denn es sey
das fewr wie es wolle / so ists ynn aller sprachen recht geredt / das ist
40 fewr / vnd das ist eisen 2c.

Wenn nu hie ein spitzer Wigleph odder Sophist wolt lachen vnd
sagen / Du zeigest mir den beutel / vnd sprichst / das sind hundert gülden /
Wie kan beutel hundert gülden sein? Item wenn er spreche / Du zeigest
mir das fass / vnd sprichst / Es sey wein / Lieber fass ist holtz vnd nicht
wein / beutel ist ledder vnd nicht gold / Des wurden auch die kinder lachen 5
als eines narren odder schertzers / Denn er zu ʼreifft die zwey vereinigete
wesen von einander / vnd wil von eym iglichen ynn sonderheit reden / So
wir doch itzt ynn solcher rede sind / Da die zwey wesen ynn ein wesen
sind komen / denn das fass ist hie nicht mehr schlecht holtz odder fass /
sondern es ist ein weinholtz / odder weinfass / Vnd [1] der beutel ist hie nicht 10
mehr schlecht ledder odder beutel / sondern ein goldledder odder geldbeutel /
Wenn du aber das gantze wilt also zurtrennen / gold vnd ledder von ein-
ander thun / so ist freylich ein iglich stück fur sich selbs / vnd müssen denn
wol anders von der sachen reden / also / Das ist gold / Das ist ledder /
Das ist wein / Das ist fass / Aber lestu es gantz bleiben / so mustu auch 15
gantz dauon reden / zeigen auff fass vnd beutel vnd sagen / Das ist gold /
das ist wein / vmb der einickeit willen des wesens / Denn man mus nicht
achten / was solche spitze Sophisten gauckeln / sondern auff die sprache
sehen / was da fur eine weise / brauch vnd gewonheit ist zu reden.

Weil denn nu solche weise zu reden beyde ynn der schrifft vnd allen 20
sprachen / gemein ist / so hindert vns ym abendmal die predicatio identica
nichts / [1] Es ist auch keine da / sondern es trewmet dem Wigleph vnd den
sophisten also / denn ob gleich leib vnd brod zwo vnterschiedliche naturn
sind / ein igliche fur sich selbs / vnd wo sie von einander gescheiden sind /
freylich keine die ander ist / Doch wo sie zu samen komen / vnd ein new 25
gantz wesen werden / da verlieren sie yhren vnterscheid / so fern solch new
einig wesen betrifft / vnd wie sie ein ding werden vnd sind / also heisst vnd
spricht man sie denn auch fur ein ding / das nicht von nöten ist / der zweyer
eins vntergehen vnd zu nicht werden / sondern beide brod vnd leib bleibe /
vnd vmb der sacramentlichen einickeit willen / recht gered wird / Das ist 30
mein leib / mit dem wörtlin (Das) auffs brod zu deuten / Denn es ist nu
nicht mehr schlecht brod ym backofen / sondern fleischsbrod odder leibsbrod /
das ist / ein brod so mit dem leibe Christi / ein sacramentlich wesen vnd
ein ding worden ist / Also auch vom wein ym becher / Das ist mein blut /
mit dem wörtlin (Das) auff den wein gedeutet / Denn es ist nu nicht 35
mehr schlechter wein ym keller / sondern Blutswein / das ist ein wein /
der mit dem blut Christi ynn ein sacramentlich wesen komen ist / Das sey
gnug von dem stück fur die vnsern / die andern leret yhr geist / nichts
achten / denn was sie recht dünckt.

---

6 spassmachers   8 es damit zu tun haben   9 einfach   21 ge-
bräuchlich

¹ Das ander teyl.

NV wollen wir die sprüche der Euangelisten vnd S. Pauli
fur vns nemen / vnser gewissen zu stercken / Vnd Erstlich soltu an=
nemen der Schwermer eigen bekendnis / Deñ sie bekennen vnd müssen be=
5 kennen / das vnser verstand sey / wie die wort an yhn selbs natürlich
lauten / vnd nach laut der wort zu reden / sey vnser verstand recht / das
habe keinen zweiuel / Aber sie fechten / das die wort nicht sollen verstanden
werden / wie sie lauten / Solch bekenbnis soltu (sage ich) annemen / Denn
das ist wol so viel / als mehr denn halb gewonnen / Weil sie nu bekennen /
10 das wo die wort / wie sie lauten / anzunemen weren / so were vnser ver=
stand recht / So befreyen sie vns / mit yhrem eigen zeugnis / Erstlich /
Das wir vnsern verstand nicht weiter beweisen dürffen / denn die wort
erzelen / wie sie da stehen vnd lauten / Das ist eins / das mercke wol.
Zum andern beladen vnd verbinden sie sich mit zwo grosser mühe vnd er=
15 beit / Eine / das sie beweisen sollen vnd müssen / warumb die wort nicht /
wie sie lauten / sondern anders zu verstehen sein sollen / Die andere / das
sie vns an stat solcher wort / ander wort vnd text geben der gewis sey /
darauff man stehen konne / Dieser beider haben sie bisher keins gethan /
Vnd sonderlich das ander haben sie noch nie furgenomen zuthun / wie wir
20 das alles droben erzelet vnd beweiset haben / Damit sie vns gleich zwingen /
das wir bey dem synn müssen bleiben / den die wort geben / wie sie lauten /
vnd sie sich selbs zu schanden machen mit yhren vngewissen lügen.

¹ Zum andern / Weistu vnd solt ia wissen / das vnser text (Das ist ⁴⁴⁶ W
mein leib ⁊c.) ist nicht von menschen / sondern von Gott selbst aus seinem
25 eigen munde / mit solchen buchstaben vnd worten / gesprochen vnd gesetzt.
Aber der schwermer text (das bedeut meinen leib / odder das ist meines
leibs zeichen ⁊c.) ist nicht von Gott selbst mit solchen worten vnd buch=
staben gesprochen / sondern von menschen allein. Zum dritten / so hastu
droben gehört / das sie selbst allzu mal yhres texts aller dinge vngewis
30 sind / vnd ¹ keiner den seinen bestendiglich hat bis her beweisen wollen / das ³⁰² E
er solle vnd müsse also stehen / wie sie furgeben / vnd konnen auch keinen
gewissen nymer mehr auffbringen / Aber vnser text ist gewis / das er sol
vnd mus so stehen / wie die wort lauten / Denn Gott hat yhn selbs
also gestellet / vnd niemand thar einen buchstaben widder dauon noch
35 dazu thun.
Zum vierden / weisstu / das sie vneins sind vnd mancherley widder=
wertige text aus den worten machen / Das sie nicht allein vngewis (welchs
allein teuffels gnug were) sondern auch widdernander sind / vnd sich selbs vnter=

---

5 unsre auffassung zu dem einfachen wortlaut stimme   7 be-
haupten   12 zu beweisen brauchen als   19 zweite   29 allesamt |
völlig   30 unwiderleglich   34 darf   36 sich widersprechende

nander lügen straffen müssen / Aber vnser text ist nicht allein gewis / sondern auch einig vnd einfeltig vnd eintrechtig vnter vns allen.

Zum funfften / Setze es gleich dahin / das vnser text vnd verstand auch vngewis odder finster sey (als nicht ist) so wol als vhrer text vnd verstand / So hastu dennoch das herliche trotzige vorteil / Das du mit gutem gewissen kanst auff vnserm text stehen vnd also sagen / Sol ich denn vnd mus vngewissen / finstern / text vnd verstand haben / So wil ich lieber den haben / der aus Göttlichem munde selbst gesprochen ist / denn das ich den habe / so aus menschlichem munde gesprochen ist / Vnd sol ich betrogen sein / so wil ich lieber betrogen sein von Gott (So es müglich were) denn von menschen / Denn betreugt mich Gott / so wird ers wol verantworten vnd mir widderstattung thun / Aber menschen konnen mir nicht widder stattung thun wenn sie mich betrogen haben vnd vnn die helle gefurt / Solchen trotz konnen die schwermer nicht haben / Denn sie konnen nicht sagen / Ich wil lieber auff dem text stehen den zwingel vnd Ecolampad zwitrechtiglich sprechen / Denn auff dem den Christus selbs eintrechtiglich spricht.

Demnach kanstu frölich zu Christo reden beyde an deym sterben vnd iüngsten gericht also / Mein lieber Herr Jhesu Christe / Es hat sich ein hadder vber deinen worten ym abendmal erhaben / Etlich wollen / das sie anders sollen verstanden werden denn sie lauten / Aber die weil sie mich nichts gewisses leren / sondern allein verwirren vnd vngewis machen / vnd

303 E vhren text ynn keinen weg wollen noch konnen beweisen / So bin ich blieben auff deinem text / wie die wort lauten / Ist etwas finster daryinnen / so hastu es wollen so finster haben / denn du hast kein andere verklerung drüber geben noch zu geben befolhen / So findet man ynn keiner schrifft noch sprachen / das (Ist) solte (deutet) odder (Mein leib) leibs zeichen 447 W heissen / Were nu eine finsternis dryinnen / so wirstu mirs wol zu gut halten / das ichs nicht treffe / wie du deinen Aposteln zu gut hieltest / da sie dich nicht verstunden ynn vielen stücken / als / da du von deinem leiden vnd aufferstehen verkündigest / Vnd sie doch die wort / wie sie lauten / behielten vnd nicht anders machten / Wie auch deine liebe mutter nicht verstund / da du zu yhr sagest Luce .2. Ich mus sein ynn dem das meines vaters ist / vnd sie doch einfeltiglich die wort ynn yhrem hertzen behielt vnd nicht andere draus macht / Also bin ich auch an diesen deinen worten blieben / das ist mein leib rc. vnd habe mir keine andere draus machen wollen noch machen lassen / sondern dir befolhen vnd heymgestellet / ob etwas finster dryinnen were / vnd sie behalten wie sie lauten / sonderlich weil ich nicht finde / das sie widder einigen artickel des glaubens streben / Sihe / so wird kein schwermer mit Christo reden thüren / das weis ich wol / denn sie sind vngewis vnd vneins vber yhrem text.

Denn ich habs versucht / Wenn gleich ym abendmal eitel brod vnd
wein were / Vnd ich wolte doch von lust wegen versuchen / wie ichs aus-
sprechen möcht / das Christus leib ym brod were / so kündte ichs doch
warlich nicht gewisser / einfeltiger vnd klerer sagen / denn also / Nemet /
5 esset / Das ist mein leib ⁊c. Denn wo der text also stünde / Nemet /
Esset / ynn dem brod ist mein leib / odder mit dem brod ist mein leib /
odder vnter dem brod ist mein leib / Da solts aller erst eitel schwermer
regen / hageln vnd schneyen / die da rieffen / Sihe da / hörestu da?
Christus spricht nicht Das brod ist mein leib / Sondern ym brod / mit
10 brod / vnter brod / ist mein leib / vnd solten schreyen / O wie gerne wolten
wir gleuben wenn er hette gesagt / Das ist mein leib / Das were dürre
vnd helle gered / Aber nu er spricht / ym brod / mit brod / vnter brod / so
folget¹ nicht / das sein leib da sey / Vnd würden also tausent ausflucht vnd   304 E
glose vber die wort (Jm / Mit / Vnter) ertichten / auch mit grösserm schein /
15 Vnd viel weniger zu halten sein denn itzt / Noch dürffen sie sagen / Wo
stehets geschrieben / das Christus leib ym brod sey / gerade als weren
sie bereyt zu gleuben wo wirs beweisen kündten / Vnd wollen doch nicht
gleuben da wir beweisen / wol mechtiger / das Brod / sey der leib Christi /
welchs ia stercker vnd klerer seinen leib dazu sein ausspricht / denn dieser
20 text / Jm brod ist mein leib / Aber sie liegen vnd geben fur / Gott solle
text stellen / wie sie es yhm fur malen / vnd wenn ers schön thet / so
wurden sie es doch nicht an nemen / weil sie diesen nicht an nemen.

Weil wir nu gewaltiglich gnug beweiset haben / das widder des
Zwingels Deuteley / noch des Ecolampads¹ zeicheley bestehen müge / so   418 W
25 haben wir damit auch erstritten alle die text / so vom abendmal reden /
das sie vnsern verstand geben sollen wie sie lauten / Vnd wie wol ich die
selbigen ym büchlin widder die hymlischen Propheten gnugsam gehandelt
habe / vnd noch heutiges tages nichts von den schwermern da widder auff-
bracht ist / denn blosse / nackte / glöslin / on einigen spruch der schrifft / aus
30 yhrem kopff ertichtet / vnd auff den grund yhrer deuteley vnd zeicheley er-
bawet / vnd solchs nu alles sampt der deuteley vnd zeicheley auch zu boden
gefallen / vnd mein büchlin noch stehet / wie du lesen magst vnd selbst er-
faren ynn den sextern / G. H. J. K. So wil ich doch noch ein mal die
selbigen text nach einander handeln / vnsern verstand zu stercken.

35 S. Mattheus ist der erste / der spricht Cap. 26. Da sie assen / nam
Jhesus das Brod / vnd danckt vnd brachs / vnd gabs den iüngern vnd sprach /

Nemet / Esset / Das ist mein leib. Vnd nam den becher
vnd danckt vnd gab yhn vnd sprach / **Trincket aus dem alle /** Denn

---

2 weil's mich gelüstet   7 erst recht   11 klar   15 fest-
zuhalten | dennoch   18 zwingender   19 ausdrückt, dass sein leib
dabei sei   21 formulieren | vormalen | schon   25 gesichert   26 unsere
auffassung enthalten   29 glösslein | irgend einen   35 Mt. 26, 26 ff.

dis ist mein Blut des newen testaments / Das fur viele vergossen wird zur vergebung der sunden. Diese wort sind durch den mund Gottes gesprochen / ob sie wol die schwermer nicht höher achten / ¹ denn als hette sie etwa ein lotter bube odder truncken bolb gesprochen / Denn auch der Zwingel an einem ort ¹ gleich zornig vber vns ist / vnd spricht / Wir halten so gar fest vber funff arme vnd elende wort / Das thut er als aus der Rhetoricken kunst / wenn einer eine böse sache hat / vnd das gegen teil mit der hellen warheit yhm das hertzeleid thut vnd bange macht / sol ers mit der hand von sich weisen vnd das maul auff werffen vnd sagen / Es sey nichts / Es sey nicht werd zuuerantworten / Es seyen funff arme / elende wort ꝛc. Aber daneben mus er auch nicht anders wehnen / denn Gott sey ein götze odder affe / vnd alle welt sey eitel stock vnd stein / die schlecht yhn lassen benügen / wenn sie solche verachtung hören / So stymmet denn Zwingels Rethoricka mit dem geist ynn der Schlesie fein vber eins / das man solche wort mus aus den augen thun / vnd als arme elende wort verachten / so haben sie denn gewonnen vnd die gewisse warheit funden / Das sol der grund sein diese helle wort zu glosirn vnd verstehen.

Wir armen elenden fleischfresser / müssen vns dennoch die weil verwundern / wie es zu gehe / das solche mechtige eisenfresser vnd hellenbrecher / wibber diese elende arme funff wort / so gar nichts auffbringen / denn ein blos / nacketes / hohmütiges verachten / Ist verachten gnug zur warheit / So ist der teuffel billich Gott vber alle Götter / Aber mit solcher rede zeugen sie wibber sich selbs / ¹ was sie fur einen geist haben / vnd wie theur sie Gotts wort achten / das sie die selbigen theuren wort schelten / als arme / elende funff wort / Das ist / sie gleuben nicht / das Gotts wort sind / Denn wo sie gleubten / das Gotts wort weren / wurden sie es nicht elende arme wort heissen / sondern auch einen tutel vnd buchstaben grösser achten denn die gantze welt / vnd dafur zittern vnd furchten als fur Gott selbs / Denn wer ein eintzel Gotts wort veracht / der achtet freylich auch keines nicht gros / Wenn sie doch vnsern verstand odder vnrechten synn so scholten vnd ¹ nicht die wort Gott selbs / were es zu leiden / Wie thut man aber nu denen / die solch elende wort / nicht elend / sondern herlich / mechtig vnd schrecklich halten? Wie solt man thun? man mus sie auch fur elende narren halten / die solche wort nicht konnen verachten noch aus den augen thun.

Weil denn hie (Jst) nicht (deuteley) vnd (Mein leib) nicht (meins leibs zeichen) kan beweiset werden / Vnd die sprüche (fleisch ist kein nütze /

---

4 vagabund   5 ebenso   6 klammerten uns gar so fest an |
funfft A   10 spöttisch den mund verziehen   13 einfach sich lassen
genügen, sich zufrieden geben   19 unterdessen   20 grosssprecher u.
maulhelden   25 thuren [= dürfen] schelten hs.   28 strich

Chriſtus ſitzt ym hymel) nicht zwingen / vnd aller ding kein vrſach geben
mag werden / die wort anders zu verſtehen denn ſie lauten / wie wir
droben gehort haben / ſo müſſen wir drauff bleiben vnd dran hangen / als
an den aller helleſten / ¹ gewiſſeſten / ſicherſten worten Gotts / die vns nicht   451 W
5 triegen noch feylen laſſen konnen / Denn es iſt auffs allereinfeltigſt gered
(Das iſt mein leib / Das iſt mein blut des newen teſtaments) das / wenn
man aller welt ſprache vnd wort zu ſamen truge / So kündte man doch
nicht einfeltiger rede odder wort draus welen odder nemen / Chriſtus kan
ia nicht einfeltiger ſagen von ſeinem leibe vnd blut / Denn alſo / mein
10 leib / odder das iſt mein leib / das iſt mein blut / Denn das die ſchwermer
furgeben / Chriſtus habe nicht geſagt / Jnn dem brod iſt mein leib / odder
wenn yhr dieſe wort ſprecht / ſo ſol mein leib da ſein / Jſt nichts. Las
ſie die wal haben / vnd ſelbs verſuchen / wie ſie einfeltiger dauon wolten
reden. Hette Chriſtus alſo geſagt / Jnn dem brod iſt mein leib / ſo hetten
15 ſie viel mehr ſchein / vnd möchten fur geben / Chriſtus iſt ym brod / geiſt-
lich odder deutelich / Denn haben ſie ynn dieſen worten / Das iſt mein
leib / konnen finden eine figurliche rede / wie viel mehr würden ſie die
ſelbigen finden ynn dieſen worten? (Jnn dem brod iſt mein leib) vnd
dazu mit gröſſerm ſchein / Denn es iſt heller vnd einfeltiger gered / wenn
20 ich ſage / Das iſt mein leib / denn / Jnn dem iſt mein leib.

Hette aber Chriſtus alſo geſagt / Wenn yhr dieſe wort ſprecht / ſo
ſol mein ¹ leib da ſein / Wurden ſie bald daher faren / Ja lieber / Chriſtus   452 W
ſpricht nicht / Das brod iſt mein leib / ſondern / mein leib ſol da ¹ ſein / 307 E
Nu kan er wol da ſein / das dennoch nicht brod ſein leib ſey / Sihe wie
25 ſein weren ſie da gehalten? Spreche er aber alſo / Wenn yhr dieſe wort
ſprechet / ſo ſol mein leib da gegenwertig ſein ym brod / So wurden ſie
abermal ſagen / Ja Chriſtus leib iſt freylich gegenwertig da ym brod /
aber nicht weſentlich / ſondern geiſtlich odder figürlich. Spreche er aber
alſo / Wenn yhr dieſe wort ſprecht / ſo ſol mein leib weſentlich da ym
30 brod gegenwertig ſein / So würden ſie ſagen widderumb / Ja freylich iſt
ſein leib weſentlich ym brod gegenwertig / aber alſo / das weſentlich ver-
ſtanden werde / von Chriſtus leib / nemlich das Chriſtus einen weſentlichen
leib habe vnd nicht einen Marcioniſſchen / der ſelbige weſentliche leib /
iſt freylich da ym brod gegenwertig / aber als ym zeichen / vnd nicht war-
35 hafftig.

Summa / Wenn yhn Gott ſelbs die wal gebe / den text zu ſtellen /
ſo wurden ſie ſelbs keinen ſtellen ſo einfeltig als dieſer iſt / ſondern würden
ymer viel mehr löcher vnd lücken drynn finden / denn ſie ynn dieſem finden.
Drumb wer ſich mit dieſem text ynn vnſerm verſtand nicht halten leſſet /

1 durchaus kein grund dafür angeführt werden kann   5 fehl-
greifen   15 schein des rechts   16 symbolisch   22 alsbald mit der
einrede kommen   25 vgl. oben s. 465, z. 15   33 scheinleib (RE ⁸ 11, 270,
z. 40 ff.)   39 bei unserer auffassung

der lefft fich nymer mehr mit einem halten / Nu ifts ia gewis / das die

w ſchwermer [1] bey ſich beſchloſſen haben / ſie wollen ſich nicht halten laſſen /
Das beweiſen ſie damit / das ſie dieſen einfeltigen text ſo manchfeltiglich
zu boren vnd zu löchern / Einer wil zum Tuto ein loch hindurch machen /
der ander durchs (Iſt) der dritte durch (Mein leib) die andern ſonſt vnd 5
ſo / wie die fiſſche das netze S. Petri zuriſſen / vnd furen ſo loſe faule
vrſachen / die viel vngewiſſer vnd finſterer ſind denn dieſer text iſt / Vnd
iſt lauter lügen vnd büberey / das ſie gewiſſern / einfeltigern / hellern text
foddern / Denn ſie wiſſen / das er nicht heller noch einfeltiger mag geſtellet
werden / wenn ſie gleich ſelbs die wal hetten zu ſtellen / Sondern weil ſie 10
fulen / das dieſer text zu helle vnd zu gewis iſt / wolten ſie vns gerne
eraus locken / das wir einen andern ſtelleten / da ſie viel mehr löcher vnd lücken
ynn finden künden / Vnd alſo einen ſchein hetten / das ſie einen hellern text
hetten geſtörtzt / denn der ym Euangelio ſtehet / welcher muſte als denn

308 E gantz vnd gar nichts gelten / Nein teuffel / du [i] ſchaffeſt nicht / Du ſolt vnd 15
muſt an dieſem text erwürgen vnd vnterligen / da ſol dir nichts fur
helffen.

S. Marcus iſt der ander / der ſpricht Cap. 14. Vnd da ſie aſſen /
nam Iheſus das brod / ſegenets vnd brachs vnd gabs yhn vnd ſprach /

W 454 Das iſt [1] mein leib / Vnd nam den becher / danckt vnd gab yhnen / 20
Vnd ſie truncken aus yhm alle / Vnd er ſprach zu yhn / Das iſt mein
blut des newen teſtaments das fur viel vergoſſen
wird.

Aus dieſem text hat Carlſtad ſeine erſte gedancken vom Tuto ge-
ſchepfft / Weil hie Marcus lautet / als haben die iünger zuuor alle ge- 25
truncken aus dem becher / ehe denn Chriſtus ſprach / Das iſt mein blut /
damit er flug darnach auff ſein ſitzende blut deuten ſolle / weil der becher
nu ſchon ausgetruncken ſey. Aber das iſt alles lengeſt verlegt vnd zu nicht
worden / Denn nicht allein die andern Euangeliſten vnd S. Paulus /
anders ſchreiben / Sondern er ſelbs auch / S. Marcus / da er vom andern 30
teil des ſacraments ſagt / nicht ſchreibt / das die iünger das brod geſſen
haben vnd darnach Chriſtus geſagt / Das iſt mein leib / Drumb mus ſich
die rede vom trincken richten nach der ordnunge / ſo die andern Euange-
liſten vnd Paulus / vnd S. Marcus ſelbs ynn der rede vom eſſen / helt /
Denn er kann nicht widder ſich ſelbs vnd widder die andern alle ſein. 35

Aber mich wundert gleich wol / wie es kompt / das allein S. Marcus
dis ſtück ſchreibt (Vnd ſie truncken alle draus) Vnd thuts dazu eben gleich

455 W [1] an dem ort / da Mattheus ynn ſeym text ſchreibt / Trincket alle draus /
das es aus der maſſen ſtarck ſcheinet / als ſey der text in S. Marco ver-
endert / vnd aus Piete Epion gemacht / Denn wo piete hie ſtünde / ſo 40

were es gleich ein text mit S. Mattheo / mit welchem doch sonst
S. Marcus fast gleich pflegt zu stymmen / Dis befelh ich den gelerten.
Ich halte / das beiderley / da Mattheus allein fur allen andern schreibt
(Trinckt alle draus) vnd da Marcus schreibt auch / fur allen andern allein
5 schreibt (Sie truncken alle draus) sey dar'umb geschrieben / das die zween 309 E
Euangelisten haben wollen anzeigen / wie die iünger allzumal haben aus
diesem becher getruncken / nicht zum durst / als andere truncke villeicht ge=
schehen sind / da man hat müssen mehr denn ein mal einschencken ehe denn
es rumb gangen ist / Sondern das sie haben diesen becher vmb lassen
10 gehen sollen / vnd also messig draus trincken / das sie alle draus haben ge=
truncken / gleich wie Lucas auch schreibt / das er den letze trunck fur dem
sacrament auch also gegeben hat / das sie alle aus einem becher truncken /
da er spricht / Teilet diesen becher vnter euch / als solt er sagen / Es
waren wol mehr becher vber tisch / da ein iglicher fur sich aus ¹ tranck / 456 W
15 obber ein becher ward mehr denn ein mal eingeschenckt / Aber dieser
becher zur letze / ward gegeben / das sie alle aus dem selbigen truncken /
damit dem allten Osterlam Valete gegeben.

Also mag Mattheus vnd Marcus / von diesem sonderlichen becher
auch verstanden werden / das die Apostel sonst vber tisch ein iglicher fur
20 sich einen becher gehabt / obber doch ia mehr denn ein becher gewest sey /
Aber hie / da er ¦einen newen sonderlichen trunck seines bluts gibt / heist
er sie alle aus diesem einigen becher trincken / das also mit darreichen vnd
sonderlicher geberde / Christus ¦seinen eigen becher nompt vnd allen draus
gibt / vber die andern gemeinen becher vber tissche / dabey sie deste besser
25 drauff merckten / wie es ein sonderlicher tranck were / vber die andern
truncke / so die malzeit vber gegeben wurden / Denn das brod kund er
wol / ia er muste es so austeilen / das ein iglicher sein stücke fur sich
krieget / Aber den wein kundte er nicht so aus teilen / sondern must es
vnn einem becher lassen fur sie alle / vnd anzeigen mit worten / das ein
30 gemeiner tranck fur sie alle were / vnd nicht eym obber zween obber drey
alleine furzusetzen vnd auszutrincken were / wie die andern becher vber
tissch frey stünden eym iglichen wie er wolt.

¹ Also hat er mit diesen geberden freylich sein abendmal wollen merck= 457 W
lich vnterscheiden von dem alten abendmal / Erstlich / das er den Valete 310 E
35 trunck gibt / wie Lucas ¹ schreibt / Damit hat er ia der iünger synn be=
wegt / das sie haben müssen dencken / Was wil er damit machen / das er
den letze trunck gibt aus seinem becher? So hat er bis her vber tissche
nicht gethan / Vnd sonderlich / weil S. Lucas schreibt / Er habe mit
worten solche letze auch ausgedruckt vnd gesagt / Ich sage euch / das ich
40 hinfurt nicht trincken werde vom gewechse des weinstocks bis das reich

2 durchweg   6 allesamt   9 herum   11 Lc. 22, 17 | ab-
schiedstrunk   14 bei tisch   24 über-hinaus, ausser | gewöhnlichen
26 während der m.

Gottes kome / wie wir hören werden / Zum andern / das er ein sonder-
lich brod für allen andern brodten nun die hende nympt / segenet vnd
bricht nach solchem letze trunck / Da haben sie ia müssen dencken / Wie?
wil der nu noch ein mal essen? so er doch den letze trunck gethan hat /
Da haben sie freylich gar eben yhm zugesehen / was er thu / vnd zu ge-
höret / was er rede / denn also hat er vber tisch vnd abendmal des lambs
mit dem andern brod nicht gethan / Vnd sehet nu nach dem letzetrunck vnd
abendmal ein newes an / Vnd spricht / es sey sein leib / Hie schweigen sie
still vnd gleuben einfeltiglich / keiner fragt / wie brod leib sein müge. Zum
dritten / das er seinen becher gibt / vnd alle draus trincken heisst / Das hat
sie ia auch müssen bewegen / weil er zuuor mit keinem andern becher also

458 W gethan hatte / vnd dazu spricht / Es sey sein blut / Vnd sie abermal still
schweigen vnd gleuben / Denn sie haben wol gedacht / Es müsse war sein /
was er sagt / weil sie sehen solche newe geberde nach der letze / das er
von newes anstehet / von newes bancket / von newem das benedicite spricht /
vnd dazu ein sonderlich brod nympt das er vnter sie alle teylet / Vnd
seinen becher auch vnter sie alle teilet / vnd beschleust solch abendmal / mit
einem brod vnd mit einem becher / Da haben sie wol gedacht / Er wisse
wol / was er thu vnd rede / das es keines fragens durfft / vnd doch sehen /
das gar ein new ander abendmal sey.

Summa / das Osterlamb haben sie also gessen / das er sie nicht hat
heissen essen noch trincken / noch yemand furgelegt / odder furgesetzt /
Sondern ein iglicher hat für sich hin gessen vnd getruncken / wie es für

511 E yhm gelegen vnd gestanden ist / Wie auch Mattheus vnd Marcus sagen.
Da sie assen / nam er das brod rc. Aber hie gehet es gar vnn einer
newem weise daher / Er nympt vnd stymmet ein gewis sonderlich brod /
danckt drüber / brichts selbs vnd teylets vnter sie vnd legts yhn für / vnd
heisst sie essen / Vnd spricht dabey / Das ist mein leib für euch gegeben /
Desselbigen gleichen thut er mit dem becher auch / stymmet vnd gibt einen

459 W sonderlichen trunck für sie alle / Von andern brodten heisst er sie nicht
essen / noch von andern bechern trincken / legt vnd setzt auch niemand nichts
für wie er hie thut / Mit welchem allen er wol anzeigt / das dis brod
vnd wein / nicht ein schlecht brod vnd wein / wie bey dem Osterlamb ge-
nossen ward / sondern ein viel anders / sonderlichs / höhers / nemlich / wie
ers mit worten selbs aussprict / Sein leib vnd sein blut sey.

Also haben wir / das Mattheus vnd Marcus vber ein stymmen vnd
beide auffs einfeltigst vnd schier einerley wort reden / on das Mattheus
am ende hinzu setzt / dieses stücke (zur vergebung der sunden) Wibderumb
Marcus da er vom brod redet / spricht er / Eulogesas / das ist / Er segenet
es / da doch die andern allenthalben sagen / Euchatistesas / das ist / Er

---

danckt / Wie er selbs Marcus bey dem becher auch thut / Das michs
dünckt / Er wolle segen vnd dancken fur ein bing haben / Doch las ich
solchs denen / so lust haben sich damit zubekommern / Das ist wol nützer
zu mercken / weil die Euangelisten alle so eintrechtig diese wort (Das ist
5 mein leib) auffs einfeltigst setzen / kan man draus nemen / das es freylich
keine figürliche rede noch einiger tropus darynn sein müsse / Denn wo
einiger tropus brynnen were / hette es freylich ia etwa einer mit eym
buchstaben gerüret / das ein ander text odder verstand hette mügen sein /
gleich wie sie wol ynn andern sachen thun / da einer setzt / das der ander
10 aussen lest / odder setzts mit andern worten / als Mattheus .12. schreibt /
Christus habe gesagt / So ich mit dem finger Gottes die teuffel aus
treibe. rc. Lucas aber also / So ich [1] durch den geist Gottes die teuffel [312 E]
aus treibe / Vnd da Marcus sagt / Ein same habe dreissigfeltig / einer
sechzigfeltig / einer hundertfeltig frucht getragen / Da sagt Lucas schlecht /
15 Vnd es trug hundertfeltige frucht / Vnd der stück viel / da einer den andern
verkleret odder anders redet.

Hie aber sind sie allzumal auffs aller einfeltigst gleich / vnd lest sich
keiner mit eym buchstaben anders mercken denn der ander / als solten sie
allesampt sagen / Es kan niemand anders / einfeltiger vnd gewisser dauon
20 reden / denn also / Das ist mein leib / So doch Lucas vnd Paulus bey
dem becher viel anders reden denn Mattheus vnd Marcus / wie wir hören
werden / Weil denn da vier zeugen stehen / vnd gleich ynn worten ober
ein stymmen / mügen wir frölich vnd sicher vns auff yhr zeugnis lassen
vnd drauff vrteilen vnd gleuben / Denn so Gott spricht / das zweyer mund
25 zeugnis sol war sein / wie [1] viel mehr sollen dieser vier zeugnis vns stercker [460 W]
sein / denn aller schwermer schreyen vnd plaudern / Sie dürffen ia nicht
sagen / Das Mattheus / Marcus / Lucas / Paulus / nicht so geleret / heilig /
frum vnd geistlich gewest sind / als sie vnd die yhren sind / Machen sie
aber solcher zeugen rede zweiuelhafftig / so sol billich der schwermer rede
30 viel mehr zweiuelhafftig sein / sonderlich / weil sie vnternander selbs vn-
eins / keiner seines texts gewis ist / noch werden kan / Aber diese vier
zeugen ym text auch bey buchstaben eins sind. Mit den vnsern rede ich
also / Denn die schwermer konnen auff alle ding wol antworten / weil
sie keine schrifft / sondern nackte glöslin geben thüren aus eigenem kopffe.
35 S. Lucas ist der dritte / Cap. 22. Er nam das brod / danckt vnd
brachs vnd gabs yhn vnd sprach / Das ist mein leib der fur
euch gegeben wird / Solchs thut zu meinem gedechtnis / Desselben
gleichen auch den becher nach dem abendmal vnd sprach / Das ist der

1 Mc. 14, 23   5 gewisslich   6 irgend ein   7 einmal   8 be-
rührt   10 Mt. 12, 28   12 Lc. 11, 20 | L. hat die beiden stellen
verwechselt   13 Mc. 4, 8   14 Lc. 8, 8 | einfach   16 erklärt
23 verlassen   24 Dt. 19, 15 | Mt. 18, 16   34 blosse randbemerkungen
geben dürfen   35 Lc 22, 19 f.

becher das newe Teſtament ynn meinem blut / das fur
euch vergoſſen wird.

313 E   Wer yhm wolt ſagen laſſen / der hette allein an ¹ S. Lucas gnug ynn
dieſer ſachen / ſo klerlich vnd fein redet er vom abendmal / Erſtlich be-
ſchreibt er den letze trunck Chriſti / (wie droben geſagt iſt) vnd ſpricht / 5
Er nam den becher / danckt vnd ſprach / Nemet vnd teylet dieſen vnter
euch / Denn ich ſage euch / Ich werde nicht trincken von dem gewechſe des
weinſtocks / bis das reich Gottes kome. Hie bezeuget Chriſtus / Dis ſolle
ſein letzter trunck weins auff erden ſein mit ſeinen iüngern / Bald aber
drauff gibt er den becher weins des newen abendmals ꝛc. Iſt nu eitel 10
ſchlechter wein ynn dem newen abendmal / wie iſts denn war / das ihenes
der letze trunck ſein ſol / das er keinen wein mehr trincken wil? Iſts der
letze trunck weins / ſo kan dis nicht wein ſein / das er darnach zu trincken
gibt / Iſts nicht wein / ſo mus es das ſein das er nennet / nemlich ſein
blut / odder das newe teſtament ynn ſeinem blut. Alſo ſtehet hie Lucas 15
gewaltiglich / das ym abendmal Chriſti nicht ſchlechter wein mag ſein.

Hie möchſtu ſagen / Ja wer weis / ob ſolche wort vom letze trunck /
Chriſtus fur odder nach ſeinem abendmal gered hat / Denn Lucas ſchreibt /
Er hab ſolche wort fur dem abendmal gered / Aber Mattheus vnd Marcus
ſchreiben / als hab er ſie nach dem abendmal gered / Wolan / ſo ſtehet die 20
ſache darauff / welcher Euangeliſte die rechte ordnung ym ſchreiben halte /
Helt ſie Lucas / ſo iſt die ſache ſchlecht vnd vnſer verſtand recht / vnd die
ſchwermer ſind verloren / das hat keinen zweyffel / odder zweyffeln die
ſchwermer vber das / ſo ſind wir doch gewis / das wir recht haben / Das
iſt vns gnug. Nu las vns aus der Euangeliſten ergen wort vnd werck 25
lernen / welcher / die rechte ordnung ym ſchreiben halte. S. Lucas ym
anfang ſeines Euangelij bezeuget / das er wolle von forn an vnd ordenlich
461 W ſchreyben / Vnd das beweiſet er auch mit der that / ¹ denn ſein Euangelion
gehet fein auffeinander bis ans ende / wie alle wellt zeuget. Aber ſolchs
hat Mattheus vnd Marcus nicht verheiſſen. Sie thuns auch nicht / wie 30
314 E das ynn vielen ſtücken zu beweiſen were / als da Mattheus die anfechtung
Chriſti beſchreibt Matt. iiij. vnd die erſcheynung Chriſti nach der auff-
erſtehung ꝛc. da er gar die ordnung nicht helt. Vnd S. Auguſtin de
Conſenſu Euangeliſtarum viel ſich drynnen erbeitet. Helt doch Marcus
die ordnung nicht / eben an dieſem ort ym abendmal / da er das ſtücke 35
(Vnd ſie truncken alle draus) ſetzt fur dieſen worten (Vnd er ſprach / Das
iſt mein blut ꝛc.) ſo es doch von natur vnd art ſol hernach folgen.

---

3 ſich belehren laſſen wollte   5 abſchiedstrunk | Lc. 22, 17 f.
11 gewöhnlicher   15 ſteht dafür ein, bezeugt   19 Mt. 26, 29 |
Mc. 14, 25   20 kommt's darauf an   22 glatt | auffaſſung
27 Lc. 1, 3   29 iſt wohlgeordnet   32 Mt. 4, 1 ff. 28, 1 ff.   34 damit
abmüht   36 Mc. 14, 23

Weil denn kein zweiuel ist / das Mattheus vnd Marcus die strenge
ordnung nicht halten / Sondern Lucas der verpflicht sich die selbigen zu
halten vnd helt sie auch / So mus Mattheus vnd Marcus mit ohrem
schreiben nach S. Lucas ordnung zu richten sein / vnd nicht widderumb /
5 Vnd müssen sagen / Das Mattheus vnd Marcus haben das nach dem
newen abendmal gesetzt / welchs doch nach dem alten abendmal geschehen
ond zu setzen ist / Denn sie nicht gros nach der ordnung fragen / Haben
gnug / das sie die geschicht vnd warheit schreiben. Lucas aber der nach
ohn geschrieben hat / bekennet / das seines schreibens vrsachen eine ge-
10 wesen sey / das viel andere solche geschichte on ordnung geschrieben hatten /
drumb ers furgenomen habe ordenlich zu schreiben. Vnd also meinen auch
viel vnd ist fast gleublich / das S. Paulus habe S. Lucas gemeinet / da
er zu den Corinthern zeugt / lobt vnd spricht / Wir haben einen bruder
mit gesand / welchs lob vm Euangelio gehet bey allen Christen. So
15 hilfft auch das dazu / das Lucas mit vleis die ordnung halten wölle / das
er nicht allein den letze trunck / sondern auch des gantzen Osterlambs letze
vorher schreibt vnd spricht / Da die stunde kam / satzt er sich nyder / vnd
die zwelff Apostel mit ohm. Vnd er sprach zu ohn / Mich hat hertzlich
verlanget dis Osterlamb mit euch zu essen / ehe denn ich leyde / Denn ich
20 sage euch / das ich hinfurt nicht mehr dauon essen werde / bis erfullet
werde ym reich Gottes / Vnd er nam den becher rc. Da¹ sihestu / das 315 E
alles ynn einem text ordenlich nach einander von der letze ist geredt / beyde
ym essen vnd trincken / welchs Mattheus vnd Marcus nicht thun / So
nu die letze ym essen fur dem newen abendmal ordenlich stehet vnd auch
25 stehen sol / so mus warlich auch die letze ym trincken fur dem newen
abendmal stehen / Denn es beyde eine letze ist vnd nicht von einander zu
sondern.

Hiemit komen wir nu widder auff den obgesagten grund vnd be-
schlus. Helt Lucas die rechte ordnung (als itzt beweiset ist) so trincket
30 Christus den letzetrunck weins fur dem newen abendmal. Trinckt er aber
den letze trunck weins fur dem newen abendmal / so kan ym abendmal
nicht schlechter eytel wein getruncken werden. Denn seine wort stehen
klerlich da / das er spricht / Er wölle nicht mehr nach diesem trunck vom
gewechs des weinstocks trincken.

35 Da widder wird abermal yemand sagen / Fichtestu doch selbs / das
wein ym newen abendmal bleibe. Vnd diese deine rede solte wol gut
Papistisch¹ sein / welche keinen wein ym abendmal gleuben. Ich Antworte. 462 W
Da ligt mir nicht viel an / denn wie ich offtmals gnug bekennet habe /
sol mirs kein habder gelten / Es bleybe wein da odder nicht / Mir ist

---

4 umgekehrt   9 Lc. 1, 1   12 2. Ko. 8, 18   16 abschieds-
feier   17 Lc. 22, 14 ff.   22 der reihenfolge nach   29 schluss-
folgerung   35 behauptest du   39 streit ich nicht darüber

gnug / das Chriſtus blut da ſey / Es gehe dem wein / wie Got wil. Vnd
ehe ich mit den ſchwermern wolt eytel wein haben / ſo wolt ich ehe mit
dem Bapſt eytel blut halten. Weiter hab ich droben geſagt / wenn der
wein Chriſtus blut worden iſt / ſo iſts nicht mehr ſchlechter wein / ſondern
bluts wein / Das ich drauff mag zeygen vnd ſagen / Das iſt Chriſtus   5
blut. Solchs ſchweigt Chriſtus auch nicht / da er hie alſo ſpricht / Jch
wil nicht vom gewechſe des weinſtocks trincken. Warumb ſagt er nicht /
Wein / ſondern gewechſe des weinſtocks? On zweiuel / das der tranck ſo
ym abendmal iſt / nicht vom weinſtock kompt / wie ander ſchlechter wein /
Vnd ob er wol auch wein iſt / ſo iſt er doch ſo nicht gewachſen / wie er   10
izt iſt / Gleich als wenn man malmaſier vnter wenig waſſer göſſe / da iſt
waſſer / aber ſo gar zu malmaſier worden / das nicht mehr geſchmeckt wird /
6 E Da kann ich denn von ſolchem tranck ſagen / [1] Das waſſer iſt nicht aus
dem born geſchepfft / alſo iſt der wein ym abendmal / nu nicht mehr ein
gewechs vom weinſtock / Denn gewechs vom weinſtock iſt gewißlich eytel   15
ſchlechter wein.

     Wie wenn Chriſtus nicht getruncken hette ynn ſeinem abendmal /
ſondern allein die iüngern? Antwort ich. Wie wenn ein narr mehr
fragen köndte denn zehen weiſen antworten? Es ſtehet nicht geſchrieben /
das er den lezte trunck gethan habe / dennoch wird er denſelbigen nicht   20
den iüngern alleine gegeben / ſondern auch mit getruncken haben. So
werden die iünger freylich nach ſolchem lezte trunck auch nicht mehr ge-
truncken / ſondern ſich Chriſto gleych gehalten haben. Widderumb / ſo die
iüngern haben nach dem lezte trunck / des herrn blut getruncken / wird er
on zweiuel mit yhn getruncken haben. Auch was narre ich ſelbs mit   25
ſolchen tollen fragen? Es ſey gnug fur das erſte ſtück aus S. Lucas /
das klar gnug iſt / Es müſſe nicht weinſtocks gewechs ym abendmal Chriſti
ſein / Jſts nicht weinſtocks gewechs / ſo kans nichts anders ſein / denn
Chriſtus blut / lauts ſeiner wort / Das iſt mein blut.

     Zum andern / dis ſtück (der fur euch gegeben wird) welchs allein   30
Lucas vnd Paulus ſetzen / martern auch noch etliche ſchwermer / ſonderlich
Carlſtadiſſcher rotten / vnd geben fur / weil da ſtehet / der fur euch ge-
geben wird / als gegenwertiger geſchicht / ſo könne Chriſtus leib nicht
ym abendmal ſein / weil widder dazu mal noch izt / ſein leib fur vns ge-
geben / odder ſein blut vergoſſen wird / ſondern ym erſten abendmal müſte   35
alſo lautten / der fur euch gegeben ſol werden. Vnd izt alſo / der fur euch
gegeben ward / O kluge hohe geiſter / Darauff hab ich ym büchlin widder
die hymliſchen Propheten reichlich der fraw Hulda geantwortet ym
463 W quatern K. Sie ſehen nicht ſolche geiſter / das [1] eben ſo ſtarck widder ſie
ſelbs iſt / als widder vns / was ſie gauckeln / Denn las gleich Carlſtads   40

     6 verſchweigt   18 Wander, Narr no. 361   31 Lc. 22, 19 |
1. Ko. 11, 24   38 der „klugen vernunft" (W. A. 18, 182, z. 11 f.)
39 W. A. 18, 182, z. 26 ff.

tert gelten / Das ist mein leib der hie sitt / Das ist mein blut / das hie
sitt rc. wie wird denn da sein leib gegeben vnd sein blut vergossen gegen=
wertig / wie die wort lauten? (der fur euch gegeben wird / das fur euch
vergossen wird) Christus kan ia nicht liegen noch vergeblich reden / da er 317 E
5 spricht ym abendmal / Das ist mein leib fur euch gegeben / das ist mein
blut fur euch gegeben / das ist mein blut fur euch vergossen. Nu wirds
alda nicht gegeben noch vergossen / wie es doch sein müste / wo der
schwermer tunst ynn diesen worten solte bestehen. Künnen sie nu beydes
ynn yhrem abendmal haben / nemlich das Christus leib vnd blut alda sitte /
10 fur vns noch vngegeben vnd vnuergossen / vnd doch war sey / das er spricht /
Es sey der leib vnd blut fur vns gegeben vnd vergossen. Lieber / so wird
vnser abendmal auch die selbigen wort war behalten / ob gleich Christus
itt nicht / sondern zuuor ein mal gegeben ist. Lies weiter ym selbigen
büchlin / hastu lust dazu.

15　　Zum dritten / kompt dieser text Luce. Dis ist der becher das newe
testament ynn meinem blut / das fur euch vergossen wird. Der mus sich
leiden / Vnd sind noch heutiges tages nicht eines / wie sie den selbigen
gnug martern vnd rade brechen wöllen / Einer nympt das wort (newe
testament) fur sich / der ander / das wort / ynn meinem blut rc. teiner
20 aber acht / wie er seine nackte gedancken vnd glosen mit schrifft vnd gutem
grunde kleide odder sterce. Wir wöllen vns auch entrichten. Erstlich /
setten allein Lucas vnd Paulus diese wort (Solchs thut zu meinem ge=
dechtnis) vnd settens alle beide / da sie vom brod reden / vnd nicht / da sie
vom becher reden / Denn sie haltens / Es sey gnug ein mal geredt / als
25 denn auch war ist / wie wol es auff beyde teil des sacraments vnd also
auffs gantze abendmal gehet / wie das Paulus weiter ausstreicht vnd spricht.
So offt yhr dis brod esset vnd von diesem becher trincket / sollet yhr des
herrn todt verkündigen rc. Das thun sie darumb / anzuzeigen die vrsache
vnd frucht dieses abendmals / nemlich / das wir Gott loben vnd dancken
30 sollen fur die erlösunge von sunden vnd tod / wie die Jüden musten dancken
vnd loben vber yhr erlösung aus Egypten land. Hie von solt man reden
vnd schreiben / So bringen vns die schwermer ynn solche feyndselige dis=
putation.

　　Es setten auch beide Lucas vnd Paulus fur den [1] becher diese wort 318 E
35 (Desselben gleichen auch den becher nach dem abendmal / odder nach dem
sie zu abend gessen hatten) Warumb das? Ich acht warlich alles vmb
der zukünfftigen schwermer willen / als wolt Lucas mit dem wort / wie
mit eim finger zu ruck deuten vnd erynnern des lettetruncks / als solt er
sagen / Gedenck / was ich drobe gesagt habe vom lettetrunck / das Christus
40 nicht mehr vom weinstocks [1] gewechs trincken wil / das du ia wissest / ich 464 W

---

15 Lc. 22, 20　　17 es sich gefallen lassen | einig　　18 rädern
21 unterrichten, klarwerden　26 1. Ko. 11, 26 | ausführt　32 selche A |
ärgerliche　37 schwremer A

rede hie von eim andern trunck der nach dem abendmal geschehen ist / da
man aller dinge hatte auffgehort zu trincken vom weinstocks gewechs / vnd
ja nicht diesen trunck / fur den selbigen letztetrunck verstehest / sondern fur
einen trunck zum anfang des newen abendmals / Vnd sonderlich redet Lucas
vnd Paulus solchs bey dem becher vnd nicht bey brod / denn es ferlicher 5
vnd nöttiger ist bey dem becher / weyl man zur letze nicht pflegt zu essen /
sondern zu trincken / auff das es nicht der letztetrunck würde verstanden /
wie wol es auff beydes vnd auffs gantze abendmal gehet / gleich wie auch
das stücke droben vom gedechtnis. rc.

    Wir lassen hie schwermen vnd glostern / wie sie wollen / Das sind 10
wir freylich gewis / Das Lucas mit diesem text / (Dieser becher ist das
newe testament ynn meinem blut) nichts anders / sondern eben das-
selbige sagen wil / das S. Mattheus vnd Marcus mit diesem text sagen /
Das ist mein blut des newen testaments / Denn sie müssen nicht wider-
nander / sondern miteinander einer meynung sein / Mache nu den text 15
Lucas wie du wilt / so mus das die meynung sein / das Marcus vnd
Mattheus sagen (Das ist mein blut des newen testaments) Wenn wir
nu Lucas wort also fassen / das sie vns geben ym abendmal das blut
Christi zum newen testament / wie Marcus vnd Mattheus thun / so haben
wir gewislich seine rechte meynung / Wer yhn aber anders fasset odder 20
martert / der hat yhn nicht recht / denn so wurde er nicht mit den andern
stymmen / Daraus folget / das grobe hempel sind / die aus den worten
Luce schliessen wöllen / Es müsse der becher ym blut stehen / wo wir
seinen worten / wie sie lauten / folgen wöllen / weil er spricht / Der becher
das newe testament ynn meinem blut / denn sie dencken / ym blut / heisse 25
hie / gleich / wie ein bawer ynn stieffeln / odder fleisch ynn dem töpffen
ist / so sie doch bekennen müssen / das solche meynung ynn Marco vnd
Mattheo nicht sein kan / vnd doch ja nicht widbernander sein müssen.

    Lucas aber redet (wie er offt pflegt) Ebreischer weise / Denn so
redet die Ebreische sprache / psal. 77. Yhre priester fielen ym schwerd / 30
das ist / sie fielen durchs schwerd. Item / Die Fürsten sind ynn yhren
henden erhenckt / Tren. 4. das ist / bey den henden auffgehenckt. Item /
Wir trincken vnser wasser ynn gelt / das ist / vmb gelt. Item die knaben
fielen ym holtz / das ist / sie fielen vnter dem holtz das sie tragen musten /
Item Hosee / Jacob dienet ynn Rachel / das ist / vmb Rachel / vnd des 35
gleichen viel. Also sihestu / das (ynn) auff Ebreisch eine weitleufftige
deutung hat / doch also / das es gleichwol anzeige / das ding müsse gegen-
wertig da sein / dauon es redet / Also hie auch wil Lucas sagen / Dieser
becher ist das newe testament / ym blut Christi / das ist / durchs blut /

---

    2 überhaupt   5 = gefährlicher (das missverständnis liegt näher),
oder = fahriger == passender   22 narren   30 Ps. 78, 64   32 Klagel.
5, 12   35 Ho. 12, 13 | Rachel (2.)] Rachel   36 vielumfassende
37 deutuug A

obber mit dem blut / obber vmbs bluts willen ꝛc. gleich ¹ wie Mattheus ⁴⁶⁵ W
ſpricht / Das iſt mein blut des newen teſtaments / Denn der becher kan
ia nicht das newe teſtament ſein / ynn ſylber obber durchs ſylber obber
vmbs ſylbers willen. Rede nu wie dichs gelůſt dieſe wort / Dieſer becher
5 iſt das newe teſtament ym blut / ſo fern / das du nicht widder Mattheus
vnd Marcus redeſt / Denn einem ſtillen vnzenckiſſchen geiſt iſt balde ge=
ſagt / das die wort Luce auff deudſch ſo viel wollen / Dieſer becher iſt ein
newe teſtament / nicht ſeines ſchönen ſylbers obber des weins halben /
ſondern des bluts halben vnd von wegen obber vmb des bluts Chriſti
10 willen / Das ein deudſcher möcht S. Lucas text daheymen obber ſonſt bey
ſich alſo ausreden / Dieſer becher iſt das newe te¹ſtament des bluts Chriſti ³²⁰ E
halben / Welchs yderman alſo verſtehet / Der becher iſt ein newe teſta=
ment / darumb / das Chriſtus blut drynnen iſt.

Solchs habe ich müſſen ſo weit holen / den text Luce gewis zu
15 machen / Denn / ausgenomen / das er auff Ebreiſche weiſe redet / iſt er an
yhm ſelbs / auffs aller klerlichſt vnd einfeltigeſt gered / vnd mit Mattheo
vnd Marco aller ding vber ein ſtymmet / on das er die wort verſetzt / wie
die Ebreiſche ſprache pflegt / Denn da Mattheus ſpricht auff Griechiſſche
weiſe / Das iſt mein blut des newen teſtaments / ſpricht Lucas auff
20 Ebreiſſche weiſe / Das iſt das newe teſtament ynn meinem blut / Nu iſt /
Newe teſtament ynn meinem blut / vnd mein blut des newen teſtaments /
nicht widdernander gered / ſondern einerley wort vnd deutunge / on das
nicht einerley ordnung geſetzt iſt / welchs macht der Ebreiſchen rede art /
wie die gelerten wol wiſſen / Vnd damit wir aller yrrung abkomen / ver=
25 deudſche ich den text Luce auffs deudlichſt vnd kürtzeſt alſo / Dieſer becher
iſt das newe teſtament ynn meinem blut / Wie wol Lucas kein (Iſt) ſetzt /
ſondern alſo redet / Dieſer becher / das newe teſtament / ynn meinem blut ꝛc.
Welchs ſo yemand lüſtet / möcht mit zwey (Iſt) dolmetſchen / alſo / Das
iſt der Becher / der das newe teſtament iſt / ynn meinem blut / Aber weil
30 Paulus (der oben dieſe wort Luce furet) nür ein (iſt) ſetzt vnd ſpricht /
Dieſer becher iſt ein newe teſtament ynn meinem blut / So mus freylich
Lucas text eben auch alſo mit einem (Iſt) zu dolmetzen ſein.

Mir gefelt aber Lucas mit S. Paulo bas / das ſie die Ebreiſche
weiſe zu reden an dieſem ort ſteiff behalten haben / denn Mattheus vnd
35 Marcus / die es auff Griechiſche weiſe ausgeſprochen haben / auff das man
die wort Chriſti deſte eigentlicher hette / vnd den künfftigen rotten ſteuren
möchte / Denn wie gewaltiglich Lucas vnd Paulus mit yhrem text des
Carlſtads Tuto haben geſtörtzt / bekennen ſie ſelbs. Vnd wers nicht weis /
der leſe mein büchlin widder die hymliſſchen propheten / Quatern K. Wie
40 ſie aber des Carlſtads Tuto ſtörtzen / alſo ſtörtzen ſie auch der Schleſer

4 erkläre   11 vervollständigen   14 herholen   15 abgesehen
davon   22 kein widerspruch   24 jeden irrtum vermeiden   30 citiert
34 streng beibehalten   39 W. A. 18, 207, z. 27 ff.
50¼*

3²¹ E Tuto / ¹ welche das Tuto verkeren vnd hinden an setzen / wie wir droben
gehört haben vnd sagen / Mein leib der fur euch gegeben wird / ist das /
nemlich / eine geistliche speise. Wolan weil hie S. Lucas das Tuto bey
den becher setzt / vnd spricht (Dieser becher) So las sie diesen text auch
also vmb keren vnd sagen / Das newe testament ynn meinem blut das fur 5
466 W euch vergossen wird / ist dieser becher / nemlich ein ¹ geistlicher tranck. Wie
dunckt dich hie? ein leiblicher becher / ist ein geistlicher tranck. Lieber was
macht Lucas aus solchen schwermern / wenn sie yhn also vmbkeren? Er
macht solche leute draus / die sylbern odder gülden becher fur geistliche
trüncke halten / Das solt mir doch ia ein seltzamer geist sein / der leibliche 10
sylberne / güldene becher sauffen vnd verschlingen wolt / Der kome zu mir
nicht / Er hette mein geld vnd gold bald ausgesoffen / Vnd solt viel schwer-
licher zu halten sein denn das gantze Babstum / vnd mehr golds on messen
verschlingen / denn das Bapstum mit messen verschlinget.

Sihe / also gehets den vnfursichtigen geistern / welche meynen / wo 15
sie an einem ort yhrem dunckel konnen eine farbe machen / so sey es allent-
halben wol gemacht / Vnd sehen nicht rings vmb sich / wie sichs an andern
örtern auch reyme / Denn da sie ynn Marco vnd Mattheo kundten sagen /
Mein leib ist das / Mein blut ist das / nemlich / geistliche speise vnd
tranck / weil sie das tuto daselbs funden allein stehen / wolten sie da mit 20
vmb gehen / yhres gefallens / wie yhene ym Daniel mit der Susanna /
vnd dasselbige verrucken vnd schenden mit falschem synn. Sahen aber auff
den Lucas nicht / das sie der selbige mit yhrer kunst durch seinen text also
rumb keren würde / das sie mit allen schanden ober yhrer vntugent er-
griffen wurden. Das heist ia / Mit den verkereten verkerestu dich psal. xvij. 25
Sie wöllen Gotts wort vom leiblichen vns geistlich keren / vnd keren eben
da mit sich selbs vom geistlichen vns leibliche / Denn Lucas stehet klerlich
mit seim Tuto da / vnd zeiget da mit auff den leiblichen becher / vnd
spricht (Dieser becher) das vnmüglich ist / Tuto / hie auff einen geistlichen
3²² E tranck ¹ zu deuten. Widderumb stehen diese schwermer da mit yhrem vmb- 30
keren / vnd sagen / Tuto / solle einen geistlichen tranck deuten. Da mus
entweder Lucas odder die schwermer offentlich liegen vnd triegen. Kan
aber dis Tuto beym becher sich nicht so vmbkeren vnd zum geistlichen Tuto
machen lassen / So kans freylich auch das Tuto beym brod eben so wenig
thun / Vnd ligt also das Schlesissche Tuto ia so tieff ym dreck / als das 35
Carlstadissche Tuto. Aber wenn schemen sich auch ein mal die rotten /
venn sie so offt ynn lügen ergriffen werden?

Fort / an der rige her / Ecolampad mus auch fur S. Lucas richt-
stuel mit seiner zeicheley. Leib vnd blut (spricht er) sind tropi ym abend-
mal / vnd heissen / leibs zeichen / bluts zeichen. Ist das war / So mus 40

on zweiuel / blut ynn Lucas text auch ein Tropus / das ist / bluts zeichen
sein / Denn er ia eben von dem selbigen blut redet da Mattheus vnd
Marcus von reden / das kan niemand leucken. Wolan / so mus Lucas
text nach Ecolampads meynung also halten Dieser becher ist ein newe
5 testament ynn meins bluts zeichen / nemlich / ynn schlechtem wein. Das
wil ein ausbündig gut ding werden / So das newe testament nicht mehr
ist / denn ein trunck weins / odder das ein trunck weins die krafft hat /
das er diesen becher zum newem testament macht / ¹ denn das gibt vnd wil 467 W
solcher Ecolampadischer text. Man neme hie testament wie man wil / so
10 ists gewislich gegen das alte testament gesetzt / weil ers das newe nennet /
darumb mus es die geistlichen güter ynn sich haben / die durchs alte testa-
ment vnd seine güter bedeut vnd verheissen sind / vnd ym newen aus-
gericht vnd erfullet werden / Da kan niemand anders sagen / Welch Christ-
lich hertz aber kan das leiden / das vnser newe testament sey ein trunck
15 weins? odder das dieser becher ein newe testament sey eins trunck weins
halben? Denn Ecolampad lest das wort (Ist) stehen / wie es lautet /
Darumb mus nach seiner kunst / das newe testament nichts anders seyn /
¹ denn der elende becher / vnd dasselbige dennoch nicht anders / denn ynn 323 E
krafft vnd vmb des weins willen als eins zeichen des bluts Christi / So
20 weren billich alle figurn des alten testaments auch wol das newe testa-
ment zu nennen / weil sie alle solch zeichen sind.

Wil er aber sagen / der text sey also zu stellen / Dieser becher ist ein
zeichen des newen testaments ynn meinem blut / das der tropus hie nicht
ym blut / sondern ym newen testament sey / Warumb macht ers denn nicht
25 alles zu zeichen vnd eitel tropos vnd sagt also? Ista figura Calicis est
figura testamenti in figura sanguinis mei / id est / Iste pictus calix est imago
noui testamenti per signum sanguinis mei .i. per vinum / Dis zeichen des
bechers / ist ein zeichen des newen testaments ym zeichen meines bluts?
das were auff deudsch / dieser gemalter becher ist ein bilde des newen
30 testaments / durch den wein / O schön ding / Wer wil vrsache zeigen / warumb
ein wort vnd nicht die andern alle auch müssen tropus sein? Aber last
vns yhm zu geben / das er diesen text also vertroppe / Dieser becher ist ein
zeichen des newen testaments ynn meinem blute / auff das blut hie nicht
ein tropus / sondern recht blut sey / Da wird er aller erst recht an komen /
35 Erstlich bekennet er damit / das ym abendmal Luce / Blut nicht ein tropus
sey / sondern das rechte blut Christi / Hie fragen wir / Warumb macht ers
denn ynn Mattheo vnd Marco zum tropus? Wie kan man sagen / das
Lucas ein ander blut nenne ym abendmal denn Marcus vnd Mattheus?
Ists ynn Luca das rechte blut Christi / so mus ynn Mattheo vnd Marco
40 auch sein / denn sie reden gewislich von einerley abendmal / so müssen sie
werlich auch von einerley blut vnd tranck reden / Wende dich wie du

---

4 folgendes enthalten: 22 text A   26. 27 saguinis A
32 schenken | in tropen auflöse   34 erst schön

wilt / Iſt blut ynn Mattheo vnd Marco ein tropus / ſo mus ynn Luca
auch / ein tropus ſein / Iſts ynn Luca nicht / ſo mus ynn Mattheo vnd
Marco auch nicht ſein / Iſt aber blut kein tropus / ſo mus leib auch kein
tropus ſein / Vnd macht alſo Lucas alle tropos zu nicht vnd zu ſchanden
mit einem wort / Alſo gehets denn dem tropo gleich wie dem Tuto / das 5
er ſich ſelbs ſtortzt.

324 E   ¹ Zum andern / iſt das noch ſchendlicher / das ſolcher tert (Dieſer
becher iſt ein zeichen des newen teſtaments ynn meinem blut) bekennet /
468 W   das Chriſtus ¹ rechtes blut ſey ym becher / vnd ſchaffe doch nicht mehr /
denn das dieſer becher da durch ein zeichen obber figur iſt des newen 10
teſtaments / das iſt nicht anders / denn der becher mit dem blut Chriſti iſt
eine figur des newen teſtaments / vnd alſo mus Chriſtus blut nicht das
rechte newe teſtament geben / ſondern ein zeichen ſein des newen teſta-
ments / nichts beſſer / denn des oſterlambs obber bocks blut ym alten
teſtament iſt / welchs auch eine figur obber zeichen des newen teſtaments 15
iſt / Denn droben haben wir gehort / das dis wort (ynn meinem blut) ſo
viel heiſſe / als / durch obber mit meinem blut / alſo das es gegenwertig
ſey ym becher / vnd der becher darumb ein newe teſtament ſey / das er das
blut Chriſti ynn ſich hat / Das heiſt nu fein getroppet / vnd Chriſtus blut
geehret / das es dem bocks blut gleich gerechent vnd eine figur des newen 20
teſtaments ſein mus / Vnd wir ym newen teſtament ſein ſollen / vñ doch
zu gleich ym alten teſtament ſein muſſen / Denn wer die figur des newen
teſtaments hat / der kan daſſelb newe teſtament noch nicht haben / wie die
Epiſtel zu den Ebreern leret / Aber aus ſolchem tert Ecolampads (wo er
den wolt halten) wir dennoch zu gleich / das new teſtament hetten vnd 25
nicht hetten / denn wir hetten zu gleich die figur des newen teſtaments
vnd das newe teſtament ſelbs / das iſt nicht anders / denn wir hetten zu
gleich Chriſtus blut vnd nicht ſein blut.

      Vber das iſts nicht zu leyden / das (newe teſtament) ſolt ein tropus
ſein / Wo mit wolt mans beweiſen? Wo iſt yrgent des ein egempel? 30
Ja wo wolt gemeine ſprache bleiben / da mit ich gerne wolt obber vil-
leicht ſolt einfeltiglich vom newen teſtament reden / ſo man wolt ein zeichen
obber figur verſtanden haben / ſo offt ich das newe teſtament nennet? Mit
der weiſe / were das newe teſtament nicht das Euangelion obber ver-
heiſſung des geiſts obber des ewigen lebens./ ſondern ein alte figur obber 35
325 E   bilde des kunfftigen newen teſtaments. Vnd kurtz vmb / der tro¹pus wil
ſich ym wort (newe teſtament) nirgent ſchicken / viel weniger kan er mit
einigem grunde beweiſet werden / das Ecolampad mus auff dem erſten tert
bleiben / da blut ein Tropus iſt / vnd ſagen / Dieſer becher iſt ein newe
teſtament ym zeichen meins bluts / Welchen tert doch vnſer glaube nicht 40
leiden kan / das ſchlechter wein / ſolt dieſen becher zum newen teſtament

---

    9 bewirke   24 Hbr. 8, 5. 10, 1   31 die gewöhnliche redeweiſe
37 paſſen

machen / Denn newe teſtament iſt verheiſſung / ia viel mehr / ſchenckung
der gnaden vnd vergebung der ſunden / das iſt / das recht Euangelion 2c.
Denn wie wol der becher ein leiblich ding iſt / dennoch weil er ein ſacra-
mentlich ding wird mit dem blut Chriſti / obber mit dem newen teſtament /
5 ſo heiſt es billich ein newe teſtament obber das blut das man drauff
zeigen mag vnd ſagen / Das iſt ein newe teſtament / Das iſt Chriſtus
blut / gleich wie droben die leibliche ſewrflamme ein geiſtlich ding / nem-
lich / der Engel iſt vnd heiſt / vnd die taube der heilige geiſt / Darumb
wer von dieſem becher trinckt / der trinckt warhafftig das rechte blut Chriſti
10 vnd die vergebung der ſunden / obber den geiſt Chriſti / welche ynn vnd
mit dem becher empfangen werden / vnd wird hie nicht eine ledige figur
obber zeichen des newen teſta'ments obber des bluts Chriſti empfangen / 469 W
Denn das gebürt den Jüden ym alten teſtament.

Ob aber yemand ein behelfflin wolt ſuchen vnd furgeben / Ecolampad
15 möcht ſeinen text alſo ſtellen (Dieſer becher iſt ein zeichen des newen
teſtaments ynn meinem blut) das nicht das blut müſte zum becher / ſondern
zum teſtament gehören auff dieſe meinung / Das newe teſtament iſt ym
blut Chriſti vnd beſtehet durchs blut Chriſti / Vnd nicht alſo / das der
becher durchs blut Chriſti ein zeichen obber figur ſey / als ſtünde ſein text
20 ausgeſtrichen / alſo / Dieſer becher iſt ein zeichen des newen teſtaments /
Das newe teſtament aber iſt ein ding / das ym blut Chriſti ſtehet. Ant.
wort. Ecolampad weis wol / das ſolcher text hie nicht ſein kan / Denn
es müſte ein artickel ym Griechiſſchen ſtehen nach dem newen teſtament
alſo / kene diatheke / he / en to emati emu / Der ſelbige artickel[1] aber iſt 326 E
25 nicht da / Sondern der text henget aneinander / als were es alzu mal ein
einig vnzurtrenlich wort / Gleich wie der becher / blut / newe teſtament
auch yneinander ſind / als / were es ein einig vnzurtrenlich weſen / das
der ſynn mus ſein / Dieſer becher iſt ein newe teſtament ynn meinem
blut / das iſt / Meins bluts halben iſt der becher ein ſolch ding / vnd on
30 mein blut were ers nicht.

Wie nur der Ecolampad hie nidder ligt mit ſeinem tropo obber
zeicheley / So ligt auch der Zwingel mit ſeiner deuteley / Denn was widder
die zeicheley ſtehet / das ſtehet auch widder die deuteley / weil es faſt gleich
gilt. Denn des Zwingels text müſte alſo ſtehen. Dieſer becher bedeut
35 das newe teſtament ynn meinem blut / das were ſo viel / Dieſer becher
hat durch mein blut das drynnen iſt / ſo viel / das er da durch das newe
teſtament bedeut / Vnd muſt alſo Chriſtus blut eine deuteley ſein vnd
nichts mehr / aller dinge / wie ich vber Ecolampads zeicheley beweiſet
habe / Denn Zwingel kan auch nicht den text alſo machen. Dieſer becher
40 bedeut das newe teſtament / ſo ynn meinem blut iſt / denn der artickel /

---

11 bloſſe   14 ausflucht   17 sodass der ſinn wäre: 20 aus-
geführt und erklärt   31 nu   33 ganz   36 gilt

So / iſt nicht da / ſondern es iſt der gantze text / gleich als ein einig wort / wie geſagt iſt. Iſt nu S. Lucas nicht ein feindſeliger man / der mit eim einigen wort (ſo zu reden) auff einen ſchlag / ſo groſſe Riſen vnd helden / beide Tutiſten / Figuriſten vnd Deutiſten vnd alle ſchwermer ynn einen hauffen ſchlegt. Vnd was hülffs / wenn gleich yhre text kündten ſtehen / mit der zeicheley vnd deuteley? Können ſie doch nicht ein tüttel gleichnis anzeigen / darynn ſolch zeichley odder figur ſtehen möcht / wie wir droben ynn Ecolampads Tropo gehöret haben. Denn worynn iſt der becher durchs blut Chriſti dem newen teſtament gleich? Iſts darynn / das gleich wie vns die ſunde da durch vergeben werden / alſo werden ſie dem blut Chriſti auch vergeben? odder worynn wil man ſie finden? Im rauchloch / Warumb leren ſie denn figuren / da keine ſein kan?

^{327 E} ¹ ¹ Es hat aber Lucas ynn dieſem text ein ſtücke / das ſonſt kein Euangeliſt hat / Paulus auch nicht / nemlich / **Der fur euch vergoſſen wird** / vnd nicht / Das fur euch vergoſſen wird / denn ym Griechiſchen lautet es vom becher vnd nicht vom blut / wie niemand leuchen kan / Tuto to potirion ꝛc. ekchynomenon / vnd nicht / En to emati ꝛc. ekchynomeno / Im latiniſchen kan mans nicht mercken wenn ſie ſagen / Qui pro vobis funditur / weil becher vnd blut beides ein / Der / iſt ym latin / aber ym deudſchen iſts gut zu mercken / da blut ein / Das / vnd becher ein / Der / iſt / Solchs hat mich ein mal fur drey odder vier iaren erynnert ein fein gelerter pfarher auff eym dorffe / vnd legt mir ſeine meinung fur / das Lucas ſolt alſo zuuerſtehen ſein / Dieſer becher iſt das newe teſtament ynn meinem blut / der fur euch ausgegoſſen wird / das iſt / der vber tiſch euch geſchenckt vnd zu trincken furgeſetzt wird / wie man ſonſt wein aus der kannen ſchenckt fur die geſte / Vnd war das ſeiner vrſachen eine / das Lucas (wie geſagt) nicht vom blut (wie Mattheus vnd Marcus) ſondern vom becher ſagt / Ekchynomenon / gegoſſen wird / Vnd furet dazu den text Pauli / das iſt mein leib / der fur euch gebrochen wird / das iſt / ausgeteilet vnd euch vber tiſch fur gelegt.

Ich zwar / weil ich fand / das ers nicht mit den ſchwermern hielt / ſondern bekennet / das warhafftiger leib vnd blut ym ſacrament were / ward ich fro / vnd lies mir ſolche meinung gefallen / on das ich ſie vnnötig achtet / weil kein fahr ſtund ynn dem alten verſtand / Vnd geſellet mir auch heutiges tages / Möcht auch wol wündſchen / das man ſolche meynung kund aus dem Griechiſchen text bringen / Denn damit were doch allen ſchwermern das maul abermal geſtopfft mit aller gewalt. Es iſt bey mir kein zweiuel / das der text Pauli / Das iſt mein leib der fur euch gebrochen wird / ſey ſchlechts zuuerſtehen von dem brechen vnd austeylen

---

2 unangenehmer   6 eine ſpur ähnlichkeit   11 oben ſ. 416,
z. 6   19 Masculina   34 keine gefahr drohte bei der alten auffaſſung
36 vorbringen

vber tiſſche / wie er auch ſagt .i. Cor. 10. das brod das wir brechen iſt
der auſgeteilete leib Chriſti / Weil denn der tert ynn Paulo ſo vom brod
odder leibe Chriſti redet / von der auſteilung vber tiſſche / ¹ vnd nicht von 3²8 E
dem hingeben an dem creuk / verſtanden wird / ſo kan freylich der text vom
5 becher auch eben den ſelbigen verſtand leiden / Vnd ſo wurden Mattheus
vnd Marcus denn auch ſich finden / nemlich / Das iſt mein leib / bey
welchem ſie nichts ſagen vom geben / als ſey es ſonſt wol zu mercken /
das er ſeinen leib yhn gebe wenn er ſpricht / Das iſt mein leib / Da habt
yhr meinen leib / Alſo auch vom becher / Das iſt mein blut fur euch auſ-
10 gegoſſen / das iſt vber tiſſche auſgeteilet vnd furgeſekt zur vergebung der
ſunden / Ich ſehe noch nichts ynn worten / das widder ſolchen verſtand
faſt ſtreite / Denn auch S. Paulus bey dem becher auſſen leſſt (Der fur
euch gegoſſen wird) als wolle er gnug geſagt haben / weil das brod fur
ſie gebrochen wird / alſo werde auch der becher fur ſie auſgeteilet.
15   ¹ Ob nu wol dieſer verſtand biſher nicht gehalten / ſondern vom geben 47: W
yns leiden vnd vom vergieſſen am creuk yderman den text verſtanden hat /
were es doch kein ſchedlicher feyl geweſt / wie es auch noch nicht iſt /
Denn niemand daran vbel thut / das er Chriſtus leib vnd blut fur vns
gegeben vnd vergoſſen helt am creuk / ob ers gleich an dem ort thut / da
20 nichts dauon geredt odder geleſen wird / on das es nicht ſtreitet noch
fichtet / wie ſonſt die lieben Veter die ſchrifft offt vnd on fahr / an vneben
ort / doch ynn gutem vnd nüklichem verſtand gefurt haben / So ſihet
michs auch an / als haben der alten Veter etliche dieſen verſtand auch
gehabt / als wenn ſie ſagen / das Chriſtus blut ſo offt vergoſſen wird / ſo
25 offt man das abendmal helt. Vnd ſonderlich Ambroſius / da er ſpricht /
So das blut Chriſti / ſo offt es gegoſſen wird / fur die ſunde gegoſſen
wird / ſo ſol ichs billich teglich nemen / weil ich teglich ſundige / Denn
das wort funditur / heiſt ia freylich nicht allein vergieſſen / ſondern auch
gieſſen vnd ſchencken. Item Gregorius / Das blut Chriſti wird ynn der
30 gleubigen mund gegoſſen rc.
  Solchs ſag ich / nicht / das ich gewis drauff ſtehe / denn wes ich
ſelbs nicht gewis bin / das wil ich niemand leren / ſondern / das ich gerne
wolte / es were alſo / vnd weil ich ym Griechiſchen nicht erfaren bin /
den gelerten vrſache gebe / dem nach zu trachten / obs ¹ die Griechiſche 3²9 E
35 ſprache wolt geben / ſo hetten die ſchwermer alzumal keinen behelff noch
ausflucht mehr widder vnſern verſtand. Sie muſten bekennen / das Chriſtus
leib vnd blut vber tiſſche wurde ausgeteilet / leiblich geeſſen vnd getruncken
ym brod vnd becher. Fur mein hofferecht ſage ich / das auch meines

---

1 1. Ko. 10, 16   5 dieſelbe auffaſſung vertragen   6 klar
werden   7 ſo ſchon wohl zu verſtehn   12 mit erfolg   15 dieſe
auffaſſung nicht herkömmlich iſt   17 gefährlicher irrtum   23 will
mir's auch ſcheinen   25 vgl. Expoſ. in pſ. 118, 26 (MSL. 15,
1537)   38 oben I 397, z. 28

dunckens / Lucas vnd Paulus starck auff diese meinung lauten / Paulus
mit dem das er spricht (wie gesagt ist) Das ist mein leib / fur euch ge-
brochen / vnd das brod so wir brechen / ist die austeilung des leibs Christi.
So finden wir wol mehr orte / Da Paulus (hyper hymon fur vns) pro /
coram vel ante / braucht als .1. Cor. 15. Warumb lassen sie sich fur den   5
todten tauffen? Lucas mit dem / das er spricht / der becher ym blut werde
ausgegossen / auch hyper hymon / das ist / fur euch fur ewren augen dar
geschenckt zu trincken zc. Vnd mit dem das er spricht / der leib wird fur
euch gegeben / wie Paulus auch redet. Nu heist geben freylich etwas
schencken / vnd nicht etwas ym tod vberantworten.   10

    Mattheus aber vnd Marcus lassen sich ansehen / als seyen sie da
widder / da sie sagen. Das ist mein blut fur viele vergossen odder aus-
gegossen. Das laut / als rede Christus von vielen / die auch nicht gegen-
wertig sind vber tissche. Vnd sagen nicht / hyper hymon sed peri pollon /
Das las ich die Griechsverstendigen ausfechten. Wer zur obgesagten   15
472 W meynung lust hette / der möcht [1] also odder des gleichen dazu antworten /
das Lucas vnd Paulus reden vom giessen odder schencken vber tissche /
melden aber das vergiessen am creutze / damit / das sie sagen / Man solle
solchs thun zu seynem gedechtnis odder seinen tod verkündigen / als die
ordenlicher vnd klerer reden denn Mattheus vnd Marcus. Widderumb   20
Mattheus vnd Marcus reden vom giessen am creutze vnd schweigen des
giessens vber tissche / als das sie gnugsam durch das wort (Das) wöllen
ausgericht haben. Syntemal wir wissen / das der Euangelisten gewonheit
ist / das einer von einerley sachen sagt weiter vnd mehr denn der ander /
vnd einer aussen lest das der ander sagt. Vnd also were dis wort (der   25
fur euch gegeben wird) nicht so klar vnd gewis von dem leiden Christi /
330 E als dem Zwingel [1] trewmet / der da durch das vorige stück (das ist mein leib)
wil verkleren / wie wir droben gehört haben.

    Wer aber nicht lust dazu hat / der mag antworten darauff das
Lucas sagt. Der becher wird fur vns gegossen / vnd also sagen / weil   30
becher vnd blut vnd newe testament ein sacramentlich wesen sind / wird
vmb solcher einickeit willen der becher vergossen / so doch allein das blut
vergossen wird per Synecdochen / wie wir droben gesagt haben / das Gotts
son recht gesprochen wird / das er sterbe / ob wol allein die menscheit
stirbt / vnd der heilige geist gesehen wird / ob wol allein die taube ge-   35
sehen wird / vnd der engel wird gesehen / ob wol allein seine helle gestalt
gesehen wird zc. Dünckt yemand dis zu schal odder zu faul sein / der gebe
es besser / odder lasse die obgesagte meynunge gelten. Ich halt / es sey
recht vnd gnug geantwortet / denn wir auch also den becher / das ist /
Christus blut sehen vnd trincken. Bey vns ist keine fahr / sondern eitel   40

---

    5 1. Ko. 15, 29   22 da sie das ... ausgedrückt zu haben glauben
33 dass man berechtigt sei zu sagen, gottes sohn sterbe

forteyl / welche meynung wir von den beiden behalten / Sie sind beide
gut vnd recht / Denn es ist beides ynn der that also / nemlich / das
Christus leib beide ober tissch vnd am creutze gegeben ist / ob wirs nicht
treffen am rechten ort der schrifft (wie vielen heiligen geschehen) so seylen
5 wir doch der meynung vnd warheit nichts. Den Schwermern aber ligt
alle macht dran / Denn ist solche meynung nicht recht ynn diesem text /
so haben sie damit nichts bessers ynn yhrer sachen / Ist sie aber recht / so
ligen sie gantz vnd gar ynn der asschen.

Der vierde vnd letzte ist S. Paulus der spricht .1. Cor. 11. Ich
10 habs vom Herrn empfangen / das ich euch obergeben habe. Denn der
Herr Jhesus ynn der nacht / da er verrathen ward / nam er das brod
danckt / vnd brachs / vnd sprach / Nemet / esset / **Das ist mein leib
der fur euch gebrochen wird.** Solchs thut zu meinem gedecht-
nis. Desselben gleichen auch den becher / nach dem abendmal / vnd sprach /
15 **Dieser becher ist das newe testamet ynn meinem blut.**
Solchs thut so offt yhr trinckt zu meinem gedechtnis.

Wenn ich so gelert were ynn Griechisscher sprache als Carlstad vnd
Zwingel / so wolt ich aus diesem text gewaltiglich schliessen / das ym brod
der warhafftige leib Christi würde geessen / Denn Erasmus zeuget / das
20 ym Griechisschen kein (Jst) stehe / bey dem brod / sondern also / phagete /
Tuto emu Soma / Comedite / hoc meum corpus / das wolt ich also dol-
medschen / Nemet / Esset diesen meinen leib / der fur euch gebrochen wird /
das muste von wort zu wort recht verdolmetscht sein / on das ich ein
kleins pünctlin oberhüpffet / das muste nicht hindern / So hette ich da ia
25 rein vnd seyn gewonnen. Aber nu ich nicht so gelert bin / mus ichs
lassen faren / das ich nicht auch ein artickel fur ein pronomen / odder eine
alleosin ertichte vnd casum pro casu brauche.

Aber das ist gleich wol war / wie vnuolkomen Mattheus vnd Marcus
das abendmal beschreiben / müssen wir daraus mercken / Das / wo nicht
30 Lucas vnd Paulus weren / so kündten wir dis sacrament nicht haben /
Denn Mattheus vnd Marcus schreiben nicht / das vns Christus habe
heissen hynnach thun vnd auch also halten / Vnd mustens also lassen
bleiben / als ein ander geschicht Christi mit seinen iüngern / die wir nicht
kundten odder musten nach thun. Aber Lucas vnd Paulus schreiben /
35 Christus habe solchs vns alle auch heissen thun. Ja wenn Paulus nicht
were / So kündte vns auch Lucas nicht gnug thun / als der allein von
den Aposteln möcht verstanden werden / das sie solten Christo solchs nach
thun / Es were denn / das ynn Mattheo am letzten das etwas thette /
da Christus spricht / leret sie halten was ich euch befolhen habe. Aber

---

6 kommt's sehr darauf an   9 1. Ko. 11, 23 ff.   18 unwider-
leglich   32 danach   34 wiederholen   37 dahin verstanden werden
könnte   39 Mt. 28, 29

obs gnug sein würde / weis ich nicht / Paulus ist der rechte lerer vnd
Apostel vnter vns heiden gesand / der redet auch frey vnd reichlich eraus
vnd spricht.

474 W   **¹ Nemet esset /** Das mein leib der fur euch gebrochen wird / Denn
er setzt das wort (Mein) hart nach dem wort / Tuto / odder / dieses / 5
welchs der andern keiner thut / Dazu als etliche text sollen lauten / lest er
das wörtlin (ist) auffen / gleich wie es Lucas bey dem becher auch auffen
lest / Welche zwey stücklin vns der heilige geist zu vnser stercke erzeigt /
332 E das wir gewis ¹ weren / der leib Christi sey ym brod / Denn wie wol es
gleich viel bey vns gered ist / So ich sage / Das ist mein leib / Vnd / 10
Das mein leib / odder / hie mein leib / So ists doch deublicher vnd ge-
wisser von der gegenwertickeit des leibs gered / wenn ich sage / Das mein
leib / odder hie mein leib / vnd die rotten geister mit yhrem schwermen
darynn nicht so leichtlich gauckeln können / als ynn der rede / Das ist mein
leib. Nu ists kein zweiuel / Christus rede solche wort gegen das alte 15
osterlamb das er hiemit auffhebt / als solt er sagen / Bisher habt yhr das
lamb vnd eines thiers leib geessen / Aber hie ist nu an desselbigen stat /
Mein leib **Mein / Mein** ¹ sage ich / gar vnterschiedlich / Darumb
Paulus so vleissig auff das wort (Mein) bringet / das ers auff eine newe
weise bald nach dem (Das) setzt vnd spricht / Das / Mein / als wolt ers 20
gern so dran binden / das ein wort mit dem (Das) würde / so doch Mein
vnd leib viel neher müssen an einander hangen. Solchs alles thut er /
auff das er den leib Christi ia deublich gnug ausspreche ym abendmal.

    Der fur euch gebrochen wird. Dauon haben wir droben viel ge-
sagt / Das die schrifft nicht leiden kan / Das brechen solte Christus leiden 25
heissen / Die schwermer mügens sagen / wie sie anders mehr sagen / Aber
nymer mehr beweisen / Denn wir müssen Brechen nicht deuten noch brauchen
nach vnserm dunckel / sondern nach der schrifft brauch. Nu heist ia brechen
ynn der schrifft / sonderlich / wo es vom brod odder essen gesagt wird / so
viel / als stücken odder austeilen. Also / das auch solch zu brochen brod 30
beide / ym Griechisschen / latinischen vnd deudschen klasma / fragmentum /
brocken heist. Ja auch ym Ebreischen / vmb solchs brechens willen. Korn
scheber / das ist / brocken heist Gene. 44. Jacob höret das brocken ynn
Egypten were / das ist / speise odder korn das man zum essen brocket / vnd
darnach / korn keuffen daselbest / Schabar heist / als solten wir sagen / Wir 35
wöllen gebrockt / das ist / speise holen ec. Christus leib aber ist nicht ge-
333 E brochen noch zustücket am creutze. Dauon droben mehr gesagt ist. ¹ So ist
nu dieser text starck / das Christus leib vber tissche gebrochen vnd zustückt /
zu bissen / zu drückt / vnd geschlungen wird / wie ander brod / doch ynn
brods gestalt odder ym brod ec. 40

---

8 stärkung   18 ganz deutlich   33 Gen. 42, 1

Vnd wenns gleich beweiset künd werden / das Brechen / hie Christus
leiden solt heissen. Lieber worynn wil denn die gleichnis stehen / das ym
abendmal / das brod / des leibs Christi zeicheley sey? Denn droben hab ichs
nach geben / ¹ das sie gebrochen brod / mochten / wie sie kündten / zur gleich-   475 W
5 nis machen. Aber nu sie das brechen auch vom brod scheiden vnd dem
leibe Christi am creutz zu eygen / Sage mir / worynn wird denn das brod
seines leibs gleichnis sein? Nicht anders denn wie ich droben sagt. Das
brod mus Christus leib gleich heissen / vnd ist yhm doch nyrgent ynne gleich
ynn der meynung / so die wort ym abendmal foddern. Weiter.
10   Dieser becher das newe testament / ist / ynn meinem blut. Nu es
mag sein / das dieser text eben so viel gelte / als wenn ich sage. Dieser
becher ist ein newe testament zc. Noch hat ia Paulus nicht vmb sonst
das (Jst) nach dem wort (newe testament) vnd nicht dafur gesetzt. Der
heilige geyst hat den künfftigen rotten wöllen zuuor komen / Denn S. Paulus
15 setzt vtrunqz a parte subiecti / tam calicem quam testamentum / ceu vnum
subiectum / das ist / sein text laut also / das dieser becher so ein newe testa-
ment ist / sey dasselbige ynn Christus blut / vnd nennet also den becher
frey das newe testament. Hetten die schwermer so viel texts fur sich / wie
wir hie haben / wie solten sie trotzen vnd pochen? Nu kan das newe testa-
20 ment nicht schlechter wein odder becher sein.
   Das sie aber wolten fur geben (Newe testament) solle hie heissen
ein zeichen odder figur des newen testaments. Jst reichlich vnd mechtig-
lich verantwortet / Denn sie sagens vnd beweisens nicht / auff yhr sagen
aber gibt man nichts / Denn es ist ynn der schrifft nie erhöret / das (newe
25 testament) solle ein zeichen des newen testaments heissen. Sprechen sie /
die sache an sich selbs zwingets / Welche da? Der becher (sagen sie) mus
ia ein leiblich ding sein / als sylber / holtz / gold / odder glas zc. Nu kan
sylber ia ny'mer mehr das newe testament sein / sondern ists des selbigen   334 E
etwas / so ists sein zeichen / mehr kans nicht sein. Darauff ist droben ym
30 Luca gesagt. Aber weil sie so störrig vnd steiff sind / wil ich auch yhres
schirmschlags brauchen. Sage mir / wie kan der becher ein zeichen sein
des newen testaments / so er doch schlecht sylber odder holtz ist? Jst er
nach der materien / odder nach dem klange odder nach der gestalt / des
newen testaments zeichen / odder worynn? Wolan / so ist ein iglicher
35 becher / er stehe ym kasten odder ynn des goldschmids laden / odder wo er
wolle / er sey leer odder vol / gleichwol des newen testaments zeichen /
denn er hat sylber / holtz / klang / gestalt zc. Was dürfft denn Christus
den becher vber tissche dazu nennen / als hette sonst kein becher mehr ynn
der welt / sylber / klang / form / das ist / die gleichnis des newen testa-
40 ments an sich? Nein (sagen sie) sondern der becher / als mit wein zu

---

   6 zueignen   8 in keiner beziehung   9 in dem sinne   23 darauf
ist . . . geantwortet   31 fechterhiebs
52*

trincken furgeſetzt / ſo iſt er ein zeichen des newen teſtaments ꝛc. Da
höre zwey ſtück.

Das erſt / hie müſſen ſie ſelbs / aus becher vnd wein ein new einickeit
vnd weſen machen / ſo es doch zwo vnterſchibliche natur ſind / vnd müſſen
ſolch new weſen / becher nennen vnd zeigen / ſo ſie doch nicht den becher 5
476 W allein / ſondern ¹ furnemlich den wein mit meinen / gleich wie wir droben
von der flammen vnd engel geſagt haben / Konnen ſie nu vnter ſich laſſen
geſchehen / das man ſagt / Der becher iſt ein zeichen ꝛc. ſo ſie doch nicht
den becher allein / ſondern den wein (als der mit dem becher / nu ein ding
iſt worden) mit meinen / Vnd nicht leiden mügen / das man ſolche einig- 10
keit odder weſen des bechers vnd weins trenne / vnd den becher / on wein /
ein zeichen nenne. So bitten wir freundlich / ſie wolten dem heiligen geiſt
auch mit vns zu reden erleuben ynn ſeinen ſachen / das er den becher
ein teſtament heiſſe vnd zeige / vmb des willen / das er nu nicht allein ein
becher / ſondern mit dem teſtament vnd blut Chriſti ein ſacramentlich weſen 15
335 E iſt worden / odder zeigen vns grund vnd vrſachen ¹ an / warumb ſie vnter
ſich ſolche macht alſo zu reden haben / vnd der heilige geiſt ſolle ſie nicht haben
Spotten ſie vnſer / das wir den becher ein newe teſtament heiſſen / Vnd
ſondern vns den becher vom newen teſtament / vnd zurtrennen ſolche ſacra-
mentliche einigkeit odder weſen. So ſpotten wir widderumb yhres zeichens / 20
vnd ſondern becher vnd wein von einander / vnd zurtrennen yhr zeichliche
einigkeit odder weſen / wie ſie vnſer ſacramentliche einigkeit zur trennen /
Denn wo der becher vnd newe teſtament von einander zurtrennen / vnd
ein iglichs ſonderlich zu halten were ynn ſeym eygen weſen / ſo wüſten
wir auch wol / das ein becher nichts mehr denn ein becher odder ſylber 25
were / ia ſo wol / als ſie wiſſen / wenn becher vnd wein von einander zu
ſondern weren / das als denn der becher nicht ein zeichen des newen teſta-
ments / ſondern ein ſchlechter becher were. Solche teuſcherey heiſſen die
logici arguere a parte ab totum negatiue hoc eſt / ab inferiori ab ſuperius
negatiue / ſiue a particulari ab vniuerſale / welchs den ſchwermern gemein 30
iſt / als wenn ich ſpreche / Petrus hat kein ohr / drumb hat Petrus keinen
leib / Gold iſt nicht ſchwartz / drumb iſt Gold on farbe. Aber die ſchwermer
können auch keine kinder logica.

Zum andern / möchten wir gerne wiſſen / wie odder mit welchem
ſtücke der becher mit dem wein / ein zeichen des bluts Chriſti odder newe 35
teſtament ſein ſolte? vnd worynn doch ſolche gleichnis ſtehen ſol / wie
droben auch gehandelt. Denn das newe teſtament / iſt Euangelion / geiſt /
vergebung der ſunden / ynn vnd durchs blut Chriſti / vnd was des mehr
iſt / denn es iſt alles ein ding vnd ynn ein hauffen odder weſen gefaſſet /
alles ym blut / alles ym becher. Wo eins iſt / da iſt das ander auch / 40
Wer eines nennet odder zeiget / der trifft alles. Wie kan un ſchlechter
wein ſolch groſſe ding deuten odder zeichen / ſo es kaum alle figurn des

1 ꝛc A   26 ebensowohl

alten teſtaments zeichen können? Nicht anders / denn wie ich geſagt habe /
Der wein ſol vnd mus ein zeichen heiſſen / ob ers gleich nicht ſein kan /
da ligt nicht ¹ macht an. Sind das nu nicht arme leute / die nicht allein 336 E
das weſen / als leib vnd blut Chriſti ym abendmal verlieren / ſondern auch
5 das zeichen odder figur dazu / vnd nichts mehr haben / denn die bawrn ym
gemeinen weinhauſe / on das ſie mit worten ſich ¹ ſelbs tröſten / als ſey die 477 W
figura da / vnd nicht ſagen können / woryn ſolch figur ſtehe. Alſo geſchicht
yhn recht / Weil ſie den kern vnd marck nicht wöllen haben / ſollen ſie auch
die ſchalen vnd hülſen nicht behalten / Vnd vber dem ſie vnſer ding an=
10 fechten vnd verderben wöllen / auch yhr eygens verlieren vnd nichts be=
halten.

Droben ynn Luca haben wir beweiſet / das dieſe wort nicht können
tropus ſein (Dieſer becher iſt das newe teſtament ynn meinem blut) Weil
das wort (ynn meinem blut) ſo viel heiſſt / als durch odder mit meinem
15 blut / Denn Chriſtus blut mus nicht ſo ein ommechtig ding ſein / das es
nur ein zeichen gebe des newen teſtaments / wie das kelber blut Moſt vor=
zeiten thet / So kan auch (Blut) nicht tropus ſein / denn der becher kan
nicht durch blutzeichen odder ſchlechten wein / ein ſolch gros ding / nem=
lich / das newe teſtament / ſein / ¹ Darumb mus vns der text ſtehen bleiben / 337 E
20 wie die wort lauten / ¹ Das hoffe ich / ſey gewaltiglich erſtritten vnd vnſer 478 W
gewiſſen wol verſichert / das vnſer verſtand recht vnd der ſchwermer nicht
allein vngewis / ſondern auch falſch ſey.

Wo ſind mir nu die ſchwermerlin / die trefflich pochen / das Chriſtus
habe nie kein zeichen gethan / es ſey ſichtbarlich odder empfindlich da ge=
25 ſtanden. War das nicht ein zeichen / das Johannes den heiligen geiſt ſahe
vom hymel komen? noch ſtund der heilige geiſt nicht ſichtbarlich da / ſondern
ynn der tauben geſtalt / War das nicht ein zeichen / da Zacharias den
Engel Gabriel ſahe / bey dem reuchaltar? noch ſtund der Engel nicht
ſichtbarlich da / ſondern ynn der fewr flammen geſtalt / War das nicht ein
30 zeichen / das Gottes ſon auff erden gieng perſonlich? noch war Gottes ſon
nicht ſichtbarlich da / Was iſts nu / das man auff ſolche loſe / faule gründe
bawet / vnd da durch helle Gottes wort vnd werck leugnet vnd leſtert /
on das man mütwilliglich wil verloren ſein? ¹ Freylich iſts ein wunder= 338 E
zeichen / das Chriſtus leib vnd blut ym ſacrament ſind / noch iſts nicht
35 ſichtbarlich da / Iſt vns aber gnug / das wirs durchs wort vnd glauben
empfinden / das er da ſey / Iſt doch yhr zeichen auch nicht ſichtbarlich da /
Denn ob ſie gleich den becher weins ſehen ſichtbarlich / noch konnen ſie
nicht ſehen / das es ein zeichen ſey des leibs vnd bluts / ſondern ſie müſſens
mit worten reden vnd mit hertzen gleuben / Denn es ſtehet am becher nicht
40 gemalet odder gebildet / das er ein zeichen ſey des bluts Chriſti. Narren

---

3 darauf kommt's nicht an   9 während   20 unwiderleglich
bewieſen   23 leidenſchaftlich darauf p.   24 fühlbar   25 Jo. 1, 32
26 dennoch   27 Lc. 1, 11

werck iſt das / aber ſchrecklich / das man drauff bawen vnd trotzen ſol wibber
Gottes wort.

Wo ſind mir auch die andern alle / ſo da plaudern / ym abendmal
ſey nicht vergebunge der ſunden? S. Paulus vnd Lucas ſagen. Das
newe teſtament ſey ym abendmal / vnd nicht das zeichen obber figur des 5
newen teſtaments / Denn figur obber zeichen des newen teſtaments haben
gehört vns allte teſtament vnter die Juden / Vnd wer bekennet / das er
die figur obber zeichen des newen teſtaments habe / der bekennet damit /
das er das newe teſtament noch nicht habe / Vnd iſt zu rücke gelauffen /
vnd hat Chriſtum verleucket / vnd iſt ein Jüde worden. Denn Chriſten 10
ſollen das newe teſtament an yhm ſelbs / on figur obber zeichen haben.
Verborgen mügen ſie es wol haben vnter frembder geſtalt / Aber warhafftig
vnd gegenwertig müſſen ſie es haben. Iſt nu das newe teſtament ym
abendmal / ſo mus vergebung der ſunden / geiſt / gnade / leben vnd alle
ſeligkeit drynnen ſein / Vnd ſolchs alles iſt yns wort gefaſſet / Denn wer 15
wolt wiſſen / was ym abendmal were / wo es die wort nicht verkün-
digten? Darumb ſihe / welch ein ſchön / gros / wunderlich ding es iſt /
wie es alles ynn einander henget vnd ein ſacramentlich weſen iſt. Die
wort ſind das erſte / Denn on die wort / were der becher vnd brod nichts /
Weiter / on brod vnd becher / were der leib vnd blut Chriſti nicht da / 20
On leib vnd blut ¹ Chriſti / were das newe teſtament nicht da / On das
newe teſtament / were vergebung der ſunden nicht da / On vergebung der
ſunden / were das leben vnd ſeligkeit nicht da / So faſſen die wort erſt-
lich / das brod vnd den becher zum ſacrament / Brod vnd becher faſſen den
leib vnd blut Chriſti / Leib vnd blut Chriſti / faſſen das newe teſtament / 25
Das newe teſtament / faſſet vergebung der ſunden / Vergebung der ſunden /
faſſet das ewige leben vnd ſeligkeit. Sihe / das alles reichen vnd geben
vns die wort des abendmals vnd wir faſſens mit dem glauben. Solte
nu der teuffel nicht ſolchem abendmal feind ſein / vnd ſchwermer da wibber
auff wecken? 30

Weil nu ſolchs alles ein ſacramentlich weſen iſt / kan man wol vnd
recht von eym iglichem ſtück ſagen / als vom becher / Das iſt Chriſtus
blut / Das iſt das newe teſtament / Da iſt vergebung der ſunden / Da iſt
leben vnd ſeligkeit. Gleich wie ich auff den menſchen Chriſtum zeige vnd
ſage / Das iſt Gott / Das iſt die warheit / das leben / ſeligkeit / weis- 35
heit ꝛc. Das ſey itzt dauon gnug / Wöllen Paulum weiter hören.

So offt yhr dis brod eſſet / vnd dieſen becher trinckt / ſolt yhr des
HERRN tod verkündigen bis er kompt. Merck aber mal / das Becher
hie nicht kan verſtanden werden fur ſchlecht ſylber vnd holtz (Denn wer
kan ſylber vnd holtz trincken?) ſondern weil der becher mit dem trancke ein 40
weſen iſt worden / ſo heiſt auch becher hie der tranck ym becher / Das du
ſiheſt / wie ſolche weiſe zu reden ynn allen ſprachen gemeyn iſt. Alſo bald

37 1. Ko. 11, 26

hernach auch / Er esse von diesem brod vnd trincke von diesem becher. Wer
kan vom becher / das ist / von silber obber holtze trincken? Aber wie ge=
sagt / Es ist aller sprachen weise so zu reden / wo zwey ding eins werden /
das dasselbige ein ding / beyder namen behellt / wie der heilige geist die
5 taube ist / vnd die taube der heilige geist ist.

Hie iauchtzen die schwermer vnd schreyen gewonnen. Da Da hörestu /
das S. Paulus brod vnd becher nennet vnd nicht spricht. So offt ihr
den leib Christi esset vnd das blut Christi trincket ꝛc. Lieber las vns auch
ruffen / S. Paulus spricht nicht / So offt ihr den wein trinckt / sondern /
10 den becher / Warumb trincken sie denn wein vnd nicht den becher? Mus 340 E
das nicht folgen / das sie becher sauffen / wenn Paulus vom becher trincken
redet / sondern verstehen den wein ym becher / vmb des willen / das becher
vnd wein / ein ding sind worden / Lieber warumb mus denn folgen / das
wir eitel brod essen / wenn Paulus von brod essen redet / vnd nicht auch
15 so wol der leib ym brod verstanden werden mag / vmb der sacramentlichen
einickeit willen? Mugen die armen fleischfresser nicht solchen verstand
haben / sondern allein die herlichen schwermer? Abermal ruffe ich. S. Paulus
sagt nicht / So offt ihr des leibs zeichen esset vnd des bluts zeichen trinckt ꝛc.
drumb kans brod nicht des leibs zeichen noch der wein des bluts zeichen
20 sein / Ists nicht sein? Weret aber solcher text den schwermern nicht ihr
zeichen / lieber warumb sol er denn vns weren / das leib vnd blut da sey?
Denn er redet ia so wenig vom zeichen [1] als von leib vnd blut / drumb 480 W
mus er ia so starck widder sie sein / als widder vns / Vnd trifft er sie
nicht / so trifft er vns auch nicht / so anders das gnug sein sol / Paulus
25 sagt hie nicht also / darumb ists nicht also / Das heist ex puris negatiuis
syllogisare. Was das fur ein grund sey / sonderlich artickel des glaubens
zu gründen / wissen kinder wol.

Das ist aber war / nach des Schlessigen geists regel / haben sie recht
vnd ich mus ihn gewonnen geben / Denn diese regel hellt / das man die
30 text sol aus den augen thun vnd schlecht nicht ansehen / da Christus leib
vnd blut ym abendmal zu sein gesprochen wird / Denn sie hindern den
geist vnd geistlichen verstand. Die ander regel / das man die augen anders
wo hin kere / da solche text nicht stehen / Vnd denn schreye / Sihe da /
Sihe da / hie stehet nicht / das leib vnd blut ym abendmal sey. Diesen
35 regeln folgen sie auch an diesem ort / Denn hart zuuor / da S. Paulus
hat gesagt. Das ist mein leib. Jtem das newe testament ynn meinem
blut / das ist nichts / Da thun sie / als were dieser text an keinem ort
ynn der welt / vnd sehen ihn [1] nicht an. Widderumb hie / da er nicht 341 E
stehet / da glotzen sie / sperren maul vnd nasen auff / vnd suchen solchen
40 text / gerade als müste S. Paulus an allen örtern vnd ynn allen riegen /

---

1 1. Ko. 11, 28   29 den sieg zuerkennen | enthält, lautet
30 die besagen, dass Christi leib und blut im a. sei   40 zeilen

kein ander wort setzen / denn diese / Das ist mein leib ꝛc. auff das sie es
sehen künden. Weil aber all yhr vleis ist / diesen text / Das ist mein
leib ꝛc. anders wo / da er nicht stehet / zu suchen. Warumb suchen sie yhn
nicht auch ym Marcolpho odder ym Dietrich von bern / da weren sie doch
gewis / das sie yhn nicht funden? Das müssen entwedder buben odder
rasende leute sein / die ein ding suchen / vnd foddern da es nicht ist / vnd
nicht stehen wöllen da es ist / vnd da man es yhn fur die nasen stellet.

    Wie wol S. Paulus vber das / so er hart zuuor solchen text setzt /
auch an diesem ort desselbigen nicht vergisset / Denn er redet nicht von
schlechtem brod vnd bechern / sondern spricht / Dis brod / Diesen 10
becher / zeiget gewaltiglich mit diesen worten Dis vnd Diesen zurück
auff das brod vnd becher / da er von gesagt hatte. Wenn sie nu solchen
zween zeigern nach folgeten zu rücke vnd sehen / was fur brod vnd becher were /
dahin er weiset / so würden sie wol finden / das dis brod der leib Christi /
vnd der becher das newe testament were / denn er ia von dem selbigen 15
brod vnd becher redet / weñ er spricht. Dis vñ Diser / wie auch kinder
vnd narren wol mercken. Aber die schwermer hupffen vber diese wort
Dis vnd Dieser hyn / ia thun sie nach yhrer regel / aus den augen /
481 W vnd glotzen allein die wort (Brod vnd Becher) an / wöllen doch nicht
leiden / das man (Becher) sol so vberhin ansehen / wie sie vnser Dis 20
vnd Dieser vbersehen. Wenn sie nu schreyen / S. Paulus sagt hie
nicht / So offt yhr den leib Christi esset ꝛc. Soltu sagen / Er sagets
dennoch alhie / Wo? vnd mit wilchem text? so sprich / Mit dem wort
Dis vnd Dieser / Sihe die selbigen an / so wirstu drinnen finden
solchen text (Das ist mein leib / Das ist das newe testament ynn meinem 25
342 E blut) Denn sie widder hollen solchen text vnd legen dir yhn fur die nasen /
Aber fur die augen können sie dir yhn nicht legen / Denn du kerest sie
ymer anders wo hin.

    Aber wie ernst es dem geist sey solch fragen vnd trotzen / das mercke
da bey / droben / da helle wort stehen / Das ist mein leib / Das ist mein 30
blut / können sie glöslin finden vnd sagen / das ist meins leibs zeichen /
meins bluts zeichen. Wenn nu Paulus schon solchen text hie setzt (So
offt yhr den leib des Herrn esset / vnd sein blut trincket) ꝛc. O wie sawr
solt es yhn werden / das sie hie auch so thetten vnd sprechen / Es müste
also heissen / So offt yhr das zeichen des leibes vnd blutes ꝛc. Der geist 35
meynet / man verstehe seine schalckeit nicht / Lieber wer diesen text glossern
kan (Das ist mein leib) welcher nicht heller noch deudlicher kan gesagt

---

2 sie sich befleissigen   4 mittelalterliche dichtungen   7 druck-
fehler für sehen, oder = zugestehen   8 jedoch vergisst P. ausser dem,
dass . . .   11 zweifellos   20 oberflächlich, flüchtig   21 nn A
29 erkenne daraus:

werden / der wird freylich viel mehr diesen text glossern können / (So offt
yhr des Herrn leib esset) welcher nicht so helle als yhener ist / on das der
geist mus sich so ferben vnd putzen / als wolt er gleuben / wo Paulus
spreche (So offt yhr des Herrn leib esset) damit man nicht sehen solle /
5 wie seine hoffart verachte den text / da klerlich stehet / man solle seinen
leib essen / nemlich / nemet / esset / das ist mein leib. Lieber las sie selbs
einen hellen text geben / den sie nicht kündten glossern / den wolt ich gerne
hören / Denn wo das wort (leib) eraus feret / so kan bald die glose da
sein / leibszeichen. Wiewol es schande ist / das man ynn solchen sachen so
10 alfentzen sol / Aber die schwermer schemen sichs nichts / Wolan / es hilfft
vns doch zum besten / das wir vnsers verstands beste sicherer werden weil
sie dawidder so leichtfertig vnd kindisch gauckeln.

Weiter.

Welcher nu dis brod vnwirdig isset odder trinckt den becher des
15 HERRN vnwirdig / der wird schüldig sein am leibe vnd blut des
HERRN.

Hie stehet abermal brod vnd becher fur die schwermer / da sie eitel
brod vnd becher (das ist) wein aus machen sollen / vnd denn fragen vnd
oddern / Warumb S. Paulus nicht spreche. Wer den leib Christi vn-
20 wirdig isset etce. Denn das Paulus spricht / Dis brod / vnd sich selbs
zu rücke deutet auffs brod / ¹ dauon er droben geredt hat / das mus man 343 E
nicht ansehen / sondern aus den augen thun / auff das den geistlichen ver-
stand nicht hindere / vnd nicht ¹ anders dencken / Denn als habe Paulus nicht 482 W
Dis brod / sondern schlecht dahin / brod gesagt / als stünde sein text hie
25 also. Welcher ein brod vnwirdig isset ꝛc. so findet man denn gewis die
warheit. Aber wir loben Gott / das wir sehen / wie Paulus mit dem wort
Dis ymer widder holet vnd einfüret diesen text (Das ist mein leib)
wie droben gesagt ist / Vnd solchs dazu noch heller bestettiget / da er spricht.
Wer dis brod vnwirdig isset / der sey schuldig / nicht an eitel brod odder
30 am zeichen des leibs Christi / sondern am leibe des Herrn. Lieber las
vns hie auch auff yhre weise ein wenig pochen / Warumb spricht nicht
S. Paulus / Er ist schuldig am brod odder am zeichen des leibes Christi /
wer dis brod vnwirdig isset? Sintemal der text mit aller gewalt er-
zwinget / das diese sunde sey das vnwirdige essen / Vnd sie geben doch
35 fur / es sey eitel brod das sie essen / So mus er ia nach art der wort vnd
sprache an dem schuldig sein / das er isset / Denn Paulus nicht spricht /
Wer vnwirdig das leiden Christi bedencket / der ist schuldig am leibe des
Herrn. Können sie vns mit den fragen angreiffen / Warumb Paulus nicht
spreche / Wer Christus leib vnwirdig isset ꝛc. Vnd wöllen gewonnen haben /

---

10 albern   14 1. Ko. 11, 27   31 rechthaberisch sein

das Christus leib nicht da sey / wo wirs nicht zeigen / So sollen sie vns
widderumb stehen zu vnser frage / Warumb S. Paulus nicht spricht / Wer
vnwirdig das leiden Christi bedencket / odder das zeichen seins leibs vnwirdig
isset zc. Vnd wo sie es nicht zeigen / sollen sie auch billich yhre glose
verloren haben / nach dem was vnd recht / da sie vns mit messen wöllen. 5
    Aber ich weis wol / das sie selbs solche glosen nicht gleuben / sondern
weil sie darauff stehen / das eitel brod sey / dencken sie / Es müsse etwas
gesagt vnd glosiert sein / Denn wo sie nicht drauff stünden / würden sie
solche glose selbs anspeyen. Vnd zwar des Carlstads glosen sehen sie selbs
wol / vnd müssens bekennen / das sie ein lauter getichs ist / Denn S. Paulus 10
344 E strafft die Corinther nicht vmb des vnwirdigen bedenckens willen am leiben
Christi / wie das wol ein kind lesen vnd beweisen kan / Denn er beschreibet
mit ausgedruckten worten / das der Corinther kunde war / das einer des
andern nicht harrete / sondern wer ehe kam der als ehe / das die hernach
kamen nichts funden / vnd mit schanden bestunden / vnd also ein lauter ge- 15
fres aus dem abendmal machten / als were es sonst ein ander schlechts
fressen / Denn so spricht er / Wenn yhr zu samen kompt / so ist da kein
abendmal des Herrn / Sondern ein iglicher nympt yhm fur sein eigen
abendmal. Höristu hie? das sie kein abendmal hielten des herrn / sondern
yhrs bauchs / Denn weil die andern zu langsam kamen / furen sie zu / 20
liessen des herrn abendmal anstehen vnd frassen die weil / gleich wie er
auch hernach spricht. Wenn yhr zu samen kompt zu essen / so harre einer
des anders / auff das yhr nicht vns gericht zu samen kompt. Da siheistu /
das die sunde ist gewest ym essen.
483 W   ¹ Drumb gibt Ecolampad eine besser glose (wie yhn dünckt) vnd spricht / 25
Die Corinther haben sich am sacrament versundiget / das ist / am brod
vnd wein / so zeichen sind des leibs vnd bluts Christi / mit vnwirdigem
essen / Gleich als wer eines keisers bilde vnehret / der vnehret den keiser
selbs / also wer das brod vnd wein vnwirdig isset / der vnehret den leib
vnd blut Christi / des bilde odder zeichen sie sind. Also sind sie vnternander 30
der glosen vneins / gleich wie auch des texts / noch sol es beides der
einige heilige geist leren. Jnn sonderheit aber ist des Ecolampads glosa
nichts / Erstlich / denn wir droben beweiset vnd beklagt haben / das brod
vnd wein nicht sind noch sein konnen / zeichen odder bilde des leibs vnd
bluts Christi / denn kein stücklin angezeigt werden kan / darynn solche 35
gleichnis stehe / darumb kan sich auch dis exempel vom keisers bilde nicht
hie her reymen zur glose / es sey denn zuuor gewis gemacht / wie brod
vnd wein des leibs vnd bluts bilde odder gleichnis sind / wie dem keiser
sein bilde gleich ist. Zum andern / wenn schön solche gleichnis hie were /
so were es wol ein feine gedancken zur glosen / Aber nicht gewis / Denn 40

---

        2 rede stehen auf   9 wahrlich   10 pure phantasie   14 nicht
auf den andern wartete   18 sich vorweg   33 klageweise vorgebracht
37 als erklärung passen   39 schon   40 fein ausgedacht

wer kůnd nicht glosen machen / ¹ vnd dauon gehen vnd sagen / hie bin ich 345 E
geweſt? Nein / weil ſie den text wollen anders deuten / denn die wort
lauten / vnd vnſern verſtand ſtörtzen / můſſen ſie nicht ſo nackete / bloſſe /
hungerige vnd durſtige glöslin daher ſetzen / vnd ſich dauon drehen vnd
5 trollen / Sondern můſſens gewaltiglich beweiſen / das ſolche glöslin recht
ſind / vnd hie her gehören můſſen vnd ſollen. Nu gedenckt Ecolampad
nicht ein mal dran / das er ſolchs thun wolt / ſondern meinet / ſein bloſſes
glöslin ſey gnug / Wo bleibt aber mein gewiſſen / das gerne auff gutem
grunde vnd ſicher ſtehen wolt? Sol es auff dem hungerigen / durſtigen
10 vnd dürfftigen glöslin ſtehen? Doch was gehet den geiſt an / wo die ge=
wiſſen bleiben?

Zum dritten / kan ſolch gloſe / vber das ſie vngewis iſt / auch keinen
ſchein haben / es ſey denn zuuor ¹ gewis vnd beweiſet das ym abendmal
eitel brod vnd wein ſey / Denn ⸗ ⸗o der recht leib vnd blut Chriſti ym
15 abendmal iſt / ſo ligt dis verſchmact⸗te arm glöslin ynn der aſſchen / Nu
haben ſie bis her nicht beweiſet / kunnens auch nicht beweiſen / das eitel
brod vnd wein da ſey / alſo wenig ſie auch beweiſet haben odder beweiſen
konnen / das leibs zeichen vnd blut⸗ zeichen da ſey / wenn ſie gleich be=
weiſen kůnden / das eitel brod vnd wein da were / denn ſie ſolcher beider
20 keins beweiſet haben noch beweiſen konnen / ſondern wir habens ſtarck be=
weiſet / das wie die wort lauten / Chriſtus leib vnd blut da ſey / Darumb
wo ſie zuuor den text ym abendmal nach yhrem ſynn gewis hetten / ſo
möchten wir etlicher maſſe ſolche glöslin an ¹ dieſem ort leiden / vmb guter 184 W
freundſchafft willen / denn ſie auch an yhr ſelbs nicht taug / wie wir hören
25 werden. Zum vierden / das aller feineſt / das Ecolampad an dieſem ort
(leib vnd blut) nicht fur tropus helt / ſondern wie die wort lauten (Er iſt
ſchůldig am leib vnd blut des herrn) Was wil daraus werden? Das wil
daraus werden / So leib vnd blut an dieſem ort zuuerſtehen ſind wie die
wort lauten / vnd nicht tropus ſind / So müſſen ſie auch ym text des abend=
30 mals nicht tropus ſein / Denn es wil ſich ynn keinen ¹ weg leiden / das 346 E
Paulus vber einer ſachen odder materij / vnd ynn einerley rede / ſolte einer=
ley wort anders vnd anders brauchen / als ein zweyzüngiger vnd liſtiger
teuſſcher / Sondern er mus einfeltiglich / leib vnd blut an beiden örten /
gleich vnd einerley wort laſſen ſein / Heiſſt leib ym abendmal / leibs
35 zeichen / vnd blut bluts zeichen / ſo mus hie auch leibszeichen vnd bluts=
zeichen heiſſen. Heiſt es hie recht leib vnd blut / ſo mus ym abendmal
auch recht leib vnd blut heiſſen / denn er an beiden örten von dem ſelbigen
abendmal redet / ſo mus er auch von dem ſelbigen leib vnd blut reden /
Denn dort leret vnd ſetzt ers ein / Hie vermanet er zum rechten brauch
40 deſſelbigen.

1 erg.: jetzt möchte ich aber nicht mehr dafür eintreten   3 unsere
auffassung umstürzen   4 verdrücken und aus dem staube machen
5 unwiderleglich   15 im staube   17 ebenso wenig wie   24 nichts taugt

Wo iſt nu dis hungerige bürſtige glöslin? Wer vnwirdig iſſet / der
iſt ſchůldig am leib des herrn / das iſt / wer des königes bilde hönet / der
hönet den könig ſelbs? Iſt leib leibs zeichen / ſo mus das glöslin ſich alſo
drehen / Wer dis brod vnwirdig iſſet / der iſt ſchuldig am leibs zeichen /
das iſt / am brod / Denn leib / mus hie auch leibs zeichen odder brod   5
heiſſen / Wo nicht / ſo ligt beide / tegt vnd gloſen / mit ſchwermern vnd
mit allem ober eym hauffen ym dreck. Da ſihe / was fur mühe / fahr vnd
vnglück ſey / wer lügen wil zur warheit machen / vnd ſie widder die war-
heit zu marckt furet / Sollen die ſchwermer beſtehen / ſo haben ſie nu drey
groſſe erbeyt. Die erſte / das ſie ym abendmal beweiſen / wie leib vnd   10
blut / leibs vnd bluts zeichen / oder eitel brod vnd wein ſey. Die ander /
das ſie beweiſen / wie ſolch eitel brod vnd wein / leibs zeichen vnd bluts
zeichen ſey. Wenn ſie nu das gethan (auffs teuffels hymelfart) ſo muſſen
ſie widderumb ia ſo groſſe vnd gröſſer mühe haben / das ſie an dieſem ort
beweiſen / das leib vnd blut / nicht leibs vnd bluts zeichen ſind / Denn ſie   15
müſſen beweiſen / das zu gleich ynn einerley rede vnd ſachen / Blut nicht
blut / leib nicht leib. Widderumb dennoch daſſelbige blut / blut / vñ der
ſelbige leib / leib ſey vnd heiſſe / Da wil kunſt zu gehören / id eſt / contra-
dictoria ſimul vera facere.

Zum funfften / wenn auch ſonſt alle ding ſchlecht weren / vnd der   20
347 E keines mangelt / ſo iſt doch das glöslin ¹ an yhm ſelbs auch vntüchtig / Denn
Paulus ſpricht nicht / Wer dis brod vnwirdig iſſet / der iſt ſchuldig an
Chriſto nach Ecolampads meynung / wie der ſchuldig iſt am könige der des
königes bilde hönet / Sondern S. Paulus zeiget an / das die ſchuld ge-
485 W ſchehe an den ſtücken ¹ Chriſti / welchen das brod vnd wein ſol gleich odder   25
zeichen ſein / nemlich des leibs vnd bluts (ſpricht er) iſt er ſchuldig xc.
Demnach muſte Ecolampad ſeine gloſe vnd exempel alſo odder des gleichen
ſtellen / Wer die naſen am bilde vnehret / der vnehret die naſen des königes.
Wer des bildes maul ſpottet / der ſpottet des mauls / ſo der könig hat.
Das alſo die vnehre ſo an dem bilde geſchehe / nicht auff die perſon / ſon-   30
dern auff die ſtück gehe ſo ynn den bilden verunehret werden / Denn Paulus
hie nicht die perſon Chriſti / ſondern den leib vnd blut Chriſti / als ſtücke
der perſon anzeucht. Das rede ich darumb / das du ſeheſt / wie Ecolampad
ſeine gloſe vnd exempel nicht recht furet / vnd ſich zu S. Paulus tegt nicht
reymet / Denn wo ſichs reymen ſolt / müſte S. Paulus / wie geſagt iſt /   35
ſo reden. Wer dis brod iſſet / der iſt ſchuldig an Chriſto / gleich wie der
ſchůldig iſt am könige / wer des königes bilde vnehret / Das iſt / er ſundigt
nicht an eym geliede odder ſtücke der perſon / ſondern an der Maieſtet vnd
regiment des königes / Denn das meinet man mit ſolcher rede / Aber hie
ſpricht S. Paulus / man ſundigt an den ſtücken der perſon / als am leib   40
vnd blut Chriſti / das iſt neher vnd mehr / denn an der maieſtet / odder

---

    4 winden   13 niemals! (Thiele no. 128)   14 umgekehrt ebenso
20 glatt, in ordnung

regiment Chriſti / Darumb iſt ſolch glöslin auch an yhm ſelbs nichts / das von der maieſtet vnd regiment ſagt / ſo der tert von ſtücken obber teil der perſon redet.

Weiter.

Der menſch prüfe ſich ſelbs / vnd alſo eſſe er vom brod vnd trincke vom becher.

Hie ſtehet widderumb brod vnd becher / So treibt Paulus eins vmbs ander / itzt nennet ers brod vnd becher / darnach widder leib vnd blut / darnach widder brod vnd becher / vnd widderumb zum dritten mal leib vnd blut / auff das er vns yhe gewis mache / ¹ das dis ſacrament ſey nicht eitel brod vnd wein / ſondern auch leib vnd blut Chriſti / On die ſchwermer müſſen die augen weg thun / wo ers leib vnd blut nennet vnd allein hafften / da ers brod vnd becher nennet / obber müſſen leib vnd blut gloſtern vnd vertroppen / brod vnd becher aber nicht gloſtern noch vertroppen / vnd alſo mit dem tert ſpielen vnd faren wie ſie wöllen. Vnd ſonderlich iſt dieſer ort ſtarck fur ſie / Denn S. Paulus ſpricht nicht (Alſo eſſe er von Dieſem brod) ſondern ſchlecht vom brod vnd vom becher / nicht von Dieſem becher. Wolan / wir laſſen yhn die gewalt / ob ſie S. Paulus wöllen hie reden laſſen von eym andern brod vnd becher / obber von den ſelbigen. Redet er von eym andern / ſo fichts vns nicht an / vnd mügen leiden / das ſie eitel brod vnd wein machen / vñ hilfft ſie nichts / denn wir reden vom brod ym abendmal. Redet er aber von dem ſelbigen brod vnd becher (als kein zweifel iſt) ſo haben wir gnug gehöret / was der ſelbige becher vnd brod ſey / ynn dem vorigen tert / Was da geſagt iſt / das ge⸗ höret hie her auch.

¹ Zu letzt.

Wer vnwirdig iſſet vnd trinckt / der iſſet vnd trinckt yhm ſelbs ein gericht / als der nicht vnterſchey⸗ det den leib des HERRN.

Auffs Carlſtads vnterſcheiden / hab ich ym büchlin widder die hym⸗ liſchen propheten gnug geſchrieben / Denn es kan nicht von dem gedechtnis des leidens geredt ſein / wie des Carlſtads geiſt fur gibt / Weil der tert hie gewaltiglich zwinget / das ein ding ſey / Vnwirdig eſſen / vnd den leib Chriſti nicht vnterſcheiden / Welchs wir dem Wort nach / wie es lautet / verſtehen / das die Corinther haben das brod geeſſen / mit ſolchem vnuer⸗ ſtand obber vnuernunfft / als were es ſchlecht brod / vnd keinen vnterſcheid hielten zwiſchen dieſem brod vnd anderm brod / das iſt ia vnwirdiglich den leib Chriſti eſſen / Drumb vermanet er ſie / das ſie ſich ſelbs prüfen ſollen vnd fulen / wer ſie ſeyen / was ſie halten von dieſem brod / Denn halten ſie es nicht fur den leib Chriſti / obber gehen damit vmb als were

---

5 1. Ko. 11, 28   14 in tropen auflöſen   18 freiheit   27 1. Ko. 11, 29   33 unwiderleglich beweiſt

349 E es nicht der leib Chriſti / ſo vnterſcheiden ſie den leib Chriſti [1] nicht / das
bleibt denn nicht vngeſtrafft. Wir wiſſen ia wol / wie S. Paulus das
wörtlin Diakrinon braucht pro diſcernere / als .1. Corin. 4. Wer hat
dich vnterſcheiden? das iſt / wer hat dich ſo ſonderlich gemacht fur andern /
als wereſtu ein beſſers vnd anders denn der hauffe iſt? Vnd Rom. 14. 5
Wer aber vnterſcheidet / der iſt verdampt / das iſt / wer dis ſunde vnd
vhenes recht achtet / vnd doch da widder thut / Vnd ſo fort an heiſſet
Sanct Paulus Diakrinin / das wir heiſſen vnterſchied machen / vnterſcheiden /
dis anders denn vhenes halten ꝛc.

    Ecolampad aber hat beſſern ſchein / weil er ſolchen vnterſcheid auch 10
auff die ehre zeucht / ſo durch die ehre des bildes dem könige geſchicht /
wie wir droben vm andern ſpruch geſehen haben. Aber es mangelt hie
eben das dort / Vnd alles was ich vnn vhenem ſpruch widder vhn geſagt
habe / iſt auch hie widder vhn zu ſagen / Denn weil wir den text einfeltig-
lich haben / wie er lautet / vnd ſie vns den wöllen nemen vnd anders 15
deuten. Iſt nicht gnug / das ſie ein nacket glöslin ſagen / vnd geben vns
damit Ade zu gutter nacht / Sondern müſſens mit ſchrifft vnd vrſachen be-
weiſen / das ſolch glöslin recht vnd hieher gehören müſſe. Das thut er
nicht / kans auch nicht thun / Denn wer wil gleuben / das (Chriſtus leib
nicht vnterſcheiden) ſey nichts mehr denn Chriſtum ſelbs vnn ſeinem zeichen 20
vnehren? Denn es auch noch nicht beweiſet iſt / das vm abendeſſen eitel
brod vnd leibs zeichen ſey / darauff ſolch ſein baufellig glöslin ſich gründet.
Vber das / ſo mus er hie auch (des herrn leib) nicht fur den rechten leib
Chriſti / ſondern fur ſeins leibs zeichē nemen / Weil S. Paulus hie nicht
von eym andern leibe reden kan / denn da er ſagt / Das iſt mein leib / 25
487 W Denn er redet ia noch vom abendmal / vnn einerley [1] ſachen / ſo mus er
auch noch vnn einerley worten ſein. Iſt nu hie leib nicht leibs zeichen /
Warumb iſts dort leibs zeichen? Iſts hie leib / warumb iſts dort nicht
auch leib? Darumb mus dis glöslin mit text vnd mit allem vntergehen /
odder mus alſo zu ſtellen ſein (Der nicht vnterſcheidet das zeichen des herrn 30
350 E leibs) | Alſo ligt das ſtück auch / Vnd [1] ſtehet Paulus noch feſte auff vnſer
ſeiten / denn wir ſeine wort einfeltiglich / eintrechtiglich / vnanſtöſſig auff
vnſern verſtand gereymet finden / vnd durffen gar keiner gloſen noch mühe /
ſie anders zu deuten denn ſie lauten.

    Wollen nu den text S. Pauli vm zehenden Capitel auch ſehen / da 35
er ſpricht / Der becher des ſegens / den wir ſegenen / iſt der nicht die ge-
meinſchafft des bluts Chriſti? Das brod das wir brechen / iſt das nicht
die gemeinſchafft des leibs Chriſti? Dieſen text hab ich gerhümet vnd
rhüme noch / als meins hertzen freude vnd krone / denn er nicht allein
ſpricht / Das iſt Chriſtus leib / wie vm abendmal ſtehet / Sondern nennet 40

---

3 1. Ko. 4, 7   5 1. Rö. 14, 23   11 bezieht   16 machen
sich damit aus dem staube   33 mit unserer auffassung zusammen-
stimmend | brauchen   35 1. Ko. 10, 16

das brod so gebrochen wird / vnd spricht / Das brod ist Christus leib / ia
das brod das wir brechen / ist nicht allein der leib Christi / sondern der
ausgeteilete leib Christi / Das ist ein mal ein text so helle vnd klar / als
die schwermer vnd alle welt nicht begeren noch foddern kündten / Noch
5 hilfft er nicht / Auff solchen text antworten sie mir nichts mehr / denn nach
dem sie vnternander vneins sind / etliche sagen / Paulus rede von zeichlicher
odder figurlicher gemeinschafft / etliche aber von geistlicher gemeinschafft /
Furen herzu das her nach folget / von gemeinschafft des altars vnd der
teuffel. Streichen damit dauon / Sehen vns nicht an / das sie solchs be-
10 weiseten odder aus den texten zwungen / Da sol ich mir an yhren blossen
worten vnd glosen lassen benugen / vnd thun eben / als wenn ich einen
grüsset / vnd er sich vmbkeret vnd donnerte mit seym hindern / vnd gieng
also dauon / Wolan sie sollen nicht also dauon lauffen vnd den stanck hinder
sich lassen / ob Gott wil.

15 Auffs erst / ist kein zweiuel / S. Paulus rede hie auch von dem abend-
mal / weil er von brod / becher / leib vnd blut Christi redet / vnd mus frey-
lich von dem selbigen leib vnd blut / brod vnd becher reden / da das abend-
mal von redet / Wo nicht / so gehet vns dieser text nichts an / vnd mag
dauon halten wer da wil / das er von schlechtem gemeinen essen rede.
20 Hieraus folget nu / das auff Ecolampads kunst / dieser text ' mus also stehen / 351 E
Das brod das wir brechen / ist eine gemeinschafft des brods / so ein zeichen
ist des leibs Christi / Der becher des segens / den wir segen / ist eine ge-
meinschafft des weins / so ein zeichen ist des bluts Christi. Ists nicht ein
feiner text? Brod ist eine gemeinschafft des brods / Becher ist eine gemein-
25 schafft des weins / Was ist das gered / denn das gebrochen brod ist ge-
meinschafft des brods / das ist / das gebrochen brod ist ein gemein ausge-
teilet brod? Kund vns Paulus sonst nichts hie leren / denn das ausgeteilet
brod aus geteilet brod ist? odder hatte er sorge / wir würden ausgeteilet
brod fur ausgeteilte brabwürste / vnd ausgeteileten wein / fur ausgeteilet 488 W
30 wasser verstehen? Es sind ia yhr eigene wort / das leib sol / leibs zeichen /
das ist / brod / blut sol bluts zeichen / das ist / wein heissen / wie wir gnug
gehöret vnd sie alle bücher dauon vol geklickt haben.

Sol aber der tropus auff dem wort gemeinschafft stehen / vnd ein
zeichen der gemeinschafft / odder eine figurliche gemeinschafft sein / da durch
35 die geistliche gemeinschafft bedeutet werde / So mus diesem rücklingen vnd
verkereten tropo nach Ecolampads text also stehen / Das brod das wir
brechen / ist eine figurliche gemeinschafft des figurlichen leibs Christi / welcher
ist das brod. Lieber / was ist doch das ymer mehr gesagt / Brod ist figurliche
gemeinschafft des brods? Denn so müssen sie reden / sollen yhre tropos
40 stehen / Sol nu ein brod des andern zeichen odder figur sein / wie das

---

9 machen sich damit aus dem staube   10 erschlössen   25 heisst
das etwas andres als: 32 vollgekleckst   35 rückwärts gewandten

selbige ausgeteilet vnd gemein ist? so sie doch alle beide / natürliche vnd
leibliche brod sein müssen / das erste darumb / das es gebrochen wird / das
ander darumb / das es ein zeichen sey des leibs Christi / Ich acht / der
geist / weil er alle ding vermag / So halte er / das erste brod / so ge-
brochen wird / fur ein gemalet brod auff ein papyr odder ein geschnitzt 5
brod / welchs wol kan eine figur vnd zeichen sein des andern rechten brods
so Christus leib bedeut / auff das der text also stehe / Das hültzen gebrochen
brod ist ein figürliche gemeinschafft des rechten brods / so ein zeichen ist
des leibs Christi / denn solchs alles erzwingen yhre tropi / Wo nicht / so

352 E mus er also stehen / das [1] gebrochen brod / das nicht mag eine figürliche ge- 10
meinschafft sein des brods / ist gleichwol eine figurliche gemeinschafft des
brods / Denn es ist ia nicht müglich / das ein brod des andern figürlich
gemeinschafft sey.

    Auch droben haben wir beweiset / das solcher rücklinger vnd verkereter
tropus widder ynn der schrifft noch einiger sprachen sein kan / sondern ein 15
lauter geticht ist / Denn nach der schrifft vnd aller sprachen art / mus das
wort (gemeinschafft) also ein tropus werden / das es fur sich hin deute / ein
geistliche gemeinschafft / odder ein new andere gemeinschafft / vber die alte
leibliche gemeinschafft / gleich wie leib vnd blut mus ein geistlich odder
ander leib vnd blut heissen / wo sie tropus werden odder nicht das leiblich 20
blut vnd leib heissen sollen / Darumb mus an diesem ort (Gemeinschafft)
schlecht leibliche gemeinschafft odder austeilunge heissen / odder sols ein
tropus sein / so mus es ein new geistliche gemeinschafft heissen / nach
welcher der text so müste stehen / Das brod so wir brechen ist eine geist=
liche gemeinschafft des leibs Christi / Sol aber leib hie auch ein recht tropus 25
sein / so mus es den geistlichen leib Christi heissen / welcher ist die kirche zc.
Vnd wurde der text ynn summa also stehen / Das brod so wir brechen / ist
eine geistliche austeilung der Christenheit / auff die meynung / Wo dis brod
wird gebrochen / da wird die Christenheit ausgeteilet / Vnd viel grewlicher
grewel wurden mehr folgen. 30

489 W   [1] Las sie hie welen / welchs sie wöllen (Ist leib vnd blut) an diesem
ort tropus odder leibszeichen vnd bluts zeichen / nemlich / brod vnd wein /
wie yhr lere helt / so mügen sie nicht weren aller dieser grewlichen folge /
die ich itzt habe eingefurt / wie das yderman mus greiffen vnd nicht leucken
kan / sonderlich / wo sie auch die gemeynschafft figurlich haben wöllen. Ists 35
aber nicht tropus / sondern recht leib vnd blut Christi / wie vnser lere helt /
so kans an andern orten des abendmals auch nicht tropus sein / Denn es
kan niemand leucken / das hie S. Paulus vom abendmal redet / vnt eben

353 E dasselbige blut vnd [1] leib nennet vnd meynet / das Mattheus / Marcus /
Lucas vnd Paulus selbs ynn andern capiteln nennen vnd meynen / da sie 40
sagen / Das ist mein leib / das ist mein blut. Was können sie da widder
mucken? Nu müssen sie das welen / das hie blut vnd leib tropus sind /

    9 Christi . A   22 obbet A   28 in dem sinne   33 enthält

denn so helt yhre lere / weil hie vom sacrament geredt wirb / vnd ym
sacrament sacramentliche obber figürliche wort sein müssen / wie Ecolampad
leret. Wolan / so müssen sie auch solche folge haben / Das brod sey eine
figürliche gemeynschafft des brods / das ist / es sey ein gemalet brod / obber
5 sey / das nicht sein kan / wie gesagt ist / Denn der Ecolampad lest zu / das
(Ist) nicht (bedeutet) heisse / Drumb mus er zu lassen / das Brod sey die
figürliche gemeinschafft des brods / vnd kan nicht sagen / das gebrochē brod
sey geistliche gemeinschafft / Deñ bey yhm kan leiblich ding nicht ein geist-
lich ding sein noch heissen.

10   Wenn er aber den tropum auff das wort (gemeinschafft) allein vnd
sein text also haben wolt. Das brod so wir brechen / ist ein zeichen der
gemeinschafft des leibs Christi / vnd kündte solchs beweisen / so hette er
seine meynung wol / Aber da würde denn (leib) kein tropus sein. Were
aber leib hie kein tropus / so kündte es dort auch nicht tropus sein ynn
15 Matth. Mar. Luca / Das ist mein leib / weil es einerley abendmal vnd
leib ist / dauon man redet. Also wo der geist hin wil / da stösset er sich /
das er taumelt vnd mus fallen. Ich gebe den rat / das sie sprechen / das
eufferliche wort Gottes sey kein nütze / vnd hetten gnug am zeugnis des
geists ynnwendig / vnd S. Paulus wort / arme / elende zehen buchstaben
20 schelten / darnach müste wol (leib vnd blut) tropus vnd nicht tropus sein /
wie sie wolten / Sonst wüste ich nicht / wie sie dem Paulo hie entlauffen
könnten / Sie müsten aber auch dencken / wie alle welt verbunden were /
yhrem zeugnis vnd geist zu gleuben / So hetten sie denn gewonnen.

     Was nu widder des Ecolampads text gesagt ist / ¹ gehet alles auch 354 B
25 widder des Zwingels text / Denn wo Ecolampad zeicheley macht / da macht
Zwingel deuteley / vnd ist eine meinung / on das ander wort sind / Eco-
lampad hat figuram corporis / Zwingel significans corpus / das ist ein ding /
Drumb muste Zwingel text also stehen. Das brod so wir brechen / ist
die gemeinschafft des bedeutenden leibes Christi / das ist des brods / gleich
30 wie Ecolampad. Wenn er aber also kündte seinen text stellen / Das brod
so wir brechen / bedeut die gemeinschafft des leibs Christi / so were es seyn
fur seine meinung. Aber ¹ das leidet nicht der text ynn Matth. Mar. Luca / 490 W
da er spricht / Das bedeut meinen leib. Hat er dasselbs einen bedeutenden
leib / so mus er hie auch einen bedeutenden leib lassen sein / denn es ist
35 einerley leib / wie gesagt ist. Nu folget yhm alles auff den bedeutenden
leib / was dem Ecolampad auff sein zeichenden leib folget / wie ein iglicher
selbs wol dencken vnd sehen kan / Drumb nicht not ist alles widderumb
zu bolen.

     Den Schlesier geist mit seiner verkerunge las auch her komen / Der
40 also den text Matth. Mar. vnd Luce vmbkeret / Mein leib ist das / nem-
lich eine geistliche speise / Denn (Das) sol auff den geist weisen / So mus
es hie auch so sein / vnd dieser text (Den becher des segens den wir

5 lest / zu das A   37 zu wiederholen

segen ꝛc.) ſich alſo rumb keren / Die gemeinſchafft des leibs Chriſti / iſt der
becher des ſegens den wir ſegenen / nemlich ein geiſtlicher becher des ſegens
Nu iſt dieſe gemeinſchafft ein geiſtlich ding / vnd mus doch hie ein leib-
licher becher weins ſein vnd heiſſen. Ja der leibliche becher mus zu gleich
auch ein geiſtlich becher ſein / das iſt / zu gleich geiſtlich vnd nicht geiſt- 5
lich / leiblich vnd nicht leiblich / Denn Paulus redet vom leiblichen / aber
der geiſt macht eben den ſelbigen geiſtlich vnd nicht leiblich. Iſts nicht
hoch groſſe geoſterey? las ſie faren mit yhrem tollen gauckelwerck.

    Vnſer text vnd verſtand ſtehen da fein vnd hell / leicht vnd liecht.

355 E Das brod ſo wir brechen / iſt die gemeinſchafft des leibs Chriſti ꝛc. [1] Hie 10
muſtu zu erſt mercken / das er ſagt vom leiblichen brod das wir ym abend-
mal brechen / das kan ia niemand leucken / Darnach iſts ia auch gewis /
das ynn ſolchem leiblichen brechen odder abendmal / nicht allein eitel heiligen
vnd wirdigen / ſondern auch vnwirdigen / als Judas vnd ſeins gleichen
ſein müſſen. So haſtu gehort / das (Iſt) nicht kan noch mag (deutet) 15
heiſſen ynn einiger ſprachen auff erden / ſondern redet vom weſen / wo es
ſtehet. Zu letzt / Gemeinſchafft heiſt hie das gemeyne gut / des viel teil-
hafftig ſind vnd genieſſen / als das vnter ſie alle ynn gemeyn gegeben wird.
Daſſelbige mag zweyerley weyſe empfangen werden / leiblich vnd geiſtlich /
Denn gemeyn ding heiſt / des viel ynn gemeyn genieſſen / als gemeyne 20
born / gemeyne gaſſen / gemeyner acker / wieſen / holtz / fewr ꝛc. Denn es
kan hie an dieſem ort nicht heiſſen die gemeynſchafft des glaubens ym
hertzen / Denn der text redet hie von ſolchem gemeynen gut / das man
empfahen vnd genieſſen ſol / als da iſt das brod vnd becher / Denn er
ſpricht / Das brod das wir brechen / der becher den wir ſegenen / Vnd her- 25
nach / Wir alle ſind ein leib / die wir von einem brod vnd von einem becher
teilhafftig ſind ꝛc. So iſt nu gewis / das kenonia die gemeinſchafft des
leibs Chriſti iſt nichts anders / denn der leib Chriſti als ein gemeyn gut
vnter viel ausgeteilet vnd gegeben zu genieſſen.

    So ſpricht nu Paulus / das brod ſo wir brechen / iſt die gemeinſchafft 30
des leibs Chriſti / das iſt / wer dis gebrochen brod geneuſt / der geneuſt
401 W des [1] leibs Chriſti / als eins gemeinen guts vnter viele ausgeteilet / denn
das brod iſt ſolcher gemeiner leib Chriſti / ſpricht Paulus / Das iſt helle
vnd dürre geſagt / das niemand kan anders verſtehen / er mache denn die
wort anders. Nu genieſſen dieſes gebrochen brods nicht allein die wir- 35
digen / ſondern auch Judas vnd die vnwirdigen / denn das brod brechen iſt
bey guten vnd böſen. Nu iſts nicht müglich / das ſie deſſelbigen geiſtlich
356 E genieſſen / denn ſie haben widder geiſt [1] noch glauben / So hat auch Chriſtus
nicht mehr denn einen leib. Sollen nu des die vnwirdigen genieſſen vnd
yhn vnter ſich gemeyn haben / ſo mus es leiblich ſein vnd nicht geiſtlich / 40
weil kein genieſſen iſt / denn entweder leiblich oder geiſtlich / Denn das
figurlich / zeichelich / vnd deutlich genieſſen kan ym abendmal nicht ſein /

---

16 irgend einer   21 brunnen

weil keine deuteley noch zeicheley ist / Darumb mus von nöten der rechte
ware leib Christi leiblich ym brod sein / das wir brechen / das sein die vn=
wirdigen leiblich geniessen mügen / weil sie sein geistlich nicht geniessen /
wie dieser spruch Pauli lautet / Das brod so wir brechen / ist die gemein=
5 schafft / das ist der gemein leib Christi vnter die geteilet / so das gebrochen
brod empfahen.

Hie widder sicht nu der schwarmgeist vber dem wörtlin (gemeinschafft)
vnd wil eine geistliche gemeinschafft machen / die bey den frumen sey allein /
welche solle bedeutet werden durch das brod brechen / als durch eine steur=
10 liche gemeinschafft / auff das der text Pauli eine solche nasen kriege. Das
brod so wir brechen / ist ein zeichen der gemeinschafft des leibs Christi auff
Ecolampadisch / odder also / das brod so wir brechen / bedeut die gemein=
schafft des leibs Christi zc. auff Zwinglisch. Solchs beweisen sie auffs erst
aus diesem grund (Es dunckt vns also recht sein) Denn yhr eigen dunckel
15 ist der sterckeste grund den sie haben ynn der gantzen sachen / on das sie
den selbigen teuffen vnd nennen / schrifft vnd glaube / Darnach füren sie
den spruch so Paulus nach diesem text setzt. Ein brod ists / Ein leib sind
wir viele / die weil wir eins brods teilhafftig sind. Hie machen yhr etliche
abermal new tropus / das brod hie ein geistlich brod / nemlich der leib
20 Christi sey / Vnd ein leib sey auch ein tropus / nemlich die heiligen allein
welche des geistlichen brods geistlich teilhafftig sind / Vnd fechten widder
mich also / weil wir alle ein leib Christi sind / so müssen die vnwirdigen
nicht ynn diesem leibe mit sein / sondern allein ¹ die rechten gelieder / darumb 357 E
mus diese gemeinschafft des leibs geistlich sein zc.

25 Was sol ich doch mit den yrrigen geistern machen? ¹ Itzt machen sie
figurlich brod vnd gemeinschafft / widderumb / die andern machen geistlich
brod vnd gemeinschafft / lauffen widdernander als weren sie toll / vnd keiner
auff seiner ban gewis ist. Wir wissen / das S. Paulus hie nicht spricht.
Wir viel sind ein leib Christi / sondern schlecht wir viel sind ein leib / das
30 ist / ein ¹ hauffe / eine gemeyne / gleich wie ein yglicke stad ein sonderlicher 492 W
leib vnd cörper ist gegen ein andere stad. Aus dem folget nu nicht / das
alle gelieder dieses leibs / heilige geistliche gelieder sind / vnd also allein
die geistliche gemeinschafft haben / sondern es ist ein leiblicher hauffe vnd
leib / darinnen beide heiligen vnd vnheiligen sind / die alzu mal des einigen
35 brods teilhafftig sind. So kan auch brod hie nicht sein ein geistlich brod
denn Paulus redet ia von dem selbigen brod / da er zuuor von redet / das
brod das wir brechen / Solch brod ist einerley brod / drumb machts auch
einen sonderlichen hauffen vnd leib aus denen / die sein teilhafftig sind /
Nicht ein leib Christi / sondern schlecht einen leib / denn es ist gar ein
40 gros vnterscheid vnter leib / vnd Christus leib / Vnd ist hie (leib) ein
rechter tropus nach der schrifft art / nicht ein figurlicher leib nach dem rück

lingen tropus / sondern ein ander newer leib / dem ein natürlicher leib ein
gleichnis ist ꝛc. Vnd solchen tropus erzwinget der text / da er sagt. Wir
sind ein leib / Nu können ia wir nicht ein natürlich leib sein. Also solten
die schwermer ihre tropus auch machen vnd beweisen / vnd bey bringen /
das Christus leib vnd blut / leibs vnd bluts zeichen weren.   5

    Summa. S. Paulus redet an diesem gantzen ort von keiner geist-
lichen noch figürlichen / sondern allein von leiblicher gemeinschafft / odder
von eim gemeinen leiblichen bing so ausgeteilet wird / Das soltu sehen ynn
allen sprüchen vnd exempeln / die er füret. Erstlich ynn diesem / Ein brod
358 E ists / Ein leib sind wir viel / so eins brods teilhafftig sind / ¹ Auff das du 10
hie müssest die gemeinschafft leiblich verstehen / spricht er / Es sey ein brod
(nemlich / dauon er redet ynn dem text / Das brod das wir brechen) des
wir alle teilhafftig sind / Nu kan das gebrochen brod nicht geistlich brod
sein / so mus auch seine austeilung / brechen odder gemeinschafft nicht geist-
lich sein. Der ander spruch / Sehet an Israel nach dem fleisch / Welche die 15
opffer essen / sind die nicht ynn der gemeinschafft des altars? Hie ist ia
keine geistliche odder figurliche gemeinschafft / Denn vom opffer essen / ist
leiblich des altars geniessen odder leiblich des altars teilhafftig sein / Vnd
der altar mit seym opffer ist ia auch ein leiblich bing / leiblich gemein vnd
ausgeteilet vnter die opffer esser. Also ist vnser brod auch ｜ein leibliche 20
gemeinschafft vnter vns geteilet / Ist aber das brod leiblich gemein ｜ge-
brochen / ausgeteilet vnd von vns empfangen / so ist auch der leib Christi /
leiblich gemein / gebrochen / ausgeteilet vnd von vns empfangen / denn das
gebrochen brod ist der gemein odder ausgeteilete leib Christi / Wie Paulus
spricht / Das brod so wir brechen / ist die gemeinschafft des leibs Christi. 25

    Ja sprechen sie / S. Paulus spricht hernach von der teuffel gemein-
schafft / Ich wil nicht / das yhr der teuffel gemeinschafft habt? Hie mus
ia geistliche gemeinschafft sein / denn die teuffel haben keinen leib / drumb
mag droben die gemeinschafft des leibs Christi auch geistlich sein. Antwort.
493 W Mich dunckt / das ¹ wort gemeinschafft mache sie yrre / das sie es nicht recht 30
verstehen / Vnd ist wol war / Es ist nicht so gar eigentlich deudsch als ich
gerne wolte haben / Denn gemeinschafft haben / verstehet man gemeiniglich
mit yemand zu schaffen haben. Aber es sol ia hie so viel heissen / als ich
droben verkleret habe / als wenn viel eines gemeinen bings brauchen / ge-
niessen / odder teilhafftig sind / Solchs mus ich gemeinschafft dolmetschen / 35
ich hab kein besser wort dazu finden mügen. Wolan wenn die teuffel schon
359 E keinen leib ha｜ben / ia wenn gleich dieser spruch von geistlicher gemeinschafft
redet / wie wils folgen / das man drumb auch droben muste geistliche ge-
meinschafft des leibs Christi verstehen? Ists gnug das man so sage? Aber
Paulus redet hie von leiblicher gemeinschafft der teuffel / das beweisen die 40
wort / so vorher vnd hernach folgen. Vorher sagt er also / Was die Heiden
opffern / das opffern sie den teuffeln. Das hörestu / das er von götzen opffer

    1 rückwärts gewandten   15 1. Ko. 10, 18   26 1. Ko. 10, 20

rebet vnd nennets teuffels opffer / vnd handelt die sachen / von essen des
gößen opffers. Wer teuffels opffer isset / der ist ynn der gemeinschafft des
teuffels / Das ist ia eine leibliche gemeinschafft / denn es ist ein teuffels
opffer / ein leiblich opffer / des viel geniessen vnd essen / vnd also sind sie
5 leiblich ynn leiblicher gemeinschafft des teuffels / das ist / yn dem opffer
des teuffels das dem teuffel geschicht / gleich wie wir möchten sagen / das
wir beide wirdigen vnd vnwirdigen ynn der gemeinschafft Gottes sind /
wenn wir Christus leib empfahen leiblich / denn wir geniessen vnd sind
teilhafftig leiblich des leibs Christi / der ein Gottes opffer vnd gotte ge-
10 opffert ist.

Solchs zwingen auch die folgenden wort / Jhr kund nicht zu gleich
trincken des HERRN kelch vnd des teufels kelch / Sihestu / warauff er
sagt / das er nicht wil vns ynn der gemeinschafft des teuffels haben? nem-
lich das wir nicht des teuffels kelch trincken sollen / So ist ia teuffels kelch
15 ein leiblich ding / So mus teuffels kelch trincken leiblich gemeinschafft des
teuffels sein / gleich wie des Herrn kelch trincken ist leiblich des Herrn
odder Gotts gemeinschafft haben / das ist / des dings teilhafftig sein / das
des Herrn oder Gottes ist / odder Gotte geopffert wird. Nu ist des
Herrn kelch nicht allein ein kelch / sondern auch ein gemeinschafft des bluts
20 Christi / des wir viel geniessen. Weiter spricht er / Jhr kund nicht zu gleich
teilhafftig sein des Herrn tisschs vnd des teuffels tissch / Ist das nicht klar
gnug / das des teuffels tissch ein leiblich ding ist? So mus ia die gemein-
schafft odder teilhabung desselbigen auch leiblich sein / so wol [1] als des Herrn 360 E
tissch leiblich vnd seine gemeinschafft leiblich sein mus / Denn wir müssen
25 nicht so grob sein / das wir hie an diesem ort des teuffels gemeinschafft
wolten also verstehen / das man des teuffels selbs geniesse odder teilhafftig
ist / on eufserlich leiblich ding / weil hie beide tisch vnd kelch des teuffels
genennet stehen / sondern das man des dings odder stucks teilhafftig ist /
das des teuffels ist / odder den teuffel [1] angehöret / gleich wie man Gottes 494 W
30 odder des Herrn gemeinschafft heist / wenn man des stücks odder dinges
teilhafftig ist / das Gottes odder des Herrn ist odder angehöret / wie der
tegt klerlich hie aussspricht / Jhr kündt nicht zu gleich des herrn tissches
vnd des teuffels tissch teilhafftig sein / Vnd ich wil nicht das yhr vns
teuffels gemeinschafft seid.

35 Es ist wol ein ander rede wenn ich sage / des teuffels gemeinschafft /
vnd die gemeinschafft des teuffels tissches / aber doch einerley meinung /
wie es auch von einerley sachē ist. Denn gemeinschafft des teuffels tissches /
zeigt an das stück odder ding / darynn solche gemeinschafft stehet / Aber
gemeinschafft des teuffels zeigt an / wes das selbige ding odder stück sey /
40 odder wen es angehöret / da die gemeinschafft ynnen stehet. Also auch
gemeinschafft des herrn [1] tisschs / ist auch ein ander rede denn gemeinschafft 495 W
des herrn / Gemeinschafft des herrn tisschs zeigt das ding odder stück an /

11 1. Ko. 10, 21

darynnen die gemeinschafft ist / Aber gemeinschafft des herrn zeigt an wer
der sey / des solch stück ist / darynn solch gemeinschafft ist / Gleich wie
Paulus am eylfften capitel der gleichen zweyerley rede ym abendmal auch
braucht / vnd zu weilen schlecht vom brod essen sagt / So offt yhr dis brod
esset. Item / Vnd so esse er vom brod spricht er / Darnach aber / Wer 5
des herrn brod isset rc. Die erste rede sagt was das sey / das man isset.
Die ander / wes es sey vnd wen es angehöre das man isset. Also ynn
dieser rede (gemeinschafft des leibs Christi) wird schlecht angezeigt / was
das ding sey / darynnen die gemeinschafft stehet / nemlich der leib Christi /
vnd nicht / wes solch stück odder ding sey / denn es ist Gottes odder des 10
herrn / Darumb kan hie kein geistliche [1] gemeinschafft zuuerstehen sein /
weil das gebrochen brod solche gemeinschafft des leibs Christi ist / vnd der
leib Christi das ding odder stücke ist / darynn solche gemeinschafft stehet /
welchs beide wirdige vnd vnwirdige mügen geniessen / weil sie des ge-
brochen brods geniessen. 15

Auch wo man wolt reden von der geistlichen gemeinschafft / were
nicht von nöten / das man die zwey stück / leib vnd blut Christi nennet /
Sondern [1] were gnug Christum genennet / wie Paulus am andern ort sagt /
das wir ynn der gemeinschafft des sons Gotts beruffen sind. Warumb
solt er so vnterschiedlich beide von leib vnd blut reden / vnd gleich zwo 20
gemeinschafft aneinander setzen / als zwo vnterschiedliche gemeinschafft / da
keine die ander ist? Sintemal die geistliche gemeinschafft nur ein einige /
vnd nicht zwo vnterschiedliche gemeinschafft ist / So ist ia die gemeinschafft
des leibs Christi / nicht die gemeinschafft des bluts Christi / noch widderumb /
Denn S. Paulus teilet sie ia hie von einander. Nu ists vnmüglich / das 25
ynn geistlicher gemeinschafft solte leib vnd blut Christi von einander sein /
vnd zwo vnterschiedliche gemeinschafft machen / wie hie geschicht / Drumb
mus hie des leibs vnd bluts gemeinschafft leiblich vnd nicht geistlich sein.

Also haben wir diesen starcken text fur vns widder die nackete /
elende / glöslin der schwermer / noch fest vnd rein. Ob sie nu solchs alles 30
nicht annemen noch gleuben / So haben wir doch damit vrsachen vnd grund
gnug angezeigt / warumb wir gezwungen werden vnsern verstand zu halten.
Denn wenn ich gleich ein Türcke / Jüde / odder Heyde were / der nichts
von der Christen glauben hielte / vnd höret doch odder lese solche schrifft
vom sacrament / [1] so müste ich doch sagen. Ich gleube zwar nicht an der 35
Christen lere / Aber das mus ich sagen / wöllen sie Christen sein vnd yhre
lere halten / so müssen sie gleuben / das Christus leib vnd blut ym brod
vnd wein gegessen vnd getruncken werde leiblich.

Vnd die schwermer sollen wissen / das / weil sie müssen bekennen /
vnser verstand sey einfeltiglich nach laut der wort / vnd sie doch nicht dran 40
gnug haben noch damit vberstritten sein wöllen. Das wir widderumb [1] an
ohren hungerigen / dürstigen / nacketen glosen / so sie widder den einfeltigen

laut der wort aus ihrem kopff auffbringen / gar viel weniger gnug haben /
noch vberstritten wöllen sein / Denn sollen wir ia an nackten / blossen
worten hangen / so wöllen wir lieber an nacktem blossen text hangen /
welchen Gott selbs gesprochen hat / denn an nackten / blossen glosen / die
5 menschen ertichten. Vnd ob sie die selbigen glöslin gleich schrifft vnd
glauben / teuffen vnd nennen / ficht vns nichts an / bis sie es auch be-
weisen / das es die schrifft vnd glaube sey / wie sie es felschlich nennen.
Denn sie sollens auch dafur halten / das wir freilich so vngerne wolten
vnrecht leren / als sie / wie wir denn bis her / Gott lob / das vnd mehr
10 beweiset haben mit der that / denn sie / das sie solchen rhum nicht dürffen
ohn so herrlich zu messen / als weren sie allein also gesynnet / Christus
wird aber richter sein vber alle die da liegen vnd triegen.

¹ Des wil ich mich ynn Gott rhümen / das ich ynn diesem büchlin so ⁴⁹⁸ W
viel erobert habe / das kein tropus könne sein ym abendmal / Sondern die
15 wort zuuerstehen sind wie sie lauten (Das ist mein leib / das ist mein
blut) das weis ich fur war / Denn solten sie tropus sein / so müsten sie
an allen orten tropus sein / da vom abendmal geredt wird. Nu haben
wir gesehen / wie die schwermer selbs leren vnd bekennen / das sie nicht
tropus sind / ynn dem spruch Pauli / Wer vnwirdig isset vnd trincket / der
20 ist schuldig am leibe vnd blut des Herrn / also auch nicht ynn diesem
spruche. Der becher des segens den wir segenen / ist die gemeinschafft des
bluts Christi ꝛc. Hierauff ist nichts / das man widder vns müge ant-
worten. Ist nu kein Tropus nicht ym abendmal / so ists klar gnug / das
vnser verstand recht vnd der schwermer irrig vnd vnrecht sey. Das sechst
25 capitel Johannis / weil es nichts vom abendmal redet / vnd sonst von
andern ist gehandelt / als Philippo Melanchthon vnd Johanne Brentz /
vnd ander mehr / lasse ich izt anstehen / wie wol ichs ym synn habe das-
selbige mit eym sermon auch zu handeln vnd das meine dazu thun.

¹¹ Zum Dritten.

³⁶³ E
⁴⁹⁹ W

30   Weil ich sehe / das des rottens vnd yrrens / yhe lenger yhe mehr
wird / vnd kein auffhören ist des tobens vnd wuetens des Satans / Damit
nicht hinfurt bey meym leben oder nach meinem tod / der etliche zukünfftig
sich mit mir behelffen / vnd meine schrifft / yhr yrthum zu stercken / felsch-
lich furen möchten / wie die Sacramenter vnd Tauffs schwermer anfiengen
35 zu thun / So wil ich mit dieser schrifft fur Gott vnd aller welt meinen
glauben von stück zu stück bekennen / darauff ich gedencke zu bleiben bis
ynn den tod / drynnen (des mir Gott helffe) von dieser welt zu scheiden /
vnd fur vnsers herrn Jhesu Christi richtstuel komen / Vnd ob yemand nach
meinem tobe würde sagen / wo der Luther izt lebet / würde er diesen odder
40 diesen artickel anders leren vnd halten / Denn er hat yhn nicht gnugsam

10 brauchen   11 sich so hochmütig   26 Annotationes in evangelium
Iohannis 1523; Exegesis in ev. Ioh. 1527   28 W. A. 33, 1 ff.   33 sich
auf mich berufen   34 citieren   37 darin | wozu

bedacht ꝛc. Da widder sage ich ist als denn / vnd denn als ist / Das ich
500 W von Gotts gnaden alle diese ¹ artickel habe auffs vleyssigst bedacht / durch
die schrifft vnd widder herdurch offtmals gezogen / vnd so gewis die selbigen
wolt verfechten / als ich ist habe das sacrament des altars verfochten. Jch
byn ist nicht truncken / noch vnbedacht / Jch weis / was ich rede / fule 5
auch / wol / was mirs gilt auff des herrn Jhesu Christi zukunfft am
iüngsten gericht / Darumb sol mir niemand schertz odder lose reydung draus
machen / Es ist mir ernst / Denn ich kenne den Satan / von Gotts gnaden /
ein gros teil / kan er Gotts wort vnd schrifft verkeren vnd verwirren /
was solt er nicht thun mit meinen odder eins andern worten?   10

Erstlich gleube ich von hertzen den hohen artickel der göttlichen
maiestet / das Vater / son / heiliger geist drey vnterschiedliche personen /
ein rechter / einiger / natürlicher / warhafftiger Gott ist / schepffer hymels
vnd der erden / aller dinge widder die Arrianer / Macedonier / Sabelliner /
vnd der ꝛgleichen ketzerey / Gene. 1. wie das alles bis her beyde ynn der 15
Römischen kirchen vnd ynn aller welt bey den Christlichen kirchen ge-
halten ist.

364 E   Zum andern gleub ich / vnd weis / das die schrifft ¹ vns leret / Das
die mittel person ynn Gott / nemlich der Son / allein ist warhafftiger
501 W mensch ¹ worden / von dem heiligen geist on mans zuthun empfangen / vnd 20
von der reynen heiligen iungfraw Maria / als von rechter natürlichen
mutter / geborn / wie das alles S. Lucas klerlich beschreibt vnd die Pro-
phetē verkündigt haben. Also / das nicht der Vater oder heiliger geist sey
mensch worden / wie etliche ketzer geleret. Auch das Gott der son / nicht
allein den leib / on seele (wie etliche ketzer geleret) sondern auch die seele / 25
das ist / eine gantze völlige menscheit angenomen / vnd rechter samen odder
kind Abraham vnd Dauid verheissen vnd natürlicher son Marie geborn
sey / ynn aller weise vnd gestalt / ein rechter mensch / wie ich selbs byn
vnd alle andere / on das er on sunde / allein von der Jungfrawen durch
den heiligen geist komen ist / Vnd das solcher mensch sey warhafftig Gott / 30
als eine ewige vnzurtrenliche person aus Gott vnd mensch worden / also
das Maria die heilige iungfraw sey eine rechte warhafftige mutter / nicht
allein des menschen Christi / wie die Nestorianer leren / Sondern des sons
Gotts / wie Lucas spricht / Das ynn dir geborn wird / sol Gotts son
heissen / ｜Das ist mein vnd aller herr / Jhesus Christus / Gottes vnd 35
Marien einiger / rechter natürlicher son / warhafftiger Gott vnd mensch.

502 W   ¹ Auch gleub ich / das solcher Gotts vnd Maria son vnser herr Jhesus
Christus / hat fur vns arme sunder gelidden / sey gecreutzigt / gestorben
vnd begraben / Damit er vns von der sunden / tod vnd ewigen zorn Gotts
durch sein vnschuldig blut erlöset / Vnd das er am dritten tage sey auff- 40

---

1 für gegenwart und zukunft   3 die schrift immer wieder durch-
forscht   7 narrenspiel   10 meinem A, meinen hs.   14 Monarchianer?
Ueber die Sabellianer vgl. RE ³ 13, 332 ff.   15 Gen. 1, 1   32 iunfraw A
34 Lc. 1, 35

erſtanden vom tode vnd auffgefaren gen hymel / vnd ſitzet zur rechten hand
Gottes des allmechtigen Vaters / ein Herr vber alle herren / könig vber
alle könige / vnd vber alle Creaturn ym hymel / erden vnd vnter der
erden / vber tod vnd leben / vber ſunde vnd gerechtickeit. [1] Denn ich be- 365 E
5 kenne / vnd weis aus der ſchrifft zu beweiſen / das alle menſchen von einem
menſchen Adam komen ſind / vnd von dem ſelbigen / durch die geburt / mit
ſich bringen vnd erben / den fall / ſchuld vnd ſunde / die der ſelbige Adam
ym paradis / durch des teuffels bosheit / begangen hat / vnd alſo ſampt
yhm alzumal ynn ſunden geborn / leben vnd ſterben / vnd des ewigen
10 todes ſchuldig ſein müſſen / wo nicht Iheſus Chriſtus vns zu hülff komen
were / vnd ſolche ſchuld vnd ſund / als ein vnſchuldigs lemlin auff ſich ge-
nomen hette / fur vns durch ſein leiden bezalet / vnd noch teglich fur vns
ſtehet vnd trit / als ein trewer / barmhertziger mitteler / heiland vnd einiger
prieſter vnd Biſchoff vnſer ſeelen.

15 Hie mit verwerffe vnd verdamne ich / als eitel yrthum / alle lere /
ſo vnſern freyen willen preiſen / als die ſtracks widder ſolche hülffe vnd
gnade vnſers [1] heilands Iheſu Chriſti ſtrebt / Denn weil auſſer Chriſto / 503 W
der tod vnd die ſunde vnſer herren / vnd der teuffel vnſer Gott vnd furſt
iſt / kan da kein krafft noch macht / kein witze noch verſtand ſein / damit
20 wir zur gerechtickeit vnd leben vns kündten ſchicken odder trachten / ſondern
müſſen verblent vnd gefangen / des teuffels vnd der ſunden eigen ſein /
zu thun vnd zu dencken / was yhn gefellet / vnd Gott mit ſeinen geboten
widder iſt.

Alſo verdamne ich auch beyde new vnd alte Pelagianer / ſo die erb-
25 ſunde nicht wollen laſſen ſunde ſein / ſondern ſolle ein gebrechen odder
feyl ſein / Aber weil der tod vber alle menſchen gehet / mus die erbſunde
nicht ein gebrechen / ſondern allzu groſſe ſunde ſein / wie S. Paulus ſagt /
Der ſunden ſold iſt der tod / Vnd abermal / Die ſunde iſt des todes
ſtachel / So ſpricht auch Dauid Pſal. 51. Sihe ich bin ynn ſunden
30 empfangen / vnd meine mutter hat mich ynn ſunden getragen / Spricht
nicht / Meine mutter hat mit ſunden mich empfangen / ſondern / Ich /
Ich / Ich bin ynn ſunden empfangen / Vnd meine mutter hat mich ynn
ſunden getragen / das iſt / das ich ynn mutter leibe aus [1] ſundlichem ſamen 366 E
bin gewachſen / wie des der Ebreiſche text vermag.

35 Dem nach verwerffe vnd verdamne ich auch / als eitel teuffels rotten
vnd yrthum / als alle orden / Regel / Klöſter / ſtifft / vnd was von menſchen
vber [1] vnd auſſer der ſchrifft iſt erfunden vnd eingeſetzt / mit gelübden vnd 504 W
pflichten verfaſſet / ob gleich viel groſſer heiligen drynnen gelebt / vnd als
die auferweleten Gotts / zu dieſer zeit dadurch verfuret / vnd doch endlich /
40 durch den glauben an Iheſu Chriſt erlöſet vnd entrunnen ſind / Denn die
weil ſolch orden ſtifften / vnd ſecten / der meynung gelebt vnd gehalten

---

12 teglich A   14 I. Pt. 2, 25   16 direkt   19 klugheit
23 zuwider   26 fehler, defekt   28 Rö. 6, 23 | I. Ko. 15, 56
29 Ps. 51, 7   34 beſagt   37 über-hinaus   38 verbunden

werden / das man durch solche wege vnd werck wolle vnd müge selig
werden / der sunden vnd dem tod entlauffen / so ists eine öffentliche /
grewliche lesterung vnd verleugnis der einigen hülffe vnd gnade vnsers
einigen heilands vnd mittelers Jhesu Christi / Denn es ist vns sonst kein
name gegeben / durch welchen wir sollen selig werden / on dieser / der do 5
heist Jhesus Christus / Vnd ist vnmüglich / das mehr heilande / wege
odder weise seyen / selig zu werden / on durch die einige gerechtickeit die
vnser heiland Jhesus Christus ist vnd hat / vns geschenckt / vnd fur vns
gegen Gott gestellet / als vnser einiger gnaden stuel / Rom. 3.

Wol were es sein / so man klöster odder stifft / der meynung hielte / 10
das man iunge leute drynnen leret / Gotts wort / die schrifft vnd Christ-
liche zucht / Da durch man feine geschickte menner / zu Bischofen / Pfarher
vnd anderley diener der kirchen / auch / zu weltlichem regiment tüchtige ge-
lerte leute / vnd feine züchtige gelerte weiber / so hernach Christlich haus-
halten vnd kinder auff ziehen kondten / zurichtet vnd bereitet / Aber ein 15
weg der selickeit da suchen / das ist teuffels lere vnd glauben .1. Timo. 4. rc.

Aber die heiligen orden vnd rechte stiffte von Gott eingesetzt sind
diese drey. Das priester ampt / Der Ehestand / Die weltliche oberkeit /
Alle die so ym pfarampt odder dienst des worts funden werden / sind ynn
einem heiligen / rechten / guten / Gott angenemen orden vnd stand / als / 20
die da predigen / sacrament reichen / dem gemeinen kasten fursteben / küster
vnd boten odder knechte / so solchen personen dienen rc. Solchs sind eitel
heilige werck für Gott / Also wer Vater vnd mutter ist / haus wol regirt /
vnd kinder zeucht zu Gottes dienst / ist auch eitel heiligthum vnd heilig
werck vnd heiliger orden / Des gleichen wo kind odder gesind / den Eldern 25
odder herrn gehorsam sind / ist auch eitel heiligkeit / vnd wer darynn funden
wird / der ist ein lebendiger heilige auff erden. Also auch furst odder ober-
herr / richter / amptleute / Cantzler / schreiber / knechte / megde / vnd alle die
solchen dienen / dazu alle die vntertheniglich gehorsam sind / alles eitel
heiligthum / vnd heilig leben fur Gott / Darumb das solche drey stiffte 30
odder oiden / ynn Gotts wort vnd gebot gefasset sind / Was aber nun
Gotts wort gefasset ist / das mus heilig ding sein / denn Gotts wort ist
heilig vnd heiliget alles / das an yhm vnd ynn yhm ist.

Vber diese drey stifft vnd orden / ist nu der gemeine orden der
Christlichen liebe / darynn man nicht allein den dreyen orden / sondern auch 35
ynn gemein einem iglichen dürfftigen mit allerley wolthat dienet / als
speisen die hungerigen / trencken die dürstigen rc. vergeben den feynden /
bitten fur alle menschen auff erden / leiden allerley böses auff erden rc,
Sihe / das heissen alles eitel gute heilige werck / Dennoch ist keiner solcher
örden ein weg zur seligkeit / Sondern bleibt der einige weg vber diese 40
alle / nemlich / der glaube an Jhesum Christum / Deñ es ist gar viel ein

4 AG. 4, 12　　9 Rö. 3, 25　　10 zu dem zwecke　　16 1. Ti.
4, 1 ff.　　21 der gemeindekasse　　23 ebenso　　24 aufzieht　　28 amtleute A
34 über-hinaus, ausser

anders / heilig vnd selig sein. Selig werden wir allein durch Christum /
Heilig aber beide durch solchen glauben vnd auch durch solche Göttliche
stiffte vnd orden. Es mügen auch gottlose wol viel heiliges dinges haben /
sind aber drumb nicht selig drynn / Denn Gott wil solche werck von vns
5 haben zu seinem lob vnd ehre / Vnd alle die so ynn dem glauben Christi 308 E
selig sind / die thun solche werck / vnd halten solche orden. Was aber vom
Ehestand gesagt ist / sol man auch vom widwen vnd Jungfraw stand ver=
stehen / Denn sie gehören doch zum hause vnd zum haushalten 2c. So nu
diese orden vnd göttliche stiffte nicht selig machen / was solten denn die
10 teuffels stiffte vnd klöster thun / so bis an Go..s wort auff komen sind /
vnd dazu widder den einigen weg des glaubens streben vnd toben?

Zum dritten / gleube ich an den heiligen geist / der mit Vater vnd
son / ein warhafftiger Gott ist / vnd vom Vater vnd son ewiglich kompt /
doch ynn einem göttlichen wesen und natur ein vnterschiedliche person.
15 Durch den selbigen / als eine lebendig / ewige / göttliche gabe vnd ge=
schencke / werden alle gleubigen mit dem glauben vnd andern geistlichen
gaben gezieret / vom tod auff erweckt / von sunden gefreyet / vnd frölich
vnd getrost / frey vnd sicher vm gewissen gemacht / Denn das ist vnser
trotz / so wir solchs geists zeugnis ynn vnserm hertzen fulen / das Gott
20 wil vnser Vater sein / sunde vergeben / vnd ewiges leben geschenckt haben.

Das sind die drey person / vnd ein Gott / der sich vns allen selbs
gantz vnd gar gegeben hat / mit allem das er ist vnd hat. Der Vater
gibt sich vns / mit hymel vnd erden sampt allen creaturen / das sie dienen
vnd nütze sein müssen. Aber solche gabe ist durch Adams fal verfinstert /
25 vnd vnnütze worden / Darumb hat darnach der son sich selbs auch vns ge=
geben / alle sein werck / ' leiden / weisheit vnd gerechtickeit geschenckt vnd 506 W
vns dem Vater versunet / damit wir widder lebendig vnd gerecht / auch
den Vater mit seinen gaben erkennen vnd haben möchten. Weil aber
solche gnade niemand nütze were / wo sie so heymlich verborgen bliebe /
30 vnd zu vns nicht komen kündte / So kompt der heilige geist vnd gibt sich
auch vns gantz vnd gar / der leret vns solche wolthat Christi vns erzeigt /
erkennen / hilfft sie empfahen vnd behalten / nützlich brauchen vnd aus=
teilen / mehren vnd foddern / Vnd thut dasselbige beide ynnerlich vnd
eusserlich / Ynnerlich durch den glauben vnd ander geistlich gaben.
35 Eusserlich aber / durchs Euangelion / durch ' die tauffe / vnd sacrament 369 E
des altars / durch welche er als durch drey mittel odder weise / zu vns
kompt vnd das leiden Christi ynn vns vbet vnd zu nutz bringet der seligkeit.

Darumb halt vnd weis ich / das gleich wie nicht mehr denn ein
Euangelion vnd ein Christus ist / also ist auch nicht mehr denn eine tauffe /
40 Vnd das die tauffe an yhr selbs eine göttliche ordnung ist / wie sein
Euangelion auch ist / Vnd gleich wie das Euangelion drumb nicht falsch
odder vnrecht ist / ob es etliche felsschlich brauchen odder leren / odder nicht

19 trost?   33 fördern   36 er zu vns A   37 uns einprägt u.
dadurch unsere seligwerdung fördert

gleuben / Also ist auch die tauffe nicht falsch noch unrecht / ob sie gleich
etliche on glauben empfiengen odder geben / odder sonst missebrauchten.
Derhalben ich die lere der widderteuffer und Donatisten und wer sie sind /
so widderteuffen / gentzlich verwerffe und verdamne. Eben so rede ich auch
und bekenne das sacrament des altars / das daselbst warhafftig der leib 5
und blut ym brod und wein werde mündlich ge / essen und getruncken / ob
gleich die priester so es reichen / odder die so es empfangen / nicht gleubeten
odder sonst misbrauchten / Denn es stehet nicht auff menschen glauben odder
unglauben / sondern auff Gotts wort und ordnung / Es were denn das sie
zuuor Gottes wort und ordnung endern und anders deuten / wie die itzigen 10
Sacraments feynde thun / welche freylich eytel brod und wein haben /
denn sie haben auch die wort und eingesetzte ordnung Gottes nicht / sondern
die selbigen nach yhrem eigen dunckel verkeret und verendert.

Dem nach gleube ich / das eine heilige Christliche kirche sey auff
erden / das ist / die gemeyne und zal odder versamlunge aller Christen / 15
ynn aller welt / die einige braud Christi und sein geistlicher leib / des er
auch das einige heubt ist / und die Bisschoue odder pfarrer nicht heubter /
noch herrn / noch breudgame der selbigen sind / sondern diener / freunde /
und wie das wort Bisschoff gibt / auffseher / pfleger / odder fursefer. Und
die selbige Christenheit ist nicht allein unter der Römischen kirchen odder 20
Bapst / sondern ynn aller welt / wie die Propheten verkündiget haben /
_{370 E} das Christus Euangelion solte ynn alle welt komen Psal. 2. psal. 18. das
also unter Bapst / Türcken / Persen Tattern und allenthalben die Christen-
heit zur strawet ist leiblich / aber versamlet geistlich ynn einem Euangelio
_{507 W} und glauben unter ein heubt das Jhesus Christus ist / Denn ¹ das Bapstum 25
gewislich das recht Endchristischs regiment / odder die rechte Widder-
christissche tyranney ist / die ym tempel Gottes sitzt und regiert mit menschen
gebot / wie Matth. 24. Christus / und .2. Tessa. 2. Paulus verkündigen.
Wie wol auch daneben der Türcke und alle ketzerey / wo sie sind / auch zu
solchem grewel gehören / so ynn der heiligen stete zu stehen / geweissagt 30
ist / Aber dem Bapstum nicht gleich.

Ynn dieser Christenheit und wo sie ist / da ist vergebung der sunden /
das ist / ein königreich der gnaden und des rechten ablas / Denn daselbst
ist das Euangelion / die tauffe / das sacrament des altars / darynn ver-
gebunge der sunden angeboten / geholet und empfangen wird / Und ist auch 35
Christus und sein geist und Gott da selbs. Und ausser solcher Christen-
heit ist kein heyl noch vergebung der sunden / sondern ewiger tod und ver-
damnis / ob gleich grosser schein der heiligkeit da ist / und viel guter werck /
so ists doch alles verloren. Solche aber vergebung der sunden ist nicht
auff ein mal / als ynn der tauffe zu gewarten / wie die Nouater leren / 40
sondern so offt und viel mal / man der selbigen bedarff bis ynn den tod.

---

19 besagt   22 Ps. 2, 7 ff. 19, 5   23 tataren   24 zerstreut
28 Mt. 24, 24 | 2. Th. 2, 4   40 Novatianer

Auß diser ursache halt ich vil von der heimlichen Beicht, weyl
daselbst gots wort unnd absolution zur vergebunge der sünden heym-
lich und eim yglichen sunderlich gesprochen wirdt, unnd so offt er
wil, darinn solch vergebung oder auch trost, rat unnd bericht haben
5   mag, das sie gar ein theur nütze ding ist für die seelen, so ferr,
das man niemandt dieselbigen mit gesetzen und geboten auffbringe,
sunder lasse sie frey sein, eim yglichen für seine not, wenn und wo
er wil, derselbigen zugebrauchen, gleich wie es frey ist, rat und trost,
bericht oder lere zuholen, wenn und wo die not odder wille fodert,
10 unnd das man nicht alle sünde zu zelen oder zuberichten zwinge,
sunder welche am meysten drucken, oder welche yemandt nennen wil,
aller dinge, wie ich ym Betbüchlin habe geschrieben.

Das ablas aber / so die Bebstliche kirche hat vnd gibt / ist eine
lesterliche triegerey / Nicht allein darumb / das sie vber die gemeyne ver-
15 gebung / so vnn aller Christenheit durch das Euangelion vnd sacrament
gegeben wird / ein sonderliche erticht vnd anricht / vnd damit die gemeine
vergebung schendet vnd vernichtiget / sondern das sie auch die gnugthuung
fur die sunde / stellet vnd grundet auff menschen werck vnd der heiligen
verdienst / so doch allein Christus fur vns gnug thun kan vnd gethan hat.

20 [1] Für die todten / weil die schrifft nichts dauon meldet / halt ich / das ⁵⁰⁸ W
aus freyer andacht nicht sunde sey / so odder des gleichen zu bitten / Lieber
Gott / hats mit der seelen solche gestalt / das yhr zu helffen sey / [1] so sey ³⁷¹ E
yhr gnedig ꝛc. Vnd wenn solchs ein mal geschehen ist odder zwyr / so las
es gnug sein / Denn die vigilien vnd seelmessen vnd ierliche begengnisse
25 sind kein nütz / vnd ist des teuffels iarmarckt. Wir haben auch nichts vnn
der schrifft vom fegfewr / Vnd ist freylich auch von den Polter geistern
auff bracht / Darumb halt ich / das nicht not sey / eins zu gleube / Wie
wol Gott alle ding müglich / auch wol kündte die seelen peinigen lassen
nach dem abschied vom leibe. Aber er hats nicht lassen sagen noch schreiben /
30 drumb wil ers auch nicht gegleubt haben / Ich weis aber sonst wol ein
fegfewr / Aber dauon ist nichts vnn der gemeyn von zu leren noch da
widder mit stifften odder Vigilien zu handeln.

Die heiligen anzuruffen haben andere angriffen / ehe denn ich / Vnd
mir gefellet es vnd gleubs auch / das allein Christus sey als vnser mitteler
35 anzuruffen / Das gibt die schrifft vnd ist gewis / Von heiligen anzuruffen
ist nichts vnn der schrifft / darumb mus es vngewis vnd nicht zu
gleuben sein.

---

1 das ‚additamentum‘ (s. oben einl. s. 352)   3 zugesichert   10 auf-
zuzählen   12 W. A. 10², 438 ff. 470 ff.   26 gespenstern (durch
angebliche erscheinungen verstorbener)

Die ölunge / so man sie nach dem Euangelio hielte Marci .6. vnd Jacobi .5. liesse ich gehen / Aber das ein sacrament draus zu machen sey / ist nichts / Denn gleich wie man an stat der Vigilien vnd seel messen / wol möcht eine predigt thun vom tod vnd ewigem leben / vnd also bey dem begrebnis beten vnd vnser ende bedencken (wie es scheinet) das die alten gethan haben / also were es auch wol seyn / das man zum krancken gienge / bettet vnd vermanet / vnd so man daneben mit öle wolt yhn bestreichen / solt frey sein ym namen Gottes.

Also darff man auch kein Sacrament aus der ehe vnd priesterampt machen / Sie sind sonst heilige orden an yhn selbs gnug. So ist ia die busse nichts anders / denn vbunge vnd krafft der tauffe. Das die zwey sacrament bleiben / Tauffe vnd abendmal des HERRN neben dem Euangelio / daryñen vns der heilige geist vergebung der sunden reichlich darbeut gibt vnd vbet.

Für allen aber greweln halt ich die Messe / so fur ein opffer odder gut werck geprediget vnd verkaufft wird / [1] darauff itzt alle stiffte vnd klöster stehen / aber ob Gott wil / bald liegen sollen / Denn wie wol ich ein grosser / schwerer / schendlicher sunder bin gewest / vnd meine iugent auch verdamlich zubracht vnd verloren habe / So sind doch das meine gröffeste sunden / das ich so ein heiliger münch gewest bin / vnd mit so viel messen vber .15. iarlang / meinen lieben Herrn so grewlich erzürnet / gemartert vnd geplagt habe / Aber lob vnd danck sey seiner vnaussprechlichen gnade gesagt ynn ewikeit / das er mich aus solchem grewel gefurt hat / vnd noch teglich mich / wie wol fast vndanckbarn / erhelt vnd stercket ynn rechtem glauben.

[1] Dem nach ich geraten habe / vnd noch rate / die stifft vnd klöster / sampt den gelübben zu lassen vnd sich eraus geben ynn die rechten Christlichen orden / auff das man solchen grewlen der messen / vnd lesterlichen heilickeit / als der keuscheit / armut / gehorsam / dadurch man furnympt selig zu werden / entlauffe / Denn so fein es gewest ist ym anfang der Christenheit Jungfrawstand zu halten / so grewlich ists itzt / das man da durch Christus hülffe vnd gnade verleucket / Denn man wol Jungfraw / widwe vñ keusch leben kan / on solche lesterliche grewel.

Bilder / glocken / Messegewand / kirchenschmück / aller liecht vnd der gleichen / halt ich frey / Wer da wil / der mags lassen / Wie wol bilder aus der schrifft vnd von guten Historien ich fast nützlich / doch frey vnd wilkörig halte / Denn ichs mit den bildestürmen nicht halte.

Am letzten gleube ich die aufferstehung aller todten am Jüngsten tage / beyde der frumen vnd bösen / das ein iglicher daselbs empfahe an

---

1 Mc. 6, 13   2 Ja. 5, 14   11 einprägung und aus-
wirkung   24 sehr   27 herauszubegeben   29 sich einbildet
34 altarlichter   36 sehr   37 in jedes einzelnen willkür stehend

seinem leibe / wie ers verdienet hat / Vnd also die frumen ewiglich leben mit Christo / vnd die bösen ewiglich sterben mit dem teuffel vnd seinen engeln / Denn ichs nicht halte mit denen / so da leren / das die teuffel auch werden endlich zur seligkeit komen.

5 Das ist mein glaube / denn also gleuben alle rechte Christen / Vnd also leret vns die heilige schrifft / Was ich aber hie zu wenig gesagt habe / werden mir meine büchlin gnugsam zeugen geben / sonderlich die zu letzt sind ausgangen ynn vier odder fünff iaren. Des [1] bitte ich alle frume hertzen / 373 E wolten mir zeugen sein / vnd fur mich bitten / das ich ynn solchem glauben 10 feste müge bestehen vnd mein ende beschliessen / Denn (da Gott fur sey) ob ich aus anfechtung vnd todes nöten etwas anders würde sagen / so sol es doch nichts sein / vnd wil hie mit offentlich bekennet haben / das es vnrecht vnd vom teuffel eingegeben sey / Dazu helffe mir mein Herr vnd heiland Jhesus Christus gebenedeyet ynn ewigkeit / Amen.

15   Correctur.

Im quatern o.

Am vierden blat / der andern seiten / ynn der siebenden zeilen / thu hynzu / Quia talis figura nec in re nec in vsu scripture est / quod panis sit figura corporis Christi.

20   Im quatern des grossen B.

Am vierden blat der andern seiten ynn der siebenden zeilen fur diesen worten (Darumb mus vns) thu hinzu dis folgende stück.

Summa / Wenn wir die Euangelisten vnd Paulum zusamen halten / das sie fur einen man stehen / so leiden sie keine tutisten / tropisten noch 25 deutisten. Wöllen die tropisten an Matthes vnd Marcus / das blut solle bluts zeichen heissen / So feret Lucas vnd Paulus herfur / vnd störtzen die tropisten mit gewalt / Denn sie zeugen mit yhrem text / das blut nicht müge bluts zeichen heissen / odder tropus sein / Weil die schwermer selbs kein bluts zeichen machen noch machen können ynn diesem text (Dieser 30 becher ist das newe testament ynn meinem blut) Darumb mus freylich ynn Mattheo vnd Marco eben dasselbige blut auch sein on tropus / Weil es einerley blut ist / dauon sie alle viere reden. Wöllen sie aber an Lucas vnd Paulus / vnd aus dem wort (newe testament) tropus machen / das ist ein zeichen des newen testaments / So faren Mattheus vnd Marcus daher 35 sampt Luca vnd Paulo vnd störtzen sie abermal vnd zeugen / das (newe testament) nicht könne tropus sein / Vnd die schwermer auch selbs ynn

---

7 zeugnis   16 d. h. oben s. 428, z. 30   20 oben s. 489, z. 19

Mattheo vnd Marco das wort (newe teſtament) nicht machen noch machen
können zum tropo / So wenig als ym Luca vnd Paulo auch nicht können /
Denn es leidet ſich nicht / das ich ynn Mattheo vnd Marco wolt ſagen /
Das iſt mein blut des figürlichen newen teſtaments / Denn Chriſtus blut
iſt nicht des figürlichen teſtaments odder des alten teſtaments blut /   5
ſondern des newen / welchs ynn ſeinem blut beſtehet / Vnd mus doch ia
eben daſſelbige newe teſtament ynn Luca vnd Paulo zuuerſtehen ſein /
das ynn Mattheo vnd Marco verſtanden wird / weil ſie freylich alle
viere von einerley teſtament reden.   Alſo halten Mattheus vnd
Marcus das wort (newe teſtament) feſt / rein vnd einfeltig on allen   10
tropus.   Lucas vnd Paulus halten das wort (blut) feſt / rein vnd einſel-
tig on allen tropus.   Da müſſen die ſchwermer lie-
gen / das weis ich fur war / Vnd wenn ſie dir
hierauff richtig antworten / ſo ſoltu
ynn frölich gewonnen geben.   15

---

15 den ſieg zuerkennen